국어는 꿈틀

문학

문학

교재 개발에 도움을 주신 모든 선생님들께 깊이 감사드립니다.

검토진

강경화 경기 남양주 · 강성원 경남 진주 · 강수연 서울 목동 · 강수진 전남 목포 · 강아람 김포
강영애 경기 일산 · 공초롱 광주 · 구민경 대구 · 김경애 서울 성북 · 김광철 광주
김도완 광주 · 김미란 경남 김해 · 김범규 동탄 · 김상언 경남 창원 · 김성재 서울 서초
김예사 제주 · 김옥경 세종 · 김용호 울산 · 김유석 대구 달서 · 김은옥 서울 강남
김은지 서울 강북 · 김정욱 전남 오룡 · 김정욱 용인 수지 · 김종덕 광주광역시 · 김지은 인천 논현
김 진 대치 · 김진석 광주 · 김진홍 경기 의정부 · 김진희 광주광역시 · 김현아 부천
김혜리 경기 · 김혜정 부산 · 김희주 대전 · 노현선 인천, 김포 · 마 미 경기 화성
명가은 서울 강서 · 문소영 경남 김해 · 문지현 서울 금천 · 박경미 인천 · 박민아 경기 성남
박석희 전북 군산 · 박수영 서울 은평 · 박유건 대구 수성 · 박유경 서울 · 박윤선 광주광역시
박종욱 인천 부평 · 박지연 인천 · 박하늘 성남 분당 · 박 현 전주 · 백승재 경남 김해
백연경 서울 강남 · 백종훈 서울 · 백지은 대구 수성 · 서민정 광주광역시 광산 · 성유미 부산
손윤정 강원 원주 · 송화진 김해 장유 · 신명선 경기 · 신혜영 부산 범일 · 안보람 서울 강남
안소연 서울 목동 · 안정광 순천, 광양 · 양예라 경남 창원 · 오하늘 울산 남구 · 옥성훈 부천
우승완 강북 · 원녹견 서울 · 유현주 부산 금정 · 윤기한 전남 나주 · 윤성은 서울
이강국 경기 평택 · 이경원 충북 청주 · 이근배 대전 · 이기연 강원 원주 · 이명진 서울
이석준 대전 중구 · 이석호 산본 · 이성우 일산, 구로 · 이승준 경남 창원 · 이영지 경기 안양
이윤지 경기 의정부 · 이정은 서울 성북 · 이정현 대구 · 이지희 대구 · 이창열 서울 성동
이혜미 부산 · 이홍진 서울 성북 · 임지혜 경남 거제 · 장기윤 경북 구미 · 장수진 충북 청주
장연희 대구 · 장진호 부산 · 전정훈 울산 · 정민경 충남 아산 · 정서은 부산 동래
정세영 베트남 호찌민 · 정수진 세종 · 정연정 경기 화성 · 정지현 경기 남양주 · 정한미 세종
정해연 전남 순천 · 정희숙 서울 · 조동윤 대구 수성 · 조미연 노원 · 지상훈 대구
차민기 경남 창원 · 차시현 서울 은평 · 차연수 대구 · 채송화 제주 · 채옥희 광주광역시
천은경 부산 · 천정은 세종 · 최보나 서울 은평 · 최보린 서울 은평 · 최수남 강원 강릉
최유림 대구 · 하 랑 서울 송파 · 한광희 세종 · 한명훈 세종 · 황동현 대전 서구
황서현 서울 · 황은영 서울 광진

본 교재는 대수능국어를 준비하는 수험생들께 도움을 드리고자
현직 교·강사 선생님의 꼼꼼한 검토와 자문을 반영하여 제작되었습니다.

국어는 꿈틀

문학

1 필수 출제 유형에 맞춘 작품과 문제 수록

**필수 중요 작품과 기출문제로,
문학 갈래별 최신 출제 경향까지 완벽 파악 가능!**

◆ 수능, 평가원, 전국연합 기출 작품과 EBS, 교과서 수록 작품 중 수능 출제 가능
성이 높은 필수 문학 작품만을 엄선

◆ 수능 대비 필수 작품과 문제 구성 방식을 각 단원별로 적용하여 구성

◆ 고전 시가, 현대시, 고전 산문, 현대 산문, 갈래 복합으로 이루어진 문학 갈래별
5단원 구성

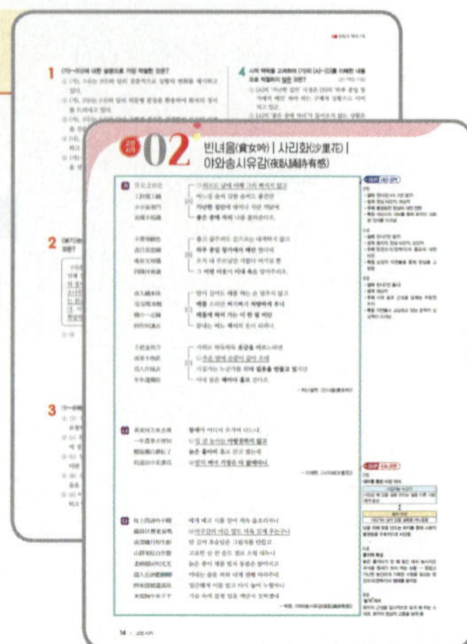

2 핵심을 짚어 주는 내신·수능 강의

**쓸데없이 자세한 해설은 NO,
꼭 필요한 핵심 강의로 효율적인 학습!**

◆ 작품의 주요 내용을 올바르게 감상했는지 점검할 수 있는 '내신 강의' 배치 ⇨
작품 감상과 해석에 꼭 필요한 '갈래, 성격, 주제, 특징'과 같은 기본 지식 확인

◆ 수능에 문제화되어 출제될 가능성이 높은 핵심 내용을 정리한 '수능 강의' 배치
⇨ 문학 작품 감상에 필수적인 요소 모두 반영

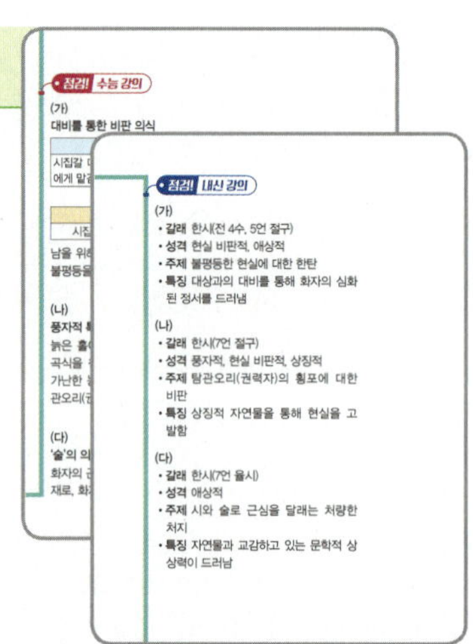

3 문제 해결력을 키우는 실전 문제

**무엇보다도 실전 감각이 중요,
최신 출제 유형이 고스란히 담긴 '실전 문제' 탑재!**

◆ 최신 수능 출제 유형을 분석해서 완벽하게 반영한 실전 문제 제시

◆ 작품 감상 요소를 창의적으로 문제화하여 수능에 출제될 수 있는 포인트를 학습

◆ 기본 중의 기본, 작품마다 반드시 알고 넘어가야 할 내용을 문제화

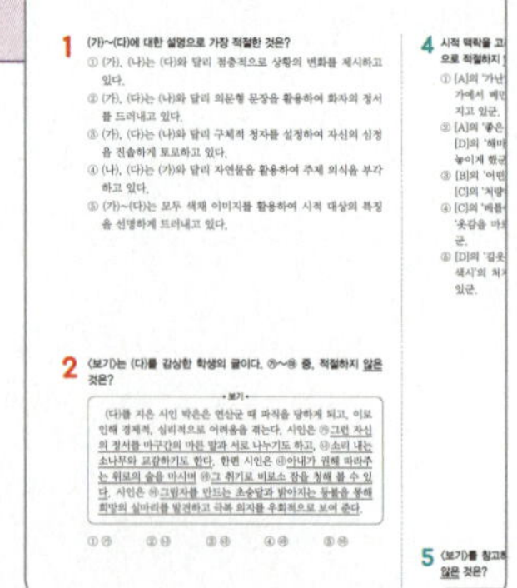

4 수능 적응력을 완성하는 기출문제

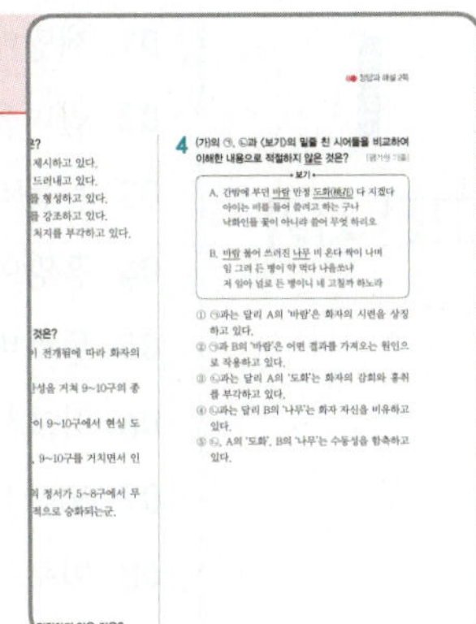

우수 기출문제만을 엄선,
중요 작품의 기출문제 중 현직 선생님들이 꼽은 우수 문제 수록!

◆ 수능, 평가원, 전국연합 주요 기출문제 선별

◆ 기출문제의 내용이 잘 이해되지 않으면 '실전 문제'와 비교하면서 잘못 이해한 부분이 없는지 확인

◆ 실제 기출문제 유형을 반복해서 학습하면 시험 대비를 위한 실전 감각이 향상

5 최신 출제 경향을 반영한 갈래 복합 유형

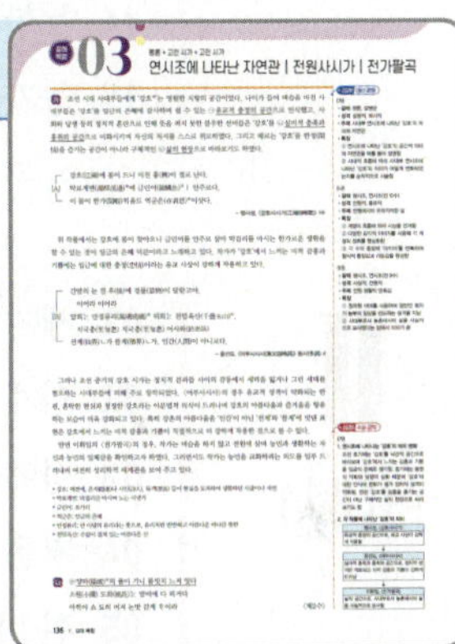

갈래 복합 유형까지 수능 최적화 훈련,
어떤 갈래끼리 묶여도 당황하지 않고 풀 수 있는 문제 풀이력 강화!

◆ 새로운 출제 경향에 대비할 수 있는 갈래 복합 유형 문제 수록

◆ 시와 소설 복합, 시와 수필 복합, 평론과 시 복합, 평론과 소설 복합 등 다양한 갈래 복합 형태에 익숙해질 수 있도록 구성

◆ 갈래 복합 유형의 문제를 풀고, 단독 작품 유형의 작품 감상 및 문제 풀이 방법과 어떤 차이가 있는지 확인

6 문제 해결 비법을 제시하는 정답과 오답 해설

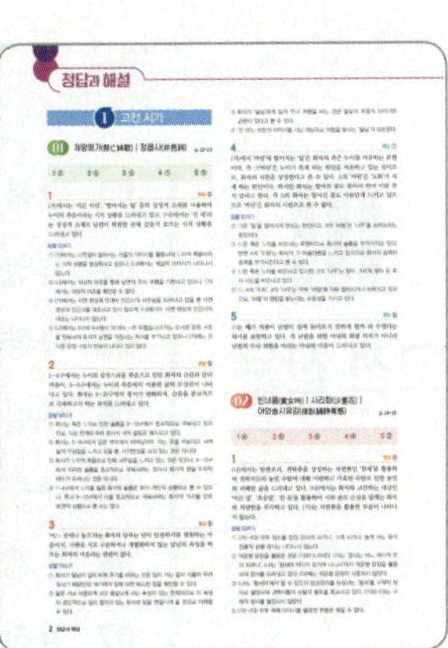

지문의 내용을 근거로 한 알찬 해설,
꼼꼼하게 정독하면 국어 점수가 오르는 정답과 해설!

◆ 정답이 도출되는 과정이 출제 원리를 통해 꼼꼼하게 해설

◆ 문제 해결의 실마리 및 정답과 오답의 근거가 작품의 어떤 부분에 관련되어 있는지 명확하게 제시

◆ 오답이 되는 이유를 설명하고 실전에서 오답을 피할 수 있는 방법을 제시

이 책의 차례

나의 학습 계획

1단계 ▶ 공부 계획 세우기

❶ '차례'를 보며 전체 분량을 확인하고, 30일 플랜과 20일 플랜 중 자신의 학습 능력과 상황에 따라 지킬 수 있는 플랜을 고른다.

❷ 자신이 정한 플랜에 '공부할 날'을 기록한다.

❸ '문학 공부법 7계명'을 읽고 구체적인 학습법을 명심한다.

❹ 학습 계획에 따라 꾸준하게 실천한다.

찾아가기
▶ 차례(p.4~5)
▶ 30일 또는 20일 플랜(p.7)
▶ 문학 공부법 7계명(p.8)

Tip 자신이 하나의 세트(지문+문제) 문제를 풀 때 어느 정도의 시간이 걸리는지 파악하지 못해서 계획을 세우기 어렵다면, 우선 하나의 세트를 풀어 본 후 걸리는 시간을 바탕으로 계획을 세워 본다.

2단계 ▶ 공부하기

❶ 그날 공부할 분량을 확인하고 학습을 시작한다.

❷ 실제 시험을 보듯 지문을 읽고 문제를 푼다.

❸ 채점을 한다. 틀린 문제는 다시 풀 것이므로 정답을 표시하지 않는다.

❹ '점검! 내신 강의'와 '점검! 수능 강의'를 보며 작품을 제대로 감상했는지 확인한다. 그리고 '정답과 해설'을 보면서 맞은 이유와 틀린 이유를 확인한다.

❺ 위와 같은 방식으로 그날그날의 공부할 분량을 차례로 학습하고 자신이 정한 플랜에 학습 결과를 기록한다.

찾아가기
▶ 고전 시가(p.12~41)
▶ 현대시(p.44~63)
▶ 고전 산문(p.66~95)
▶ 현대 산문(p.98~127)
▶ 갈래 복합(p.130~159)
▶ 수능 문학 필수 개념어(p.9)
▶ 정답과 해설
▶ 30일 또는 20일 플랜(p.7)

Tip 공부하기 전 '수능 문학 필수 개념어'를 먼저 훑어보면 지문과 문제 해석에 도움이 된다.

3단계 ▶ 복습하기

❶ 틀린 문제 개수와 복습이 필요한 문제를 확인한다.

❷ 지문을 다시 읽은 다음, 틀렸던 문제를 풀고 채점을 한다.

❸ 또다시 틀린 문제가 있다면, '점검! 내신 강의'와 '점검! 수능 강의'를 다시 보고 '정답과 해설'을 바탕으로 이해한다.

❹ 위와 같은 방식으로 그날그날의 공부할 분량을 차례로 학습한다.

찾아가기
▶ 틀린 문제 / 정답과 해설

Tip 자기만의 오답 노트를 만들어 틀렸던 문제는 시간이 날 때마다 살펴본다.

Tip 복습하기는 뒤로 미루지 않고, 해당 공부할 날에 즉시 해야 학습 효과가 있다. 게으름을 피우면 당시 기억도 사라지고 헷갈렸던 문제도 마치 알고 푼 듯 착각할 수 있다.

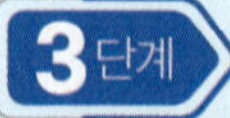

4단계 ▶ 취약 부분 점검하기

❶ 모든 학습을 마쳤으면 학습 계획대로 잘 실천했는지 점검하고, 자신의 실력을 진단해 본다.

❷ 취약한 부분이 고전 시가 / 현대시 / 고전 산문 / 현대 산문 / 갈래 복합 중 어느 갈래인지 확인한다.

❸ 취약한 부분이 국어 개념인지, 작품에 대한 이해인지, 문제 풀이 능력인지 확인한다.

❹ 점검 결과에 따라 앞으로의 수능 문학 학습 계획을 수립한다.

찾아가기
▶ 30일 또는 20일 플랜(p.7)

Tip 약점이 국어 개념인 경우, 교과서의 주요 개념을 중심으로 훑어본다. 작품에 대한 이해가 부족한 경우에는 문장 및 문단 구조, 작품 주제, 작품에 대한 해석을 위주로 지문을 읽는 훈련을 한다. 그리고 문제 풀이 능력이 취약한 경우에는 풀이에 대한 개념, 틀린 이유 등을 오답 노트에 꼼꼼히 기록하는 습관을 들인다.

공부할 날			학습 내용	틀린 개수	소요 시간	복습이 필요한 문제
1일차 [	월	일]	고전 시가 01, 02, 03 (p.12~17)	개 / 15개	분 초	
2일차 [	월	일]	고전 시가 04, 05, 06 (p.18~23)	개 / 15개	분 초	
3일차 [	월	일]	고전 시가 07, 08, 09 (p.24~29)	개 / 15개	분 초	
4일차 [	월	일]	고전 시가 10, 11 (p.30~33)	개 / 10개	분 초	
5일차 [	월	일]	고전 시가 12, 13 (p.34~37)	개 / 10개	분 초	
6일차 [	월	일]	고전 시가 14, 15 (p.38~41)	개 / 10개	분 초	
7일차 [	월	일]	현대시 01, 02 (p.44~47)	개 / 10개	분 초	
8일차 [	월	일]	현대시 03, 04 (p.48~51)	개 / 10개	분 초	
9일차 [	월	일]	현대시 05, 06 (p.52~55)	개 / 10개	분 초	
10일차 [	월	일]	현대시 07, 08 (p.56~59)	개 / 10개	분 초	
11일차 [	월	일]	현대시 09, 10 (p.60~63)	개 / 10개	분 초	
12일차 [	월	일]	고전 산문 01, 02 (p.66~69)	개 / 10개	분 초	
13일차 [	월	일]	고전 산문 03, 04 (p.70~73)	개 / 10개	분 초	
14일차 [	월	일]	고전 산문 05, 06 (p.74~77)	개 / 10개	분 초	
15일차 [	월	일]	고전 산문 07, 08 (p.78~81)	개 / 10개	분 초	
16일차 [	월	일]	고전 산문 09, 10 (p.82~85)	개 / 10개	분 초	
17일차 [	월	일]	고전 산문 11, 12 (p.86~89)	개 / 10개	분 초	
18일차 [	월	일]	고전 산문 13, 14, 15 (p.90~95)	개 / 15개	분 초	
19일차 [	월	일]	현대 산문 01, 02 (p.98~101)	개 / 10개	분 초	
20일차 [	월	일]	현대 산문 03, 04 (p.102~105)	개 / 10개	분 초	
21일차 [	월	일]	현대 산문 05, 06 (p.106~109)	개 / 10개	분 초	
22일차 [	월	일]	현대 산문 07, 08 (p.110~113)	개 / 10개	분 초	
23일차 [	월	일]	현대 산문 09, 10 (p.114~117)	개 / 10개	분 초	
24일차 [	월	일]	현대 산문 11, 12 (p.118~121)	개 / 10개	분 초	
25일차 [	월	일]	현대 산문 13, 14, 15 (p.122~127)	개 / 15개	분 초	
26일차 [	월	일]	갈래 복합 01, 02 (p.130~135)	개 / 10개	분 초	
27일차 [	월	일]	갈래 복합 03, 04 (p.136~141)	개 / 10개	분 초	
28일차 [	월	일]	갈래 복합 05, 06 (p.142~148)	개 / 10개	분 초	
29일차 [	월	일]	갈래 복합 07, 08 (p.149~153)	개 / 10개	분 초	
30일차 [	월	일]	갈래 복합 09, 10 (p.154~159)	개 / 10개	분 초	

공부할 날			학습 내용	틀린 개수	소요 시간	복습이 필요한 문제
1일차 [	월	일]	고전 시가 01, 02, 03, 04 (p.12~19)	개 / 20개	분 초	
2일차 [	월	일]	고전 시가 05, 06, 07, 08 (p.20~27)	개 / 20개	분 초	
3일차 [	월	일]	고전 시가 09, 10, 11, 12 (p.28~35)	개 / 20개	분 초	
4일차 [	월	일]	고전 시가 13, 14, 15 (p.36~41)	개 / 15개	분 초	
5일차 [	월	일]	현대시 01, 02, 03 (p.44~49)	개 / 15개	분 초	
6일차 [	월	일]	현대시 04, 05, 06 (p.50~55)	개 / 15개	분 초	
7일차 [	월	일]	현대시 07, 08, 09, 10 (p.56~63)	개 / 20개	분 초	
8일차 [	월	일]	고전 산문 01, 02, 03 (p.66~71)	개 / 15개	분 초	
9일차 [	월	일]	고전 산문 04, 05, 06 (p.72~77)	개 / 15개	분 초	
10일차 [	월	일]	고전 산문 07, 08, 09 (p.78~83)	개 / 15개	분 초	
11일차 [	월	일]	고전 산문 10, 11, 12 (p.84~89)	개 / 15개	분 초	
12일차 [	월	일]	고전 산문 13, 14, 15 (p.90~95)	개 / 15개	분 초	
13일차 [	월	일]	현대 산문 01, 02, 03 (p.98~103)	개 / 15개	분 초	
14일차 [	월	일]	현대 산문 04, 05, 06 (p.104~109)	개 / 15개	분 초	
15일차 [	월	일]	현대 산문 07, 08, 09 (p.110~115)	개 / 15개	분 초	
16일차 [	월	일]	현대 산문 10, 11, 12 (p.116~121)	개 / 15개	분 초	
17일차 [	월	일]	현대 산문 13, 14, 15 (p.122~127)	개 / 15개	분 초	
18일차 [	월	일]	갈래 복합 01, 02, 03 (p.130~138)	개 / 15개	분 초	
19일차 [	월	일]	갈래 복합 04, 05, 06 (p.139~148)	개 / 15개	분 초	
20일차 [	월	일]	갈래 복합 07, 08, 09, 10 (p.149~159)	개 / 20개	분 초	

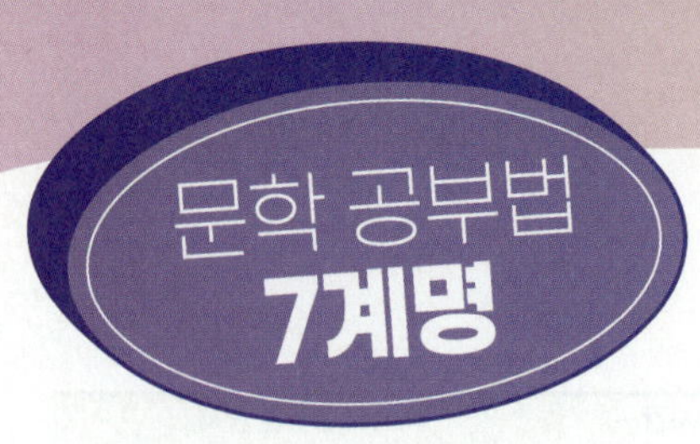

기초 문학 개념을 충분히 숙지한다.

- 시에서의 화자나 표현 방법, 소설에서의 인물, 구성 등과 같은 문학 개념은 작품 이해와 문제 해결의 토대가 된다. 이러한 토대가 갖춰져 있지 않으면 수능 국어에서 고득점을 얻을 수 없다.
- 시험에 자주 등장하는 문학 개념이 그리 많지 않으므로, 기본적인 문학 개념들을 정확하게 숙지하고 있어야 한다.

필수 문학 작품을 공부한다.

- 수능에서는 어떤 작품이 출제될지 예측하기 어렵다. 모든 작품을 공부할 수는 없지만 교과서에 수록된 작품, 수능, 평가원, 전국연합에 출제된 작품 등 필수 문학 작품은 미리 공부해 두는 것이 좋다.
- 시는 화자의 정서와 태도를 중심으로, 소설은 인물 및 대략적인 줄거리를 중심으로 기본적인 주제와 중심 내용을 머릿속에 담아 둔다.

고전 문학 작품에 자주 나오는 고어(古語)를 익혀 둔다.

- 고전 문학 작품에는 고어가 사용되는 경우가 많다. 이런 고어의 의미를 미리 공부하지 않으면 작품의 의미를 제대로 이해하기 어렵다.
- 작품을 읽다가 모르는 고어가 나오면 바로바로 사전을 찾아 의미를 익혀 둔다.

〈보기〉에 주목한다.

- 보통 작품마다 〈보기〉 문제가 하나 이상씩 출제된다. 그리고 〈보기〉에는 작품 이해를 돕는 중요한 단서들이 제시되는 경우가 많다.
- 〈보기〉의 내용을 먼저 확인하면 풀이 시간을 단축하고 문제 해결의 실마리를 잡을 수 있다.

기출문제를 통해 출제 유형을 파악한다.

- 국어 영역에서 평가의 내용은 크게 달라지지 않지만, 평가를 위한 문제의 유형은 해마다 조금씩 달라진다. 이러한 출제 유형에 익숙해지지 않으면 실전에 임했을 때 당황할 수 있다.
- 교재에 수록된 문제 유형을 파악하고, 갈래 복합으로 출제되는 신유형도 확인한다.

지문에 답의 근거가 있다는 점을 명심한다.

- 수능에서 다양하게 해석될 여지가 있는 문제는 출제되지 않는다. 답의 근거는 지문, 문제의 발문, 〈보기〉, 선택지 안에 있다는 점을 기억한다.
- 문제를 반복해서 풀다 보면 지문에서 답의 근거를 찾는 방법을 완벽히 익힐 수 있다.

문제를 틀렸다면 왜 틀렸는지 확인한다.

- 문제를 틀렸다는 것은 지문을 잘못 해석했거나, 문제의 발문·선택지를 잘못 이해했다는 뜻이다.
- 왜 틀렸는지 이유를 알아야 다음에 같은 실수를 반복하지 않을 수 있다.

㊦: 유사한 말　㊫: 반대말　㊣: 함께 알면 좋은 말

수능 문학 필수 개념어	의미	대표로 찾아보기	관련 어휘
감각적 이미지	시를 읽을 때 떠오르는 감각적인 모습이나 느낌. 시각적, 청각적, 후각적, 미각적, 촉각적 심상이 있음.	p.27 4번 ⑤	함 상징적 이미지, 색채 이미지
공감각적 심상	하나의 감각을 다른 감각으로 옮겨서 표현하는 '감각의 전이'를 통해 두 가지 이상의 감각이 동시에 떠오르게 하는 심상	p.29 4번 ③	함 청각의 시각화, 시각의 청각화, 시각의 촉각화
군담 소설	전쟁을 소재로 한 소설. 영웅적 인물의 활약상이 담겨 있음.	p.79 5번 〈보기〉	함 영웅 소설
기승전결	'시상의 제시(기) → 시상의 발전, 심화(승) → 시상의 고조, 전환(전) → 시상의 마무리, 정서 제시(결)' 순으로 전개되는 방식	p.57 5번 ①	함 선경후정, 시상의 전환
내면(내면화)	밖으로 드러나지 않는 사람의 속마음. 사람의 정신적·심리적 측면을 이름.	p.63 1번 ①	반 외면, 함 성찰
냉소적	쌀쌀한 태도로 업신여겨 비웃는 것	p.99 5번 ②	함 우호적, 비판적
대구적 표현(대구법)	같거나 비슷한 구조의 문장을 나란히 배열하는 방법. 리듬감과 의미를 강조하는 효과를 줌.	p.39 1번 ①	함 반복법
대비	두 가지의 차이를 밝히기 위하여 서로 맞대어 비교함.	p.49 3번 ④	반 유사
독백적 어조	작품 속에서 화자가 자신의 이야기를 혼잣말하는듯한 억양으로 진술하는 것. 내면 심리 설명, 자기반성, 성찰 등의 기능을 함.	p.19 2번 ③	유 고백적 어조 반 대화체
병치	2개 이상의 사건, 장면, 공간, 시간 등을 나란히 배치하는 것	p.109 4번 ②	유 병렬 반 교차
서술자의 논평(개입)	서술자가 작품 속에 직접 개입하여 인물이나 사건에 대해 자신의 주관적 생각을 밝히는 것. 고전 소설에 자주 나타남.	p.81 2번 ②	유 편집자적 논평
설의적 표현(설의법)	누구나 알고 있거나 결론이 분명한 내용을 의문문 형식으로 표현하는 방법. 궁금해서 묻는 것이 아니라 독자 스스로 생각해 보거나 판단하게 하여 의미를 강조함.	p.135 1번 ⑤	함 도치법, 대구법, 반어법, 역설법
수미상관	시의 처음과 끝에 형태적·의미적으로 같거나 유사한 시구를 배열하는 시상 전개 방식	p.41 2번 ⑤	유 수미상응
액자식 구성	이야기 안에 또 다른 이야기가 들어 있는 구성. 주로 '외부 이야기 → 내부 이야기 → 외부 이야기'로 구성됨.	p.117 1번 ②	함 삽화식 구성
역설적	겉보기에는 모순된 것 같으나 그 속에는 중요한 진리가 함축되어 있는 것	p.23 1번 〈보기〉	함 반어법
열거(열거법)	의미나 기능이 비슷한 계열의 단어나 구절을 나열하는 표현 방법	p.83 4번 ③	함 연쇄법
영탄적 표현(영탄법)	감탄사나 감탄형 어미 등을 사용해 화자의 고조된 감정을 드러내는 표현법	p.23 1번 〈보기〉	함 과장법
우회적	직접적으로 말하지 않고 돌려서 말하는 것	p.93 3번 ②	유 간접적 반 직접적
유사한 문장(통사) 구조의 반복	'주어 + 서술어'의 형태를 갖춘 같거나 비슷한 문장 구조를 반복하는 시상 전개 방식. 운율을 형성함.	p.13 1번 ⑤	유 유사한 시구(시행)의 반복
음성 상징어	의성어(사람이나 사물의 소리를 흉내 내는 말)와 의태어(사람이나 사물의 모양이나 동작을 흉내 내는 말)로 표현하는 방법	p.59 2번 ④	함 생동감
의식의 흐름	의식이 흘러가는 대로 연속적으로 이어서 서술하는 기법	p.117 1번 ④번	함 시간의 흐름, 시간의 역전
의인화(의인법)	사람이 아닌 대상에 인격을 부여하여 사람처럼 표현하는 방법	p.156 1번 ①	유 인격화
적강	천상 세계의 신선·선녀(비범한 인물)가 하늘(천상계)에서 죄를 짓고 지상 세계(인간계)로 내려오거나 인간으로 태어나는 것	p.35 4번 〈보기〉	함 비범성, 고귀한 혈통, 모티프
전기적(전기성)	현실에서 일어날 수 없는 일들, 기이하고 신비로운 요소가 나타나는 것. 고전 소설의 주요 특징임.	p.73 1번 ①	유 환상적, 초월적, 비현실적
점층적(점층법)	점점 층을 쌓아 간다는 뜻으로, 문장의 의미를 점점 강하게, 크게, 정도가 높아지게 표현하는 방법	p.15 1번 ①	반 점강적
풍자	부정적 현실, 모순, 인물의 결함 등을 과장하거나 비꼬아서 표현하여 비판적 웃음을 유발하는 기법	p.121 3번 〈보기〉	함 해학, 조롱
해학	익살스러운 말이나 행동을 통해 대상에 대한 호감과 연민을 불러일으키며 삶에 대한 낙관적 웃음을 유발하는 기법	p.17 4번 ⑤	함 풍자, 희화화
형상화	형체가 분명하지 않은 것을 표현할 때 작가가 일정한 의도에 따라 구체적이고 명확한 모양으로 나타내는 것	p.25 5번 ⑤	유 구체화 반 추상화
환기	정서나 감정을 불러일으킴.	p.53 5번 ②	유 연상
환몽 구조	'현실-꿈-현실'로 이루어진 구조. 대체로 '꿈'은 현실에서 얻지 못한 것을 얻거나 채우지 못한 욕망을 채우는 공간으로 설정됨.	p.89 1번 〈보기〉	유 몽유 구조, 몽자류 소설, 몽유록계 소설
회상	지난 일을 돌이켜 생각함. 또는 그런 생각	p.123 5번 〈보기〉	유 회고, 상기

고전 시가

I

고전 시가는 크게 상대 시가, 평시조, 사설시조, 가사, 악장, 민요로 분류되는데 각각의 특성을 이해하는 것이 필요합니다.

- 고전 시가는 대체로 자연 예찬, 임금에 대한 충성, 이성 간의 사랑, 학문에 대한 내용 등이 주요 주제로 다뤄집니다.
- 원문으로 출제되는 경우가 많아지고 있기 때문에 고전 어휘에 익숙해져야 합니다. 모든 어휘를 알 필요는 없지만 현대어로 풀이해 보면서 기본적인 어휘와 구문, 그리고 의미 추론 능력을 향상 시키는 것이 중요합니다.
- 고전 시가는 출제되는 작품이 한정되어 있기 때문에 주요 작품의 형식상 특징과 주제를 반복해서 미리 학습해 둘 필요가 있습니다.

가

생사(生死) 길은

이에 있으매 죽고

나는 간다 말도

못 이르고 갔나이까

어느 가을 이른 ㉠바람에

여기저기 떨어지는 ㉡잎과 같이

한 가지에 나고

간 곳을 모르옴이여

아 정토(淨土)에서 만날 나

도(道)를 닦아 기다리고자 하노라

— 월명사, 〈제망매가(祭亡妹歌)〉 (김준영 해독)

나

달님이시여 높이높이 돋으시어

어긔야 ⓐ멀리멀리 비춰 주소서.

어긔야 어강됴리

아으 다롱디리

ⓑ시장에 가 계신가요.

어긔야 ⓒ진 데를 디딜까 두렵습니다.

어긔야 어강됴리

ⓓ어느 곳에나 놓으십시오.

어긔야 내 가는 데 ⓔ저물까 두렵습니다.

어긔야 어강됴리

아으 다롱디리

— 어느 행상인의 아내, 〈정읍사(井邑詞)〉

• 점검! 내신 강의

(가)

- **갈래** 10구체 향가
- **성격** 애상적, 서정적, 종교적
- **주제** 죽은 누이에 대한 추모
- **특징**
① 10구체 향가의 대표작으로, 〈찬기파랑가〉와 함께 향가의 백미(白眉)로 꼽힘
② 정제되고 세련된 비유와 표현 기교를 구사함

(나)

- **갈래** 고대 가요, 망부가(望夫歌)
- **성격** 서정적, 기원적
- **주제** 행상 나간 남편의 안전 기원
- **특징**
① 현전하는 유일한 백제 가요이자, 국문으로 기록되어 전하는 가장 오래된 가요임
② 상징적 소재를 통해 화자의 정서를 나타냄

• 점검! 수능 강의

(가)

1. 시어의 의미

이른 바람	누이의 때 이른 죽음(요절)
떨어지는 잎	죽은 누이
한 가지	같은 부모

2. 화자의 인식과 태도

화자는 누이의 죽음으로 인해 슬픔과 고뇌에 빠지며 삶의 무상감과 허무함을 느끼게 되지만 '정토에서 만날 나 / 도를 닦아 기다리고자 하노라'라고 말하며 종교적으로 극복하려는 태도를 보임

(나)

1. 화자의 상황과 태도

화자(아내)는 길을 밝혀 주는 달에게 의탁하여 행상을 나간 남편이 위험한 곳을 디딜까 염려하는 마음과 무사하게 귀가하기를 바라는 소망을 간절하게 노래함

2. 소재의 대조적 의미

달		진 데
• 광명의 이미지 • 화자가 기원하는 대상, 천지신명(초월적 존재)	↔	• 어둠의 이미지 • 위험이 있는 곳 • 남편이 겪을 수 있는 부정적 상황

1 (가)와 (나)의 공통점으로 가장 적절한 것은?

① 계절적 이미지를 통해 작품의 상황을 제시하고 있다.
② 상징적 소재를 활용하여 시적 상황을 드러내고 있다.
③ 여성적 어조를 사용하여 시적 분위기를 형성하고 있다.
④ 자연 현상과 인간사를 대조하여 주제를 강조하고 있다.
⑤ 유사한 문장 구조의 반복으로 화자의 처지를 부각하고 있다.

2 (가)의 시상 전개에 대한 설명으로 적절한 것은?

① 1~4구에서 5~8구, 9~10구로 시상이 전개됨에 따라 화자의 내적 갈등이 심화되는군.
② 1~4구에서의 슬픔이 5~8구의 자기반성을 거쳐 9~10구의 종교적 깨달음으로 이어지는군.
③ 1~4구, 5~8구에서의 화자의 허무함이 9~10구에서 현실 도피의 소극적 태도로 나타나는군.
④ 1~4구의 화자 개인적 상황이 5~8구, 9~10구를 거치면서 인류 보편적 상황으로 확대되는군.
⑤ 1~4구에서의 혈육을 잃은 안타까움의 정서가 5~8구에서 무상감으로 드러나다가 9~10구에서 극적으로 승화되는군.

3 〈보기〉를 참고할 때, (나)에 대한 감상으로 적절하지 <u>않은</u> 것은?

> ► 보기 ◄
>
> 우리 민족에게 달은 '밝음'이요, '원만함'이다. 작열하는 햇볕의 뜨거움과는 달리 달빛은 '은은함'과 '부드러움'이고 '포용'이다. 햇볕이 사물을 서로 구분하고 개별화하는 빛이라면, 달빛은 서로 어울리게 하고 융합하게 하는 빛이다. 또한 밤의 달빛은 어둠을 밝혀 세상을 밝게 비춰 주는 존재이다. 이외에도 달은 '영속의 삶', '재생과 회생', '평화로움' 등의 상징적 의미를 지닌다.

① '달님'이 '멀리멀리 비춰' 임이 안전하기를 바라는 마음에서 임에 대한 화자의 따스한 정을 확인할 수 있겠군.
② 서로 어울리게 하고 융합하게 하는 달의 속성은 공간적으로 멀리 떨어져 있는 임과 화자를 연결시켜 줄 수 있겠군.
③ 달빛이 가진 세상을 감싸는 포용의 이미지 때문에 화자는 임의 무사 귀환을 '달님'에게 빌고 있다고 할 수 있겠군.
④ 임이 '진 데를 디딜까' 걱정하는 화자의 태도에서 '진 데'는 어둠을 밝히는 '달님'과는 달리 부정적 의미로 이해할 수 있겠군.
⑤ 임에게 '어느 곳에나 놓으'라고 하는 것은 사물을 서로 구분하거나 개별화하지 않는 '달님'의 속성을 따르는 화자의 마음이 담긴 것으로 볼 수 있겠군.

4 (가)의 ㉠, ㉡과 〈보기〉의 밑줄 친 시어들을 비교하여 이해한 내용으로 적절하지 <u>않은</u> 것은?   [평가원 기출]

> ► 보기 ◄
>
> A. 간밤에 부던 <u>바람</u> 만정 <u>도화(桃花)</u> 다 지겠다
>   아이는 비를 들어 쓸려고 하는 구나
>   낙화인들 꽃이 아니랴 쓸어 무엇 하리오
>
> B. <u>바람</u> 불어 쓰러진 <u>나무</u> 비 온다 싹이 나며
>   임 그려 든 병이 약 먹다 나을쏘냐
>   저 임아 널로 든 병이니 네 고칠까 하노라

① ㉠과는 달리 A의 '바람'은 화자의 시련을 상징하고 있다.
② ㉠과 B의 '바람'은 어떤 결과를 가져오는 원인으로 작용하고 있다.
③ ㉡과는 달리 A의 '도화'는 화자의 감회와 흥취를 부각하고 있다.
④ ㉡과는 달리 B의 '나무'는 화자 자신을 비유하고 있다.
⑤ ㉡, A의 '도화', B의 '나무'는 수동성을 함축하고 있다.

5 〈보기〉를 바탕으로 ⓐ~ⓔ를 이해할 때, 적절하지 <u>않</u>은 것은?   [전국연합 기출]

> ► 보기 ◄
>
> 정읍은 전주에 소속된 현(縣)이다. 이 고을 사람이 행상을 떠나 오래도록 돌아오지 않았다. 그 아내는 산 위 바위에 올라가 남편이 있을 먼 곳을 바라보면서 남편이 밤길에 오다가 해를 입지나 않을까 염려하였다. 고개에 올라 남편을 기다리던 아내는 언덕에 망부석으로 변해 남아 있다고 한다.
>   – 《고려사》 '악지', 〈삼국 속악 백제조〉

① ⓐ에는 남편을 걱정하는 아내의 간절한 마음이 담겨 있다.
② ⓑ에서 남편의 직업이 상인임을 알 수 있다.
③ ⓒ는 남편에게 일어날 수 있는 모든 부정적인 상황을 의미한다.
④ ⓓ에는 남편 자신의 안전을 먼저 생각하라는 아내의 당부가 나타난다.
⑤ ⓔ에는 남편을 위한 아내의 희생 의지가 드러난다.

02 빈녀음(貧女吟) | 사리화(沙里花) | 야와송시유감(夜臥誦詩有感)

● 점검! **내신 강의**

가

豈是乏容色   ㉠외모도 남에 비해 그리 빠지지 않고
工針復工織   바느질 솜씨 길쌈 솜씨도 좋건만
少少長寒門   [A]   **가난한 집안**에 태어나 자란 까닭에
良媒不相識   **좋은 중매 자리** 나를 몰라준다오.

不帶寒餓色   춥고 굶주려도 겉으로는 내색하지 않고
盡日當窓織   **하루 종일 창가에서 베만** 짠다네
唯有父母憐   [B]   오직 내 부모님만 가엾다 여기실 뿐
四隣何曾識   그 **어떤 이웃**이 이내 속을 알아주리오.

夜久織未休   밤이 깊어도 베를 짜는 손 멈추지 않고
戛戛鳴寒機   **베틀** 소리만 삐걱삐걱 **처량하게** 우네
機中一疋練   [C]   **베틀에 짜여 가는 이 한 필 비단**
終作何誰衣   끝내는 **어느 색시**의 옷이 되려나.

手把金剪刀   가위로 싹둑싹둑 **옷감을 마르**노라면
夜寒十指直   ㉡추운 밤에 손끝이 곱아 오네
爲人作嫁衣   [D]   시집가는 누군가를 위해 **길옷을 만들고 있**지만
年年還獨宿   이내 몸은 **해마다 홀로** 잔다오.

– 허난설헌, 〈빈녀음(貧女吟)〉

(가)
• **갈래** 한시(전 4수, 5언 절구)
• **성격** 현실 비판적, 애상적
• **주제** 불평등한 현실에 대한 한탄
• **특징** 대상과의 대비를 통해 화자의 심화된 정서를 드러냄

(나)
• **갈래** 한시(7언 절구)
• **성격** 풍자적, 현실 비판적, 상징적
• **주제** 탐관오리(권력자)의 횡포에 대한 비판
• **특징** 상징적 자연물을 통해 현실을 고발함

(다)
• **갈래** 한시(7언 율시)
• **성격** 애상적
• **주제** 시와 술로 근심을 달래는 처량한 처지
• **특징** 자연물과 교감하고 있는 문학적 상상력이 드러남

나

黃雀何方來去飛   **참새**야 어디서 오가며 나느냐.
一年農事不曾知   ㉢일 년 농사는 **아랑곳하지 않고**
鰥翁獨自耕耘了   **늙은 홀아비** 홀로 갈고 맸는데
耗盡田中禾黍爲   ㉣밭의 **벼며 기장을 다 없애다니.**

– 이제현, 〈사리화(沙里花)〉

● 점검! **수능 강의**

(가)
대비를 통한 비판 의식

시집가는 누군가
시집갈 때 입을 길옷 만드는 일을 다른 사람에게 맡김

↕

화자 자신
시집가는 남이 입을 길옷을 바느질함

남을 위해 옷을 만드는 화자를 통해 사회적 불평등을 우회적으로 비판함

(나)
풍자적 특성
늙은 홀아비가 한 해 동안 애써 농사지은 곡식을 참새가 쪼아 먹는 상황 → 힘없고 가난한 농민에게 가혹한 수탈을 일삼는 탐관오리(권력자)의 행태를 풍자함

(다)
'술'의 의미
화자의 근심을 일시적으로 잊게 해 주는 소재로, 화자의 현실적 고통을 달래 줌

다

枕上得詩吟不輟   베개 베고 시를 얻어 계속 읊조리자니
羸驂伏櫪更長鳴   ㉤마구간의 마른 말도 더욱 길게 우는구나
夜深纖月初生影   밤 깊어 초승달은 그림자를 만들고
山靜寒松自作聲   고요한 산 찬 솔도 절로 소릴 내누나
老婢撥灰明兀兀   늙은 종이 재를 털자 등불은 밝아지고
孺人把酒勸卿卿   아내는 술을 퍼와 내게 권해 따라주네
醉來捉被還高臥   얼큰해져 이불 덮고 다시 높이 누웠자니
未覺胸中有不平   가슴 속에 불평 있음 깨닫지 못하겠네

– 박은, 〈야와송시유감(夜臥誦詩有感)〉

1 (가)~(다)에 대한 설명으로 가장 적절한 것은?

① (가), (나)는 (다)와 달리 점층적으로 상황의 변화를 제시하고 있다.

② (가), (다)는 (나)와 달리 의문형 문장을 활용하여 화자의 정서를 드러내고 있다.

③ (가), (다)는 (나)와 달리 구체적 청자를 설정하여 자신의 심정을 진솔하게 토로하고 있다.

④ (나), (다)는 (가)와 달리 자연물을 활용하여 주제 의식을 부각하고 있다.

⑤ (가)~(다)는 모두 색채 이미지를 활용하여 시적 대상의 특징을 선명하게 드러내고 있다.

2 〈보기〉는 (다)를 감상한 학생의 글이다. ㉮~㉺ 중, 적절하지 <u>않은</u> 것은?

> ▸ 보기 ◂
>
> (다)를 지은 시인 박은은 연산군 때 파직을 당하게 되고, 이로 인해 경제적, 심리적으로 어려움을 겪는다. 시인은 ㉮그런 자신의 정서를 마구간의 마른 말과 서로 나누기도 하고, ㉯소리 내는 소나무와 교감하기도 한다. 한편 시인은 ㉰아내가 권해 따라주는 위로의 술을 마시며 ㉱그 취기로 비로소 잠을 청해 볼 수 있다. 시인은 ㉲그림자를 만드는 초승달과 밝아지는 등불을 통해 희망의 실마리를 발견하고 극복 의지를 우회적으로 보여 준다.

① ㉮   ② ㉯   ③ ㉰   ④ ㉱   ⑤ ㉲

3 ㉠~㉤에 대한 이해로 가장 적절한 것은?

① ㉠: 경국지색(傾國之色)에 대한 화자의 자부심을 비유적으로 표현하고 있군.

② ㉡: 독수공방(獨守空房)에서 벗어나고 싶은 마음을 특정 계절에 경험한 내용과 관련지어 표현하고 있군.

③ ㉢: 상부상조(相扶相助)하지 않아 농사가 방치된 현실에 대한 비판 의식을 드러내고 있군.

④ ㉣: 수주대토(守株待兔)하며 요행을 기대하는 농부의 어리석음을 지적하고 있군.

⑤ ㉤: 이심전심(以心傳心)이라더니 화자가 시를 읊조리자 말이 반응하고 있군.

4 시적 맥락을 고려하여 (가)의 [A]~[D]를 이해한 내용으로 적절하지 <u>않은</u> 것은?　[전국연합 기출]

① [A]의 '가난한 집안' 사정은 [B]의 '하루 종일 창가에서 베만' 짜야 하는 구체적 상황으로 이어지고 있군.

② [A]의 '좋은 중매 자리'가 들어오지 않는 상황은 [D]의 '해마다 홀로' 자야 하는 외로운 처지에 놓이게 했군.

③ [B]의 '어떤 이웃'도 알아주지 않는 '이내 속'은 [C]의 '처량하게 우'는 '베틀'에 투영되어 있군.

④ [C]의 '베틀에 짜여 가는 이 한 필 비단'은 [D]의 '옷감을 마르'는 힘겨운 일상에 위안을 주고 있군.

⑤ [D]의 '길옷을 만들고 있'는 상황은 [C]의 '어느 색시'의 처지와 대비되어 서글픔을 심화시키고 있군.

5 〈보기〉를 참고하여 (나)를 이해한 내용으로 적절하지 <u>않은</u> 것은?　[전국연합 기출]

> ▸ 보기 ◂
>
> 〈사리화〉는 고려 후기의 문신이자 학자인 이제현이 당시 유행하던 민요를 한역(漢譯)한 것으로, '조세가 많고 과중한데다가 권력자들이 수탈을 일삼아 백성들은 곤궁에 빠지고 최소한의 생존 수단마저도 잃게 되어, 백성들이 이 노래를 지어 원망하였다.'라는 노래의 배경이 전해지고 있다.

① '참새'는 백성들을 수탈하는 부도덕한 권력자를 상징하는군.

② '아랑곳하지 않고'는 농민들의 강인한 생명력을 드러내는군.

③ '늙은 홀아비'는 힘겹게 살아가는 가난한 농민을 대변하는군.

④ '벼'와 '기장'은 최소한의 생존 수단으로도 해석할 수 있겠군.

⑤ '다 없애다니'는 가혹한 상황에 대한 원망의 심정을 담고 있군.

동동(動動)

정월 **나릿므른** 아으 어져 녹져 하논대
누리 가운데 나곤 몸하 호올로 녈셔*
　　아으 동동다리　　　　　　　　　　　　　　　　　　〈정월령〉

[A]
오월 오일애 아으 수릿날 아침 약(藥)은
즈믄 해를 장존(長存)하실 약이라 **받잡노이다**
　　아으 동동다리　　　　　　　　　　　　　　　　　　〈오월령〉

유월 보로매 아으 별헤* 버린 **빗** 다호라
돌아보실 님을 조금 **좇니노이다**
　　아으 동동다리　　　　　　　　　　　　　　　　　　〈유월령〉

칠월 보로매 아으 백종(百種) 배(排)하야* 두고
님을 **한데 녀가져** 원(願)을 **비잡노이다**
　　아으 동동다리　　　　　　　　　　　　　　　　　　〈칠월령〉

시월애 아으 져미연* **바랏** 다호라
것거 버리신 후에 디니실 한 분이 **없으샷다**
　　아으 동동다리　　　　　　　　　　　　　　　　　　〈시월령〉

십일월 **봉당 자리***에 아으 한삼(汗衫) 덮고 누워
슬픈 일이로구나 고운 이를 두고 **각각 녈셔**
　　아으 동동다리　　　　　　　　　　　　　　　　　　〈십일월령〉
　　　　　　　　　　　　　　　　　　　　　　– 작자 미상, 〈동동(動動)〉

* 녈셔: 살아가는구나.
* 별헤: 벼랑에
* 백종 배하야: 백중날 음식을 차려
* 져미연: 잘게 썬
* 바랏: 보리수나무
* 봉당 자리: 안방과 건넌방 사이의 흙바닥

점검! 내신 강의

- **갈래** 고려 가요
- **성격** 연가적, 민요적, 서정적
- **주제** 임에 대한 송도(頌禱)와 연모
- **특징**
① 우리나라 최초의 월령체 노래로, 고려 시대의 세시 풍속을 엿볼 수 있는 자료임
② 다양한 표현 방법을 통해 화자의 정서를 나타냄
- **작품 전체의 구성**

월별	소재	주제	세시 풍속
서사	덕, 복	송도	
정월	나릿믈	고독	
이월	등ㅅ블	송축	연등제
삼월	달윗곶	송축	
사월	곳고리새	애련	
오월	약	기원	단오
유월	빗	애련	유두
칠월	백종	연모	백중
팔월	가배	연모	한가위
구월	황화	적요	중양절
시월	바랏	애련	
십일월	봉당, 한삼	비련	
십이월	져	애련	

점검! 수능 강의

1. 형식상의 특징
- 율격: 우리 민요에서 흔히 볼 수 있는 3음보의 율격이 나타남
- 연장체: 서사와 12개의 연으로 구성된 본사의 총 13연으로 구성되어 하나의 작품이 몇 개의 연으로 이루어지는 연장체(분절체)의 성격을 보임
- 월령체: 1월에서 12월까지 시간의 흐름에 따른 전개로 월령체 노래로서의 특징을 보이며, 각 연은 그 달의 자연, 기후, 세시 풍속 등을 반영함
- 후렴구: 후렴구인 '아으 동동다리'에서 '동동'은 북소리, '다리'는 악기 소리를 흉내 낸 의성어로 보이며, 각 연을 분절시키면서 음악적 흥취를 고조시키는 역할을 함

2. 비유적 표현
화자는 자신의 처지를 주변의 다양한 사물에 비유하여 표현하고 있는데, 유월령에서는 '별헤 버린 빗(벼랑에 버린 빗)', 시월령에서는 '져미연 바랏(잘게 썬 보리수나무)'에 비유하여 임에게 버림받은 자신의 신세를 한탄하고 있음

1 윗글에 대한 설명으로 적절하지 <u>않은</u> 것은?

① 자연물을 활용하여 시적 상황을 강조하고 있다.
② 비유적 표현으로 화자의 모습을 드러내고 있다.
③ 과거 회상을 통해 현재의 처지를 부각하고 있다.
④ 여성 화자를 내세워 시의 정서를 강화하고 있다.
⑤ 후렴구를 통해 시 전체에 통일감을 형성하고 있다.

2 윗글의 내용을 고려할 때, 시인이 윗글을 창작하며 세운 계획으로 보기 <u>어려운</u> 것은?

① 얼음물이 풀리는 '냇물'의 계절 변화를 제시하여 화자의 외로움을 부각시켜야겠군.
② 임의 장수를 위해 '약'을 바치는 화자의 모습을 제시하여 화자의 애틋한 마음을 표현해야겠군.
③ 자신을 버려진 '빗'과 동일시하는 화자의 모습을 통해 화자의 서글픈 처지를 독자에게 전달할 수 있겠군.
④ 부재하는 임으로 인한 화자의 슬픔을 효과적으로 표현하기 위해서 꺾어 버려진 '보리수나무'를 활용하면 좋겠군.
⑤ 임과 이별한 상황에서도 아름다운 '한삼'을 덮어 치장하는 화자의 모습을 통해 자기 연민의 태도를 보여 주면 되겠군.

3 [A]와 〈보기〉를 비교한 내용으로 적절하지 <u>않은</u> 것은?

> ─────── 보기 ───────
>
> 오월이라 한여름 되니 망종(芒種) 하지(夏至) 절기로다.
> 남풍은 때맞추어 보리 추수 재촉하니
> 보리밭 누른빛이 밤사이 나겠구나.
> 문 앞에 터를 닦아 보리타작 하오리라.
> 　　　　　〈중략〉
> 오월 오일 단옷날 물색(物色)이 새롭도다.
> 오이밭에 첫물 따니 이슬에 젖었으며
> 앵두 익어 붉은빛이 아침 볕에 눈부시다.
> 목 맺힌 영계 소리 연습 삼아 자주 운다.
> 향촌의 아녀자들아 그네는 타더라도
> 청홍(靑紅) 치마 창포비녀* 좋은 시절 허송마라.
> 노는 틈틈이 할 일이 약쑥이나 베어 두소.　　– 정학유, 〈농가월령가〉
>
> * 창포비녀: 창포 뿌리를 깎아 만든 비녀. 단오에 부녀자들이 역병을 물리치려는 액땜으로 꽂았음

① [A]와 달리 〈보기〉는 교훈적인 성격이 드러나 있다.
② [A]와 달리 〈보기〉는 공동체의 일에 초점을 두고 있다.
③ 〈보기〉와 달리 [A]는 후렴구로 리듬감을 높이고 있다.
④ [A]와 〈보기〉 모두 특정한 청자를 직접 제시하고 있다.
⑤ [A]와 〈보기〉 모두 달에 따른 세시 풍속이 나타나 있다.

4 윗글에 대한 설명으로 가장 적절한 것은?

[전국연합 기출 응용]

① 대상이 부재하는 상황이 드러나 있다.
② 임이 처한 참담한 생활상이 나타나 있다.
③ 자연에 대한 예찬을 목적으로 하고 있다.
④ 상대에 대한 연민의 정서가 노출되어 있다.
⑤ 화자의 진솔한 감정을 해학적으로 표현하고 있다.

5 윗글에 대한 이해로 적절하지 <u>않은</u> 것은?

[전국연합 기출]

① 〈정월령〉의 '나릿므른'과 〈십일월령〉의 '봉당 자리'는 화자의 처지와 대비되는 대상이다.
② 〈오월령〉의 '받잡노이다'와 〈칠월령〉의 '비잡노이다'에는 정성과 기원이 담겨 있다.
③ 〈유월령〉의 '좇니노이다'와 〈칠월령〉의 '한데 녀가져'에는 소망이 직접적으로 표출되고 있다.
④ 〈유월령〉의 '빗'과 〈시월령〉의 '바랏'은 버림받은 화자의 신세를 비유한 사물이다.
⑤ 〈시월령〉의 '없으샷다'와 〈십일월령〉의 '각각 녈셔'에는 고독하게 지내는 삶이 드러나 있다.

흥망이 유수ᄒ니~ | 국화야 너는 어이~ | 동지ㅅ둘 기나긴 밤을~

가
㉠흥망(興亡)이 유수(有數)ᄒ니* 만월대(滿月臺)*도 추초(秋草)*ㅣ로다.
오백 년(五百年) 왕업(王業)이 목적(牧笛)*에 부쳐시니
㉡석양(夕陽)에 지나는 객(客)이 눈물계워 ᄒ노라.

— 원천석

* 유수ᄒ니: 운수가 정해져 있으니
* 만월대: 고려의 왕궁 터
* 추초: 가을 풀
* 목적: 목동의 피리

나
국화(菊花)야 너는 어이 삼월동풍(三月東風) 다 지내고
㉢낙목한천(落木寒天)*에 네 홀로 피었느냐.
㉣아마도 오상고절(傲霜孤節)*은 너뿐인가 ᄒ노라.

— 이정보

* 낙목한천: 나뭇잎이 떨어지는 때의 추운 하늘
* 오상고절: 서릿발이 심한 속에서도 굴하지 아니하고 외로이 지키는 절개

다
동지(冬至)ㅅ둘 기나긴 밤을 한 허리를 버혀 내여
춘풍(春風) 니블 아래 서리서리 너헛다가
㉤어론 님* 오신 날 밤이여든 구뷔구뷔 펴리라.

— 황진이

* 어론 님: 정든 임

• 점검! **내신 강의**

(가)
- **갈래** 평시조
- **성격** 회고적, 애상적
- **주제** 망국의 한과 인생무상
- **특징** 은유법, 중의법, 감각적 이미지를 사용하여 주제를 형상화함

(나)
- **갈래** 평시조
- **성격** 예찬적, 교훈적, 절의가
- **주제** 국화(선비)의 높은 절개 예찬
- **특징** 자연물을 의인화하여 그 속성을 예찬함

(다)
- **갈래** 평시조
- **성격** 낭만적, 감상적, 연정가
- **주제** 임을 기다리는 마음
- **특징** 추상적 개념(시간)을 구체적 사물로 표현함

• 점검! **수능 강의**

(가)
표현상의 특징
- 고려 멸망에서 느끼는 무상감을 시각적, 청각적 이미지로 형상화함
- '석양'은 '저무는 해'와 '고려의 멸망'이라는 의미를 내포하는 중의적 표현임
- 화자 자신을 '객'이라고 표현하여 슬픔의 정서를 객관화함

(나)
의인화의 효과
사군자의 하나로 변함없는 절개와 지조를 상징하는 '국화'를 '너'로 지칭하면서 '오상고절'로 표현함 → 화자는 국화에 대한 친근한 태도를 보이며, 국화를 예찬하면서 국화처럼 절개를 지키겠다는 의지를 드러냄

(다)
추상적 개념의 구체화

추상적 개념	동지ㅅ둘 기나긴 밤(시간)

↓

구체화	• 한 허리를 버혀 내여 • 서리서리 너헛다가 • 구뷔구뷔 펴리라

추상적 개념(시간)을 마치 형태가 있는 것처럼 구체적 사물로 표현하여 자연물의 주관적 변용이 나타남 → 사랑하는 임과 함께 있는 시간이 길어지기를 바라는 화자의 간절함이 드러남

1 **(가)~(다)의 공통점으로 가장 적절한 것은?**

① 의인화를 통해 대상에 대한 예찬을 나타내고 있다.
② 애상적 어조를 통해 비극적 분위기를 조성하고 있다.
③ 의태어를 구사하여 우리말의 묘미를 잘 살리고 있다.
④ 가정적 상황으로 자기반성의 태도를 보여 주고 있다.
⑤ 계절감을 주는 시어를 사용하여 화자의 정서를 강조하고 있다.

2 **㉠~㉤에 대한 설명으로 적절하지 않은 것은?**

① ㉠: 운명론적 세계관을 바탕으로 상황을 판단하고 있다.
② ㉡: 화자가 느끼는 슬픔을 객관화하여 표현하고 있다.
③ ㉢: 화자의 마음을 독백적 어조로 진솔하게 드러내고 있다.
④ ㉣: 자연물의 특성을 통해 바람직한 인간상을 제시하고 있다.
⑤ ㉤: 시간적 배경에 대한 화자의 긍정적 인식이 나타나고 있다.

3 **〈보기〉를 참고하여 (가)~(다)를 감상한 내용으로 적절하지 않은 것은?**

> → 보기 ←
>
> 고전 시가에서는 작가가 드러내고자 하는 의미를 간접적으로 표현하는 경우가 많다. 이때 주로 활용되는 대상은 해와 달, 산과 물, 꽃과 풀 등과 같은 보편적인 자연물이다. 그리고 봄, 여름, 가을, 겨울 같은 시간적 배경이나 일출과 일몰, 날씨 등 자연 현상이 활용되기도 한다.

① (가)는 '추초'라는 자연물을 통해 고통스럽게 살아가는 백성들을 비유하고 있군.
② (가)는 '석양'이라는 자연 현상을 통해 왕조의 몰락이라는 의미를 드러내고 있군.
③ (나)는 '동풍'이라는 자연 현상을 통해 만물이 자라는 좋은 시절을 나타내고 있군.
④ (다)의 '동지'는 밤의 길이가 가장 긴 절기로, 홀로 지내는 화자의 고독감을 강조하고 있군.
⑤ (다)는 '춘풍'이라는 자연 현상을 통해 임과의 재회를 기다리는 그리움을 드러내고 있군.

4 **(가)와 〈보기〉를 비교하여 감상한 내용으로 적절하지 않은 것은?** [수능 기출]

> → 보기 ←
>
> 홍진(紅塵)에 묻힌 분네 이 내 생애 어떠한고.
> 옛사람 풍류를 미칠까 못 미칠까.
> 천지간 남자 몸이 나만한 이 많건마는
> 산림에 묻혀 있어 지락(至樂)을 모를 것인가.
> 수간모옥(數間茅屋)을 벽계수(碧溪水) 앞에 두고
> 송죽(松竹) 울울리(鬱鬱裏)에 풍월주인(風月主人) 되었어라.
> 엊그제 겨울 지나 새봄이 돌아오니
> 도화행화(桃花杏花)는 석양리(夕陽裏)에 피어 있고
> 녹양방초(綠楊芳草)는 세우(細雨) 중에 푸르도다.
> 칼로 말라 냈나 붓으로 그려 냈나.
> 조화신공(造化神功)이 사물마다 야단스럽다.
> – 정극인, 〈상춘곡〉

① (가)와 〈보기〉는 동일한 음보율을 사용하여 리듬감을 살리고 있군.
② (가)는 〈보기〉와 달리 이질적 공간을 대비하여 주제를 드러내고 있군.
③ (가)에서는 침울한 분위기를, 〈보기〉에서는 들뜬 분위기를 느낄 수 있군.
④ (가)의 '석양'은 화자의 정서를 심화하는 배경으로, 〈보기〉의 '석양'은 경치를 돋보이게 하는 배경으로 기능하고 있군.
⑤ (가)는 화자가 혼잣말을 하는 방식으로, 〈보기〉는 화자가 청자에게 말을 건네는 방식으로 자신의 내면을 드러내고 있군.

5 **(나)에 대한 이해로 적절하지 않은 것은?** [평가원 기출 응용]

① '동풍'이 불어오는 '삼월'이 화자가 대상과 이별하는 시간적 배경으로 제시되어 있다.
② '낙목한천'에는 시련과 고난이라는 의미가 담겨 있다.
③ '네 홀로'에는 다른 꽃들과 대조되는 국화의 속성이 드러나 있다.
④ '오상고절'에는 굳건한 절개가 표현되어 있다.
⑤ '너뿐인가 하노라'에는 대상을 예찬하는 화자의 태도가 나타나 있다.

05 두터비 파리를 물고~ | 어이 못 오던다~ | 한숨아 세한숨아~

가 두터비 파리를 물고 두엄 위에 치달아 앉아

건넌 산 바라보니 백송골(白松鶻)*이 떠 있거늘 ㉠가슴이 금즉하여* 풀쩍 뛰어 내닫다가 두엄 아래 자빠지거고.

㉡모쳐라* 날랜 나일세망정 에헐* 질 뻔하괘라.

– 작자 미상

* 백송골: 흰 송골매
* 금즉하여: 섬뜩하여
* 모쳐라: 마침
* 에헐: 어혈(瘀血). 타박상 따위로 살 속에 피가 맺힘. 또는 그 피

나 어이 못 오던다 무슨 일로 못 오던다.

㉢너 오는 길 위에 무쇠로 성(城)을 쌓고 성 안에 담 쌓고 담 안에란 집을 짓고 집 안에란 뒤주* 놓고 뒤주 안에 궤를 놓고 궤 안에 너를 결박ᄒᆞ여 놓고 쌍비목* 외걸새*에 용거북 ᄌᆞ물쇠로 수기수기 줌갓더냐 네 어이 그리 아니 오던다.

㉣ᄒᆞᆫ 돌이 셜흔 눌이여니 날 보라 올 하루 업스랴.

– 작자 미상

* 뒤주: 쌀 따위의 곡식을 담아 두는 세간의 하나
* 쌍비목: 쌍으로 된 문고리를 거는 쇠
* 외걸새: 빗장으로 쓰는 ㄱ자 모양의 쇠

다 한숨아 세한숨아 네 어내 틈으로 들어오느냐.

고모장지 세살장지 가로닫이 여닫이 암돌쩌귀 수돌쩌귀* 배목걸새* 뚝딱 박고 용거북 자물쇠로 수기수기 채웠는데 병풍이라 덜컥 접은 족자*라 데굴데굴 마느냐 네 어내 틈으로 들어오느냐.

㉤어인지 너 온 날 밤이면 잠 못 들어 하노라.

– 작자 미상

* 암돌쩌귀 수돌쩌귀: 문짝을 문설주에 달고 여닫기 위한 쇠붙이
* 배목걸새: 문을 잠그고 빗장으로 쓰는 'ㄱ'자 모양의 쇠
* 족자: 그림이나 글씨 따위를 벽에 걸거나 말아 둘 수 있도록 양 끝에 가름대를 대고 표구한 물건

◆ 점검! 내신 강의

(가)
* **갈래** 사설시조
* **성격** 풍자적, 우의적, 해학적
* **주제** 탐관오리의 횡포와 허장성세 풍자
* **특징** 대상의 희화화와 화자가 바뀌는 구조를 통해 풍자의 효과를 나타냄

(나)
* **갈래** 사설시조
* **성격** 해학적, 과장적, 연정가
* **주제** 임을 기다리는 마음
* **특징** 연쇄법, 점강법, 열거법, 과장법 등을 통해 상황을 강조함

(다)
* **갈래** 사설시조
* **성격** 해학적, 수심가
* **주제** 그칠 줄 모르는 시름
* **특징** 의인법, 반복법, 열거법 등 다양한 표현 방법을 사용함

◆ 점검! 수능 강의

(가)
1. 시어의 의미

두터비	탐관오리, 부패한 양반
파리	힘없는 백성
백송골	상부의 중앙 관리, 외세

2. 풍자적 특성
힘없는 백성에게는 횡포를 부리면서도 강한 권력자 앞에서는 비굴해지며, 자신을 합리화하면서 허장성세를 부리는 두꺼비의 모습을 해학적으로 풍자함

(나)
표현상의 특징

임을 오지 못하게 하는 장애물	성, 담, 집, 뒤주, 궤, 쌍비목 외걸새, 용거북 ᄌᆞ물쇠

↓

연쇄법, 점강법, 열거법을 통해 임이 오지 못하는 이유를 과장하여 해학적으로 표현함으로써 임을 그리워하는 화자의 안타까운 심정을 강조함

(다)
'한숨'의 의인화
'한숨'을 '너'로 지칭하면서 의인화하여 청자로 설정함 → 삶의 끊임없는 근심과 걱정을 청각적으로 형상화한 '한숨'에 인격을 부여하여 해학적으로 나타낸 표현이 기발함

1 (가)~(다)의 공통점으로 가장 적절한 것은?

① 대상의 행위에 대한 부정적 인식이 내재되어 있다.
② 부조리한 현실에 저항하려는 의지를 강조하고 있다.
③ 대상과의 이별로 인한 안타까운 심정을 나타내고 있다.
④ 대상에게 말을 건네는 방식으로 친밀감을 드러내고 있다.
⑤ 동일한 통사 구조의 반복으로 시적 긴장감을 조성하고 있다.

2 (나)와 (다)를 비교한 내용으로 가장 적절한 것은?

① (나)는 원망의 대상을 숨긴 반면, (다)는 원망의 대상을 직접 제시하고 있다.
② (나)는 문제의 원인을 대상에게 전가한 반면, (다)는 자신의 탓으로 돌리고 있다.
③ (나)는 대상에 대한 원망을 나타내는 반면, (다)는 대상에 대한 기다림을 드러내고 있다.
④ (나)는 대상과의 재회를 확신하는 반면, (다)는 대상과의 만남을 부정적으로 여기고 있다.
⑤ (나)는 대상이 돌아오기를 원하고 있는 반면, (다)는 대상에게서 벗어나기를 원하고 있다.

3 〈보기〉를 통해 ㉠~㉤을 이해한 내용으로 적절하지 <u>않은</u> 것은?

> ▶ 보기 ◀
>
> 평시조와는 달리 사설시조는 대개 활기차면서도 거친 삶의 역동성을 담아내며 서민의 고달픈 생활과 남녀 간의 사랑 등을 직설적 언어로 솔직하게 표현하거나 과장과 해학을 곁들여 웃음으로 승화시킨다. 이를 통해 사설시조는 평시조의 한계였던 관습화된 미의식을 넘어서서 인간 본연의 진솔한 모습을 시의 세계 안에 끌어들임으로써 우리 근대 문학의 바탕을 이루었다는 평가를 받는다.

① ㉠: 대상의 행위에 해학성을 곁들인 표현으로 웃음을 이끌어 내고 있다.
② ㉡: 거친 삶의 역동성이 담긴 화자의 말을 통해 서민의 고달픈 생활을 나타내고 있다.
③ ㉢: 임이 오지 못하는 상황을 과장되게 제시하여 대상에 대한 그리움을 웃음으로 승화시키고 있다.
④ ㉣: 관습화된 미의식을 넘어서서 직설적 언어로 대상에 대한 원망의 마음을 솔직하게 표현하고 있다.
⑤ ㉤: 삶의 근심으로 고뇌하는 화자의 모습을 제시하여 인간 본연의 진솔한 모습을 보여 주고 있다.

4 (가)에 대한 설명으로 적절한 것은? [전국연합 기출 응용]

① 대구법을 사용하여 리듬감을 형성하고 있다.
② 과거 사실에 대한 반성적 성찰이 드러나 있다.
③ 현실 도피와 이상향에 대한 갈망을 나타내고 있다.
④ 고사(故事)를 활용하여 풍자의 효과를 높이고 있다.
⑤ 상황을 희화적으로 표현하여 웃음을 유발하고 있다.

5 (나)와 〈보기〉에 대한 설명으로 가장 적절한 것은?

[평가원 기출]

> ▶ 보기 ◀
>
> 청천(靑天)에 떠서 울고 가는 외기러기 날지 말고 닉 말 들어
> 한양성 내에 잠간 들러 부듸 닉 말 잊지 말고 웨웨텨* 불러 이르기를 월황혼 계워 갈 제 적막 공규(空閨)에 던져진 듯 홀로 안져 님 그려 추마 못 살네라 ㅎ고 부듸 한 말을 전ㅎ여 쥬렴.
> 우리도 님 보러 밧비 ᄀ옵는 길이오매 전흘동 말동 ᄒ여라.
>
> 　　　　　　　　　　　　　　　　　　 − 작자 미상
>
> * 웨웨텨: 외쳐

① (나)에서는 임이 장애물을 극복하고 화자를 찾아오기에는 하루라는 시간이 짧음에 대한 안타까움을 드러내고 있다.
② (나)에서는 화자가 처한 상황의 책임을 화자 자신에게 돌리며 자책하는 마음을 드러내고 있다.
③ 〈보기〉에서는 의인화된 자연물을 통해 자신의 처지를 임에게 알리고자 하는 화자의 마음을 드러내고 있다.
④ 〈보기〉에서는 화자가 제삼자와 더불어 임과의 추억을 회상하며 임을 기다리는 마음을 드러내고 있다.
⑤ (나)와 〈보기〉 모두에서는 임이 거주하는 공간의 특징을 묘사하여 화자의 고독감을 강조하여 드러내고 있다.

06 강호사시가(江湖四時歌)

㉠강호(江湖)에 봄이 드니 미친 흥(興)이 절로 난다.
㉡탁료계변(濁醪溪邊)*에 금린어(錦鱗魚)*ㅣ 안주로다.
이 몸이 한가(閑暇)해옴도 역군은(亦君恩)이샷다*.　　　　　　〈춘사(春詞)〉

강호(江湖)에 여름이 드니 초당(草堂)에 일이 없다.
㉢유신(有信)한 강파(江波)는 보내는 이 바람이다.
이 몸이 서늘해옴도 역군은(亦君恩)이샷다.　　　　　　　　　　〈하사(夏詞)〉

강호(江湖)에 가을이 드니 고기마다 살져 잇다.
㉣소정(小艇)에 그물 실어 흘리* 띄워 던져 두고
㉤이 몸이 소일(消日)해옴도 역군은(亦君恩)이샷다.　　　　　　〈추사(秋詞)〉

강호(江湖)에 겨울이 드니 눈 깊이 자히 남다*.
㉥삿갓 빗기 쓰고 누역*으로 옷을 삼아
이 몸이 춥지 아니해옴도 역군은(亦君恩)이샷다.　　　　　　　〈동사(冬詞)〉
　　　　　　　　　　　　　　　　　　　　　　　　　　　　　– 맹사성, 〈강호사시가(江湖四時歌)〉

* 탁료계변: 막걸리를 마시며 노는 시냇가
* 금린어: 쏘가리
* 역군은이샷다: 역시 임금님의 은혜이시다.
* 흘리: 흐르도록
* 자히 남다: 한 자가 넘는다.
* 누역: 짚으로 만든 비옷

• 점검! 내신 강의

- **갈래** 연시조(전 4수)
- **성격** 풍류적, 전원적, 낭만적
- **주제** 강호에서의 한가로운 삶과 임금의 은혜에 대한 감사
- **특징**
① 자연에 대한 예찬과 유교적 충의가 함께 드러남
② 각 연마다 형식을 통일하여 안정감을 드러내고 주제를 부각함
- **문학사적 의의**
① 우리나라 최초의 연시조
② 강호가도(江湖歌道: 자연에 귀의하여 자연을 예찬하는 시가 창작의 한 경향)의 선구적 작품

• 점검! 수능 강의

1. 시상 전개의 규칙성
춘·하·추·동 계절의 변화에 따라 한 수씩 읊고 있는데, 각 연의 형식을 통일하여 구조적 안정감을 드러내면서 자연의 변함없는 조화와 임금의 끝없는 은혜를 강조함

| 강호(江湖)에 (ⓐ)이 드니 (ⓑ) |
| (ⓒ) |
| 이 몸이 (ⓓ)도 역군은(亦君恩)이샷다. |

ⓐ – 계절의 변화: 봄, 여름, 가을, 겨울
ⓑ – 계절에 맞는 풍취
ⓒ – ⓓ의 구체적인 내용 제시
ⓓ – 생활 모습의 집약: 한가해옴, 서늘해옴, 소일해옴, 춥지 아니해옴

2. 화자의 정서 및 태도
화자는 자연과 조화를 이루는 안분지족의 생활을 임금의 은혜로 귀결시킴으로써 유교적 충의 사상을 보임

봄	시냇가에서 봄의 흥취를 느끼며 한가롭게 지냄
여름	초당에서 강바람을 맞으며 시원하게 보냄
가을	작은 배로 고기잡이를 하며 소일함
겨울	눈 쌓인 겨울에 추위를 피하며 안분지족을 느낌

↓

| 역군은(亦君恩)이샷다 |

1 윗글의 특징으로 적절한 것을 〈보기〉에서 모두 고른 것은?

▶ 보기 ◀

ㄱ. 영탄적 표현을 사용하여 화자의 정서를 강조하고 있다.
ㄴ. 통사 구조를 반복하여 형태적 안정감을 형성하고 있다.
ㄷ. 시각적 이미지를 활용하여 계절의 정경을 나타내고 있다.
ㄹ. 역설적 표현을 제시하여 주제를 효과적으로 전달하고 있다.

① ㄱ, ㄴ　　　　② ㄴ, ㄷ　　　　③ ㄷ, ㄹ
④ ㄱ, ㄴ, ㄷ　　　⑤ ㄴ, ㄷ, ㄹ

2 윗글의 ⓐ와 〈보기〉의 ⓑ를 비교한 내용으로 가장 적절한 것은?

▶ 보기 ◀

추강(秋江)에 밤이 드니 믈결이 차노매라.
낚시 드리치니 고기 아니 무노매라.
무심(無心)한 달빛만 싣고 ⓑ빈 배 저어 오노라.　　– 월산 대군

① ⓐ는 내적 갈등이 심화되는 공간이고, ⓑ는 내적 갈등이 해소되는 공간이다.
② ⓐ는 화자의 은일(隱逸)한 삶의 태도를, ⓑ는 고된 현실에서 느끼는 절망감을 상징한다.
③ ⓐ와 ⓑ는 모두 화자가 지향하는 무욕의 태도를 드러내는 소재이다.
④ ⓐ와 달리 ⓑ는 세속에 대한 화자의 관심이 강호에서도 이어지고 있음을 나타낸다.
⑤ ⓑ와 달리 ⓐ는 화자를 이상 세계로 인도하는 매개체로서 기능한다.

3 ㉠~㉤에 대한 설명으로 적절하지 <u>않은</u> 것은?

① ㉠: '미친 흥'은 자연을 즐기며 사는 화자의 흥겨운 마음을 드러낸다.
② ㉡: '금린어 안주'는 안빈낙도하는 화자의 삶을 보여 준다.
③ ㉢: '유신한 강파'의 의인화된 표현에서 자연과 조화를 이룬 화자의 삶을 짐작할 수 있다.
④ ㉣: '소일해옴'은 출세를 좇던 세속의 삶에 대한 화자의 반성의 태도를 나타낸다.
⑤ ㉤: '삿갓'과 '누역'은 강호에서 누리는 화자의 소박한 생활을 단적으로 드러낸다.

4 윗글에 대한 설명으로 가장 적절한 것은?

[전국연합 기출 응용]

① 자연물을 매개로 자신의 삶의 태도를 반성하고 있다.
② 자연물을 통해 풍류를 즐기고 있는 화자의 태도를 드러내고 있다.
③ 화자의 처지와 대비되는 자연물을 통해 화자의 심리를 부각하고 있다.
④ 화자의 심리가 투영된 자연물을 통해 화자의 내적 갈등을 제시하고 있다.
⑤ 자연물의 속성을 활용하여 인간이 지녀야 할 바람직한 덕성을 강조하고 있다.

5 〈보기〉를 참고하여, 윗글에 대해 학생들이 이해한 내용으로 적절하지 <u>않은</u> 것은?

[전국연합 기출]

▶ 보기 ◀

〈강호사시가〉는 유교적 이상이 현실화된 시기에 지어진 것으로, 여기에는 화자의 공적인 삶과 사적인 삶의 조화와 함께 개인의 평안한 삶을 가능하게 한 임금의 치적에 대한 감사가 나타나 있다.

① 각 수의 초장과 중장은 주로 화자의 사적인 삶의 모습을 그리고 있는 것이군.
② 각 수 종장의 '이 몸이 ~해옴도'는 사적인 삶의 모습을 압축하여 제시한 것이라 할 수 있군.
③ 각 수 종장의 '역군은(亦君恩)이샷다'는 신하라는 공적인 삶과 관련지어 한 말이라 할 수 있군.
④ 화자는 걱정이나 탈 없이 만족스럽게 살아가는 삶을 가능하게 한 임금의 은혜에 대해 감사하고 있군.
⑤ 화자의 공적인 삶이 사적인 삶과 조화를 이루게 된 이유는 유교적 이상을 현실화하기 위한 화자의 노력 때문이군.

도산십이곡(陶山十二曲)

이런들 엇더ᄒ며 져런들 엇더ᄒ료.
초야우생(草野愚生)이 이러타 엇더ᄒ료.
ᄒ믈며 천석고황(泉石膏肓)을 고쳐 므슴ᄒ료.　　　　〈제1수: 언지(言志) 1〉

연하(煙霞)로 집을 삼고 **풍월(風月)**로 벗을 사마
태평성대(太平聖代)에 병(病)으로 늘거 가네.
이 즁에 ᄇ라ᄂ 일은 허믈이나 업고쟈.　　　　〈제2수: 언지(言志) 2〉

순풍(淳風)*이 죽다 ᄒ니 진실(眞實)로 거즛말이.
인성(人性)이 어지다 ᄒ니 진실(眞實)로 올흔 말이.
천하(天下)에 허다영재(許多英才)를 소겨 말ᄉᆞᆷ홀가.　　　　〈제3수: 언지(言志) 3〉

유란(幽蘭)이 재곡(在谷)ᄒ니 자연(自然)이 듯디 죠해.
백운(白雲)이 재산(在山)ᄒ니 자연(自然)이 보디 죠해.
이 즁에 피미일인(彼美一人)*을 더옥 닛디 못ᄒ얘.　　　　〈제4수: 언지(言志) 4〉

산전(山前)에 유대(有臺)ᄒ고 대하(臺下)에 유수(有水) ㅣ로다.
ᄠ 많은 **갈매기**는 오명가명 ᄒ거든
엇더타 **교교백구(皎皎白駒)***는 멀리 ᄆᆞᆷ 두ᄂᆞᆫ고.　　　　〈제5수: 언지(言志) 5〉

[A]
춘풍(春風)에 **화만산(花滿山)**ᄒ고 추야(秋夜)에 **월만대(月滿臺)**라.
사시가흥(四時佳興)이 사름과 ᄒ가지라.
ᄒ믈며 어약연비(魚躍鳶飛) 운영천광(雲影天光)*이야 어찌 끝이 있으리. 〈제6수: 언지(言志) 6〉

고인(古人)도 날 몯 보고 나도 고인(古人) 몯 뵈.
고인(古人)을 몯 뵈도 녀던 길* 알ᄑᆡ 잇ᄂᆡ.
녀던 길 알ᄑᆡ 잇거든 아니 녀고 엇뎔고.　　　　〈제9수: 언학(言學) 3〉

청산(靑山)은 엇뎨ᄒ야 만고(萬古)애 프르르며
유수(流水)는 엇뎨ᄒ야 주야(晝夜)애 긋디 아니ᄂᆞᆫ고.
우리도 그치디 마라 만고상청(萬古常靑)*호리라.　　　　〈제11수: 언학(言學) 5〉

– 이황, 〈도산십이곡(陶山十二曲)〉

* 순풍: 순박한 풍속
* 피미일인: 저 아름다운 한 사람. 곧 임금을 가리킴
* 교교백구: 현자(賢者)가 타는 흰 망아지. 여기서는 현자나 인재를 가리킴
* 어약연비 운영천광: 대자연의 우주적 조화와 오묘한 이치를 가리킴
* 녀던 길: 행하던 길
* 만고상청: 영원히 푸름

점검! 내신 강의

- **갈래** 연시조(전 12수)
- **성격** 교훈적, 예찬적
- **주제** 자연에 묻혀 살고 싶은 소망과 학문 수양에 대한 변함없는 의지
- **특징**
① 전 6곡(언지(言志) – 자연 친화적 삶)과 후 6곡(언학(言學) – 학문 수양의 다짐)으로 구성됨
② 어려운 한자어가 많이 사용됨
- **창작 의도**
이황은 〈도산십이곡〉의 발문에서 한시는 읊을 수는 있으나 노래로 부를 수 없으며 〈한림별곡〉과 같은 노래는 비루하고 방탕하다고 말하고, 이에 우리말로 되어 노래할 수 있고 그 내용이 인간의 성정을 교화할 수 있는 것을 짓고자 〈도산십이곡〉을 창작하였다고 밝힘. 그러나 작품 곳곳에 한자어가 많이 나타나 있는데, 이는 교훈적 내용을 담고자 한 조선의 대표적 성리학자인 작가의 성향과 한계라고 할 수 있음

점검! 수능 강의

1. 구성 방식

전 6곡 – 언지(言志)
도산 서원 주변의 아름다운 자연에서 일어나는 감흥

\+

후 6곡 – 언학(言學)
학문 수양에 대한 변함없는 의지

2. 화자의 태도

- 전 6곡 부분에서는 '연하, 풍월, 유란, 백운'과 같은 자연물을 소재로 자연의 아름다움을 노래하며, '천석고황'이라는 말을 통해 화자의 자연애를 드러내면서 자연에 대한 예찬적 태도를 나타냄
- 후 6곡 부분에서는 화자가 변함없는 자연의 모습을 보며 학문 수양에 임하는 심경을 노래하고 있는데, 여기서 자연은 단순히 즐기는 대상이 아니라 화자가 학문에 대한 의지를 다지는 계기로 작용함

1 윗글의 표현상 특징으로 적절하지 <u>않은</u> 것은?

① 〈제1수〉는 각운적 요소를 활용하여 리듬감을 강화하고 있다.
② 〈제3수〉는 설의적 표현을 통해 화자의 의도를 드러내고 있다.
③ 〈제4수〉는 통사 구조의 반복으로 대상에 대한 인식을 나타내고 있다.
④ 〈제9수〉는 연쇄적 표현을 사용하여 시에 담긴 의미를 보여 주고 있다.
⑤ 〈제11수〉는 반어적 표현을 통해 주제 의식을 효과적으로 강조하고 있다.

2 [A]에 대한 설명으로 적절하지 <u>않은</u> 것은?

① '화만산'과 '월만대'는 화자가 도취되어 있는 자연의 모습을 의미한다.
② '춘풍'과 '추야'는 계속해서 변화하는 자연의 속성을 강조하는 표현이다.
③ '사시가흥'은 화자의 자연애가 집약적으로 드러난 표현이다.
④ '어약연비'와 '운영천광'은 화자가 느끼는 자연의 아름다움과 조화로움을 나타내고 있다.
⑤ '흐믈며~어찌 끝이 있으리'에서는 자연에 묻혀 살고 싶은 화자의 소망을 드러내고 있다.

3 〈보기〉를 참고하여 윗글을 감상한 내용으로 적절하지 <u>않은</u> 것은?

> ▶ 보기 ◀
>
> 충의(忠義)를 최고의 가치로 여겼던 조선 시대 유학자들은 관직 생활을 하면서 임금을 성군이 되는 길로 이끌고 백성을 착한 성품으로 교화하여 모두가 편안하게 살 수 있는 세상을 실현하려 하였다. 그런 다음 명예롭게 물러나 자연과 하나가 되어 지내는 삶을 꿈꾸었다. 이황 또한 오랜 기간 벼슬살이를 하다가 고향으로 돌아와 자연에 묻혀 살면서 도산 서원을 세우고 후진을 양성하며 학문을 수양할 때 〈도산십이곡〉을 지었다.

① 화자의 자연 친화적인 삶은 당대 유학자들이 꿈꾸었던 보편적 가치관으로 볼 수 있군.
② '초야우생'에서 오랜 관직 생활로 인해 어리석은 사람이 되어 버린 화자의 상태를 알 수 있군.
③ 순박한 풍속과 어진 인성을 중시하는 태도에서 유학자로서의 면모가 드러나는군.
④ '피미일인'을 떠올리는 화자의 태도에서 유교적 충의 정신을 확인할 수 있군.
⑤ 화자는 '청산'과 '유수'처럼 변함없이 학문 수양에 힘쓰겠다는 의지를 다지고 있군.

4 윗글의 시어에 대한 이해로 적절하지 <u>않은</u> 것은?

[평가원 기출]

① '연하'와 '풍월'은 화자가 자신의 삶에 대해 자족감을 갖도록 하는 소재이다.
② '순풍'과 어진 '인성'은 화자가 바라는 세상의 모습을 알려 주는 표지이다.
③ '유란'과 '백운'은 화자가 심미적으로 완상하는 대상이다.
④ '갈매기'와 '교교백구'는 화자의 무심한 심정이 투영된 상징적 존재이다.
⑤ '화만산'과 '월만대'는 화자의 충만감을 자아내는 정경의 표상이다.

5 윗글과 〈보기〉를 비교하여 감상한 내용으로 가장 적절한 것은?

[평가원 기출]

> ▶ 보기 ◀
>
> 그곳(부친에게 물려받은 별장)에는 씨 뿌려 식량을 마련할 만한 밭이 있고, 누에를 쳐서 옷을 마련할 만한 뽕나무가 있고, 먹을 물이 충분한 샘이 있고, 땔감을 마련할 수 있는 나무들이 있다. 이 네 가지는 모두 내 뜻에 흡족하기 때문에 그 집을 '사가(四可)'라고 이름을 지은 것이다. 〈중략〉
> 내가 이 집에 살면서 만일 전원의 즐거움을 얻게 되면, 세상일 다 팽개치고 고향으로 돌아가 태평성세의 농사짓는 늙은이가 되리라. 그리고 밭을 갈고 배(腹)를 두드리며 성군(聖君)의 가르침을 노래하리라. 그 노래를 음악에 맞춰 부르며 세상을 산다면 무엇을 더 바랄 게 있으랴. – 이규보, 〈사가재기(四可齋記)〉

① 윗글과 〈보기〉는 모두 지배층의 핍박으로부터 도피하기 위해 선택한 자연 은둔의 삶을 제시하고 있다.
② 윗글과 〈보기〉는 모두 불우한 처지에서 점진적으로 벗어날 수 있으리라는 낙관적 태도를 보여 주고 있다.
③ 윗글과 〈보기〉는 모두 유교적 가치를 존중하면서 한 개인으로서의 소망을 이루려는 모습을 드러내고 있다.
④ 윗글은 〈보기〉와 달리 삶의 물질적 여건이 마련된 후에야 자연의 즐거움을 누릴 수 있음을 강조하고 있다.
⑤ 윗글은 속세에 있으면서 자연을 동경하는 인간을, 〈보기〉는 자연에 있으면서 속세를 그리워하는 인간을 형상화하고 있다.

어부사시사(漁父四時詞)

우는 거시 벅구기가 프른 거시 버들숩가.

　이어라 이어라

어촌(漁村) 두어 집이 닛* 속의 나락들락.

　지국총(至匊恖) 지국총(至匊恖) 어ᄉ와(於思臥)

㉠말가ᄒᆞᆫ 기픈 소희 온갇 고기 뛰노ᄂᆞ다. 　　　　　　〈춘사(春詞) 4〉

㉡년닙희 밥 싸 두고 반찬으란 쟝만 마라.

　닫 드러라 닫 드러라

청약립(靑篛笠)은 써 잇노라 녹사의(綠蓑衣) 가져오냐.

　지국총(至匊恖) 지국총(至匊恖) 어ᄉ와(於思臥)

㉢무심(無心)ᄒᆞᆫ 빅구(白鷗)ᄂᆞᆫ 내 좃ᄂᆞᆫ가 제 좃ᄂᆞᆫ가. 　　　〈하사(夏詞) 2〉

슈국(水國)의 ᄀᆞ을히 드니 고기마다 슬져 읻다.

　닫 드러라 닫 드러라

만경딩파(萬頃澄波)*의 슬ᄏᆞ지 용여(容與)ᄒᆞ쟈*.

　지국총(至匊恖) 지국총(至匊恖) 어ᄉ와(於思臥)

인간(人間)을 도라보니 머도록 더욱 됴타. 　　　　　　〈추사(秋詞) 2〉

┌ ㉣믉ᄀᆞ의 외로온 솔 혼자 어이 싁싁ᄒᆞᆫ고.

│　　빈 믹여라 빈 믹여라

[A]　머흔* 구룸 흔(恨)티 마라 셰샹(世上)을 ᄀᆞ리온다.

│　　지국총(至匊恖) 지국총(至匊恖) 어ᄉ와(於思臥)

└ ㉤파랑셩(波浪聲)*을 염(厭)티* 마라 딘훤(塵喧)*을 막ᄂᆞᆫ또다. 　〈동사(冬詞) 8〉

　　　　　　　　　　　　　　　　　　　　　　　　– 윤선도, 〈어부사시사(漁父四時詞)〉

* 닛: 내의. '내'는 바닷가에 자주 나타나는 안개와 같은 현상
* 만경딩파: 넓게 펼쳐진 맑은 물결
* 용여ᄒᆞ쟈: 느긋한 마음으로 여유 있게 놀자.
* 머흔: 험하고 사나운
* 파랑셩: 물결 소리
* 염티: 싫어하지
* 딘훤: 속세의 시끄러움

점검! 내신 강의

- **갈래** 연시조(전 40수)
- **성격** 풍류적, 자연 친화적
- **주제** 계절에 따른 자연의 풍경과 어부의 흥취
- **특징**
  ① 초장과 중장, 중장과 종장 사이에 여음(후렴구)이 있음
  ② 대구법, 반복법, 의성어의 사용 등 다양한 표현 방법이 나타남
- **전체 구조**
  춘·하·추·동 각 10수씩 전 40수의 연장체 노래로, 계절의 변화(시간적 순서)에 따라 시상을 전개하면서 어부 생활의 여유와 흥취를 그림

점검! 수능 강의

1. 여음(후렴구)의 특성
- 초장과 중장 사이: 각 계절의 10수마다 출항에서 귀항까지의 어부의 일과를 보여 줌 → 작품 전체를 유기적으로 연결하고 평시조의 단조로움에 변화를 줌

1수	빈 떠라(배 띄워라)	6수	돈 디여라(돛 내려라)
2수	닫 드러라(닻 올려라)	7수	빈 셰여라(배 세워라)
3수	돈 ᄃᆞ라라(돛 달아라)	8수	빈 믹여라(배 매어라)
4수	이어라(저어라)	9수	닫 디여라(닻 내려라)
5수	이어라(저어라)	10수	빈 브텨라(배 대어라)

- 중장과 종장 사이: 노 젓는 소리와 노 저을 때 외치는 어부의 소리를 나타내는 의성어를 사용함 → 어부 생활의 흥취를 조성하며 사실감과 통일감을 부여함

2. 화자의 정서 및 태도
화자는 고기잡이를 생업으로 하는 '어부(漁夫)'가 아니라 취미와 풍류로 한가하게 고기잡이를 하는 '어부(漁父)', 즉 '가어옹(假漁翁)'으로서 낭만적인 풍류객으로 나타남 → 조선 후기 현실 정치의 혼탁함에서 벗어나 자연의 아름다움을 즐기는 삶을 누리려 했던 작가(사대부)의 현실관이 반영됨

3. 계절감을 드러내는 시어

춘사 4	벅구기, 버들숩
하사 2	년닙, 청약립, 녹사의
추사 2	ᄀᆞ을

1 윗글의 특징으로 적절하지 <u>않은</u> 것은?

① 〈춘사 4〉와 〈하사 2〉는 의문형 문장을 활용하여 의미를 강조하고 있다.
② 〈하사 2〉와 〈추사 2〉는 자연물을 의인화하여 주제 의식을 부각하고 있다.
③ 〈추사 2〉와 〈동사 8〉은 속세에 대한 화자의 부정적 인식을 노출하고 있다.
④ 〈춘사 4〉~〈동사 8〉은 모두 각 계절에 따른 자연의 풍경을 드러내고 있다.
⑤ 〈춘사 4〉~〈동사 8〉은 모두 일정한 후렴구를 반복하여 구조적 통일감을 조성하고 있다.

2 ㉠~㉤에 대한 이해로 적절하지 <u>않은</u> 것은?

① ㉠: 깊은 연못에 뛰노는 '온간 고기'를 통해 봄의 생동감을 드러내고 있어.
② ㉡: '년닙희 밥'은 소박하게 살아가는 화자의 삶을 단적으로 보여 주고 있어.
③ ㉢: '무심ᄒᆞᆫ 빅구'를 통해 자연에 동화되어 살아가는 화자의 삶을 연상할 수 있어.
④ ㉣: '묽ㄱ'의 '솔'은 겨울에도 변함없이 푸른 존재로, 화자가 지향하는 삶을 나타낸다고 할 수 있어.
⑤ ㉤: 화자가 '딘훤'을 막는 '파랑셩'을 부정하는 것은 세속에 대한 미련 때문이야.

3 〈추사 2〉와 〈보기〉를 비교하여 감상한 내용으로 적절하지 <u>않은</u> 것은?

> ▶ 보기 ◀
>
> 굽어보면 천심녹수(千尋綠水) 돌아보니 만첩청산(萬疊靑山)
> 십장 홍진(十丈紅塵)이 얼마나 가렸는고.
> 강호에 월백(月白)하거든 더욱 무심하여라.　　– 이현보, 〈어부단가〉

① 〈보기〉와 달리 〈추사 2〉는 계절적 배경이 직접 나타나고 있다.
② 〈보기〉와 달리 〈추사 2〉는 의성어를 통해 어부의 흥취를 나타내고 있다.
③ 〈추사 2〉와 〈보기〉는 모두 인간 세상에 대한 화자의 거부감을 드러내고 있다.
④ 〈추사 2〉와 달리 〈보기〉는 생업을 위해 고기를 잡는 어부의 무욕적 삶을 보여 주고 있다.
⑤ 〈추사 2〉와 달리 〈보기〉는 화자와 속세 사이를 가로막는 자연물로 '물'과 '산'을 제시하고 있다.

4 윗글에 대한 설명으로 적절하지 <u>않은</u> 것은?

[수능 예비 시행 기출]

① 여음을 사용하여 흥취를 북돋우고 있다.
② 과거와 미래를 대비하여 주제를 부각하고 있다.
③ 음보를 규칙적으로 사용하여 리듬감을 형성하고 있다.
④ 시적 배경이 되는 공간을 이상적 세계로 형상화하고 있다.
⑤ 감각적 이미지를 활용하여 대상의 아름다움을 드러내고 있다.

5 [A]와 〈보기〉를 비교한 내용으로 가장 적절한 것은?

[전국연합 기출]

> ▶ 보기 ◀
>
> 강호 한 꿈을 꾼 지도 오래러니
> 입과 배가 누가 되어 어즈버 잊었도다.
> 저 물을 바라보니 푸른 대도 하도 할샤.
> 훌륭한 군자들아 낚대 하나 빌려스라.
> 갈대꽃 깊은 곳에 명월청풍 벗이 되어
> 임자 없는 풍월 강산에 절로절로 늙으리라.
> 무심한 백구(白鷗)야 오라 하며 말라 하랴.
> 다툴 이 없을 건 다만 이건가 여기노라.
>
> 　　– 박인로, 〈누항사〉

① 〈보기〉는 [A]와 달리 현실 개혁에 대한 화자의 의지를 드러내고 있다.
② [A]는 〈보기〉와 달리 현재의 삶에 순응하려는 자세를 보이고 있다.
③ [A]의 '구룸'은 〈보기〉의 '명월'과 달리 부정적 현실을 차단하는 자연물로 기능하고 있다.
④ [A]는 '묽ㄱ'와 '셰샹'의 대비를 통해, 〈보기〉는 '강호'와 '풍월 강산'의 대비를 통해 주제를 부각하고 있다.
⑤ [A]와 〈보기〉 모두 화자 자신의 삶에 대해 반성하는 태도를 보이고 있다.

상춘곡(賞春曲)

홍진(紅塵)에 묻힌 분네 이 내 생애 어떠한고.

옛사람 풍류를 미칠까 못 미칠까.

천지간 남자 몸이 나만한 이 많건마는

산림에 묻혀 있어 지락(至樂)을 모를 것인가.

수간모옥(數間茅屋)을 벽계수(碧溪水) 앞에 두고

송죽(松竹) 울울리(鬱鬱裏)에 풍월주인(風月主人) 되었어라.

엊그제 겨울 지나 새봄이 돌아오니

[A] ┌ 도화행화(桃花杏花)는 석양리(夕陽裏)에 피어 있고
    └ 녹양방초(綠楊芳草)는 세우(細雨) 중에 푸르도다.

칼로 말라 냈나 붓으로 그려 냈나.

조화신공(造化神功)이 사물마다 야단스럽다.

㉠수풀에 우는 새는 춘기(春氣)를 못내 겨워 / 소리마다 교태로다.

물아일체(物我一體)어니 흥이야 다를쏘냐.

사립문 앞을 걸어 보고 정자에 앉아 보니

소요음영(逍遙吟詠)*하여 산일(山日)이 적적한데

한중진미(閑中眞味)*를 아는 사람 없이 혼자로다.

㉡여보게, 이웃들아 산수 구경 가자꾸나.

[B] ┌ 산책은 오늘 하고 목욕은 내일 하세.
    └ 아침에 산나물 캐고 저녁에 낚시하세.

[C] ┌ 이제 갓 익은 술을 갈건으로 걸러 놓고
    └ 꽃나무 가지 꺾어 수를 세며 마시리라.

[D] ┌ 화풍(和風)이 문득 불어 녹수(綠水)를 건너오니
    └ 청향(淸香)은 잔에 지고 낙홍(落紅)은 옷에 진다.

술동이가 비었거든 나에게 알리어라.

소동(小童) 아이더러 술집에 술을 물어

어른은 막대 짚고 아이는 술동이 메고

미음완보(微吟緩步)*하여 시냇가에 혼자 앉아

㉢고운 모래 맑은 물에 잔 씻어 부어 들고

맑은 물을 굽어보니 떠오는 것이 도화(桃花)로다.

㉣무릉(武陵)이 가깝도다 저 들이 그곳인가.

소나무 사이의 좁은 길에 두견화(杜鵑花)를 부치 들고

산봉우리에 급히 올라 구름 속에 앉아 보니 / 수많은 촌락이 곳곳에 벌여 있네.

[E] ┌ 연하일휘(煙霞日輝)*는 수놓은 비단을 펼쳐 놓은 듯
    └ 엊그제 검은 들이 봄빛도 넘치는구나.

㉤공명도 날 꺼리고 부귀도 날 꺼리니

청풍명월(淸風明月) 외에 어떤 벗이 있겠는가.

단표누항(簞瓢陋巷)*에 헛된 생각 아니하네. / 아모타 백년행락(百年行樂)*이 이만하면 어떠하리.

– 정극인, 〈상춘곡(賞春曲)〉

* 소요음영: 천천히 거닐며 시를 읊조림　* 한중진미: 한가로운 가운데 느끼는 참된 즐거움
* 미음완보: 나직이 시를 읊조리며 천천히 걸음　* 연하일휘: 안개와 노을과 빛나는 햇살
* 단표누항: 소박하고 청빈한 생활을 이름　* 백년행락: 한평생 즐겁게 지냄

점검! 내신 강의

- **갈래** 서정 가사, 양반 가사, 은일 가사, 정격 가사
- **성격** 서정적, 묘사적, 예찬적
- **주제** 봄의 완상(玩賞)과 안빈낙도
- **특징**
  ① 조선 사대부 가사의 효시이자 강호 한정 가사의 출발점이 되는 작품임
  ② 대구법, 직유법, 감정 이입 등 다양한 표현 방법을 통해 봄의 경치와 화자의 정서를 표현함
  ③ 공간의 이동과 확장에 따라 시상을 전개함

점검! 수능 강의

1. 시상 전개 방식

> 수간모옥 → 정자 → 시냇가 → 산봉우리

화자의 시선(공간) 이동에 따라 시상이 전개되고 있는데, 공간이 좁은 곳에서 점차 넓은 곳으로 확장되고 있으며 속세(와 가까운 세계)로부터 점차 탈속의 세계로 나아가고 있음

2. 화자의 정서 및 태도

화자는 '홍진'(속세), '부귀, 공명'(세속적 가치)에서 벗어나 흥취와 완상의 대상인 '산림'(자연)에 대해 긍정적 인식과 예찬의 태도를 드러냄 → 자연 속에 묻혀 안분지족, 안빈낙도하며 풍류를 즐기는 화자 자신의 모습에 대한 자부심과 만족감을 나타냄

3. 표현상의 특징

감정 이입	수풀에 우는 새는 춘기를 못내 겨워 / 소리마다 교태로다.
대구법	• 도화행화는 석양리에 피어 있고 / 녹양방초는 세우 중에 푸르도다. • 산책은 오늘 하고 목욕은 내일 하세. / 아침에 산나물 캐고 저녁에 낚시하세. 등
직유법	연하일휘는 수놓은 비단을 펼쳐 놓은 듯
주객 전도	공명도 날 꺼리고 부귀도 날 꺼리니

1 윗글의 서술상 특징으로 적절하지 **않은** 것은?

① 대구를 통해 봄의 풍경을 효과적으로 묘사하고 있다.
② 비유적 표현을 통해 아름다운 경치를 표현하고 있다.
③ 객관적 상관물을 통해 봄에 대한 정서를 표출하고 있다.
④ 역설적 표현을 통해 자연 속에서의 즐거움을 나타내고 있다.
⑤ 의인화를 통해 속세에 대한 회의적인 태도를 드러내고 있다.

2 〈보기〉를 참고하여 윗글을 이해한 내용으로 적절하지 **않은** 것은?

> ─ 보기 ─
>
> 작품 속 화자는 공간을 이동하면서 봄의 정취를 즐기고 있다. 화자는 자신이 있는 공간을 통해 이상 세계인 무릉을 떠올리기도 한다.
>
> 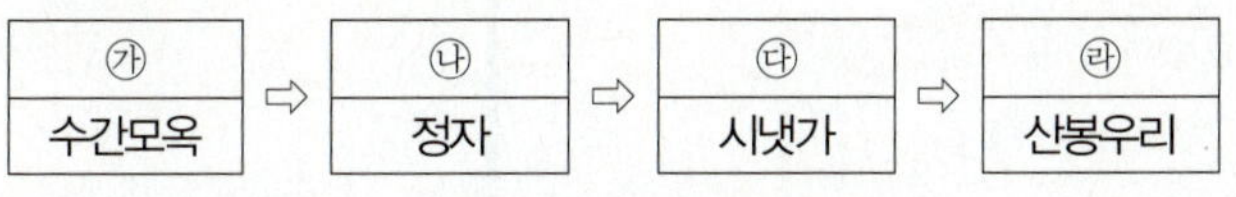
>

① ㉮에서 화자는 천지간에 자신이 가장 뛰어난 존재임을 느끼며 흡족해하고 있다.
② ㉮에서 화자는 봄의 흥취를, ㉯에서 화자는 한가함 속의 즐거움을 느끼고 있다.
③ ㉰와 ㉱에서 화자는 이상향을 연상하며 세속적 욕망을 멀리하려는 의지를 드러내고 있다.
④ ㉱에서 화자는 수직으로 확장된 공간에서 조망한 자연의 정경에 감탄하고 있다.
⑤ ㉮~㉱에서 봄의 경치를 구경한 화자는 자신의 삶에 대한 자부심을 드러내고 있다.

3 윗글과 〈보기〉의 공통된 설명으로 적절하지 **않은** 것은?

> ─ 보기 ─
>
> 대추 볼 붉은 골에 밤은 어이 떨어지며
> 벼 벤 그루터기에 게는 어이 다니는고.
> 술 익자 체 장수 돌아가니 아니 먹고 어이리.
> — 황희

① 계절감이 드러나는 소재를 활용하고 있다.
② 시상의 흐름에 따른 시선의 변화가 나타나고 있다.
③ 자연에서 풍류를 즐기는 삶의 모습을 형상화하고 있다.
④ 화자의 생활 주변에서 볼 수 있는 자연물이 제시되고 있다.
⑤ 상대와 묻고 답하는 방식으로 현실에서 느끼는 만족감과 여유로움을 표현하고 있다.

4 ㉠~㉤에 대한 이해로 적절한 것은? [전국연합 기출]

① ㉠: 자연물을 이용하여 계절적 정서와 상반된 자신의 심정을 드러내고 있다.
② ㉡: 명령형 어미를 활용하여 탈속적 삶에 동참할 것을 촉구하고 있다.
③ ㉢: 공감각적 심상을 사용하여 자연과 동화된 기쁨을 표현하고 있다.
④ ㉣: 관용적인 연상을 통해 이상향에 대한 갈망을 표현하고 있다.
⑤ ㉤: 주체와 객체를 바꾸어 표현함으로써 자신의 가치관을 나타내고 있다.

5 〈보기〉를 바탕으로 윗글을 감상한 내용으로 적절하지 **않은** 것은? [전국연합 기출]

> ─ 보기 ─
>
> 가사 문학은 조선 전기 사대부들이 지녔던 삶의 양식이나 그들의 사유 체계를 잘 담고 있다. 〈상춘곡〉에는 '절제와 균형'이라는 유교적 세계관에 입각한 조선조 사대부들의 사고가 중요한 요소로 작용하고 있다.

① [A]: '석양'과 '세우'의 하강 이미지 속에 피어나는 '꽃'과 파랗게 돋는 '풀'의 상승 이미지는 조화를 이루고 있군.
② [B]: '오늘'과 '내일'로, '아침'과 '저녁'으로 봄놀이를 적절히 조절하여 안배하는 모습이 인상적이군.
③ [C]: 술을 과하게 마시지 않으려고 '꽃나무 가지'로 술잔을 세는 모습에서 사대부의 절제된 풍류가 느껴지는군.
④ [D]: 술과 더불어 '청향'과 '낙홍'에 취해 고조되는 감정을 '진다'는 표현을 통해 다스리는군.
⑤ [E]: '검은 들'이 '봄빛'으로 넘치는 것은 인간과 자연이 조화로운 합일을 이루어 감을 의미하는군.

10 면앙정가(俛仰亭歌)

무등산 한 활개 뫼가 동쪽으로 뻗어 있어

멀리 떼쳐 와 ⓐ제월봉(霽月峯)이 되었거늘

무변대야(無邊大野)*에 무슨 짐작 하노라

일곱 굽이 한데 뭉쳐 우뚝우뚝 벌여 논 듯.

가운데 굽이는 구멍에 든 ⓑ늙은 용이 / 선잠을 갓 깨어 머리를 앉혔으니.

너럭바위 위에 송죽을 헤치고 ⓒ정자를 앉혔으니

구름 탄 **청학**이 천 리를 가리라 **두 날개** 벌렸는 듯.

옥천산 용천산 내린 ⓓ물이 / 정자 앞 넓은 들에 올올히 펴진 듯이

넓거든 기노라 푸르거든 희지 마나

쌍룡이 뒤트는 듯 **긴 깁**을 펼쳤는 듯

어디로 가노라 무슨 일 바빠서 / 닫는 듯 따르는 듯 밤낮으로 흐르는 듯.

물 좋은 사정(沙汀)*은 눈같이 펴졌거든

어지러운 기러기는 무엇을 어르노라

앉으락 내리락 모이락 흩으락 / 노화(蘆花)*를 사이 두고 우러곰 좇니느뇨.

넓은 길 밖이요 긴 하늘 아래 두르고 꽂은 것은

뫼인가 병풍인가 그림인가 아닌가.

높은 듯 낮은 듯 궂는 듯 잇는 듯 / 숨거니 뵈거니 가거니 머물거니

어지러운 가운데 이름난 양하여

하늘도 저어치 않고 우뚝이 섰는 것이 ⓔ추월산 머리 짓고

용귀산 봉선산 불대산 어등산 / 용진산 금성산이 허공에 벌였거든

원근창애(遠近蒼崖)에 머문 짓도 하도 할샤. 〈중략〉

된서리 빠진 후에 산 빛이 금수(錦繡)로다.

황운(黃雲)은 또 어찌 만경(萬頃)*에 펼쳐져 있는가.

어적(漁笛)도 흥에 겨워 달을 따라 부는구나.

초목(草木) 다 진 후에 강산(江山)이 묻혔거늘

조물(造物)이 야단스러워 빙설(氷雪)로 꾸며 내니

경궁요대(瓊宮瑤臺)*와 옥해은산(玉海銀山)*이 안저(眼底)에 펼쳐져 있구나.

건곤(乾坤)도 풍성할샤 간 데마다 경이로다.

인간(人間)을 떠나와도 내 몸이 겨를 업다.

이것도 보려 하고 저것도 들으려 하고 / 바람도 쐬려 하고 달도 맞으려 하고

밤은 언제 줍고 고기는 언제 낚고 / 사립문 뉘 닫으며 떨어진 꽃은 뉘 쓸려뇨.

아침이 낫브거니* 저녁이라 싫겠느냐.

오늘이 부족(不足)하니 내일이라 유여(有餘)하랴. 〈중략〉

강산풍월(江山風月) 거느리고 내 백 년(百年)을 다 누리면

악양루상(岳陽樓上)의 이태백(李太白)이 살아 오다

호탕정회(浩蕩情懷)야 이에서 더할쏘냐. / 이 몸이 ㉠이렁 굼도 역군은(亦君恩)이샷다.

— 송순, 〈면앙정가(俛仰亭歌)〉

* 무변대야: 끝없이 넓은 들판   * 사정: 모래톱   * 노화: 갈대
* 만경: 아주 많은 이랑. 지면이나 수면이 아주 넓음을 이르는 말
* 경궁요대: 아름다운 구슬로 꾸민 궁궐과 대   * 옥해은산: 옥으로 된 바다와 은으로 된 산
* 안저: 눈 아래   * 낫브거니: 부족하니

점검! 내신 강의

- **갈래** 서정 가사, 양반 가사, 은일 가사
- **성격** 서정적, 묘사적
- **주제** 자연을 즐기는 풍류와 임금의 은혜에 대한 감사
- **특징**
① 조선 전기 시가의 핵심인 강호가도(江湖歌道)를 확립한 작품임
② 비유법, 대구법, 반복법 등 다양한 표현 방법을 사용함
③ 유창하고 아름다운 표현으로 계절의 변화를 실감나게 묘사함
- **전체 구조**

서사	면앙정이 있는 제월봉의 형세와 면앙정의 모습
본사	• 면앙정 주변의 풍경 • 사계절의 변화에 따른 아름다운 경치
결사	자연을 즐기는 풍류와 임금의 은혜에 대한 감사

점검! 수능 강의

1. **화자의 정서 및 태도**
화자는 속세를 벗어나 자연에 묻혀 살아가면서 자연의 아름다움에 감탄하고, 자연과 더불어 사는 즐거움이 임금의 은혜 덕분이라고 말함 → 자연 친화적 사상과 함께 유교적 충의 사상을 나타냄

2. **표현상의 특징**
다양한 표현 방법을 통해 면앙정 주변 자연 풍경을 생동감 있게 나타내고, 자연을 누리는 화자의 흥취를 드러냄

은유법	금수(단풍), 황운(누렇게 익은 곡식의 물결), 경궁요대와 옥해은산(눈 덮인 아름다운 자연) 등
대구법	• 이것도 보려 하고 저것도 들으려 하고/바람도 쐬려 하고 달도 맞으려 하고 • 밤은 언제 줍고 고기는 언제 낚고/사립문 뉘 닫으며 떨어진 꽃은 뉘 쓸려뇨 등
반복법 직유법	• 쌍룡이 뒤트는 듯 긴 깁을 펼쳤는 듯 등 • 닫는 듯 따르는 듯 밤낮으로 흐르는 듯 등

1 윗글에 대한 설명으로 적절하지 <u>않은</u> 것은?

① 문장 구조의 반복을 통해 리듬감을 조성하고 있다.
② 계절의 변화에 따른 경치가 실감나게 묘사되고 있다.
③ 대상을 통해 느끼는 화자의 심리가 직접 나타나고 있다.
④ 자연을 즐기는 화자의 바쁜 생활이 구체적으로 나열되고 있다.
⑤ 자연에 취해 흥겨워하는 화자의 모습이 해학적으로 표현되고 있다.

2 윗글의 시어에 대한 이해로 적절하지 <u>않은</u> 것은?

① '청학'의 '두 날개'는 제월봉 면앙정의 지붕을 비유한 표현이다.
② '쌍룡'과 '긴 깁'은 정자 앞 넓은 들에 흐르는 시냇물을 비유한 표현이다.
③ '어지러운 기러기'는 세속에 대해 염증을 느끼는 화자의 마음을 비유한 표현이다.
④ '경궁요대와 옥해은산'은 면앙정 주변의 겨울 풍경을 미화한 표현이다.
⑤ '호탕정회'는 자연에 묻혀 사는 화자의 감회가 압축된 표현이다.

3 윗글의 ⊙과 〈보기〉의 ⓒ에 대한 설명으로 가장 적절한 것은?

> ► 보기 ◄
>
> 강호(江湖)에 가을이 드니 고기마다 살져 잇다.
> 소정(小艇)에 그물 실어 흘리 띄워 던져 두고
> 이 몸이 ⓒ소일(消日)해옴도 역군은(亦君恩)이샷다.
> — 맹사성, 〈강호사시가〉

① ⊙은 학문 수양에만 정진하고자 하는 삶의 모습을 말한다.
② ⓒ은 어부의 일상을 배워 생계를 꾸려 나가려는 자세를 말한다.
③ ⊙과 ⓒ은 모두 부정적 현실을 개혁하려는 태도를 말한다.
④ ⊙과 ⓒ은 모두 자연과 조화를 이루며 살아가는 생활을 말한다.
⑤ ⊙과 ⓒ은 모두 임금의 은혜를 받아 지방 관리 임무를 훌륭히 수행하는 것을 말한다.

4 윗글에 대한 설명으로 가장 적절한 것은?

[수능 기출 응용]

① 속세 생활에 대한 긍정적 인식을 표출한다.
② 과거와 현재를 대비함으로써 원망의 정서를 고조한다.
③ 감각적 이미지를 통해 시적 대상의 운동감을 나타낸다.
④ 반어적 표현을 통해 대상의 의미를 긴장감 있게 제시한다.
⑤ 설의적 표현으로 덧없이 보낸 시간에 대한 회한을 드러낸다.

5 〈보기〉를 참고하여 윗글을 감상한 내용으로 적절하지 <u>않은</u> 것은?

[수능 기출]

> ► 보기 ◄
>
> 송순이 〈면앙정가〉에서 펼쳐 보인 세계는 흔히 '면앙우주'라고 일컬어진다. 면앙우주는 작가에게 천지만물의 이치를 심성의 수양으로 내면화하는 공간이었다. 작가는 자연 세계를 통해 인간 세계의 이치를 읽어 내는 가운데 조화와 합일을 추구했다. 그는 객관적 자연물에 인간적 생명력과 의지를 부여하는 방식으로 자신의 이상과 세계관을 표출했다.

① ⓐ의 '제월봉'이 '무변대야에 무슨 짐작'을 한다는 표현에는 높은 이상을 향한 작가의 의지가 자연물에 투영되어 있군.
② ⓑ의 '늙은 용'이 '선잠을 갓 깨어'라는 표현에는 이상을 펼치기에 이미 늦었다고 여기는 작가의 조바심이 담겨 있어.
③ ⓒ의 '정자'가 '청학'처럼 '두 날개 벌렸는 듯'하다는 표현에서 면앙정이 비상(飛上)을 위한 심성 수양의 장소임을 알 수 있군.
④ ⓓ의 '물'이 '밤낮으로 흐르는' 모습을 통해 작가도 자신이 추구하는 바를 쉼 없이 행해야 함을 드러내고 있어.
⑤ ⓔ의 '추월산'을 비롯한 여러 산들이 '높은 듯 낮은 듯 궂는 듯 잇는 듯' 서 있다는 표현에서 조화와 합일을 추구하는 삶의 태도를 볼 수 있군.

11 관동별곡(關東別曲)

┌ 강호(江湖)애 병이 깁퍼 죽림(竹林)의 누엇더니
│ 관동(關東) 팔빅 리에 방면(方面)*을 맛디시니
[A] 어와 성은(聖恩)이야 가디록 망극(罔極)ᄒ다.
│ 연추문 드리ᄃ라 경회(慶會) 남문 ᄇ라보며
└ 하직고 믈너 나니 옥절(玉節)*이 알픠 셧다.

┌ 평구역 ᄆᆯ을 ᄀ라 흑수로 도라드니
│ 섬강(蟾江)은 어듸메오 치악(雉岳)이 여긔로다.
[B] 소양강 ᄂ린 믈이 어드러로 든단 말고.
└ 고신(孤臣)* 거국(去國)*에 빅발도 하도 할샤.

┌ 동주 밤 계오 새와 북관정(北寬亭)의 올나ᄒ니
│ 삼각산 제일봉(第一峰)이 ᄒ마면 뵈리로다.
[C] 궁왕(弓王) 대궐 터희 오작(烏鵲)*이 지지괴니
└ 천고 흥망을 아ᄂ다 몰ᄋᄂ다.

┌ 회양 녜 일홈이 마초아 ᄀ틀시고.
[D] └ 급장유(汲長孺)* 풍채를 고텨 아니 볼 게이고.

┌ 영중(營中)*이 무ᄉᄒ고 시절이 삼월인 제
│ 화천 시내길히 풍악(楓岳)으로 버더 잇다.
│ 행장을 다 썰티고 석경(石逕)*의 막대 디퍼
[E] 백천동 겨티 두고 만폭동 드러가니
│ 은(銀) ᄀ튼 무지게 옥(玉) ᄀ튼 용의 초리
│ 섯돌며 ᄲ는 소리 십 리의 ᄌ자시니
└ 들을 제ᄂ 우레러니 보니ᄂ 눈이로다. 〈중략〉

㉠비로봉 상상두(上上頭)의 올라 보니 긔 뉘신고.
동산(東山) 태산(泰山)이 어ᄂᆞ야 놉돗던고.
노국(魯國) 조븐 줄도 우리ᄂ 모ᄅ거든
㉡넙거나 넙은 천하 엇찌ᄒᄋ야 젹닷 말고.
어와 뎌 디위를 어이ᄒ면 알 거이고.
오ᄅ디 못ᄒ거니 ᄂ려가미 고이ᄒᆯ가.
원통골 ᄀᄂ 길로 사자봉을 ᄎ자가니
㉢그 알픠 너러바회 화룡(化龍)쇠 되여셰라.
천 년 노룡(老龍)이 구비구비 서려 이셔
주야의 흘녀 내여 창해(滄海)예 니어시니
㉣풍운(風雲)을 언제 어더 삼일우(三日雨)를 디련ᄂ다.
㉤음애(陰崖)예 이온 풀을 다 살와 내여ᄉ라.

— 정철, 〈관동별곡(關東別曲)〉

* 방면: 관찰사의 소임
* 옥절: 옥으로 만든, 임금이 신표로 주는 패
* 고신: 외로운 신하
* 거국: 나라를 떠남. 여기서는 '한양을 떠남'을 의미함
* 오작: 까마귀와 까치
* 급장유: 한나라 무제 때의 충신. 회양 태수로 있으면서 백성들을 잘 다스렸다고 함
* 영중: 관찰사의 관청 안
* 석경: 돌이 많은 좁은 길

점검! 내신 강의

- **갈래** 양반 가사, 기행 가사, 정격 가사
- **성격** 서정적, 묘사적, 비유적, 충의적
- **주제** 관동 지방의 절경 유람과 연군, 애민 정신
- **특징**
① 우리말의 묘미를 잘 살린 뛰어난 언어적 기교가 나타남
② 추보식 구성으로 시상을 전개함
③ 비유법, 영탄법, 대구법 등 다양한 표현 방법이 사용됨
- **전체 구조**
시간의 흐름과 여정에 따른 추보식 구성으로 시상이 전개됨

서사	관찰사 부임과 관내 순시: 전라도 창평 → 한양 → 평구(양주)역 → 흑수(여주) → 섬강·치악(원주) → 소양강(춘천) → 동주(철원) → 회양
본사	금강산 유람: 만폭동 → 금강대 → 진헐대 → 개심대 → 화룡소 → 불정대
	관동 팔경 유람: 산영루 → 총석정 → 삼일포 → 의상대 → 경포 → 죽서루 → 망양정
결사	• 망양정에서의 월출 • 꿈속에서 신선을 만난 후의 감회

점검! 수능 강의

1. 화자의 정서 및 태도

선정에의 포부	• 급장유 풍채를 고텨 아니 볼 게이고. • 음애예 이온 풀을 다 살와 내여ᄉ라.
연군지정	• 소양강 ᄂ린 믈이 어드러로 든단 말고 • 삼각산 제일봉이 ᄒ마면 뵈리로다.
우국지정	고신 거국에 빅발도 하도 할샤.

2. 표현상의 특징

- 생략과 비약에 의한 내용 전개: 연추문 드리ᄃ라 경회 남문 ᄇ라보며 / 하직고 믈 나니 옥절이 알픠 셧다. → 부임 과정을 속도감 있게 전개함
- 역동적 경치 묘사: 은 ᄀ튼 무지게 옥 ᄀ튼 용의 초리 → 비유적 표현을 통해 폭포의 역동적 모습을 묘사함

1 윗글의 화자에 대한 설명으로 가장 적절한 것은?

① 병에 걸려 약해진 몸이지만 불평 없이 '옥절'을 받는 모습을 통해 신하로서 책임감을 드러내고자 한다.

② 어디로 흘러들지 모르는 '소양강'의 모습을 통해 부임지의 혼란스러운 상황을 강조하고자 한다.

③ '북관정'에서 '삼각산' 쪽을 바라보는 모습을 통해 임금에 대한 충성심을 드러내고자 한다.

④ '우레' 소리를 내며 쏟아지는 '만폭동' 폭포를 묘사하여 강직한 성품을 강조하고자 한다.

⑤ '동산'과 '태산'의 높이를 비교함으로써 관찰사로서의 높은 지위를 드러내고자 한다.

2 ㉠~㉤에 대한 이해로 가장 적절한 것은?

① ㉠: 설의적 표현으로 비로봉에 오른 자부심을 강조하고 있다.

② ㉡: 반문하는 형식을 통해 넓은 천하를 좁다고 하는 이들을 비판하고 있다.

③ ㉢: 변화된 자연의 모습을 통해 세속의 부귀영화에 대한 허망함을 나타내고 있다.

④ ㉣: 계절감이 느껴지는 소재를 통해 자신의 외로운 처지를 부각하고 있다.

⑤ ㉤: 자연 현상과 관련된 비유를 통해 선정을 베풀겠다는 위정자로서의 의지를 보이고 있다.

3 윗글과 〈보기〉를 비교한 내용으로 가장 적절한 것은?

> ─ 보기 ─
>
> 산중의 책력(冊曆) 없어 사시(四時)를 모르더니
> 눈 아래 펼쳐진 경치가 철철이 절로 나니
> 듣거니 보거니 일마다 선간(仙間)이라.
> 매창(梅窓) 아침 볕에 향기에 잠을 깨니
> 산옹(山翁)의 할 일이 아주 없지도 않다.
>
> ─ 정철, 〈성산별곡〉

① 윗글과 〈보기〉 모두 자연에 대한 예찬적 태도를 드러내고 있다.

② 윗글과 〈보기〉 모두 화자의 여정을 확인할 수 있는 특정 소재를 나열하고 있다.

③ 윗글과 달리 〈보기〉는 사물에 인격을 부여하여 화자의 정서를 전달하고 있다.

④ 윗글과 달리 〈보기〉는 여러 사물의 묘사를 통해 대상의 특성을 나타내고 있다.

⑤ 〈보기〉와 달리 윗글은 시간을 입체적으로 구성하는 방식으로 시상을 전개하고 있다.

4 윗글의 표현상 특징으로 적절하지 <u>않은</u> 것은?

[전국연합 기출]

① 대구의 방식을 활용하여 리듬감을 부여하고 있다.

② 대상을 점층적으로 강조하여 시적 긴장감을 높이고 있다.

③ 감각적 심상을 활용하여 대상을 생동감 있게 묘사하고 있다.

④ 비유의 방식을 사용하여 대상이 지닌 속성을 부각하고 있다.

⑤ 영탄법을 사용하여 화자의 감정을 직접적으로 표출하고 있다.

5 [A]~[E]에 대한 감상으로 적절하지 <u>않은</u> 것은?

[전국연합 기출]

① [A]: '방면'은 자연에 묻혀 있던 화자가 성은에 감격하며 새로운 공간으로 이동하게 되는 계기로 작용하는군.

② [B]: '빗발'은 한양에서 멀어지는 상황에 따른 화자의 심리적 상태를 비유한 소재이군.

③ [C]: '오작'만이 지저귀는 '대궐 터'는 옛날 번성했던 모습과 대비되어 화자에게 무상감을 느끼게 하는군.

④ [D]: 화자는 '회양'이 급장유가 선정을 베풀었던 곳의 지명과 같다는 점을 떠올리며 선정의 포부를 품고 있군.

⑤ [E]: '석경'은 화자가 관찰사로서 해결해야 할 과제가 많음을 상징하여 선정에 대한 의지를 드러내고 있군.

12 사미인곡(思美人曲)

이 몸 생겨날 때 임을 따라 생겼으니

한평생 연분(緣分)이며 하늘 모를 일이던가.

㉠나 하나 젊어 있고 임 하나 날 사랑하시니

이 마음 이 사랑 견줄 데 전혀 없다.

평생(平生)에 원하기를 함께 살자 하였더니

㉡늙어서야 무슨 일로 외로이 두고 그리는가.

㉢엊그제 임을 모셔 광한전(廣寒殿)*에 올랐더니

그 사이 어찌하여 하계(下界)에 내려오니

올 적에 빗은 머리 흐트러진 지 삼 년(三年)일세.

㉣연지분(臙脂粉)* 있다마는 누굴 위해 곱게 할꼬.

마음에 맺힌 시름 첩첩이 쌓여 있어

㉤짓는 것이 한숨이오 지는 것이 눈물이라.

인생은 유한(有限)한데 시름도 끝이 없다.

무심(無心)한 세월(歲月)은 물 흐르듯 하는구나.

계절이 때를 알아 가는 듯 다시 오니

듣거니 보거니 느낄 일도 많고 많구나.

동풍이 건듯 불어 적설을 헤쳐 내니

창밖에 심은 매화 두세 가지 피었어라.

가뜩 냉담한데 암향(暗香)*은 무슨 일고.

황혼에 ⓐ달이 좇아 베개 맡에 비치니

흐느끼는 듯 반기는 듯 임이신가 아니신가.

저 ⓑ매화 꺾어 내어 임 계신 데 보내고져.

임이 너를 보고 어떻다 여기실꼬.

꽃 지고 새 잎 나니 녹음이 깔렸는데

나위(羅幃)* 적막하고 수막(繡幕)이 비어 있다.

부용(芙蓉)을 걷어 놓고 공작(孔雀)을 둘러 두니

가뜩 시름 많은데 날은 어찌 길던고.

원앙금(鴛鴦錦) 베어 놓고 오색선 풀어 내어

금자에 겨누어서 임의 옷 지어 내니

수품(手品)은 물론이고 제도(制度)도 갖출시고.

산호수 지게 위에 백옥함에 담아 두고

임에게 보내려고 임 계신 데 바라보니

산인가 구름인가 험하기도 험하구나.

천리만리 길에 뉘라서 찾아갈꼬.

가거든 열어 두고 나인가 반기실까.

— 정철, 〈사미인곡(思美人曲)〉

* 광한전: 달 속에 있다는 궁전
* 연지분: 볼에 바르는 연지와 분
* 암향: 그윽한 향기
* 나위: 얇은 비단으로 만든 장막

● 점검! 내신 강의

• 갈래 서정 가사, 양반 가사, 정격 가사
• 성격 서정적, 연모적, 의지적
• 주제 연군의 정
• 특징
① 우리말의 구사가 뛰어남
② 충신연주지사(忠臣戀主之詞)의 대표적 작품임
③ 후편 격인 〈속미인곡〉과 더불어 가사 문학의 백미를 이룸
• 문학사적 의의
① 세련된 표현과 뛰어난 우리말 구사로 〈속미인곡〉과 함께 최고의 가사 작품으로 평가받음
② 신하가 임금에 대한 그리움과 충성심을 표현한 충신연주지사(忠臣戀主之詞)라는 점에서 고려 가요인 정서의 〈정과정〉과 맥을 같이함

● 점검! 수능 강의

1. 시상 전개 방식

'본사'에서는 계절의 변화(시간의 흐름)에 따라 시상을 전개하면서 임에 대한 화자의 연모의 정을 나타내고 있는데, 이와 같은 시상 전개는 우리 고전 시가의 전통적인 시상 전개 방법 중 하나임

봄	매화	임에 대한 변함없는 화자의 충절
여름	임의 옷	임에 대한 애틋한 사랑과 정성
가을	청광 (맑은 달빛)	선정을 갈망하는 화자의 충정
겨울	양춘 (봄볕)	임에 대한 화자의 염려

2. 여성 화자를 설정한 이유

연지분	→	여성 화자

작가가 관직에서 물러나 고향인 전남 창평에 있을 때 임금을 향한 변함없는 충정을 나타낸 작품 – 임과 이별한 후 홀로 지내는 외로움과 그리움, 사랑의 마음을 효과적으로 드러내기 위해서는 남성의 목소리보다는 여성의 목소리가 효과적이기 때문임

1 윗글에 대한 설명으로 적절하지 <u>않은</u> 것은?

① 상징적 소재를 통해 주제 의식을 형상화하고 있다.
② 의문형 문장을 통해 화자의 정서를 강조하고 있다.
③ 감각의 전이를 통해 대상의 속성을 나타내고 있다.
④ 추상적 관념을 구체화하여 화자의 상황을 드러내고 있다.
⑤ 계절의 흐름에 따라 시상을 전개한 부분이 나타나고 있다.

2 〈보기〉를 참고하여 윗글을 감상한 내용으로 적절하지 <u>않은</u> 것은?

> ⟶ 보기 ⟵
>
> 〈사미인곡〉은 작가 정철이 관직에서 물러나 전남 창평에 은거할 때 지은 작품으로 충신연주지사의 대표적 작품이다. 충신연주지사는 화자가 임을 그리워하는 형식을 통해 임금에 대한 충절을 드러낸다. 이 작품에서도 임에게 버림받은 여성이 임에 대한 간절한 그리움과 사랑의 정서를 드러내는데, 이는 작가가 사대부로서 지닌 임금에 대한 충성심이 반영된 것이라 할 수 있다.

① '한평생 연분'은 작가와 임금이 천생연분임을 강조하려는 의도로 이해할 수 있겠군.
② '이 사랑'과 '연지분'은 작가가 임을 사모하는 여성 화자를 내세워 충신연주지사의 형식을 나타낸 표현으로 볼 수 있겠군.
③ '마음에 맺힌 시름'은 작가가 관직에서 물러나 임금 곁에 있지 못하기 때문에 생긴 정서로 볼 수 있겠군.
④ '듣거니 보거니 느낄 일'은 은거지에서 겪게 될 다양한 시련과 고난의 경험들을 말하는 것이겠군.
⑤ '천리만리 길'은 작가가 은거하는 곳과 임금이 있는 곳 사이의 정서적 거리감을 드러낸 표현이겠군.

3 윗글의 시어에 대한 이해로 적절하지 <u>않은</u> 것은?

① '하계'와 '임 계신 데'는 모두 화자가 지향하고 있는 공간이다.
② '나위'와 '수막'은 모두 외로운 화자의 상황을 부각하는 공간이다.
③ '임의 옷'은 대상에 대한 화자의 지극한 사랑을 알 수 있게 하는 소재이다.
④ '산호수 지게'와 '백옥함'은 임을 대하는 화자의 정성을 강조하는 소재이다.
⑤ '산'과 '구름'은 모두 임과 화자 사이에서 화자의 노력을 방해하는 장애물이다.

4 〈보기〉를 바탕으로 윗글을 감상했을 때, 적절하지 <u>않</u>은 것은?　　　　　[전국연합 기출]

> ⟶ 보기 ⟵
>
> 이 작품은 '적강 모티프'를 취하고 있다. '적강'이란 천상적 존재가 천상에서 지은 죄과로 말미암아 지상으로 유배 오는 것을 말하는데, 이 작품에서 시적 화자는 천상계에서 임의 사랑을 받다가 지상계로 쫓겨 와 임을 그리워하는 존재로 설정되어 있다. 천상계는 화자가 과거에 존재했던 공간이자 충족의 공간으로, 지상계는 화자가 현재 존재하고 있는 공간이자 결핍의 공간으로 나타난다.

① ㉠은 화자가 천상계에서 임의 사랑을 받으며 지내던 모습을 표현한 것이겠군.
② ㉡은 화자가 적강하여 임을 그리워하며 살아가는 모습을 표현한 것이겠군.
③ ㉢은 화자가 과거에는 천상계에 존재하다가 현재는 지상계로 쫓겨 왔음을 드러낸 것이겠군.
④ ㉣은 임이 없는 결핍의 공간에서 화자가 느끼는 상실감을 표현한 것이겠군.
⑤ ㉤은 지상계로 화자를 쫓아낸 대상에 대한 원망을 드러낸 것이겠군.

5 ⓐ와 ⓑ에 대한 설명으로 가장 적절한 것은?　　　　　[전국연합 기출]

① ⓐ는 대상과의 단절에 대한 두려움을, ⓑ는 대상과의 관계 형성에 대한 화자의 소망을 반영한다.
② ⓐ는 화자가 도달하고자 하는 목표를 상징하는 소재, ⓑ는 화자의 심리적 방황을 유발하는 소재이다.
③ ⓐ는 화자에게 부재하는 대상을 떠오르게 하는 자연물, ⓑ는 대상에 대한 화자의 마음을 전달하는 자연물이다.
④ ⓐ와 ⓑ는 모두 현실에서 겪어야 할 외부적 시련을 상징한다.
⑤ ⓐ와 ⓑ는 모두 부정적 상황에 대해 체념하는 화자의 현재 모습을 나타낸다.

삼삼오오(三三五五) 야유원(冶遊園)에 새 사람이 나단 말가.

꽃 피고 날 저물 제 정처(定處) 없이 나가 있어

㉠백마금편(白馬金鞭)*으로 어디어디 머무는고.

원근(遠近)을 모르거니 소식(消息)이야 더욱 알랴.

인연(因緣)을 긋쳐신들 생각이야 업슬소냐.

얼굴을 못 보거든 그립기나 마르려믄

열두 때 김도 길샤 서른 날 지리(支離)하다.

㉡옥창(玉窓)에 심은 매화(梅花) 몇 번이나 피여 진고.

겨울밤 차고 찬 제 자최눈 섞어 치고

여름날 길고 길 제 궂은비는 무슨 일고.

삼춘화류(三春花柳) 호시절(好時節)에 경물(景物)이 시름없다.

㉢가을 달 방에 들고 실솔(蟋蟀)이 상(床)에 울 제

긴 한숨 지는 눈물 속절없이 헴만 많다.

아마도 모진 목숨 죽기도 어려울사.

돌이켜 풀쳐 헤니 이리하여 어이 하리.

청등(靑燈)을 돌려놓고 녹기금(綠綺琴) 빗기 안아

Ⓐ벽련화(碧蓮花) 한 곡조를 시름 조차 섞어 타니

소상야우(瀟湘夜雨)의 댓소리 섯도는 듯*

화표(華表) 천 년(千年)의 별학(別鶴)이 우니는 듯*

옥수(玉手)의 타는 수단(手段) 옛 소리 있다마는

부용장(芙蓉帳) 적막(寂寞)하니 뉘 귀에 들리소니.

㉣간장(肝腸)이 구곡(九曲) 되어 굽이굽이 끊겼어라.

차라리 잠을 들어 꿈에나 보려 하니

ⓐ바람에 지는 잎과 풀 속에 우는 즘생

무슨 일 원수로서 잠조차 깨우는가.

천상(天上)의 견우직녀(牽牛織女) 은하수(銀河水) 막혔어도

㉤칠월칠석(七月七夕) 일년일도(一年一度) 실기(失期)치 아니거든

우리 님 가신 후는 무슨 약수(弱水)* 가렸기에

오거나 가거나 소식(消息)조차 그쳤는가.

난간(欄干)에 비겨 서서 님 가신 데 바라보니

초로(草露)는 맺혀 있고 모운(暮雲)이 지나갈 제

죽림(竹林) 푸른 곳에 새소리 더욱 설다.

세상의 서른 사람 수없다 하려니와

박명(薄命)한 홍안(紅顔)이야 나 같은 이 또 있을까.

아마도 이 님의 탓으로 살동말동 하여라.

— 허난설헌, 〈규원가(閨怨歌)〉

* 백마금편: 훌륭한 말과 값비싼 채찍
* 소상야우의 댓소리 섯도는 듯: 순임금이 죽은 후 두 왕비가 소상강가에서 울다가 몸을 던져 죽었는데, 이때 흘린 눈물 자국이 대나무 반점으로 남았다는 이야기와 관련됨
* 화표 천 년의 별학이 우니는 듯: 중국 요동의 정영위라는 사람이 영허산에서 도를 배워 학이 된 후 천 년 만에 돌아와 화표주(무덤 앞의 양쪽에 세우는 한 쌍의 돌기둥)에 앉았다는 이야기와 관련됨
* 약수: 전설에 등장하는 강. 부력이 약해서 기러기의 깃털도 가라앉는다고 함

• 점검! 내신 강의

• **갈래** 규방 가사(내방 가사)
• **성격** 원망적, 절망적, 고백적
• **주제** 봉건 사회에서 겪는 부녀자의 한(恨)
• **특징**
  ① 고사(故事)와 한문이 많이 사용됨
  ② 다양한 표현법을 통해 화자의 정서를 드러냄
  ③ 자연물에 화자의 감정을 이입하여 표현함
• **규방 가사**
  규방(閨房)이란 여성들이 거처하던 안방을 의미하며, 규방 가사는 조선 시대 부녀자들이 짓고 후대에 전해진 가사의 총칭으로, 내방 가사 또는 규중 가사라고도 일컬음. 양반층이 즐겼던 문학이지만 주로 유교적 봉건 사회에서 속박된 삶을 살았던 여성들의 고민과 정서를 나타내는 것들이 많아 내용상으로는 민요인 〈시집살이 노래〉 등과 유사한 점이 많음

• 점검! 수능 강의

1. 화자의 상황과 태도
화자는 방탕한 생활로 인해 집에 들어오지 않는 남편 때문에 독수공방하며 외롭게 살아가는 여인으로, 남편을 원망하면서도 그리워하며 자신의 신세를 한탄함
→ 남성 중심의 가부장적인 유교적 봉건 사회에서 인종(忍從)의 태도로 살아야 했던 조선 시대 여인의 고통과 한을 반영함

2. 소재의 의미

자최눈, 궂은비	화자의 쓸쓸한 심회를 돋우는 소재
실솔, 새소리	임에게 사랑받지 못하는 화자의 외롭고 서러운 감정을 투영한 감정 이입물
녹기금	화자의 외로움을 달래기 위한 소재
꿈	임과의 만남을 가능하게 하는 매개
지는 잎, 우는 즘생	화자와 임의 만남을 방해하는 장애물

1 윗글에 대한 설명으로 적절하지 <u>않은</u> 것은?

① 시간의 흐름과 계절의 변화가 나타나 있다.

② 외로움을 달래려는 화자의 구체적 행동이 제시되고 있다.

③ 진솔함이 느껴지는 독백적 어조로 자신의 심정을 밝히고 있다.

④ 설의적 표현을 활용하여 화자의 처지와 정서를 강조하고 있다.

⑤ 한자어와 고사의 적절한 사용으로 세련된 우리말의 격조를 살려 내고 있다.

2 윗글과 〈보기〉의 화자가 Ⓐ와 Ⓑ에 같은 내용의 가사를 붙인다고 할 때, 그 내용으로 가장 적절한 것은?

→ 보기 ←

잠에서 깨어난 미인은 새로이 몸단장하고
비단 치마에 옥 같은 허리띠 원앙이 수놓였네.
겹발을 걷고 비취 이불을 갠 뒤
나른한 채 은쟁(銀箏) 안고 Ⓑ봉황곡을 타네.
금 굴레 조각 안장 타신 임은 어디 가셨나.
정다운 앵무새는 창가에서 속삭인다.

– 허난설헌, 〈사시사〉

① 임의 부재로 인한 경제적인 궁핍을 호소하는 내용

② 자신의 빼어난 미모를 알아주지 않는 임에 대한 원망의 내용

③ 벼슬길에 나간 임이 금의환향(錦衣還鄕)하기를 소망하는 내용

④ 자연을 벗 삼아 고독감에서 벗어나려는 의지를 표출하는 내용

⑤ 자신의 연주를 임에게 들려주지 못하는 안타까움을 드러내는 내용

3 〈보기〉의 ㉮~㉲ 중, 시상 전개상 ⓐ와 유사한 기능을 하고 있는 것은?

→ 보기 ←

강텬(江天)의 혼자 셔셔 디는 히룰 구버보니
님다히 쇼식(消息)이 더옥 아득ᄒ뎌이고
모쳠(茅簷) 춘 자리의 밤듕만 도라오니
㉮반벽 청등(半壁靑燈)은 눌 위ᄒ야 볼갓는고
오르며 ᄂ리며 헤쯔며 바니니
져근덧 역진(力盡)ᄒ야 픗즙을 잠간 드니
정성(精誠)이 지극ᄒ야 쑴의 님을 보니
옥(玉) ᄀ튼 얼굴이 반(半)이나마 늘거셰라
ᄆᆞ음의 머근 말솜 슬ᄏ장 솗쟈 ᄒ니
눈믈이 바라 나니 말인들 어이ᄒ며
정(情)을 못다 ᄒ야 목이조차 몌여 ᄒ니
㉯오뎐된 계셩(鷄聲)의 ᄌ은 엇디 ᄭᅵ돗던고
어와 허ᄉ(虛事)로다. 이 님이 어듸 간고
결의 니러 안자 창(窓)을 열고 ᄇᆞ라보니
㉰어엿븐 그림재 날 조촐 ᄲᅮᆫ이로다
출하리 싀여디여 ㉱낙월(落月)이나 되야이셔
님 겨신 창(窓) 안히 번드시 비최리라
각시님 ᄃᆞᆯ이야키니와 ㉲구즌비나 되쇼셔

– 정철, 〈속미인곡〉

① ㉮　　② ㉯　　③ ㉰　　④ ㉱　　⑤ ㉲

4 ㉠~㉤에 대한 이해로 적절하지 <u>않은</u> 것은?

[전국연합 기출]

① ㉠: 임의 화려한 모습을 언급하며 거처를 알 수 없는 임에 대한 심정을 드러내고 있다.

② ㉡: 자연의 변화를 활용하여 임과 헤어져 있는 시간이 길었음을 드러내고 있다.

③ ㉢: 계절감이 드러나는 소재를 통해 자신의 외로운 처지를 부각하고 있다.

④ ㉣: 과장된 표현을 사용하여 임을 기다리다 시름과 한이 쌓였음을 강조하고 있다.

⑤ ㉤: 설화적 인물과 자신의 처지를 동일시하여 임과의 재회가 어렵다는 것을 보여 주고 있다.

5 야유원 과 부용장 을 비교한 내용으로 가장 적절한 것은?

[전국연합 기출]

① '야유원'은 화자가 지향하는 공간, '부용장'은 화자가 벗어나고자 하는 공간이다.

② '야유원'은 임이 화자를 기다리는 공간, '부용장'은 화자가 임을 기다리는 공간이다.

③ '야유원'은 임이 있을 것으로 추측하는 공간, '부용장'은 임의 부재를 느끼는 공간이다.

④ '야유원'은 화자가 타인들과 어울리는 공간, '부용장'은 화자가 타인들로부터 벗어난 공간이다.

⑤ '야유원'은 임과 이별과 만남을 반복한 시련의 공간, '부용장'은 임과 이별한 후에 정착한 도피의 공간이다.

[A]
초경(初更)도 거읜대 긔 엇지 와 겨신고.
연년(年年)에 이러하기 구차(苟且)한 줄 알건마난
쇼 업산 궁가(窮家)애 혜염 만하 왓삽노라.
공하나나 갑시나 주엄 즉도 하다마는
다만 어제 밤의 거넨 집 저 사람이 / 목 불근 수기치(雉)*를 옥지읍(玉脂泣)게 꾸어 내고
간 이근 삼해주(三亥酒)를 취(醉)토록 권(勸)하거든
이러한 은혜(恩惠)를 어이 아니 갑흘넌고.
내일(來日)로 주마 하고 큰 언약(言約) 하야거든
실약(失約)이 미편(未便)하니 사설이 어려왜라.
실위(實爲) 그러하면 혈마 어이할고.
헌 면덕 수기 스고 측 업슨 집신에 설피설피 물너 오니
풍채(風采) 저근 형용(形容)애 개 즈칠 뿐이로다.

와실(蝸室)*에 드러간들 잠이 와사 누어시랴.
북창(北窓)을 비겨 안자 새배랄 기다리니
무정(無情)한 대승(戴勝)은 이내 한(恨)을 도우나다.
종조추창(終朝惆悵)*하며 먼 들흘 바라보니 / **즐기는 농가(農歌)**도 흥(興) 업서 들리나다.
세정(世情) 모란 한숨은 그칠 줄을 모라나다.
아까운 져 소뷔난 벗보님도 됴할세고.
가시 엉귄 묵은 밧도 용이(容易)케 갈런마는 / 허당반벽(虛堂半壁)에 슬듸업시 걸려고야.
춘경(春耕)도 거의거다. 후리쳐 던져두쟈.
강호(江湖) 한 꿈을 꾸언 지도 오래러니 / 구복(口腹)이 위루(爲累)하야 어지버 이져떠다.
첨피기욱(瞻彼淇澳)혼대* 녹죽(綠竹)도 하도 할샤.
유비군자(有斐君子)들아 낙대 하나 빌려사라.
노화(蘆花) 깁픈 곳애 명월청풍(明月淸風) 벗이 되야
님재 업산 **풍월강산(風月江山)**애 절로절로 늘그리라.
무심(無心)한 백구(白鷗)야 오라 하며 말라 하랴. / 다토리 업슬산 다문 인가 너기로라.
이제야 쇼비 리* 맹세코 다시 마쟈.
무상(無狀)한 이 몸애 무슨 지취(志趣) 이스리마는
두세 이렁 밧논을 다 무겨 던져두고 / 이시면 죽(粥)이오 업시면 굴물망정
남의 집 남의 거슨 전혀 부러 말렷노라.
내 빈천(貧賤) 슬히 너겨 손을 헤다 물러가며 / 남의 부귀(富貴) 불리 너겨 손을 치다 나아오랴.
인간(人間) 어내 일이 명(命) 밧긔 삼겨시리.
빈이무원(貧而無怨)*을 어렵다 하건마는   <   [B]
내 생애(生涯) 이러호대 설온 뜻은 업노왜라.
단사표음(簞食瓢飮)을 이도 족(足)히 너기로라.
평생(平生) 한 뜻이 온포(溫飽)*애는 업노왜라.
태평천하(太平天下)애 충효(忠孝)를 일을 삼아 / 화형제(和兄弟) 신붕우(信朋友) 외다 하리 뉘 이시리.
그 밧긔 남은 일이야 삼긴 대로 살렷노라.

― 박인로, 〈누항사(陋巷詞)〉

* 수기치: 장끼(수꿩)   * 와실: 달팽이 집, 작고 누추한 집   * 종조추창: 아침이 끝날 때까지 슬퍼함
* 첨피기욱혼대: 저 물가를 바라보니   * 쇼비 리: 소 빌리는 일   * 빈이무원: 가난해도 원망하지 않음
* 온포: 따뜻하게 입고 배부르게 먹음

• **점검! 내신 강의**
• **갈래** 양반 가사
• **성격** 사실적, 사색적, 전원적
• **주제** 누항에 사는 선비의 곤궁한 삶과 안빈낙도의 추구
• **특징**
① 대화체, 농촌의 일상생활과 관련된 어휘들이 사용됨
② 전쟁(임진왜란) 직후의 궁핍한 삶을 사실적이고 구체적으로 형상화함

• **점검! 수능 강의**

1. **당대의 시대상**
화자는 임진왜란 후 고향에 돌아와 가난한 생활을 하며 소를 빌려 농사를 지으려 하나 소 주인에게 거절당해 농사일을 포기함 → 당대 경제적으로 몰락한 양반 사대부의 가난한 현실과 직접 농사일을 해서 생활을 영위해야 하는 사대부의 달라진 위상을 확인할 수 있음

2. **문학적 특징**
• 자연에 대한 풍류와 유교적 충의 사상을 나타내면서도 사대부의 소외된 현실을 사실적으로 제시함 → 자연에 은일하며 관념적 가치관을 나타내던 조선 전기 가사와는 다름
• 사대부로서의 지위도 보장되어 있지 않고, 농민으로 살아갈 만한 여건도 갖추지 못한 소외된 양반 계층의 갈등과 괴로움을 표현함
• 화자의 현실을 실감나게 표현하는 일상 언어, 대화 형식의 말투 등이 대폭 사용됨

3. **화자의 삶의 태도**

현실		이상
가난하고 고통스러운 삶	↔	자연 친화, 빈이무원(안빈낙도)

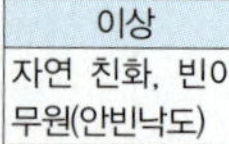

화자는 먹고사는 것이 힘들어 자연을 벗 삼아 살겠다는 이상을 잊은 것에 대해 자탄하며 다시 자연과 더불어 살면서 빈이무원(안빈낙도)의 삶을 추구하고 유교적 이상을 잊지 않겠다는 의지를 드러냄

1 윗글에 대한 설명으로 적절하지 <u>않은</u> 것은?

① 대구적 표현으로 리듬감을 형성하고 있다.
② 자연물을 활용하여 화자의 정서를 드러내고 있다.
③ 대조적 생활을 표현하며 안빈낙도의 자세를 강조하고 있다.
④ 해학과 풍자의 표현으로 궁핍한 농가의 생활을 비판하고 있다.
⑤ 대화체와 일상생활의 언어를 사용하여 농촌의 삶을 구체적으로 형상화하고 있다.

2 〈보기〉는 [A]의 상황을 현대극으로 각색한 것이다. 윗글의 원래 내용과 맞지 <u>않는</u> 것은?

> ┤ 보기 ├
>
> 소 주인: (놀라는 표정으로) 어쩐 일로 이 시간에 다 오셨습니까?
> 화 자: (미안해하며) 매년 소 빌리기 구차한 줄 알지만, 논갈이 걱정으로 소를 좀 빌릴까 해서요. ················· ⓐ
> 소 주인: 공으로든 값을 치든 간에 빌려 드림직도 한데…… ⓑ
> 화 자: (기대하는 표정) …….
> 소 주인: (난감해하며) 다만 어제 건넛집 저 사람이 목 붉은 수꿩을 맛있게 굽고, 갓 익은 좋은 술을 들고 와 취하도록 권해서 미리 빌려주겠다고 했는데 약속을 깨기가 참으로 어렵네요. ·· ⓒ
> 화 자: (실망하며) 정말로 그렇다면 어쩔 수 없겠네요. ········· ⓓ
> 소 주인: (헌 모자를 숙여 쓰고 돌아가는 화자를 보며 독백으로) 풍채 보잘것없는 모습에 개가 짖으며 위로하는구나. ······ ⓔ

① ⓐ   ② ⓑ   ③ ⓒ   ④ ⓓ   ⑤ ⓔ

3 윗글과 〈보기〉를 비교하여 감상한 내용으로 적절하지 <u>않은</u> 것은?

> ┤ 보기 ├
>
> 보리밥 풋나물을 알마초 머근 후에
> **바횟긋 믈가**의 **슬카지** 노니노라.
> 그나믄 **녀나믄 일**이야 부릴 줄이 이시랴. 〈제2수〉
>
> **강산**이 됴타 한들 내 분으로 누얻나냐.
> 님군 은혜를 더욱 아노이다.
> 아므리 갑고쟈 하야도 **해올 일**이 업세라. 〈제6수〉
> ─ 윤선도, 〈만흥〉

① 윗글의 '풍월강산'과 〈보기〉의 '바횟긋 믈가'는 모두 화자가 정신적 만족감을 느끼는 공간이다.
② 윗글의 '강호 한 꿈'과 〈보기〉의 '녀나믄 일'은 모두 화자가 이루고자 하는 이상적 삶을 의미한다.
③ 윗글의 '단사표음'과 〈보기〉의 '보리밥 풋나물'은 모두 화자의 소박한 삶의 모습을 보여 주는 소재이다.
④ 윗글의 '즐기는 농가'와 달리 〈보기〉의 '강산'은 화자가 지향하는 가치를 보여 주는 대상이다.
⑤ 윗글의 '그 밧긔 남은 일'과 달리 〈보기〉의 '해올 일'은 화자가 성취하고자 하는 의도를 담은 행위이다.

4 〈보기〉를 바탕으로 윗글을 감상한 내용이 적절하지 <u>않은</u> 것은?   [전국연합 기출]

> ┤ 보기 ├
>
> 이 작품은 당시 일상생활에서 사용하던 대화 형식의 말투를 받아들여 임진왜란 이후의 변화된 사회상을 담고 있다. 특히 신분제 동요, 양반의 경제적 몰락, 실리를 추구하는 민중의 면모 등 사회적 변화가 반영되어 있다. 또한 조선 전기부터 양반들이 지향하던 관념적인 삶의 모습도 보여 준다. 그런데, 그것은 자연 친화적인 삶을 지향하는 형태로 나타난다.

① '초경도 거읜대~'부터 '~혈마 어이할고.'까지는 조선 전기 가사와 달리 실생활에서 사용한 대화 형식의 말투가 나타나 있다.
② '쇼 업산 궁가'의 화자가 이웃집 소 주인에게 소를 빌리러 간다는 사실에서 경제적으로 몰락한 양반들이 있었음을 알 수 있다.
③ '목 불근 수기치'와 '삼해주'를 제공받고 소를 빌려주려는 소 주인의 모습에서 실리(實利)를 중시하는 민중의 모습을 확인할 수 있다.
④ '후리쳐 던져두쟈.'에서는 전쟁으로 인한 신분제의 동요와 혼란한 사회상에 대한 불만이 나타나 있다.
⑤ '님재 업산 풍월강산애 절로절로 늘그리라.'에서 조선 전기의 양반들이 추구하던 삶의 모습을 볼 수 있다.

5 [B] 부분에 〈보기〉의 내용이 들어 있는 이본(異本)이 있다. 〈보기〉가 추가됨으로써 나타나는 효과로 가장 적절한 것은?   [평가원 기출]

> ┤ 보기 ├
>
> 가난타 이제 죽으며 부유하다 백 년 살랴.
> 원헌(原憲)*이는 몇 날 살고 석숭(石崇)*이는 몇 해 살았나.
>
> * 원헌: 춘추 시대에 청빈(淸貧)하게 산 학자
> * 석숭: 진(晉)나라 때의 큰 부자

① 여러 인물을 등장시켜 대화 상황으로 전환하고 있다.
② 새로운 공간을 더하여 사건의 선후 관계를 짐작하게 한다.
③ 이질적인 이야기를 삽입하여 새로운 갈등을 유발하고 있다.
④ 구체적인 단서를 제공하여 인물 간의 심리적 거리를 드러내고 있다.
⑤ 역사 속 인물을 끌어와 화자의 삶에 대해 독자의 공감을 이끌어 내고 있다.

15 농가월령가(農家月令歌)

〈사월령〉

사월이라 초여름 되니 입하 소만 절기로다.

비 온 끝에 볕이 나니 날씨도 화창하다.

떡갈잎 퍼질 때에 뻐꾹새 자주 울고

보리 이삭 패어 나니 꾀꼬리 노래한다.

농사도 한창이요 누에치기 한창이라.

남녀노소 몰두하니 집에 있을 틈이 없어

적막한 사립문을 녹음(綠陰) 속에 닫았도다.

목화를 많이 가꾸소 길쌈의 근본이라.

수수 동부 녹두 참깨 부룩*을 적게 하소.

갈 꺾어 거름할 제 풀 베어 섞어 하소.

물 댄 논을 써레질하고 이른모를 내어 보세.

먹을 양식이 부족하니 환자를 얻어 보태리라.

한잠 자고 일어난 누에 하루도 열두 밥을

밤낮을 쉬지 말고 부지런히 먹이리라.

〈팔월령〉

팔월이라 중추 되니 백로 추분 절기로다.

북두칠성의 자루가 돌아 서쪽 하늘을 가리키니

아침저녁이 선선하여 가을 기운이 완연하다.

귀뚜라미 맑은 소리가 벽 사이에서 들리는구나.

아침에 안개 끼고 밤이면 이슬 내려

온갖 곡식을 여물게 하고 만물이 익기를 재촉하니

들 구경 돌아보니 힘들인 공이 나타나는구나.

백곡에 이삭 패고 곡식알이 들어 고개 숙여

서풍에 익는 빛은 누런 구름이 이는 듯하다.

백설 같은 면화송이 산호 같은 고추 열매

처마에 널었으니 가을볕이 명랑하다.

안팎 마당 닦아 놓고 발채* 망구* 장만하소.

면화 따는 바구니에 수수 이삭 콩 가지오

나무꾼 돌아올 때 머루 다래 산열매라.

뒷동산 밤 대추는 아이들 세상이라.

알밤은 모아 말려서 필요한 때 쓰게 하소.

명주를 끊어 내어 가을볕에 표백하고

남빛과 붉은빛으로 물들이니 청홍이 색색이로구나.

부모님 연세가 많으니 수의를 미리 준비하고

그 나머지는 마르고 재어서 자녀의 혼수하세.

— 정학유, 〈농가월령가(農家月令歌)〉

* 부룩: 곡식이나 채소를 심은 사이사이에 다른 농작물을 심는 일
* 발채: 짐을 싣기 위해 지게에 얹는 소쿠리 모양의 물건
* 망구: 옹구. 소의 안장 위에 얹는 망태기처럼 생긴 것

점검! 내신 강의

- **갈래** 월령체 가사(전 13장)
- **성격** 교훈적, 계몽적
- **주제** 각 달과 절기에 따른 농사일과 세시 풍속 소개
- **특징**
  ① 대구법, 직유법, 은유법 등의 다양한 표현 방법이 사용됨
  ② 직설적 표현과 농촌 생활과 관련된 어휘가 많이 나타남
  ③ 실제적 농사일을 열거하여 실생활에 도움이 되도록 구성함
- **문학사적 의의**
  ① 우리말 노래로서 농업 기술 보급을 처음 시도한 작품임
  ② 월령체 노래 중 가장 큰 규모를 지님
  ③ 조선 시대 생활사 및 풍속사를 알 수 있는 자료로서 가치를 지님

점검! 수능 강의

1. 전체 구성

- 월령체의 장편 가사로, 서사에서 시작하여 정월령에서 십이월령까지 전 13장으로 이루어짐
- 정월령에서 십이월령까지는 모두 동일한 구성(절기 소개 → 화자의 관념과 정서 → 농사일과 세시 풍속)을 지님
- 농촌에서 한 해 동안 계절에 따라 해야 할 일들을 나열하고 농촌의 세시 풍속을 잘 표현함

2. 화자의 태도

전체적으로 절기를 소개할 때는 감탄형 종결 어미 '-로다', 농사일을 권할 때는 명령형·청유형 종결 어미 '-라, -세' 등을 사용함

↓

지배 계층인 양반이 피지배 계층인 농민들에게 교훈을 주고 그들을 계몽·교화하려는 의도를 지님

3. '자연'의 의미

양반이나 사대부 시가에서 주로 나타나는 관념적·완상적 대상으로서의 자연이 아니라, 노동과 생활의 현장(생산물이 만들어지는 생활 공간)으로서의 자연으로 나타남

1 윗글에 대한 설명으로 적절하지 <u>않은</u> 것은?

→ 보기 ←

〈농가월령가〉는 전 13장으로 이루어진 월령체 가사로, ㉠절기를 소개하면서 다양한 농촌 풍경을 묘사하고 있으며, ㉡계절의 흐름과 함께 당시의 민간 생활도 생생히 나타내고 있다. 또한 ㉢농사일을 사실적으로 그리는 과정 속에서 화자의 운명론적 세계관을 강조하고 있으며, ㉣계절마다 해야 할 농사일을 농민들에게 권유하고 있다. 이를 통해 작가가 ㉤자연을 관념적 대상이 아니라 노동의 공간이자 생활의 현장으로 인식하고 있음을 확인할 수 있다.

① ㉠   ② ㉡   ③ ㉢   ④ ㉣   ⑤ ㉤

2 〈사월령〉과 〈팔월령〉의 표현상 특징으로 가장 적절한 것은?
① 〈사월령〉에서는 의성어를 통해 현장감을 부여하고 있다.
② 〈사월령〉에서는 수미상관으로 관념적 내용을 표현하고 있다.
③ 〈팔월령〉에서는 우화적 방식으로 주제 의식을 부각하고 있다.
④ 〈팔월령〉에서는 감각적 이미지로 시적 상황을 드러내고 있다.
⑤ 〈팔월령〉에서는 반어적 표현을 통해 화자의 정서를 보여 주고 있다.

3 윗글을 읽은 독자의 반응으로 적절하지 <u>않은</u> 것은?
① 4월은 목화를 수확하는 계절로 여인들은 집에 모여 길쌈을 하겠군.
② 4월은 날씨가 화창하고 더위가 시작되는 시기로 녹음이 짙어지겠군.
③ 8월은 머루, 다래와 같은 산열매와 밤과 대추를 따는 때이군.
④ 8월은 귀뚜라미가 울고 날씨가 아침저녁으로 선선한 계절이군.
⑤ 8월은 황금 들녘에 곡식이 영글어 가고 풍성한 중추절의 시기이군.

4 〈사월령〉과 〈보기〉를 비교하여 이해한 내용으로 적절하지 <u>않은</u> 것은?　[평가원 기출]

→ 보기 ←

도롱이에 호미 걸고 뿔 굽은 검은 소 몰고
고동풀 뜯기면서 개울물 가 내려갈 제
어디서 품 진* 벗님 함께 가자 하는고.　〈제2수〉

둘러내자* 둘러내자 우거진 고랑 둘러내자.
바랭이 여뀌 풀을 고랑마다 둘러내자.
쉬 짙은 긴 사래는 마주 잡아 둘러내자.　〈제3수〉

땀은 듣는 대로 듣고 볕은 쬘 대로 쬔다.
청풍에 옷깃 열고 긴 휘파람 흘리 불 제
어디서 길 가는 손님네 아는 듯이 머무는고.〈제4수〉
　　　　　　　　　　　　　　－ 위백규, 〈농가(農歌)〉

* 품 진: 품앗이를 한
* 둘러내자 : 휘감아서 걷어 내자.

① 〈보기〉에는 〈사월령〉과 달리, 특정 시기에 재배해야 하는 작물이 제시되어 있군.
② 〈보기〉에는 〈사월령〉과 달리, 농사일 중에 휴식을 즐기는 여유로움이 그려져 있군.
③ 〈사월령〉에는 〈보기〉와 달리, 먹고 입는 것과 관련한 농사일이 다양하게 나타나 있군.
④ 〈보기〉와 〈사월령〉의 화자는 모두 노동의 현장을 주목하고 있군.
⑤ 〈보기〉와 〈사월령〉의 배경은 모두 농부들의 일상적인 삶을 보여 주는 공간으로 볼 수 있군.

5 〈팔월령〉을 심화 감상하기 위해 토의한 내용으로 적절하지 <u>않은</u> 것은?　[전국연합 기출]
① 영수: 읽을 때 일정한 리듬감을 느낄 수가 있는데, 이와 유사한 리듬감을 주는 작품을 더 찾아봐야겠어.
② 철호: 당대 농촌의 풍경을 그려 볼 수 있는데, 문학 작품 속에 그려진 당시의 농촌의 모습을 더 조사해 보는 것은 어떨까.
③ 하나: 절기를 언급한 다음 구체적인 농사일을 소개하고 있는데, 이런 구성이 다른 부분에서도 반복되고 있는지 알아볼 필요가 있겠어.
④ 혜인: 바쁘게 돌아가는 농촌의 모습이 그려지고 있는데, 고된 노동을 슬기롭게 극복하고자 한 노동요로서의 기능을 더 조사해 봐야겠어.
⑤ 태영: 당시의 현실을 고려할 때, 서민들의 삶이 과연 그렇게 태평스럽기만 했는지 의심이 들어. 서민의 심정을 사실적으로 그린 작품도 찾아봐야겠어.

현대시

현대시는 화자의 정서 및 태도를 파악하고 시에서 말하고자 하는 주제를 이해하는 활동이 중요합니다.
- 현대시는 자연과 인간에 대한 관계, 자아에 대한 성찰과 반성, 시대 상황에 따른 현실 비판 등 다양한 소재를 다룹니다.
- 공통점을 지닌 작품이 묶여서 출제되는 경우가 많기 때문에 공통점과 차이점을 중심으로 화자의 정서와 태도, 표현 방법 등을 비교하며 작품을 해석하고 감상할 수 있는 능력이 필요합니다.
- 현대시는 잘 알려진 작가의 낯선 작품을 출제하는 비중도 높기 때문에 화자, 표현, 시어, 주제와 같은 키워드 중심으로 작품을 분석하는 연습을 해 봅니다.

가

새는 새장 밖으로 나가지 못한다.

매번 머리를 부딪치고 날개를 상하고 나야 보이는,

창살 사이의 간격보다 큰, 몸뚱어리.

ⓐ하늘과 산이 보이고 울음 실은 ⓑ공기가 자유로이 드나드는

그러나 살랑거리며 날개를 굳게 다리에 매달아 놓는,

그 적당한 간격은 슬프다.

그 창살의 간격보다 ⓒ넓은 몸은 슬프다.

넓게, 힘차게 뻗을 ⓓ날개가 있고

날개를 힘껏 떠받쳐 줄 공기가 있지만

새는 다만 ⓔ네 발 달린 짐승처럼 걷는다.

부지런히 걸어 다리가 굵어지고 튼튼해져서

닭처럼 날개가 귀찮아질 때까지 걷는다.

㉠새장 문을 활짝 열어 놓아도 날지 않고

닭처럼 모이를 향해 달려갈 수 있을 때까지 걷는다.

걸으면서, 가끔, 창살 사이를 채우고 있는 바람을

부리로 쪼아 본다, 아직도 벽이 아니고

공기라는 걸 증명하려는 듯.

유리보다도 더 환하고 선명하게 전망이 보이고

울음 소리 숨내음 자유롭게 움직이도록 고안된 공기,

㉡그 최첨단 신소재의 부드러운 질감을 음미하려는 듯.

– 김기택, 〈새〉

나

나는 새장을 하나 샀다 / 그것은 가죽으로 만든 것이다

날뛰는 내 발을 집어넣기 위해 만든 작은 감옥이었던 것

처음 그것은 발에 너무 컸다 / 한동안 덜그럭거리는 **감옥을 끌고** 다녀야 했으니

㉢감옥은 작아져야 한다 / 새가 날 때 구두를 감추듯

새장에 모자나 **구름을 집어넣어본다**

그러나 그들은 언덕을 잊고 보리 이랑을 세지 않으며 날지 않는다

새장에는 조그만 먹이통과 구멍이 있다

㉣그것이 새장을 아름답게 하는 것인지도 모른다

나는 오늘 새 구두를 샀다

그것은 **구름 위에 올려져 있다**

내 구두는 아직 물에 젖지 않은 **한 척의 배**,

한때는 속박이었고 또 한때는 제멋대로였던 삶의 한 켤에서

나는 가끔씩 늙고 고집센 내 발을 위로하는 것이다

오래 쓰다 버린 **낡은 목욕통** 같은 구두를 벗고

㉤새의 육체 속에 발을 집어넣어보는 것이다

– 송찬호, 〈구두〉

● 점검! **내신 강의**

(가)
- **갈래** 자유시, 서정시
- **성격** 비판적, 풍자적
- **주제** 새장에 갇힌 새의 모습을 통한 현대인의 삶에 대한 성찰
- **특징**
  ① 현대인의 삶을 새장에 갇힌 새에 빗대어 형상화함
  ② 현재형 시제를 활용해 점점 본질을 잃어 가는 새의 모습을 현장감 있게 표현함

(나)
- **갈래** 자유시, 서정시
- **성격** 상징적, 비유적
- **주제** 구속된 삶과 안일함에 안주하는 삶을 거부하고 자유와 이상을 향해 비상하려는 의지
- **특징**
  ① 구두를 새장에 비유하여 자유롭게 비상하고 싶어 하는 현대인의 욕망을 그림
  ② 구두의 이미지를 변주시켜 자유로운 비상을 표현함

● 점검! **수능 강의**

(가)

1. **화자의 태도**
   새의 모습을 통해 자유로운 삶의 가치를 상실한 현대인의 모습을 성찰함

2. **시어의 상징적 의미**

새	자유에 대한 갈망을 잃은 존재로, 일상에 안주하며 살아가는 현대인을 상징
적당한 간격	창살 사이의 간격. 안온함과 억압성이라는 양면성을 지닌 현대인의 일상을 의미

(나)

1. **비유적 표현**
   - 새장, 감옥, 낡은 목욕통 같은 구두 → 화자를 속박하는 현실
   - 새 구두, 한 척의 배, 새의 육체 → 자유로움을 추구하려는 마음

2. **'구두'의 의미**
   - 낡은 구두: 일상의 속박과 구속, 지상의 이미지
   - 새 구두: 일상으로부터의 자유, 천상의 이미지

1 (가)와 (나)의 표현상의 특징을 비교한 내용으로 가장 적절한 것은?

① (가)는 (나)와 달리 화자의 감정을 직접적으로 노출하고 있다.
② (가)는 (나)와 달리 명령형 어조를 통해 현실의 문제를 해결하려는 시적 대상의 의지를 드러내고 있다.
③ (나)는 (가)와 달리 과거와 현재의 대비를 통해 과거 대상의 가치를 높이고 있다.
④ (나)는 (가)와 달리 점층법을 통해 고조되고 있는 화자의 정서를 드러내고 있다.
⑤ (가)와 (나)는 모두 영탄적 표현으로 화자의 태도를 강조하고 있다.

2 ㉠~㉤에 대한 독자의 반응으로 적절하지 않은 것은?

① ㉠: 자유의 기회가 와도 그 자유를 누리지 못하고 있는 모습을 보여 주고 있군.
② ㉡: 새가 갇혀 있는 자신의 모습을 긍정적인 것으로 왜곡하며 자기 합리화하려는 모습이 포착되었군.
③ ㉢: 새가 날 때 속박이 없는 것처럼 구속이 작아져야 자유롭게 될 수 있음을 말하고 있군.
④ ㉣: 속박에 길들여진 현실에 안주하는 안타까운 모습을 반어적으로 표현하고 있군.
⑤ ㉤: 자유를 갈망하지만 결국은 다시 새장 속에 갇힐 수밖에 없는 현실적 한계를 나타내고 있군.

3 (가)의 ⓐ~ⓔ에 대한 설명으로 적절하지 않은 것은?

① ⓐ: '새장' 밖의 세상으로 자유가 있는 곳을 의미한다.
② ⓑ: '새'의 처지와 대조되며 자유로움의 이미지를 환기한다.
③ ⓒ: '새'가 '새장'에 갇히도록 한 근본적 원인이 무엇인지를 단적으로 보여 준다.
④ ⓓ: '새'가 처한 현실을 극복하고 비상할 수 있게 하는 잠재적 능력을 의미한다.
⑤ ⓔ: '새'가 자신의 능력을 포기한 채 살아가는 모습을 상징적으로 보여 준다.

4 〈보기〉를 바탕으로 (가)를 감상한 내용으로 적절하지 않은 것은? [수능 기출 응용]

> ─ 보기 ─
>
> 〈새〉에서 '새장에 갇힌 새'는 일상의 안온함에 길들어 자유를 억압하는 일상을 벗어나지 못하는 현대인의 알레고리이다. '새'의 행동에 대한 묘사는 일상에 충실할수록 잠재된 힘과 본질을 잃어 가는 아이러니와, 일상에 만족하며 자유로운 삶의 가능성을 외면하는 현대인의 모습을 보여 준다.

① 적당한 간격의 창살로 된 새장은, 안온함과 억압성이라는 양가성을 지닌 일상을 보여 주는군.
② 몸이 창살에 부딪치고 나서야 창살의 간격이 보이는 새는, 일상에 갇힌 자신을 의식하는 현대인의 모습을 보여 주는군.
③ 닭처럼 날개가 귀찮아질 때까지 부지런히 걷는 새는, 성실한 생활이 잠재력의 상실로 이어지는 아이러니를 보여 주는군.
④ 공기를 음미할 대상으로만 여기는 듯한 새는, 자유로운 삶의 가능성을 외면하고 일상에 안주하려는 현대인의 모습을 보여 주는군.
⑤ 새장 문이 열려도 날지 않고 모이를 향해 달려갈 수 있을 때까지 걷는 새는, 자신의 본질에 충실하다 보니 오히려 자유를 상실하게 되는 상황을 보여 주는군.

5 〈보기〉를 참고하여 (나)를 감상한 내용으로 적절하지 않은 것은? [전국연합 기출 응용]

> ─ 보기 ─
>
> 선생님: 〈구두〉는 '낯설게 하기'를 사용하여 시상을 전개하고 있습니다. '낯설게 하기'는 친숙하고 일상적인 사물이나 관념을 낯설게 만들어 새로운 느낌이 들도록 표현하는 문학적 기법입니다.

① 신고 다니는 '구두'를 '감옥을 끌고' 다니는 것으로 표현한 것은 구두로부터 느끼는 압박감이 '감옥'처럼 느껴졌음을 표현한 것이군.
② '새장'에 '구름을 집어넣어본다'는 발상은 좁은 '새장'에 하늘의 '구름'을 넣어 새가 자유롭기를 바라듯 화자 역시 자유로워지기를 바라는 소망을 드러낸 것이군.
③ '새 구두'가 '구름 위에 올려져 있다'고 본 발상은 일상에서 느끼는 답답함을 풀어내고 싶은 화자의 마음을 드러낸 것이군.
④ '내 구두'를 '한 척의 배'로 비유하고 있는 것은 어디로든 출항할 수 있는 '배'와 같이 지상을 벗어나고 싶은 화자의 바람을 드러낸 것이군.
⑤ '구두'를 '낡은 목욕통'에 비유하고 있는 것은 더러움을 씻어 내는 '낡은 목욕통'과 같이 화자가 오랫동안 지켜온 순수함을 지키고자 하는 의지를 표출한 것이군.

쉽게 씌어진 시 | 알 수 없어요

가 창(窓)밖에 밤비가 속살거려 / 육첩방(六疊房)*은 남의 나라,

시인(詩人)이란 슬픈 천명(天命)인 줄 알면서도 / 한 줄 시(詩)를 적어 볼까,

땀내와 사랑내 포근히 품긴 / 보내 주신 학비 봉투(學費封套)를 받아

대학(大學) 노-트를 끼고 / 늙은 교수(敎授)의 강의(講義) 들으러 간다.

생각해 보면 어린 때 동무들 / 하나, 둘, 죄다 잃어버리고

나는 무얼 바라 / 나는 다만, **홀로 침전(沈澱)하는 것**일까?

인생(人生)은 살기 어렵다는데
시(詩)가 이렇게 쉽게 씌어지는 것은 / 부끄러운 일이다.

육첩방(六疊房)은 남의 나라
창(窓)밖에 밤비가 속살거리는데,

등불을 밝혀 어둠을 조금 내몰고,
시대(時代)처럼 올 아침을 기다리는 최후(最後)의 나,

나는 나에게 작은 손을 내밀어
눈물과 위안(慰安)으로 잡는 **최초(最初)의 악수(握手).**

– 윤동주, 〈쉽게 씌어진 시〉

* 육첩방: 일본식 돗자리인 다다미 여섯 장을 깐 방

나 바람도 없는 공중에 수직의 파문을 내이며 고요히 떨어지는 오동잎은 ㉠누구의 발자취입니까

　지리한 장마 끝에 서풍에 몰려가는 ㉡무서운 검은 구름의 터진 틈으로 언뜻언뜻 보이는 푸른 하늘은 누구의 얼굴입니까

　꽃도 없는 깊은 나무에 푸른 이끼를 거쳐서 옛 탑 위의 고요한 하늘을 스치는 ㉢알 수 없는 향기는 누구의 입김입니까

　근원은 알지도 못할 곳에서 나서 돌부리를 울리고 가늘게 흐르는 작은 시내는 구비구비 누구의 노래입니까

　연꽃 같은 발꿈치로 가이없는 바다를 밟고 옥 같은 손으로 ㉣끝없는 하늘을 만지면서 떨어지는 날을 곱게 단장하는 저녁놀은 누구의 시입니까

　타고 남은 재가 다시 기름이 됩니다. 그칠 줄을 모르고 타는 나의 가슴은 누구의 밤을 지키는 ㉤약한 등불입니까

– 한용운, 〈알 수 없어요〉

점검! 내신 강의

(가)
- **갈래** 자유시, 서정시
- **성격** 고백적, 반성적, 의지적, 미래 지향적
- **주제** 어두운 현실 속에서의 고뇌와 자기 성찰을 통한 극복 의지
- **특징**
　① 고백적 어조를 통해 화자의 자기 성찰과 극복 의지를 나타냄
　② 대립적 시어를 통해 시상을 전개함

(나)
- **갈래** 자유시, 서정시
- **성격** 구도적, 역설적, 상징적
- **주제** 절대적 존재에 대한 동경과 끝없는 구도 정신
- **특징**
　① 윤회 사상을 바탕으로 한 역설적 표현을 사용함
　② 경어체와 의문형 문장을 반복함

점검! 수능 강의

(가)
1. 화자의 정서 및 태도

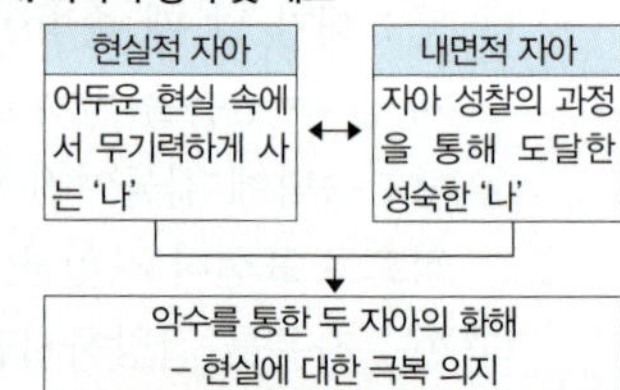

현실적 자아	내면적 자아
어두운 현실 속에서 무기력하게 사는 '나'	자아 성찰의 과정을 통해 도달한 성숙한 '나'

↓

악수를 통한 두 자아의 화해
– 현실에 대한 극복 의지

2. 시어의 상징적 의미

육첩방	억압과 구속의 공간(시대 현실)
등불	미래에 대한 희망, 현실 극복 의지, 삶의 지표
어둠	암담한 현실(일제 강점기)
아침	희망찬 미래, 조국 광복, 새로운 세계

(나)
1. 전체 구조

1~5행	자연 현상을 통해 드러난 절대자의 모습
	오동잎, 푸른 하늘, 향기, 작은 시내, 저녁놀

↓ 화자의 구도 정신

6행	절대자를 위한 화자의 희생 의지
	약한 등불

2. 표현상의 특징
- '누구의 ~입니까'의 의문형 문장을 반복하여 절대적 존재에 대한 끝없는 탐구를 나타냄
- 소멸의 이미지인 '재'를 생성의 이미지인 '기름'으로 형상화한 역설적 표현을 통해 불교적 윤회 사상과 화자의 의지를 드러냄

1 (가)와 (나)의 표현상 특징을 비교한 내용으로 가장 적절한 것은?

① (가)는 (나)와 달리 상징적 소재를 제시하며 주제 의식을 드러내고 있다.

② (나)는 (가)와 달리 영탄법을 활용하여 화자가 깨달은 바를 인상적으로 표현하고 있다.

③ (가)는 반복을 통해 화자의 상황을 (나)는 반복을 통해 형태적 안정감을 나타내고 있다.

④ (가)와 (나)는 모두 자연물에 인격을 부여하여 화자의 대화 상대로 삼고 있다.

⑤ (가)와 (나)는 모두 경어체의 의문형 문장을 통해 화자의 겸허한 태도를 부각하고 있다.

2 (가)에 나타난 화자의 모습으로 적절하지 <u>않은</u> 것은?

① 자신의 내면을 응시하면서 성찰하고 있다.

② 과거를 회상하며 상실감의 정서를 드러내고 있다.

③ 시대 현실과 괴리된 무기력한 삶을 부끄러워하고 있다.

④ 미래에 대한 희망을 가지고 현실 극복 의지를 보이고 있다.

⑤ 암울한 상황 속에서의 슬픔을 영탄적 어조로 나타내고 있다.

3 (나)에서 가리키는 대상이 나머지와 <u>다른</u> 것은?

① 고요히 떨어지는 오동잎

② 언뜻언뜻 보이는 푸른 하늘

③ 알 수 없는 향기

④ 날을 곱게 단장하는 저녁놀

⑤ 누구의 밤을 지키는 약한 등불

4 〈보기〉를 바탕으로 (가)를 감상한 내용으로 적절하지 <u>않은</u> 것은? [전국연합 기출]

> ─ 보기 ─
>
> 이 작품은 윤동주가 일제 강점기 때 일본에서 유학하며 쓴 시이다. 이 시에서 화자는 자아 성찰을 통해 무기력한 삶을 반성하고 현실을 극복하려는 의지와 희망적인 미래에 대한 확신을 드러낸다. 이 과정에서 현실에 안주하고 있는 현실적 자아와 현실 극복 의지를 지닌 이상적 자아 사이의 갈등은 해소되고 두 자아는 화해를 이루게 된다.

① '육첩방은 남의 나라'는 화자가 처해 있는 부정적인 현실을 의미하는군.

② '홀로 침전하는 것'은 일제 강점기 현실 속에서 고결함을 유지하고자 하는 화자의 의지를 나타내는군.

③ '등불을 밝혀 어둠을 조금 내몰고'는 현실 상황을 극복하려는 화자의 의지를 드러내는군.

④ '시대처럼 올 아침'은 긍정적인 미래에 대한 화자의 확고한 인식을 드러내는군.

⑤ '최초의 악수'는 현실적 자아와 이상적 자아가 화해에 이르렀음을 나타내는군.

5 〈보기〉를 참고하여 ㉠~㉤을 이해한 내용으로 적절하지 <u>않은</u> 것은? [평가원 기출]

> ─ 보기 ─
>
> 〈알 수 없어요〉를 비롯한 한용운의 시는 '절대자'라는 궁극적 존재를 탐구하는 시이다. 동시에 그것은 역설에 의한 구도자로서의 자기 정립 또는 자기 극복의 시이기도 하다. 〈알 수 없어요〉에서는 이런 점이 물음의 방식을 통해 강화되어 나타난다.

① ㉠: '바람도 없는~오동잎'의 이미지와 결합되어, '누구'로 표현된 절대자의 존재 방식을 알려 주는군.

② ㉡: '푸른 하늘'과 대조되는 것으로, 화자와 절대자 사이의 만남을 가로막는 번뇌와도 같은 것이군.

③ ㉢: '꽃도 없는 깊은 나무'에서 만들어진 것으로, 절대자의 존재에 대한 화자의 회의적 태도를 드러내는군.

④ ㉣: '가이없는 바다를 밟고'와 짝을 이루어, 무한 공간에 걸쳐 있는 절대자의 면모를 드러내는군.

⑤ ㉤: '타고 남은~됩니다'와 관련되면서, 구도자로서의 자기 정립에 대한 화자의 열망을 역설적으로 드러내는군.

가

[A]
새벽 시내버스는
차창에 웬 찬란한 치장을 하고 달린다
㉠엄동 혹한일수록 / 선연히 피는 성에꽃

[B]
어제 이 버스를 탔던
㉡처녀 총각 아이 어른 / 미용사 외판원 파출부 실업자의
입김과 숨결이
간밤에 은밀히 만나 피워 낸
번뜩이는 기막힌 아름다움

[C]
나는 무슨 전람회에 온 듯 / 자리를 옮겨 다니며 보고
다시 꽃이파리 하나, 섬세하고도 / ㉢차가운 아름다움에 취한다
어느 누구의 막막한 한숨이던가
㉣어떤 더운 가슴이 토해 낸 정열의 숨결이던가

[D]
일없이 정성스레 입김으로 손가락으로
성에꽃 한 잎 지우고
이마를 대고 본다

[E]
㉤덜컹거리는 창에 어리는 푸석한 얼굴
오랫동안 함께 길을 걸었으나
지금은 면회마저 금지된 친구여.

— 최두석, 〈성에꽃〉

나

높은 가지를 흔드는 매미 소리에 묻혀
내 울음 아직은 노래 아니다.

차가운 바닥 위에 토하는 울음,
풀잎 없고 이슬 한 방울 내리지 않는
지하도 콘크리트 벽 좁은 틈에서
숨 막힐 듯, 그러나 나 여기 살아 있다.
귀뚜르르 뚜르르 보내는 타전 소리가
누구의 마음 하나 울릴 수 있을까.

지금은 **매미 떼**가 하늘을 찌르는 **시절**
그 소리 걷히고 맑은 가을이
어린 풀숲 위에 내려와 뒤척이기도 하고
계단을 타고 이 땅 밑까지 내려오는 날
발길에 눌려 우는 내 **울음**도
누군가의 가슴에 실려 가는 **노래**일 수 있을까.

— 나희덕, 〈귀뚜라미〉

점검! 내신 강의

(가)
- **갈래** 자유시, 서정시
- **성격** 감각적, 상징적, 현실 참여적
- **주제** 서민들의 삶에 대한 애정
- **특징**
① 서민들의 삶의 애환을 자연물로 형상화함
② 감각적이고 역설적인 표현을 사용함

(나)
- **갈래** 자유시, 서정시
- **성격** 의지적, 감각적
- **주제** 감동을 주는 노래에 대한 염원
- **특징**
① '귀뚜라미'를 화자로 설정하여 주제를 드러냄
② 대조적 의미를 가진 시어를 사용하여 시상을 전개함

점검! 수능 강의

(가)

1. 화자의 정서 및 태도
- 새벽 시내버스 차창에 핀 '성에꽃'을 통해 힘겨운 삶을 살아가는 서민들에 대한 애정과 연민을 나타냄
- '면회마저 금지된 친구여'라는 표현을 통해 감옥에 있는 친구에 대한 안타까움과 그리움을 드러냄

2. '성에꽃'의 의미

'성에꽃'을 비유한 표현
• 찬란한 치장
• 번뜩이는 기막힌 아름다움
• 섬세하고도 / 차가운 아름다움
• 막막한 한숨　• 정열의 숨결

↓

힘겨운 상황에도 아름답게 피어나는 서민들의 삶의 숨결

(나)

1. 시어의 대조

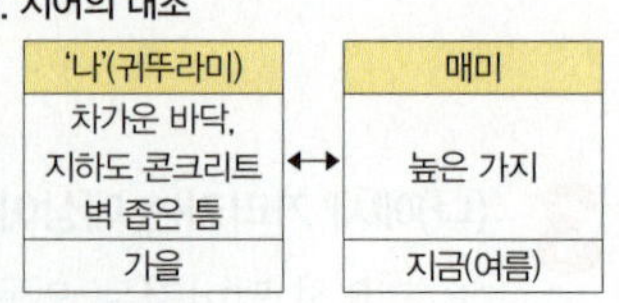

'나'(귀뚜라미)		매미
차가운 바닥, 지하도 콘크리트 벽 좁은 틈	↔	높은 가지
가을		지금(여름)

2. 주제 의식
'매미'와 상반되는 '귀뚜라미'를 화자로 설정하여 고통스러운 현실을 참아내며 마침내는 사람들에게 감동을 주는 노래(시)를 부르고 싶은 간절한 소망을 효과적으로 드러냄

1 **(가)와 (나)에 대한 설명으로 가장 적절한 것은?**

① (가)는 (나)와 달리 의인화를 통해 대상의 특성을 부각하고 있다.

② (가)는 (나)와 달리 시어의 대조를 통해 시적 의미를 드러내고 있다.

③ (나)는 (가)와 달리 계절적 상황을 바탕으로 시상을 전개하고 있다.

④ (가)와 (나)는 상승 이미지를 통해 역동적인 느낌을 강조하고 있다.

⑤ (가)와 (나)는 감각적 표현을 활용하여 대상의 속성을 드러내고 있다.

2 **(가)의 ㉠~㉤에 대한 설명으로 적절하지 <u>않은</u> 것은?**

① ㉠: 화자는 '성에꽃'이 암담한 상황에서도 아름답게 피는 모습에 주목하고 있다.

② ㉡: 특별한 존재가 아닌 평범한 서민들로, 화자가 관심을 갖는 대상으로 볼 수 있다.

③ ㉢: 화자가 직면한 부정적 현실을 역설적 표현으로 나타내고 있다.

④ ㉣: 화자는 힘든 현실에도 굴하지 않고 살아가는 서민들의 삶의 열정이 '성에꽃'을 만든다고 생각하고 있다.

⑤ ㉤: 장면이 전환되고 있는 부분으로, 화자가 시내버스의 창을 통해 친구의 얼굴을 떠올리고 있음을 알 수 있다.

3 **〈보기〉를 참고하여 (나)를 감상한 내용으로 적절하지 <u>않은</u> 것은?**

> ▶ 보기 ◀
>
> 〈귀뚜라미〉에 나타난 표현상 특징 및 주제 의식
> • 자연물을 통한 정서 표현
> • 대조적 시어를 통한 주제 강조
> • 감동을 주는 노래(시)를 부르고자 하는 소망 제시

① '귀뚜라미'와 '매미'의 상반된 모습을 제시함으로써 화자의 의지를 강조하고 있어.

② '매미'의 울음에는 부정적으로 인식한 세계에 대한 화자의 감정이 이입되어 있어.

③ '귀뚜라미'를 시적 화자로 설정하여 화자의 간절한 바람을 효과적으로 보여 주고 있어.

④ '매미떼가 하늘을 찌르는' 여름과 '맑은 가을'의 계절상 대비를 통해 시의 주제를 부각하고 있어.

⑤ '귀뚜라미'의 '울음'이 '노래'가 되기를 바라는 것에서 독자에게 감동을 주는 시를 쓰고 싶은 시인의 소망이 나타나고 있어.

4 **[A]~[E]를 이해한 내용으로 적절하지 <u>않은</u> 것은?**
[전국연합 기출]

① [A]: 계절적 배경과 관련지어 차창에 핀 성에꽃의 속성을 드러내고 있다.

② [B]: 서민들의 입김과 숨결이 만나 이루어진 성에꽃에서 아름다움을 느끼고 있다.

③ [C]: 서민들의 삶에 대한 따뜻한 시선을 바탕으로 성에꽃의 아름다움에 심취하고 있다.

④ [D]: 현실의 벽에 부딪혀 성에꽃을 지우는 태도를 통해 무력감을 드러내고 있다.

⑤ [E]: 오랫동안 함께했던 친구를 떠올리며 안타까움을 느끼고 있다.

5 **(나)와 〈보기〉에 대한 이해로 가장 적절한 것은?**
[전국연합 기출]

> ▶ 보기 ◀
>
> 나는 무엇인지 그리워
> 이 많은 별빛이 내린 **언덕** 위에
> 내 **이름자**를 써 보고
> **흙**으로 덮어 버리었습니다.
>
> 딴은, 밤을 새워 **우는** 벌레는
> 부끄러운 이름을 슬퍼하는 까닭입니다.
>
> 그러나 겨울이 지나고 나의 별에도 **봄**이 오면,
> 무덤 위에 파란 잔디가 피어나듯이
> 내 이름자 묻힌 언덕 위에도
> 자랑처럼 풀이 무성할 게외다.　　– 윤동주, 〈별 헤는 밤〉

① (나)의 '매미 떼'와 〈보기〉의 '흙'은 시련의 의미를 함축한다.

② (나)의 '계단'과 〈보기〉의 '언덕'은 극복해야 할 고난을 상징한다.

③ (나)의 '시절'과 〈보기〉의 '봄'은 바람직한 미래의 시간을 나타낸다.

④ (나)의 '노래'는 운명을 수용하려는 태도를, 〈보기〉의 '이름자'는 운명을 거부하려는 태도를 의미한다.

⑤ (나)의 '울음'은 누군가에게 감동을 주고 싶은 소망을 의미하고, 〈보기〉의 '우는'은 부끄러움을 환기한다.

가

㉠흐르는 것이 물뿐이랴

우리가 저와 같아서

㉡강변에 나가 삽을 씻으며

거기 슬픔도 퍼다 버린다.

일이 끝나 저물어

스스로 깊어 가는 강을 보며

쭈그려 앉아 담배나 피우고 / 나는 돌아갈 뿐이다

㉢삽자루에 맡긴 한 생애가

이렇게 저물고, 저물어서

샛강바닥 썩은 물에

달이 뜨는구나

㉣우리가 저와 같아서

흐르는 물에 삽을 씻고

㉤먹을 것 없는 사람들의 마을로

다시 어두워 돌아가야 한다

— 정희성, 〈저문 강에 삽을 씻고〉

나

징이 울린다 막이 내렸다

오동나무에 전등이 매어 달린 가설무대

[A] 구경꾼이 돌아가고 난 텅 빈 운동장

우리는 분이 얼룩진 얼굴로 / 학교 앞 소줏집에 몰려 술을 마신다

ⓐ답답하고 고달프게 사는 것이 원통하다

꽹과리를 앞장세워 장거리로 나서면

따라붙어 악을 쓰는 건 쪼무래기들뿐

처녀 애들은 기름집 담벽에 붙어 서서

[B] 철없이 킬킬대는구나

보름달은 밝아 어떤 녀석은 / 꺽정이처럼 울부짖고 또 어떤 녀석은

서림이처럼 해해대지만 ⓑ이까짓

산 구석에 처박혀 발버둥 친들 무엇하랴

비료값도 안 나오는 농사 따위야

아예 여편네에게나 맡겨 두고

쇠전을 거쳐 도수장 앞에 와 돌 때

[C] 우리는 점점 신명이 난다

ⓒ한 다리를 들고 날나리를 불거나

고갯짓을 하고 어깨를 흔들거나

— 신경림, 〈농무(農舞)〉

점검! 내신 강의

(가)

- **갈래** 자유시, 서정시
- **성격** 성찰적, 현실 참여적
- **주제** 가난한 노동자의 삶의 비애
- **특징**
  ① 구체적 삶의 모습을 자연물에 빗대어 형상화함
  ② 차분한 어조로 노동자의 삶의 비애를 표현함

(나)

- **갈래** 자유시, 서정시
- **성격** 사실적, 비판적, 묘사적
- **주제** 암담한 농촌 현실에 대한 분노와 한
- **특징**
  ① 공간의 이동에 따라 시상이 전개됨
  ② 역설적 상황 설정을 통해 울분의 심리를 표출함

점검! 수능 강의

(가)

1. 화자의 정서

강물		화자(노동자)
변화가 반복적이고 주체적이지 않음	≒	하루하루 희망 없이 반복적으로 살아감

도시화 · 산업화로 인해 썩어 버린 '강물'은 궁핍하고 어두운 현실을 사는 노동자의 삶을 표상하는데, 화자는 흐르는 강물을 보며 노동자의 삶도 이와 같다고 생각하며 깊어 가는 삶의 비애를 느낌

2. 시대 현실

1970년대는 경제 개발 정책이 본격적으로 추진되던 시기로, 급격한 산업화로 인해 농촌 인구의 도시 집중 현상이 나타나게 되었는데, 이들 대부분은 저임금 노동자가 되어 발전하는 사회의 혜택을 받지 못한 채 소외되어 도시 빈민층으로 전락하는 경우가 많았음

(나)

1. 시상 전개 방식

공간 이동에 따라 시상이 전개됨

운동장	암담한 농촌 현실
소줏집	울분과 비애
장거리	현실에 대한 체념
쇠전, 도수장	신명을 통한 한의 표출

2. 화자의 정서 및 태도

화자는 피폐하고 암담한 농촌 현실에 대해 분노하지만, 적극적 극복 의지보다는 체념적 태도를 보이다가, 농무(춤)의 신명을 통해 답답하고 고달픈 삶의 울분과 한을 분출하고 있음

1 (가)와 (나)에 대한 설명으로 가장 적절한 것은?

① (가)는 공간의 이동에 따라 화자의 갈등이 변화되는 양상을 보여 주고 있다.

② (나)는 대상에 대한 관찰을 통해 농민들의 삶을 객관적으로 전달하고 있다.

③ (가)는 (나)와 달리 청각적 이미지를 활용하여 화자의 정서를 부각하고 있다.

④ (나)는 (가)와 달리 감정을 직설적으로 표출하여 주제 의식을 보여 주고 있다.

⑤ (가)와 (나)는 모두 현재형 시제를 활용하여 현장감을 드러내고 있다.

2 (가)의 ㉠~㉤에 대한 이해로 적절하지 __않은__ 것은?

① ㉠: 노동을 하며 사는 삶도 흐르는 물과 같다는 화자의 생각이 드러나고 있다.

② ㉡: 화자가 고단한 삶을 살아온 노동자로 설정되어 있음을 짐작할 수 있게 한다.

③ ㉢: 아무런 발전 없이 반복되기만 하는 삶에 대한 비애감이 나타나고 있다.

④ ㉣: 매일 다시 떠오르는 달을 보며 삶의 작은 희망이라도 찾으려는 화자의 의지가 나타나고 있다.

⑤ ㉤: 가난하고 고단한 삶의 현실을 수용하려는 화자의 체념적 태도가 드러나고 있다.

3 (나)의 '농무'의 기능을 탐구한 내용으로 가장 적절한 것은?

① 농민들의 밝은 미래를 확신하며 축제를 즐기려는 흥겨운 몸짓이다.

② 춤에 참여한 인물들 간의 갈등을 유발하고 고조시키는 문학적 장치이다.

③ 농촌과 도시 노동자들 간의 대립과 단절을 해소하기 위한 노력의 방편이다.

④ 우리 고유의 풍속을 살리기 위해 공동체의 공감대를 이끌어 내려는 집단 의지이다.

⑤ 농민들의 울분과 한을 표출하면서 부정적 현실에 대한 저항의 심리를 드러내는 행위이다.

4 〈보기〉를 바탕으로 (가)를 감상한 내용으로 적절하지 __않은__ 것은?　　　　　[전국연합 기출]

> ▶ 보기 ◀
>
> 이 작품에서 시인은 산업화 과정에서의 모순과 부조리를 드러낸다. 화자는 하루의 노동을 마감하고, 삶의 괴로움과 슬픔을 덜어 내는 일종의 정화 의식을 치르고 다시 일상으로 복귀하게 된다. 이 과정에서 그는 희망 없이 반복되는 삶에 무력감을 느끼며 산업화된 현실을 부정적으로 인식하고 있다.

① '강변에 나가 삽을 씻으며', '슬픔'을 '퍼다 버리'는 것은 삶의 슬픔을 덜어 내려는 정화 의식이라고 할 수 있겠군.

② '스스로 깊어 가는 강'을 바라보는 것은 화자가 산업화 과정에서 소외된 삶을 자책하는 것으로 볼 수 있군.

③ '쭈그려 앉아 담배나 피우고' 있는 것은 부정적인 현실에 대한 무력감을 드러낸 것으로 볼 수 있군.

④ '돌아갈 뿐이다', '돌아가야 한다'에는 희망 없는 삶이 반복될 수밖에 없다는 화자의 인식이 내재되어 있군.

⑤ '샛강바닥 썩은 물'은 산업화된 현실에 대해 부정적 인식을 보여 주는 것이군.

5 〈보기〉를 참고하여 (나)를 감상한 내용으로 적절하지 __않은__ 것은?　　　　　[평가원 기출]

> ▶ 보기 ◀
>
> 시 〈농무〉는 1970년 전후의 농촌의 실상과 농민들의 정서를 잘 담아낸 작품이다. 당시 우리 사회는 산업화와 도시화로 인해 농촌이 피폐해져 감으로써 삶의 터전을 도시로 옮긴 농민들이 적지 않았다. 이러한 상황에서 시인은 농촌에서 농민들이 삶의 활력과 신명을 얻기 위해 집단적으로 추는 '농무'를 소재로 하여 현실의 암울함을 역설적으로 드러내는 한편, 농촌 공동체의 소중함을 독자들에게 일깨워 주었다.

① [A]에서 화자는 농무를 통해 활력을 얻기보다 오히려 무력감을 느끼고 있는 것 같아.

② [B]에서 '악을 쓰는', '킬킬대는구나', '울부짖고', '해해대지만' 등은 화자가 농무를 흥겨운 축제로 대하지는 못하고 있음을 드러내 줘.

③ [C]에서 화자가 신명을 느끼는 것은 농무의 신명에 힘입어 농촌 현실의 문제를 극복하고자 하는 농민들의 태도를 잘 보여 줘.

④ ⓐ와 ⓑ를 통해 당시의 농민들이 도시로 떠날 수밖에 없었던 사정을 어느 정도 감지할 수 있어.

⑤ ⓒ에서 화자의 물음은 앞날을 낙관하지 못하는 농촌 사람들이 던지는 자조적 물음으로도 이해될 수 있어.

가

[A]
오늘 저녁 이 **좁다란 방의 흰 바람벽**에 / 어쩐지 **쓸쓸한 것**만이 오고 간다
이 흰 바람벽에 / 희미한 **십오 촉(十五燭)** 전등이 **지치운 불빛**을 내어던지고
때글은 다 **낡은 무명 셔츠가 어두운 그림자**를 쉬이고
그리고 또 달디단 따끈한 감주나 한 잔 먹고 싶다고 생각하는 내* 가지가지 **외로운 생각**이 헤매인다

[B]
그런데 이것은 또 어인 일인가
이 흰 바람벽에 / 내 가난한 늙은 어머니가 있다
내 가난한 늙은 어머니가
이렇게 시퍼러둥둥하니 추운 날인데 차디찬 물에 손은 담그고 무이며 배추를 씻고 있다

[C]
또 내 사랑하는 사람이 있다
내 사랑하는 어여쁜 사람이 / 어느 먼 앞대 조용한 개포 가의 나즈막한 집에서
그의 지아비와 마주 앉아 대구국을 끓여 놓고 저녁을 먹는다
벌써 어린것도 생겨서 옆에 끼고 저녁을 먹는다

[D]
그런데 또 이즈막하여 어느 사이엔가 / 이 흰 바람벽엔
내 쓸쓸한 얼굴을 쳐다보며 / 이러한 글자들이 지나간다
— 나는 이 세상에서 가난하고 외롭고 높고 쓸쓸하니 살아가도록 태어났다
그리고 이 세상을 살아가는데
내 가슴은 너무도 많이 뜨거운 것으로 호젓한 것으로 사랑으로 슬픔으로 가득 찬다

[E]
그리고 이번에는 나를 위로하는 듯이 나를 울력*하는 듯이
눈질을 하며 주먹질을 하며 이런 글자들이 지나간다
— 하늘이 이 세상을 내일 적에 그가 가장 귀해하고 사랑하는 것들은 모두
가난하고 외롭고 높고 쓸쓸하니 그리고 언제나 넘치는 사랑과 슬픔 속에 살도록 만드신 것이다
초생달과 바구지꽃과 짝새와 당나귀가 그러하듯이
그리고 또 '**프란시쓰 쨈**'과 도연명(陶淵明)과 '라이넬 마리아 릴케'가 그러하듯이

— 백석, 〈흰 바람벽이 있어〉

*내: 동안   *울력: 힘을 실어 줌

나

ⓐ고향에 고향에 돌아와도 / 그리던 ⓑ고향은 아니러뇨.

㉠산꿩이 알을 품고 / 뻐꾸기 제철에 울건만

㉡마음은 제 고향 지니지 않고 / 머언 항구로 떠도는 구름.

오늘도 뫼 끝에 홀로 오르니 / ㉢흰 점 꽃이 인정스레 웃고

어린 시절에 불던 풀피리 소리 아니 나고 / ㉣메마른 입술에 쓰디쓰다.

㉤고향에 고향에 돌아와도 / 그리던 하늘만이 높푸르구나.

— 정지용, 〈고향〉

(가)
- **갈래** 자유시, 서정시
- **성격** 애상적, 회상적, 의지적
- **주제** 외로운 현실에서 오는 체념과 위안
- **특징**
① '흰 바람벽'을 통해 화자의 자화상을 나타냄
② 감각적 이미지를 사용하여 화자의 정서를 제시함

(나)
- **갈래** 자유시, 서정시
- **성격** 회상적, 애상적
- **주제** 돌아온 고향에서 느끼는 상실감
- **특징**
① 수미 상관의 방식을 사용하여 주제를 강조함
② 다양한 감각적 이미지를 통해 고향에 대한 화자의 인상을 나타냄

(가)

1. '흰 바람벽'의 기능
화자의 가난한 현실을 상징하는 소재로, 영상을 담아내는 영화의 스크린과 같이 활용되면서 화자의 내면을 나타냄 → 화자가 떠올린 과거의 추억과 자기 다짐이 투사되어 화자는 사색과 성찰의 시간을 갖게 됨

2. 화자의 정서 및 태도
화자는 자신이 외롭고 쓸쓸하게 살아가도록 태어난 이유가 하늘이 자신을 가장 귀히 여기고 사랑하기 때문이라고 생각하며 가난하지만 정신적 고결함을 잃지 않으려는 모습을 보임 → 운명에 대한 긍정적 수용, 자기 위안, 현실 극복 의지

(나)

1. 자연과 인간의 대조

변함없는 고향의 자연	· 산꿩 · 뻐꾸기 · 흰 점 꽃 · 하늘
↕	
변해 버린 화자의 마음	· 어린 시절에 불던 풀피리 소리 아니 나고 · 메마른 입술에 쓰디쓰다.

자연과 인간의 대조를 통해 고향에 대한 화자의 상실감과 안타까움을 부각함

2. 감각적 이미지의 사용

시각	흰 점 꽃이 인정스레 웃고
청각	어린 시절에 불던 풀피리 소리
미각	메마른 입술에 쓰디쓰다.

1 (가)와 (나)의 공통점으로 가장 적절한 것은?

① 과거형 어미를 사용하여 화자의 소망을 표현하고 있다.
② 영탄적 표현으로 대상에 대한 화자의 의지를 드러내고 있다.
③ 유사한 문장 구조의 반복을 통해 화자의 정서를 강조하고 있다.
④ 설의적 표현을 통해 시적 상황에서 느끼는 놀라움을 나타내고
   있다.
⑤ 자연과 인간을 대비하여 당시의 시대 상황에 대한 불만을 표
   출하고 있다.

2 〈보기〉를 참고하여 (가)의 [A]~[E]를 이해한 내용으로 적절하지 <u>않</u>은 것은?

> ─► 보기 ◄─
>
> 이 시에서 '흰 바람벽'은 화자가 떠올리는 것을 담아내는 영화
> 의 스크린과 같은 기능을 한다.
>
> 화자 ─ 흰 바람벽 ← 외로운 생각
>   ← 대상에 대한 그리움
>   ← 체념과 위안의 글자들

① [A]: 흰 바람벽에 어린 사물의 빛과 그림자를 통해 화자의 지
   친 모습과 쓸쓸한 정서를 나타내고 있다.
② [B]: 흰 바람벽에 비친 가난하고 늙은 어머니의 모습을 보며
   그리움을 느끼는 화자의 모습이 드러나고 있다.
③ [C]: 사랑하는 사람과 화목한 가정을 꾸민 화자의 모습을 떠올
   리며 그녀와 단란하게 살아가기를 소망하고 있다.
④ [D]: 글자들이 화자의 얼굴을 쳐다본다는 주객전도의 표현을
   활용하여 운명론적 태도와 체념의 정서를 보여 주고 있다.
⑤ [E]: 흰 바람벽을 통해 자신에게 위안이 되는 여러 대상들을
   생각하면서 자기 위로와 현실 극복 의지를 표현하고 있다.

3 ㉠~㉤에 대한 설명으로 적절하지 <u>않은</u> 것은?

① ㉠: 고향의 변함없는 모습을 자연물을 통해 드러내고 있다.
② ㉡: 은유적 표현을 통해 고향을 떠날 수밖에 없는 현실적 상황
   을 나타내고 있다.
③ ㉢: 의인화된 표현으로 화자를 반기는 모습을 보여 주고 있다.
④ ㉣: 미각적 이미지를 활용하여 고향에 대한 상실감을 감각적
   으로 제시하고 있다.
⑤ ㉤: 수미 상관의 구조로 화자의 비애감을 고조시키고 있다.

4 〈보기〉를 바탕으로 (가)를 감상한 내용으로 적절하지 <u>않은</u> 것은?   [전국연합 기출]

> ─► 보기 ◄─
>
> 이 작품에는 '흰 바람벽'에 대한 다양한 이미지가
> 복합적으로 내재되어 있다. 외풍을 막는 허술한 벽
> 으로서의 초라한 이미지를 보이기도 하고, 쓸쓸함
> 을 자아내는가 하면, 고결함을 상징하는 하얗고 깨
> 끗한 이미지를 지니기도 한다. 또한 더 이상의 탈출
> 구가 없는 한계 상황이나, 상념의 투사가 가능한 스
> 크린이 연상되기도 한다. 이를 통해 화자는 자신의
> 정서와 처지를 드러내며 삶과 가치관을 집약한다.

① '쓸쓸한 것', '외로운 생각'과 같은 구절을 통해
   '흰 바람벽'을 마주하고 있는 화자의 고독이 직
   접 노출되고 있군.
② '흰 바람벽'이 자아내는 누추한 느낌은 '십오 촉
   전등'이나 '낡은 무명 셔츠'와 같은 구체적 사물
   을 통해 심화되고 있군.
③ '흰 바람벽'은 '좁다란 방'과 의미적 대립을 이루
   어 화자가 봉착한 삶의 한계를 상징하고, 이에
   대한 화자의 심정이 '지치운 불빛'과 '어두운 그
   림자'로 비유되고 있군.
④ '흰 바람벽'의 백색이 지닌 깨끗한 이미지는 자
   신을 '높'게 인식하는 화자의 내면세계와 연결
   되며, 이를 통해 '가난하'지만 고결한 삶을 지향
   하는 화자의 가치관을 짐작할 수 있군.
⑤ '흰 바람벽'은 화자의 상념이 투사되는 공간으
   로, 화자는 '초생달', '프랑시쓰 쨈' 등 열거한 자
   연물과 인물들에게 동질감을 느끼며 자신의 운명
   을 긍정적으로 수용하는 자세를 드러내고 있군.

5 ⓐ, ⓑ와 관련하여 (나)의 '구름'을 설명할 때, 가장 적
절한 것은?   [전국연합 기출]

① ⓐ와 ⓑ를 이어 주는 매개물이다.
② ⓐ에 대한 화자의 그리움을 환기한다.
③ ⓑ의 부재를 화자가 인식하는 계기가 된다.
④ ⓐ와 ⓑ의 부정적 현실을 수용하려는 화자의 태
   도이다.
⑤ ⓐ와 ⓑ의 괴리를 경험하게 된 화자의 내면세계
   를 나타낸다.

가

그립다
말을 할까
하니 그리워

그냥 갈까
그래도
다시 더 한 번……

저 산에도 까마귀, 들에 까마귀,
서산에는 해 진다고
지저귑니다.

[A]
┌ 앞 강물, 뒤 강물,
│ 흐르는 물은
│ 어서 따라오라고 따라가자고
└ 흘러도 연달아 흐릅디다려.

– 김소월, 〈가는 길〉

나

⊙님은 갔습니다. 아아, 사랑하는 나의 님은 갔습니다.
푸른 산빛을 깨치고 단풍나무 숲을 향하여 난 작은 길을 걸어서 차마 떨치고 갔습니다.
ⓛ황금의 꽃같이 굳고 빛나던 옛 맹서는 차디찬 티끌이 되어서 한숨의 미풍에 날아갔습니다.
날카로운 첫 키스의 추억은 나의 운명의 지침(指針)을 돌려놓고 뒷걸음쳐서 사라졌습니다.
ⓒ나는 향기로운 님의 말소리에 귀먹고, 꽃다운 님의 얼굴에 눈멀었습니다.
사랑도 사람의 일이라 만날 때에 미리 떠날 것을 염려하고 경계하지 아니한 것은 아니지만,
이별은 뜻밖의 일이 되고 놀란 가슴은 새로운 슬픔에 터집니다.
ⓔ그러나 이별을 쓸데없는 눈물의 원천으로 만들고 마는 것은 스스로 사랑을 깨치는 것인
줄 아는 까닭에, 걷잡을 수 없는 슬픔의 힘을 옮겨서 새 희망의 정수박이에 들어부었습니다.
우리는 만날 때에 떠날 것을 염려하는 것과 같이 떠날 때에 다시 만날 것을 믿습니다.

[B]
┌ ⊙아아, 님은 갔지마는 나는 님을 보내지 아니하였습니다.
└ 제 곡조를 못 이기는 사랑의 노래는 님의 침묵을 휩싸고 돕니다.

– 한용운, 〈님의 침묵〉

● 점검! 내신 강의

(가)
• **갈래** 자유시, 서정시
• **성격** 애상적, 민요적, 전통적
• **주제** 이별의 아쉬움과 미련
• **특징**
① 7 · 5조 3음보의 전통적 민요조의 운율
이 나타남
② 객관적 상관물과 행간 걸침 등을 통해
화자의 정서를 표현함

(나)
• **갈래** 자유시, 서정시
• **성격** 낭만적, 여성적, 상징적
• **주제** 임에 대한 영원한 사랑
• **특징**
① 여성적 어조와 경어체를 사용하여 화
자의 소망을 표현함
② 역설적 표현과 불교적 세계관을 통해
주제를 강조함

● 점검! 수능 강의

(가)
1. 전체 구조

1 · 2연	짧은 시행, 느린 호흡 망설임의 정서 표현

↓

3 · 4연	긴 시행, 빠른 호흡 상황의 급박함 표현

2. 객관적 상관물
서산에 해가 진다고 지저귀는 '까마귀'와
어서 따라오라며 흘러가는 '강물'은 이별
을 재촉하는 객관적 상관물로, 임과 이별
하는 화자의 안타까움을 심화시키고 작
품의 애상적 분위기를 강화함

(나)
1. 화자의 정서 변화

1~6행	임과의 이별 상황으로 인한 슬픔 과 고통

↓

'그러나'(시상의 전환)

↓

7~10행	임과의 재회에 대한 희망과 믿음, 영원한 사랑

2. 역설적 표현
'아아, 님은 갔지마는 나는 님을 보내지
아니하였습니다.'에 사용된 역설적 표현
을 통해 이별이라는 객관적 사실을 주관
적 해석으로 극복하려는 화자의 강한 의
지를 나타냄

1 (가)와 (나)의 공통점으로 적절한 것은?

① 시간의 역전적 구성으로 입체감을 형성하고 있다.
② 선경 후정의 방식으로 화자의 고단한 삶을 묘사하고 있다.
③ 구도적 자세로 삶의 진리에 대한 깨달음을 드러내고 있다.
④ 현실에 대한 부정적 인식을 영탄적 어조로 표현하고 있다.
⑤ 시적 상황으로 인한 화자의 안타까운 심정을 나타내고 있다.

2 [A]와 [B]에 대한 설명으로 가장 적절한 것은?

① [A]에서는 자연의 변화를 느린 호흡으로 제시하고 있다.
② [B]에서는 화자가 처한 고난의 상황이 객관적으로 나타나고
  있다.
③ [A]는 [B]에 비해 전통적 율격의 운율감이 잘 드러나게 표현
  되어 있다.
④ [A]에서는 향토적 정감이, [B]에서는 도회적 정감이 강조되어
  제시되고 있다.
⑤ [A]와 [B] 모두 외적 상황에 대한 화자의 적극적 의지가 드러
  나고 있다.

3 〈보기〉를 참고하여 (나)를 감상한 내용으로 적절하지 <u>않은</u> 것은?

> ► 보기 ◄
>
> '이별의 시편 – 슬픔과 고통의 시편 – 희망으로의 전환 시편
> – 만남을 향한 시편'의 연작시 같은 구성을 하고 있는 시집《님
> 의 침묵》의 첫 시가 이 시이다. 1920년대 일제의 탄압에 저항하
> 기 위해 창작된 것으로 보이는 이 시에 등장하는 '님'은 연인만
> 의 '임'이 아님을 짐작할 수 있다. 표면적으로는 남녀 간의 사랑
> 을 노래하고 있으나 그 이면에는 일제 강점하에서 민족정신을
> 되찾으려는 의지를 담고 있다고 할 수 있다. 또한 은유와 역설
> 을 탁월하게 구사하여 우리 현대시의 한 기점이 된다는 평가를
> 받고 있다.

① '님은 갔습니다'는 이별 상황의 제시로, 이 시가 연작시 구성의
  첫 시라는 것을 확인할 수 있게 하는군.
② '날카로운 첫 키스의 추억'은 남녀 간의 사랑을 노래한 것으로
  도 볼 수 있지만, 민족에 대한 사랑으로도 이해할 수 있겠군.
③ '향기로운 님의 말소리에 귀먹고, 꽃다운 님의 얼굴에 눈멀었'
  다는 표현에서 역설이 탁월하게 구사되었음을 확인할 수 있군.
④ '떠날 때에 다시 만날 것을 믿'고 있다는 표현에서 이별의 상
  황에 슬퍼하며 소극적으로 대응하는 화자의 모습을 확인할 수
  있군.
⑤ '님의 침묵'은 임이 부재하는 상황으로, 일제에 억압당하는 민
  족의 현실을 나타내는 것으로 이해할 수도 있겠군.

4 〈보기〉를 참고하여 (가)를 감상할 때, 적절하지 <u>않은</u>
것은? [전국연합 기출]

> ► 보기 ◄
>
> 이 시는 사랑하는 사람을 두고 떠나야 하는 상황
> 에서 화자의 정서가 드러난다. 이 '머뭇거림'의 정서
> 는 '행동'과 '행동의 멈춤'의 이미지 대립을 통해 드
> 러나며, 화자의 상황과 정서는 소재, 시어뿐만 아니
> 라 행의 배열 기법을 통해서도 드러난다.

① '말을 할까'와 '그냥 갈까'에 사용된 어미를 통해
  행동과 행동의 멈춤에 대한 내적 갈등을 드러
  낸다.
② '다시', '어서'의 부사는 화자가 떠남의 결단을
  내린 것을 보여 준다.
③ '까마귀'와 지는 '해'는 화자에게 떠나가야 하는
  상황임을 환기시킨다.
④ 의도적 행갈이를 통해 낭송 속도를 조절함으로
  써 화자의 머뭇거림의 정서를 드러낸다.
⑤ 1, 2연은 짧은 시행을, 3, 4연은 보다 긴 시행을
  배열하여 화자의 심리 변화를 드러낸다.

5 ㉠~㉤에 대한 설명으로 적절하지 <u>않은</u> 것은?
[전국연합 기출]

① ㉠: 동일한 시구를 반복하여 임을 잃은 상실감
  을 표현하고 있다.
② ㉡: 대비적 의미를 지닌 시구를 통해 화자의 좌
  절감을 그려 내고 있다.
③ ㉢: 연쇄법을 사용하여 임의 절대성을 강조하고
  있다.
④ ㉣: 접속어를 사용하여 이별에 대한 화자의 인
  식이 전환되고 있음을 드러내고 있다.
⑤ ㉤: 역설적인 표현 방식을 통해 영원한 사랑을
  다짐하는 화자의 태도를 드러내고 있다.

가

어느 사이에 나는 아내도 없고, 또, / 아내와 같이 살던 집도 없어지고,

그리고 쓸쓸한 부모며 동생들과도 **멀리 떨어져서**,

[A] 그 어느 바람 세인 쓸쓸한 거리 끝에 헤매이었다.

바로 날도 저물어서, / 바람은 더욱 세게 불고, 추위는 점점 더해 오는데,

㉠ 나는 어느 목수네 집 헌 삿을 깐, / 한 방에 들어서 쥔을 붙이었다*.

이리하여 나는 이 습내 나는 춥고, 누긋한 방에서,

㉡ 낮이나 밤이나 나는 나 혼자도 너무 많은 것같이 생각하며,

딜옹배기*에 북덕불*이라도 담겨 오면,

[B] 이것을 안고 손을 쬐며 재 우에 뜻 없이 글자를 쓰기도 하며,

또 문밖에 나가지두 않구 자리에 누워서, / 머리에 손깍지 베개를 하고 굴기도 하면서,

나는 내 슬픔이며 어리석음이며를 소처럼 연하여 쌔김질하는 것이었다.

내 가슴이 꽉 메어 올 적이며, / 내 눈에 뜨거운 것이 핑 괴일 적이며,

[C] 또 내 스스로 화끈 낯이 붉도록 부끄러울 적이며,

나는 내 슬픔과 어리석음에 눌리어 **죽을 수밖에 없**는 것을 느끼는 것이었다.

그러나 잠시 뒤에 나는 고개를 들어,

허연 문창을 바라보든가 또 눈을 떠서 높은 **천장**을 쳐다보는 것인데,

[D] 이때 나는 내 뜻이며 힘으로, 나를 이끌어 가는 것이 힘든 일인 것을 생각하고,

㉢ 이것들보다 더 크고, 높은 것이 있어서, 나를 마음대로 굴려 가는 것을 생각하는 것인데,

이렇게 하여 여러 날이 지나는 동안에,

내 어지러운 마음에는 슬픔이며, 한탄이며, 가라앉을 것은 차츰 앙금이 되어 가라앉고,

외로운 생각만이 드는 때쯤 해서는,

더러 나줏손*에 쌀랑쌀랑 싸락눈이 와서 문창을 치기도 하는 때도 있는데,

[E] ㉣ 나는 이런 저녁에는 화로를 더욱 다가 끼며, 무릎을 꿇어 보며,

어느 먼 산 뒷옆에 바우 섶*에 따로 외로이 서서,

어두워 오는데 하이야니 눈을 맞을, 그 마른 잎새에는, / 쌀랑쌀랑 소리도 나며 눈을 맞을,

㉤ 그 드물다는 **굳고 정한 갈매나무**라는 나무를 생각하는 것이었다.

— 백석, 〈남신의주 유동 박시봉방〉

* 쥔을 붙이었다: 세를 얻어 생활하였다.   * 딜옹배기: 둥글넓적하고 아가리가 넓게 벌어진 질그릇
* 북덕불: 짚이나 풀 따위를 태워 피운 화롯불   * 나줏손: 저녁 무렵   * 섶: '옆'의 평안도 방언

나

매운 계절(季節)의 채찍에 갈겨 / 마침내 북방(北方)으로 휩쓸려 오다.

하늘도 그만 지쳐 끝난 고원(高原) / 서릿발 칼날진 그 위에 서다.

어데다 무릎을 꿇어야 하나 / 한 발 재겨 디딜 곳조차 없다.

이러매 눈 감아 생각해 볼밖에 / 겨울은 강철로 된 무지갠가 보다.

— 이육사, 〈절정〉

• 점검! 내신 강의

(가)
- **갈래** 자유시, 서정시
- **성격** 독백적, 반성적, 의지적
- **주제** 무기력한 삶에 대한 반성과 새로운 삶에의 의지
- **특징**
  ① 편지의 형식을 빌려 화자의 근황을 드러냄
  ② 산문적 서술 형태이나, 쉼표의 적절한 사용을 통해 내재율을 획득함

(나)
- **갈래** 자유시, 서정시
- **성격** 상징적, 의지적, 저항적
- **주제** 극한 현실 상황에 대한 초극 의지
- **특징**
  ① 한시의 '기-승-전-결'의 구성 방식이 사용됨
  ② 강렬한 시어와 남성적 어조, 역설적 표현으로 화자의 의지를 표현함

• 점검! 수능 강의

(가)
1. 화자의 정서 변화

| 비관적, 부정적 | 고향을 떠난 힘겨운 상황에서 지난 삶에 대한 회한과 한탄을 나타냄 |

↓

그러나(시상의 전환)

↓

| 희망적, 긍정적 | '갈매나무'를 통해 새로운 삶에 대한 의지를 다짐 |

2. '갈매나무'의 의미 및 기능
- 흰 눈을 맞으면서도 의연하게 서 있는, 시련에 굴하지 않는 의지적 존재
- 굳세고 정결한 태도로 살아가겠다는 화자의 현실 극복 의지를 형상화한 소재
- 화자의 정서를 대변하는 객관적 상관물

(나)
1. 화자의 태도

| 시적 상황 | 극한 상황의 점층적 고조
북방 → 고원 → 서릿발 칼날진 그 위 |

↓

| 화자의 태도 | 역설적 인식을 통한 극한 상황의 초월(극복 의지)
겨울은 강철로 된 무지개 |

2. 역설적 표현

겨울(일제 치하의 혹독한 현실) = 강철(비정함, 강함) + 무지개(희망, 황홀함)

이질적 이미지를 지닌 강철과 무지개를 결합시키는 역설적 표현을 통해 절대 극한의 상황을 초월하려는 화자의 극복 의지를 강조함

1 (가)와 (나)에 대한 설명으로 가장 적절한 것은?

① (가)는 계절의 순환을 바탕으로 화자의 외롭고 고독한 처지를 강조하고 있다.

② (나)는 일상적인 공간을 활용하여 화자의 내면 심리를 표현하고 있다.

③ (가)는 (나)와 달리 현재형 시제를 활용하여 시적 상황에 긴박감을 더하고 있다.

④ (가)는 (나)와 달리 공간의 이동을 통해 화자 자신의 처지에 대한 비극적 인식을 드러내고 있다.

⑤ (가)와 (나)는 모두 시상의 전환을 통해 화자가 처한 상황에 대한 인식의 변화를 드러내고 있다.

2 ㉠~㉤에 대한 설명으로 적절하지 <u>않은</u> 것은?

① ㉠: 화자가 거처하고 있는 공간을 구체적으로 제시하고 있다.

② ㉡: 자신의 몸도 제대로 추스르지 못할 정도로 화자의 생활이 힘겨움을 표현하고 있다.

③ ㉢: 화자가 자신의 의지보다 큰 초월적 존재의 힘을 느끼고 있음을 보여 주고 있다.

④ ㉣: 외로움으로 인해 삶의 균형이 무너져 버린 화자의 상황을 보여 주고 있다.

⑤ ㉤: 절망적인 삶 속에서도 의연하게 견디는 갈매나무를 통해 새로운 삶에 대한 화자의 다짐을 나타내고 있다.

3 〈보기〉를 통해 (나)를 감상한 내용으로 적절하지 <u>않은</u> 것은?

> ▶ 보기 ◀
>
> 시적 언어는 현실을 그대로 반영하는 것이 아니라 현실을 특정한 이미지로 창조한다. 그리고 이질적인 이미지의 결합을 통해 메시지를 효과적으로 표현한다. 시인은 상상력을 총동원하여 시 속에 재창조한 현실을 통해 실제 현실을 상징적으로 표현하고자 노력한다. 이런 과정을 거치기에 시는 다른 장르보다 더 심오한 해석 확장의 가능성을 가지게 되는 것이다.

① '매운 계절'은 냉혹하고 힘겨운 상황을 미각적 이미지와 연결한 창조적 표현이군.

② '북방'은 화자가 느끼는 극한의 현실을 상징적으로 표현하기 위한 공간이군.

③ 힘든 상황을 이겨 내려는 화자의 희망을 '고원'이라는 높은 위치의 공간으로 표현한 것이군.

④ 목숨이 위태로운 암담한 현실을 '칼날'이라는 날카로운 이미지를 통해 새롭게 창조한 것이군.

⑤ 절망적 상황을 초월하여 희망을 회복하려는 의지를 이질적 이미지를 지닌 '강철'과 '무지개'를 결합하여 표현하고 있군.

4 (가)의 공간적 배경인 <u>방</u>을 [A]~[E]와 관련하여 이해한 내용으로 적절하지 <u>않은</u> 것은?　　[전국연합 기출]

① [A]: 화자가 가족이나 고향과 '멀리 떨어져서' 외롭게 지내는 자신의 처지를 확인하는 공간이다.

② [B]: '나 혼자' 누워 있는 단절된 공간으로, 화자가 자신의 삶에 대해 끊임없이 고뇌하는 공간이다.

③ [C]: '죽을 수밖에 없'다고 느낄 만큼 화자의 절망감이 심화되는 공간이다.

④ [D]: 화자가 '천장'을 쳐다보며 운명론에서 벗어나 타인에 대한 책임감을 느끼는 공간이다.

⑤ [E]: 화자가 '굳고 정한 갈매나무'를 생각하며 현실 극복의 의지를 드러내는 공간이다.

5 (나)에 대한 반응으로 가장 적절한 것은?

[전국연합 기출 응용]

① 기승전결의 한시 구조를 통해 주제를 이끌어 내고 있어.

② 각 연을 평서형으로 종결하여 부드러운 어조를 이루고 있어.

③ 선명한 색채어의 대비를 통해 시에 생동감을 부여하고 있어.

④ 중심 대상을 의인화하여 전통적 삶에 대한 화자의 지향을 부각하고 있어.

⑤ 공간적 배경을 부각하여 나약한 자신에 대한 화자의 반성적 태도를 나타내고 있어.

모란이 피기까지는 | 낙화

가

모란이 피기까지는
나는 아직 나의 봄을 기다리고 있을 테요
모란이 뚝뚝 떨어져 버린 날
나는 비로소 봄을 여읜 설움에 잠길 테요
오월 어느 날 그 하루 무덥던 날
떨어져 누운 꽃잎마저 시들어 버리고는
천지에 모란은 자취도 없어지고
뻗쳐 오르던 내 보람 서운케 무너졌으니
모란이 지고 말면 그뿐 내 한 해는 다 가고 말아
삼백예순 날 하냥 섭섭해 우옵내다
모란이 피기까지는
나는 아직 기다리고 있을 테요 찬란한 슬픔의 ⊙봄을

― 김영랑, 〈모란이 피기까지는〉

나

가야 할 때가 언제인가를
분명히 알고 가는 이의
뒷모습은 얼마나 아름다운가.

ⓒ봄 한철 / 격정을 인내한
나의 사랑은 지고 있다.

분분한 낙화……
결별이 이룩하는 축복에 싸여
지금은 가야 할 때,

무성한 녹음과 그리고
머지않아 열매 맺는
가을을 향하여

나의 청춘은 꽃답게 죽는다.

헤어지자 / 섬세한 손길을 흔들며
하롱하롱 꽃잎이 지는 어느 날

나의 사랑, 나의 결별,
샘터에 물 고이듯 성숙하는
내 영혼의 슬픈 눈.

― 이형기, 〈낙화〉

• 점검! 내신 강의

(가)
- **갈래** 자유시, 서정시
- **성격** 낭만적, 유미적
- **주제** 모란(소망)에 대한 간절한 기다림
- **특징**
  ① 섬세하고 아름답게 다듬은 시어를 사용함
  ② 수미 상관, 역설법 등 다양한 시적 기교를 활용함

(나)
- **갈래** 자유시, 서정시
- **성격** 사색적, 성찰적, 비유적
- **주제** 이별을 통한 영혼의 성숙
- **특징**
  ① 자연 현상을 통해 삶의 이치를 발견함
  ② 역설법을 사용하여 이별의 의미를 나타냄

• 점검! 수능 강의

(가)

1. 화자의 정서 및 태도

기다림 → 상실과 슬픔 → 기다림

화자는 '모란'이 피지 않았을 때에는 기다림의 태도를 보이다가, '모란'이 떨어질 때를 생각하며 '설움'의 정서를 드러내면서 '서운함', '섭섭함'과 같은 심리와 연결시킴. 마지막으로 수미 상관을 통해 '모란'에 대한 간절한 기다림의 태도를 반복하여 나타냄

2. 역설적 표현

'찬란한 슬픔의 봄'은 '찬란한(모란이 피었을 때의 환희) + 슬픔(모란이 지고 났을 때의 설움)'의 논리적 모순을 보임(역설법) → 모란이 지는 슬픔을 알면서도 모란이 피는 기쁨이 있기 때문에 모란에 대한 기다림을 버리지 않겠다는 화자의 의지를 표현함

(나)

1. 시어의 상징적 의미

자연 현상	인간사
꽃	나의 사랑
낙화	결별
무성한 녹음과 열매	영혼의 성숙

꽃이 피었다가 지고 열매를 맺는 자연 현상을 통해 이별의 아픔이 영혼의 성숙으로 승화될 수 있다는 인간사의 깨달음을 나타냄

2. 표현상의 특징
- '결별이 이룩하는 축복'이라는 역설적 표현을 통해 이별도 영혼의 성숙을 위한 축복이 될 수 있다는 인식을 드러냄
- '가야 할 때, 뒷모습, 지고 있다, 낙화, 결별, 죽는다, 헤어지자' 등의 하강적 이미지의 시어를 통해 이별 상황의 쓸쓸한 분위기를 형성함

1 〈보기〉를 참고하여 (가)를 감상한 내용으로 적절하지 **않은** 것은?

> → 보기 ←
>
> 〈모란이 피기까지는〉에서 화자는 대상이 지닌 특정한 속성을 통해 자신이 경험한 아름다움을 직접적으로 드러낸다. 또한 작품에 사용된 시어는 화자의 정서와 긴밀하게 연결되어 주제가 효과적으로 드러나게 하고 있다. 화자는 대상에 대한 묘사보다는 대상에서 촉발된 주관적 정서를 드러내는 데 역점을 두어 표현하고 있다.

① '봄'이라는 한정된 시간만 피고 지는 모란의 속성이 화자의 슬픔의 정서를 더욱 크게 만드는군.

② 대상에 대한 화자의 태도를 볼 때 '아직'은 기다림의 정서와, '뚝뚝'은 슬픔의 정서와 긴밀하게 연결되고 있군.

③ '봄을 여읜 설움'은 대상의 묘사보다는 대상에서 촉발된 정서를 드러내는 데 집중하고 있음을 보여 주는 표현이군.

④ '뻗쳐 오르던 내 보람'은 모란이 피어 있을 때 느낀 기쁨의 감정이 직접적으로 드러난 표현이겠군.

⑤ '삼백예순 날'은 대상을 잃은 화자의 정감의 깊이를 나타내는 표현으로 화자의 영혼이 성숙되는 시간이라고 할 수 있겠군.

2 (나)의 표현상 특징으로 적절하지 **않은** 것은?

① 역설적 표현으로 이별에 대한 인식을 나타내고 있다.

② 선경 후정의 방식으로 화자의 정서를 부각하고 있다.

③ 하강적 이미지를 통해 애상적 분위기를 형성하고 있다.

④ 음성 상징어를 통해 대상의 모습을 생생하게 보여 주고 있다.

⑤ 의문의 형식으로 성숙한 이별에 대한 화자의 인식을 드러내고 있다.

3 ㉠과 ㉡을 비교한 내용으로 가장 적절한 것은?

① ㉠은 화자가 잃어버린 시간, ㉡은 화자가 다시 되찾은 시간이다.

② ㉠은 화자가 경험해 본 시간, ㉡은 화자가 경험해 보지 못한 시간이다.

③ ㉠은 화자가 기다리는 시간, ㉡은 화자가 피하고 싶어 하는 시간이다.

④ ㉠은 화자가 지나쳐 온 과거의 시간, ㉡은 화자가 기다려 온 미래의 시간이다.

⑤ ㉠은 화자가 모순된 감정을 느끼게 되는 시간, ㉡은 화자가 청춘의 강렬한 열정을 경험한 시간이다.

4 (가)의 표현상 특징과 효과에 대한 설명으로 적절하지 **않은** 것은? [전국연합 기출]

① 대화의 형식을 통해 청자와의 친밀감을 드러내고 있다.

② 특정한 시어나 시구를 반복하여 운율감을 드러내고 있다.

③ 역설적 표현을 통해 대상에서 느끼는 모순된 감정을 강조하고 있다.

④ 일반적인 문장 성분의 순서를 바꾸어 화자의 간절한 심정을 나타내고 있다.

⑤ 작품의 처음과 끝에 유사한 시행을 배치하여 형태적인 안정감을 주고 있다.

5 〈보기〉를 참고하여 (나)를 감상한 내용으로 적절하지 **않은** 것은? [전국연합 기출 응용]

> → 보기 ←
>
> 〈낙화〉는 인간사의 이별을 꽃의 떨어짐에 비유함으로써 청춘기 자아의 성장 과정을 상징적으로 보여 준다. 자아는 세계와의 관계 속에서 성장의 가능성을 발견한다. 이 과정에서 자아는 시련에 부딪혀 자신이 갖고 있던 정체성의 변화를 겪게 되고, 그러한 변화를 인정하고 수용하면서 새로운 자아상을 확립해 나가게 된다.

① 제1연과 제3연의 '가야 할 때'는 이전과는 달라진 상황을 인식한 때라는 점에서, 새로운 자아의 모습을 찾게 되는 계기라고 할 수 있군.

② 제2연의 '봄 한철'과 제5연의 '꽃답게 죽는다'는 청춘기의 열정을 비유하고 있다는 점에서, 시련에 부딪혀 열정을 잃어 가는 자아의 모습을 보여 준다고 할 수 있군.

③ 제3연의 '결별이 이룩하는 축복에 싸여'는 이별의 결과에 대한 긍정적인 의미를 담고 있다는 점에서, 변화의 수용이 자아 성장의 과정으로 이어질 수 있음을 알 수 있군.

④ 제6연의 '헤어지자 / 섬세한 손길을 흔들며'는 이별을 수용하는 모습을 표현하고 있다는 점에서, 세계와의 관계가 변화되었음을 인정하려는 자아의 태도를 보여 준다고 할 수 있군.

⑤ 제7연의 '내 영혼의 슬픈 눈'은 화자가 자신을 성찰하고 있음을 보여 준다는 점에서, 시련을 통해 새로워지는 자아상을 확립해 나가는 것임을 알 수 있군.

접동새 | 월훈(月暈)

가

접동 / 접동
아우래비 접동

진두강 가람가에 살던 누나는
진두강 앞마을에 / 와서 웁니다.

옛날, 우리나라 / 먼 뒤쪽의
진두강 가람가에 살던 누나는
의붓어미 시샘에 죽었습니다.

누나라고 불러 보랴
오오 불설워 / 시새움에 몸이 죽은 우리 누나는
죽어서 접동새가 되었습니다.

아홉이나 남아 되던 오랩동생을 / 죽어서도 못 잊어 차마 못 잊어
야삼경(夜三更) 남 다 자는 밤이 깊으면
이 산 저 산 옮아가며 슬피 웁니다.

– 김소월, 〈접동새〉

나

첩첩산중에도 없는 마을이 여긴 있습니다. 잎 진 사잇길, 저 모랫둑, 그 너머 강기슭에서도 보이진 않습니다. 허방다리* 들어내면 보이는 마을.

갱(坑) 속 같은 마을. 꼴깍, 해가, 노루 꼬리 해가 지면 집집마다 봉당에 불을 켜지요. 콩깍지, 콩깍지처럼 후미진 외딴집, 외딴집에도 불빛은 앉아 이슥토록 창문은 모과(瓜)빛입니다.

기인 밤입니다. 외딴집 노인은 홀로 잠이 깨어 출출한 나머지 무를 깎기도 하고 고구마를 깎다, 문득 바람도 없는데 시나브로 풀려 풀려 내리는 짚단, 짚오라기의 설레임을 듣습니다. 귀를 모으고 듣지요. 후루룩후루룩 처마깃에 나래 묻는 이름 모를 새, 새들의 온기를 생각합니다. 숨을 죽이고 생각하지요.

참 오래오래, 노인의 자리맡에 받은기침 소리도 없을 양이면 벽 속에서 겨울 귀뚜라미는 울지요. 떼를 지어 웁니다. 벽이 무너지라고 웁니다.

어느덧 밖에는 눈발이라도 치는지, 펄펄 함박눈이라도 흩날리는지, 창호지 문살에 돋는 월훈(月暈)*.

– 박용래, 〈월훈(月暈)〉

* 허방다리: 함정으로 판 구덩이
* 월훈: 달무리

(가)
- **갈래** 자유시, 서정시
- **성격** 전통적, 애상적, 민요적, 향토적
- **주제** 애절한 혈육의 정
- **특징**
  ① 서북 지방의 설화를 제재로 시상을 전개함
  ② 의성어를 사용하여 애상적 분위기를 형성함

(나)
- **갈래** 자유시, 서정시
- **성격** 토속적, 감각적
- **주제** 산촌의 적막함과 노인의 고독감
- **특징**
  ① 경어체의 표현, 토속어를 사용하여 정감의 깊이를 더해 줌
  ② 원경에서 근경으로 시상이 전개됨

(가)

1. '접동새'의 상징적 의미

> 의붓어미의 시샘으로 억울하게 죽은 누나가 접동새로 환생하여 아홉 동생을 잊지 못해 이 산 저 산 떠돌며 슬피 욺

↓

> - 죽은 누나의 화신
> - 누나의 한(恨)의 표상

2. 화자의 정서
- '오랩동생' 중 하나인 화자는 접동새의 울음소리를 죽은 누나가 접동새로 환생하여 우는 소리로 생각하고 '오오 불설워'라며 그리움과 안타까움의 감정을 직접 표출함
- '누나'를 '우리 누나'로 표현하여 독자가 화자와 동일한 감정을 느낄 수 있게 함

(나)

1. 시상 전개 방식

마을 → 외딴집 → 노인

원경에서 근경으로 시선을 옮기며 노인을 관찰하는 방식으로 시상이 전개되면서 깊은 산속 외딴집에 홀로 사는 노인의 외로움과 그리움을 드러냄

2. 표현상의 특징
- 외롭고 쓸쓸한 노인의 정서가 '겨울 귀뚜라미'에 이입되어 표현됨
- '월훈'이라는 명사로 끝맺음으로써 그리움의 이미지를 드러내고 여운을 형성함
- '콩깍지, 콩깍지처럼 후미진 외딴집, 외딴집에도 불빛은 앉아'와 같이 연쇄법을 통해 내용을 강조함
- '울지요. 떼를 지어 웁니다. 벽이 무너지라고 웁니다.'와 같이 점층법을 통해 노인의 정서를 강조함

1 (가)와 (나)에 대한 설명으로 적절하지 <u>않은</u> 것은?

① (가), (나) 모두 동일 시어를 반복하여 운율을 형성하고 있다.

② (가), (나) 모두 음성 상징어를 통해 생동감을 부여하고 있다.

③ (가), (나) 모두 자연물을 통해 작품의 분위기를 드러내고 있다.

④ (가)와 달리 (나)에서는 원경에서 근경으로의 시상 전개가 나타나고 있다.

⑤ (나)와 달리 (가)에서는 시적 공간이 자세하게 묘사되고 있다.

2 (가)와 〈보기〉의 공통점으로 가장 적절한 것은?

> ─ 보기 ─
>
> 생사(生死) 길은 / 이에 있으매 죽고
> 나는 간다 말도 / 못 이르고 갔나이까
> 어느 가을 이른 바람에 / 여기저기 떨어지는 잎과 같이
> 한 가지에 나고 / 간 곳을 모르옴이여
> 아 정토(淨土)에서 만날 나
> 도(道)를 닦아 기다리고자 하노라
> ─ 월명사, 〈제망매가〉

① 타향에서의 외로운 삶의 모습이 형상화되고 있다.

② 과거에 대한 화자의 회한과 반성이 나타나고 있다.

③ 대상의 부재로 인한 슬픔을 종교적으로 승화시키고 있다.

④ 대상의 죽음으로 인한 화자의 안타까움을 드러내고 있다.

⑤ 부정적 상황을 극복하려는 화자의 의지가 표출되고 있다.

3 〈보기〉를 바탕으로 (나)를 이해한 내용으로 적절하지 <u>않은</u> 것은?

> ─ 보기 ─
>
> 박용래의 작품은 소외된 존재나 변두리에 속하는 것, 스러져 가는 것에 대한 애정을 많이 담고 있다. 또한 아주 작은 현상조차도 세밀한 관찰력으로 그려 내며, 향토적 시어를 통해 소박한 정감을 불러일으키고, 산문적 진술과 회화적 이미지로 대상을 실감 나게 나타내기도 한다.

① 깊은 산속의 '외딴집'에 불이 켜진 풍경을 회화적 이미지를 통해 드러내고 있다.

② '모랫둑, 허방다리, 봉당'과 같은 시어를 통해 소박한 정감의 세계를 나타내고 있다.

③ 산문적 진술과 명사형 종결을 통해 인물의 동적인 이미지를 효과적으로 강조하고 있다.

④ '외딴집'에 사는 '노인'을 통해 소외되고 외로운 존재에 대한 따스한 애정을 드러내고 있다.

⑤ '짚오라기'가 풀려 내리고 '새'가 날개를 묻는 작은 소리조차 세밀한 관찰력으로 그려 내고 있다.

4 〈보기〉를 참고하여 (가)를 감상한 내용으로 가장 적절한 것은? [평가원 기출]

> ─ 보기 ─
>
> 김소월의 시에서 한(恨)은 서로 모순을 이루는 두 감정이 갈등을 일으키고, 그 갈등이 끝내 풀리지 않을 때 생긴다. 예컨대 한은 체념해야 할 상황에서도 미련을 버리지 못하거나, 자책과 상대에 대한 원망(怨望)이 충돌하여 이렇게도 저렇게도 할 수 없을 때 맺힌다.

① '차마' 못 잊는다는 것으로 보아, '누나'의 한은 죽어서도 동생들에 대한 미련을 끊어 내지 못하여 생긴 것 같아.

② '시샘'이 '시새움'으로 변주되고 있는 것으로 보아, '누나'의 한은 의붓어미와의 갈등이 깊어지고 있을 때 맺힌 것 같아.

③ '이 산 저 산' 떠도는 새의 모습으로 보아, '누나'의 한은 모든 희망을 버리고 방황하며 체념하고 있을 때 맺힌 것 같아.

④ '야삼경'에도 잠들지 못하는 것으로 보아, '누나'의 한은 자신의 심정이 어떤 상태인지 파악하지 못하여 생긴 것 같아.

⑤ '오랩동생'과 이별하는 심경이 표현된 것으로 보아, '누나'의 한은 홀로 가족을 떠나는 행위를 자책하고 있을 때 맺힌 것 같아.

5 (나)를 영상물로 제작하고자 할 때, 고려할 사항으로 적절한 것은? [전국연합 기출]

① 1연: 일을 마치고 귀가하는 산촌 사람의 뒷모습을 화자가 멀찍이 강기슭에서 바라보고 있는 모습을 담아낸다.

② 2연: 봉당에 불을 환하게 밝힌 집에 노루가 찾아들고, 창문에 불빛이 비치는 장면을 보여 준다.

③ 3연: 바람이 부는 날에 처마에서 날아오르는 한 무리의 새 떼를 바라보는 노인의 모습을 그린다.

④ 4연: 노인의 힘없는 기침 소리가 그치고 난 뒤, 귀뚜라미 떼의 울음소리를 점점 크게 들리게 한다.

⑤ 5연: 눈 내리는 적막한 새벽녘에 창호지 문살 사이로 여명이 밝아 오는 장면을 묘사한다.

가

산모퉁이를 돌아 논가 외딴 우물을 홀로
찾아가선 가만히 들여다봅니다.

우물 속에는 달이 밝고 구름이 흐르고
하늘이 펼치고 파아란 바람이 불고 가을이 있습니다.

그리고 한 사나이가 있습니다.
어쩐지 그 사나이가 미워져 돌아갑니다.

돌아가다 생각하니 그 사나이가 가엾어집니다. 도로 가 들여다보니 사나이는 그대로 있습니다.

다시 그 사나이가 미워져 돌아갑니다.
돌아가다 생각하니 그 사나이가 그리워집니다.

우물 속에는 달이 밝고 구름이 흐르고 하늘이 펼치고 파아란 바람이 불고 가을이 있고 추억
처럼 사나이가 있습니다.

— 윤동주, 〈자화상〉

나

거울속에는소리가없소
저렇게까지조용한세상은참없을것이오

거울속에도내게귀가있소
내말을못알아듣는딱한귀가두개나있소

거울속의나는왼손잡이오
내악수를받을줄모르는—악수를모르는왼손잡이오

거울때문에나는거울속의나를만져보지를못하는구료마는
거울이아니었던들내가어찌거울속의나를만나보기만이라도했겠소

나는지금거울을안가졌소마는거울속에는늘거울속의내가있소
잘은모르지만외로된사업에골몰할게요

거울속의나는참나와는반대요마는
또꽤닮았소
나는거울속의나를근심하고진찰할수없으니퍽섭섭하오

— 이상, 〈거울〉

• 점검! **내신 강의**

(가)
- **갈래** 자유시, 서정시
- **성격** 성찰적, 고백적
- **주제** 자아 성찰과 자신에 대한 애증
- **특징**
① 평이한 구어체 문장을 산문 형식으로 표현함
② 시상 전개에 따라 화자의 정서가 분명하게 변화함

(나)
- **갈래** 자유시, 초현실주의 시
- **성격** 주지적, 실험적, 자의식적
- **주제** 현대인의 자의식의 분열과 갈등
- **특징**
① 자동기술법을 구사하여 자의식의 세계를 표출함
② 띄어쓰기를 무시함으로써 자의식의 분열을 효과적으로 드러냄

• 점검! **수능 강의**

(가)
1. '우물'의 기능
화자는 '우물'을 통해 현실 속의 부끄러운 자아('사나이'로 객관화됨)를 확인하며 자신을 성찰하고 있음

우물	• 자아 성찰의 매개체 • 화자의 내면을 비추는 도구

2. 화자의 정서 변화

자신에 대한 미움(부끄러움) → 연민 → 미움 → 자신의 옛 모습에 대한 그리움

↓

자신에 대한 애증을 반복하다가 과거의 순수했던 자신의 모습을 통해 내적 갈등을 해소함

(나)
1. '거울'의 기능

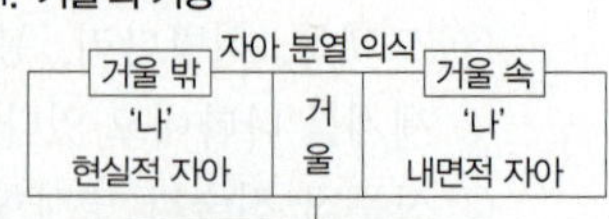

2. 표현상의 특징
자동기술법(초현실주의 시 창작의 기법으로, 무의식의 세계에서 생긴 이미지를 그대로 기록하는 것)과 띄어쓰기의 파괴로 현실적 자아와 내면적 자아의 분열 양상을 효과적으로 전달함

1 (가)와 (나)에 대한 설명으로 적절하지 <u>않은</u> 것은?

① (가)는 독백적 어조로 화자의 내면을 제시하고 있다.

② (나)는 역설적인 표현으로 주제 의식을 강조하고 있다.

③ (가)는 (나)와 달리 감각의 전이로 대상의 이미지를 부각하고 있다.

④ (나)는 (가)와 달리 자동기술법을 활용하여 화자의 불안감을 표현하고 있다.

⑤ (가)와 (나)는 모두 과거와 현재의 시간을 대비하여 대립적인 자아의 화해 가능성을 암시하고 있다.

2 〈보기〉를 참고하여 (나)를 감상한 내용으로 적절하지 <u>않은</u> 것은?

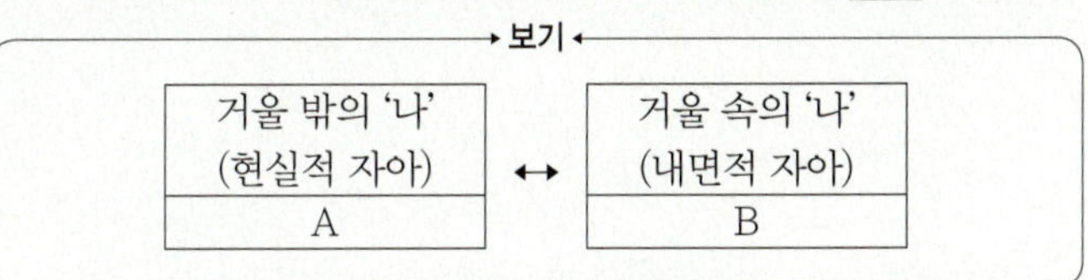

① A는 B와의 관계 개선을 바라고 있군.

② A는 B를 이상적인 존재로 여기고 있군.

③ B는 A의 의지와 무관하게 존재하고 있군.

④ A와 B는 의사소통이 이루어지지 않고 있군.

⑤ A와 B는 서로 간 동질성과 이질성을 지니고 있군.

3 (가)의 '우물'과 (나)의 '거울'에 대한 설명으로 가장 적절한 것은?

① '우물'은 화자의 모순된 정서를, '거울'은 화자의 저항 의지를 강조한다.

② '우물'은 사회적 차원의 문제점을, '거울'은 개인적 차원의 문제점을 표출한다.

③ '우물'은 화자가 처한 현실을, '거울'은 현실보다는 화자가 겪은 과거를 부각한다.

④ '우물'은 부정적 상황의 개선으로, '거울'은 부정적 상황의 고착과 심화로 이어진다.

⑤ '우물'은 초현실적 세계에 대한 동경을, '거울'은 현실 세계에 대한 성찰을 드러낸다.

4 〈보기〉를 참고하여 (가)를 이해한 내용으로 적절하지 <u>않은</u> 것은? [수능 기출]

> ─ 보기 ─
>
> 〈자화상(自畫像)〉은 1941년 《문우(文友)》에는 '우물 속의 자상화(自像畫)'라는 제목으로 게재되었다. 이 제목에서는 '우물'과 '그림'이 부각되어 있다. 상징적 관점에서 볼 때, 우물은 자신의 모습을 투영해 볼 수 있는 사물이고, 하늘을 향해 있는 동굴이며, 그 동굴의 원형인 모태(母胎)를 떠올리게 하는 공간이다. 이 점에서 보면, 이 시에서 우물 속의 자상화는 자신의 존재에 대한 화자의 인식과 태도를 다층적으로 담아내고 있는 그림이다.

① 제1연에서 '외딴', '홀로', '가만히', '들여다봅니다' 등으로 보아, '우물'은 화자의 모습을 투영해 볼 수 있는 내밀한 공간이겠군.

② 제2연에서 '우물 속'에 들어 있는 자연은 하늘을 향해 있는 우물 속의 그림이므로, 화자가 지향해 온 바를 담고 있겠군.

③ 제3연~제5연에서 '한 사나이'에 대한 화자의 반응들로 보아, 화자는 자신을 성찰하는 자세를 지니고 있겠군.

④ 제6연에서 자연과 '사나이'가 함께 나타나는 것은, 우물 속의 자상화를 들여다보는 화자가 존재 탐구를 끝냈음을 의미하겠군.

⑤ 제6연에서 '추억처럼'에는 고향과 같은 모태적 공간을 통해서 자신을 바라보려는 화자의 태도가 내포되어 있겠군.

5 (나)의 '거울 밖의 나'와 '거울 속의 나' 사이의 관계에 대한 설명으로 가장 적절한 것은? [전국연합 기출 응용]

① 대립·모순의 관계에 있지만 '거울 밖의 나'는 '거울 속의 나'와의 화해를 확신하고 있다.

② '거울 밖의 나'가 '거울 속의 나'를 걱정하는 것으로 보아 전자가 더 나은 처지에 있다.

③ '거울 속의 나'와 '거울 밖의 나'는 비록 단절되어 있지만, 양자의 삶의 원리는 동일하다.

④ '거울 밖의 나'와 '거울 속의 나'는 대칭 구도를 이루면서 자아 분열의 상황을 극명하게 보여 주고 있다.

⑤ '거울 속의 나'는 일상적 자아를, '거울 밖의 나'는 일상적 자아의 통제를 받지 않는 내면적 자아를 가리킨다.

고전 산문

고전 산문은 가정 소설, 애정 소설, 영웅 소설, 우화 소설, 판소리계 소설과 같이 다루는 주제가 한정적입니다.

- 고전 소설의 경우 등장인물을 이해하고 사건의 흐름을 파악해 보는 훈련이 필요합니다.
- 문제 유형은 현대 소설과 비슷하지만 서술상의 특징이나 구성 방식, 인물 간의 관계 등 고전 소설만의 특징을 물을 때도 있으므로 이에 대해 미리 학습해야 쉽게 접근할 수 있습니다.
- 한자어나 익숙하지 않은 단어가 많아지고 긴 지문으로 출제되면서 문제를 푸는 시간이 오래 걸려 전체적으로 난이도가 높다는 느낌을 받을 수 있으므로 어휘 공부와 지문의 독해 훈련이 잘 이루어져야 합니다.

만복사저포기(萬福寺樗蒲記)

이때 만복사는 이미 허물어져 승려들은 구석진 방에서 살고 있었다. 법당 앞에는 행랑만이 쓸쓸히 남아 있었고, 그 끝에는 좁은 판자방 하나가 있었다.

양생이 여인을 불러 그곳으로 들어가니 여인은 별 주저함 없이 따라갔다. 서로 이야기를 나누며 즐기는 것이 보통 사람과 다름없었다.

이윽고 밤이 깊어지자 달이 동산에 떠올라 달그림자가 창살에 비쳤다. 문득 발자국 소리가 들렸다. 여인이 묻기를, / "누구냐? 시녀가 왔느냐?" / 시녀가 말하기를,

"예, 접니다. 요즘 아가씨께서는 중문 밖을 나가지 않으셨고 뜰 안에서도 좀처럼 걷지 않으셨습니다. 그런데 엊저녁에는 우연히 나가시더니 어찌 이 먼 곳까지 오셨습니까?"

라고 하였다. 이에 여인이 말하기를,

"오늘 일은 아마도 우연이 아닌가 보다. 하늘이 도우시고 부처님이 돌보셔서 한 분 고운 님을 만나 백년해로하기로 했느니라. 부모님께 알리지 않은 것은 비록 명교의 법전에는 어긋나지만, 서로 즐거이 맞이하게 되니 이 또한 평생의 기이한 인연일 것이다. 너는 집에 가서 앉을 자리와 술, 과일을 가져오너라."

시녀는 그 분부에 따라 돌아갔다. 이윽고 뜰에는 술자리가 베풀어졌는데, 밤은 이미 사경(四更)에 가까웠다.

시녀는 앉을 자리와 술상을 품위 있게 펼쳐 놓았는데, 기구들이 모두 말쑥하며 무늬라고는 찾아볼 수 없었다. 술에서는 진한 향기가 풍겨 나왔는데 정녕 인간 세상의 것은 아니었다.

양생은 의심이 나고 괴이하게 생각하는 바도 있었다. 하지만 여인의 말씨와 웃음이 맑고 고우며 몸가짐과 용모가 얌전했으므로, 틀림없이 귀한 집 처녀가 몰래 나온 것이려니 생각하고는 더 의심치 않았다.

여인은 시녀에게 노래를 불러 술을 권하도록 하고는, 양생에게 말했다. / "이 아이는 옛 가곡을 그대로만 부릅니다. 제가 새로운 가사를 하나 지어서 술을 권해 드려도 될까요?"

양생은 기뻐하며 대답했다. / "예."

여인은 만강홍 곡조에 맞추어 가사를 지어 시녀에게 부르게 했다. 〈중략〉

잔치가 끝나자 작별하게 되었다. 여인이 ⓐ은주발 하나를 내어 양생에게 주며 말했다.

"내일 보련사에서 부모님께서 제게 음식을 내려 주십니다. 만약 저를 버리지 않으신다면, 길가에서 기다리고 계시다가 함께 절로 가서서 부모님께 인사를 드려 주십시오." / "좋소."

이튿날 양생은 여인이 시킨 대로 주발을 쥐고 서서 보련사로 가는 길가에서 기다리고 있었다. 과연 어떤 귀족 집안에서 딸의 대상(大祥)*을 치르기 위해 수레와 말을 길게 이끌고 보련사를 찾아가고 있었다. 그때 길가에서 한 서생이 주발을 들고 서 있는 것을 본 종이 주인에게 말했다.

"아가씨 장례 때 함께 묻었던 물건을 어떤 사람이 훔쳐서 가지고 있습니다."

"뭐라고?" / "저 서생이 가지고 있는 주발을 보십시오."

주인은 말을 몰아 양생에게 다가가 그 연유를 물었다. 양생은 그 전날 여인과 약속한 일을 그대로 이야기했다. 여인의 부모는 놀라고 의아하게 생각하더니 이윽고 입을 열었다.

"내겐 딸만 하나 있었네. 그런데 그 아이는 왜구들의 난리 때 싸움의 와중에 죽고 말았지. 정식으로 장례도 치르지 못해서 개령사 옆에다 임시로 묻어 두고, 장사를 미루어 오다가 오늘에 이르게 되었네. 오늘이 벌써 대상 날이라 재(齋)를 올려 명복이나 빌어 줄까 해서 가는 길일세. 자네가 약속을 지키려거든 내 딸을 기다리고 있다가 같이 오게. 그리고 조금도 놀라지 말게."

말을 마치고 부모는 먼저 보련사로 떠나고, 양생은 우두커니 서서 기다리고 있었다. 약속한 시간이 되자 과연 한 여인이 시녀를 데리고 하늘거리며 왔다. 그 여인이었다. 그들은 서로 기뻐하며 손을 잡고 절 안으로 들어갔다.

점검! 내신 강의

- **갈래** 한문 소설, 전기(傳奇) 소설, 명혼(冥婚) 소설, 염정 소설
- **성격** 전기적(傳奇的), 낭만적, 비극적
- **배경** [시간적] 조선 시대 [공간적] 전북 남원
- **시점** 전지적 작가 시점
- **주제** 생사를 초월한 남녀 간의 사랑
- **특징**
  ① 비현실적이고 전기적인 내용을 다룸
  ② 우리나라를 배경으로 하여 자주적인 성격을 나타냄

▼ 어휘 풀이
* 대상: 죽은 지 두 돌 만에 지내는 제사

점검! 수능 강의

1. 전체 구조
 '산 사람과 저승 영혼의 만남 → 사랑 → 일시적 이별 → 만남 → 영원한 이별'이라는 양생과 여인의 반복되는 만남과 이별의 과정을 통해 남녀 주인공의 운명적인 사랑을 절실하게 드러냄

2. 전기적 요소
 - 여인이 왜구들의 난리 때 죽은 귀신임이 밝혀짐
 - 다른 사람들은 모두 여인을 보지 못하고 오직 양생만이 볼 수 있음
 - 수저 놀리는 소리만 들렸지만, 인간이 먹는 것과 조금도 다름이 없었음

3. 김시습의 《금오신화(金鰲新話)》
 우리나라 최초의 한문 소설집으로, 〈만복사저포기〉, 〈이생규장전〉, 〈용궁부연록〉, 〈남염부주지〉, 〈취유부벽정기〉의 5편이 수록되어 있으며, 설화가 소설로 발전하게 되는 과정을 보여 줌

수록 작품의 소설적 특징
• 우리나라를 배경으로 우리나라 사람이 등장하여 한국인의 감정과 사상을 표현함
• 재자가인(才子佳人)형 인물을 주인공으로 설정함
• 초현실적이며 신비로운 내용(전기성)을 담고 있음
• 세련되고 아름다운 한문 문장을 구사함

여인은 부처님께 절을 올리고 하얀 휘장 안으로 들어가는데 친척들과 승려들은 모두 그녀를 보지 못하고 오직 양생만이 볼 수 있었다. 여인이 양생에게 말했다. / "진지 드시죠."

양생은 여인의 말을 그녀의 부모에게 전했다. 부모가 시험 삼아 함께 밥을 먹도록 명했더니 수저 놀리는 소리만이 들릴 뿐이었지만, 인간이 먹는 것과 조금도 다름이 없었다. 여인의 부모는 이에 경탄해 마지않더니, 양생에게 그곳에서 여인과 함께 머물도록 권했다. 밤중에 그들의 이야기 소리가 낭랑히 들렸지만 사람들이 가만히 엿들으려 하면 갑자기 중지되곤 했다.

– 김시습, 〈만복사저포기(萬福寺樗蒲記)〉

---

1 **윗글의 서술상 특징으로 적절하지 <u>않은</u> 것은?**
① 시간의 흐름에 따라 사건이 전개되고 있다.
② 대화를 통해 인물의 과거 행적이 제시되고 있다.
③ 비현실적 요소를 활용하여 주제를 구현하고 있다.
④ 인물의 정체를 짐작할 수 있는 소재가 제시되고 있다.
⑤ 공간의 변화에 따라 인물 간의 갈등이 고조되고 있다.

2 **ⓐ에 대한 설명으로 가장 적절한 것은?**
① 여인의 집이 상당한 재력이 있음을 알게 한다.
② 양생과 여인에게 닥칠 앞날을 짐작할 수 있게 한다.
③ 여인의 부모가 양생에게 집안의 과거사를 설명하게 한다.
④ 양생이 작은 인연도 소중하게 여기는 인물임을 알게 한다.
⑤ 양생과 여인이 운명적 인연으로 맺어진 사이임을 알게 한다.

3 **윗글의 공간적 배경을 〈보기〉와 같이 정리할 때, 설명이 적절하지 않은 것은?**

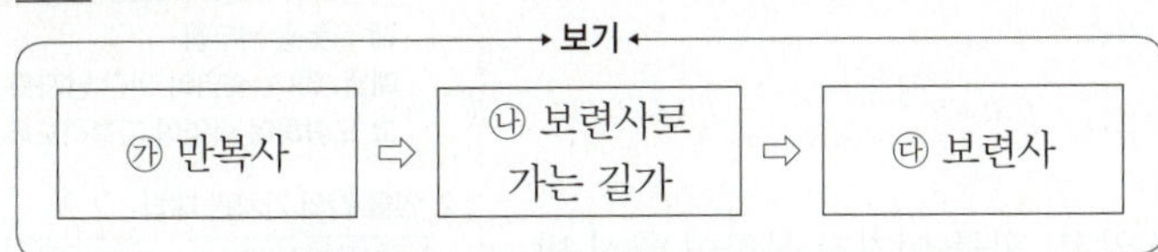

① ㉮에서 여인은 양생과의 인연을 운명으로 받아들인다.
② ㉮에서 ㉯로 공간이 바뀐 것은 양생이 여인의 말에 따라 행동했기 때문이다.
③ ㉯에서 이루어진 여인과 양생의 인연이 ㉰에서 계속 유지되고 있다.
④ ㉯에서와는 달리 ㉰에서는 인물들이 비현실적 사건과 접하게 된다.
⑤ ㉰에서 인물들은 인간 세계와 초인간적 세계의 현상을 경험하게 된다.

4 **윗글의 내용으로 적절하지 <u>않은</u> 것은?** [수능 기출]
① 여인은 시녀와의 대화에서 자기 행위의 명분을 제시했다.
② 양생은 여인의 언행을 보고 그녀에 대한 의심을 풀었다.
③ 시녀는 노래를 불러 양생에 대한 자신의 마음을 드러냈다.
④ 종은 은주발을 보고 자신의 판단을 주인에게 전했다.
⑤ 부모는 양생의 말을 듣고 딸의 과거사를 떠올렸다.

5 **〈보기〉는 윗글을 바탕으로 드라마를 제작하기 위한 기획 의도이다. 기획 의도를 살리기 위한 의견으로 가장 적절한 것은?** [수능 기출]

> ▶ 보기 ◀
>
> 죽은 이와의 사랑은 다소 생소한 소재이지만 원작에 최대한 충실하려 한다. 때로는 비현실적 요소가 더 진지하게 받아들여질 때가 있다. 현실에서 소외된 양생은 절박한 외로움 때문에 현실 너머에 있는 여인과 만나서 사랑을 할 수 있었다. 가벼운 만남에 익숙한 현대의 시청자들에게 양생의 사랑은 현재의 삶을 새롭게 인식할 기회를 줄 것이다.

① 주변 인물들이 양생과 여인의 만남에 자연스럽게 반응하는 장면을 제시하여, 둘의 사랑이 시청자들에게 평범한 일상으로 다가서게 하면 좋겠어.
② 외로웠던 양생이 여인의 정체를 알고도 변함없이 그녀를 사랑하는 모습을 부각하여, 시청자들이 만남의 소중함을 깨닫게 해야겠군.
③ 여인의 역할을 맡은 배우는 신비하고 기이한 모습으로 시청자들에게 다가가게 하여, 그들로 하여금 현실을 잊게 해야겠군.
④ 양생과 여인의 만남을 밝고 경쾌하게 묘사하여, 현대 시청자들의 감각과 기호에 맞출 필요가 있겠군.
⑤ 양생과 여인의 사랑을 최대한 강조하되, 비현실적인 요소는 줄이는 것이 좋겠어.

02 숙영낭자전

백선군이 잠깐 주막에서 조는데 ㉠문득 숙영 낭자가 몸에 피를 흘리며 방문을 열고 들어와 선군의 곁에 앉아 슬프게 울며 말하기를,

[A]
　　"낭군이 입신양명하여 영화롭게 돌아오시니 기쁘기 측량 없사오나, 첩은 시운이 불행하여 세상을 버리고 황천객이 되었습니다. 전에 낭군의 편지 사연을 듣사온즉 낭군이 첩에게 향한 마음에 감격하오나, 첩은 천생연분이 천박하여 벌써 유명을 달리하였으니 구천의 혼백이라도 한스럽습니다. 첩이 원혼이 된 사연을 아무쪼록 깨끗이 풀어 주시기를 낭군께 부탁하오니, 낭군은 소홀히 여기지 마시고 억울한 누명을 벗겨 주시면, 죽은 혼백이라도 깨끗한 귀신이 될까 합니다."

하고 간 데 없었다. ㉡선군이 놀라 깨어 보니 온몸에 식은땀이 나고 심신이 떨려 진정할 수가 없었다. 아무리 생각해도 그 곡절을 헤아리지 못하여 인마를 재촉하여 여러 날 만에 풍산촌에 이르러 숙소를 정하였으나, 식음을 전폐하고 앉아 밤이 새기를 기다렸다. 문득 하인이 와서,

"상공(相公)께서 오셨습니다."

하고 알렸다. 선군이 즉시 밖에 나가 부친께 문안을 드리고 방으로 뫼시고 들어가서 가내 안부를 여쭈었다. 상공이 주저하며 가족들이 잘 지냈다고 알리고, 선군이 장원하여 높은 벼슬을 하게 됨을 물어 기뻐하다가 이윽고 선군에게 은근한 말로,

[B]
　　㉢"장부가 출세하면 두 부인을 두는 것은 예부터 흔한 일이었다. 내 들으니 이 마을 임 진사의 딸이 매우 현숙하다 하기로 내가 이미 구혼하여 임 진사에게 허락을 받았다. 이왕 이곳에 왔으니 내일 아주 성례하고 집으로 돌아감이 좋지 않겠느냐?"

하고 권하였다. 선군은 숙영 낭자가 꿈에 나타난 뒤로 반신반의하여 마음을 진정치 못하던 차에 부친의 이런 말을 듣고 생각하되, ㉣'낭자가 죽은 것이 분명하구나. 그래서 나를 속이고 임 낭자를 취하게 하여 훗날을 도모하고자 함이로다.' 하고 이에 아뢰되,

"아버님 말씀은 지당하시나, 제 마음이 아직 급하지 아니합니다. 나중에 성혼하여도 늦지 아니하오니 그 말씀은 다시 이르지 마옵소서."

하였다. 상공은 아들이 변심치 아니할 줄 알고 다시 말하지 못하고 밤을 지냈다. 첫닭이 울자마자 선군은 인마를 재촉하여 길에 올랐다. 〈중략〉

㉤선군이 소매를 걷고 빈소에 들어가 이불을 헤치고 보니, 낭자의 용모가 산 사람 같아서 조금도 변함이 없었다. 선군이 부축하여 이르기를,

"백선군이 왔으니, 이 칼이 빠지면 원수를 갚아 낭자의 원혼을 위로하리라."

하고 몸에서 칼을 빼니, 칼이 문득 빠지며, 그 구멍에서 파랑새 한 마리가 나오며,

"매월이다, 매월이다, 매월이다."

세 번 울고 날아갔다. 다시 파랑새가 한 마리가 또 나오며,

"매월이다, 매월이다, 매월이다."

세 번 울고 날아갔다. 그제야 선군이 시비 매월의 소행인 줄 알고, 화를 이기지 못하여 급히 밖에 나와 형구를 벌이고 모든 노복을 차례로 신문하였다. 간악한 매월이 매를 견디지 못하여 승복하여 울며 가로되,

"상공께서 숙영 낭자를 의심하시기로 제가 마침 원통한 마음이 있던 차에 때를 타서 감히 간계를 행하였으니, 함께 일을 꾸민 놈은 돌이로소이다."

하거늘, 선군이 크게 노하여 돌이를 또 때리니 돌이가 매월의 돈을 받고 시키는 대로 했노라 승복하였다. 선군이 이에 매월을 죽여 숙영 낭자를 위한 제물로 삼고 제문을 읽었다.

"성인도 속세에 노닐고, 숙녀도 험한 구설을 만남은 예부터 없지 않았으나, 낭자같이 지극 원통한 일이 어디 다시 있으리오. 슬프다! 모두 나 선군의 탓이니 누구를 원망하리오. 오늘날 매

● 점검! **내신 강의**

- **갈래** 국문 소설, 판소리계 소설, 염정 소설, 가정 소설
- **성격** 전기적(傳奇的), 염정적
- **배경** [시간적] 조선 세종 때 [공간적] 경상도 안동
- **시점** 전지적 작가 시점
- **주제** 현실을 초월한 남녀 간의 사랑
- **특징**
① 부모와 자식 사이의 가치관의 대립을 중심으로 사건이 전개됨
② 애정 지상주의를 바탕으로 하여 유교적 가치관에 대한 비판적 태도를 드러냄
③ 주인공이 신선계에서 하강한 고귀한 인물로 설정됨(적강 모티프)

● 점검! **수능 강의**

1. 인물의 특성
- **숙영**: 선군의 아내. 적강한 선녀로, 지혜로우며 절개가 곧음. 억울한 누명을 쓰고 자결하지만 옥황상제의 은덕으로 다시 살아남
- **선군**: 숙영의 남편. 가문의 명예보다 개인의 사랑을 중시함
- **백상군**: 선군의 아버지. 완고하고 보수적이며 가문의 명예를 중시함. 숙영을 의심하여 죽음에 이르게 하지만 나중에 잘못을 뉘우침
- **매월**: 하녀. 숙영이 외간 남자를 만난다고 모함하여 숙영이 자결하도록 만듦

2. 인물 간의 가치관 대립

상공(백상군)		선군, 숙영
가문 중심의 중세적·유교적 가치관	↔	개인 중심의 애정 지상주의적 가치관

조선 후기 사회의 가치관의 변모
효로 대표되는 유교 도덕을 바탕으로 한 봉건적·전통적 가치관에서 탈피, 인간의 본능적 욕구인 애정을 추구하는 새로운 가치관을 제시함

3. 소재의 역할

꿈	숙영이 선군에게 자신의 억울한 죽음에 대한 정보를 제시함
파랑새	매월이 범인임을 밝힘으로써 사건 해결의 실마리를 제공함

월의 원수는 갚았으나 낭자의 화용월태를 어디 가 다시 보리오. 다만 선군이 죽어 지하에 가 낭자를 좇을 것이니, 부모에게 불효가 되어도 어찌할 수 없으리로다.”

제문 읽기를 마치매 신체를 어루만지며 통곡한 후 돌이를 본읍에 넘겨 먼 절도로 귀양 보내게 하였다.

이때 상공 부부는 선군에게 바로 이르지 아니하였다가 일이 이같이 탄로 남을 보고 도리어 무색하여 아무 말도 못하거늘 선군이 화평한 얼굴로 재삼 위로하였다.

– 작자 미상, 〈숙영낭자전〉

---

1 윗글의 내용으로 적절하지 **않은** 것은?

① 숙영 낭자는 매월과 돌이 때문에 억울하게 죽게 되었다.
② 선군은 제문에서 숙영 낭자의 죽음을 자신의 탓으로 돌리고 있다.
③ 선군은 숙영 낭자와의 사랑을 부모에 대한 효만큼 중요하게 생각했다.
④ 상공은 숙영 낭자의 죽음에 대해 선군에게 미리 알려 주지 않고 그를 속였다.
⑤ 선군은 주막에서 꿈을 꿀 때 실제 숙영 낭자의 생사에 대해 정확히 모르고 있었다.

2 〈보기〉의 ㉮～㉺ 중 [A]와 가장 관계 깊은 것은?

> **보기**
>
> 고전 소설에서 ‘꿈’은 다양한 서사적 기능을 수행한다. ㉮천상적 주인공이 적강(謫降)하게 된 이유를 설명해 주거나, ㉯주인공과 상대와의 첫 인연을 암시해 주거나, ㉰주인공을 도와줄 조력자가 등장하여 해결책을 제시하기도 한다. 또한 ㉱주인공과 관련된 현실적 사건에 대한 정보를 알려 주기도 하고, ㉲액자 구조를 통해 주인공이 깨달음을 얻게 되는 계기를 제공하기도 한다.

① ㉮　　② ㉯　　③ ㉰　　④ ㉱　　⑤ ㉲

3 [B]에 드러난 ‘상공’의 말하기 방식으로 가장 적절한 것은?

① 상대를 질책하며 자신의 결백을 주장하고 있다.
② 상대의 심정과 처지에 대한 공감을 드러내고 있다.
③ 자신의 억울함을 호소하며 상대에게 부탁을 하고 있다.
④ 상대에 대한 신뢰감을 표출하며 상대를 설득하고 있다.
⑤ 일반적인 사례를 제시하며 자신의 의견을 내세우고 있다.

4 윗글의 **매월**에 대한 이해로 적절하지 **않은** 것은?

[평가원 기출]

① 매월이 죄를 자백한 것은 선군의 회유 때문이다.
② 매월에 대한 신문은 비현실적 사건에서 비롯되었다.
③ 매월은 숙영 낭자가 누명을 쓰게 되는 간계를 꾸몄다.
④ 매월이 간계를 꾸미게 된 배경에는 자신의 원통함이 자리잡고 있다.
⑤ 매월이 돌이를 사주하여 꾸민 일은 상공의 집안에 갈등을 초래하였다.

5 〈보기〉를 참조하여 윗글을 감상한 내용으로 가장 적절한 것은?

[평가원 기출]

> **보기**
>
> 고전 소설에서 주인공은 과제를 수행하는 경우가 많다. 처음에 과제를 부여받은 주인공은 왜 자신에게 그런 과제가 주어졌는지 의심한다. 더구나 방해자가 나타나 주인공의 과제 수행을 방해하기도 한다. 그러나 오히려 이 과정에서 주인공은 과제 수행자로서 자신의 정체성을 이해하고 사명감을 갖게 된다. 결국 주인공은 과제 해결에 요구되는 행위를 적극 실행하여 과제를 완수한다. 이로써 주인공은 새로운 정체성을 획득한다.

① ㉠은 과제를 부여받게 되는 단계에 해당하는데, 이를 통해 숙영 낭자와 선군의 관계가 과제 수행의 전제임을 알 수 있어.
② ㉡은 과제 제시의 까닭을 의심하는 단계에 해당하는데, 이를 통해 숙영 낭자가 나타나게 된 원인을 선군이 꿰뚫어 보고 있음을 알 수 있어.
③ ㉢은 과제 수행이 방해받는 단계에 해당하는데, 이를 통해 부자간의 갈등과 화해가 외부 세력에 의해 주도되고 있음을 알 수 있어.
④ ㉣은 과제에 대한 사명감을 갖게 되는 단계에 해당하는데, 이를 통해 아버지의 의사에 부응하여 도리를 다하려는 선군의 태도를 알 수 있어.
⑤ ㉤은 과제 해결이 완수된 단계에 해당하는데, 이를 통해 숙영 낭자의 원한이 해소되었음을 알 수 있어.

숙향전

㉠산은 첩첩하고 물은 중중한데, 잠자려는 새들은 숲으로 들어가 객회(客懷)를 자아내니 숙향이 갈 데 없어서 앉아서 울고 있었다. 문득 파랑새가 꽃봉오리를 물고 손등에 앉거늘 숙향이 배고픔을 견디지 못해 꽃봉오리를 먹으니 눈이 맑아지고 배가 불러 정신이 상쾌하며 몸에 향내 진동하더라.

일어나서 ㉡파랑새가 가는 대로 따라 두어 고개를 넘어가니 산골짜기에 한 궁궐이 있는데, 그 새가 큰 문으로 들어가거늘 숙향이 따라 들어갔다. 한 계집이 마중 나와 숙향을 안고 들어가 큰 전각(殿閣) 앞에 놓으니 한 부인이 머리에 화관(花冠)을 쓰고 황금 의자에 앉아 있다가 숙향을 맞아 팔을 밀어 동편 백옥 의자에 앉기를 청하거늘 숙향이 어찌할 줄 모르고 다만 울 뿐이었다.

부인 왈, / “선녀께서 인간 세상에 내려와 더러운 물을 많이 먹었으니 정신이 바뀌어 전생 일을 모르나이다.”

선녀에게 명해 경액(瓊液)*을 드리라 한대 선녀가 만호잔에 호박대를 받쳐 이슬 같은 것을 부어 드리거늘 숙향이 받아먹으니 맛은 젖맛 같고 매우 향기롭더라. ㉢먹은 후에 천상의 일과 인간 세상에 내려와 부모 잃고 헤매며 고생한 일을 일일이 알게 되니 몸은 비록 아이나 마음은 어른이라. 즉시 일어나 부인께 예를 표해 왈, / “첩은 천상에 득죄(得罪)하여 인간 세상에 내려와 고초가 심하거늘 이다지도 불쌍히 여겨 대접하시니 지극히 감격하나이다.” / “선녀께서는 저를 알아보시겠나이까?”

“인간 세상에 내려와 정신이 바뀌었사오니 자세히 아옵지 못하나이다.”

“이 땅은 명사계(冥司界)요, 저는 후토 부인이니이다. 선녀께서 인간 세상에 내려와 고생을 겪었으매 접때 잔나비와 황새를 보내 도와 드렸고 이번에는 파랑새를 보내었삽더니 보셨나이까?”

“다 보았사오나 부인의 하늘 같은 은혜를 갚을 길이 없사오니 부인의 시비나 되어 만분지일이나 갚사올까 바라나이다.” / 부인이 정색하고 왈, / “저는 한낱 조그마한 신령이요, 그대는 월궁의 으뜸 선녀라. 비록 천상에서 지은 죄로 인간 세상에 내려와 일시 고생을 겪었으나 그런 말씀을 어찌 하시나이까? 선녀 가실 곳이 또한 머오니 그 사이에 고생을 많이 겪을 것이오매 쉬어 내일 가소서.” 하고, 잔치를 배설하여 환대하니 음식과 보배 등이 극히 화려하더라.

숙향이 부인께 왈, / “첩이 전일 듣사오니 명사계는 시왕(十王)이 계신 데라 하더니 그러하오이까?” / “그러하여이다.” / “그러하오면 시왕전이 어디오이까?” / “멀지 아니하오이다.”

“인간 세상의 부모가 난중에 죽었으면 시왕전에 왔사올 것이니 반가이 만나 볼 수 있겠나이까?” / “그대 부모는 인간 세상에 반석같이 계시고 그들도 원래 인간 세상 사람이 아니요, 봉래산 선관 선녀로서 인간 세상에 귀양 왔사오니 기한이 차면 봉래로 돌아갈 것이요, 이곳은 오지 아니하리이다.” 〈중략〉

이선이 숙향이 보내 온 혈서를 보고 크게 놀라 통곡하고 그 편지를 숙모께 드리고 낙양 옥중에 가서 숙향과 함께 죽으려 하더니 숙부인 왈, / “아직 자세히 알지도 못하는데 성급히 굴지 마라.” 하며 하인을 불러 할미 집에 가 보고 오라 하고, 그 고을의 이방 원통을 불러서 그 연고를 물으니 원통이 고하기를, / ㉣“상서께서 명을 내리시어 숙향을 잡아다가 죽이라 하신 고로 원님이 상서 명을 거역하지 못하여 어젯밤에 숙향을 잡아다 죽이려고 큰 매로 치라 하되 집장 사령이 매를 들지 못하여 죽이지 못하였사오나 원님이 오늘 죽이려 하옵고 큰 칼을 씌워 옥에 가두었나이다.”

숙부인이 듣고 크게 놀라 왈,

“선이 비록 상서의 아들이나 내가 양자로 들였으매 선과 숙향이 혼사를 치르도록 했거늘, 내게 묻지 아니하고 나를 과부라 업신여겨 이러하니 내 황성에 들어가 상서에게 일러 듣지 아니하면 황후께 아뢰어 황제께서 아시게 하리라.” / 하고 즉시 행장을 차려서 장안으로 가니라.

한편 이선은 집에 들어가 울며 숙향이 죽었으면 함께 죽으리라고 하더라.

이튿날 김전이 숙향을 올리라 하니 이때 낭자가 옥 같은 두 귀 밑에 흐르나니 눈물이라. ㉤연약한 몸이 큰칼 쓰고 여러 사람에게 붙들려 가니 반은 죽은 사람이라. 이를 보는 사람이 눈물 아니

● 점검! 내신 강의

- **갈래** 염정 소설, 적강 소설, 영웅 소설
- **성격** 전기적(傳奇的), 낭만적, 도교적, 초현실적
- **배경** [시간적] 중국 송나라 때 [공간적] 중국
- **시점** 전지적 작가 시점
- **주제** 시공을 초월한 남녀 간의 사랑
- **특징**
  ① 영웅의 일대기 구조에 따라 사건이 전개됨
  ② 천상계와 지상계의 이원적 공간이 설정됨

▼ 어휘 풀이
* 경액: 신선이 마신다는 신비로운 약물

● 점검! 수능 강의

1. 인물의 특성
- 숙향: 김전의 외딸. 천상의 월궁 선녀로 죄를 지어 인간 세상에 내려옴. 어려서 부모와 헤어진 뒤 갖은 고난을 겪지만 구출자의 도움으로 시련을 극복하고 천상으로 돌아감
- 이선: 숙향의 남편. 천상에서 인간 세상으로 내려온 인물로, 역경 끝에 숙향과 가연을 맺고 행복을 누리다가 천상으로 돌아감

2. 일반적 영웅 소설과의 비교

	〈숙향전〉	일반적 영웅 소설
차이점	주인공이 집단적 가치를 실현하지 않음	주인공이 집단적 가치를 실현함
	초월적 존재의 힘으로 문제를 해결함	주인공의 능력과 초월적 존재의 힘으로 문제를 해결함
공통점	영웅의 일대기 구조로 되어 있음	

3. 전기적 요소
숙향이 고난에 처할 때마다 초월적 존재들이 나타나 숙향을 돕는 비현실적 상황이 펼쳐지는데, 이는 숙향이 평범한 사람이 아니라는 점, 그리고 숙향의 고난과 고난 극복이 천상계에서 예정된 것이었음을 드러내 주는 요소로 작용함

짓는 이가 없더라. / 김전이 왈, / "네 고향은 어디며 이름은 무엇이며 나이는 몇이나 되며 뉘 집 딸이라 하나뇨?"

[A] 낭자 왈, / "오 세에 부모를 난중에 잃고 사방에 유리(流離)하옵다가 겨우 의탁한 몸 되었사오니 고향과 부모의 성명은 모르오되 나이 찬 후에 혹 듣사오니 김 상서의 딸이라 하오며 이름은 숙향이요 나이는 십육 세로소이다."

[B] 김전의 아내 장 씨가 그 말을 듣고 눈물을 흘리며 김전에게 왈, / "그 여자의 얼굴을 보오니 죽은 우리 딸과 같삽고 연치(年齒) 또한 같사오되 다만 김 상서의 딸이라 하니 그 근본을 자세히 모르오나 이름도 같고 나이도 같으니 혹 죽은 자식이 살아서 돌아다니는지 마음이 자연 비창(悲愴)하오니 아직 죽이지 말고 상서께 기별하여 스스로 처치하게 하오소서."

김전이 부인의 말을 옳게 여겨 숙향을 도로 하옥하라 하고, 이 사연을 이 상서에게 회보(回報)하니라.

– 작자 미상, 〈숙향전〉

---

1 윗글에 대한 설명으로 가장 적절한 것은?

① 행동의 묘사와 대화를 통해 인물을 희화화하고 있다.
② 주인공의 성격 변화를 통해 주제 의식을 드러내고 있다.
③ 고난에 처한 주인공을 돕는 초월적 존재가 나타나고 있다.
④ 작중 인물의 시점을 통해 내용을 주관적으로 전달하고 있다.
⑤ 인물의 내적 독백을 중심으로 사건을 느리게 진행하고 있다.

2 [A], [B]에 대한 설명으로 적절하지 <u>않은</u> 것은?

① [A]의 화자는 자신의 삶의 과정을 요약적으로 제시하고 있다.
② [A]의 화자는 [B]의 화자가 궁금해하는 사건을 적극적으로 설명하고 있다.
③ [B]의 화자는 [A]의 화자의 말에 연민의 태도를 보이고 있다.
④ [B]의 화자는 자신이 원하는 청자의 행동에 대해 구체적으로 언급하고 있다.
⑤ [B]의 화자는 청자가 [A]의 화자를 죽이는 일이 일어나지 않기를 바라고 있다.

3 〈보기〉를 참고하여 윗글을 이해한 것으로 적절하지 <u>않은</u> 것은?

> ──── 보기 ────
> 이 작품은 천상에서 적강한 두 남녀가 고난을 이겨 내고 행복한 삶을 살다가 다시 천상으로 복귀한다는 내용으로 되어 있다. 천상에서 적강한 인물들은 지상에서 겪는 고난을 통해 천상의 죄를 씻는데, 따라서 지상에서 겪는 고난은 속죄하는 과정으로 이해할 수 있다. 천상은 지상에서의 일에 관여하며 지상에서 일어난 신비한 일들은 천상의 뜻에 의해 펼쳐진다.

① 숙향이 후토 부인을 만나는 것은 천상의 뜻에 의한 일이겠군.
② 숙향은 지상에서 부모를 잃고 고생하는 과정을 통해 천상의 죄를 씻게 되겠군.
③ 이선과 숙향은 천상의 뜻에 의해 지상에서 혼인을 하게 이미 정해져 있었겠군.
④ 상서가 며느리인 숙향을 죽이려 하는 것은 천상의 죄를 속죄하려는 행동이겠군.
⑤ 김전과 아내 장 씨가 딸을 잃은 고난도 지상에서 겪는 속죄의 과정으로 볼 수 있겠군.

4 윗글의 인물에 대한 이해로 적절하지 <u>않은</u> 것은?

[수능 기출]

① '후토 부인'은 '숙향'을 명사계로 인도하여 전생에서의 '숙향'의 정체를 깨닫게 해 주고 있다.
② '이선'은 '숙향'이 처한 상황을 알고서 '숙향'과 생사를 같이하겠다고 다짐하고 있다.
③ '숙부인'은 '숙향'과 '이선'의 혼사가 이루어지도록 '이 상서'로 하여금 '황후'에게 아뢰게 하고 있다.
④ '김전'은 '장 씨'의 말을 수용하여 '숙향'에 대한 형 집행을 미루고 있다.
⑤ '장 씨'는 '숙향'을 보고서 자신의 딸을 떠올리며 '숙향'에게 연민을 느끼고 있다.

5 ㉠~㉤에 대한 이해로 적절하지 <u>않은</u> 것은? [수능 기출]

① ㉠에서는 인물이 처한 힘든 상황을 나타내는 시공간적 배경을 제시하고 있다.
② ㉡에서는 인물이 현실의 경계를 넘어 초현실의 공간으로 진입해 가는 장면을 서술하고 있다.
③ ㉢에서는 인물에게 갑자기 일어난 변화를 서술자가 직접적으로 제시하고 있다.
④ ㉣에서는 인물의 발화를 통해 이전 사건을 요약적으로 제시하고 있다.
⑤ ㉤에서는 인물의 외양 묘사를 통해 그 인물의 심리를 드러내고 있다.

04 홍길동전

[앞부분의 줄거리] 홍 판서와 시비 춘섬 사이에서 서자로 태어난 길동은 자신의 처지를 괴로워하다가 부친께 호부호형을 허락받고, 집을 나와 활빈당 활동을 벌여 조정과 대립하다가 병조 판서 벼슬을 받는다.

음력 구월 보름에 임금이 달빛을 받으며 후원을 걸으실새, 문득 맑은 바람이 일어나며 공중에서 피리 소리가 청아한 가운데 한 소년이 내려와 주상 앞에 엎드렸다. 임금이 놀라 묻기를,

"선동(仙童)이 어찌 인간 세상에 내려왔으며 무슨 일을 말하고자 하나뇨?"

소년이 땅에 엎드려 아뢰기를, / "신은 전임 병조 판서 홍길동이옵니다."

상이 놀라 또 묻기를, / "네가 어찌 심야에 왔느냐?"

길동이 대답해 가로되,

"신이 전하를 받들어 만세를 모실까 했으나, 천한 종의 몸에서 태어났기에 문(文)으로는 홍문관 벼슬이 막히고 무(武)로는 선전관 벼슬길이 막히었습니다. 이런 까닭에 활빈당으로 더불어 사방을 멋대로 떠돌아다니며 관청에 폐를 끼치고 조정에 죄를 지었던 것이온데, 이는 전하로 하여금 아시게 하려 함이었습니다. 이제 벼슬을 내리어 신의 소원을 풀어 주셨으니 전하를 하직하고 조선을 떠나가옵니다. 엎드려 바라건대 전하는 만수무강하소서."

하더니 공중에 올라 아득히 날아가거늘, 임금이 그 재주를 못내 칭찬하였다. 그 후로는 길동의 폐단이 없으니 사방이 태평하였다.

길동이 조선을 하직하고 남경 땅 제도라는 섬으로 들어가, 수천 호의 집을 짓고 농업에 힘쓰고 무기 창고를 지으며 군법을 연습하니, 병사는 잘 훈련되고 양식은 풍족하게 되었다. 〈중략〉

상주 인형이 자세히 보니, 곧 길동이라 붙잡고 통곡하며, / "아우야, 그 사이 어디 갔더냐? 아버지께서 평소에 유언이 간절하셨는데, 이제 오니 어찌 자식의 도리이겠느냐?"

하며, 손을 이끌고 내당에 들어가 모부인(母夫人)을 뵈옵고 춘섬을 상면하여 한바탕 통곡하였다.

"네가 어찌 중이 되어 다니느냐?" / 하니, 길동이 대답했다.

"소자가 조선을 떠나 머리 깎고 중이 되어 지술(地術)을 배웠습니다. 이제 부친을 위하여 좋은 터를 구했으니, 모친은 염려 마소서."

인형이 크게 기뻐 말하였다.

"너의 재주 기이한지라, 좋은 터를 얻었으면 무슨 염려가 있으리오."

[A] 다음 날 길동이 운구하여 제 모친을 모시고 서강 강변에 이르니, 지휘해 놓은 대로 배가 기다리고 있었다. 배에 올라 화살같이 빨리 저어 한 곳에 다다르니, 여러 사람이 수십 척의 배를 대어 놓고 있었다. 서로 반기며 호위하여 가니 그 광경이 대단하였다. 어언간 산 위에 다다르매, 인형이 자세히 본즉 산세가 웅장한지라, 길동의 지식을 못내 탄복하였다. 일을 마치고 함께 길동의 처소로 돌아오니, 백 씨와 조 씨가 시어머니와 시숙을 맞아 뵈옵는 한편, 인형과 춘섬은 못내 길동의 지식을 탄복하였다.

여러 날이 되자, 인형은 길동과 춘섬을 이별하면서 산소를 극진히 모시라 당부한 후, 산소에 하직하고 출발했다. 본국에 이르러 모부인을 뵈옵고 전후 사실을 고하니, 부인이 신기하게 여겼다. 길동이 제사를 극진히 받들어 삼년상을 마치매 모든 영웅을 모아 무예를 익히며 농업에 힘쓰니, 병사는 잘 조련되고 양식도 풍족했다.

남쪽에 율도국이라는 나라가 있었으니, 기름진 평야가 수천 리나 되며 덕화(德化)가 행해지니 실로 살기 좋은 나라라, 길동이 매양 생각해 오던 바였다. 모든 사람을 불러 말하기를,

"내가 이제 율도국을 치고자 하니 그대들은 정성을 다하라."

하고는 그날로 진군하였다. 길동은 스스로 선봉장이 되고 마숙으로 후군장을 삼아, 정예병 오만을 거느리고 율도국 철봉산에 다다라 싸움을 걸었다. 율도국 태수 김현충이 난데없는 군사가 이

• 점검! **내신 강의**

- **갈래** 국문 소설, 사회 소설, 영웅 소설
- **성격** 현실 비판적, 영웅적, 전기적(傳奇的)
- **배경** [시간적] 조선 시대 [공간적] 조선, 율도국
- **시점** 전지적 작가 시점
- **주제**
  ① 적서 차별과 사회 제도의 모순 비판
  ② 탐관오리의 응징과 빈민 구제
  ③ 해외 진출 사상과 이상국 건설에 대한 염원
- **특징**
  ① 현실의 모순을 실천적 의지를 통해 극복하려는 내용을 담음
  ② 영웅 소설의 전형적 인물이 등장하며, 전기적 요소가 강하게 나타남

• 점검! **수능 강의**

1. 갈등의 근본 원인
길동은 어릴 때부터 남달리 재주가 뛰어나고 총명했으나, 타고난 신분의 제약으로 인해 능력을 펼칠 수 없어 현실에 대한 울분과 한(恨)을 지님 → 길동이 지닌 갈등의 근본 원인은 당대 사회의 차별적 신분 제도의 모순과 불합리성에 기인함

2. 영웅 서사 구조

고귀한 혈통, 비정상적 출생	홍 판서의 아들로, 시비에게서 태어난 서자임
비범한 능력	총명하고 도술에 능함
고난과 시련	초란이 자객을 보내어 죽이려 하자 집을 떠남
구출과 양육	도술로 자객을 죽이고 위기에서 벗어남
성장 후의 위기	활빈당을 조직하자 조정에서 반역죄로 다스리려 함
극복과 승리	국가 권력과의 투쟁에서 이겨 병조 판서를 제수받은 뒤 율도국의 왕이 됨

3. 문학사적 의의
- 우리나라 최초의 국문 소설로, 한글 표기를 통해 독자층을 확대함
- 불합리한 사회 제도에 대한 저항 정신이 반영된 현실 참여 문학의 성격을 지님
- 영웅의 일대기라는 서사 구조와 전기성을 바탕으로 고전 소설의 전형적인 특징을 보임

름을 보고 크게 놀라 왕에게 보고하는 한편, 한 부대의 군사를 거느리고 내달아 싸웠다. 길동이 이를 맞아 싸워 한 번에 김현충을 베고 철봉을 얻어 백성을 달래어 위로하였다. 정철로 철봉을 지키게 하고 대군을 지휘하여 바로 도성을 칠새, 격서(檄書)를 율도국에 보냈으니, 내용은 이러하였다. / "의병장 홍길동은 글을 율도왕에게 부치나니, 대저 임금은 한 사람의 임금이 아니요 천하 사람의 임금이라. 내 하늘의 명을 받아 병사를 일으키매, 먼저 철봉을 깨뜨리고 물밀 듯 들어오니, 왕은 싸우고자 하거든 싸우고, 그렇지 않으면 일찍 항복하여 살기를 도모하라." / 왕이 보기를 마치자 크게 놀라,

"우리나라가 철봉을 굳게 믿었거늘, 이제 잃었으니 어찌 대항하리오." / 하고는, 모든 신하를 거느리고 항복했다.

길동이 성중에 들어가 백성을 달래어 안심시키고 왕위에 오른 후, 율도왕을 의령군에 봉했다. 마숙과 최철로 각각 좌의정과 우의정을 삼고 나머지 여러 장수에게도 각각 벼슬을 내리니, 조정에 가득 찬 신하들이 만세를 불러 하례하였다. 왕이 나라를 다스린 지 삼 년에 산에는 도적이 없고 길에 떨어진 물건도 주워 갖지 않으니, 태평세계라고 할 만하였다.

– 허균, 〈홍길동전〉

---

1 윗글의 서술상 특징으로 적절한 것은?

① 전기적(傳奇的) 요소를 통해 인물의 영웅성을 나타내고 있다.
② 인물과 사건을 객관적인 입장에서 관찰하여 서술하고 있다.
③ 치밀한 배경 묘사를 통해 주제를 암시적으로 드러내고 있다.
④ 비극적 상황을 과장한 해학적 표현이 빈번하게 사용되고 있다.
⑤ 과거와 현재를 반복 교차하여 사건에 입체감을 부여하고 있다.

2 윗글의 전개 양상을 고려할 때, 길동의 입장에서 율도국이 지닌 의미로 가장 적절한 것은?

① 길동이 천상계의 사회를 모방하는 공간이다.
② 길동이 해외 교역을 구체적으로 펼치는 공간이다.
③ 길동이 이상을 마음껏 실현할 수 있는 공간이다.
④ 길동이 자신의 과거를 반성하고자 하는 공간이다.
⑤ 길동이 자신의 물질적 욕망을 달성하는 공간이다.

3 〈보기〉가 윗글의 작가가 한 말이라고 가정할 때, 〈보기〉를 고려하여 윗글을 비판적으로 감상한 내용으로 가장 적절한 것은?

> ─▶ 보기 ◀─
>
> 작가의 말: 저는 명망가의 자손으로 과거에도 급제하였지만, 서얼(庶孽) 출신으로 신분적 한계를 겪는 이들과 교류를 많이 했습니다. 그들은 아무리 뛰어난 능력을 가졌더라도 적자(嫡子)가 아니라는 이유로 관직에 등용되지 못했습니다. 저는 이런 불합리한 신분 제도를 개혁하기 위해 〈홍길동전〉을 썼습니다.

① 무(武)보다 문(文)을 숭상하는 당대의 문제를 해결한 것은 아니야.
② 조선 임금의 명을 받들어 율도국을 침략한 것은 부도덕한 행위인 것 같아.
③ 부모의 삼년상이라는 봉건적 인습 문화에 대한 직접적인 해결책을 보여 주지는 않는군.
④ 서자인 길동이 벼슬에 오르긴 했지만, 신분제의 한계를 해결하기 위한 실질적 방안을 제시하지는 못했어.
⑤ 도적이 들끓어 백성들이 어렵게 지내던 상황을 제대로 해결하지 못한 것을 보면 당대 임금이 무능력했던 것 같아.

4 윗글에 대한 이해로 적절하지 <u>않은</u> 것은?　[수능 기출]

① 길동이 하늘에서 내려오자 임금은 그를 선동으로 오해했다.
② 인형은 부친의 장례식에 나타난 길동을 동생으로 대했다.
③ 길동은 잘 훈련된 정예병을 이끌고 율도국을 공격했다.
④ 율도국 태수는 길동이 보낸 격서에 놀라 항복했다.
⑤ 길동은 부하들에게 벼슬을 주고 율도국을 다스렸다.

5 [A]에 대한 이해로 가장 적절한 것은?　[수능 기출]

① 부친의 삼년상을 길동이 영웅들을 모아 함께 치르는 과정에서, 길동과 부하들 간의 유대감이 공고해지고 있다.
② 부친의 생전에 호부호형을 허락받았던 길동이 부친의 사후에는 산소를 모시게 됨으로써, 자식으로서의 지위가 강화되고 있다.
③ 부친을 운구하는 일에 많은 사람들이 엄숙하게 참여함으로써, 부친의 평소 넓은 인간관계가 사회적 차원에서 확인되고 있다.
④ 부친을 산소에 모시는 자리에 모부인이 참석하였다는 점에서, 부친 사후 모부인을 중심으로 길동의 가족 관계가 재편되고 있다.
⑤ 부친을 위해 좋은 터를 마련하고자 지술을 배운 길동을 모친이 염려하는 데서, 주술을 용인하지 않으려는 가족의 태도가 드러나고 있다.

유충렬전

호산대에서 호왕을 만나 정한담이 한 꾀를 내어 말하길,

[A]
“소장이 육관 도사에게 십 년을 공부해 재주가 무궁하여, 제가 휘두른 칼머리에 강산도 무너지고 드넓은 바다도 뒤집혔습니다. 그러나 명진 도원수 유충렬은 사람이 아니라 천신입니다. 이제 비록 대왕이 억만 병을 거느리고 왔으나 충렬을 잡기는커녕 그와 맞붙어 싸울 장수도 없으니, 만일 싸운다면 우리 군사가 씨도 없이 다 죽을 것이요, 대왕의 귀중한 목숨마저 보존하기 어려울 것입니다. 그러니 오늘 밤 삼경에 군사를 나누어 먼저 금산성을 공격하면 충렬이 분명히 구하러 올 것입니다. 그때를 틈타 소장이 도성에 들어가 천자에게 항복을 받고 옥새를 빼앗으면, 충렬이 비록 천신인들 제 임금이 죽었는데 무슨 면목으로 싸우겠습니까? 소장의 꾀가 마땅할 듯한데, 대왕의 생각은 어떠하시나이까?”

하니, 호왕이 기뻐 한담을 대장으로 삼고 천극한으로 선봉을 삼아 약속을 정하고 깃발을 두르고 도성으로 갈 듯하니, 원수(유충렬)가 산에서 적의 형세를 탐지하고 급히 도성으로 돌아오더라.

이날 밤 삼경에 한담이 선봉장 극한을 불러 군사 십만 명을 주어 금산성을 치라 하니, 극한이 명령을 받아 금산성으로 달려 들어갔다. 극한이 금산성 아래에 십만 병사를 나열한 후 호통을 지르며 달려가 명군을 휘저으니, 명군이 불의의 습격에 어찌할 줄 몰라 하더라.

이때 원수는 도성에서 적의 형세를 탐지하고 있었는데, 한 군사가 급히 달려와 아뢰기를,

“지금 도적이 금산성으로 쳐들어와 군사를 다 죽이고 중군장을 찾아 횡행하니, 원수께서는 급히 와 구원하소서.”

하니, 원수가 놀라 나는 듯이 금산성으로 달려가 벽력같은 소리를 지르며 적진을 헤치고 중군장 조정만을 구하여 장대에 앉힌 후, 혼자서 말을 타고 성화같이 적군에게 달려갔다. 원수의 장성검이 지나는 곳에 천극한의 머리 떨어지고 원수의 천사마 닿는 곳에 십만 군대가 팔공산의 초목이 구시월 만난 듯이 순식간에 없어졌다. 원수가 본진으로 돌아와 칼끝을 보니 정한담은 간데없고 앞뒤로 쌓인 것이 못 보던 되놈들뿐이었다.

이때 한담이 원수를 속이고 우수한 군사만을 가리어 급히 도성으로 쳐들어가니, 도성 안에는 군사가 없었다. 천자는 원수의 힘만 믿고 깊은 잠에 들어 있었는데, 뜻밖에 수많은 적병들이 성문을 깨뜨리고 궁궐 안으로 들어와 함성을 지르기를,

“이봐, 명제(明帝)야! 네가 어디로 갈 수 있겠느냐? 팔랑개비라 하늘로 날아오르며 두더지라 땅속으로 들어가겠느냐? 네 놈의 옥새 빼앗으려고 하는데, 이제는 어디로 달아나겠느냐? 빨리 나와 항복하라.”

하는 소리에 궁궐이 무너지며 넋이 하늘로 날아오르는 듯하였다. 천자가 넋을 잃고 용상에서 떨어졌으나, 다급히 옥새를 품고 말 한 필을 잡아타고 엎어지며 자빠지며 북문으로 빠져나와 변수 가로 도망갔다. 한담이 궐내에 달려들어 천자를 찾았으나 천자는 간데없고, 태자가 황후와 태후를 모시고 도망하기 위해 나오는지라. 한담이 호령하며 달려들어 태자 일행을 잡아 호왕에게 맡긴 후, 북문으로 나와 보니 천자가 변수 가로 도망가고 있었다. 한담이 기뻐하며 천둥 같은 소리를 지르고 순식간에 달려들어 구척이나 되는 긴 칼을 휘두르니 천자가 탄 말이 백사장에 거꾸러지거늘, 한담이 천자를 잡아내어 말 아래 무릎을 꿇리고 서리 같은 칼로 통천관*을 깨어 던지며 호통하기를,

“이봐, 명제야! 내 말을 들어 보아라. 하늘이 나 같은 영웅을 내실 때는 남경의 천자가 되게 하심이라. 네 어찌 계속 천자이기를 바랄쏘냐. 내가 네 한 놈 잡으려고 십 년을 공부하여 변화가 무궁한데, 네 어찌 순종하지 아니하고 조그마한 충렬을 얻어 내 군사를 침략하느냐. 네 죄를 따진다면 지금 곧바로 죽이는 것이 마땅하나 옥새를 바치고 항서를 써서 올리면 죽이지 아니하리라. 만약 그렇게 하지 않으면 네놈은 물론 네놈의 노모와 처자식들을 한칼에 죽이리라.”

🔍 **점검! 내신 강의**

- **갈래** 국문 소설, 영웅 소설, 군담 소설, 적강 소설
- **성격** 영웅적, 전기적(傳奇的)
- **배경** [시간적] 중국 명나라 때 [공간적] 중국 대륙
- **시점** 전지적 작가 시점
- **주제** 유충렬의 고난과 영웅적 행위
- **특징**
  ① 영웅 소설의 전형적 요소를 갖춤
  ② 천상계와 지상계라는 이원적 공간이 나타남

▼ **어휘 풀이**

* **통천관**: 황제가 정무(政務)를 보거나 조칙을 내릴 때 쓰던 관
* **자미성**: 별 이름. 중국 천자의 운명과 관련된다고 함

🔍 **점검! 수능 강의**

1. 영웅 서사 구조

고귀한 혈통	개국 공신 유심의 아들임
비정상적 출생	부모가 산천에 기도해 태어남
비범한 능력	적강한 천상 신선으로 비범한 능력을 지님
고난과 시련	정한담의 박해로 죽을 위기에 처함
구출과 양육	강희주를 만나 그의 사위가 되고 노승을 만나 도술을 배움
성장 후의 위기	외적의 침입과 정한담의 반역으로 국가적 위기를 맞음
극복과 승리	반란을 평정하고 헤어졌던 가족과 만나 부귀영화를 누림

2. 이원적 공간의 설정

천상계		지상계
자미성(선)	→ 추방 (적강 모티프)	유충렬(선)
↓		↓
익성(악)		정한담(악)

이원적 구조 – 천상계와 지상계의 필연적 연관성

천상계의 신선인 자미성(유충렬)과 익성(정한담)은 천상의 백옥루 잔치에서 싸운 죄로 지상계인 인간 세상으로 추방되는데, 유충렬은 충신, 정한담은 간신으로 등장하여 천상계에서의 갈등이 지상계에서도 지속되는 이원적 구조를 보임

3. 당시의 시대상 반영

- 유충렬이 호국을 정벌하는 내용을 통해 병자호란 때 수모를 당한 민중의 보상 심리를 반영함
- 충신인 유충렬이 승리하는 내용을 통해 당대의 지배적 가치관인 유교적 충의 사상을 반영함
- 당쟁으로 권력에서 밀려나 실세(失勢)한 계층의 명예 회복 의지를 반영함

하니, 천자 어쩔 수 없어 말하기를, / "항서를 쓰려고 해도 종이와 붓이 없다."

하시니, 한담이 분노하여 창검을 번득이며 말하길, / "용포를 찢고 손가락을 깨물어서 항서를 쓰지 못할까."

하는지라. 천자가 용포를 찢고 손가락을 깨물었으나 차마 항서를 쓰지는 못하고 있었으니, 어찌 하늘인들 무심하리오.

이때 원수가 금산성에서 적군 십만 명을 한칼에 무찌르고 곧바로 호산대로 달려가 적의 구원병을 씨도 없이 죽이려고 가는데, 뜻밖에 달빛이 희미해지며 난데없이 빗방울이 원수의 얼굴 위에 떨어졌다. 원수가 이상하게 생각하여 말을 잠깐 멈추고 하늘의 기운을 살펴보니, 도성에 살기가 가득하고 천자의 자미성*이 떨어져 변수 가에 비쳤거늘, 크게 놀라 발을 구르며 말하기를,

"이게 웬 변이냐?" / 하고, 산호로 장식한 채찍을 높이 들어 채찍질을 하면서 말에게 정색하고 말하기를,

"천사마야, 네 용맹 두었다가 이런 때에 아니 쓰고 어디 쓰리오. ⓐ지금 천자께서 도적에게 잡혀 목숨이 매우 위험한 상태에 달려 있다. 순식간에 달려가서 천자를 구원하라." / 하더라.

– 작자 미상, 〈유충렬전〉

---

1 윗글에 대한 설명으로 적절하지 <u>않은</u> 것은?

① 사건 전개에 우연성이 작용하고 있다.

② 비범하고 초인적인 인물의 능력이 제시되고 있다.

③ 서술자가 작중 상황을 평가한 서술이 나타나고 있다.

④ 사건의 새로운 국면이 조성되는 초월적 공간이 제시되고 있다.

⑤ 비슷한 시간대에 서로 다른 공간에서 펼쳐지는 사건을 서술하고 있다.

2 [A]에 나타난 '정한담'의 말하기 방식으로 적절한 것은?

① 스스로의 능력을 과신하여 호왕을 협박하고 있다.

② 중국 고사를 활용하여 호왕의 상황을 위로하고 있다.

③ 유충렬과 자신을 비교하며 자신의 우월함을 강조하고 있다.

④ 호왕의 인품을 칭찬하며 희망적인 미래 상황을 가정하고 있다.

⑤ 유충렬의 비범함을 근거로 삼아 자신의 생각을 호왕에게 권유하고 있다.

3 윗글의 내용에 대한 이해로 적절하지 <u>않은</u> 것은?

① 천자는 충렬이 지켜주는 도성은 안전한 곳이라고 생각한다.

② 정한담은 호왕이 충렬을 당해 낼 능력이 되지 못한다고 생각한다.

③ 정한담은 충렬을 속이는 데 성공하면 천자를 잡을 수 있다고 생각한다.

④ 극한은 자신이 충렬을 잡기 위해서는 미끼 역할을 잘해야 한다고 생각한다.

⑤ 충렬은 위험에 빠진 천자를 구하기 위해서는 천사마의 능력이 필요하다고 생각한다.

4 윗글에 나타난 공간을 〈보기〉와 같이 제시했을 때, 이에 대한 반응으로 적절하지 <u>않은</u> 것은? [전국연합 기출]

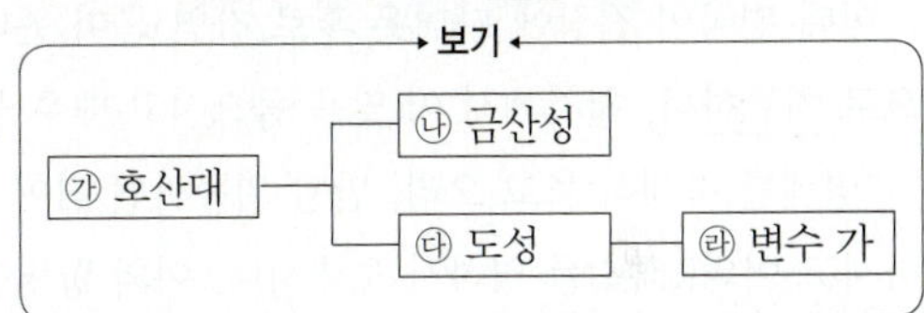

① 정한담은 ㉮에서 ㉰에 있는 천자를 잡을 수 있는 계획을 세운다.

② 정한담이 천극으로 하여금 ㉯를 공격하게 한 것은 자신이 ㉰를 공격하기 위함이다.

③ 원수가 ㉯에서 ㉮로 이동한 것은 정한담의 계략에 빠졌음을 의미한다.

④ 원수가 ㉮로 가는 도중에 ㉱로 진로를 바꾼 것은 천자를 구하기 위함이다.

⑤ 정한담은 ㉱로 천자를 유인하기 위해 ㉯를 공격한다.

5 ⓐ에 나타난 천자의 상황을 표현하기에 가장 적절한 것은? [전국연합 기출]

① 명재경각(命在頃刻)

② 견리사의(見利思義)

③ 소탐대실(小貪大失)

④ 호가호위(狐假虎威)

⑤ 인과응보(因果應報)

여공이 물러 나오자 위공과 정렬부인이 다시 일어나 칭찬하기를, / "어지신 덕택으로 계월을 구하사 친자식같이 길러 입신양명하게 하시니 은혜가 백골난망이로소이다."
하며 슬픈 감회를 금치 못하거늘 여공이 더욱 감사하며 공손히 응답하더라. ㉠평국과 보국이 또 한 엎드려 먼 길에 평안히 행차하심을 치하하더라. 위공과 정렬부인이며 기주후와 공렬부인과 춘 랑도 또한 자리에 참례하고 양윤이 또한 마음에 기꺼함을 헤아리지 못할지라. 이날 큰 잔치를 배 설하고 삼 일을 즐기니라.

이때 천자 신하들을 돌아보고 이르기를, / "평국과 보국을 한 궁궐 안에 살게 하리라."
하시고, 종남산 아래에 터를 닦고 집을 지을새, 천여 칸을 불일성지(不日成之)*로 지으니, 그 장 함을 헤아리지 못할지라. 집을 다 지은 후에 노비 천 명과 수성군 백 명씩 내려 주시고 또 채단과 보화를 수천 바리를 상으로 내려 주시니, 평국과 보국이 황은을 축수하고 한 궁궐 안에 침소를 정 하고 거처하니 그 궁궐 안 넓이가 십 리가 남은지라 위의와 거동이 천자나 다름이 없더라.

이때 평국이 전장에 다녀온 후로 자연 몸이 곤하여 ㉡병이 침중하니 집안이 경동하여 주야 약 으로 치료하니, 천자께서 이 말을 들으시고 매우 놀라사 명의를 급히 보내어,

"병세를 자세히 보고 오라. 만일 위중하면 짐이 친히 가 보리라."
하시고 어의(御醫)를 명하사 보내시니, 어의 황명을 받자와 평국의 침소에 와 병세를 진맥하니 병 세 위중하지 아니한지라. 속히 약을 가르쳐 쓰라 하고 돌아와 천자께 사실을 아뢰더라.

＿ 어의 다녀와 아뢰기를, / "평국의 병세는 위중하지 아니하옵기로 약을 가르쳐 쓰라 하옵고
　 왔사오나 또한 괴이한 일이 있어 수상하여이다."
　 하더라. 천자 놀라 묻기를, / "무슨 연고가 있더냐."
[A] 어의 땅에 엎드려 아뢰기를, / "평국의 맥을 보오니 남자의 맥이 아니오매 이상하여이다."
　 천자 그 말을 들으시고 이르기를,
　 "평국이 여자면 어찌 적진에 나가 적진 십만 대병을 소멸하고 왔으리오. 평국의 얼굴이 도
＿ 화색(桃花色)이요, 체격이 작고 약하여 혹 미심하거니와 아직은 누설하지 말라."
하시고 자주 문병하시니라.

이때 평국이 병세 점점 나으매 생각하되,

'어의가 나의 맥을 보았으니 필시 본색이 탄로날지라 이제는 할 일 없이 되었으니, 여복을 갈아 입고 규중에 몸을 숨겨 세월을 보냄이 옳다.' / 하고, 즉시 남복을 벗고 여복을 입고 ㉢부모 앞에 뵈어 느끼며 뺨에 두 줄기 눈물이 종횡하거늘 부모 또한 눈물을 흘리며 위로하더라.

[중략 부분의 줄거리] 이후 홍계월(평국)은 천자의 주선으로 보국과 혼인을 하게 되는데, 군영 및 집안에서의 사건 등으로 남편 보국과 갈 등을 겪으면서 남편과 떨어져 홀로 지내게 된다.

각설. 이때 남관장이 장계(狀啓)*를 올리거늘 천자 즉시 뜯어 열어 보시니 하였으되,

＿ '오왕(吳王)과 초왕(楚王)이 반하여 지금 장안을 범하고자 하옵나이다. 오왕은 구덕지를 얻
　 어 대원수를 삼고, 초왕은 장맹길을 얻어 선봉을 삼아 장수 천여 명과 군사 십만을 거느려
[B] 호주 북지 십여 성을 항복받고 형주자사 완태를 베고 짓쳐오매 소장의 힘으로는 방비할 길
＿ 이 없사와 감히 아뢰오니 엎드려 바라옵건대 황상은 어진 명장을 보내어 막으소서.'
하였거늘, 천자 보시고 크게 곤란하사 온 조정의 신하들을 모아 의논하시되 우승상 명연태 아뢰 기를, / "이 도적을 좌승상 평국을 보내어 방비하올 것이니 급히 영을 내려 부르옵소서."

천자 들으시고 한참 뒤에, / "평국이 전일에는 출세하였기로 불러 국사를 의논하였거니와 ㉣지 금은 규중 여자라 어찌 영으로 불러들여 전장에 보내리오."
하시되 신하들이 아뢰기를, / "평국이 지금 규중에 처하오나 이름이 조야에 있삽고 또한 작록이 영구하오니 어찌 혐의하오리오."

▶ 점검! **내신 강의**

- **갈래** 국문 소설, 여성 영웅 소설, 군담 소설
- **성격** 영웅적, 전기적(傳奇的)
- **배경** [시간적] 중국 명나라 때 [공간적] 중국
- **시점** 전지적 작가 시점
- **주제** 여성인 홍계월의 영웅적 활약상
- **특징**
  ① 영웅 소설의 서사 구조를 지님
  ② 남성보다 우월한 능력을 가진 여성이 영웅으로 등장함

▼ 어휘 풀이

* 불일성지: 며칠 안 되어 일이 이루어짐
* 장계: 신하가 임금에게 올리는 일이나 문서

▶ 점검! **수능 강의**

1. **영웅 서사 구조**

고귀한 혈통	홍 시랑 부부의 딸로 태어남
비정상적 출생	어머니가 신이한 꿈을 꾼 후에 태어남
비범한 능력	어렸을 때부터 비범한 능력을 보임
고난과 시련	장사랑의 반란으로 부모와 헤어짐
구출과 양육	여공에게 구출되어 평국으로 개명한 후 보국과 함께 양육됨
성장 후의 위기	국난이 자주 일어나고, 남장 사실이 발각되며, 보국과 갈등함
극복과 승리	외적을 징벌하고, 보국과의 갈등이 해소된 후 부귀영화를 누림

2. **여성에 대한 인식 변화**

- 계월이 남편인 보국과의 갈등을 능력의 우월함으로 해결함 → 남성의 권위에서 벗어나지 못하던 기존 여성 영웅 소설의 한계를 과감히 탈피함
- 계월이 국난을 극복하는 영웅으로 사회적 자아를 실현함 → 여성도 사회적 자아를 실현할 수 있는 삶의 주체임을 보여 주고, 남성 중심의 사회적 현실과 제도에 대한 비판을 드러냄

3. **보국과 계월의 관계**

보국
• 계월의 남편. 계월에 비해 능력이 모자람
• 가부장적, 남성 중심적 사고방식을 지녀 계월과 갈등을 겪음

계월(평국)
• 보국보다 능력이 뛰어남
• 여성임이 밝혀지고 결혼을 한 후에도 영웅으로서의 능력을 유지함

하거늘, 천자 마지못하여 급히 평국을 영으로 부르시니라.

이때 평국이 규중에 홀로 있어 매일 시비를 데리고 장기와 바둑으로 세월을 보내더니 사관이 나와 천자가 부르는 명을 전하거늘, 평국이 크게 놀라 급히 여복을 벗고 조복으로 갈아입은 후에 사관을 따라 어전에 엎드리니 천자 크게 기뻐하며 이르기를,

"ⓜ경이 규중에 처한 까닭에 오래 보지 못하여 주야로 사모하더니 이제 경을 보매 기쁘기 헤아릴 수 없거니와 짐이 덕이 없어 지금 오초 양국이 반하여 호주 북지를 항복받고 남관을 넘어 황성을 범하고자 한다 하니 경은 마땅히 출사하야 사직을 안보하게 하라."

하시되 평국이 엎드려 아뢰기를,

㉮"신첩이 외람하와 폐하를 속이옵고 공후 작록을 받자와 영화로 지내옵기 황공하온데 죄를 사하시고 이토록 사랑하옵시니 신첩이 비록 우매하오나 힘을 다하여 폐하의 성은을 만분의 일이나 갚을까 하오니 근심하지 마옵소서." / 하더라.　－작자 미상, 〈홍계월전〉

---

1 윗글에 대한 설명으로 적절하지 <u>않은</u> 것은?

① 여공은 평국을 구해 친자식처럼 길러 주었다.

② 평국은 여자임이 밝혀지게 된 것을 슬퍼한다.

③ 신하들은 평국의 비범한 군사적 능력을 인정하고 있다.

④ 평국은 규중에 있는 자신을 천자가 부를 것이라 생각하지 못하고 있다.

⑤ 천자는 어의의 말을 듣고 평국이 위중한 상태인지에 대해 미심쩍어하고 있다.

2 〈보기〉를 고려하여 윗글을 감상한 내용으로 적절하지 <u>않은</u> 것은?

> ▶ 보기 ◀
>
> 〈홍계월전〉은 남성 중심의 가부장적 문화, 충(忠)의 유교적 이념과 같은 당대 보편적 사고를 바탕으로 하면서도 남자인 보국과 여자인 평국이라는 인물을 내세워 남녀 차별과 같은 제약을 거부하는 새로운 가치관을 보여 주기도 한다.

① 평국이 적진에 나가 십만 대병을 소멸하고 온 것은 충(忠) 사상이 반영된 것이라 할 수 있어.

② 천자가 평국이 여자임에도 신뢰하여 전장에 보내려는 것은 새로운 가치관이 반영된 것이라 할 수 있어.

③ 남장을 한 사실이 밝혀진 평국이 규중으로 숨으려는 것은 당대 보편적 사고가 반영된 것이라 할 수 있어.

④ 평국이 여자임에도 남자 행세를 한 것은 가부장적 문화가 강조되던 상황에서 어쩔 수 없는 선택이라 할 수 있어.

⑤ 규중에 있던 평국이 전장으로 나서며 성은을 갚으려는 것은 당시 남성 중심의 유교적 세계관이 반영된 것이라 할 수 있어.

3 ㉮에 나타난 천자에 대한 '평국'의 정서와 가장 관계 깊은 것은?

① 와신상담(臥薪嘗膽)　　② 수구초심(首丘初心)

③ 분기탱천(憤氣撐天)　　④ 각골난망(刻骨難忘)

⑤ 당랑거철(螳螂拒轍)

4 [A]와 [B]에 대한 설명으로 가장 적절한 것은?

[평가원 기출]

① [A]와 [B]는 모두 정황을 전달하는 주체에 대한 부정적인 태도가 나타나 있다.

② [A]는 대화를 통해, [B]는 요약적 제시를 통해 사건에 대한 정보를 제공하고 있다.

③ [A]는 인물의 외양 묘사를 통해, [B]는 과장된 표현을 통해 장면을 극대화하고 있다.

④ [A]와 [B]는 모두 여러 가지 사건이 동시에 발생하여 긴박한 분위기를 조성하고 있다.

⑤ [A]에는 문제를 즉각적으로 해결해야 할 상황이, [B]에는 문제 해결을 유보해야 할 상황이 제시되어 있다.

5 ㉠~ⓜ에 대한 이해로 적절하지 <u>않은</u> 것은?

[평가원 기출]

① ㉠: 홍계월과 보국이 멀리서 온 여공에게 고마움을 표하는 모습을 보여 준다.

② ㉡: 홍계월이 병이 나자 집안사람들이 많이 놀라며 지극한 정성으로 치료하는 모습을 보여 준다.

③ ㉢: 홍계월이 부모 앞에서 울음을 터트리며 서러움을 드러내는 모습을 보여 준다.

④ ㉣: 천자가 조정에서 물러나 있는 홍계월을 다시 전쟁터로 보내야 하는지 고민하는 모습을 보여 준다.

⑤ ⓜ: 천자가 집안일에 매달려 있는 홍계월을 오랫동안 보지 못해 그리워하는 모습을 보여 준다.

07 임진록

이때 동래 부사 송정이 사신 온다는 공문을 보고 웃으며 왈,

㉠"조정에 사람이 무수하거늘 어찌 구태여 중을 보내리오. 이는 더욱 패망할 징조라."

하더니 하인이 보하되, / "사명당 행차 온다 하오니 어찌 접대하리이까."

송정이 분부 왈, / "상례로 대접하라. 제 비록 부처라 한들 어찌 곧이들으리오."

하고 심상히 여기거늘, 하인 분부를 듣고 나와 부사의 말을 이르고 왈,

"지방관의 도리에 봉명 사신(奉命使臣)*을 가벼이 여기거니와 반드시 화를 면치 못하리로다."

하더니 자연 삼 일 만에 이르렀는지라. 대접하는 도리와 수응하는 일이 가장 소홀하거늘 사명당이 대로하여 객사에 좌기하고 무사에게 명하여 송정을 잡아 계하에 꿇게 하고 이르되,

"네 벼슬이 비록 옥당이나 지방관이요, 내 비록 중이나 일국 대사마대장군이요 봉명 사신이어 늘 네 한갓 벼슬만 믿고 국명을 심상히 여겨 방자함이 태심하니 내어 베어 국법을 엄히 하라."

하고 즉시 나라에 장문하여 선참후계(先斬後啓)*하고 인하여 길을 떠날새 순풍을 만나 행선하니라.

[중략 부분의 줄거리] 사명당이 일본에 도착하자 왜왕은 사명당의 신통력을 여러 가지로 시험한다.

채만홍이 주왈, / "신의 소견은 철마를 만들어 불같이 달구고 사명당을 태우면 비록 부처라도 능히 살지 못하리이다."

왜왕이 그 말을 옳게 여겨 즉시 풀무를 놓고 철마를 지어 만든 후 백탄을 뫼같이 쌓고 철마를 그 위에 놓아 불같이 달군 후에 사명당을 청하여 가로되,

㉡"저 말을 능히 타면 부처 법력을 가히 알리라."

사명당이 심중에 망극하여 납관을 쓰고 조선 향산을 향하여 사배하더니 문득 서녘에서 오색구름이 일어나며 천지가 희미하거늘 사명당이 마지못하여 정히 철마를 타려 하더니 ㉢홀연 벽력 소리 진동하며 천지 뒤눕는 듯하고 태풍이 진작하여 모래 날리고 돌이 달음질하고 비 바가지로 담아 붓듯이 와 사람이 지척을 분변치 못하는지라. 경각 사이에 성중에 물이 불어 넘쳐 바다가 되고 성 외의 백성들이 물에 빠져 죽는 자 수를 아지 못하되 사명당 있는 곳은 비 한 방울이 아니 젖는 지라. 왜왕이 경황실색하여 이르되, / "어찌하여 천위를 안정하리오."

예부상서 한자경이 주왈, / "처음에 신의 말씀을 들었사오면 어찌 오늘날 환이 있으리이까. 방 금 사세를 생각하옵건대 조선에 항복하여 백성을 평안히 함만 같지 못하나이다."

왜왕이 자경의 말을 듣고 마지못하여 항서를 써 보내니 사명당이 높이 좌하고 삼해 용왕을 호 령하더니 문득 보하되,

[가] "네 나라 항복받기는 내 손아귀에 있거니와 왜왕의 머리를 베어 상에 받쳐 들이라. 만일 그렇지 아니하면 일본을 멸하여 산 것을 하나도 남기지 아니하리라. 네 돌아가 왜왕에게 자세히 이르라."

사자 돌아가 전말을 고하니 왜왕이 이 말을 듣고 머리를 숙이고 능히 할 말을 못하거늘 관백이 주왈, / "전하는 모름지기 옥체를 진중하소서."

왕이 정신을 차려 살펴보니 남은 백성이 살기를 도모하여 사면팔방으로 헤어져 우는 소리, 유 월 염천에 큰비 오고 방초 중의 왕머구리 소리 같은지라. 왕이 이 광경을 보니 만신이 떨려 능히 진정치 못하거늘 관백이 다시 가지고 들어가 사명당께 드리니 사명당이 항서를 보고 대책 왈,

"네 왕이 항복할진대 일찍이 항서를 드릴 것이어늘 어찌 감히 나를 속이려 하느냐."

하고 용왕을 불러 이르되, / ㉣"그대는 얼굴을 드러내어 일본 사람을 보게 하라."

용왕이 공중에서 이 말을 듣고 사람의 머리를 베어 들고 소리를 벽력같이 지르고 운무 중에 몸을 드러내니 사명당이 관백에게 왈, / "네 빨리 돌아가 왜왕에게 일러 용의 거동을 보게 하라."

관백이 돌아가 그대로 고하니 왜왕이 창황 중 눈을 들어 하늘을 치밀어 보니 중천에 삼룡이 구름을 피우고 사람의 머리를 베어 들었으니 형세 산악 같고 고기비늘이 어지러이 번쩍여 일광을

• 점검! 내신 강의

- **갈래** 국문 소설, 역사 소설, 군담 소설
- **성격** 전기적(傳奇的), 설화적, 역사적
- **배경** [시간적] 조선 시대(임진왜란) [공간 적] 조선, 왜국(일본)
- **시점** 전지적 작가 시점
- **주제** 임진왜란 패배에 대한 정신적 보상 과 승리
- **특징**
  ① 임진왜란을 전후하여 전해지는 전쟁 설화들을 문자로 정착시킴
  ② 인물들의 영웅적 활약상을 나열하는 방식으로 전개됨

▼ 어휘 풀이

* 봉명 사신: 임금의 명령을 받고 외국으 로 가던 사신
* 선참후계: 군율을 어긴 자를 먼저 처형한 뒤에 임금에게 아뢰던 일

• 점검! 수능 강의

1. 인물의 관계

사명당		왜왕
신이한 능력을 지 닌 민족적 영웅으 로 왜왕의 시험을 극복하고 항복 문 서를 받음	↔	사명당의 신통력 을 여러 차례 시 험하고 나서 그의 능력에 굴복하여 항복함

2. 전기적 요소

- 불에 달군 철마를 큰비를 불러와서 무력 화시킴
- 삼해 용왕을 호령하여 지시에 따르도록 명령함
- 육환장을 들어 축수하니 뇌성벽력이 진 동하며 천지가 캄캄해짐

비현실적 요소(전기성)를 통해 사명당의 초 인적 능력을 나타냄

3. 주제 의식

- 민족적 긍지와 자부심 고취: 팔도 명장들 의 용전(勇戰) 모습에서 임진왜란의 패배 이후 자칫 상실되기 쉬운 민족의 긍지와 자부심을 고취하고자 하는 의도가 드러남
- 민족적 응전(應戰) 의지 고취: 사명당이 왜국에 가서 왜왕으로부터 항복 문서를 받는 등 작품 전체를 승전의 역사로 꾸며 정신적인 보상을 얻고, 왜적에 대한 적개 심과 우월 의식을 바탕으로 응전 의지를 북돋음

바수고 소리 벽력같아 천지진동하는지라. 이진걸이 주왈,

  "본국 보화를 다 바치고 항표(降表)를 올려 애걸하소서."

  왕이 즉시 이진걸을 명하여 항표를 올린대 사명당이 대로 왈,

  "네 나라 임금의 머리를 베어 들이라 한대 마침내 거역하니 일본을 무찔러 혈천을 만들리라."

하고 인하여 ⓜ육환장을 들어 공중을 향하여 축수하더니 문득 뇌성벽력이 진동하여 산악이 무너지는 듯 천지 컴컴한지라. 왜왕이 이때를 당하여 삼혼(三魂)이 흩어지며 칠백(七魄)이 달아나니라.

– 작자 미상, 〈임진록〉

---

1 ㉠~㉤에 대한 설명으로 적절하지 <u>않은</u> 것은?

① ㉠: 송정은 조정의 인재 등용의 문제점에 대한 안타까운 마음을 드러내고 있다.

② ㉡: 왜왕은 사명당을 시험에 실패하게 하여 굴복시키려 하고 있다.

③ ㉢: 비현실적인 요소를 통해 사명당의 비범함을 보여 주고 있다.

④ ㉣: 사명당이 용왕보다 우월한 위치에 있는 존재임을 알 수 있다.

⑤ ㉤: 과장적 표현으로 사명당의 신이한 능력을 보여 주고 있다.

2 [가]에 드러난 '사명당'의 말하기 방식으로 적절한 것은?

① 자신의 능력을 드러내어 상대방을 조롱하고 있다.

② 강한 명령적 어조를 사용하여 상대를 위협하고 있다.

③ 두 가지 방안을 제시하여 양자택일할 것을 권유하고 있다.

④ 청자의 자존심을 고려하여 완곡한 어투로 제안을 하고 있다.

⑤ 문제를 해결할 구체적인 방법을 나열하여 청자의 이해를 돕고 있다.

3 윗글의 작가가 〈보기〉의 요소를 고려하여 작품을 구상했다고 할 때, 윗글에서 확인하기 <u>어려운</u> 것은?

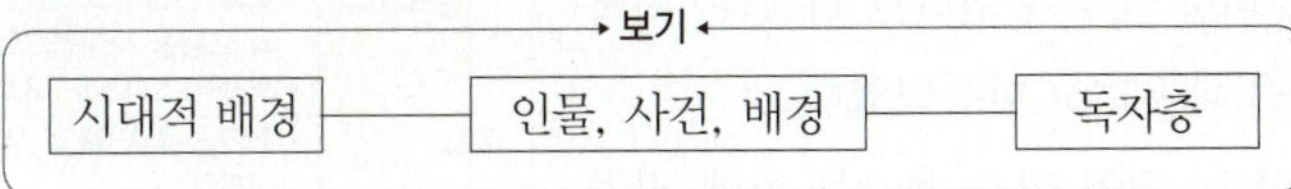

① 역사적 사실에 기초하되 작가적 상상력을 충분히 발휘한 내용을 적절히 결합하면 좋겠군.

② 탁월한 능력을 발휘해도 독자가 이상하다고 생각하지 않을 신분의 인물을 주인공으로 해야겠군.

③ 주요 사건은 주인공의 비범함을 드러내고 민족적 자긍심이 고취될 수 있는 것이면 더욱 좋겠군.

④ 전반부는 우리나라, 후반부는 외국으로 공간적 배경을 설정하여 비현실적인 느낌이 들도록 해야겠군.

⑤ 작품을 읽은 독자가 상처를 치유하고 훼손된 자존감을 회복할 수 있는 절정과 결말을 구성하는 것이 좋겠어.

4 윗글에 대한 설명으로 적절하지 <u>않은</u> 것은?

[평가원 기출]

① 힘의 우위를 바탕으로 갈등이 해결되고 있다.

② 인물의 외양을 묘사하여 성격을 제시하고 있다.

③ 과장된 비유를 활용하여 상황의 급박함을 드러내고 있다.

④ 전기적(傳奇的) 요소를 활용하여 비현실적 장면을 부각하고 있다.

⑤ 공간이 국내에서 국외로 바뀌면서 서사적 긴장감이 고조되고 있다.

5 〈보기〉를 참고하여 윗글을 감상한 내용으로 적절하지 <u>않은</u> 것은?

[평가원 기출]

> ── 보기 ──
>
> 〈임진록〉은 임진왜란이라는 역사적 사실을 소재로 한 역사 군담 소설로서, 역사에 허구를 더해 전란으로 인해 상처받은 민족적 자존감을 보상하면서 전란의 피해와 책임에 대한 민중들의 생각과 정서를 반영하고 있다. 이를 위해 신이한 능력을 지닌 주인공을 통해 조선인의 우월성을 드러내거나 때로는 역사적 근거가 부족한 가공의 사건을 형상화하기도 했다.

① 사명당의 복수를 통해, 국토가 유린되는 과정에서 받은 민중들의 고통을 보상하고 있군.

② 초인적 능력을 지닌 사명당의 모습을 부각하여, 왜에 대한 조선인의 우월성을 드러내고 있군.

③ 부사에 대한 하인의 비판적인 발언을 통해, 전란 후 지배층에 대한 민중들의 인식을 엿볼 수 있군.

④ 왜왕이 항복하는 모습을 반복적으로 보여 주어, 전란으로 훼손된 민족적 자존감의 회복을 꾀하고 있군.

⑤ 양반 대신 승려 사명당을 주인공으로 설정하여, 전란 후 종교를 중심으로 상하층이 단결하는 모습을 형상화하고 있군.

08 최척전

[앞부분의 줄거리] 남원에 살았던 최척과 옥영 사이에는 맏아들 몽석이 있다. 정유재란이 일어나면서 온 가족은 뿔뿔이 흩어진다.

옥영은 **돈우(頓于)**라는 왜병에게 붙잡혀 일본으로 갔다. 돈우는 늙은 일본 병사로, 부처에 대한 신앙심이 깊어 함부로 사람을 죽이지 않았다. 전쟁 전에는 배를 타고 다니며 장사하는 것을 생업으로 삼았는데, 노를 잘 저었기 때문에 임진왜란 때 왜장 소서행장이 뱃사공의 우두머리로 삼아 조선에 데려온 것이었다. 돈우는 영리한 옥영을 사랑하여 도망치지 않도록 좋은 옷과 맛있는 음식을 주어 그의 마음을 위로하였다. 그러나 옥영이 여자인 줄은 끝내 몰랐다. 옥영은 이미 삶에 뜻을 잃었기에 여러 번 바다에 몸을 던져 목숨을 끊고자 하였다. 하지만 그때마다 사람들이 발견하고 구해 주어서 뜻을 이루지 못했다. 그러던 어느 날 저녁, **장륙불(丈六佛)***이 옥영의 ㉠꿈에 나타나 말했다.

"나는 만복사의 부처이다. 뒤에 반드시 좋은 일이 있을 것이니, 너는 죽지 말고 열심히 살거라."

옥영은 잠에서 깨어나 그 꿈을 곰곰이 생각하였다. 다시 삶에 희망을 갖게 된 옥영은 억지로라도 먹으며 힘을 내고자 하였다. 돈우의 집은 일본 나고야(名古屋)에 있었는데 그 아내는 늙고 딸은 어렸으며, 다른 남자 가족은 없었다. 돈우는 옥영을 집 안에만 있게 하고, 바깥으로는 다니지 못하게 하였다. 옥영은 자신이 남자인 체하고 있었기에 거짓으로 말했다.

"저는 본디 몸이 작은 데다가 약골(弱骨)이라 병이 많습니다. 그래서 조선에 있을 때에도 장정들이 하는 일은 잘하지 못하고, 다만 바느질이나 음식 만드는 일을 주로 해 왔습니다."

이 말을 들은 돈우는 옥영을 더욱 불쌍히 여기고 잘 보살펴 주었다. 그리고 옥영에게 사간(沙干)이라는 새 이름을 지어 주었다. 전쟁이 끝나고 돈우는 중국의 복건성과 절강성 지방 일대를 배를 타고 다니면서 물건을 팔았는데, 옥영에게는 뱃일을 돕게 하였다.

[이때] **최척**은 중국 소흥부*에 살고 있었는데, **여유문**과 의형제를 맺었다. 여유문은 자기 누이동생과 최척을 맺어 주려고도 했으나 최척이 끝내 사양하였다.

"저는 온 집안이 왜적에게 변을 당해 아버지와 아내의 생사(生死)도 모르고 있습니다. 죽을 때까지 상복을 벗을 수나 있을지도 모르는 형편인데, 어찌 편안하게 아내를 얻겠습니까?"

여유문은 이런 최척을 의롭게 여기고 다시 결혼 이야기를 꺼내지 않았다.

그러나 그해 겨울, 여유문이 병들어 죽었다. 또다시 의탁할 곳이 막막하게 된 최척은 강호(江湖)를 떠돌며 두루 명승지를 유람하였다. 용문과 우혈을 찾아보고 동정호를 유람하고 악양루와 고소대에도 올라보았다. 이렇듯 중국의 유명한 산과 강을 다니며 노래 부르고 시를 읊조리며 구름과 물 사이를 배회하다 보니 최척에게는 어느덧 속세를 떠난 듯한 풍모가 생기게 되었다. 그러던 중 최척은 해섬도사 왕용이라는 사람에 대해 소문을 듣게 되었다. 그는 청성산*이란 곳에 은거하며, 금련단*을 만들고 대낮에 하늘을 날아다닐 수 있는 신비한 재주가 있다고 하였다. 최척은 세상에 뜻을 버리고 촉(蜀)의 땅으로 찾아가 신선이 되는 법을 배우려고 마음먹었다.

마침 **주우(朱祐)**라는 사람이 있었는데 호(號)는 학천(鶴川)이고, 집이 항주 용금문 안에 있었다. 그는 경전과 역사서를 많이 읽어 모르는 것이 없었으나, 벼슬을 하지 않고 장사를 하며 살고 있었다. 또한 남에게 베풀기를 좋아하고 의로운 기상이 있었다. 최척과 예전부터 절친하게 지내던 사이였는데, 최척이 촉의 땅으로 들어간다는 소식을 듣고 술을 가지고 찾아왔다. 반쯤 취했을 즈음, 주우가 먼저 최척에게 말했다.

"여보게, 사람이 세상에 태어나서 누군들 오래 살고 싶어 하지 않겠는가? 하지만 고금 천하(古今天下)를 통틀어 본들 어찌 그런 이치가 있겠는가? 우리에게 남은 인생이 얼마나 된다고 환약이나 먹고 굶주림을 견디며 스스로를 괴롭히면서 산 귀신과 이웃이 되려 하는가? 자네, 그러지 말고 나와 함께 배를 타고 오나라와 월나라를 오가면서 비단과 차를 팔며 남은 생애를 즐기는 건 어떠한가? 이 또한 세상을 통달하는 한 방법일 걸세."

● 점검! **내신 강의**

- **갈래** 한문 소설, 군담 소설, 애정 소설
- **성격** 사실적, 우연적
- **배경** [시간적] 조선 시대(16세기) [공간적] 조선, 중국, 일본, 베트남 등
- **시점** 전지적 작가 시점
- **주제** 이산가족의 고통과 가족애를 통한 재회
- **특징**
  ① 실제 일어났던 전쟁을 배경으로 하여 당시 백성들의 고통을 사실적으로 표현함
  ② 조선뿐 아니라 중국, 일본, 베트남 등 해외를 배경으로 하고 있음

▼ 어휘 풀이
- * 장륙불: 높이가 일 장(丈) 육 척(尺)이 되는 불상
- * 소흥부: 중국 절강성에 위치
- * 청성산: 중국 사천성에 있는 도교의 성지
- * 금련단: 장생불사(長生不死)의 황금 환약
- * 안남: 지금의 베트남

● 점검! **수능 강의**

1. '옥영의 꿈'의 역할
옥영은 깊은 절망에 빠졌을 때 장륙불이 나오는 꿈을 꾸었는데, 그 꿈은 전기적 요소로 옥영에게 절망을 극복할 수 있도록 용기를 주고, 행복한 결말을 맺을 것이라는 복선의 역할을 하기도 하며, 당시 독자들에게는 전란으로 인해 겪은 자신들의 고난도 하늘의 도움으로 끝날 수 있을 것이라는 믿음을 주는 설정이라고 볼 수 있음

2. 다른 군담 소설과의 비교

〈최척전〉	• 주인공을 평범한 인물로 설정함 • 주로 전란으로 인한 백성들의 고통을 사실적으로 그림 • 적강 화소가 나타나지 않음
다른 군담 소설	• 주인공을 민족적 영웅으로 설정함 • 주로 영웅의 뛰어난 활약상을 그림 • 적강 화소가 나타남(이원적 공간의 설정)

3. 문학사적 의의
- 임진왜란, 정유재란 등 역사적으로 실제 일어났던 전쟁을 배경으로 사실성을 확보함
- 최척과 옥영의 만남과 이별이 반복되면서 구성이 복잡해지고 분량이 장편화됨
- 공간적 배경이 조선을 넘어 중국, 일본, 베트남 등 동아시아로 확장되면서 당대인들의 세상을 바라보는 시각이 확대되었음을 보여 줌

주우의 말에 최척은 마음이 상쾌해지며 깨달아지는 것이 있었다. 그리고 그와 함께 떠나기로 마음먹었다.

1600년 봄, 최척은 주우를 따라 상선을 타고 무역을 하다 안남* 어느 지역에 배를 정박하게 되었다. 이때 일본 배 십여 척이 같은 항구에 정박해 있었다.

– 조위한, 〈최척전〉

---

1 윗글에 대한 감상으로 적절하지 **않은** 것은?

① 글의 전개 과정에서 불교적, 도교적 세계관을 엿볼 수 있어.

② 남장을 한 옥영은 돈우의 보살핌으로 함께 배를 타고 다니게 되는군.

③ 최척이 여유문의 제안을 거절한 것을 보면 가족에 대한 사랑이 지극한 것 같아.

④ 최척은 강호를 떠돌며 지내다가 주우를 만나 조정에 나가기 위한 노력을 하고 있군.

⑤ 조선뿐만 아니라 일본, 중국, 베트남 등을 넘나드는 다양한 공간적 배경이 제시되고 있네.

2 ㉠에 대한 설명으로 적절한 것은?

① 옥영의 내적 갈등을 심화시키고 있다.

② 옥영에 대한 서술자의 논평을 드러내고 있다.

③ 옥영을 불교에 귀의하게 하는 역할을 하고 있다.

④ 옥영이 현실적 고뇌에 삶을 체념하도록 만들고 있다.

⑤ 옥영에게 일어날 사건을 암시하는 역할을 하고 있다.

3 윗글을 고려할 때, 〈보기〉의 빈칸에 들어갈 내용으로 가장 적절한 것은?

> ► 보기 ◄
>
> 〈최척전〉은 임진왜란, 정유재란을 배경으로 전쟁으로 인한 최척 가족의 이산과 상봉 과정을 그린 작품이다. 이 작품이 실제로 있었던 전란을 소재로 했다는 점은 〈박씨전〉이나 〈임경업전〉과 같이 영웅적 인물의 삶을 그린 군담 소설과 동일하지만, (   )는 점에서는 차이를 보이고 있다.

① 인물의 삶을 통해 지배 계층의 모순을 고발하고 있다.

② 주인공을 천상계에서 적강(謫降)한 것으로 나타내고 있다.

③ 개인의 내적 고뇌보다 개인 간의 갈등에 중점을 두고 있다.

④ 주인공의 삶을 영웅의 일대기 구조를 통해 보여 주고 있다.

⑤ 전란을 배경으로 평범한 인물들이 겪는 구체적 경험을 그려 내고 있다.

4 윗글의 인물이 이동한 경로를 정리해 보았다. 적절하지 **않은** 것은?　　　[전국연합 기출]

인물	이동 경로	
옥영	일본 나고야에 머무름	①
	→ 중국 복건성과 절강성 일대를 다님	②
최척	중국 소흥부에 머무름	③
	→ 동정호, 악양루 등의 명소를 들름	④
	→ 청성산에 들어감	⑤

5 〈보기〉를 바탕으로 윗글을 감상한 내용으로 적절하지 **않은** 것은?　　　[전국연합 기출]

> ► 보기 ◄
>
> 윗글은 '이때'를 중심으로 두 부분으로 나눌 수 있다. 여기에는 다음과 같은 인물 간의 대응 구조가 나타나 있다.

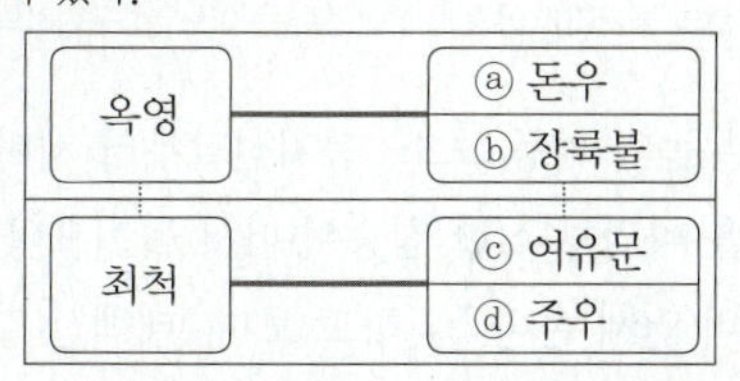

① ⓐ, ⓓ가 지닌 품성은 옥영과 최척의 조력자 역할을 수행해 내기에 적절한 인물 설정으로 볼 수 있겠군.

② 옥영이 ⓐ에게 '남자인 체'하는 것과 최척이 ⓒ의 호의를 거절한 것은 이후에 전개될 사건과 연관이 있겠군.

③ 〈보기〉에서 설명한 구성은 전쟁으로 인해 분리되어 있는 옥영과 최척의 삶을 함께 보여 주는 데 효과적이겠군.

④ '삶에 뜻을 잃은' 옥영과 '세상에 뜻을 버린' 최척에게 삶의 의욕을 갖게 한다는 점에서 ⓑ와 ⓓ는 동일한 기능을 수행하고 있군.

⑤ 〈보기〉에서 설명한 대응 구조는 옥영과 최척 사이에 잠재되어 있는 갈등을 공간적으로 표현하기 위한 장치라 할 수 있군.

09 흥부전

흥부 마음 인후하여 청산유수와 곤륜옥결이라. 성덕을 본받고 악인을 저어하며 물욕에 탐이 없고 주색에 무심하니 마음이 이러하매 부귀를 바랄쏘냐? 흥부 아내 하는 말이,

[A]

"애고 여봅소. 부질없는 청렴 맙소. 안자의 가난함은 주린 염치로 서른에 일찍 죽고, 백이 숙제는 주린 염치로 청루 소년이 웃었으니, 부질없는 청렴 말고 저 자식들 굶겨 죽이겠으니, 아주버님네 집에 가서 쌀이 되나 벼가 되나 얻어 옵소."

흥부가 하는 말이, / "형님이 음식 끝을 보면 사촌을 몰라보고 똥 싸도록 때리는데, 그 매를 뉘 아들놈이 맞는단 말이오?"

"애고 동냥은 못 준들 쪽박조차 깨칠쏜가. 맞으나 아니 맞으나 쏘아나 본다고 건너가 봅소."

흥부 이 말을 듣고 형의 집에 건너갈 제, 치장을 볼작시면, ㉠편자 없는 헌 망건에 박 쪼가리 관자 달고 물렛줄로 당끈 달아 대가리 터지게 동이고, 깃만 남은 중치막, 동강 이은 헌 술띠를 흉복통에 눌러 띠고, 떨어진 헌 고의에 칡 노끈 대님 매고, 헌 짚신 감발하고, 세살부채 손에 쥐고, 서 홉들이 오망자루 꽁무니에 비슥 차고, 바람맞은 병인같이, 잘 쓰는 대비같이, 어슥비슥 건너달아 형의 집에 들어가서 전후좌우 바라보니, 앞 노적, 뒤 노적, 멍에 노적 담불담불 쌓였으니, 흥부 마음 즐거우나 놀부 심사 무거하여 형제끼리 내외하여 구박이 태심하니 흥부가 하릴없어 뜰 아래서 문안하니 놀부가 묻는 말이,

[B]

"네가 뉜고?" / "내가 흥부요."

"흥부가 뉘 아들인가?" / ㉯"애고 형님, 이것이 웬 말이오? 비옵니다. 형님 전에 비옵니다. 세 끼 굶어 누운 자식 살려 낼 길 전혀 없으니 쌀이 되나 벼가 되나 양단간에 주시면 품을 판들 못 갚으며 일을 한들 못 갚을까. 부디 옛일을 생각하여 사람을 살려 주오."

애걸하니, 놀부 놈의 거동 보소. 성난 눈을 부릅뜨고 볼을 치며 호령하되,

"너도 염치없다. 내 말을 들어 보아라. '하늘은 녹 없는 사람을 내지 않으며, 땅은 이름 없는 풀을 내지 않는다.' 네 복을 누굴 주고 나를 이리 보채느냐? 쌀이 있다 한들 너 주자고 노적 헐며, 벼가 많이 있다 한들 너 주자고 섬을 헐며, 돈이 많이 있다 한들 궤에 가득 든 것을 문을 열랴."

[중략 부분의 줄거리] 어렵게 살던 흥부는 어느 날 구렁이의 습격을 받아 다리가 부러진 제비 새끼를 구해 주고 박씨를 얻어 큰 부자가 된다.

놀부 놈의 거동 보소. 동지섣달부터 제비를 기다린다. 그물 막대 둘러메고 제비를 몰러 갈 제, 한 곳을 바라보니 한 짐승이 떠서 들어오니 놀부 놈이 보고,

"제비 인제 온다." / 하고 보니, 태백산 갈가마귀 차돌도 못 얻어먹고 주려 청천에 높이 떠 갈곡갈곡 울고 가니, 놀부 눈을 멀겋게 뜨고 보다가 하릴없어 동네 집으로 다니면서 제비를 제집으로 몰아들이되 제비가 아니 온다.

그달 저 달 다 지내고 삼월 삼일 다다르니 강남서 나온 제비 옛집을 찾으려 하고 오락가락 넘놀 적에 놀부 사면에 제비집을 지어 놓고 제비를 들이모니, 그중 팔자 사나운 제비 하나가 놀부 집에 흙을 물어 집을 짓고 알을 낳아 안으려 할 제, 놀부 놈이 주야로 제비집 앞에 대령하여 가끔가끔 만져 보니 알이 다 곯고 다만 하나 깨었는지라. 날기 공부 힘쓸 제 구렁 배암 아니 오니 놀부 민망 답답하여 제 손으로 제비 새끼를 잡아 내려 두 발목을 자끈 부러뜨리고 제가 깜짝 놀라 이른 말이, "가련하다, 이 제비야." 하고 조기 껍질을 얻어 찬찬 동여 뱃놈의 닻줄 감듯 삼층 얼레 연줄 감듯 하여 제집에 얹어 두었더니, 십여 일 뒤에 그 제비가 구월 구일을 당하여 두 날개를 펼쳐 강남으로 들어가니 강남 황제 각처 제비를 점고할 제, 이 제비가 다리 절고 들어와 복지하니, 황제 제신으로 하여금,

[C]

"그 연고를 사실하여 아뢰라."

하시니, 제비 아뢰되, / "작년에 웬 박씨를 내어 보내어 흥부가 부자 되었다 하여 그 형 놀부 놈이 나를 여차여차하여 절뚝발이가 되게 하였사오니, 이 원수를 어찌하여 갚고자 하나이다."

● 점검! **내신 강의**

- **갈래** 국문 소설, 판소리계 소설
- **성격** 풍자적, 해학적, 교훈적
- **배경** [시간적] 조선 후기 [공간적] 경상도와 전라도의 경계
- **시점** 전지적 작가 시점
- **주제**
  ① 형제간의 우애와 권선징악
  ② 빈부 간의 격차로 인한 갈등
- **특징**
  ① 조선 후기의 변된 사회상을 반영함
  ② 과장된 표현, 익살, 해학적 묘사 등을 통해 골계미가 나타남

▼ 어휘 풀이

* 보수표: 원수를 갚는 박

● 점검! **수능 강의**

1. 주제 의식

흥부	놀부
• 착한 아우 • 몰락한 양반층	• 악한 형 • 신흥 부농층

- 표면적 주제: 형제간의 우애와 권선징악
- 이면적 주제: 빈부 간의 격차로 인한 갈등

2. '박씨'의 역할

흥부와 놀부의 처지가 역전되는 것은 중심 소재인 '박(박씨)'을 통해 이루어지는데, 박씨는 선행을 베푼 흥부에게는 부(富)를 가져다주고, 악행을 저지른 놀부에게는 벌을 내려 주는 역할을 함

3. 판소리 사설의 흔적

〈흥부전〉은 판소리계 소설로 판소리의 흔적을 엿볼 수 있는데, '놀부 놈의 거동 보소.'와 같이 공연 현장에서 소리꾼이 할 만한 말투가 사용되며, 일상적인 말이 아니라 노래로 불려야 할 듯한 운율감을 보이기도 하고, 하층민들의 비속어와 함께 전아(典雅)한 한자어가 사용되는 등 문체의 이중성을 보임

4. 전승 과정

〈방이 설화〉, 〈박 타는 처녀 설화〉(설화) → 〈흥부가〉(판소리 사설) → 〈흥부전〉(고전 소설) → 〈연의 각〉(신소설)

황제가 이 말을 들으시고 대경하사 가라사대,
"이놈 이제 전답 재물이 여유롭되 동기를 모르고 오륜에 벗어난 놈을 그저 두지 못할 것이요, 또한 네 원수를 갚아 주리라."
하고 박씨 하나를 '보수표(報讐瓢)*'라 금자로 새겨 주더라.

– 작자 미상, 〈흥부전〉

---

1 윗글에 대한 설명으로 적절하지 <u>않은</u> 것은?

① 시간의 흐름에 따라 사건이 순차적으로 전개된다.
② 공간의 치밀한 묘사를 통해 인물의 심리를 암시한다.
③ 특별한 소재를 활용하여 앞으로 전개될 사건을 예고한다.
④ 서술자가 인물의 성격을 직접 제시하는 대목이 나타난다.
⑤ 인물의 외양을 구체적으로 나타내면서 대상을 희화화한다.

2 윗글에 나타난 '흥부 아내'에 대한 설명으로 가장 적절한 것은?

① 남편의 말에 순종하는 인물이다.
② 가족의 우애와 화합을 강조하는 인물이다.
③ 남편에게 내재된 능력을 발현시키는 인물이다.
④ 현실의 문제를 적극적으로 해결하려는 인물이다.
⑤ 사회적, 신분적 질서를 중요하게 여기는 인물이다.

3 〈보기〉는 판소리의 장단을 설명하고 있는데, 이를 참고하여 ㉮의 표현에 대해 설명한 것으로 가장 적절한 것은?

> ► 보기 ◄
>
> • 진양: 소리가 가장 느린 장단. 사설의 내용 전개가 느리고 슬픈 내용이 이어지는 대목에 사용
> • 중모리: 진양 다음으로 느린 장단. 서정적인 대목이나 담담하게 어떤 일을 설명하는 대목에 사용
> • 중중모리: 중모리보다 빠른 장단. 흥취를 돋우며 춤을 추는 대목에 사용
> • 자진모리: 중중모리보다 빠른 장단. 여러 사건을 나열하는 대목에 사용
> • 휘모리: 가장 빠른 장단. 어떤 일이 매우 빠르고 긴박하게 펼쳐지는 대목에 사용

① 흥부의 절실한 마음이 표출되는 상황이므로 '진양'을 사용한다.
② 흥부가 자신의 능력을 담담하게 설명하는 상황이므로 '중모리'를 사용한다.
③ 흥부가 놀부를 흥겹게 만들어야 하는 상황이므로 '중중모리'를 사용한다.
④ 흥부가 지나온 삶을 회상하여 나열하는 상황이므로 '자진모리'를 사용한다.
⑤ 흥부가 양식을 반드시 구해야 하는 긴박한 상황이므로 '휘모리'를 사용한다.

4 ㉠에 대한 설명으로 가장 적절한 것은? [평가원 기출]

① 운문체를 사용하여 인물 사이의 갈등을 부각하고 있다.
② 현재와 과거를 교차하여 장면의 전환을 시도하고 있다.
③ 열거의 방식으로 인물의 외양을 해학적으로 표현하고 있다.
④ 배경 묘사를 통해 밝고 역동적인 분위기를 조성하고 있다.
⑤ 사건을 요약적으로 제시하여 서사를 빠르게 전개하고 있다.

5 [A]~[C]에 대한 이해로 적절하지 <u>않은</u> 것은? [평가원 기출]

① [A]에서는 서술자의 서술과 등장인물의 대화를 통해 흥부의 처지와 성품을 드러내고 있다.
② [B]에서 놀부를 '놀부 놈'으로 서술하는 부분에는 인물에 대한 서술자의 평가가 드러나 있다.
③ [C]에서 동물들이 대화하는 장면은 우화적 공간에서 서사가 진행되고 있음을 보여 주고 있다.
④ [A]에서 흥부와 흥부 아내의 대화는 [B]에서 일어나는 흥부와 놀부의 갈등 상황을 예고하고 있다.
⑤ [B]에 나타난 놀부의 언행은 [C]에서 제비가 황제에게 놀부를 고발하는 근거가 되고 있다.

10 구운몽(九雲夢)

"사부는 어느 곳으로부터 오셨나이까?"

노승이 웃으며 대답하기를,

"평생 알고 지낸 사람을 몰라보시니 일찍이, '귀인은 잊기를 잘한다.'는 말이 옳소이다."

양 승상(양소유)이 자세히 보니 과연 얼굴이 익숙한 듯하였다. 문득 깨달아 능파 낭자를 돌아보며 말하기를,

"㉠내가 지난날 토번을 정벌할 때 꿈에 동정 용궁의 잔치에 참석하고 돌아오는 길에, ⓐ한 화상이 법좌(法座)에 앉아서 경을 강론하는 것을 보았는데 노승이 바로 그 노화상이냐?"

노승이 박장대소하고 가로되,

"옳도다, 옳도다. 비록 그 말이 옳으나 꿈속에서 잠깐 만난 일은 기억하고 ⓑ십 년 동안 같이 살았던 것은 기억하지 못하니 누가 양 승상을 총명하다 하였는가?"

승상이 망연자실하여 말하기를,

"소유는 십오륙 세 이전에는 부모의 슬하를 떠난 적이 없고, 십육 세에 급제하여 곧바로 직명을 받아 관직에 있었으니, 동으로 ⓒ연나라에 사신으로 가고 토번을 정벌하러 떠난 것 외에는 일찍이 경사(京師)를 떠나지 아니하였거늘, 언제 사부와 함께 십 년을 상종하였으리요?"

노승이 웃으며 말하기를, / "상공이 아직도 춘몽을 깨지 못하였도다."

승상이 말하기를, / ⓓ"사부는 어찌하면 저로 하여금 춘몽을 깨게 하실 수 있나이까?"

노승이 이르기를, / "이는 어렵지 않도다."

하고 손에 잡고 있던 지팡이를 들어 돌난간을 두어 번 두드렸다. Ⓐ갑자기 네 골짜기에서 구름이 일어나 누각 위를 뒤덮어 지척을 분변하지 못하였다. 승상이 정신이 아득하여 마치 꿈속에 있는 듯하다 소리를 질러 말하기를,

"사부는 어찌하여 정도(正道)로 소유를 인도하지 아니하고 환술(幻術)로써 희롱하시나이까?"

승상이 말을 마치지 못하여 구름이 걷히는데 노승은 간 곳이 없고 좌우를 돌아보니 팔 낭자도 간 곳이 없었다. ⓔ승상이 매우 놀라 어찌할 바를 모르는 중에 높은 대와 많은 집들이 한순간에 없어지고 자기의 몸은 작은 암자의 포단 위에 앉았는데, 향로에 불은 이미 사라지고 지는 달이 창가에 비치고 있었다.

자신의 몸을 보니 백팔 염주가 걸려 있고 머리를 손으로 만져 보니 갓 깎은 머리털이 가칠가칠하였으니 완연히 소화상의 몸이요 전혀 대승상의 위의가 아니니, 정신이 황홀하여 오랜 후에야 비로소 제 몸이 연화 도량의 성진(性眞) 행자(行者)임을 깨달았다.

그리고 생각하기를, '처음에 스승에게 책망을 듣고 풍도옥(酆都獄)*으로 가서 인간 세상에 환도하여 양가의 아들이 되었다가, ㉡장원 급제를 하여 한림학사를 한 후 출장입상(出將入相)*, 공명신퇴(功名身退)*하여 두 공주와 여섯 낭자로 더불어 즐기던 것이 다 하룻밤의 꿈이로다. 이는 필연 사부가 나의 생각이 그릇됨을 알고 나로 하여금 그런 꿈을 꾸게 하시어 인간 부귀와 남녀 정욕이 다 허무한 일임을 알게 한 것이로다.'

성진이 서둘러 세수하고 의관을 정제하여 처소에 나아가니, 제자들이 이미 다 모여 있었다.

육관 대사가 큰 소리로 묻기를,

"성진아, 인간 부귀를 겪어 보니 과연 어떠하더냐?"

성진이 머리를 조아리고 눈물을 흘리며 하는 말이,

"㉢성진이 이미 깨달았나이다. 제자가 불초하여 생각을 그릇되게 하여 죄를 지었으니 마땅히 인간 세상에서 윤회하는 벌을 받아야 하거늘, 사부께서 자비하시어 하룻밤 꿈으로 제자의 마음을 깨닫게 하시니 사부의 은혜는 천만 겁이 지나도 갚기 어렵나이다."

대사가 말하기를, / "네가 흥을 타고 갔다가 흥이 다하여 돌아왔으니 내가 무슨 간여할 바가 있

● 점검! 내신 강의

- **갈래** 국문 소설, 몽자류 소설, 양반 소설
- **성격** 전기적(傳奇的), 이상적, 불교적
- **배경** [시간적] 중국 당나라 때 [공간적] 중국 남악 형산 연화봉(현실), 중국 일대(꿈)
- **시점** 전지적 작가 시점
- **주제** 인생무상의 자각을 통한 불교에의 귀의
- **특징**
  ① 이중적 환몽 구조, 몽중몽(夢中夢) 구조를 취함
  ② 유교, 불교, 도교 사상이 모두 드러나지만, 불교의 공(空) 사상이 중심임

▼ 어휘 풀이
* 풍도옥: 지옥을 이르는 말
* 출장입상: 나가서는 장수가 되고 들어와서는 재상이 됨
* 공명신퇴: 공을 세워서 자기의 이름을 널리 드러낸 후 물러남

● 점검! 수능 강의

1. 제목 '구운몽'의 상징성

구(九)	인물	성진과 팔 선녀 (양소유와 2처 6첩)
운(雲)	주제	인생은 뜬구름과 같이 덧없는 것임
몽(夢)	구성	환몽 구조 (현실-꿈-현실)

→ 성진을 비롯한 아홉(九) 명의 인물이 일생 동안 누린 부귀영화는 뜬구름(雲)과 같다는 주제를 환몽(夢) 구조를 통해 드러냄

2. 환몽 구조(액자식 구성)

현실 (외화)	· 선계(仙界) · 성진과 팔선녀 · 세속적 욕망으로 인한 번뇌와 갈등 · 불교, 도교적 세계관

↓ 입몽

꿈 (내화)	· 인간계 · 양소유와 2처 6첩 · 세속적 욕망의 성취 · 유교적 세계관

↓ 각몽

현실 (외화)	· 선계(仙界) · 성진과 팔선녀 · 깨달음과 불도에의 정진 · 불교적 세계관

3. 불교의 공(空) 사상

성진이 하룻밤 꿈으로 깨달았다고 말한 것은 아직도 성진이 인간 세상과 꿈을 다른 것이라 생각하는 것으로, 이 때문에 육관 대사는 아직 깨달음이 부족하다며 성진을 꾸짖으면서 호접지몽의 고사를 통해 꿈과 인세를 다르다고 생각하는 데서 벗어날 것을 강조함. 이는 모든 존재가 헛되고 순간적이라는 불교의 공(空) 사상을 깨우치고자 한 것임

겠느냐? 또 네가 말하기를, '인간 세상에 윤회할 것을 꿈을 꾸었다.'고 하니, 이는 꿈과 세상을 다르다고 하는 것이니, 네가 아직도 꿈을 깨지 못하였도다. 옛말에 ㉢'장주(莊周)가 꿈에서 나비가 되었다가 다시 나비가 장주가 되었다.'고 하니, 어느 것이 거짓 것이고, 어느 것이 참된 것인지 분별하지 못하나니, 이제 성진과 소유에 있어 어느 것이 참이며 어느 것이 꿈이냐?"

성진이 이에 대답하기를,

"제자 성진은 아득하여 꿈과 참을 분별하지 못하겠사오니, ㉤사부는 설법(說法)을 베풀어 제자로 하여금 깨닫게 하소서."

– 김만중, 〈구운몽(九雲夢)〉

---

1 〈보기〉를 통해 윗글을 이해한 것으로 적절하지 <u>않은</u> 것은?

> ─→ 보기 ←─
>
> 윗글의 전체 서사 구조는 '성진의 인간 세상으로의 추방(㉮), 양소유의 부귀영화(㉯), 현실로 돌아오는 성진'으로 되어 있다. 그리고 꿈속 인물이 꿈을 꾸는 내용(㉰)이 제시되어 입체감을 형성하고 있다.
>
> 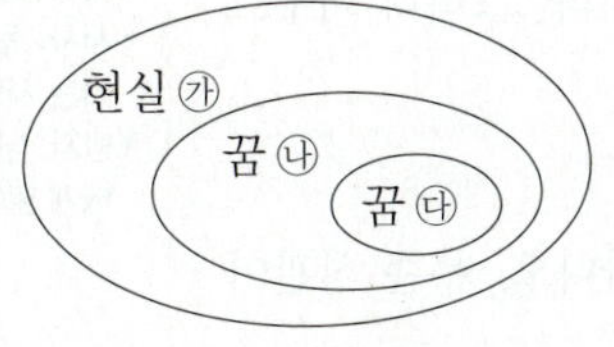
>

① ⓐ는 ㉰에 해당하며 '성진'의 ㉮에서의 경험과 관련된 것이군.

② ⓑ는 ㉮의 삶을 말하는 것으로 '화상'이 '육관 대사'임을 짐작할 수 있군.

③ ⓒ는 ㉰의 내용으로 '양소유'가 꿈에서 꿈을 꾼 내용을 언급하는 것이군.

④ ⓓ는 '육관 대사'에게 '양소유'가 ㉯에서 ㉮로 갈 수 있는 방법을 묻는 내용이군.

⑤ ⓔ는 '성진'이 ㉯에서 ㉮로 돌아오는 상황을 나타내는 것이군.

2 윗글의 '성진'과 '육관 대사'에 대한 설명으로 가장 적절한 것은?

① 성진은 육관 대사와 달리 꿈속의 상황이 현실을 반영한다고 생각하고 있다.

② 육관 대사는 성진과 달리 꿈과 현실의 구분은 무의미하다고 생각하고 있다.

③ 성진은 육관 대사와 달리 현실에서의 운명은 미리 정해져 있다고 생각하고 있다.

④ 육관 대사는 성진과 달리 꿈속에서의 삶이 현실보다 더 중요하다고 생각하고 있다.

⑤ 육관 대사와 성진 모두 꿈보다 현실에서 깨달음을 얻는 것이 중요하다고 생각하고 있다.

3 Ⓐ에 나타난 상황과 가장 관계 깊은 것은?

① 상전벽해(桑田碧海) ② 자가당착(自家撞着)

③ 중구난방(衆口難防) ④ 오리무중(五里霧中)

⑤ 명재경각(命在頃刻)

4 윗글의 인물에 대한 이해로 적절하지 <u>않은</u> 것은? [평가원 기출]

① 성진은 육관 대사의 가르침을 따르려 한다.

② 노승은 양소유가 자각하도록 도와주고 있다.

③ 성진은 꿈속의 노승이 육관 대사임을 알게 된다.

④ 양소유는 팔 낭자와 함께 꿈에서 깨어나고자 한다.

⑤ 성진은 양소유로서의 자신의 삶을 되돌아보고 있다.

5 〈보기〉를 참고하여 윗글을 감상한 것으로 적절하지 <u>않은</u> 것은? [평가원 기출]

> ─→ 보기 ←─
>
> 〈구운몽〉은 '회의(懷疑)와 부정(否定)'의 과정을 통해서 서사가 구성된다. 작품 초반에 성진이 세속에 호기심을 갖는 모습은 불교적 가치관에 대한 '회의와 부정'에서, 결말에 이르러 다시금 불교적 삶을 택하는 모습은 세속적 삶에 대한 '회의와 부정'에서, 마지막 육관 대사의 성진에 대한 가르침은 참·거짓의 이분법적 구분에 대한 '회의와 부정'에서 기인한 것이다. 이러한 세 번의 '회의와 부정'은 작품에 순차적으로 등장하여 〈구운몽〉의 주제를 한층 심화시킨다.

① ㉠은 '첫 번째 회의와 부정'을 경험하기 전의 일이다.

② ㉡은 '첫 번째 회의와 부정'과 '두 번째 회의와 부정' 사이에 일어난 일이다.

③ ㉢은 '두 번째 회의와 부정'을 경험한 직후의 일이다.

④ ㉣은 '세 번째 회의와 부정' 단계의 핵심 내용을 보여 주는 비유적인 표현이다.

⑤ ㉤은 '두 번째 회의와 부정'에서 '세 번째 회의와 부정'으로 나아가고자 함을 의미한다.

11 사씨남정기(謝氏南征記)

하루는 유 한림이 일을 마치고 집에 돌아오니 석 낭중이란 사람이 편지를 보내 남쪽 지방이 고향인 동청이란 자를 천거했다. 동청이란 사람은 일찍 부모를 여의고 세상에 떠돌며 무뢰배와 어울려 주색잡기를 일삼았다. 그나마 있던 재산을 탕진하고 생계가 막연하여 객지로 나와 대갓집에 빌붙어 살았다. 잘생긴 얼굴에 말주변과 글재주가 있으니 이름난 선비들이 처음에는 이 사람을 받아들여 잘 대해 주었다. 그러나 그 자제들을 유혹하여 나쁜 짓을 같이 하는 바람에 결국 쫓겨나게 되었다. 그러다가 석 낭중의 집에까지 오게 되었고, 낭중도 동청의 정체를 알고는 괴로워하던 중이었다. 낭중이 마침 외직으로 부임하는 차에 동청의 허물을 감추고 유 한림에게 소개한 것이다.

[A]
유 한림은 마침 마땅한 사람을 구하던 차였다. 동청을 만나 보니 말하는 것이 흐르는 물과 같고 풍모도 반듯하여 흔쾌히 서사(書士)*의 직분을 맡겼다. 동청은 재주가 있고 눈치가 빨라 매사를 한림의 뜻대로 챙기니 신임이 두터웠다.

이를 본 사 씨가 한림에게 말했다.

“첩이 듣기로 동청은 정직하지 않아 여러 곳에서 배척을 받았다 하옵니다. 그러니 머무르게 하지 말고 빨리 내보내소서.”

유 한림이 말했다.

“동청을 머물게 하는 것은 단지 글을 구함이지 벗을 삼으려는 것이 아니오. 무슨 상관이 있겠소?”

사 씨가 말했다.

㉠“비록 벗은 아니지만 좋지 않은 사람과 같이 있으면 자연히 잘못된 길로 빠질 수 있습니다. 이런 사람을 집안에 두어 법도가 잘못될까 걱정하는 것이옵니다.”

한림이 말했다.

“부인의 말씀이 옳지만 남을 비방하는 것을 좋아하는 사람이 많소. 혹 동청도 그런 사람들 때문에 억울하게 비방을 받았을 수 있으니 두고 보면 자연히 알리라. 부인은 걱정 말고 집안 하인들이나 잘 다스려 법도가 어지럽지 않게 하오.”

한편 교 씨는 사 씨가 동청을 배척하는 것을 알고 납매와 함께 동청과 은밀히 만나면서 계책을 의논하였다.

자고로 여자가 나쁜 마음을 먹으면 못할 일이 없는 법이라. 십랑은 교 씨를 위해 남자를 유혹하는 방법을 알려 주었다. 이후로는 한림이 교 씨에게 푹 빠져 종전의 모습을 잃었다. 사 씨는 미심쩍은 구석이 있다고 생각했지만 별수 없어 그냥 두고 보았다. 교 씨는 사 씨를 시기하여 한림에게 여러 번 비방을 했지만 여의치 못하자 조바심이 들어 다시 십랑을 불러 물었다.

“나의 이러한 재주와 용모로 남의 첩이 되어 장차 앞길이 어떻게 될지 기약할 수 없는 신세가 되었다. 그러니 나를 위하여 사 씨를 없애면 은혜를 후하게 갚으리라.”

십랑이 한참 만에 말했다.

“이 일이 참으로 난처하니 다른 묘책이 없는지라. 장주 공자가 병들기를 기다려 여차여차 하옵소서. 다급하니 서둘러야 합니다.”

[B]
교 씨가 이 말을 듣고 매우 기뻐하면서 십랑이 만들어 준 방자*에 쓰이는 요망한 물건들을 사방에 두루 묻고 납매를 불러 음모의 절차를 자세히 일러 주었다. 은밀하게 일을 진행하니 집안에서는 세 사람 외에는 아무도 모르는 일이었다.

몇 달이 지나 가을이 되었다. 장주가 감기에 걸려 때때로 토하며 놀라는 증세를 보였다. 십랑이 말한 계책을 실행할 때가 온 것이다. 장주가 병에 걸렸다는 소식을 듣고 한림이 백자당에 오자 교 씨가 울며 말했다.

“장주가 갑자기 병에 걸려 크게 앓으니 이것은 심상치 않은 일이옵니다. 증세를 보니 예사 병이

점검! 내신 강의

- **갈래** 국문 소설, 가정 소설, 풍간(諷諫) 소설
- **성격** 가정적, 교훈적, 풍간적, 비판적
- **배경** [시간적] 중국 명나라 초기 [공간적] 중국 북경 금릉 순천부
- **시점** 전지적 작가 시점
- **주제** 처첩 간의 갈등과 사 씨의 고행, 권선징악(勸善懲惡)
- **특징**
  ① 숙종이 인현 왕후를 폐위한 사건을 풍간하기 위해 쓴 일종의 목적 소설임
  ② 각 인물들이 상징성을 지님

▼ 어휘 풀이

* 서사: 문서를 정리하거나 필사하는 일을 하는 사람
* 방자: 남이 못되거나 재앙을 받도록 귀신에게 빌어 저주하는 술법

점검! 수능 강의

1. 인물의 관계

사 씨		교 씨
사정옥. 유 한림의 본처로, 현모양처이며 고매한 인품을 지닌 선인(善人)의 전형	대립 ↔	교채란. 유 한림의 첩. 간악하고 표독스러운 악인(惡人)의 전형으로, 동청과 내통함

유 한림
유연수. 봉건적 사고방식을 지닌 인물로, 본성은 착하나 판단력이 부족함

2. 창작 의도

인현 왕후를 폐출하고 장 희빈을 중전으로 책봉한 숙종의 잘못을 일깨워 주기 위해 쓴 풍간(諷諫) 목적의 소설로, 일부다처제의 축첩 제도를 비판하기 위한 의도도 나타남

	역사적 사실	〈사씨남정기〉
인물	숙종	유연수
	인현 왕후: 아들 없음	사 씨: 아들 인아
	희빈 장씨: 아들 균(경종)	교 씨: 아들 장주
사건 전개	희빈 장씨의 무고(誣告) → 인현 왕후 폐위 → 인현 왕후 복위	교 씨의 모해 → 사 씨 추방 → 사 씨 복권(復權)

3. 제목 '사씨남정기'의 의미

원래 제목은 '남정기(南征記)'로 사 씨와 유 한림이 모함으로 인해 '남쪽으로 쫓겨간 이야기'라는 의미였는데, 그중 사 씨가 쫓겨난 사건을 강조하여 제목이 '사씨남정기(謝氏南征記)'로 바뀜 → 첩의 모함으로 가정에서 쫓겨나는 정실부인의 모습과 간신배의 참소로 조정에서 쫓겨나는 사대부의 모습을 통해 당시 조선 사회의 모순을 비판함

아니라 분명 집안 누군가가 장주를 저주하여 생긴 병인가 하나이다."

한림이 교 씨를 위로하고 나서 장주의 병세를 보니 증세가 가볍지 않았다. 매우 걱정하면서 약을 지어 먹였지만 별 차도가 없었다. 한림은 걱정하고 교 씨는 곁에서 줄기차게 울었다. 한림은 교 씨의 유혹에 빠져 총명이 점점 흐려져 사태를 제대로 판단하지 못하니 어찌 안타깝지 아니하랴.

– 김만중, 〈사씨남정기(謝氏南征記)〉

---

1 윗글에서 알 수 있는 내용으로 적절하지 <u>않은</u> 것은?

① 한림은 교 씨의 술책으로 인해 사리 분별이 어두워진다.
② 석 낭중은 동청의 정체를 알고도 한림에게 동청을 소개한다.
③ 교 씨는 사 씨에게 장주를 저주했다는 누명을 씌우려고 한다.
④ 사 씨는 동청이 교 씨와 결탁하여 악행을 저지를까 봐 염려한다.
⑤ 한림은 동청을 내보내라는 사 씨의 충고를 받아들이지 않는다.

2 [A]에 나타나는 '한림'과 '사 씨'의 태도에 대한 설명으로 적절하지 <u>않은</u> 것은?

① 사 씨는 동청의 평이 좋지 않다는 점을 들어 집에 머무르는 것이 불가함을 말하고 있다.
② 사 씨는 좋지 않은 사람에게서는 나쁜 영향을 받을 수 있다는 점을 들어 집안의 법도가 잘못될까 걱정하고 있다.
③ 한림은 동청이 재주가 뛰어난 인물이라는 점 때문에 곁에 두고 일을 맡기기에 적당하다고 생각하고 있다.
④ 한림은 동청이 벗을 삼기에 부족함이 있는 인물임을 알고 있다는 점을 들어 아내의 요구를 거부하고 있다.
⑤ 한림은 남을 비방하는 태도가 잘못이라는 점을 들어 자신이 동청을 곁에 두는 것이 위험하지 않다고 말하고 있다.

3 [B]에 대한 설명으로 가장 적절한 것은?

① 인물 간의 갈등을 해소할 실마리를 제시하고 있다.
② 주인공의 과거 행적을 요약적으로 보여 주고 있다.
③ 주인공이 위기에 처하게 될 것임을 암시해 주고 있다.
④ 인물의 외양을 자세히 묘사하여 생동감을 드러내고 있다.
⑤ 인물 간의 대립 구도가 크게 바뀌고 있음을 나타내고 있다.

4 〈보기〉를 참고하여 윗글을 감상한 내용으로 적절하지 <u>않은</u> 것은?　[수능 예비 시행 기출]

> ───〈 보기 〉───
>
> 　문학 작품은 시대적 이념이나 당대 사회상과의 관련 속에서 이해할 수 있다. 우리는 문학 작품을 통해 당대의 세태와 관습뿐 아니라 인간관계나 사회적 위계, 지배적 이념 등에 대한 가치관을 다각도로 확인할 수 있다.

① '석 낭중'이 '유 한림'에게 '동청'을 소개한 정황으로 보아 입신양명을 추구하는 당시의 세태를 확인할 수 있군.
② '사 씨'가 '동청'을 탐탁지 않게 여기는 것으로 보아 도덕성과 평판을 중시하는 당시 가치관을 짐작할 수 있군.
③ '유 한림'이 '사 씨'를 대하는 태도로 보아 남녀의 역할과 위계에 대한 사회적 관념을 확인할 수 있군.
④ '교 씨'가 신분 불안을 느낀다며 악행을 모의하는 것으로 보아 축첩 관행이라는 사회적 문제가 환기되는군.
⑤ '교 씨'가 요망한 물건들을 음모에 이용하는 것으로 보아 주술에 대한 사회적 믿음이 존재했군.

5 ㉠에서 '사 씨'가 '한림'에게 하려는 말과 그 뜻이 가장 가까운 것은?　[수능 예비 시행 기출]

① '뱁새가 황새 따라가면 다리가 찢어진다'고 하니 그와 어울리지 마세요.
② '먹을 가까이 하면 검어진다'고 하니 악인을 가까이 하지 마세요.
③ '가는 말이 고와야 오는 말이 곱다'고 하니 좋은 말로 거절하세요.
④ '동냥치가 동냥치 꺼린다'고 하니 그를 받아들일 수는 없어요.
⑤ '가재는 게 편'이라고 하니 '석 낭중'을 보아 그를 믿으세요.

가   정(鄭)나라 어느 고을에 벼슬에 뜻이 없는 선비가 살았으니, 북곽 선생이라 했다. 나이 마흔에 손수 교정해 낸 책이 만 권이었고, 또 구경(九經)의 뜻을 풀어서 다시 지은 책이 일만 오천 권이었다. ⓐ천자가 그의 행의(行義)를 가상히 여기고, 제후가 그 이름을 사모했다.

  그 고을 동쪽에는 동리자라는 미모의 과부가 있었다. 천자가 그 절개를 가상히 여기고 제후가 그 현숙함을 사모하여, 그 고을 몇 리의 땅을 봉하여 '동리과부지려(東里寡婦之閭)'라 했다. 이처럼 동리자는 수절을 잘하는 과부였다. 그런데 그녀는 아들 다섯을 두었으니, 그들은 저마다 다른 성(姓)을 지녔다.

나   어느 날 밤, 다섯 아들이 서로 말했다. / "강 북쪽에선 닭이 울고 강 남쪽에선 별이 반짝이는데, 방 안에서 흘러나오는 말소리는 어찌 그리도 북곽 선생의 목소리를 닮았을까."

  다섯 형제가 차례로 문틈으로 들여다보니, 동리자가 북곽 선생에게 청하고 있었다.

  "오랫동안 선생님의 덕을 사모했사온데 오늘 밤엔 선생님의 글 읽는 소리를 듣고자 하옵니다."

  ⓑ북곽 선생이 옷깃을 바로잡고 점잖게 앉아서 시를 지어 읊었다.

  "병풍에는 원앙새요 반딧불이는 반짝반짝, / 가마솥과 세발솥은 무얼 본떠 만들었나.
흥(興)이라."

다   이에 다섯 아들이 서로 수군댔다.

  "예법에 '과부의 문에는 함부로 들지 않는다.'고 했으니, 북곽 선생은 어진 이라 그런 일이 없을 거야." / "내 들으니, 우리 고을의 성문이 헐었는데 여우 굴이 있다고 하더군요."

  "내 들으니, 여우란 놈은 천 년을 묵으면 둔갑하여 사람 시늉을 할 수 있다 하니, ⓒ저건 틀림없이 여우란 놈이 북곽 선생으로 둔갑한 것일 게다."

  그러고서 함께 의논했다. / "내 들으니, 여우의 갓을 얻으면 큰 부자가 될 수 있고, 여우의 신발을 얻으면 대낮에 그림자를 감출 수 있으며, 여우의 꼬리를 얻으면 애교를 잘 부려서 누구라도 그를 좋아한다더라. 우리 저 여우를 잡아 죽여서 나눠 갖는 게 어떨까?"

라   이에 다섯 아들이 같이 어미의 방을 둘러싸고 쳐들어가니 북곽 선생이 크게 놀라서 도망쳤다. 사람들이 자기를 알아볼까 겁이 나 한 다리를 목덜미에 얹고 귀신처럼 춤추고 낄낄거리며 문을 나가서 내닫다가 그만 들판의 구덩이 속에 빠져 버렸다. ⓓ그 구덩이에는 똥이 가득 차 있었다.

마   간신히 기어올라 머리를 내밀고 바라보니 한 범이 길을 막고 있었다. 범이 오만상을 찌푸리고 구역질을 하며 코를 싸쥐고 머리를 왼편으로 돌리며 한숨을 쉬고 말했다.

  "어허, 유자(儒者)여! 구리도다."

  북곽 선생이 머리를 조아리고 엉금엉금 기어 나와서 세 번 절하고 꿇어앉아 우러러 말했다.

  "범님의 덕은 지극하시지요. 대인은 그 변화를 본받고 제왕은 그 걸음을 배우며, 자식 된 자는 그 효성을 본받고 장수는 그 위엄을 취합니다. 범님의 이름은 신룡(神龍)의 짝이 되는지라, 한 분은 바람을 일으키시고 한 분은 구름을 일으키시니, 저 같은 하토(下土)의 천한 신하는 감히 아랫자리에 서옵니다."

  범이 꾸짖었다. / "내 앞에 가까이 오지 마라. 앞서 내 듣건대, 유(儒)*란 것은 유(諛)*라 하더니 과연 그렇구나. 네가 평소에 천하의 악명을 모아 망령되게 내게 덮어씌우더니, 이제 사정이 급해지자 ⓔ면전에서 아첨을 떠니 누가 곧이듣겠느냐. 천하의 원리는 하나다. 범의 본성이 악한 것이라면 인간의 본성도 악할 것이요, 인간의 본성이 선한 것이라면 범의 본성도 선할 것이다." 〈중략〉

바   북곽 선생이 자리에서 물러나 한참 엎드렸다가 일어나 엉거주춤하더니, 두 번 절하고 머리를 거듭 조아리며 말했다.

  "《맹자》에 이르기를, 비록 악한 사람이라도 목욕재계를 한다면 상제(上帝)라도 섬길 수 있다 하였사오니, 이 하토에 살고 있는 천한 신하가 감히 아랫자리에 서옵니다."

점검! 내신 강의

- **갈래** 한문 소설, 단편 소설, 풍자 소설, 우화 소설
- **성격** 풍자적, 비판적, 우의적
- **배경** [시간적] 정(鄭)나라 때 [공간적] 정나라 어느 고을
- **시점** 전지적 작가 시점
- **주제** 양반의 허위와 이중적인 도덕관에 대한 통렬한 풍자
- **특징**
① 인간의 부정적 모습을 희화화함
② 우의적 수법을 사용하여 당시의 지배층을 비판함

▼ **어휘 풀이**
* 유(儒): 선비
* 유(諛): 아첨하다

점검! 수능 강의

1. 인물의 특성
- 북곽 선생: 정나라 유학자. 높은 학식과 고매한 인품을 가진 선비로 추앙받고 있으나, 실상은 부도덕하며 위기 상황에서 비굴하게 아첨을 일삼는 이중적 인물
- 동리자: 열녀로 알려진 수절 과부이나, 실상은 성이 다른 다섯 아들을 두고 있는 이중적 인물

2. 인물의 희화화
북곽 선생이 한 다리를 목덜미에 얹고 귀신처럼 춤추고 낄낄거리며 문을 나가다가 똥구덩이 속에 빠져 버리고 지독한 냄새를 풍기는 것은 인물의 희화화를 통해 북곽 선생으로 대변되는 양반 계층의 더러운 실체를 드러내고 위선적 성격을 풍자하기 위한 것임

3. '범'의 역할
- 인격화되고 성스러운 대상으로, 위선적이고 이중적인 유학자의 모습을 꾸짖는 존재
- 도덕적으로 부패한 지배 계층인 양반 사대부를 비판하는 작가 의식의 대변자
- 비현실적 세계의 존재로, 인간의 허위의식을 폭로하는 비판과 풍자의 주체

4. 제목 '호질'의 의미
'호랑이(범)의 질타'라는 뜻으로, 의인화된 범을 풍자의 주체로 내세워 당시 유학자들의 위선과 인간 사회의 모순을 비판함

　숨을 죽이고서 가만히 들어 보았다. 오래도록 아무런 분부가 없으므로 실로 황송키도 하고 두렵기도 하여 손을 맞잡고 머리를 조아리며 우러러보니 동녘이 밝았는데, 범은 벌써 가고 없었다.

　마침 아침에 밭 갈러 온 농부가, / "선생님, 무슨 일로 이 꼭두새벽에 들판에 대고 절을 하시옵니까?"

라 물으니, 북곽 선생이 말했다.

　ⓜ"내 일찍이 들으니 / '하늘이 높다 하되 머리 어찌 안 굽히며, / 땅이 두텁다 하되 어찌 조심스레 걷지 않겠는가.' / 하였네그려."

– 박지원, 〈호질(虎叱)〉

1
윗글에 대한 설명으로 적절한 것을 〈보기〉에서 골라 바르게 묶은 것은?

> ┤ 보기 ├
>
> ㉮ 대상의 부정적인 모습을 희화화하여 그려 내고 있다.
> ㉯ 작품 속 서술자에 의해 사건이 구체적으로 전개되고 있다.
> ㉰ 환몽 구조를 사용해 작품 전체를 유기적으로 연결하고 있다.
> ㉱ 동음이의어를 활용한 언어유희를 통해 대상을 비판하고 있다.

① ㉮, ㉯　　　② ㉮, ㉱　　　③ ㉯, ㉰
④ ㉯, ㉱　　　⑤ ㉰, ㉱

2
윗글의 흐름을 고려할 때, ㉠~㉤에 대한 설명으로 가장 적절한 것은?

① ㉠: 북곽 선생을 평판이 좋은 인물로 설정하여 풍자 효과를 높이고 있다.
② ㉡: 북곽 선생이 인간적인 욕정을 초월한 고상한 인물임을 나타내고 있다.
③ ㉢: 아들들이 북곽 선생의 명성을 시기하여 그를 모함하고 있음을 알 수 있다.
④ ㉣: 경제적으로 무능한 북곽 선생과 같은 유학자의 삶을 직접적으로 비판하고 있다.
⑤ ㉤: 북곽 선생은 자신이 배운 바를 진정으로 실천하는 행동력 있는 인물로 이해할 수 있다.

3
ⓐ와 뜻이 통하는 한자 성어로 가장 적절한 것은?

① 마이동풍(馬耳東風)　　② 설상가상(雪上加霜)
③ 일취월장(日就月將)　　④ 교언영색(巧言令色)
⑤ 소탐대실(小貪大失)

4
(가)~(마)에 대한 설명으로 가장 적절한 것은?
[수능 기출]

① (가)와 달리 (나)에서는 인물 간의 대립 관계가 드러나 있다.
② (나)에 비해 (다)는 서술자의 서술 위주로 사건이 진행된다.
③ (다)는 (라)의 사건이 발생하도록 하는 계기를 마련해 준다.
④ (라)는 행위에 의해, (마)는 주로 대화에 의해 갈등이 해결된다.
⑤ (마)는 (가)와 구조 면에서 호응하여 작품의 완결성을 높여 준다.

5
〈보기〉를 참고하여 (다)를 이해한 내용으로 적절하지 않은 것은?
[수능 기출]

> ┤ 보기 ├
>
> 　이 작품에서 다섯 아들은 북곽 선생을 여우로 여기고 있다. 이는 북곽 선생의 위선을 풍자하기 위하여 작가가 마련한 설정으로, 그들이 여우에 대해 하는 말과 행동은 북곽 선생의 성격과 행위를 암시한다.

① '여우가 사람 시늉을 한다'는 말은 북곽 선생이 진정한 선비가 아님을 암시한다.
② '여우의 갓을 얻으면 부자가 된다'는 말은 북곽 선생이 부를 이용하여 높은 벼슬을 얻었음을 암시한다.
③ '여우의 신발을 얻으면 그림자를 감출 수 있다'는 말은 북곽 선생이 농부 앞에서 자신의 치부를 감추는 행위를 예고한다.
④ '여우의 꼬리를 얻으면 애교를 잘 부린다'는 말은 북곽 선생이 범 앞에서 비위를 맞추려는 행위와 연결된다.
⑤ '여우를 잡아 죽이자'는 말은 북곽 선생이 봉변을 당할 것임을 시사한다.

광문자전

광문(廣文)이란 자는 한 비렁뱅이다. 그는 일찍이 종루(鐘樓) 네거리 저자에 돌아다니며 밥을 빌었다. 그리하여 길거리에 다니는 뭇 비렁뱅이 아이들은 모두 광문이를 우두머리로 추대하여, 그들의 보금자리인 구멍집을 지키게 했다.

날씨가 춥고 진눈깨비가 내리던 어느 날이었다. 모든 아이들은 서로 이끌고 밥을 빌러 나가고, 다만 한 아이만이 병에 걸려 구멍집을 떠나지 못했다. 이윽고 그 아이의 추위는 점차 더하여 신음하는 소리가 유달리 구슬펐다.

광문이는 홀로 매우 불쌍히 여기다가 끝내 견디지 못해서 구멍집을 나와서 밥을 빌다가 돌아왔다. 그 병든 아이에게 먹이려 했으나, 그 아이는 벌써 숨결이 지고 말았다.

이윽고 뭇 아이들이 구멍집으로 몰려 들어왔다. 그들은 광문이가 그 동무를 죽인 것이라 의심하여 서로 꾀하여 광문이를 두들겨 구멍집에서 몰아냈다. 광문이는 하는 수 없이 도망하여 밤중에 엉금엉금 기어서 동네 집으로 들어가서 그 집 개를 놀래 깨웠다. 개 소리에 잠을 깬 그 주인 영감이 밖으로 나와서 광문이를 잡아 묶었다. 광문이는,

"나는 원수들을 피해 온 놈이유. 조금도 도둑질할 뜻은 없어유. 주인 영감이 기어코 내 말을 믿지 않는다면, 밝은 아침나절에 종루 저자에서 밝혀 드리겠어유."

하고 하소연을 했다. 그의 말씨는 정말 꾸밈없는 순진 그대로였다. ㉠주인 영감은 벌써 마음속으로 광문이가 도적이 아님을 알아채고는, 그 이튿날 새벽에 풀어 주었다.

광문이는 곧 감사를 드리고, 거적때기를 얻어 갖고는 가 버렸다. 그 행동을 본 주인 영감은 끝내 괴이히 여겨서 몰래 그의 뒤를 밟았다. 마침 뭇 비렁뱅이가 한 시체를 이끌고 수표교에 이르러서 그 시체를 다리 아래 던지고 가 버렸다. 광문이가 다리 속에 숨었다가 그 시체를 거적때기 속에 싸서 남몰래 지고 가서 서문 밖 무덤 사이에 묻고 나서 울면서 무슨 말을 중얼거렸다.

그것을 본 주인 영감은 광문이를 잡고 그 영문을 물었다. 광문이는 그제야 그의 앞서 한 일과 어제 한 일들을 숨김없이 다 밝혔다. ㉡주인 영감은 마음속으로 광문이의 일을 의롭게 여겨서, 그와 함께 집으로 돌아와서 옷을 갈아입히고 모든 것을 우대하였다. 그리고 주인 영감은 광문이를 어떤 약방 부자에게 추천하여 고용살이를 시켰다.

어느 날 부자가 문밖에 나섰다가 자꾸만 돌아와서 다시금 방에 들어 자물쇠를 살피고 문밖을 나서면서도 그의 얼굴엔 몹시 기쁘지 않은 기색을 띠었다. 그는 이윽고 돌아와서 깜짝 놀라더니, ㉢광문이를 눈독 들여 보며 무엇을 말할 듯하다가 얼굴빛이 변한 채 그만 그치고 말았다. ㉣광문이는 실로 그러는 이유조차 모르는 채 날마다 잠자코 일만 했을 뿐 감히 하직하고 떠나 버리지도 못했다. 그런지 며칠이 지났다. 부자의 처조카가 돈을 갖고 와서 부자에게 드리며,

"앞서 제가 아저씨께 돈을 꾸러 왔더니 마침 아저씨께서 계시지 않으시기에 제 스스로 방에 들어가서 갖고 갔습니다. 아마 아저씨께선 모르셨겠죠."

한다. ㉤그제야 부자는 광문이에게 크게 부끄럽게 여겨 광문이더러, / "나는 소인이야. 이 일로 부질없이 점잖은 사람의 뜻을 수고롭게 하였네 그려. 내 이제 무슨 낯으로 자네를 대하겠나." 하고 사과하였다. 그리고 부자는 그의 모든 친구들에게는 물론이요, 다른 부자와 큰 장사치들에게까지, / "광문이야말로 정의를 지닌 인간이지." 하고 널리 칭송하였다. 그는 또 그의 모든 종실(宗室)의 손님들과 공경(公卿)의 문하(門下)에 다니는 이들에게 이르는 곳마다 선전하였다. 그리하여 공경의 문하에 다니는 이들과 종실의 손님네들이 모두 이것으로 이야깃거리를 삼아서 밤이면 그들의 베갯머리에서 들려주었다. 그리하여 몇 달 사이에 서울 안의 사대부치고선 광문이의 이름을 옛날 갸륵한 사람처럼 모르는 이가 없었다. 〈중략〉

광문이가 길에서 싸움하는 이들을 만나면 자기도 역시 옷을 훌훌 벗어젖히고는 함께 싸움에 가담하는 체한다. 그러나 그는 무슨 말을 지껄이는지 머리를 숙여 땅을 그으면서 마치 그들의 옳고

점검! 내신 강의

- **갈래** 한문 소설, 단편 소설, 풍자 소설
- **성격** 풍자적, 비판적, 사실적
- **배경** [시간적] 조선 후기 [공간적] 한양의 종로 저잣거리
- **시점** 전지적 작가 시점
- **주제**
  ① 광문의 성품과 삶의 태도 칭송
  ② 당시 양반 사회의 세태 풍자
- **특징**
  ① 주인공의 인물형이 일반적인 고전 소설의 주인공(재자가인)과 다름
  ② 인물에 대한 일화를 삽화식으로 나열하여 인물의 성품 및 삶의 자세를 드러냄
  ③ 거지인 주인공의 인품을 예찬함으로써 당시의 양반 사회를 간접적으로 비판함

점검! 수능 강의

1. 광문의 인간성

따뜻한 인간애	아픈 아이에게 먹을 것을 얻어다 줌
인정, 의로움	죽은 아이를 거적으로 싸서 묻어 줌
정직함	다른 사람의 재물을 탐하지 않음
남녀평등 의식	자신이 추하다는 이유로 장가들기를 거절함
재물욕이 없음	살림살이나 집을 필요로 하지 않음

2. 거지가 주인공인 이유
고전 소설의 주인공은 대부분 귀한 신분의 재자가인(才子佳人)형 인물인 데 반해 〈광문자전〉에서 작가가 거지를 주인공으로 내세운 것은, 새롭게 다가올 시대에는 신분 중심의 사회에서 벗어나 광문과 같이 신의 있고 성실하며 인정이 많은 인물이 필요하다는 것을 말하고, 더 나아가 신분만을 중요시했던 당대 양반들의 허위의식을 비판하고자 하는 의도 때문임

3. 다양한 일화의 제시
죽은 아이를 묻어 준 일, 약방에서의 일, 우스꽝스러운 행동으로 사람들의 싸움을 말린 일 등의 다양한 일화를 제시하여 광문의 인물됨을 드러내는데, 이를 통해 인간적 가치에 대한 새로운 통찰을 나타냄

그름을 따지는 듯했다. 그러는 꼴을 본 온 저자 사람들은 모두 웃음보를 터뜨렸다. 그러면 싸우던 이도 역시 웃지 않을 수 없어 모두 흩어져 버리고 마는 것이었다.

광문이는 나이가 마흔이 넘었을 때에도 오히려 총각머리를 땋았다. 남들이 장가들기를 권하면 그는 곧,

"도대체 예쁜 아가씨는 누구든지 그리워하는 거야. 그러나 이는 사내만이 그런 것은 아니요, 저 여인들도 역시 그런 거야. 그러므로 나처럼 못생긴 놈이 어떻게 장가를 들 수 있단 말이야."

했다. 남들이 혹시 그에게 살림살이를 차려 주려 하면 그는,

ⓐ"나는 부모도 아니 계시고, 형제 처자마저 없는 인간이니 무엇으로 살림살이를 한단 말이야. 뿐만 아니라, 아침나절이면 노래 부르며 저자로 들어갔다가 해가 저물면 저 부귀가(富貴家)의 문턱 밑에 피로한 몸을 쉬이지 않으우. 그리구, 서울의 호수(戶數)가 팔만에 날마다 그 처소를 옮기는 만큼 내 나이를 아무리 많이 산다 하더라도 골고루 다니진 못할 게 아니우."

하고 사양했다.

– 박지원, 〈광문자전〉

1
윗글에 대한 설명으로 가장 적절한 것은?

① 영웅의 일대기 구성으로 주제 의식을 나타내고 있다.

② 꿈의 삽입을 통해 환상적 분위기를 만들어 내고 있다.

③ 서술자의 전환을 통해 사건 전개에 긴박감을 주고 있다.

④ 사건들을 삽화 형식으로 나열해 인물의 특성을 드러내고 있다.

⑤ 외화와 내화의 액자식 구조를 통해 인물의 내적 갈등을 부각하고 있다.

2
윗글의 '광문'의 인물됨을 바탕으로 〈보기〉의 공간에 의미를 부여한다고 할 때 적절하지 <u>않은</u> 것은?

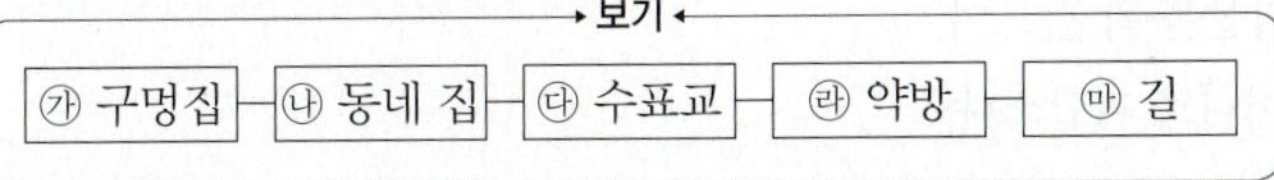

① ㉮: 광문의 따뜻한 마음씨가 아이들로부터 의심을 받게 되는 공간

② ㉯: 광문의 꾸밈없는 순수함이 주인 영감을 통해서 드러나는 공간

③ ㉰: 거지들의 몰인정한 모습과 광문의 의로운 모습이 대조되어 나타나는 공간

④ ㉱: 광문의 신중함과 정의로움이 부자에 의해 평가되는 공간

⑤ ㉲: 광문의 기지와 재치가 문제 해결을 통해 드러나는 공간

3
ⓐ를 〈보기〉와 같이 표현한다고 할 때 빈칸에 들어갈 말로 가장 적절한 것은?

> 보기
>
> 나는 부모도 아니 계시고, 형제 처자마저 없는 [   ]의 인간이니 무엇으로 살림살이를 한단 말이야.

① 백발홍안(白髮紅顔) 　② 순망치한(脣亡齒寒)

③ 백면서생(白面書生) 　④ 혈혈단신(孑孑單身)

⑤ 구척장신(九尺長身)

4
윗글을 읽고 광문의 언행을 통해 그의 성격을 파악해 보았다. 적절하지 <u>않은</u> 것은? [전국연합 기출]

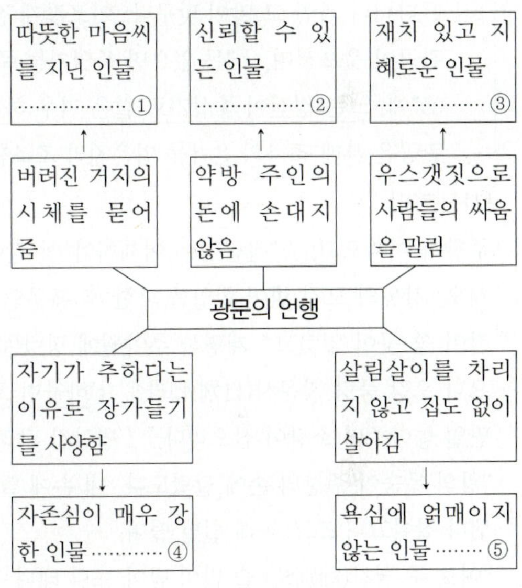

5
윗글을 희곡으로 각색하는 과정에서 ㉠~㉤의 상황을 방백으로 바꿀 때, 적절하지 <u>않은</u> 것은? [전국연합 기출]

① ㉠: '말하는 태도를 보니 거짓말하는 것 같지는 않군.'

② ㉡: '역시 이 아이는 내가 생각했던 대로 의로운 성품을 지니고 있구나.'

③ ㉢: '아니야. 저 아이는 믿을 만한 사람이 소개했으니 돈을 훔쳤을 리 없어.'

④ ㉣: '주인이 나를 보는 얼굴빛이 심상치 않네. 왜 저러시지?'

⑤ ㉤: '그동안 내가 괜한 사람을 의심했구나. 미안하다고 사과해야겠어.'

[앞부분의 줄거리] 공명은 조조에게 신세를 진 적이 있는 관공이 혹시 조조를 놓아주지 않을까 염려한다. 관공은 목숨을 걸고 조조를 꼭 잡아 오겠다는 군령장을 쓰고 조조를 잡으러 떠난다. 쫓기던 조조는 화용도에서 관공에게 잡히는데, 조조는 과거 관공의 목숨을 살려 준 적이 있었다.

[아니리]

[A]

칼을 번쩍 빼어 들고 조조 앞으로 바싹 달려드니 조조가 깜짝 놀래 목을 딱 움추리니 관공이 빙긋이 웃으시며, / "옷깃으로 내 청룡도를 피한단 말이냐."

"글쎄요, 그러기에 장군님은 제발 가까이 서지 마옵소서."

"네 말이 날다려 유정타 허며 어찌 가까이 서지는 말라는고."

"글쎄요, 장군님은 유정하나 청룡도는 무정허여 고정을 베일까 염려로소이다."

관공이 웃으시며 조조의 지기(志氣)를 떠보려고 청룡도를 높이 들어 조조 목을 베어 낼 듯,

"검여두이혼인(劍與頭而婚姻)허면 생기자유혈(生其子流血)이라. 네 목에 피를 내어 내 칼을 한 번 씻으랴 함이로다."

목을 넘겨 땅을 컥 찌르니 조조 정신 아찔하야 군사들을 돌아보며, / "야들아 청룡도가 잘 든다더니 과연 그 말이 맞구나. 아프잖게 잘 도려 가신다. 내 목 있나 좀 봐라."

관공이 웃으시며, / "목 없으면 죽었거늘 죽은 조조도 말을 하느냐."

ⓐ"예. 그는 정신이 좋삽기로 말은 겨우 하거니와 혼은 벌써 피난 간 지 오래로소이다."

관공은 본래 조조의 은혜를 입은지라 조조를 놓을까 말까 망설이며 결정 못하고 있던 차에,

[자진모리]

주창이 여짜오되, / "장군님은 어찌하야 첫 칼에 베일 조조 살려 두려 하시는지. 옛일을 모르시오. 강동의 모진 범여 함양을 파한 후 홍문연 앉은 패공 무심히 거저 놓아 항장(項將)의 날랜 칼이 쓸 곳이 없었고* 계명산 추야월에 장량(張良)의 옥퉁소 한 곡조 슬피 불어 팔천 병 흩었으니 오강 풍랑 자문사(自刎死)라*. ⓑ하물며 조조는 처세에 능하고, 난세에 간웅이라. 장군이 만일 놓아주면 소장이 잡으리다." / 별안간 달려들어 조조 멱살을 꽉 잡으며,

"왕의 목숨이 주창의 손에 달렸도다. 내 손에 달린 목숨 네 어디로 피할소냐."

냅다 잡아끄니 조조 놀래 벌벌 떨며,

"여보 주 별감(周別監) 술 많이 받아 드릴 테니 제발 날 좀 놔주시오."

관공이 웃으시며,

"아서라 아서라 그리 마라. 어디 차마 보겠느냐. 목숨일랑 끊지 말고 사로잡아 가자."

좌우에 제장군졸을 한편으로 갈라 세우고 관공이 말머리를 돌리실 제 조조가 급히 말을 타고 정신없이 달아난지라. ⓒ관공이 거짓 분노하며,

"내 분부도 듣지 않고 제 마음대로 달아나니 그 죄로 죽어 봐라."

[중모리]

[B]

조조 듣고 말 아래 뚝 떨어지니 장졸들이 황겁하야 장군 말 아래 가 두 손 합장 비는디 사람의 인륜에 못 볼래라. / "비나이다 비나이다 장군님 전 비나이다. 살려 주오 살려 주오 우리 승상 살려 주오. 우리 승상 살려 주면 높고 높은 장군 은혜 본국 천리 돌아가서 호호 만세 하오리다."

조조 듣고 기가 막혀,

"우지 마라 우지 마라. 나 죽기는 설잖으나 가냘픈 너희 모습 눈 뜨고 볼 수가 없구나. 풍파에 곤한 신세 고향 가는 길에 장군님을 만났으니 가냘픈 우리 모습 설마 살려 주시제 죽일소냐."

관공이 꾸짖어 왈, / "이 놈 조조 들어 보아라. 내 너를 잡으러 올 때, 군령장에 다짐을 두었으니 그대 놓고 나 죽기는 그 아니 원통할까."

조조가 비는 말이, / "현덕과 공명 선생이 장군님 아시기를 오른팔로 믿사오니 초수(草뺴) 같은 이 몸 조조 아니 잡아 가드래도 죽이지는 않으리다. 장군님 타신 말과 청룡도에 나

• **점검! 내신 강의**

• **갈래** 판소리 사설
• **성격** 희화적, 풍자적, 해학적
• **배경** [시간적] 중국 삼국 시대 [공간적] 양자강 적벽 일대
• **주제** 적벽 대전 영웅들의 활약상과 전쟁으로 인한 하층민의 비애
• **특징**
① 〈삼국지연의〉의 적벽 대전을 바탕으로 만들어짐
② 민중의 입장에서 권력에 대한 비판적 태도를 드러냄

▼ 어휘 풀이
* 강동의 ~ 없었고: 한나라 항우가 유방을 죽이지 않고 살려 준 고사
* 계명산 ~ 자문사라: 한나라의 전략가인 장량이 고도의 심리전으로 초나라 군대를 해산시켜 항우를 자결에 이르게 한 고사

• **점검! 수능 강의**

1. **골계적 성격**
〈삼국지연의〉에서의 조조는 지략이 뛰어난 영웅으로 나오지만, 〈적벽가〉에서의 조조는 적벽 대전에서 패하고 겁에 질려 도망가는 비겁하고 나약한 졸장부로 그려짐으로써 조롱의 대상으로 희화화되고 있음 → 조조로 표상되는 당대의 지배층에 대한 민중들의 반감과 저항 정신을 표출한 것임

2. **문학사적 의의**
• 외래 문학인 〈삼국지연의〉를 주체적으로 수용하여 우리 실정에 맞게 창조적으로 재구성함
• 판소리 특유의 평민적 시각을 구현하여 서민들의 고통에 대한 폭로와 기성 권위에 대한 비판을 보여 줌

3. **〈삼국지연의〉와의 비교**

	〈적벽가〉	〈삼국지연의〉
갈래	판소리 사설	소설
주인공	민중(군사) 중심	영웅(장수) 중심
내용	전쟁 중 민중의 모습 중심	영웅의 활약상 중심
미의식	골계미, 비장미	숭고미, 비장미

┌ 죽기는 그 아니 원통하오.”
│   관공이 감심하여 조조를 놓아주고 말을 돌려 돌아가니 세인이 노래를 허되, ⓓ‘슬겁구나, 슬겁구나. 화용도 좁은 길에 조조가
└ 살아가니 천고에 늠름한 대장부는 관공인가 하노라.’

[아니리]

관공은 본국으로 돌아와 공명 전 엎드려 왈,

“용렬(庸劣)한 관모는 조조를 잡고도 놓아주었사오니 의율시행(依律施行) 하옵소서.”

공명이 내려와 관공의 손을 잡고 / ⓔ“조조는 죽일 사람이 아닌 고로 장군을 그곳에 보냈으니 그 일을 뉘 알리요.”

[엇중모리]

관공은 화용도 좁은 길에 조조를 살려 주니 인후(仁厚)하신 관공 이름 천추에 빛나더라. 그 뒤야 뉘가 알리. 더질더질.

– 작자 미상, 〈적벽가〉

---

1 윗글에 대한 이해로 적절하지 <u>않은</u> 것은?

① 관공은 조조의 생각을 받아들여 그를 살려 주고 있다.

② 조조는 주창을 회유하여 위기에서 벗어나려 하고 있다.

③ 주창은 고사를 인용하며 자신의 생각을 드러내고 있다.

④ 관공은 본국으로 돌아와 공명에게 거짓 보고를 하고 있다.

⑤ 관공과 주창은 조조에 대해 서로 다른 태도를 보이고 있다.

2 ⓐ~ⓔ에 대한 감상으로 적절하지 <u>않은</u> 것은?

① ⓐ: 겁에 질린 조조의 모습을 드러내며 웃음을 유발하고 있다.

② ⓑ: 주창이 조조를 부정적으로 생각하는 이유가 직접 제시되고 있다.

③ ⓒ: 관공이 조조를 죽일 생각이 없음을 보여 주고 있다.

④ ⓓ: 관공에 대한 세인들의 평가와 조조를 제거하지 못한 안타까움이 나타나고 있다.

⑤ ⓔ: 공명이 관공의 군율을 어긴 죄를 물을 생각이 없음을 드러내고 있다.

3 〈보기〉의 밑줄 친 부분과 관계 깊은 윗글의 특성으로 가장 적절한 것은?

> ▶ 보기 ◀
>
> 〈적벽가〉는 〈춘향가〉, 〈심청가〉, 〈흥부가〉, 〈수궁가〉와 더불어 지금까지 그 사설이 전해지는 판소리 5마당에 해당한다. 이러한 판소리는 조선 후기 평민 문학으로서의 특징이 잘 드러나는데, 특히 <u>해학성</u>이 두드러지게 나타나는 예술 장르라고 할 수 있다.

① 인물들의 대화에 비속어가 자주 등장한다.

② 유교적 가치관의 모순이 우회적으로 드러난다.

③ 등장인물이 신분에 맞지 않는 말과 행동을 한다.

④ 민중들이 지배층의 권위 의식을 직접적으로 비판한다.

⑤ 봉건적 신분 제도의 붕괴를 언어유희를 통해 보여 준다.

4 윗글을 연극으로 만든다고 할 때, 홍보 문구로 가장 적절한 것은? [전국연합 기출]

① 욕망의 덫에 걸려 쓰러지며

② 의리를 지키려 군율을 어기고

③ 백성들의 울음소리 하늘에 닿아

④ 패잔병의 슬픈 노래 전장을 울리며

⑤ 권력 투쟁에서 밀려 쓸쓸히 사라지고

5 [A]와 [B]에 대한 설명으로 적절하지 <u>않은</u> 것은? [전국연합 기출]

① [A]에는 인물의 과장된 행동이 나타나 있다.

② [A]는 인물의 행동을 희화화하여 웃음을 유발하고 있다.

③ [B]는 동일한 어구가 반복되어 율격을 형성하고 있다.

④ [A]와 달리 [B]에는 상황에 대한 서술자의 주관적인 평가가 드러나 있다.

⑤ [A]와 [B]에는 모두 관습적 표현을 통한 배경 묘사가 나타나 있다.

15 통곡할 만한 자리

⊙8일 갑신(甲申), 개었다.

정사(正使)와 한 가마를 타고 삼류하(三流河)를 건너서, 냉정(冷井)에서 아침밥을 먹었다. 10리 남짓 가서 산모롱이 하나를 접어들자 태복이가 갑자기 몸을 굽히고 말 앞으로 달려 나와서 땅에 엎드려 큰 소리로,

"백탑(白塔)이 현신함을 아뢰오." / 한다. 태복은 정 진사의 말 모는 하인이다. 아직 산모롱이에 가려 백탑은 보이지 않는다. 빨리 말을 채찍질하여 수십 보를 채 못 가서 겨우 산모롱이를 벗어나자, 눈앞이 아찔해지며 눈에 헛것이 보일 만치 벌어진 광경은 어마어마했다. 내 오늘에 처음으로, ⓛ인생(人生)이란 본디 아무런 의탁한 곳이 없이 하늘을 이고 땅을 밟은 채 떠돌아다니는 존재임을 알았다. 말을 세우고 사방을 돌아보다가 나도 모르는 사이에 손을 들어 이마에 얹고,

ⓒ"아, 참 좋은 울음터로다. 한바탕 울 만하구나."

하였다. 정 진사가,

"이렇게 ⓐ천지간의 큰 안계(眼界)를 만나서 별안간 울고 싶다니, 웬 말씀이오."

하고 묻는다. 나는,

"참 그렇겠네. 그러나 아니오! 천고의 영웅(英雄)이 잘 울었고, 미인(美人)은 눈물이 많다지만, 그들은 몇 줄기 소리 없는 눈물을 흘렸을 뿐이지, 소리가 천지에 가득 차서 쇠나 돌에서 나오는 듯한 울음은 듣지 못하였소. 사람이 다만 칠정(七情) 중에서 슬플 때만 우는 줄로 알고, 칠정 모두가 울 수 있음을 모르는 모양이오. 기쁨이 사무치면 울게 되고, 노여움이 사무치면 울게 되고, 즐거움이 사무치면 울게 되고, 사랑이 사무치면 울게 되고, 욕심이 사무치면 울게 되는 것이오. 불평과 억울함을 풀어 버림에는 소리보다 더 빠름이 없고, 울음이란 천지간에 있어서 우레와도 같은 것이오. 지극한 정(情)이 우러나오는 곳에, 이것이 저절로 이치에 맞는다면 울음이 웃음과 무엇이 다르리오. 사람들의 보통 감정은 오히려 이러한 지극한 감정을 겪지 못하고, 교묘히 칠정을 늘어놓고 슬픔에다 울음을 짜 맞추었으니, 이로 인하여 초상을 당했을 때 억지로 '애고', '어이' 따위의 소리를 부르짖지. 그러나 참된 칠정에서 우러나온 지극하고도 참된 소리란 참고 눌러서 저 천지 사이에 서리고 엉기어 감히 나타내지 못한다오. 그러므로, 저 가생(賈生)*은 일찍이 그 울 곳을 얻지 못하고, 참다못해서 별안간 선실(宣室)*을 향하여 한 번 크게 울부짖었으니, 이 어찌 듣는 사람들이 놀라고 해괴히 여기지 않으리오."

하니, 정 진사는,

"ⓜ이제 이 울음터가 저토록 넓으니, 나도 의당 당신과 함께 한바탕 울어야 할 것이나, ㉮우는 까닭을 칠정 중에서 고른다면 어느 것을 골라야 하겠소?"

한다. 나는,

"저 갓난아기에게 물어보시오. 그가 처음 배 밖으로 나올 때 느낀 것이 무슨 정인가. 그는 먼저 해와 달을 보고, 다음에는 앞에 가득한 부모와 친척들을 보니 기쁘지 않을 리 없지. 이러한 기쁨이 늙도록 변함이 없다면, 본래 슬퍼하고 노여워할 리 없으며 의당 즐겁고 웃어야 할 정만 있어야 하오. 그런데 도리어 분하고 서러운 생각에 사무친 것같이 자주 울부짖기만 하니, 이는 곧 인생이란 신성(神聖)한 사람이나 어리석은 사람을 막론하고 모두 한결같이 마침내는 죽어야만 하고 또 그 사이에는 모든 근심 걱정을 골고루 겪어야 하기에, 이 아기가 태어난 것을 후회하여 저절로 울음보를 터뜨려서 스스로를 조문(弔問)함인가. 그러나 갓난아기의 본정이란 결코 그런 것은 아닐 거요. 무릇 그가 어머니의 태중(胎中)에 있을 때 캄캄하고 막혀서 갑갑하게 지내다가, 갑자기 넓고 훤한 곳에 터져 나와 손을 펴고 발을 뻗어 그 마음이 시원할 것이니, 어찌 한마디 참된 소리를 내어 제멋대로 외치지 않으리오."

— 박지원, 〈통곡할 만한 자리〉

점검! 내신 강의

- **갈래** 고전 수필, 한문 수필, 기행 수필
- **성격** 체험적, 논리적, 비유적, 교훈적, 사색적, 독창적
- **주제** 광활한 요동 벌판을 보고 느끼는 감회
- **특징**
  ① 문답에 의한 구성 방식을 취함
  ② 발상의 전환과 분석, 적절한 비유가 공감을 불러일으킴
  ③ 풍경의 묘사보다는 자신의 주장을 중심으로 내용을 전개함

▼ 어휘 풀이
* 가생: 중국 전한(前漢) 문제 때의 유명한 문인 겸 정치가로 이름은 의(誼)임
* 선실: 한나라 문제가 거처하는 궁궐

점검! 수능 강의

1. 참신한 발상
글쓴이는 광활한 요동 벌판을 보고 좋은 울음터로 여기며 한바탕 울 만하다고 말하고, 갓 태어난 아기가 우는 이유를 넓은 세상에 나온 기쁨 때문이라고 설명함
→ 기존의 일반적 생각의 틀을 깨는 참신한 발상을 보여 주면서 문답식의 구성과 울음에 대한 친숙한 경험적 실례를 통해 독자의 호기심을 유발하며 공감을 이끌어 냄

2. 인물의 관점 차이

	정 진사	글쓴이
요동 벌판	천지간에 시야가 툭 터진 곳임	한바탕 울기 좋은 곳임
울음	슬플 때 나옴	칠정이 극에 달하면 나옴
관점	일반적, 보편적	개성적, 창의적

3. 비유적 표현

갓난아기	글쓴이 자신
어머니의 태중	폐쇄적인 조선 사회. 좁은 조선 땅을 벗어나지 못했던 글쓴이의 처지
넓고 훤한 곳	청나라의 넓은 땅과 새로운 문물
한마디 참된 소리	넓은 세상을 접한 글쓴이의 감회

1 윗글에 대한 설명으로 적절하지 <u>않은</u> 것은?

① 발상의 전환을 통해 글쓴이의 개성을 강조하고 있다.
② 적절한 비유와 구체적인 예를 통해 독자의 이해를 돕고 있다.
③ 물음에 답하는 문답의 구조를 통해 글쓴이의 생각을 제시하고 있다.
④ 주체와 객체를 전도시켜 인물의 정서를 드러낸 부분이 나타나고 있다.
⑤ 열거를 통해 글의 흐름에서 벗어난 특정 장면의 극대화를 보여 주고 있다.

2 윗글과 〈보기〉를 비교하여 감상한 내용으로 적절하지 <u>않은</u> 것은?

> ─► 보기 ◄─
>
> 손이 주옹(舟翁)에게 묻기를,
> "그대가 배에서 사는데, 고기를 잡는다 하자니 낚시가 없고, 장사를 한다 하자니 돈이 없고, 진리(津吏)* 노릇을 한다 하자니 물 가운데만 있어 왕래가 없구려. 〈중략〉 이는 지극히 험한 데서 위태로움을 무릅쓰는 일이거늘, 그대는 도리어 이를 즐겨 오래오래 물에 떠가기만 하고 돌아오지 않으니 무슨 재미인가?"
> 하니, 주옹이 말하기를,
> "아아, 손은 생각하지 못하는가? 대개 사람의 마음이란 다잡기와 느슨해짐이 무상(無常)하니, 평탄한 땅을 디디면 태연하여 느긋해지고, 험한 지경에 처하면 두려워 서두르는 법이다. 두려워 서두르면 조심하여 든든하게 살지만, 태연하여 느긋하면 반드시 흐트러져 위태로이 죽나니, 내 차라리 위험을 딛고서 항상 조심할지언정, 편안한 데 살아 스스로 쓸모없게 되지 않으려 한다."
> ― 권근, 〈주옹설〉
> * 진리: 나루터를 관리하는 벼슬아치

① 윗글의 '정 진사'와 〈보기〉의 '손'은 보편적 관점을 지니고 있어.
② 윗글과 〈보기〉는 익숙한 사실을 언급하며 상대방의 물음에 답하고 있어.
③ 윗글의 글쓴이와 〈보기〉의 '주옹'은 개성적인 시각으로 대상을 보고 있어.
④ 윗글의 '정 진사'의 물음과 〈보기〉의 '손'의 물음은 무지에서 비롯된 것이라 할 수 있어.
⑤ 윗글의 글쓴이와 〈보기〉의 '주옹'이 취하는 행위는 상대방의 호기심을 불러일으키고 있어.

3 글쓴이의 의도를 고려할 때, ㉮의 답으로 가장 적절한 것은?

① 기쁨　　② 슬픔　　③ 사랑　　④ 욕심　　⑤ 노여움

4 윗글에서 '나'의 체험과 인식 과정을 〈보기 2〉의 도표로 정리하였다. 윗글과 〈보기 1〉을 참조하여 〈보기 2〉의 도표를 분석할 때 적절하지 <u>않은</u> 것은? [전국연합 기출]

> ─► 보기 1 ◄─
>
> 《열하일기》는 박지원이 1780년 진하별사(進賀別使) 박명원을 따라 약 5개월간 북경을 거쳐 열하까지 다녀와 쓴 기행문이다. 그 당시 조선의 많은 유학자들은 스스로를 소중화(小中華)라 칭하면서 청나라를 오랑캐로 멸시하고 있었다. 박지원은 평소 현실 감각이 결여된 유학자들이 주도하는 조선의 정황에 불만을 지니고 있었다. 그래서 그는 《열하일기》에서 청나라에 대한 새로운 관점을 보여 주고자 했다. 즉 그는 청나라의 선진 문화를 기존의 한족의 문화인 화(華)의 문물을 계승하여 발전시킨 것으로 보고, 배척할 대상이 아니라고 주장한 것이다.

> ─► 보기 2 ◄─
>
> 이 글은 《열하일기》 중 〈도강록〉의 한 부분이다. 이 글에서 박지원은 여행 도중에 울고 싶다는 반응을 보이는데, 그는 이것을 갓난아기가 세상에 태어나서 울음을 우는 것과 같은 이치라고 인식하고 있다.
>
> | | 1단계 | 2단계 | 3단계 |
> |---|---|---|---|
> | '나'의 체험 과정 | 삼류하를 건너고 산모롱이를 통과 중 | ⓐ | 한 바탕 울고 싶음 |
> | 갓난아기에 비유한 '나'의 인식 과정 | ⓑ | 넓고 환한 곳으로 나옴 | 울음 |

① ⓐ에 들어갈 내용은 '나'가 드넓은 벌판을 보는 것이다.
② 체험 과정 3단계는 기존의 관념을 뒤엎는 반응으로 볼 수 있다.
③ ⓑ는 어머니의 태중에서 벗어나는 출산의 과정인데, 여기서의 태중은 당시 조선의 정황을 빗댄 것으로 이해할 수 있다.
④ 인식 과정 2단계의 '넓고 환한 곳'은 시대 상황과 연결하면 '나'가 견문한 청나라의 선진 문화를 의미하는 것이다.
⑤ 인식 과정 3단계의 '울음'은 심리적 갈등에서 복받쳐 나오는 것이다.

5 ㉠~㉤에 대한 풀이로 적절하지 <u>않은</u> 것은?

[전국연합 기출]

① ㉠: 일기의 형식으로 쓴 글임을 알 수 있다.
② ㉡: 오랜 여행에서 오는 객수를 표현하고 있다.
③ ㉢: 지극한 감정은 하나로 통한다는 깨달음을 전제하고 있다.
④ ㉣: 눈앞이 탁 트인 상황을 의미한다.
⑤ ㉤: '정 진사'가 '나'의 의견에 동조하고 있다.

현대 산문

· **현대 산문**은 대체로 지문의 길이가 길어 문제를 풀 때 부담이 될 수 있지만 비교적 어려운 어휘가 없으므로 전체 줄거리와 문제의 〈보기〉에서 제시한 관점, 작품의 주제를 토대로 전체 맥락을 이해하는 것이 중요합니다.
· 현대 소설은 일제 강점기나 한국 전쟁 등 역사적 격동기를 배경으로 한 작품이 출제되는 경우가 많습니다.
· 희곡과 시나리오는 대사와 지시문만으로 극 중 상황을 파악해야 하므로 인물 간의 갈등과 해결 과정에 집중하여 감상해야 합니다.
· 수필은 작가가 자신의 느낌이나 체험을 자유롭게 쓴 글이라는 특징이 있으므로 작가가 표현하려는 정서를 찾을 수 있어야 합니다.

폐어인(肺魚人)

[앞부분의 줄거리] 폐병을 앓고 있는 현일은 길에서 함께 있는 옛 동료 교사 도영과 제자 병수를 만난다. 병수는 폐병을 앓고 있는 도영이 약으로 쓸 구렁이와 지렁이를 잡는 것을 도와주고 있었다. 도영이 잠시 자리를 비운 사이 현일은 병수와 대화를 나눈다.

"하루바삐 하면 뭘 합니까? 학생 생활도 세월 보내는 한 수단일는지도 모르니까 요행 있는 학비니 할 수만 있으면 오래 학창 생활을 해 보렵니다." / "음……"

"학생 생활에만 애착이 있어 그런 것이 아니라 실생활에 나서기가 무서워서 그러죠."

"그것이 요새 젊은이들의 생각인가? 혹시 자네만이 그런가?" / "글쎄올시다."

"그런 것이 소위 불안이라는 유행병인가?"

어느덧 이야기가 또 이렇게 되풀이되는 것이 ⓐ현일은 불쾌하였다. 병수를 만나면 젊은이의 청신한 기분을 맛보려니 기대하였던 자기가, 자기 말조차 이렇게 삐여지는* 것이 우울하였다.

"물론 시대적 원인도 크겠지만 자네같이 젊고 무엇을 하려면 할 수 있는 처지의 사람은 ㉠'나만은 그런 유행병에 감염이 안 된다'는 의지와 패기를 가져 볼 수는 없을까?" / 이러한 현일의 말에 "제가 불안 병자로 자처하는 배도 아니지만…… 그렇다고 선생 말씀같이 쉽게. 죄송한 말씀이지만 ㉡선생께서 말씀하시는 의지나 패기는, 오히려 선생의 신병과 정신적 타격의 반동이 아닐까요?" / 하였다. / 이렇게 속에 있는 대로 털어놓고 보니 병수는 도리어 쓸쓸하였다. 말이 지나쳤다고 후회되었다.

M학교 시대에 또 각혈을 한 것이라고 볼 수밖에 없는 현일 선생이 그러한 때마다 '개체인 자신이 불행하더라도 그 때문에 결코 인생을 어둡게 보거나 저주할 것은 아니라'고 열성적으로 강조하는 말을 들을 때마다 감격하였고 현일 선생을 더욱 숭배하였던 것을 생각하였다.

그러한 희생과 추억과 지금의 자기 태도를 생각할 때 ⓑ병수는 더욱 쓸쓸하였다. 이런 것이 문학청년다운 자기의 예민한 관찰을 자랑하려는 경박한 것이 아닐까고도 생각되었다.

㉢현일은 현일이대로 병수의 말에 아픈 타격을 느낄밖에 없었다. 절망적으로 자기 생명의 위험을 느낄 때마다 지금까지의 노력 정진 전진 노력으로 싸우며 살아온 자기의 일생이 이뿐이냐 하는 생각에 한 사회인으로 무엇을 해 보겠다는 희망도 야심도 사라지고 모든 것이 귀찮아지고 세상이 어둡고 인생을 저주하고 싶은 것이었다. 그것은 감정이었다. 그러나 그때만은 그것이 생각할 수 있는 생각의 전부였다. 소크라테스가 아닌 범인의 본능이었다. / 그러한 자기의 감정과 본능을 이론적으로 극복하려는 심정으로 수신 시간의 강의는 더욱 열이 있었던 것이 아닐까.

이렇게 생각하는 현일은 병수의 온건치 않은 말이 불쾌하면서도 전연 억측만도 아닌 바에야. 그러나, / "그러나 자네 말대로 내가 절망적이요, 그 반동으로 의지와 패기를 말하는지는 모르지만 사람에게는 의지와 패기가 필요찮을까? ㉣물론 나는 건강으로나 교육자로나 절망적이지만, 자네 같은 사람들이야 왜." 〈중략〉

병수가 무엇이라 대답할 사이도 없이 ⓒ도영의 입에서 피가 솟구쳐 나오기 시작하였다.

피가 좀 멎자 기신을 못 차리는 그의 입언저리의 피를 씻으려고 병수는 손수건을 들고 다가앉았다. 그것을 본 현일은 병수를 떠밀어 내며 노기를 띤 언성으로 "저리 가라니까" 소리를 지르고 자기 손수건을 내어 도영의 머리를 가슴에 안고 얼굴을 씻으며

"이런 더러운 피에 왜 손을 적시려나…… 정신 차리거든 내가 다리구 갈게 자넨 가게나."

병수는 할 수 없이 돌아서 성문으로 들어갔다. 〈중략〉

[A]
아무리 저녁인들 이 여름에 바람이 싫으니…… 나 역시 이 세상과는 벌써 인연이 멀어진 사람이로구나. 속으로 이렇게 중얼거리며 현일은 앞가슴에 옷자락을 여미고 송장 같은 도영의 옆에 엎디었다.

절망과 패기. 비관과 낙관. 그 두 가지 정반대의 생각을 번갈아 가며 지금까지 살아왔거니. 절망과 비관으로는 살아갈 수가 없었다. 뼈를 깎는 듯한 절망에 부대끼다 못하여 애써 빈

점검! 내신 강의

- **갈래** 단편 소설
- **성격** 사실적, 세태 비판적
- **배경** [시간적] 1930년대 후반 [공간적] 평양
- **시점** 전지적 작가 시점
- **주제** 일제 강점기 지식인들의 혼란스러운 내면 의식
- **특징**
  ① 인물 사이의 대화를 통해 인물의 가치관을 전달함
  ② 기성세대와 청년 세대의 가치관의 차이를 중심으로 사건이 전개됨

▼ 어휘 풀이
* 삐여지는: 빗나가는

점검! 수능 강의

1. 소재 '폐어인'의 의미
   폐병을 앓고 있는 현일을 죽어 가는 폐어로 비유하여 지식인의 무기력한 삶을 묘사함으로써 전망을 찾을 수 없는 당대 현실 상황을 드러냄

2. 서술상의 특징
   물고기이지만 육지에서 공기 호흡을 할 수 있는 '폐어'를 통해 작중 인물의 성격과 주제를 구체화함

약 하지만 자기의 철학의 지식을 끄집어내어 구원한 인생의 발전을 명상해 볼 때에는 청징한 공기를 호흡하듯이 상쾌함을 느끼는 때도 있었다. 그때마다 자기도 한 짐을 맡았으면 하는 패기도 느껴 보는 것이다. 그러나 그러한 인생을 등지고 죽어 가는 자신을 생각할 때 깊은 바닷속으로 빠져 들어가는 듯한 절망을 느낄밖에 없었다. 그러나 그것이 오직 자기의 세계라면 참고 사는 때까지 살아가리라 하였다. 그러나 또 견딜 수가 없었고 아직 남은 마음의 탄력으로 또 상쾌한 명상으로 떠올라 보는 것이었다. / 그러나 지금 내게는 무엇이 남았으랴. 절망인들 남았으랴. 죽어 가는 폐어에게 물도 공기도 무슨 소용이랴. 지금 폐어는 반신(半身) 물에 잠기고 반신 바람에 불리면서도 두 가지 호흡의 기능을 다 잃고 죽어 가는 것이라고 현일은 꿈속같이 생각하며 죽은 듯이 엎려 있었다.

얼마 후에 성문 저편에 자동차가 멎고 병수가 돌아왔다. / 운전수의 손을 빌려서 도영이를 차에 싣고 떠났다. 죽은 듯한 도영이를 무릎 위에 누이고 현일은 차 한편 모퉁이에 기대었다. 눈도 뜰 수 없이 피곤하였다.

ⓜ운전대에 앉아서 돌아보는 병수는 '이런 더러운 피에 왜 손을 적시려나' 한 선생의 말을 생각하였다.　　　　　　— 최명익, 〈폐어인(肺魚人)〉

---

1. 윗글의 서술상 특징으로 가장 적절한 것은?

① 작중 인물로 등장한 인물들로 서술자를 교체하며 사건에 대한 정보를 다각도로 제시하고 있다.

② 작중 인물로 등장하지 않는 서술자가 특정 인물의 시각을 빌려 사건의 전말을 요약하고 있다.

③ 작중 인물로 등장하지 않는 서술자가 객관적인 태도를 유지하며 인물 간의 갈등을 서술하고 있다.

④ 작중 인물로 등장하지 않는 서술자가 작중 인물이 대화하며 생각한 바를 포착하여 전달하고 있다.

⑤ 작중 인물로 등장한 서술자가 제한된 능력으로 인해 일부 정보를 인지하지 못한 채 사건을 설명하고 있다.

2. ⓐ～ⓒ에 대한 설명으로 적절하지 <u>않은</u> 것은?

① ⓐ는 ⓒ의 피를 닦으려는 ⓑ를 보호하고 ⓑ를 떠밀어 냈다.

② ⓐ가 현실을 직시할 수 있도록 ⓑ는 ⓐ에게 의도적으로 심한 말을 하고 만족해했다.

③ ⓑ는 과거 ⓐ의 열성적인 말에 감격을 느끼고 ⓐ를 숭배했었다.

④ ⓑ와 대화를 하게 된 ⓐ는 대화 중 불쾌감과 우울함을 느꼈다.

⑤ ⓑ는 ⓐ가 ⓒ를 돌보고 있는 곳으로 다시 와서 두 사람을 차에 태우고 갔다.

3. 윗글을 감상한 내용으로 가장 적절한 것은?

① 아직 남은 마음의 탄력으로 떠오르는 것은 현일이 현실에 대한 욕망을 내려놓고 심적 안정 상태에 이르렀음을 의미하는군.

② 최소한의 도움도 공급받지 못한 채 폐병으로 죽어 가고 있는 현일을 물과 공기도 공급받지 못하는 폐어와 동일시하고 있군.

③ 두 가지 호흡의 기능을 다 잃고 죽어 가는 폐어는 패기를 잃고 절망조차 남아 있지 않은 현일의 비극적 상황을 보여 주는군.

④ 두 가지 호흡을 모두 잃은 폐어처럼 현일은 육체와 정신이 파괴될 수밖에 없는 현실 제도에 대한 비판적 태도를 드러내고 있군.

⑤ 폐어가 두 가지 호흡의 기능을 다 잃고 죽어 가는 것은 현일이 패기의 삶을 생각하지 못하고 절망적인 생각만 하며 살아온 것을 의미하는군.

4. [A]의 서술상 특징으로 가장 적절한 것은?

[전국연합 기출 응용]

① 인물의 외양을 감각적으로 묘사하고 있다.

② 인물의 내적 독백을 제시하면서 인물의 내면 의식을 진술하고 있다.

③ 공간적 배경을 사실적으로 제시하여 사건 전개의 필연성을 확보하고 있다.

④ 관찰자의 시점에서 인물과 일정한 거리를 유지하면서 인물의 행적을 제시하고 있다.

⑤ 시간의 흐름에 따라 서술자를 달리하여 하나의 사건을 다양한 관점에서 조명하고 있다.

5. ㉠～㉤을 감상한 내용으로 적절하지 <u>않은</u> 것은?

[전국연합 기출 응용]

① ㉠에서는 현일이 현실을 회피하려는 태도를 보이는 병수의 말에 대해 안타까운 마음을 드러내고 있다고 할 수 있겠군.

② ㉡에서는 병수가 부정적 현실에 맞서는 정신적 태도를 강조하는 현일의 말에 대해 냉소적 인식을 드러내고 있다고 할 수 있겠군.

③ ㉢에서는 현일이 사회인으로서 책임 의식을 강화하기 위한 일을 계획하는 데 현일의 마음을 아프게 한 병수의 말이 영향을 주었음을 드러내고 있다고 할 수 있겠군.

④ ㉣에서는 현일이 자신의 조언에 대한 병수의 반문과 관련해 자신과 병수를 구분하고 병수가 자신보다 더 나은 삶을 살았으면 하는 바람을 드러내고 있다고 할 수 있겠군.

⑤ ㉤에서는 병수가 자신을 염려해 주는 마음에서 현일이 했던 말의 의미를 헤아려 보려는 태도를 드러내고 있다고 할 수 있겠군.

02 소설가 구보 씨의 일일

점검! 내신 강의

• 갈래 중편 소설, 세태 소설, 모더니즘 소설
• 성격 관찰적, 묘사적, 심리적
• 배경 [시간적] 1930년대의 어느 하루 [공간적] 경성의 거리
• 시점 전지적 작가 시점
• 주제 무기력한 소설가의 눈에 비친 1930년대 경성의 일상사와 그의 내면 의식
• 특징
① 대상에 대한 관찰과 묘사를 중심으로 서술됨
② 공간의 이동에 따라 내용이 전개됨
③ 내면 의식의 표출을 위해 의식의 흐름 기법을 사용함
④ 하루에 걸쳐 원점으로 회귀하는 여로 구조를 보임

조그만

한 개의 기쁨을 찾아, 구보는 남대문을 안에서 밖으로 나가 보기로 한다. 그러나 그곳에는 불어 드는 바람도 없이, 양 옆에 웅숭그리고 앉아 있는, 서너 명의 지게꾼들의 그 모양이 맥없다.

구보는 고독을 느끼고, 사람들 있는 곳으로, 약동하는 무리들이 있는 곳으로, 가고 싶다 생각한다. 그는 눈앞의 **경성역**을 본다. 그곳에는 마땅히 인생이 있을 게다. 이 낡은 서울의 호흡과 또 감정이 있을 게다. 도회의 소설가는 모름지기 이 도회의 항구와 친하여야 한다. 그러나 물론 그러한 직업의식은 어떻든 좋았다. 다만 구보는 고독을 삼등 대합실 군중 속에 피할 수 있으면 그만이다.

그러나 오히려 고독은 그곳에 있었다. 구보가 한옆에 끼어 앉을 수도 없게시리 **사람들**은 그곳에 빽빽하게 모여 있어도, 그들의 누구에게서도 인간 본래의 온정을 찾을 수는 없었다. 그들은 거의 옆의 사람에게 한마디 말을 건네는 일도 없이, 오직 자기네들 사무에 바빴고, 그리고 간혹 말을 건네도, 그것은 자기네가 타고 갈 열차의 시각이나 그러한 것에 지나지 않았다. 그네들의 동료가 아닌 사람에게 그네들은 변소에 다녀올 동안의 그네들 짐을 부탁하는 일조차 없었다. 남을 결코 믿지 않는 그네들의 눈은 보기에 딱하고 또 가엾었다.

[A]
구보는 한구석에 가 서서, 그의 앞에 앉아 있는 노파를 본다. 그는 뉘 집에 드난을 살다가 이제 늙고 또 쇠잔한 몸을 이끌어, 결코 넉넉하지 못한 어느 시골, 딸네 집이라도 찾아가는지 모른다. 이미 굳어 버린 그의 안면 근육은 어떠한 다행한 일에도 펴질 턱 없고, 그리고 그의 몽롱한 두 눈은 비록 그의 딸의 그지없는 효양(孝養)*을 가지고도 감동시킬 수 없을지 모른다. 노파 옆에 앉은 중년의 시골 신사는 그의 시골서 조그만 백화점을 경영하고 있을 게다. 그의 점포에는 마땅히 주단포목도 있고, 일용 잡화도 있고, 또 흔히 쓰이는 약품도 갖추어 있을 게다. 그는 이제 그의 옆에 놓인 물품을 들고 자랑스러이 차에 오를 게다. 구보는 그 시골 신사가 노파와의 사이에 되도록 간격을 가지려고 노력하는 것을 발견하고, 그리고 그를 업신여겼다. 만약 그에게 옅은 지혜와 또 약간의 용기를 주면 그는 삼등 승차권을 주머니 속에 간수하고 일, 이등 대합실에 오만하게 자리 잡고 앉을 게다.

문득 구보는 그의 얼굴에 부종(浮腫)*을 발견하고 그의 앞을 떠났다. 신장염. 그뿐 아니라 구보는 자기 자신의 만성 위 확장을 새삼스러이 생각해 내지 않으면 안 되었다. 그러나 구보가 매점 옆에까지 갔었을 때, 그는 그곳에서도 역시 병자를 보지 않으면 안 되었다. 40여 세의 노동자. 전경부(前頸部)*의 광범한 팽륭(澎隆)*. 돌출한 안구. 또 손의 경미한 진동. 분명한 바제도병*. 그것은 누구에게든 결코 깨끗한 느낌을 주지는 못한다. 그의 좌우에 좌석이 비어 있어도 사람들은 그곳에 앉으려 들지 않는다. 뿐만 아니라, 그에게서 두 칸통 떨어진 곳에 있던 아이 업은 젊은 아낙네가 그의 바스켓 속에서 꺼내다 잘못하여 시멘트 바닥에 떨어뜨린 한 개의 복숭아가 굴러 병자의 발 앞에까지 왔을 때, 여인은 그것을 좇아와 집기를 단념하기조차 하였다.

구보는 이 조그만 사건에 문득, 흥미를 느끼고, 그리고 그의 대학 노트를 펴 들었다. 그러나 그가, 문 옆에 기대어 서 있는 캡 쓰고 린네르 쓰메에리 **양복 입은 사나이**의, 그 온갖 사람에게 의혹을 갖는 두 눈을 발견하였을 때, 구보는 또다시 우울 속에 그곳을 떠나지 않으면 안 되었다.

개찰구 앞에

두 명의 사나이가 서 있었다. 낡은 파나마에 모시 두루마기, 노랑 구두를 신고, 그리고 손에 조그만 보따리 하나도 들지 않은 그들을, 구보는, 확신을 가져 무직자라고 단정한다. 그리고 이 시대의 무직자들은, 거의 다 금광 브로커에 틀림없었다. 구보는 새삼스러이 대합실 안팎을 둘러본다. 그러한 인물들은, 이곳에도 저곳에도 눈에 띄었다. / 황금광 시대.

저도 모를 사이에 구보의 입술엔 무거운 한숨이 새어 나왔다. 황금을 찾아, 황금을 찾아, 그것

▼ 어휘 풀이
* 효양: 어버이를 효성으로 봉양함
* 부종: 몸이 붓는 증상
* 전경부: 목의 앞쪽 부분
* 팽륭: 크게 부어 오름
* 바제도병: 갑상선의 이상으로 갑상선이 붓고 눈알이 튀어나오는 병
* 광무소: 광업에 관한 일체의 서류를 대신 처리하는 사무소

점검! 수능 강의

1. 서술상의 특징
• 고현학적 기법: 고현학이란 현대인의 생활을 조직적으로 조사, 연구하여 현대의 풍속을 분석·해설하는 학문을 일컬음. 이 작품에는 눈앞에 벌어진 장면을 노트에 적고 그것을 그대로 소설화하는 작가 특유의 고현학적 기법이 나타남
• 의식의 흐름 기법: 하루 동안의 여정(장소)과 사고의 필연적 연관성보다는 구보가 떠올리는 생각과 의식의 흐름에 따라 이야기를 전개함
• 첫 어절을 소제목으로 처리하거나, 잦은 쉼표의 사용으로 급박한 서술을 표현함

2. 산책자 소설로서의 측면

집 → 서울 거리 → 전차 안 → 다방
↑   ↓
술집 ← 서울 거리 ← 다방 ← 경성역

구보(도시 산책자)가 정오에 집을 나와 새벽 2시경에 귀가하기까지의 하루 동안의 여정을 중심으로 내용이 전개됨. 이를 통해 급격한 도시화와 산업의 발달, 그 속에서 느끼는 군중 속의 고독 등 당시의 세태와 현대인의 심리를 효과적으로 포착해 냄

도 역시 숨김없는 인생의, 분명히, 일면이다. 그것은 적어도, 한 손에 단장과 또 한 손에 공책을 들고, 목적 없이 거리로 나온 자기보다는 좀 더 진실한 인생이었을지도 모른다. 시내에 산재한 무수한 광무소(鑛務所)*. 인지대 100원, 열람비 5원, 수수료 10원, 지도대 18전……. 출원 등록된 광구. 조선 전토(全土)의 7할. 시시각각으로 사람들은 졸부가 되고 또 몰락하여 갔다. 황금광 시대. 그들 중에는 평론가와 시인, **이러한 문인들**조차 끼어 있었다. 구보는 일찍이 창작을 위하여 그의 벗의 광산에 가 보고 싶다 생각하였다.

– 박태원, 〈소설가 구보 씨의 일일〉

---

1 작가가 윗글을 쓰기 전에 〈보기〉와 같은 메모를 작성했다고 할 때, 윗글에 반영된 것은?

---- 보기 ----

ㄱ. 외양 묘사와 대화를 중심으로 서술할 것
ㄴ. 쉼표를 사용하여 서술의 속도를 조절할 것
ㄷ. 구체적인 배경을 제시하여 사실성을 획득할 것
ㄹ. 각기 다른 주인공이 등장하는 독립된 이야기들로 배치할 것

① ㄱ, ㄴ　② ㄱ, ㄷ　③ ㄴ, ㄷ　④ ㄴ, ㄹ　⑤ ㄷ, ㄹ

2 윗글의 내용과 일치하지 <u>않는</u> 것은?

① 구보는 '젊은 아낙네'가 병자에게 접근하기를 꺼린다고 생각한다.
② 구보는 '노파'가 남의 집 일을 하며 살아왔을 것이라고 추측한다.
③ 구보는 '40여 세의 노동자'가 바제도병을 앓고 있다고 생각한다.
④ 구보는 빈손으로 있는 '두 명의 사나이'를 금광 브로커일 것이라고 추측한다.
⑤ 구보는 '중년의 시골 신사'가 일, 이등 대합실에 어울리는 인물이라고 생각한다.

3 〈보기〉를 통해 윗글을 이해한 내용으로 적절하지 <u>않은</u> 것은?

---- 보기 ----

구보가 바라보는 1930년대의 경성은 전통적 생활 방식은 붕괴되고, 급속히 도시화가 진행되면서 자본주의 속성이 지배를 하는 곳이었다. 구보는 이 공간에서 타인에 대한 무관심과 불신, 팽배한 개인주의, 가난에 찌든 삶, 육체와 정신이 병든 모습, 물질 만능주의에 사로잡힌 군상들을 관찰하게 된다.

① 구보가 본 늙은 노파와 40여 세의 노동자는 가난에 찌든 삶과 관련된 군상들이야.
② 얼굴에 부종이 있는 시골 신사가 노파와 간격을 두는 모습에서 육체와 정신이 병들었음을 알 수 있어.
③ 개찰구 앞의 두 사나이뿐만 아니라 금광에 매달리는 문인들은 물질 만능주의에 사로잡힌 군상들이야.
④ 떨어진 복숭아를 집지 않는 젊은 아낙네와 문 옆에 기대선 양복 입은 사나이는 타인에 대한 두려움과 불신을 보이는군.
⑤ 자기 사무에만 바쁘고 옆 사람에겐 거의 말도 건네지 않는 대합실 군중들에게서 개인주의가 팽배한 모습을 확인할 수 있군.

4 [A]에 대한 설명으로 적절한 것은?　[전국연합 기출]

① 추측하는 표현을 사용하여 대상에 대해 상상한 것을 드러내고 있다.
② 주로 짧은 문장을 사용하여 인물의 내면 변화를 박진감 있게 드러내고 있다.
③ 과거와 현재의 대비되는 경험을 제시하여 인물의 복잡한 내면을 드러내고 있다.
④ 인물 간의 심리적 갈등을 섬세하게 포착하여 갈등이 심화될 것을 예고하고 있다.
⑤ 서술자가 직접 경험한 내용을 중심으로 대상에 대한 비판적 생각을 드러내고 있다.

5 〈보기〉를 바탕으로 윗글을 감상한 내용으로 적절하지 <u>않은</u> 것은?　[전국연합 기출]

---- 보기 ----

이 작품의 배경이 되는 1930년대는 근대화와 도시화가 진행되면서 여러 병폐가 생겨났고 황금 열풍이 불기 시작했다. 이런 세태를 바라보는 주인공의 비판적이고 냉소적인 시선에는 이런 병폐에서 벗어나야 한다는 생각이 바탕에 깔려 있다고 볼 수 있다.

① 주인공은 고독을 벗어나기 위해 '경성역'을 찾았으나 그곳에서 오히려 군중 속의 고독을 느끼는군.
② 주인공은 역에 모인 '사람들'의 모습을 보며 인정이 메마르고 인간적 신뢰가 약화된 도시의 모습에 안타까움을 느끼는군.
③ 주인공은 '양복 입은 사나이'가 타인을 경계하고 의심하는 모습을 보며 서글픔을 느끼는군.
④ '두 명의 사나이'를 보면서 주인공은 무직자가 양산되었던 당시의 불안정한 경제 상황을 부정적으로 생각하고 있군.
⑤ '이러한 문인들'을 비판적으로 바라보는 주인공은 물질적인 가치관에 의해 타락한 현실에서 벗어날 대책을 모색하고 있군.

그러는 사이에도, 밖은 간간이 어둠 저편으로부터 바람이 불어왔고, 그때마다 창문이 딸그락거렸다. ㉠전신주 끝을 물고 윙윙대는 바람 소리, 싸륵싸륵 눈발이 흩날리는 소리, 난로에서 톡톡 뛰어 오르는 톱밥. 그런 크고 작은 소리들이 간헐적으로 토해 내는 늙은이의 기침 소리와 함께 대합실 안을 채우고 있을 뿐, 사람들은 각기 골똘한 얼굴로 생각에 빠져 있다.

대학생은 문득 고개를 들어 말없이 모여 있는 그들의 얼굴을 하나하나 눈여겨본다. 모두의 뺨이 불빛에 발갛게 상기되어 있다. 청년은 처음으로 그 낯선 사람들의 얼굴에서 어떤 아늑함이랄까 평화스러움을 찾아내고는 새삼 놀라고 있다. 정말이지 산다는 것이란 때로는 저렇듯 한 두름의 굴비, 한 광주리의 사과를 만지작거리며 귀향하는 기분으로 침묵해야 하는 것인지도 모른다.

청년은 무릎을 굽혀 바께쓰 안에서 톱밥 한 줌을 집어 든다. 그리고 그것을 난로의 불빛 속에 가만히 뿌려 넣어 본다. 호르르르. 삐비꽃이 피어나듯 주황색 불꽃이 타오르다가 이내 사그라져 들고 만다. ㉡청년은 그 짧은 순간의 불빛 속에서 누군가의 얼굴을 본 것 같다. 어머니다. 어머니가 주름진 얼굴로 활짝 웃고 있었다. / 다시 한 줌 집어넣는다. 이번엔 아버지와 동생들의 모습이 보였다. 또 한 줌을 조금 천천히 흩뿌려 넣는다. 친구들과 노교수의 얼굴, 그리고 강의실의 빈 의자들과 잔디밭과 교정의 풍경이 차례로 떠오르기 시작한다.

음울한 표정의 중년 사내는 대학생이 아까부터 톱밥을 뿌려 대고 있는 모습을 곁에서 줄곧 지켜보고 있는 참이다. 대학생의 얼굴은 줄곧 상기되어 있다.

㉢이 젊은 친구가 어쩌면 꿈을 꾸고 있는지도 모르겠군. 그러면서도 사내 역시 톱밥을 한 줌 집어낸다. 그러고는 대학생이 하듯 달아오른 난로에 톱밥을 뿌려 준다.

㉣호르르르. 역시 삐비꽃 같은 불꽃이 환히 피어오른다. 사내는 불빛 속에서 누군가의 얼굴을 얼핏 본 듯하다. 허 씨 같기도 하고 전혀 낯모르는 다른 사람인 것도 같은, 확실치 않은 얼굴이었다. 사내의 음울한 눈동자가 간절한 그리움으로 반짝 빛나기 시작한다. 사내는 다시 한 줌의 톱밥을 집어 불빛 속에 던져 넣고 있다.

어느새 농부도, 아낙네들도, 서울 여자와 춘심이도 이젠 모두 그 두 사람의 치기 어린 장난을 지켜보고 있다. 누구도 입을 열지 않았다.

사평역을 경유하는 야간 완행열차*는 두 시간을 연착한 후에야 도착했다.

막상 열차가 도착했을 때, 대합실에서 그때까지 기다리고 있던 승객들은 반가움보다는 차라리 피곤함과 허탈감에 젖은 모습으로 열차에 올라탔다. 늙은 역장은 하얗게 눈을 맞으며 깃발을 흔들어 출발 신호를 보냈고, 이어 열차는 천천히 미끄러져 가기 시작했다. 얼핏, 누군가가 아직 들어가지 않고 열차 난간에 기대어 서 있는 게 보였다. 역장은 그 사람이 재 너머 오 씨 큰아들임을 알았다. ㉤고개를 반쯤 숙인 채 난간 손잡이에 위태로운 자세로 기대어 있는 청년의 모습이 역장은 왠지 마음에 걸렸다. 이내 열차는 어둠 속으로 길게 기적을 남기며 사라져 버렸다.

한동안 열차가 달려가 버린 어둠 저편을 망연히 응시하고 서 있던 늙은 역장은 옷에 금방 수북이 쌓인 눈을 털어 내며 대합실로 들어섰다. 난로를 꺼야 하기 때문이었다. 거기서 역장은 뜻밖에도 아직 기차를 타지 않고 남아 있는 한 사람을 발견했다. 미친 여자였다. 지금껏 난로 곁에 가지 않았던 유일한 사람이었던 그녀는 이제 난로를 독차지한 채, 아까 병든 늙은이가 앉았던 의자에 비스듬히 앉아 있었다.

그녀의 집이 어디며, 또 어디서 왔는지 역장은 전혀 모른다. 다만 이따금 그녀가 이 마을을 찾아왔다가는 열차를 타고 떠나곤 했다는 정도만 기억할 뿐이었다. 오늘은 왜 이 여자가 다른 사람들을 따라 열차를 타지 않았을까 하고 역장은 의아하게 생각했다. 아마 그 여자에겐 갈 곳이 없었을지도 모른다. 그녀에게 있어서 출발이란 것은 이 하룻밤, 아니 단 몇 분 동안이나마 홀로 누릴 수 있는 난로의 따뜻한 불기만큼의 의미조차도 없는 까닭이리라.

점검! 내신 강의

- **갈래** 단편 소설
- **성격** 서정적, 회상적, 성찰적
- **배경** [시간적] 1970~80년대 [공간적] 시골 간이역 대합실
- **시점** 전지적 작가 시점
- **주제** 서민들의 가난한 삶의 애환과 교감
- **특징**
  ① 곽재구의 시 〈사평역에서〉에 서사적 상상력을 가미하여 서술함
  ② 특정 주인공 없이 다양한 인물들의 쓸쓸한 내면 풍경을 제시함

▼ 어휘 풀이
* 완행열차: 빠르지 않은 속도로 달리며 각 역마다 멎는 열차

점검! 수능 강의

1. 소재의 의미
   - 사평역: 시골의 간이역으로, 산업화 시대에 소외된 민중들의 비애를 느낄 수 있는 소외된 공간을 의미함
   - 톱밥 난로: 기차를 기다리는 사람들에게 회상과 성찰의 계기를 제공하는 소재이자 인물들을 서로 교감하게 하는 매개체로 작용함
   - 기차(막차): 고단한 삶을 살아가는 사람들이 기다리는 대상. 기차의 연착은 고통받는 사람들에게 행복은 쉽게 오지 않는다는 것을 의미함

2. 서술상의 특징
   - 특정 주인공을 설정하지 않고 당시 사회의 소외된 인간들의 삶과 그들의 내면을 보여 줌
   - '춘심이' 외에는 '청년', '중년 사내', '농부', '아낙네들', '미친 여자'와 같이 익명으로 처리함

   ↓

   인물의 개성보다는 고단한 삶을 살아가는 소외된 인물들의 전형을 보여 주려는 의도

3. 곽재구의 시 〈사평역에서〉와의 비교

임철우, 〈사평역〉	곽재구, 〈사평역에서〉
전지적 서술자를 통해 인물들의 삶이 구체적으로 서술됨	1인칭 시적 화자인 '나'의 느낌이나 분위기가 주로 형상화됨
'막차', '대합실', '눈', '톱밥' 등의 소재와 상황, 분위기가 유사함	

역장은 문득 그녀가 걱정스러웠다. 올겨울 같은 혹독한 추위에 아직 얼어 죽지 않고 여기까지 흘러들어 왔다는 사실이 신기했다. 꿈이라도 꾸는 중인지 뗏국물에 젖은 여자의 입술 한 귀퉁이엔 보일락 말락 웃음이 한 조각 희미하게 남아 있었다.

이거 참 난처한걸. 난로를 그대로 두고 갈 수도 없고……. / 하지만 결국 역장은 김 씨를 깨우러 가기 전에 톱밥을 더 가져다가 난로에 부어 줘야겠다고 생각하며 천천히 사무실로 돌아가고 있었다. 눈은 밤새 내내 내릴 모양이었다.　　－ 임철우, 〈사평역〉

---

1 윗글의 서술상 특징으로 적절한 것은?

① 배경 묘사를 통해 작품의 분위기를 조성하고 있다.
② 제시된 모든 사건을 현재형 시제로 서술하고 있다.
③ 다른 사람에게서 들은 이야기를 내화로 설정하고 있다.
④ 인물의 대화와 행동을 중심으로 사건이 마무리되고 있다.
⑤ 작품 안 서술자가 자신의 경험을 전달하여 신뢰감을 주고 있다.

2 ㉠~㉤에 대한 이해로 적절하지 <u>않은</u> 것은?

① ㉠: 청각적 이미지를 통해 기차역의 상황을 제시하고 있다.
② ㉡: 청년은 난로를 보면서 그리운 어머니를 회상하고 있다.
③ ㉢: 청년의 모습에 대한 중년 사내의 생각을 표현하고 있다.
④ ㉣: 음성 상징어를 통해 대상을 생동감 있게 보여 주고 있다.
⑤ ㉤: 자신의 안전을 살피지 않는 청년의 모습에 대한 역장의 불만이 표출되고 있다.

3 〈보기〉를 바탕으로 윗글을 감상할 때 적절하지 <u>않은</u> 것은?

> ┤ 보기 ├
>
> 　이 글은 시골 대합실 '사평역'에 모여 막차를 기다리고 있는 인물들의 이야기를 들려주고 있다. 좀처럼 오지 않는 막차를 기다리고 있는 이들은 각자 상념에 빠져 있다가 열차를 타고 어둠 속으로 사라진다. 작가는 삶에 지쳐 있는 그들 속에 있는 따뜻한 정을 보여 주려 하고 있다. 또한 인물 각자의 이름을 제시하지 않음으로써 우리 주변의 평범한 사람들의 전형적 모습을 그들에게서 느끼게 하고 있다.

① '톱밥'은 열차를 기다리는 사람들이 상념에 빠질 수 있게 하는 매개체 역할을 하고 있군.
② '청년', '중년 사내' 등의 호칭으로 그들이 각각의 개인이자 우리 주변의 평범한 사람들임을 보여 주려는 것이군.
③ 열차가 도착했음에도 '반가움보다는 차라리 피곤함과 허탈감'을 드러내는 것에서 삶에 지친 인물들의 모습을 확인할 수 있군.
④ '김 씨를 깨우러 가기 전'에 '미친 여자'를 위해 톱밥을 부어 주려는 역장의 모습에서도 따뜻한 정이 느껴지는군.
⑤ '밤새 내내 내릴' 눈은 열차를 타고 어둠 속으로 사라진 사람들의 앞날에 대한 작가의 축복의 메시지라고 할 수 있겠군.

4 〈보기〉를 참고하여 윗글을 감상한 내용으로 적절하지 <u>않은</u> 것은?　[전국연합 기출]

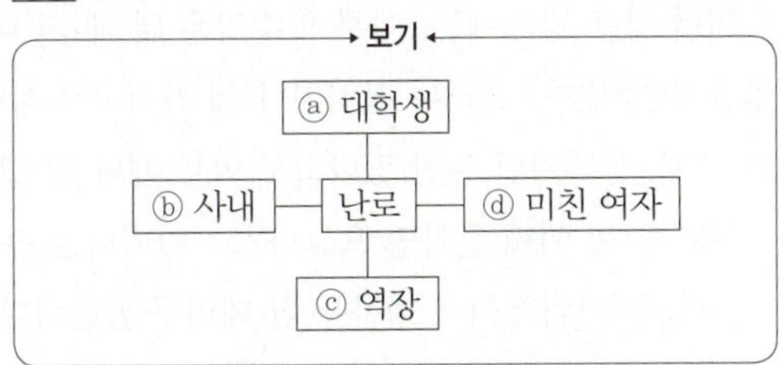

① 추운 겨울날의 난로는 연관성 없는 인물인 ⓐ와 ⓑ가 한 자리에 있게 하는 장치가 되고 있군.
② ⓐ가 난로에 톱밥을 넣으며 그리움의 대상을 떠올리는 행동은 그 대상이 바뀌어 ⓑ에게서 반복되고 있군.
③ ⓐ와 ⓑ가 난로를 통해 서로의 아픔을 이해함으로써 소통하고 있다면 ⓒ는 소통의 상황에서 소외되고 있군.
④ ⓓ가 사람들이 떠난 뒤에야 난로 곁에 다가오는 데서 ⓓ의 처지를 짐작해 볼 수 있군.
⑤ ⓒ가 난로에 톱밥을 넣어 주려고 하는 것은 ⓓ에 대한 동정과 연민의 행동으로 이해될 수 있군.

5 ｜야간 완행열차｜의 의미를 탐색해 보았다. 그 내용으로 적절하지 <u>않은</u> 것은?　[전국연합 기출]

① 야간 완행열차는 고달픈 삶을 살아가는 인물들의 처지에 어울리는 소재로 볼 수 있다.
② 열차가 두 시간 연착하게 설정함으로써 인물들의 이야기가 전개될 수 있는 시간이 확보된 것으로 볼 수 있다.
③ 인물들이 완행열차에 오르는 것은 이들이 인생의 여정을 이어 감을 상징적으로 보여 준다고 할 수 있다.
④ 열차의 출발은 서술의 초점이 역에 남아 있는 인물들에게 옮겨 가는 계기가 된다고 볼 수 있다.
⑤ 인물들이 간절히 기다리는 열차는 그들이 염원하는 이상적인 삶을 상징한다고 볼 수 있다.

04 돌다리

남을 주면 땅을 버린다고 여간 근실한 자국이 아니면 소작을 주지 않았고, 소를 두 필이나 매고 일꾼을 세 명씩이나 두고 적지 않은 전답을 전부 자농(自農)으로 버티어 왔다. 실속이 타작만 못하다는 둥, 일꾼 셋이 저희 농사 해 가지고 나간다는 둥 이해만을 따져 비평하는 소리가 많았으나 창섭의 아버지는 땅을 위해서는 자기의 이해만으로 타산하려 하지 않았다. 이와 같은 임자를 가진 땅들이라 곡식은 거둔 뒤 그루만 남은 논과 밭이되, 그 바닥들의 고름, 그 언저리들의 바름, 흙의 부드러움이 마치 시루떡 모판이나 대하는 것처럼 누구의 눈에나 탐스럽게 흐뭇해 보였다.

이런 땅을 팔기에는, 아무리 수입은 몇 배 더 나은 병원을 늘쿠기 위해서나 아버지께 미안하지 않을 수 없었다. 그러나 잡히기나 해 가지고는 삼만 원 돈을 만들 수가 없었고, 서울서 큰 양관(洋館)을 손에 넣기란 돈만 있다고도 아무 때나 될 일이 아니었다. 〈중략〉

"웬일인데 어째 혼자만 오느냐?" / 어머니는 손자 아이들부터 보이지 않음을 물으신다.

"오늘루 가야겠어서 아무두 안 데리구 왔습니다." / "오늘루 갈 걸 뭘 허 오누?"

"인전 어머니서껀 서울로 모셔 갈 채빌 허러 왔다우."

"서울루! 제발 아이들허구 한데서 살아 봤음 원이 없겠다."

하고 어머니는 땅보다, 조상님들 산소나 사당보다 손자 아이들에게 더 마음이 끌리시는 눈치였다. 그러나 아버지만은 그처럼 단순히 들떠질 마음이 아니었다.

아버지는 아들의 뒤를 쫓아 이내 개울에서 들어왔다.

아들은, 의사인 아들은, 마치 환자에게 치료 방법을 이르듯이, 냉정히 차근차근히 이야기를 시작하였다. 외아들인 자기가 부모님을 진작 모시지 못한 것이 잘못인 것, 한집에 모이려면 자기가 병원을 버리기보다는 부모님이 농토를 버리시고 서울로 오시는 것이 순리인 것, 병원은 나날이 환자가 늘어 가나 입원실이 부족되어 오는 환자의 삼분지 일밖에 수용 못 하는 것, 지금 시국에 큰 건물을 새로 짓기란 거의 불가능의 일인 것, 마침 교통 편한 자리에 삼층 양옥이 하나 난 것, 인쇄소였던 집인데 전체가 콘크리트여서 방화 방공으로 가치가 충분한 것, 삼층은 살림집과 직공들의 합숙실로 꾸미었던 것이라 입원실로 변장하기에 용이한 것, 각 층에 수도·가스가 다 들어온 것, 그러면서도 가격은 염한 것, 염하기는 하나 삼만 이천 원이라, 지금의 병원을 팔면 일만 오천 원쯤은 받겠지만 그것은 새 집을 고치는 데와, 수술실의 기계를 완비하는 데 다 들어갈 것이니 집값 삼만 이천 원은 따로 있어야 할 것, 시골에 땅을 둔대야 일 년에 고작 삼천 원의 실리가 떨어질지 말지 하지만 땅을 팔아다 병원만 확장해 놓으면, 적어도 일 년에 만 원 하나씩은 이익을 뽑을 자신이 있는 것, 돈만 있으면 땅은 이담에라도, 서울 가까이라도 얼마든지 좋은 것으로 살 수 있는 것…….

아버지는 아들의 의견을 끝까지 잠잠히 들었다. 그리고,

"점심이나 먹어라. 나두 좀 생각해 봐야 대답허겠다."

하고는 다시 개울로 나갔고, 떨어졌던 다릿돌을 올려놓고야 들어와 그도 점심상을 받았다.

점심을 자시면서였다. / "원, 요즘 사람들은 힘두 줄었나 봐! 그 다리 첨 놀 제 내가 어려서 봤는데 불과 여남은이서 거들던 돌인데 장정 수십 명이 한나잘을 씨름을 허다니!"

"나무다리가 있는데 건 왜 고치시나요?" / "너두 그런 소릴 허는구나. 나무가 돌만 허다든? 넌 그 다리서 고기 잡던 생각두 안 나니? 서울루 공부 갈 때 그 다리 건너서 떠나던 생각 안 나니? 시쳇사람들은 모두 인정이란 게 사람헌테만 쓰는 건 줄 알드라! 내 할아버님 산소에 상돌을 그 다리로 건네다 모셨구, 내가 천잘 끼구 그 다리루 글 읽으러 댕겼다. 네 어미두 그 다리루 가말 타구 내 집에 왔어. 나 죽건 그 다리루 건네다 묻어라……. 난 서울 갈 생각 없다."

"네?" / "천금이 쏟아진대두 난 땅은 못 팔겠다. 내 아버님께서 손수 이룩허시는 걸 내 눈으루 본 밭이구, 내 할아버님께서 손수 피땀을 흘려 모신 돈으루 장만허신 논들이야. 돈 있다고 어디

• 점검! 내신 강의

• 갈래 단편 소설
• 성격 사실적, 교훈적, 비판적
• 배경 [시간적] 1930년대 [공간적] 농촌 마을
• 시점 전지적 작가 시점
• 주제 땅의 가치에 대한 인식과 물질주의적 가치관에 대한 비판
• 특징
① '돌다리'라는 소재를 통해 전통적인 가치관과 물질주의적 가치관의 대립을 보여 줌
② 대조적인 인물을 설정하여 주제를 부각함
③ 인물 간의 대화와 서술자의 요약적 제시로 내용을 전개함

• 점검! 수능 강의

1. 소재의 상징적 의미

돌다리	• 전통적 가치관 • 인간적 관계와 정 중시 • 아버지의 표상
나무다리	• 근대적 가치관 • 합리성과 효율성 중시 • 창섭의 표상

2. 인물 간의 갈등 양상

땅 — 갈등의 계기이면서 인물의 가치관을 드러내는 소재

금전적 수단 / 삶의 터전

창섭	아버지
• 도시에 사는 의사 • 물질적 가치관을 지닌 근대적 인물	• 시골에 사는 농부 • 자연 친화적 가치관을 지닌 전통적 인물

3. 주제 의식
병원을 확장하기 위해 땅을 팔자는 아들 창섭의 제안에 아버지는 땅을 팔아서는 안 된다는 신념을 펼쳐 놓는데, 작가는 땅을 천지 만물의 근본으로 여기며 애착을 보이는 아버지의 말을 통해 땅의 본래적 가치보다 금전적 가치만 중시되는 근대 자본주의의 가치관을 비판하고 있음

가 느르지논 같은 게 있구, 독시장밭 같은 걸 사? 느르지 논둑에 선 느티나문 할아버님께서 심으신 거구, 저 사랑 마당의 은행나무는 아버님께서 심으신 거다. 그 나무 밑에를 설 때마다 난 그 어룬들 동상(銅像)이나 다름없이 경건한 마음이 솟아 우러러보군 헌다. 땅이란 걸 어떻게 일시 이해를 따져 사구팔구 허느냐? 땅 없어 봐라, 집이 어딨으며 나라가 어딨는 줄 아니? 땅이란 천지 만물의 근거야. 돈 있다구 땅이 뭔지두 모르구 욕심만 내 문서 쪽으로 사 모기만 하는 사람들, 돈놀이처럼 변리만 생각허구 제 조상들과 그 땅과 어떤 인연이란 건 도시 생각지 않구 헌신짝 버리듯 하는 사람들, 다 내 눈엔 괴이한 사람들루밖엔 뵈지 않드라."

"……."

— 이태준, 〈돌다리〉

---

1 윗글의 서술상 특징으로 적절한 것은?

① 인물 간의 대화를 통해 특정 인물을 희화화하고 있다.
② 중심 소재에 대해 서술자가 직접 개입하여 논평하고 있다.
③ 관찰자의 입장에서 사건의 과정을 객관적으로 서술하고 있다.
④ 내부 서술자의 고백적 진술로 인물의 성격을 보여 주고 있다.
⑤ 서술자가 인물의 말을 요약하여 인물의 의도를 전달하고 있다.

2 윗글에 대한 독자의 반응으로 가장 적절한 것은?

① 어머니는 손자 아이들을 금과옥조(金科玉條)로 여기고 있군.
② 아들은 땅을 팔지 않겠다는 아버지의 말에 부화뇌동(附和雷同)하는군.
③ 아버지는 장정들이 돌다리를 고치지 못하자 망연자실(茫然自失)하는군.
④ 아버지는 아들이 땅을 팔게 하려고 절치부심(切齒腐心)하고 있다고 여기는군.
⑤ 아들은 삼층 양옥이 가격이나 구조 면에서 금상첨화(錦上添花)라고 강조하고 있군.

3 〈보기〉를 통해 윗글을 이해한 내용으로 적절하지 않은 것은?

> ─● 보기 ●─
>
> 〈돌다리〉는 땅에 대한 신념을 지니고 농촌의 가치를 중시하는 전통적 인물인 아버지와, 땅을 재산 축적의 수단으로 여기며 실리를 추구하는 근대적 인물인 아들의 갈등을 통해 근대화의 과도기에 일어날 수 있는 세대 간 갈등을 효과적으로 나타내고 있다.

① 땅을 팔아 병원을 확장하려는 아들에게서 실리를 추구하는 근대적 인물의 모습이 보이는군.
② 나무다리를 두고 돌다리를 고치는 아버지의 모습에서 전통적 가치를 중시하는 인물의 면모가 보이는군.
③ 땅과 인간의 인연을 강조하는 아버지의 모습을 통해 땅을 물질적 가치로만 생각하는 근대적 인물들을 비판하려는 것이군.
④ 조상으로부터 물려받은 땅 이외에 돈을 주고 땅을 사서는 안 된다는 아버지의 말에서 땅에 대한 전통적 신념이 느껴지는군.
⑤ 땅을 천지 만물의 근거로 여기는 아버지와 이익을 내는 수단으로 여기는 아들의 태도로 인해 세대 간의 갈등이 촉발될 수 있겠군.

4 윗글의 사건을 일어난 순서대로 정리할 때, 다음 중 가장 뒤에 올 것은? [수능 기출]

① '창섭'이 '아버지'에게 계획을 말하다.
② '아버지'가 다시 개울로 나가다.
③ '장정'들이 다릿돌을 올려놓다.
④ '어머니'가 '창섭'을 맞이하다.
⑤ '아버지'가 점심상을 받다.

5 〈보기〉를 참고하여 윗글을 해석한 내용으로 적절하지 않은 것은? [수능 기출]

> ─● 보기 ●─
>
> '장소애(場所愛)'는 인간의 안정된 삶을 보호하는 터전인 장소에 애착하는 심성이다. 근대 이전에는 '땅'과 '집'이 대표적인 장소애의 대상이었으나, 근대 이후 도시 사회에서는 이들이 도구적 대상이나 교환의 대상으로 변질되었다.

① '창섭'에게 집은 도구적 가치를 지닌 것으로, 장소애의 대상이 아니다.
② '아버지'에게 돌다리는 삶의 추억과 애환이 투영된 장소애의 대상이다.
③ 마당의 은행나무는 '아버지'에게 장소애의 대상인 집의 성격을 강화하고 있다.
④ 땅에 애착하는 '아버지'의 생각과 행동은 땅에 대한 장소애의 의미를 부각하고 있다.
⑤ 땅을 장소애의 대상으로 여기는 의식이 두루 퍼져 있는 당시 상황이 전제되어 있다.

05 황만근은 이렇게 말했다

[앞부분의 줄거리] 황만근이 새벽에 경운기를 타고 나가서 다음 날이 되어도 돌아오지 않자 민 씨가 마을 사람들을 불러 모은다.

"군 전체가 모두 모여도 몇 명 안 되었다면서요. 그런 자리에 황만근 씨가 꼭 가야 합니까. 아니, 황만근 씨만 가야 할 이유라도 있습니까. 따로 황만근 씨한테 부탁을 할 정도로."

"이 사람이 뭐라 카는 기라. ㉠이장이 동민한테 농가 부채 탕감 촉구 전국 농민 총궐기 대회가 있다, 꼭 참석해서 우리의 입장을 밝히자 카는데 뭐가 잘못됐다 말이라."

"잘못이라는 게 아니고요. 다른 사람들은 다 돌아왔는데 왜 황만근 씨만 못 오고 있나 하는 겁니다." / ㉡"내가 아나. 읍에 가 보이 장날이더라고. 보나 마나 어데서 술 처먹고 주질러앉았을 끼라. 백 리 길을 깅운기를 끌고 갔으이 시간도 마이 걸릴 끼고."

다른 사람들은 말이 없었고 민 씨와 이장만이 공을 주고받는 꼴이 되어 버렸다.

"글쎄, 그 자리에 꼭 황만근 씨만 경운기를 끌고 갔어야 했느냐 이 말입니다. 그것도 고장난 경운기를." / "깅운기를 끌고 오라는 기 내 말이라? 투쟁 방침이 그렇다카이. 깅운기도 그렇지. 고장은 무신 고장, 만그이가 그걸 하루이틀 몰았나. 남들이 못 몬다뿌이지."

"그럼 이장님은 왜 경운기를 안 타고 가고 트럭을 타고 가셨나요. 이장님부터 솔선수범을 해야지 다른 동민들이 따라할 텐데, 지금 거꾸로 되었잖습니까."

[A] "내사 민사무소에서 인원 점검하고 다른 이장들하고 의논도 해야 되고 울매나 바쁜 사람인데 깅운기를 타고 언제 가고 말고 자빠졌나. 다른 동네 이장들도 민소 앞에서 모이 가이고 트럭 타고 갔는 거를. 진짜로 깅운기를 끌고 갔으마 군 대회에는 늦어도 한참 늦었지. 군청에 갔는데 비가 와가이고 온 사람도 및 없더마. 소리마 및 분 지르고 왔지. 군청까지 깅운기를 타고 갈 수나 있던가. 국도에 차들이 미치괘이맨구로 쌩쌩 달리는데 받치만 우얘라고. 다른 동네서는 자가용으로 간 사람도 쎘어."

"그러니까 국도를 갈 때는 여러 사람이 한꺼번에 경운기를 여러 대 끌고 가자는 거였잖습니까. 시위도 하고 의지도 보여 준다면서요. 허허, 나 참."

[중략 부분의 줄거리] 황만근이 실종되어 돌아오지 않자 마을 사람들은 불편해한다. 유복자로 여덟 달만에 태어난 황만근은 지능이 모자라고 몸도 제대로 가누지 못하여 마을에서 반편이 취급을 받았다. 하지만 어머니를 극진히 모시고 마을의 온갖 궂은일을 도맡아 하는 부지런한 농사꾼으로 살아왔다.

'농가 부채 해결을 위한 전국 농민 총궐기 대회'가 열린다고 이장이 방송을 해서 저녁에 마을 회관에 사람들이 모였다. ㉢황만근은 누구보다 먼저 나타났고 이장이 시키는 대로 마을 구판장에서 막걸리를 받아 왔다. 스테인리스 물잔이 두어 개밖에 없어서 한 사람이 마시면 다음 사람이 받고 하는 식의 술자리였다. 황만근은 자신의 차례가 되면 번개처럼 잔을 들어 마시고는 눈을 끔벅거리면서 잔이 도는 것을 쳐다보고 있었다. 황만근의 관심은 오로지 잔이 언제 돌아올까 하는 것뿐인 듯했다. 그래도 잔이 도는 속도는 너무 느렸다. 민 씨에게는 좀 빠른 듯했지만.

"그래서 우리 동네서도 군청 앞에서 열리는 대회에 전원 참가를 해야겠다, 이 말이라. 집에 돌아가거들랑 깅운기를 깨끗이 손질해 가지고 내일 아침에 민소* 앞까정 끌고 와서 집합을 하라는 기 행동 지침이라. 그래 가이고 군청까지 가는 국도로 깅운기로 길기 행진을 하민서 우리의 결의를 행동으로 보이 주는 기라." / "경운기가 없는 사람은 어쩌나요?"

민 씨가 물었다. / "농사짓는 사람이 깅운기도 없다 하마 농사꾼이 아니지럴. 그랜께 민 씨는 농사짓는 기 아이라. 비니루하우스 안에 꽃 및 송이 심가 놓고 우째 농사를 짓는다 카나."

"어디 고장 난 경운기는 없어요? 경운기가 꼭 있어야 합니까."

무안해진 민 씨는 둘러보며 물었다. 새마을 지도자인 황철석이 대답했다.

"말이 그렇다는 기지, 민소까지는 깅운기를 끌고 가든동 버스를 타고 가든동 하고, 그 담에는 깅운기를 같이 타마 되지, 까잇거. 그란데 민 씨는 진짜 농사꾼도 아이민서 왜 자꾸 농민 궐기

점검! 내신 강의

- **갈래** 단편 소설, 농촌 소설
- **성격** 해학적, 풍자적, 향토적, 비판적
- **배경** [시간적] 1990년대 [공간적] 농촌 마을(신대리)
- **시점** 전지적 작가 시점
- **주제** 이기적인 현대인에 대한 비판과 부채로 무너져 가는 농촌 현실 고발
- **특징**
  ① 전(傳) 양식을 창조적으로 계승함
  ② 방언의 사용으로 현장감과 사실성을 부여함
  ③ 해학적 표현으로 웃음을 유발하고 농촌 현실을 풍자함
- **제목 '황만근은 이렇게 말했다'의 의미**
  제목은 마치 황만근이 여러 가지 자신의 생각을 주장한 사람이라는 생각이 들게 하지만, 황만근은 말로써 특별한 메시지를 전하기보다는 몸소 행동으로 보여 주고 있음 → 작가는 황만근의 삶을 통해 농촌 사회의 모순을 비판하면서 그의 행적을 통해 독자에게 교훈을 전달하고 있음

▼ 어휘 풀이
* 민소: 면소, 면사무소의 사투리

점검! 수능 강의

1. 인물의 특성

황만근	지능은 떨어지지만 순수한 농민으로, 이타적이고 자기희생적이며, 공동체 중심의 전통 사회의 인간형을 나타냄
이장	이기적이고 이해타산적이며, 개인주의가 만연한 현대 사회의 인간형을 나타냄
민 씨	외지에서 마을로 귀농한 인물로, 황만근과 마을 사람들을 객관적으로 평가함

2. 당시의 시대적 배경

농가 부채 탕감 촉구 전국 농민 총궐기 대회 → 농가 부채 문제를 해결하기 위해 농민들이 결성한 집회로, IMF 이후 한국 사회 전체가 경제적 위기를 겪으면서 농가 역시 빚에 시달려 생활이 어려워졌던 당시 농촌의 현실과 농민들의 절박한 심리를 반영함

대회에 나갈라꼬 캐싸."

㉣ "아아, 저도 부채는 남부럽지 않게 있어요." / 또래인 황학수가 말을 이어받았다.

"농사를 지도 부채, 농사를 몰라도 부채. 아이고, 그라마 우리를 다 합치 가이고 부채 말고 선풍기를 해도 되겠네."

그날 분위기는 그렇게 무겁지 않았다. 그렇다고 시시덕거리며 끝낼 정도로 가벼운 것도 아니었다. ㉤그 자리에 있는 사람 가운데서도 농협에서 융자금 상환을 하지 않는다고 소송을 해서 법원에 불려 다니는 사람이 두셋 되었다. 스스로 진 빚도 문제였지만 서로 연대 보증을 서는 바람에 한 가구가 파산하면 보증을 선 사람 역시 연쇄적으로 파산하는 일이 드물지 않았다. 그래서 어떤 동네 전체가 야반도주를 하는 일까지 벌어졌다는 소문도 돌고 있었다.

– 성석제, 〈황만근은 이렇게 말했다〉

---

1 윗글의 서술상 특징으로 적절하지 <u>않은</u> 것은?

① 역순행적 구성을 통해 사건을 전개하고 있다.
② 언어유희를 통해 인물들의 상황을 나타내고 있다.
③ 신빙성 없는 서술자를 통해 인물을 풍자하고 있다.
④ 방언의 활용을 통해 토속적 분위기를 형성하고 있다.
⑤ 인물 간의 대화를 통해 인물의 성격을 보여 주고 있다.

2 〈보기〉를 참고하여 ㉠~㉤을 감상할 때, 적절하지 <u>않은</u> 것은?

> ─ 보기 ─
>
> 이 소설은 1990년대 각종 부채로 얼룩진 농가 현실을 배경으로 이타적이고 성실한 주인공인 황만근과 자신들의 이익만 챙기는 마을 사람들을 대조하며 이기적인 현대인을 풍자하고 암울한 농촌 현실을 고발하고 있다. 또한 황만근의 행적을 통해 교훈을 주고 우리가 어떻게 살아야 하는가를 제시하고 있다.

① ㉠: 농가의 부채 문제가 시위를 할 정도로 심각했음을 확인할 수 있군.
② ㉡: 타인의 일에 심각하게 고민하지 않는 현대인의 이기적인 모습이 나타나는군.
③ ㉢: 마을 일에 성실하게 참여하는 인물의 모습을 행동을 통해 보여 주고 있군.
④ ㉣: 자신의 부채를 강조하여 마을 사람들을 위로하려는 인물의 이타적 태도를 확인할 수 있군.
⑤ ㉤: 암울해져 가는 농촌의 현실을 융자금 소송과 연대 보증의 사례를 들어 제시하고 있군.

3 [A]에 드러나는 이장의 태도를 민 씨의 입장에서 평가한다고 할 때, 가장 적절한 한자 성어는?

① 백골난망(白骨難忘) ② 권토중래(捲土重來)
③ 우문현답(愚問賢答) ④ 아전인수(我田引水)
⑤ 전전긍긍(戰戰兢兢)

4 윗글에 대한 설명으로 가장 적절한 것은?

[전국연합 기출]

① 인물들의 행위를 과장하여 해학성을 높이고 있다.
② 극적인 반전을 통해 작품의 분위기를 고조시키고 있다.
③ 구어체 사투리를 구사하여 작품에 현장감을 부여하고 있다.
④ 섬세한 인물 묘사를 통해 성격을 간접적으로 보여 주고 있다.
⑤ 장면 변화에 따라 서술 시점을 달리해 입체감을 주고 있다.

5 윗글의 내용 흐름을 〈보기〉와 같이 나타낼 때, ㉮~㉱에 대한 설명으로 가장 적절한 것은?

[전국연합 기출]

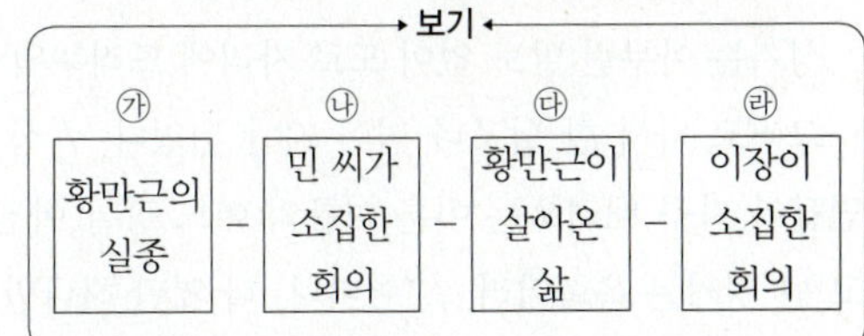

① ㉮는 시간상으로 ㉯와 ㉱ 사이에서 일어난 사건이다.
② ㉯와 ㉱에 드러나는 회의 분위기는 동일하다.
③ ㉯와 ㉰를 통해 ㉮의 정황을 알 수 있다.
④ ㉰에 요약된 내용이 ㉯와 ㉱에서 구체적으로 드러난다.
⑤ ㉱를 개최한 이유는 ㉯에서 해결 못한 것이 있기 때문이다.

[앞부분의 줄거리] 아들 성기가 역마살 때문에 떠돌이가 될까 봐 걱정하던 옥화는 그를 정착시키기 위해 체 장수 영감의 딸 계연과 맺어 주려 하지만, 계연이 자기 동생이라는 것을 알고는 그녀를 떠나보내기로 한다.

"오빠, 편히 사시오."

하고, 거의 울음이 다 된, 마지막 목소리를 남기고 돌아선 계연의 저만치 가고 있는 항라 적삼*을, 고운 햇빛과 늘어진 버들가지와 산울림처럼 울려오는 뻐꾸기 울음 속에, 성기는 우두커니 지켜보고 있을 뿐이었다.

성기가 다시 자리에서 일어나게 된 것은 이듬해 우수(雨水)도 경칩(驚蟄)도 다 지나, 청명(淸明) 무렵의 비가 질금거릴 무렵이었다. 주막 앞에 늘어선 버들가지는 다시 실같이 푸르러지고 살구, 복숭아, 진달래 들이 골목 사이로 산기슭으로 울긋불긋 피고 지고 하는 날이었다.

아들의 미음상을 차려 들고 들어온 옥화는 성기가 미음 그릇을 비우는 것을 보자 이렇게 물었다.

"아직도, 너, 강원도 쪽으로 가 보고 싶냐?" / "……."

성기는 조용히 고개를 돌렸다. / "여기서 장가들어 나랑 같이 살겠냐?"

"……." / 성기는 역시 고개를 돌렸다.

그해 아직 봄이 오기 전, 보는 사람마다, 성기의 회춘을 거의 다 단념하곤 하였을 때 옥화는, 이왕 죽고 말 것이라면, 어미의 맘속이나 알고 가라고, 그래, 그 체 장수 영감은, 서른여섯 해 전 남사당을 꾸며 와 이 화개 장터에 하룻밤을 놀고 갔다는 자기의 아버지임에 틀림이 없었다는 것과, 계연은 그 왼쪽 귓바퀴 위의 사마귀로 보아 자기의 동생임이 분명하더라는 것을, 통정*하노라면서, 자기의 같은 왼쪽 귓바퀴 위의 검정 사마귀까지를 그에게 보여 주었다.

"나도 처음부터 영감이 '서른여섯 해 전'이라고 했을 때 가슴이 섬뜩하긴 했다. 그렇지만 설마 했지 그렇게 남의 간을 뒤집어 놀 줄이야 알았나. 하도 아슬해서 이튿날 악양으로 가 명도*까지 불러 봤더니, 요것도 남의 속을 빤히 들여다나 보는 듯이 재잘대는구나, 차라리 망신을 했지."

옥화는 잠깐 말을 그쳤다. 성기는 두 눈에 불을 켜듯 한 형형한 광채를 띠고, 그 어머니의 얼굴을 쳐다보고 있었다. / "차라리 몰랐으면 또 모르지만 한번 알고 나서야 인륜이 있는듸 어쩌겠냐."

그리고 부디 어미 야속타거나 생각지 말라고, 옥화는 아들의 뼈만 남은 손을 눈물로 씻었다.

옥화의 이 마지막 하직같이 하는 통정 이야기에 의외로도 성기는 도로 힘을 얻은 모양이었다. 그 불타는 듯한 형형한 두 눈으로 천장을 한참 바라보고 있던 성기는 무슨 새로운 결심이나 하듯 입술을 지그시 깨물고 있었다.

아버지를 찾아 강원도 쪽으로 가 볼 생각도 없다, 집에서 장가들어 살림을 할 생각도 없다, 하는 아들에게 그러나, 옥화는 이제 전과 같이 고지식한 미련을 두는 것도 아니었다.

"그럼 어쩔라냐? 너 좋을 대로 해라." / "……."

성기는 아무런 말도 없이 도로 자리에 드러누워 버렸다.

그러고 나서 한 달포나 넘어 지난 뒤였다. / 성기가 좋아하는 여러 가지 산나물이 화갯골에서 연달아 자꾸 내려오는 이른 여름의 어느 장날 아침이었다. 두릅회에 막걸리 한 사발을 쭉 들이켜고 난 성기는 옥화더러, / "어머니, 나 엿판 하나만 맞춰 주." / 하였다. / "……."

옥화는 갑자기 무엇으로 머리를 얻어맞은 듯이 성기의 얼굴을 멍하니 바라보고 있었다.

그런 지도 다시 한 보름이나 지나, 뻐꾸기는 또다시 산울림처럼 건드러지게 울고, 늘어진 버들가지엔 햇빛이 젖어 흐르는 아침이었다. 새벽녘에 잠깐 가는 비가 지나가고, 날은 다시 유달리 맑게 갠 화개 장터 삼거리 길 위에서, 성기는 그 어머니와 하직을 하고 있었다. 갈아입은 옥양목 고의적삼에, 명주 수건까지 머리에 잘끈 동여매고 난 성기는, 새로 맞춘 새하얀 나무 엿판을 걸빵해서 느직하게 엉덩이 즈음에다 걸었다. 위 목판에는 새하얀 가락엿이 반나마 들어 있었고, 아래 목판에는 팔다 남은 이야기책 몇 권과 간단한 방물이 좀 들어 있었다.

점검! **내신 강의**

- **갈래** 단편 소설, 순수 소설
- **성격** 무속적, 운명적, 토속적
- **배경** [시간적] 구체적이지 않음 [공간적] 전라도와 경상도의 경계 지역인 화개 장터
- **시점** 전지적 작가 시점
- **주제** 운명에 대한 순응과 그로 인한 인간의 구원
- **특징**
  ① 특정한 공간의 의미를 인생과 연결지어 형상화함
  ② 한국적인 운명관을 보여 줌

▼ 어휘 풀이

* 항라 적삼: 명주, 모시, 무명실 따위로 된 한 겹의 윗도리
* 통정: 통사정. 딱하고 안타까운 형편을 털어놓고 말함
* 명도: 마마를 앓다가 죽은 어린 계집아이의 귀신

점검! **수능 강의**

1. 인물의 특성
  - 성기: 역마살을 타고난 인물로, 계연과의 사랑이 좌절되면서 역마살을 극복하지 못하고 운명에 순응하여 고향을 떠남
  - 옥화: 성기의 어머니. 체 장수의 딸. 아들의 역마살을 없애려고 노력하나 실패하고 운명에 순응함
  - 계연: 체 장수의 딸. 옥화의 이복 자매. 성기와 사랑을 이루지 못하고 아버지를 따라 떠남
  - 체 장수: 옥화와 계연의 아버지로, 역마살을 타고남

2. 개인과 운명의 갈등

성기의 소망	성기의 운명
계연과 결혼하여 정착해 사는 삶	역마살에 따라서 떠돌아다니는 삶

개인(성기)이 운명(역마살)에 순응하면서 갈등이 해소됨

3. '화개 장터'의 의미
  길 위를 떠도는 역마살이 낀 인생들이 모였다가 흩어지며 세 갈래의 갈림길을 두고 만남과 이별을 반복하는 공간으로, 갈등의 원인이 되는 역마살을 효과적으로 부각함

4. '세 갈래 길'의 의미

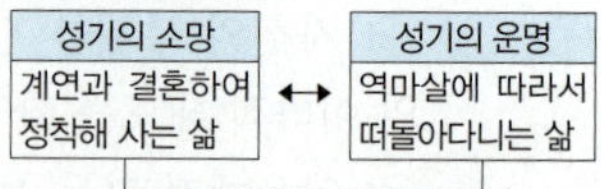

화갯골로 난 길	지금까지 성기가 살았던 곳을 향한 길(과거의 삶)
구례로 난 길	계연이 떠나간 길(운명을 거역하는 삶)
하동으로 난 길	성기가 선택한 길(운명에 순응하는 삶)

  그의 발 앞에는, 물과 함께 갈려 길도 세 갈래로 나 있었으나, 화갯골 쪽엔 처음부터 등을 지고 있었고, 동남으로 난 길은 하동, 서남으로 난 길이 구례, 작년 이맘때도 지나 그녀가 울음 섞인 하직을 남기고 체 장수 영감과 함께 넘어간 산모퉁이 고갯길은 퍼붓는 햇빛 속에 지금도 환히 장터 위를 굽이돌아 구례 쪽을 향했으나, 성기는 한참 뒤, 몸을 돌렸다. 그리하여 그의 발은 구례 쪽을 등지고 하동 쪽을 향해 천천히 옮겨졌다. / 한 걸음, 한 걸음, 발을 옮겨 놓을수록 그의 마음은 한결 가벼워져, 멀리 버드나무 사이에서 그의 뒷모양을 바라보고 서 있을 어머니의 주막이 그의 시야에서 완전히 사라져 갈 무렵 해서는, 육자배기 가락으로 제법 콧노래까지 흥얼거리며 가고 있는 것이었다.

– 김동리, 〈역마(驛馬)〉

---

1 윗글을 통해 알 수 있는 내용으로 적절하지 <u>않은</u> 것은?

① 성기는 계연이 떠난 뒤 약 일 년 동안을 앓아누워 있었다.
② 옥화는 성기가 마음을 추스르는 것을 보고 명도를 불렀다.
③ 성기는 옥화의 주막에서 멀어질수록 홀가분한 마음이 들었다.
④ 옥화는 계연이 자신의 이복동생이므로 성기와 혼인을 할 수 없다고 생각했다.
⑤ 성기는 옥화가 계연을 떠나보낸 이유를 들은 뒤 정착하는 삶을 살지 않겠다고 말했다.

2 〈보기 1〉을 참고하여 〈보기 2〉를 바르게 구분한 것은?

> ──── 보기 1 ────
>
> 〈역마〉는 역마살로 대표되는 한국의 전통적 운명 의식과 그에 순응하는 인간상을 그리고 있는 소설이다. 여기에서 '역마살'이란 한곳에 안주하지 못하고 길 위를 떠도는 삶을 의미하는데, 작품의 주인공인 성기는 그의 운명인 역마살에 순응하는 삶을 선택한다.

> ──── 보기 2 ────
>
> ㉠ 장가들어 살림을 함　　　㉡ 화갯골 쪽을 향함
> ㉢ 하동 쪽을 향함　　　　　㉣ 구례 쪽을 향함

	운명을 거역하는 삶	운명을 따르는 삶
①	㉠	㉡, ㉢, ㉣
②	㉠, ㉡	㉢, ㉣
③	㉡, ㉢	㉠, ㉣
④	㉠, ㉡, ㉣	㉢
⑤	㉣	㉠, ㉡, ㉢

3 윗글의 주제 의식을 고려할 때, 화개 장터 의 의미로 가장 적절한 것은?

① 개인과 집단의 욕망이 충돌하는 공간
② 전통 문화와 서구 문화가 융합하는 공간
③ 물질에 대한 인간의 탐욕을 상징하는 공간
④ 힘겹고 고단한 삶의 아픔을 치유하는 공간
⑤ 대를 잇는 운명의 순환성을 보여 주는 공간

4 윗글에 대한 설명으로 적절한 것은?　　　[평가원 기출]

① 과거 장면을 삽입하여 인물들의 관계를 드러내고 있다.
② 다른 장소에서 동시에 벌어진 사건들을 병치하고 있다.
③ 의식의 흐름을 통해 사건을 요약적으로 진술하고 있다.
④ 상상적 공간을 배경으로 삼아 허구성을 강화하고 있다.
⑤ 등장인물의 독백을 직접 인용하여 내면을 보여 주고 있다.

5 〈보기〉를 참고하여, 윗글을 감상한 내용으로 적절하지 <u>않은</u> 것은?　　　[평가원 기출]

> ──── 보기 ────
>
> ㄱ. 김동리는 〈역마〉의 인물들을 통해, 운명을 수용하는 것이 운명에 패배하는 것이 아니라 세계와 조화되는 것이며, 이는 우리 민족의 전통적 삶의 방식이라고 여겼다.
> ㄴ. 〈역마〉의 인물들이 보여 주는 생각과 행동은 적극적이지 않고 비합리적이어서, 주체적으로 자기 삶의 방향을 결정하는 현대인들이 공감하기 힘들다는 비판이 있다.

① ㄱ에 따르면, 성기와 계연의 이별 장면은 한국인의 전통적 삶의 방식을 보여 주는 장면이군.
② ㄱ에 따르면, 엿장수가 되어 떠나는 성기의 행동은 세계와 조화를 이루는 행동이군.
③ ㄴ에 따르면, 성기를 떠난 계연은 전통적 인물이면서도 삶의 방향을 스스로 결정하는 주체적인 인물이군.
④ ㄴ에 따르면, 명도를 불러 보고 그가 한 말을 받아들이는 옥화는 비합리적인 인물이군.
⑤ ㄴ에 따르면, 하동 쪽으로 발을 옮겨 놓는 성기는 소극적 삶의 자세를 보여 주는 인물이군.

07 무정

[앞부분의 줄거리] 박영채와 혼인하고자 했던 이형식은 영채가 죽은 줄로만 알고 김 장로의 청을 수락하여 김선형과 약혼한다. 그런데 선형과 미국으로 유학을 가기 위해 우선과 함께 올라탄 기차에서 형식은 영채를 만나고 충격을 받는다.

⊙"미국 가기를 중지할 테여…… 그것이 옳은 일이지…… 응, 그리할라네."

하면서 ㉮우선의 손을 놓고 차실로 들어가려 한다. 우선은 손을 잡아 ㉯형식을 끌어당기며,

"자네 미쳤단 말인가. 이리 좀 오게." / 형식은 멀거니 섰다.

"ⓛ자네 지금 정신이 산란하였네. 미국 가기를 중지한다는 것이 무슨 소리여."

"아니! 저편은 나를 위해서 목숨까지 버리려고 하는데 나는 이게 무슨 일인가. 나는 선형 씨한테 이 뜻을 말하고 약혼을 파하겠네. 그것이 옳은 일이지."

"그러면 영채하고 혼인한단 말이지?" / ⓒ"응, 그렇지. 그것이 옳지."

"영채는 자네와 혼인을 한다던가." / "그런 말은 없어."

[A]

"만일 영채가 자네와 혼인하기를 싫다 하면 어쩔 텐가."

형식은 한참 생각하더니, / "그러면 일생 혼인 말고 지내지…… 절에 가서 중이 되든지."

우선은 마침내 껄껄 웃으며, / "지금 자네가 좀 노보세[上氣]했네*. 참 자네는 어린아일세. 세상이 무엇인지를 모르네그려. 행여 꿈에라도 그런 생각 내지 말고 어서 미국이나 가게."

㉣"그러면 저 사람을 버리고?"

"버리는 것이 아니지. 일이 이미 그렇게 되었으니까. 이제 그런 생각을 하면 무엇 하나. 또 영채 씨도 동경에 유학도 하게 되었고, 하니까 ㉤피차에 공부나 잘하고 장래에 서로 남매 삼아 지내게그려. 그런 어림없는 미친 소리는 다 집어치고……."

하면서 형식의 등을 툭 친다.

팔에 붉은 헝겊 두른 차장이 지나가다가 두 사람을 슬쩍 본다. 형식은 자리에 돌아와 뒤에 몸을 기대고 가만히 눈을 감았다. 선형은 조는지, 무슨 생각을 하는지 그린 듯이 기대어 앉았다. / 형식의 가슴속에는 새로운 의문 하나가 일어난다. / 대체 자기는 누구를 사랑하는가. 선형인가, 영채인가. 영채를 대하면 영채를 사랑하는 것 같고, 선형을 대하면 선형을 사랑하는 것 같다. 아까 남대문에서 차를 탈 때까지는 자기는 오직 선형에게 몸과 마음을 다 바친 듯하더니, 지금 또 영채를 보매, 선형은 둘째가 되고 영채가 자기의 사랑의 대상인 듯도 하다. 그러다가 또 앞에 앉은 선형을 보매 '이야말로 내 아내, 내 사랑하는 아내'라는 생각도 난다.

자기는 선형과 영채를 둘 다 사랑하는가. 그렇다 하면 동시에 두 사람을 다 같이 사랑할 수가 있을까. 남들이 하는 말을 듣거나, 자기가 지금껏 생각하여 온 바로 보건대, 참된 사랑은 결코 동시에 두 사람 이상에 향할 수 없는 것이어늘, 지금 자기의 마음은 어떠한 상태에 있나. 〈중략〉

그는 사랑이란 것을 인류의 모든 정신 작용 중에 가장 중하고 거룩한 것의 하나인 줄을 믿는다.

그러므로 자기가 선형을 사랑하는 것은 자기에게 대하여서는 극히 뜻이 깊고 거룩한 일이요, 자기의 동포에게 대하여서는 큰 정신적 혁명으로 생각한다. 그러므로 형식의 사랑에 대한 태도는 종교적으로 진실하고 경건한 것이었다. 사랑을 인생의 전체라고까지는 생각하지 않는다 하더라도 사랑에 대한 태도로 족히 인생에 대한 태도를 결정할 수 있다고 믿는다. 그러나 이제 생각하여 보건대 자기의 선형에게 대한 사랑은 너무 유치한 것이었다. 너무 근거가 박약하고 내용이 빈약한 것이었다. / 형식은 오늘 저녁에 이것을 깨달았다. 깨달으매 슬펐다. 마치 자기가 인생 경력을 다 들여서 하여 오던 사업이 일조에 헛된 것인 줄을 깨달은 듯한 실망을 맛보았다. 그와 함께 자기의 정신의 발달한 정도가 아직도 극히 유치함을 깨달았다. 자기는 아직 인생을 깨달을 때도 아니요, 따라서 사랑을 의논할 때도 아님을 깨달았다.

그러므로 자기가 오늘날까지 여러 학생에게 문명을 가르치고, 인생을 가르친 것이 극히 외람된 일인 줄도 깨달았다. 자기는 아직도 어린아이다. 마치 어른 없는 사회에 처하였으므로 스스로

점검! **내신 강의**

- **갈래** 장편 소설, 계몽 소설, 연재 소설
- **성격** 계몽적, 민족주의적, 사실적
- **배경** [시간적] 1910년대(근대 초기) [공간적] 경성, 평양 등
- **시점** 전지적 작가 시점
- **주제** 민족적 현실의 자각과 새로운 사회에 대한 열망, 자유연애 사상의 고취
- **특징**
  ① 현대 장편 소설의 효시임
  ② 민족의식 고취와 자유연애 사상이라는 계몽성과 대중성을 갖춤

▼ 어휘 풀이
* 노보세했네: 일본어를 차용한 표현으로 '흥분했네'의 뜻임

점검! **수능 강의**

1. 인물의 특성
- 이형식: 개화기의 지식인. 신학문을 배워 민중 계몽에 앞장서겠다는 의지를 지님
- 김선형: 개화한 신여성. 신교육을 받음
- 박영채: 순종적인 여인으로 집안이 몰락해 어린 나이에 기생이 됨. 병욱을 만나 새로운 사상에 눈을 뜨고 그녀의 도움으로 일본 유학을 감
- 신우선: 신문 기자. 적극적이고 호탕함. 민족의식에 눈을 뜨고 민중 계몽에 대한 의지를 다짐

2. 근대 소설적 성격

내용면	• 일상적이고 현실적인 당대인의 삶에서 소재를 취함 • 서구적 가치관(자유연애 사상)을 지향함
형식면	• 근대화한 현실과 인물의 심리를 세밀하게 묘사함 • 구어체 문장을 써서 언문일치에 접근함 • 서술자의 일방적 서술보다 산문적 서술을 중시함

어른인 체하던 것인 줄을 깨달으매 스스로 부끄러운 생각도 난다. / 형식은 생각에 이어 생각을 한다. / 나는 조선의 나갈 길을 분명히 알았거니 하였다. 조선 사람의 품을 이상과, 따라서 교육자의 가질 이상을 확실히 잡았거니 하였다. 그러나 이것도 필경은 어린애의 생각에 지나지 못하는 것이다.

– 이광수, 〈무정〉

---

1 윗글을 통해 알 수 있는 내용으로 가장 적절한 것은?

① 선형은 형식의 갈등을 알아차린 후 형식을 애써 외면하고 있다.
② 우선은 형식에게 형식과 영채의 장래 관계에 대한 조언을 하고 있다.
③ 우선은 형식이 절에 가서 중이 되겠다는 말을 종교적인 이유를 들어 비난하고 있다.
④ 우선은 영채가 혼인을 결심한다면 형식이 유학을 포기하는 것을 당연하다고 여기고 있다.
⑤ 형식은 영채를 더 사랑하므로 선형에게 파혼을 요청하는 일이 옳은 일이라고 판단하고 있다.

2 [A]에서 ㉮와 ㉯의 말하기 방식에 대한 설명으로 가장 적절한 것은?

① ㉮는 상대방의 생각에 대한 문제점을 지적하고 있다.
② ㉯는 시대적 사명을 명분으로 자신의 주장을 강화하고 있다.
③ ㉯는 극단적인 상황을 가정하여 최악의 결과를 제시하고 있다.
④ ㉮는 ㉯와 달리 과거에 자신이 경험한 내용을 근거로 주장의 정당성을 확보하고 있다.
⑤ ㉯는 ㉮와 달리 상대방을 인신공격하며 자신에게 제안하는 바를 거절하고 있다.

3 ㉠~㉤에 대한 설명으로 적절하지 <u>않은</u> 것은?

① ㉠: 영채에 대한 미안함 때문에 미국행을 포기하는 것이 옳다는 인식이 드러나고 있다.
② ㉡: 영채에 대한 의리를 지키기 위해 선형과의 혼인 약속을 깨는 것이 비상식적이라는 인식이 드러나고 있다.
③ ㉢: 영채와 혼인하기 위해서는 선형과의 약혼을 유지할 수 없으므로, 약혼을 파하는 것이 옳다는 인식이 드러나고 있다.
④ ㉣: 영채를 버리고 미국행을 선택하는 것과 선형과 혼인하는 일이 동시에 이루어질 수 없다는 인식이 드러나고 있다.
⑤ ㉤: 영채는 동경으로, 형식은 미국으로 유학 가서, 미래에는 새로운 관계를 맺는 것이 낫겠다는 인식이 드러나고 있다.

4 어린아이와 어른을 이해한 내용으로 가장 적절한 것은?
[수능 예비 시행 기출]

① 어린아이가 윤리적으로 순결한 자라면, 어른은 윤리적으로 타락한 자이다.
② 어린아이가 권력에 복종하는 사회적 약자라면, 어른은 약자를 지배하는 권력자이다.
③ 어린아이가 새로운 풍습에 적응하는 자라면, 어른은 기존의 풍습에 얽매인 자이다.
④ 어린아이가 외부 세계의 충격에 위축되는 자라면, 어른은 외부 세계의 충격에 유연하게 대응하는 자이다.
⑤ 어린아이가 공동체의 이상을 관념적으로 받아들이고 있는 자라면, 어른은 공동체의 이상을 체득한 자이다.

5 〈보기〉를 바탕으로 윗글을 감상한 내용으로 적절하지 <u>않은</u> 것은?
[수능 예비 시행 기출 응용]

> ▸ 보기 ◂
>
> 연애는 감정의 주체로서 개인을 전제한 근대적인 관념이었다. 따라서 연애는 개인에게는 자아를 자각하는 중요한 계기로 작용했고, 사회에는 자유로운 배우자 선택의 근거로 작용함으로써 가족 제도의 변혁을 유도했다. 연애는 근대적 삶의 실천으로 인식되었고, 〈무정〉은 '연애에 기초한 혼인'을 형상화함으로써 계몽성을 드러냈다. 나아가 사랑의 갈등을 겪는 가운데 스스로를 민족 계몽의 선각자로 자부했던 '형식'은 자신의 내면에서 결핍을 발견하게 된다.

① 사랑의 대상을 혼인의 대상으로 삼아야 한다고 고민하는 형식의 모습은, 연애에 기초한 혼인의 문제를 고민하는 개인을 형상화한 결과이겠군.
② 사랑의 대상이 누구인지 자문하는 형식의 모습은, 감정의 주체로서의 개인을 통하여 근대적 관념으로서의 연애를 서사화한 결과이겠군.
③ 사랑을 개인의 일로만 국한하지 않고 민족에 대한 정신적 혁명의 일환으로 생각하는 형식의 모습은, 근대적 삶의 실천으로서의 연애가 계몽성을 지녔음을 보여 주는군.
④ 인생의 사업이 하루아침에 헛된 것임을 깨닫고 실망하는 형식의 모습은, 연애의 실천에서 겪는 어려움이 근대적 자아의 자각에도 부정적으로 영향을 미치고 있음을 드러내는군.
⑤ 사랑의 진실을 확인함으로써 인생에 대한 자신의 깨달음을 성찰하는 형식의 모습은, 연애를 고민하는 개인적 경험을 통해 내면의 결핍이라는 새로운 진실에 접근하는 모습을 보여 주는군.

08 나목(裸木)

가 나는 어머니가 싫고 미웠다. 우선 어머니를 이루고 있는 그 부연 회색이 미웠다. 백발에 듬성듬성 검은 머리가 궁상맞게 섞여서 머리도 회색으로 보였고 입은 옷도 늘 찌들은 행주처럼 지쳐 빠진 회색이었다. / ⓐ그러나 무엇보다도 견딜 수 없는 것은 그 회색빛 고집이었다. 마지못해 죽지 못해 살고 있노라는 생활 태도에서 추호도 물러서려 들지 않는 그 무섭도록 딴딴한 고집. 나의 내부에서 꿈틀대는, 사는 것을 재미나 하고픈, 다채로운 욕망들은 이 완강한 고집 앞에 지쳐 가고 있었다.

회색빛 벽지에 몸을 기대듯이 앉은 어머니의 부영고도 고집스러운 모습, 의치를 빼놓은 입의 보기 싫은 다묾새, 이런 것들을 피하듯이 나는 건넌방으로 건너와 불을 켰다.

혁이 오빠와 욱이 오빠가 같이 쓰던 장방형의 드넓은 방은 전압이 낮은 30촉의 전등으로 고루 비추기에는 너무 넓었다. 네 귀퉁이가 어두운 채 남겨진 불그죽죽한 밝음 속에서 나는 세차게 몸서리를 쳤다. 나는 나를 둘러싼 이 우울한 외로움에 좀처럼 익숙해질 수 없었다.

"그때는 좋았었지……." / ⓑ늙은이처럼 푸듯이 뇌까리며 벽에 걸린 기타의 젤 굵은 줄을 엄지와 집게로 잡았다 놓으니 음산한 저음이 둔중하게 울렸다. 욱이 오빠 손에서 갖가지 재미나는 가락을 내던 것 — 기타 소리뿐이었을까? 그때의 생활은 온통 소란스럽고도 신나는 음향으로 가득 차 있었던 것 같다. 음향뿐이 아니다. 여러 가지 색채, 위태롭도록 다채롭고 현란한 색채가 있었던 것 같다.

벽면을 가득히 메운 잡다한 것들 — 압정으로 가로세로 혹은 비스듬히 눌러놓은 각종 기념사진, 배우들의 브로마이드, 서툰 데생, 제법 그럴듯한 수채화, 그림엽서, 괴물처럼 늘어진 야구 글러브, 때 묻은 유도복 — 어떤 용한 무당도 아마 이 방주인들의 취미나 생활을 점칠 수는 없으리라.

그들은 늘 몹시 바빴고, 난 또 얼마나 바빴었을까. 세상에는 재미난 일들이 너무나 많았고 좋아할 것이 연달아 널려 있어서 혁이 오빠도 욱이 오빠도 눈이 돌 지경이었고, 난 또 그것을 덩달아 하느라 신이 났다. / 우리 집에 무상출입하는 오빠들의 유쾌한 친구들을 좋아했고, 그들이 즐기는 스포츠와 유행 음악에 덩달아 열중했고, 그들이 반한 영화배우에 나도 반했고, ⓒ그리고 부드럽고 말랑한 손과 구수한 음식 솜씨를 가진 우리들의 어머니를 또한 얼마나 사랑했던가.

나는 벽면의 난잡한 진열품들을 샅샅이 훑어보고 나서 다시 한 번 기타 줄을 튕기고 자리에 엎드렸다. / 가슴 밑 명치께가 요사이 늘 그렇듯이 체증 비슷한 거북함으로 보깨기 시작했다. 나는 엎드린 채 그 밑에 베개를 괴고 지그시 눌렀다. 난 알고 있었다. 그 속에서 사랑하고픈 마음이 얼마나 세차게 꿈틀대고 있는지를. / 그러나 도대체 누구를 덩달아, 누구를, 무엇을 좋아할 수 있을 것인가? 〈중략〉 그들이 없는 지금 우리들이 함께 그렇게도 사랑하던 어머니까지도 어쩌면 그렇게 보기 싫게 퇴색해 버리는 것일까?

나 ⓓ나는 어머니의 까실한 손이 똑 알맞게 말랑말랑해질 때까지 정성껏 애무하며, 어머니에 대한 사랑과 나의 미래에의 꿈을 마음껏 누렸다. / "가엾은 나의 엄마. 엄마가 그런 걸 보셨다니. 우리 엄마가 그런 걸 보실 수가 있을 줄이야. 그렇지만 엄마, 저를 위해서라도 오래오래 사셔야 돼요. 이렇게 제가, 엄마의 딸이 있잖아요. 제가 엄마를 행복하게 해 드리겠어요. 오빠들 몫까지 효도를 하고 말고요. 가엾은 나의 엄마, 빨리빨리 나으셔야 돼요."

나는 어머니의 손을 내 손 사이에 받들고 기도 드리듯이 경건하게 어머니의 쾌유를 빌었다.

어머니가 별안간 눈을 크게 떴다. 처음엔 눈이 부신 듯이 가늘게 그러다가 점점 크게 열리며 내 눈과 마주쳤다. / "엄마, 나예요, 경아." / 나는 벅찬 탄성을 질렀다. 참으로 오랜만에 어머니의 눈에 부연 안개가 걷히고 어떤 감정이 담겼다. 나는 내 시선을 조금이라도 어머니로부터 비끼면 모처럼 돌아온 어머니의 영혼이 다시 훌쩍 떠나 버릴 것 같아 열심히 어머니의 눈에 눈을 맞추었다.

그러나 빛나던 어머니의 눈이 점점 귀찮다는 듯이 게슴츠레 감기며 나에게 잡혔던 손을 슬그머니 빼내고 부시시 돌아눕더니 휴 하고 땅이 꺼질 듯한 한숨을 쉬었다.

· 점검! 내신 강의

- **갈래** 장편 소설, 전후 소설, 성장 소설
- **성격** 체험적, 고백적, 회상적
- **배경** [시간적] 6·25 전쟁 당시와 10년 후 [공간적] 서울
- **시점** 1인칭 주인공 시점
- **주제** 전쟁의 상처를 극복한 정신적 성숙과 진정한 예술가의 삶
- **특징**
  ① 주인공의 정신적 성숙 과정을 다룸
  ② 전쟁이라는 혼란한 상황을 배경으로 다양한 갈등 양상을 보여 줌
- **제목 '나목'의 의미**

  > 6·25 전쟁 중 옥희도의 집에서 본 그림 속 나무인 '고목(枯木)'은 전쟁 당시의 참담한 시대상과 더불어 주인공인 '나'의 심리적 방황을 나타냄

  ↓

  > 10년 후 똑같은 그림에서 발견하게 된 '나목(裸木)'은 전쟁의 상처를 딛고 새로운 희망을 지니고자 하는 '나'의 의지와 암울한 시대 속에서도 예술가의 혼을 불태웠던 옥희도의 치열한 삶을 상징함

· 점검! 수능 강의

1. 서술상의 특징
- 대상에 대한 객관적 진술보다는 자신의 느낌에 대한 주관적 진술이 주로 나타남
- 과거의 삶에 매몰되어 현재의 삶에 의욕이 없는 어머니의 모습을 색채 이미지로 표현함

2. 다양한 갈등 양상
전쟁 중 두 아들을 잃고 슬퍼하는 어머니와 혼자 살아남았다는 죄책감에 시달리는 '나'의 가족 간 갈등뿐 아니라, 생존을 위해 몸부림치는 극한의 전쟁 상황에서의 사회와 인간 간 갈등, 미군들과 한국인들의 민족 간 갈등 등 다양한 갈등 양상이 나타남

3. 체험 소설로서의 특징
박수근 화백은 한때 생활고를 해결하기 위해 미군 부대 초상화부에서 일한 적이 있었는데, 그때 박완서가 본 그의 그림 〈나무와 두 여인〉에 대한 인상이 소설 〈나목〉으로 형상화됨.

"어쩌면 하늘도 무심하시지. 아들들은 몽땅 잡아가시고 계집애만 남겨 놓으셨노."

나는 비실비실 일어섰다. 간신히 안방 미닫이를 열고 대청으로 나왔다. ⓔ시야가 부옇게 흐려 보였다. 나는 그 부연 것을 헤치려고 자꾸만 눈을 꿈벅이며 북창문을 열었다. 우수수하고 스산한 바람이 치마폭으로 펄렁 안겨 왔다. 나는 맥없이 몸을 떨었다. 바람이 다시 뒷마당을 골고루 휩쓸었다. 쏴아 하고 정원수들이 상쾌하고도 춥디추운 소리를 냈다. 나는 비로소 자지러지게 노오란 은행나무를 보았다. 화려한 광경이었다. / 그는 얼마나 풍부한 의상을 걸쳤기에 저렇게 노란 빛들을 마구 쏟아 놓고도 저렇게 변함없이 아름다울 수 있는 걸까? 그것은 꽃보다도 훨씬 찬란했다.

– 박완서, 〈나목(裸木)〉

---

1 윗글의 서술상 특징으로 가장 적절한 것은?

① 서술자의 자기 고백적 진술을 통해 내면을 드러내고 있다.
② 주변 인물이 주인공의 행동을 관찰한 결과를 서술하고 있다.
③ 서술자가 관찰자의 입장에서 객관적으로 사건을 전달하고 있다.
④ 작품 외부 서술자의 시점을 통해 갈등 상황을 부각하고 있다.
⑤ 여러 인물의 내면을 직접 서술하여 인물의 특징을 나타내고 있다.

2 ⒜~ⓔ에 대한 이해로 적절하지 않은 것은?

① ⒜: 과거에 매몰되어 있는 어머니의 모습을 색채어로 표현하고 있다.
② ⒝: 대상의 부재에서 생기는 안타까움이 청각적 이미지로 형상화되고 있다.
③ ⒞: 현재의 무기력한 어머니의 모습과 대비되는 밝은 모습을 감각적 표현으로 드러내고 있다.
④ ⒟: 자신을 못마땅해하는 어머니와의 화해를 위한 행위가 촉각적 표현으로 제시되고 있다.
⑤ ⓔ: 어머니의 말을 들은 후의 심리적 충격을 시각적 표현을 빌려 나타내고 있다.

3 노오란 은행나무 에 대한 설명으로 적절한 것은?

① '나'의 암울한 심정과 대비되는 대상이다.
② 미래에 대한 희망을 발견하게 하는 계기이다.
③ 가족의 의미를 새롭게 인식하게 하는 소재이다.
④ 어머니와 '나'의 갈등을 해소하게 하는 매개체이다.
⑤ 오빠들을 그리워하는 어머니의 심리를 드러내는 소재이다.

4 윗글을 〈보기〉와 같은 구조로 이해할 때, ㉠~㉢에 대한 설명으로 적절하지 않은 것은? [전국연합 기출]

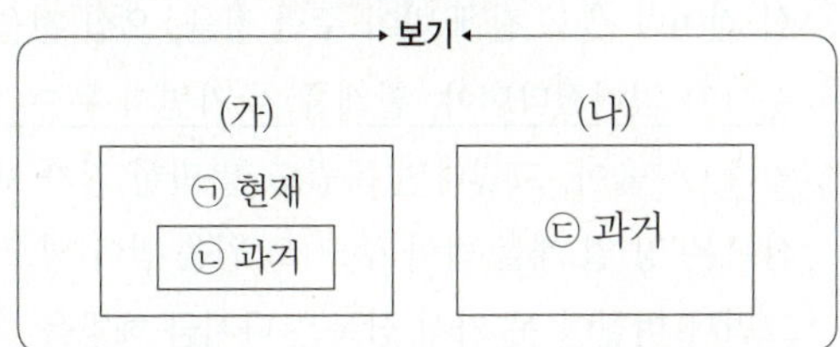

① 시간상으로 ㉢은 ㉠과 ㉡ 사이에 일어난 사건이다.
② ㉠에 나타나는 '나'의 외로움은 ㉡과 관련이 있다.
③ ㉠에 드러나는 '나'의 갈등의 원인을 ㉢을 통해 알 수 있다.
④ 감각적 이미지를 통해 ㉠과 ㉡의 분위기 차이를 드러내고 있다.
⑤ ㉡과 ㉢은 서로 다른 인물의 시각으로 서술되고 있다.

5 윗글을 바탕으로 할 때, 〈보기〉의 ⓐ에 들어갈 내용으로 가장 적절한 것은? [전국연합 기출]

① 퇴색해 버린 '나'의 미래
② 단란했던 시절에 대한 추억
③ 사랑에 대한 욕구를 잃어버린 자신
④ 젊은 나이에 안타깝게 희생된 오빠들
⑤ 삶의 의욕이 전혀 없이 살아가는 어머니

미스터 방

1945년 8월 15일, 역사적인 날. / 이날도 신기료장수 방삼복은 종로의 공원 건너편 응달에 앉아서, 구두 징을 박으면서, 해방의 날을 맞이하였다. 그러나 삼복은 감격한 줄도 기쁜 줄도 모르겠었다. 지나가는 행인이, 서로 모르던 사람끼리면서 덤쑥 서로 껴안고 기뻐하고 눈물을 흘리고 하는 것이, 삼복은 속을 모르겠고 차라리 쑥스러 보일 따름이었다. ㉠몰려 닫는 군중이 오히려 성가시고, 만세 소리가 귀가 아파 이맛살이 찌푸려질 지경이었다. / 몰려다니고 만세를 부르고 하기에 미쳐 날뛰느라고 정신이 없어, 손님이 없어, 손님이 부쩍 줄었다.

"우랄질! 독립이 배부른가?" / 이렇게 그는 두런거리면서 반감이 솟았다.

이삼 일 지나면서부터야 삼복에게도 삼복에게다운 해방의 혜택이 나누어졌다.

십 전이나 십오 전에 박아 주던 징을, 오십 전을 받아도 눈을 부라리는 순사를 볼 수가 없었다. ㉡순사가 없어졌다면야, 활개를 쳐 가면서 무슨 짓을 하여도 상관이 없고 무서울 것이 없던 것이었다. / "옳아, 그렇다면 독립도 할 만한 건가 보다."

삼복은 징 열 개를 박아 주고 오 원을 받아 넣으면서 이렇게 속으로 중얼거리기까지 하였다.

그러나 며칠이 못 가서 삼복은 다시금 해방을 저주하여야 하였다. 삼복이 저 혼자만 돈을 더 받으며, 더 받아 상관이 없는 것이 아니라, 첫째 도가(都家)들이 제 맘대로 재료값을 올리던 것이었었다. 징, 가죽, 고무, 실 모두가 오 곱 십 곱 비싸졌다. 그러니 ㉢신기료장수는 손님한테 아무리 비싸게 받는댔자 재료를 비싼 값으로 사야 하니, 결국 도가만 살찌울 뿐이지 소득은 전과 크게 다를 것이 없었다. / "이런 엠병헐! 그눔에 경제겔 다 어디루 가 뒈졌어. 독립은 우라진다구 독립을 헌담."

[중략 부분의 줄거리] 귀동냥으로 배운 영어를 이용해 미군 장교 S 소위의 통역관이 된 방삼복은 권력을 얻는다. 친일 행위로 모은 재산을 해방 이후에 모두 빼앗긴 백 주사는 방삼복을 만나 자신의 재산을 되찾아 달라고 부탁한다.

[A]
㉣옛날의 영화가 꿈이 되고, 일보에 몰락하여 가뜩이나 초상집 개처럼 초라한 자기가 또 한 번 어깨가 옴츠러듦을 느끼지 아니치 못하였다. 그런 데다 이 녀석이, 언제 적 저라고 무엄스럽게 굴어 심히 불쾌하였고. 그래서 엔간히 자리를 털고 일어설 생각이 몇 번이나 나지 아니한 것도 아니었었다. 그러나 참았다.

보아 하니 큰 세도를 부리는 것이 분명하였다. 잘만 하면 그 힘을 빌려, 분풀이와 빼앗긴 재물을 도로 찾을 여망이 있을 듯싶었다. 분풀이를 하고, 더구나 재물을 도로 찾고 하는 것이라면야 코 삐뚤이 삼복이는 말고, 그보다 더한 놈한테라도 머리 숙이는 것쯤 상관할 바 아니었다.

"그러니, 여보게 미씨다 방……."

있는 말 없는 말 보태 가며 일장 경과 설명을 한 후에, 백 주사는 끝을 맺기를,

"어쨌든지 그놈들을 말이네, 그놈들을 한 놈 냉기지 말구섬 죄다 붙잡아다가 말이네, 괴수놈들 일랑 목을 썰어 죽이구, 다른 놈들일랑 뼉다구가 부러지두룩 두들겨 주구, 꿇어앉히구 항복 받구, 그리구 빼앗긴 것 일일이 도루 다 찾구, 집허구 세간 쳐부신 것 말끔 다 물리구……. 그렇게만 해 준다면, 내, 내, 재산 절반 노나 주문세, 절반. 응, 여보게 미씨다 방."

"염려 마슈." / 미스터 방은 선뜻 쾌한 대답이었다. / "진정인가?"

"머, 지끔 당장이래두, 내 입 한 번만 떨어진다 치면, 기관총 들멘 엠피가 백 명이구 천 명이구 들끓어 내려가서, 들이 쑥밭을 만들어 놉니다, 쑥밭을." / "고마우이!"

백 주사는 복수하여지는 광경을 서언히 연상하면서, 미스터 방의 손목을 덤쑥 잡는다.

"백골난망이겠네." / "놈들을 깡그리 죽여 놀 테니, 보슈." / "자네라면야 어렵지 않겠나."

"흰말이 아니라 참 ○○○ 박사두 내 말 한마디면 고만 다 제바리유."

미스터 방은 그러고는 냉수 그릇을 집어 한 모금 물고 꿀쩍꿀쩍 양치를 한다. ㉤웬 버릇인지, 하여간 그는 미스터 방이 된 뒤로, 술을 먹으면서 양치하는 버릇이 생겼었다. / 양치한 물을 처치하려고 휘휘 둘러보다, 일어서서 노대로 성큼성큼 나간다. 노대는 현관 정통 위였다.

• **점검! 내신 강의**

- **갈래** 단편 소설, 풍자 소설, 세태 소설
- **성격** 풍자적, 해학적, 현실 비판적
- **배경** [시간적] 광복 직후 [공간적] 서울
- **시점** 전지적 작가 시점
- **주제** 광복 직후 권력을 좇는 기회주의적 인간형과 혼란한 사회상 비판
- **특징**
  ① 인물의 희화화를 통해 해학과 풍자의 효과를 높임
  ② 냉소적 어조, 판소리 사설 문체를 사용함

• **점검! 수능 강의**

1. 풍자적 특성
부정적 인물에 대한 희화화, 조롱, 냉소 등을 통해 외세(미국)와 결탁하여 출세를 도모하거나 친일로 부를 축적했다가 권력에 기대어 부를 유지하려는 인간형, 그리고 부정적 인물이 득세하는 불합리하고 부조리한 당시의 사회 상황을 풍자함

2. '방삼복'의 인물 유형
공동체적 삶보다 개인적 삶을 중시하고, 혼란한 상황에 재빠르게 대처하는 기회주의적 인물 → 작가는 방삼복의 자기 과시와 허세를 풍자함으로써 당시의 사회를 살아가는 바람직한 인간상을 역설적으로 드러냄

3. 주제 의식

신기료장수 코삐뚤이 방삼복 → 미국 통역관으로 취직하여 재물을 축적하는 미스터 방 → 어이없는 실수로 모든 것을 잃고 몰락하게 되는 방삼복

↓

광복 직후 외세에 기대어 출세를 지향하는 기회주의자와 혼란한 사회상에 대한 비판

4. '양치'하는 행동의 의미
- 코삐뚤이 방삼복이 미스터 방으로 출세한 후 생긴 버릇인 양치는 세련된 사람인 양 행동하는 인물의 허세로 볼 수 있음
- 방삼복은 노대 위에서 좍 뱉은 양칫물로 인해 한순간에 몰락하고 마는데, 이를 통해 하루아침에 얻은 권세가 얼마나 허망한지 보여 주고 극적인 재미를 유발함

미스터 방이 그 걸쭉한 양칫물을 노대 아래로 아낌없이 좍 뱉는 바로 그 순간이었다. 그 순간이 공교롭게도, 마침 그를 찾으러 온 S 소위가 현관으로 일단 들어서려다 말고(미스터 방이 노대로 나오는 기척이 들렸기 때문에) 뒤로 서너 걸음 도로 물러나,

"헬로." / 부르면서 웃는 얼굴을 쳐드는 순간과 그만 일치가 되었다. / "에구머니!" / 놀라 질겁을 하였으나 이미 뱉어진 양칫물은 퀴퀴한 냄새와 더불어 백절 폭포로 내리쏟아져 웃으면서 쳐드는 S 소위의 얼굴 정통에 가 좌르르. / "유 데블!"

이 기급할 자식이라고 S 소위는 주먹질을 하면서 고함을 질렀고, 그 주먹이 쳐든 채 그대로 있다가, 일변 허둥지둥 버선발로 뛰쳐나와 손바닥을 싹싹 비비는 미스터 방의 턱을, / "상놈의 자식!" / 하면서 철컥, 어퍼컷으로 한 대 갈겼더라고.   – 채만식, 〈미스터 방〉

---

1 윗글에 대한 설명으로 적절하지 **않은** 것은?

① 희화적 상황을 제시하여 웃음을 유발하고 있다.
② 서술자가 인물의 태도와 심리를 직접 서술하고 있다.
③ 인물의 말과 행동에서 기회주의적 태도가 드러나고 있다.
④ 시대적 배경을 명확하게 알려 주는 표현들이 사용되고 있다.
⑤ 인물 간의 뒤바뀐 처지를 병렬하여 사건을 속도감 있게 전개하고 있다.

2 윗글의 발표 학습을 위해 〈보기〉와 같이 메모를 해 보았다. 빈칸에 들어갈 내용으로 가장 적절한 것은?

> → 보기 ←
>
> 이 글의 작가는 일제 강점기와 해방 후의 시대를 배경으로 여러 인물들을 비판적 시각에서 제시하고 있다. 이 글에 등장하는 '방삼복'과 '백 주사'도 (   )이라는 점에서 작가에게는 같은 부류로 인식되고 있는데, 여기에서 작가는 인물에 대한 냉소적 시선을 바탕으로 인물의 부정적 특성을 풍자하고 있다.

① 남의 성공을 시기하는 인물
② 자신의 권력으로 상대를 현혹시키는 인물
③ 허세에 들떠서 남의 시선만 의식하는 인물
④ 자신의 이익을 위해 강자에게 기대는 인물
⑤ 시대의 흐름을 인식하지 못하고 변절을 일삼는 인물

3 [A]에서 짐작할 수 있는 백 주사의 심리로 가장 적절한 것은?

① 방삼복에게 도움을 요청하면 '도둑놈 문 열어 준 셈'이 될 텐데.
② 이런 일에 내가 나서면 '모기 보고 칼 빼기'하는 격이니 방삼복에게 맡겨야겠어.
③ '앞에서 꼬리 치는 개가 후에 발뒤꿈치 문다'고 방삼복이 내게 이런 취급을 하다니.
④ '소도 언덕이 있어야 비빈다'고 방삼복의 세도라도 빌려야 복수도 하고 재산도 되찾을 수 있겠지.
⑤ 방삼복은 '물에 빠진 놈 건져 놓으니까 내 봇짐 내라 한다'는 말처럼 할 놈인데 부탁하는 게 맞을까?

4 윗글의 서술상 특징으로 가장 적절한 것은?
[평가원 기출]

① 서술자가 자신의 이야기를 중심으로 사건을 전개하고 있다.
② 서술자를 작중 인물로 설정하여 사건의 현장감을 높이고 있다.
③ 서술자가 작중 상황과 사건을 전지적 시점으로 전달하고 있다.
④ 서술자가 회상을 통해 외부 이야기에서 내부 이야기로 이동하고 있다.
⑤ 서술자는 과거와 현재를 반복적으로 교차시켜 사건에 입체감을 부여하고 있다.

5 ㉠~㉤에 대한 설명으로 적절한 것은?
[평가원 기출]

① ㉠: 새로운 국가의 미래를 비관적으로 전망하는 인물의 복잡한 심정을 표현한다.
② ㉡: 치안 부재의 상황으로 인해 야기된 인물의 슬픔과 분노를 표현한다.
③ ㉢: 물가 상승으로 대표되는 경제 상황에 대한 인물의 불편한 심경을 표현한다.
④ ㉣: 전통 윤리를 회복해 타락한 세태를 견뎌 내고자 하는 인물의 의지를 표현한다.
⑤ ㉤: 새로운 생활 문화를 체험하며 나타나는 인물의 혼란스러운 내면을 표현한다.

10 날개

아내는 너 밤새워 가면서 도둑질하러 다니느냐, 계집질하러 다니느냐고 발악이다. 이것은 참 너무 억울하다. 나는 어안이 벙벙하여 도무지 입이 벌어지지를 않았다.

너는 그야말로 나를 살해하려던 것이 아니냐고 소리를 한번 꽥 질러 보고도 싶었으나 그런 긴가민가한 소리를 섣불리 입 밖에 내었다가는 무슨 화를 볼는지 알 수 있나. 차라리 억울하지만 잠자코 있는 것이 우선 상책인 듯싶이 생각이 들길래 나는 이것은 또 무슨 생각으로 그랬는지 모르지만 툭툭 털고 일어나서 내 바지 포켓 속에 남은 돈 몇 원 몇십 전을 가만히 꺼내서는 몰래 미닫이를 열고 살며시 문지방 밑에다 놓고 나서는 그냥 줄달음박질을 쳐서 나와 버렸다.

여러 번 자동차에 치일 뻔하면서 나는 그래도 경성역으로 찾아갔다. 빈자리와 마주 앉아서 이 쓰디쓴 입맛을 거두기 위하여 무엇으로나 입가심을 하고 싶었다.

커피—. 좋다. 그러나 경성역 홀에 한 걸음 들여놓았을 때 나는 내 주머니에는 돈이 한 푼도 없는 것을, 그것을 깜빡 잊었던 것을 깨달았다. 또 아뜩하였다. 나는 어디선가 그저 맥없이 머뭇머뭇하면서 어쩔 줄을 모를 뿐이었다. 얼빠진 사람처럼 그저 이리 갔다 저리 갔다 하면서…….

나는 어디로 어디로 들입다 쏘다녔는지 하나도 모른다. 다만 몇 시간 후에 내가 ㉮미쓰코시* 옥상에 있는 것을 깨달았을 때는 거의 대낮이었다. 나는 거기 아무 데나 주저앉아서 내 자라 온 스물여섯 해를 회고하여 보았다. 몽롱한 기억 속에서는 이렇다는 아무 제목도 불거져 나오지 않았다.

나는 또 내 자신에게 물어보았다. 너는 인생에 무슨 욕심이 있느냐고. 그러나 있다고도 없다고도, 그런 대답은 하기가 싫었다. 나는 거의 나 자신의 존재를 인식하기조차도 어려웠다.

허리를 굽혀서 나는 그저 ㉯금붕어나 들여다보고 있었다. 금붕어는 참 잘들 생겼다. 작은 놈은 작은 놈대로 큰 놈은 큰 놈대로 다 싱싱하니 보기 좋았다. 내리비치는 오월 햇살에 금붕어들은 그릇 바탕에 그림자를 내려뜨렸다. 지느러미는 하늘하늘 손수건을 흔드는 흉내를 낸다. 나는 이 지느러미 수효를 헤어 보기도 하면서 굽힌 허리를 좀처럼 펴지 않았다. 등이 따뜻하다.

나는 또 ㉰회탁의* 거리를 내려다보았다. 거기서는 피곤한 생활이 똑 금붕어 지느러미처럼 흐늑흐늑 허비적거렸다. 눈에 보이지 않는 끈적끈적한 줄에 엉켜서 헤어나지들을 못한다. 나는 피로와 공복 때문에 무너져 들어가는 몸뚱이를 끌고, 그 회탁의 거리 속으로 섞여 들어가지 않는 수도 없다 생각하였다.

나서서 나는 또 문득 생각하여 보았다. 이 발길이 지금 어디로 향하여 가는 것인가를…….

그때 내 눈앞에는 아내의 모가지가 벼락처럼 내려 떨어졌다. ㉱아스피린과 아달린*.

우리들은 서로 오해하고 있느니라. 설마 아내가 아스피린 대신에 아달린의 정량을 나에게 먹여 왔을까? 나는 그것을 믿을 수는 없다. 아내가 대체 그럴 까닭이 없을 것이니. 그러면 나는 날밤을 새면서 도둑질을, 계집질을 하였나? 정말이지 아니다.

우리 부부는 숙명적으로 발이 맞지 않는 ㉲절름발이인 것이다. 내가 아내나 제 거동에 로직을 붙일 필요는 없다. 변해할 필요도 없다. 사실은 사실대로 오해는 오해대로 그저 끝없이 발을 절뚝거리면서 세상을 걸어가면 되는 것이다. 그렇지 않을까?

그러나 나는 이 발길이 아내에게로 돌아가야 옳은가 이것만은 분간하기가 좀 어려웠다. 가야 하나? 그럼 어디로 가나?

㉠이때 뚜— 하고 정오 사이렌이 울었다. 사람들은 모두 네 활개를 펴고 닭처럼 푸드덕거리는 것 같고 온갖 유리와 강철과 대리석과 지폐와 잉크가 부글부글 끓고 수선을 떨고 하는 것 같은 찰나, 그야말로 현란을 극한 정오다.

나는 불현듯이 겨드랑이가 가렵다. 아하, 그것은 내 인공의 날개가 돋았던 자국이다. 오늘은 없는 이 날개, 머릿속에서는 희망과 야심이 말소된 페이지가 딕셔너리 넘어가듯 번뜩였다.

나는 걷던 걸음을 멈추고 그리고 어디 한번 이렇게 외쳐 보고 싶었다.

점검! 내신 강의

- **갈래** 단편 소설, 심리 소설
- **성격** 고백적, 상징적
- **배경** [시간적] 1930년대 [공간적] 경성의 33번지와 거리
- **시점** 1인칭 주인공 시점
- **주제** 무기력한 삶과 자아 분열 속에서 벗어나 본래의 자아를 찾고자 하는 의지
- **특징**
  ① 상징적인 소재를 통해 식민지 지식인의 어두운 내면을 드러냄
  ② 내적 독백을 중심으로 의식의 흐름 기법이 나타남
  ③ 남녀의 관계 역전을 통해 비정상적·분열적인 분위기를 형성함

▼ **어휘 풀이**
* 미쓰코시: 일제 강점기에 서울에 있었던 백화점 이름
* 회탁의: 회색의 탁한
* 아달린: 수면제의 일종

점검! 수능 강의

1. **서술상의 특징**
   의식의 흐름 기법: 주인공인 '나'의 의식의 흐름에 따라 내용이 전개되어 사건 자체도 뚜렷하지 않고 사건들 사이의 연계성도 찾기 힘든데, 이는 '나'가 가진 자의식의 혼란을 그대로 옮겨 놓은 것이라고 볼 수 있음

2. **'날개'의 상징적 의미**
   - 삶의 의미를 찾고 본래의 자아를 회복하고자 하는 열망
   - 현실의 억압으로부터 벗어나 자유로운 삶을 누리고자 하는 의지

3. **'나'의 의식 변화**

방	아내에 의존함, 무기력함

   ↓

거리	아내에게 종속된 삶에서 벗어나려 함

   ↓

정오 사이렌	'나'의 진정한 자아와 자유를 되찾고자 함

4. **인물의 특성**
   - '나': 경제적으로 무능력하며 사회 활동이 전무한 지식인. 아내에게 의존적인 삶을 살다가 본연의 자아를 되찾기 위해 노력함
   - 아내: 매춘부. 남편인 '나'의 정상적 생활을 가로막으며 억압함

ⓐ날개야 다시 돋아라.

날자. 날자. 날자. 한 번만 더 날자꾸나.

한 번만 더 날아 보자꾸나.

– 이상, 〈날개〉

---

1 윗글에 대한 설명으로 가장 적절한 것은?

① 서술 시점의 변화를 통해 사건의 내막을 드러내고 있다.

② 액자식 구성을 통해 인물의 과거 행적을 보여 주고 있다.

③ 과거의 사건을 요약적으로 제시하여 갈등 해결의 방향을 암시하고 있다.

④ 의식의 흐름에 따른 서술 방식을 통해 혼란스러운 내면 심리를 드러내고 있다.

⑤ 인물의 대화와 행동의 구체적인 묘사를 중심으로 사건의 객관성을 획득하고 있다.

2 ㉮~㉺에 대한 이해로 적절하지 <u>않은</u> 것은?

① ㉮: '나'가 방향성을 회복하기 위한 목적으로 찾아간 장소이다.

② ㉯: 굳어 있던 '나'의 의식을 깨우는 역할을 하는 매개체가 된다.

③ ㉰: 혼란스러운 '나'의 눈으로 바라본 도시 공간의 모습을 나타낸 것이다.

④ ㉱: 아내에 대한 '나'의 신뢰가 무너지게 된 이유가 되는 소재이다.

⑤ ㉲: 비정상적인 '나'와 아내의 부부 관계를 단적으로 표현한 말이다.

3 〈보기〉를 참고할 때, ⓐ의 의미로 가장 적절한 것은?

> ► 보기 ◄
>
> 이 작품은 1930년대 경성을 배경으로 경제적으로 무능한 지식인인 주인공의 무기력한 삶을 형상화하고 있다. 작가는 주인공이 아내의 방을 벗어나 외출하는 행위를 매개로 서사 구조를 이끌며 주제를 효과적으로 제시하고 있다. 여기서 '날개'는 주인공을 구속하는 아내의 방과는 대립적 의미로 이해될 수 있는 소재이다.

① 상실한 자아를 회복하고 싶은 의지

② 경제적 궁핍에서 벗어나고 싶은 욕구

③ 아내와의 관계를 회복하고 싶은 소망

④ 시대적 아픔과 모순을 극복하려는 지사적 의지

⑤ 개인적 안주에서 벗어나 사회적 존재로 거듭나고 싶은 소망

4 윗글의 서술적 특징과 효과를 〈보기〉에서 고른 것은?

[평가원 기출]

> ► 보기 ◄
>
> ㄱ. 독백적인 어조로 현실과 단절된 의식 상태를 표현하고 있다.
>
> ㄴ. 단정적이고 객관적인 진술로 사건에 사실성을 부여하고 있다.
>
> ㄷ. 회상의 기법을 사용하여 현재와 과거의 화해를 지향하고 있다.
>
> ㄹ. 비유적 표현으로 인물의 생각과 인상을 구체적으로 제시하고 있다.

① ㄱ, ㄷ　　② ㄱ, ㄹ　　③ ㄴ, ㄷ

④ ㄴ, ㄹ　　⑤ ㄷ, ㄹ

5 ㉠에 관한 설명의 일부인 〈보기〉를 참고하여 윗글을 감상한 내용으로 적절하지 <u>않은</u> 것은?

[평가원 기출]

> ► 보기 ◄
>
> 철학과 문학에서는 전통적으로 시간을 가리키는 말에 함축적인 의미를 부여해 왔다. 특히 독일의 철학자 니체는 '정오'를 각성과 재생의 시간으로 간주했다. '정오'는 인식의 태양이 가장 높이 솟아오른 때라는 것이다.

① '나'의 의식 상태는 ㉠ 이전과 이후로 나누어 볼 수 있겠군.

② '정오'의 사이렌 소리가 '나'의 생명력을 일깨운 것으로 볼 수 있겠군.

③ '정오'의 함축적 의미 때문에 ㉠을 경계로 어조와 분위기가 바뀐 것이겠군.

④ '나'는 '정오'가 되면서 자아의 문제에서 사회의 문제로 시선을 전환하게 되는군.

⑤ 이 작품은 시간의 물리적인 의미보다 심리적인 의미에 중점을 두고 읽어야겠군.

11 무영탑

[앞부분의 줄거리] 화랑도를 숭상하는 '유종'과 당나라를 숭상하는 '금지'는 내심 서로 못마땅해한다. 이런 가운데 '금지'는 아들 '금성'과 '유종'의 딸 '주만'과의 혼사를 진행하려 한다.

설령 금성이가 출중한 재주와 인물을 갖추었다 하더라도 유종은 이 혼인을 거절할밖에 없었으리라. 첫째로 금지는 당학파의 우두머리가 아니냐. 나라를 좀먹게 하는 그들의 소위만 생각해도 뼈가 저리거든 그런 가문에 내 딸을 들여보내다니 될 뻔이나 한 수작인가. 도대체 당학*이 무에 그리 좋은고. 그 나라의 바로 전 임금인 당 명황(唐明皇)만 하더라도 양귀비란 계집에게 미쳐서 정사를 다스리지 않은 탓에 필경 안녹산(安祿山)의 난을 빚어 내어 오랑캐의 말굽 아래 그네들의 자랑하는 장안이 쑥밭을 이루고 천자란 빈 이름뿐, 촉나라란 두메 속에 오륙 년을 갇히어 있지 않았는가. 금지가 당대 제일 문장이라고 추어올리는 이백이만 하더라도 제 임금이 성색에 빠져 헤어날 줄을 모르는 것을 죽음으로 간하지는 못할지언정 몇 잔 술에 감지덕지해서 그 요망한 계집을 칭찬하는 글을 지어 도리어 임금을 부추겼다 하니 우리네로는 꿈에라도 생각 밖이 아니냐. ㉠그네들의 한문이란 난신적자를 만들어 내기에 꼭 알맞은 것이거늘 이것을 좋아라고 배우려 들고 퍼뜨리려 드니 참으로 한심한 노릇이 아니냐. 이 당학을 그대로 내버려 두었다가는 우리나라에도 오래지 않아 큰 난이 일어날 것이요, 난이 일어난다면 누가 감당해 낼 자이랴.

"한 나이나 젊었더면!" / 유종은 이따금 시들어 가는 제 팔뚝의 살을 어루만지면서 한탄한다. 몇 해 전만 해도 자기와 뜻을 같이하는 이가 조정에 더러는 있었지만 어느 결엔지 하나씩 둘씩 없어지고 인제는 ㉡무 밑동과 같이 동그랗게 자기 혼자만 남았다. 속으로는 그의 주의에 찬동하는 이가 없지도 않으련만 당학파의 세력에 밀리어 감히 발설을 못 하는지 모르리라. 지금이라도 젊은이 축 속으로 뛰어 들어가면 동지를 얼마든지 찾아낼는지 모르리라. 아직도 이 나라의 명맥이 끊어지지 않은 다음에야 방방곡곡을 뒤져 찾으면 몇천 명 몇만 명의 화랑도를 닦는 이를 모을 수 있으리라. 그러나 아들이 없는 그는 젊은이와 접촉할 기회조차 없었다. 이런 점에도 그는 아들이 없는 것이 원이 되고 한이 되었다. ㉢이 늙은 향도(香徒)에게 남은 오직 하나의 희망은 자기의 주의 주장에 공명하는 사윗감을 구하는 것이었다. 벌써 수년을 두고 ㉣그럴 만한 인물을 내심으로 구해 보았지만 그리 쉽사리 눈에 뜨이지 않았다. 고르면 고를수록 사람 구하기란 하늘에 별따기보담 더 어려웠다. 유종은 기대고 있던 서안에서 쭉 미끄러지는 듯이 털요 바닥 위에 누웠다. 금지의 청혼을 그렇게 거절한 다음에는 하루바삐 사윗감을 구해야 된다. 금지로 하여금 다시 입을 열지 못 하도록 ㉤다른 데 정혼을 해 놓아야 한다. 그러면 신라를 두 손으로 떠받들고 나아갈 인물이 누가 될 것인가. 삼한 통일 당년의 늠름하고 씩씩한 기풍(氣風)이 당학에 지질리고 문약(文弱)에 흐르는 이 나라를 바로잡을 인물이 누가 될 것인가.

[중략 부분의 줄거리] '유종'이 사위를 구하는 가운데, '주만'이 부여의 천민 석공 '아사달'을 사모하고 있음이 알려진다. 한편 '아사달'은 자신을 찾아온 아내 '아사녀'가 끝내 자신을 만나지 못하고 그림자못에서 죽은 사실을 알게 되자, 그 못 둑에서 '아사녀'를 그리워하는 마음을 돌에 담아 새겨 내는 작업에 몰입한다.

그러나 어느 결엔지 아사녀의 환영은 깜박 사라져 버렸다. 아까까지는 어렴풋이라도 짐작되던 그 흔적마저 놓치고 말았다. 아무리 눈을 닦고 돌 얼굴을 들여다보았으나 눈매까지는 그럴싸하게 드러났지마는 그 아래로는 캄캄한 밤빛이 쌓인 듯 아득할 뿐. 돌을 들여다보면 볼수록 골머리만 부질없이 횡횡 내어 둘리었다. 그러자 문득 그 돌 얼굴이 굼실 움직이는 듯하며 주만의 얼굴이 부시도록 선명하게 살아났다. 마치 어젯밤의 아사녀의 환영 모양으로.

[A]
┌ 그 눈동자는 띠룩띠룩 애원하듯 원망하듯 자기를 쳐다보는 것 같다.
│ "이 돌에 나를 새겨 주세요. 네, 아사달님, 네, 마지막 청을 들어주세요."
└ 그 입술은 달싹달싹 속살거리는 것 같다.

아사달은 정을 쥔 채로 머리를 털고 눈을 감았다. 돌 위에 나타난 주만의 모양은 그의 감은 눈시울 속으로 기어들어 오고야 말았다. 이 몇 달 동안 그와 지내던 가지가지 정경이 그림등 모양으

점검! 내신 강의

- **갈래** 장편 소설, 역사 소설
- **성격** 설화적, 불교적, 비극적, 낭만적
- **배경** [시간적] 신라 경덕왕 시절 [공간적] 서라벌, 부여, 그림자못
- **시점** 전지적 작가 시점
- **주제** 석공의 지고지순한 사랑과 예술 정신, 인간적 고뇌를 극복한 종교 예술의 성취
- **특징**
  ① 불국사의 석탑에 얽힌 설화를 배경으로 창작됨
  ② 천민 석공을 주인공으로 내세워 예술 혼과 민중을 주체로 했다는 점에 의의가 있음

▼ 어휘 풀이
* 당학: 당나라의 학문

점검! 수능 강의

1. 갈등 양상

	전반부
유종의 내적 갈등	딸 주만과 금지의 아들 금성의 혼사를 거절하고 자신의 뜻을 같이할 사윗감을 고르는 일에 고민함

	후반부
아사달의 내적 갈등	아사녀의 모습을 돌에 새기는 과정에서 아사녀와 주만의 환영으로 인해 고뇌함

2. 소재의 의미

- **그림자못**: 아사녀와 아사달이 빠져 죽게 되는 비극적인 장소
- **돌부처 형상**: 아사녀와 주만의 모습이 하나로 조화된 형상으로 아사달과 아사녀, 아사달과 주만의 얽힌 사랑이 종교와 예술에 의해 승화됨을 보여 줌

로 어른어른 지나간다. 초파일 탑돌이할 때 맨 처음으로 마주치던 광경, 기절했다가 정신이 돌아날 제 코에 풍기던 야릇한 향기, 우레가 울고 악수가 쏟아질 적 불꽃을 날리는 듯한 그 뜨거운 입김들…… 아사달은 고개를 또 한 번 흔들었다. 그제야 저 멀리 돈짝만한 아사녀의 초라한 자태가 아른거린다. 주만의 모양을 구름을 헤치고 둥둥 떠오르는 햇발과 같다 하면, 아사녀는 샐녘의 하늘에 반짝이는 별만 한 광채밖에 없었다.

　[B]　┌　물동이를 이고 치마꼬리에 그 빨간 손을 씻으며 배시시 웃는 모양, 이별하던 날 밤 그린 듯이 도사리고 남편을 기다리던 앉음앉음, 일부러 자는 척하던 그 가늘게 떨던 눈시울, 버드나무 그늘에서 숨기던 눈물들…….

　아사달의 머리는 점점 어지러워졌다. 아사녀와 주만의 환영도 흔들린다. 휘술레를 돌리듯 핑핑 돌다가 소용돌이치는 물결 속에서 조각조각 부서지는 달그림자가 이내 한 곳으로 합하듯이, 두 환영은 마침내 하나로 어우러지고 말았다. 아사달의 캄캄하던 머릿속도 갑자기 환하게 밝아졌다. 하나로 녹아들어 버린 아사녀와 주만의 두 얼굴은 다시금 거룩한 부처님의 모양으로 변하였다.

　아사달은 눈을 번쩍 떴다. 설레던 가슴이 가을 물같이 맑아지자, 그 돌 얼굴은 세 번째 제 원불(願佛)로 변하였다. 선도산으로 뉘엿뉘엿 기우는 햇발이 그 부드럽고 찬란한 광선을 던질 제 못물은 수멸수멸 금빛 춤을 추는데 흥에 겨운 마치와 정 소리가 자지러지게 일어나 저녁나절의 고요한 못 둑을 울리었다. / 새벽만 하여 한가위 밝은 달이 홀로 정 자리가 새로운 돌부처를 비칠 제 정 소리가 그치자 은물결이 잠깐 헤쳐지고 풍 하는 소리가 부근의 적막을 한순간 깨트렸다.

– 현진건, 〈무영탑〉

1　윗글에 나타나는 서술상의 특징으로 가장 적절한 것은?

① 인물의 행동은 물론 인물의 심리까지 나타내고 있다.
② 인물 간의 대화를 통해 갈등의 양상을 제시하고 있다.
③ 유년 시절의 묘사를 통해 인물의 성격을 드러내고 있다.
④ 인물이 직접 자신의 생각이나 느낌을 희화화하여 서술하고 있다.
⑤ 서술자를 교체하면서 사건에 대한 여러 가지 시각을 보여 주고 있다.

2　윗글의 내용에 대한 이해로 적절하지 <u>않은</u> 것은?

① '유종'은 자신처럼 화랑도를 숭상하는 사람을 사윗감으로 찾고 있다.
② '유종'은 뜻을 같이 하는 사람들이 점차로 그의 곁을 떠나 결국 고립무원의 신세가 되었다.
③ '유종'은 '금성'이 당나라를 숭상하는 등 능력과 자질 면에서 미흡한 인물이라 판단하고 있다.
④ '아사달'은 새벽이 되어서야 환영을 따라 조각하는 작업을 마칠 수 있었다.
⑤ '아사달'은 '아사녀'의 환영이 사라진 자리에 '주만'의 얼굴이 살아남을 경험했다.

3　㉠~㉤에 대한 이해로 적절하지 <u>않은</u> 것은?

① ㉠: 신라를 '문약'하게 하는 요인이라고 '유종'이 인식하는 대상이다.
② ㉡: '유종'의 외로운 처지를 보여 주는 비유적 표현이다.
③ ㉢: 당학파의 세력을 거부하는 '유종'을 지칭하는 표현이다.
④ ㉣: '유종'이 자신의 이상을 실현하기 위해 원하는 대상이다.
⑤ ㉤: '유종'이 자신과 대립하는 세력과의 연대를 위한 방도이다.

4　윗글에 대한 설명으로 가장 적절한 것은?

[수능 기출 응용]

① 인물들이 겪은 다양한 체험을 삽화 형식으로 나열하고 있다.
② 인물의 의식이 내적 갈등에 초점을 둔 서술 방식을 통해 드러나고 있다.
③ 미래에 대한 낙관적 전망이 신분이 낮은 인물의 발언을 통해 제시되고 있다.
④ 물신주의에 빠진 세태가 탈속적 세계를 지향하는 인물의 비판을 통해 제시되고 있다.
⑤ 권력과 사랑을 동시에 쟁취하여 신분 상승을 도모하는 소외된 개인의 욕망이 구체적인 일화를 통해 드러나고 있다.

5　[A], [B]에 대한 분석으로 가장 적절한 것은?

[수능 기출]

① [A]에는 떠나는 '아사달'에 대한 '주만'의 걱정이 나타나 있다.
② [B]에는 '아사달'과 '아사녀'의 이별의 원인이 제시되어 있다.
③ [B]에는 훗날의 만남에 대한 '아사달'과 '아사녀'의 기약이 나타나 있다.
④ [A]와 [B] 모두에서, 이별한 대상인 '주만'과 '아사녀'를 잊고자 하는 '아사달'의 의지가 직접적으로 드러나 있다.
⑤ [A]의 '주만'의 모습과 [B]의 '아사녀'의 모습은 모두 '아사달'이 그들의 환영을 보는 방식으로 제시되어 있다.

12 파수꾼

촌장: 수고하시는군요, 파수꾼님.

나: 아, 촌장님. 여긴 웬일이십니까?

촌장: 추억을 더듬으러 왔습니다. 이 황야는 내가 어린 시절 야생 딸기를 따러 오곤 했던 곳이지요. 그땐 이리가 무섭지도 않았나 봐요. 여기저기 덫이 깔려 있고 망루 위의 파수꾼이 외치는데도 어린 난 딸기 따기에만 열중했었으니까요. 그 즐거웠던 옛 추억, ㉠오늘 아침 나는 그 추억을 상기시켜 주는 편지를 받았습니다. 그래 이곳엘 찾아온 거예요.

나: 잘 오셨습니다, 촌장님.

촌장: 오래 뵙지 못했더니 그동안 흰머리가 더 많아지셨군요.

나: 촌장님두요, 더 늙으셨어요.

촌장: ㉡오다 보니까 저쪽 덫에 이리가 치어 있습디다.

나: 이리요? 어느 쪽이죠?

촌장: 저쪽요, 저쪽. 찔레 덩굴 밑이던가요…….

나: 드디어 잡는군요!

　　파수꾼 나 퇴장. 촌장은 편지를 꺼내 다에게 보인다.

촌장: 이것, 네가 보낸 거니?

다: 네, 촌장님.

촌장: 나를 이곳에 오도록 해서 고맙다. 한 가지 유감스러운 건, 이 편지를 가져온 운반인이 도중에서 읽어 본 모양이더라. '이리 떼는 없구, 흰 구름뿐.' 그 수다쟁이가 사람들에게 떠벌리고 있단다. 조금 후엔 모두들 이곳으로 몰려올 거야. 물론 네 탓은 아니다. 넌 나 혼자만을 와 달라구 하지 않았니? 몰려오는 사람들은, 말하자면 불청객이지. ㉢더구나 어떤 사람은 도끼까지 들고 온다더라.

다: 도끼는 왜 들고 와요?

촌장: 망루를 부순다구 그런단다. '이리 떼는 없구, 흰 구름뿐.' 이것이 구호처럼 외쳐지구 있어. 그 성난 사람들만 오지 않는다면 난 너하구 딸기라도 따러 가고 싶다. 난 어디에 딸기가 많은지 알고 있거든. 이리 떼를 주의하라는 팻말 밑엔 으레히 잘 익은 딸기가 가득하단다.

다: 촌장님은 이리가 무섭지 않으세요?

촌장: ㉣없는 걸 왜 무서워하겠니?

다: 촌장님도 아시는군요?

촌장: 난 알고 있지.

다: 아셨으면서 왜 숨기셨죠? 모든 사람들에게, 저 덫을 보러 간 파수꾼에게, 왜 말하지 않는 거예요?

촌장: 말해 주지 않는 것이 더 좋기 때문이다.

다: 거짓말 마세요, 촌장님! ㉤일생을 이 쓸쓸한 곳에서 보내는 것이 더 좋아요? 사람들도 그렇죠! '이리 떼가 몰려온다.' 이 헛된 두려움에 시달리는데 그게 더 좋아요?

[A]
촌장: 얘야, 이리 떼는 처음부터 없었다. 없는 걸 좀 두려워한다는 것이 뭐가 그렇게 나쁘다는 거냐? 지금까지 단 한 사람도 이리에게 물리지 않았단다. 마을은 늘 안전했어. 그리고 사람들은 이리 떼에 대항하기 위해서 단결했다. 그들은 질서를 만든 거야. 질서, 그게 뭔지 넌 알기나 하니? 모를 거야, 너는. 그건 마을을 지켜 주는 거란다. 물론 저 충직한 파수꾼에겐 미안해. 수천 개의 쓸모없는 덫들을 보살피고 양철북을 요란하게 두들겼다. 허나 말

점검! 내신 강의

- **갈래** 단막극, 풍자극
- **성격** 풍자적, 상징적, 교훈적, 우화적
- **배경** [시간적] 근대 [공간적] 어느 마을의 황야에 있는 망루
- **주제** 진실이 통하지 않는 사회의 비극과 진실에 대한 열망
- **특징**
  ① 〈늑대와 양치기 소년〉이라는 우화를 모티프로 현실을 우의적으로 그림
  ② 상징성이 강한 인물과 소재를 사용함

점검! 수능 강의

1. 소재의 상징적 의미

이리 떼	권력의 유지를 위해 가공된 적(거짓). 공포의 대상
흰 구름	이리 떼라고 착각한 것의 실체. 진실
양철북	가공의 적(이리 떼)에 대한 민중의 불안감을 키우기 위한 수단
딸기	진실 왜곡을 통해 누리게 되는 권력자의 이익. 회유책

2. 인물의 대립 관계

파수꾼 '다'
• 이리 떼가 존재하지 않는다는 사실을 알고 이를 마을 사람들에게 알리려는 인물 • 지배 이념에 대한 회의를 지니고 진실을 밝히려는 소수

↕ 대립

촌장
• 이리 떼가 존재한다는 거짓말을 통해 공포심을 일으켜 권력을 유지하는 위선적 인물 • 지배 이념을 생산하여 민중을 통제하려는 권력자

3. 시대적 상황

1970년대는 군사 독재 시대로 공산 국가인 북한과의 대립이 극심했고 이에 따라 반공 사상이 팽배했는데, 군사 독재 정권은 이런 대립 상황을 이용하여 내부의 반대 여론을 잠재우고 권력을 유지했음. '촌장'은 독재 정권, '이리 떼'는 북한 공산 정권, '마을 사람들'은 진실을 모른 채 살아가던 당시 민중으로 볼 수 있음

이다. 그의 일생이 그저 헛된다고만 할 순 없어. 그는 모든 사람들을 위해 고귀하게 희생한 거야. 난 네가 이러한 것들을 이해하여 주기 바란다. 만약 네가 새벽에 보았다는 구름만을 고집한다면, 이런 것들은 모두 허사가 된다. 저 파수꾼은 늙도록 헛북이나 친 것이 되구, 마을의 질서는 무너져 버린다. 애야, 넌 이렇게 모든 걸 헛되게 하고 싶진 않겠지?

다: 왜 제가 헛된 짓을 해요? 제가 본 흰 구름은 아름답고 평화로웠어요. 저는 그걸 보여 주려는 겁니다. 이제 곧 마을 사람들이 온다죠? 잘 됐어요. 저는 망루 위에 올라가서 외치겠어요.

– 이강백, 〈파수꾼〉

---

1 ㉠~㉤에 대한 설명으로 적절하지 <u>않은</u> 것은?

① ㉠: 파수꾼 '다'가 보낸 편지의 내용을 숨기고 있다.
② ㉡: 파수꾼 '나'를 떨어뜨려 놓기 위해 거짓말을 하고 있다.
③ ㉢: 자신의 행위에 대한 후회의 정서가 내재되어 있다.
④ ㉣: 상대에게 그동안 진실을 숨겨 왔음을 자백하고 있다.
⑤ ㉤: 마을과 단절되어 있는 파수꾼의 삶을 알 수 있다.

2 [A]에 나타난 말하기 방식으로 가장 적절한 것은?

① 상대의 말을 인정하면서 거짓 맹세로 설득하고 있다.
② 자신과의 옛 추억을 상기시키며 동정심에 호소하고 있다.
③ 예상되는 부정적 상황을 언급하면서 상대를 회유하고 있다.
④ 권위자의 말을 인용하여 자기 의견에 따를 것을 강요하고 있다.
⑤ 자신의 고귀한 희생을 강조하며 모두를 위한 일이었음을 주장하고 있다.

3 〈보기〉를 참고하여 윗글을 분석한 내용으로 적절하지 <u>않은</u> 것은?

> ┤ 보기 ├
>
> 〈파수꾼〉은 우화적인 기법으로 1970년대의 정치 상황을 풍자하고 있는 작품이다. 당시의 독재 정권은 거짓으로 국가가 위태롭다는 공포심을 조성함으로써 국민들을 통제하고 체제의 안정을 추구했는데, 실질적으로는 권력자의 이익을 지키려는 의도가 더 컸다. 이런 위선적인 선전 때문에 대다수의 국민들은 진실을 알지 못했고, 진실을 알리려는 소수의 노력 또한 권력자의 교묘한 억압과 무력화 시도로 인해 수포로 돌아가는 경우가 많았다.

① '이리 떼'는 마을 사람들에게 공포심을 조성하는 거짓으로 볼 수 있겠군.
② '딸기'는 권력자인 '촌장'이 진실을 왜곡하여 누리는 이익으로 볼 수 있겠군.
③ '흰 구름'은 권력자가 마을을 통치하기 위해 만들어 낸 헛된 희망으로 볼 수 있겠군.
④ 파수꾼 '나'는 〈보기〉의 내용으로 보면 독재 권력에 이용당한 국민으로 볼 수 있겠군.
⑤ 파수꾼 '다'는 진실을 알리기 위해 '촌장'의 거짓을 밝히려는 소수의 사람으로 볼 수 있겠군.

4 윗글에 대한 설명으로 가장 적절한 것은?

[전국연합 기출]

① 독백을 통해 인물의 내면 심리를 부각하고 있다.
② 다양한 효과음을 사용하여 분위기를 고조시키고 있다.
③ 대사를 통해 무대 밖 극 중 공간의 사건이 드러나고 있다.
④ 인물이 관객에게 말을 걸어 관객의 참여를 유도하고 있다.
⑤ 소품을 활용하여 시대적 배경을 구체적으로 나타내고 있다.

5 〈보기〉를 바탕으로 윗글을 이해할 때, 적절하지 <u>않은</u> 것은?

[전국연합 기출]

> ┤ 보기 ├
>
> 극에 등장하는 인물 사이의 구체적인 관계는 행위소 모델을 통해 파악할 수 있다. 행위소 모델에는 '주체'와 그 주체가 추구하는 '대상', 주체를 돕는 '협조자', 주체와 갈등 관계에 있는 '반대자' 등의 요소가 있다. 이 모델에서는 '주체'에 따라 각 요소에 해당되는 내용이 달라질 수 있으며, 일부 요소가 없을 수도 있다.

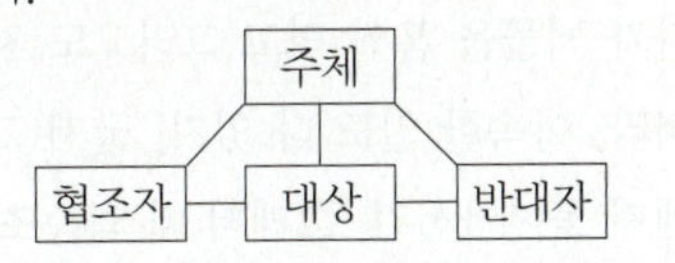

① '주체'가 '다'라면 추구하는 '대상'은 '진실을 밝히는 것'이라고 할 수 있다.
② '주체'가 '다'라면 촌장은 진실을 왜곡한다는 점에서 '반대자'라고 할 수 있다.
③ '주체'가 '다'라면 '나'는 이리 떼의 실체를 알고 있다는 점에서 '협조자'라고 할 수 있다.
④ '주체'가 촌장이라면 추구하는 '대상'은 '현재의 상태를 유지하는 것'이라고 할 수 있다.
⑤ '주체'가 촌장이라면 '성난 사람들'은 마을의 질서를 위협한다는 점에서 '반대자'라고 할 수 있다.

13 제향날

최 씨: ㉠네 외할아버지도 그날 그러니까 그게 바로 구월 구일날 오늘이다. 오늘 오때[正午]나 되어서 촌에서 잽혀 온 다른 동학꾼 둘하고 같이 셋을 한꺼번에 총으로 쏘아 죽인다고 사정(射亭)으로 끌고 나와서는. / (무대 급히 암전. 다시 서서히 밝아지면 제2장)

제2장

　[무대] 정면으로 '정기정(正己亭)'이라는 현판이 붙은 사정. 〈중략〉 사정 좌우로는 겁먹은 남녀노소들이 묵묵히 서서 있고 김성배의 모친도 남의 부축을 받아 그중에 섞여 있다.

수령: 너희들을 죄상에 의지해서 지금 처형을 하거니와 마지막으로 하고 싶은 말이 있거든 말을 해라.

급창: (청을 내어) 너희들을 죄상에 의지해서 지금 처형을 하거니와 마지막으로 하고 싶은 말이 있거든 아뢰랍신다ー. / 사령: (죄수들을 들여다보고) 아뢰라.

죄수들: (꼼짝 아니 한다) / 사령: (김성배의 풀상투를 잡아 제치면서) 아뢰라.

성배: (눈을 감고 입술을 깨문다) / 모친: (옆의 사람에게 부축을 받고 서서 치맛자락으로 눈물을 씻는다)

사령: (상투를 놓아주고 동학당원 갑의 풀상투를 잡아 제치면서) 아뢰라.

동학당원 갑: (우는소리로) 살려 주시오. / 사령: (상투를 놓아준다)

급창: 살려 달라고 아뢰오ー. / 사령: (동학당원 을의 풀상투를 잡아 제치면서) 아뢰라.

동학당원 을: (우는소리로) 살려 주시오. / 사령: (상투를 놓아준다)

급창: 살려 달라고 아뢰오ー. / 수령: 처형해라.

급창: 처형하랍신다ー. / 참령: (병정들더러) 형장(刑場)으롯!

　(병정들 달려들어 죄수 하나에 3, 4인씩 붙어서 좌우로 끼고 뒤에서 밀고 나머지 병정들과 참령은 그 뒤를 따라 상수로 퇴장. 상수에 모여 선 구경꾼들은 와ー 헤어지고, 그중 김성배의 모친은 김성배에게로, 영감 하나는 동학당원 갑에게로, 여인 하나는 동학당원 을에게로 제각기 달려들다가 병정들에게 밀어박질려 물러서기도 하고 쓰러지기도 한다. / 무대 급히 암전. 다시 밝아지면 도로 전경*)

영오: 그럼 할머니는 그때 어데 있었수?

최 씨: 나는 집에 있었지, 못 나가고. 애기 밴 여편네가 관가 행차나 병정들 행군하는 데 나서면 담박 총으로 쏘아 죽인다고 너희 외증조할머니가 어데 나가게 하시더냐, 그래서 나가지는 못하고 울타리 구멍으로 내어다 보기만 했지.

영오: 그런데 참 할머니. / 최 씨: 오ー냐.

영오: 외할아버지를 그렇게 잡아갔으니까 그럼 외, 외, (더듬다가) 외증조할아버지는 내놓아 주었예지?

최 씨: 글쎄, 경우는 그래야 할 것이지만 어데 바루 내놓아 주드냐! 그런 뒤에도 훨씬 한 달이나 있다가 뇌물을 흠씬 먹고 그러고도 자식을 잘못 가르쳤다는 죄로 곤장을 사십 대나 때려서 내놓더라. 야속한 일도 다 있지! 글쎄 그러니 그 노인이 몸이 성하셨겠니? 옥에서 나오시자 보름 만엔지 돌아가신걸. 그래서 네 외증조할아버지 제향은 바루 시월 열사흘 날이란다.

영오: 그러고 그날 외할아버지는? 그렇게 병정들이 끌고 가서?

최 씨: ㉡그래 그렇게 사정 마당에서 앞뒤로 옹위해 가지고 사정 바루 건너편 과녁 있는 데로 끌고 가더니 (한숨, 사이) 도망가지 못하게 하느라고 제각금 다리까지 친친 동여서 과녁 앞에다가 일자로 세워 놓고는 병정들은 열댓 걸음이나 이쪽으로 물러서더니마는, 아마 한 이십 명이나 되지? 그런 병정들이 죽ー 늘어서서는 총을 고누더구나. 그래 방금 총소리가 나는 줄 알고 나는 울타리 구멍으로 내어다보다가 눈을 감았더니 이제나 저제나 기다려도 총소리가 나지를 않겠지! 그래 웬일인가 하고 눈을 다시 떠보니까. / (무대 급히 암전. 다시 밝아지면 제3장)

제3장

점검! 내신 강의

- **갈래** 장막극
- **성격** 비판적, 저항적
- **배경** [시간적] 1937년 가을 [공간적] 최 씨의 집, 처형장
- **주제** 부정적 세력에 대한 투쟁과 부조리한 시대를 개선하려는 저항 의지
- **특징**
  ① 한 집안의 이야기를 통해 근대 투쟁의 역사를 보여 줌
  ② 과거와 현재를 교차하는 방식으로 진행됨

▼ 어휘 풀이
* 전경: 앞 장면. 여기서는 2장의 앞 장을 의미함

점검! 수능 강의

1. 현재와 과거의 교차 구성

현재	최 씨가 성배와 두 동학당원이 잡혀 간 이야기를 함

↓

과거	수령이 성배와 두 동학당원을 처형하라고 명령함

↓

현재	최 씨는 영오에게 성배가 처형당하던 날의 이야기를 해 줌

↓

과거	처형장에 묶여 서 있는 성배와 두 동학당원

2. 인물의 특성
- 최 씨: 외손자 영오와의 대화를 통해 극의 중심 내용을 전해 주고 해설하는 역할을 함
- 영오: 최 씨의 외손자로 최 씨에게 가족사에 대한 이야기를 들음
- 김성배: 제1막의 주인공으로 동학 혁명군의 접주로 활약함. 하지만 동학군의 몰락으로 부친이 대신 잡혀 곤혹을 치르자 이에 자수하여 처형을 당함

[무대] 정면은 들을 건너 단풍 든 먼 산. 상수로는 나직한 언덕이 있고 언덕 앞으로 과녁. 하수는 흑막(黑幕). 무대가 급히 밝아지면 과녁에서 넌지시 떨어져 김성배와 두 동학당원이 결박을 지고 다리를 묶여 하수를 향해서 서서 있고 그 옆에는 둘둘 말아 놓은 한 무더기의 섬거적. 병정 한 사람 손에 흰 무명 가드락을 들고 하수로 급히 등장.

— 채만식, 〈제향날〉

1 윗글의 내용을 이해한 내용으로 적절하지 <u>않은</u> 것은?

① 다른 두 동학당원은 죽음 앞에 공포를 느끼고 있다.
② 동학당원들은 총살형을 선고받고 형장으로 끌려갔다.
③ 수령은 급창과 사령을 통해 죄수들과 소통하고 있다.
④ 성배의 부친은 성배의 죄로 인해 옥살이 중 곤장을 맞는다.
⑤ 최 씨는 성배가 문초를 당하는 장면을 직접 가서 목격하고 있다.

2 윗글을 연극으로 상연할 때 그 계획으로 적절하지 <u>않은</u> 것은?

① 현재에서 과거로의 전환을 암전 후 밝아지는 것으로 처리하자.
② 처형 선고를 받은 동학당원들의 가족을 뿌리치는 병정은 매몰찬 표정으로 연기하도록 당부하자.
③ 눈물을 흘리며 수령의 판결을 지켜보고 있는 성배 모친의 얼굴을 강조하기 위해 조명을 사용하자.
④ '눈을 감고 입술을 깨문다'라는 성배의 표정에 동학당원으로서의 후회가 담긴 괴로움을 담아내도록 하자.
⑤ 하수를 향해서 서서 있는 동학당원의 옆에 섬거적을 쌓아 놓아 이들의 처형 후의 모습을 상상할 수 있게 하자.

3 윗글에 〈보기〉와 같은 장면을 삽입한다고 할 때 그 이유를 추론한 내용으로 가장 적절한 것은?

> ┤ 보기 ├
>
> 프로메테우스*: 의(義)를 이룬 보과(報果)품은 영겁의 고초! 죽지 아니하고 영겁토록 받는 고초! 사나운 수리가 살을 쪼아 먹고 까막까치는 눈을 파먹고 귀를 떼어 먹고 그러고도 끊이지 아니하는 극형!
> 천둥소리 우르릉거리고 번개를 친다. 폭우가 내린다. 폭우가 그치고 강풍이 분다. 강풍이 그치고 눈이 내린다.
> 프로메테우스: (눈이 내릴 때에) 응, 그래도 나는 의를 이루었노라. 뉘우치지 아니하노라.
>
> * 프로메테우스: 제우스 몰래 인류에게 불을 가져다준 후 제우스의 노여움을 사 형벌을 받음

① 자신의 행위를 반성한 성배의 용기를 강조하기 위해
② 탐관오리들의 수탈을 감당해야 하는 민중의 고통을 고발하기 위해
③ 당시의 사회가 천둥, 번개, 폭우, 강풍과 같은 혼란과 고통의 시대였음을 암시하기 위해
④ 의를 명분으로 한다 하더라도 불법은 반드시 그에 대한 처벌이 따른다는 점을 부각하기 위해
⑤ 대의를 위해 희생을 감수하며 부정적인 세력에 대항한 동학당원들의 행동을 효과적으로 보여 주기 위해

4 ㉠과 ㉡의 공통점으로 가장 적절한 것은? [수능 기출]

① 최 씨와 영오의 대립이 심화되고 있다.
② 최 씨는 자신의 행동에 관해 언급하고 있다.
③ 최 씨가 영오에게 과거의 사연을 들려주고 있다.
④ 영오가 듣고 있지 않으므로 최 씨의 넋두리에 해당한다.
⑤ 최 씨는 목격하지 않은 사실을 추정을 통해 짐작하고 있다.

5 〈보기〉를 바탕으로 윗글을 감상할 때, 그 반응으로 적절하지 <u>않은</u> 것은? [수능 기출]

> ┤ 보기 ├
>
> 채만식은 〈자작 안내〉에서 동학 농민 운동을 1부로, 기미(3·1운동) 전후를 2부로, 그 뒤에 온 시대를 3부로 하여 〈제향날〉을 구상했다고 밝힌 바 있다. 1937년에 발표된 〈제향날〉의 1~3장(1막)은 1894년의 동학 농민 운동을 역사적 소재로 활용하고 있으며, '극중 현재(제삿날)'에서 43년이라는 시간 격차를 지닌 회상된 과거 장면을 포함하고 있다. 이러한 이중적 시간 구조는 과거와 현재의 동일성을 암시하고 있다.

① 작가는 독자들의 의문을 대신하기 위하여 극중 현재에서 영오의 질문을 제기하고, 회상 기법을 통해 그 답변을 보여 주려 했겠구나.
② 작가는 〈제향날〉이라는 제목을 붙이고 그날을 시간적 배경으로 삼아, 극중 현재에 찾아온 제삿날의 의미를 독자들이 상기하도록 유도하려 했겠구나.
③ 작가는 과거 사건으로 정기정 재판을 구상하고, 관부의 권위에 억눌린 민중의 모습을 묘사하여, 독자에게 동학 농민 운동을 역사적 소재로 인식시키고자 했겠구나.
④ 최 씨 가족의 수난에 집중하는 독자는, 작품의 이중적 시간 구조를 매개하는 최 씨 역할에 주목하고, 최 씨의 신중한 대응을 비판해야 한다는 작가의 입장을 파악할 수 있겠구나.
⑤ 1937년에 이 작품을 읽은 독자는, 1894년이 회상되는 방식을 통해 43년의 시간 격차를 자각하고, 동학 농민 운동이라는 과거와 일제 강점기라는 현재가 긴밀하게 상관된다는 창작 의도를 이해할 수 있겠구나.

14 대장금(大長今)

[앞부분의 줄거리] 한 상궁은 수라간 최고상궁 자리를 놓고 벌어진 첫 번째 경합에서 패하자 제자 장금에게 좋은 재료와 비법만 찾으려 한다며 꾸짖고 보모상궁이 요양 중인 곳에 수발을 들러 갈 것을 명한다. 위독한 보모상궁은 어릴 적 돌아가신 오라버니가 주었던 고소하고 쫀득거리는 생쌀을 죽기 전에 다시 맛보고 싶다고 얘기하고 장금은 이를 구하기 위해 애쓴다.

S# 79. 처사 집(낮)

찐 나락을 처사가 볕에 정성껏 널고 있다. 이때 장금이 뛰어와서는 처사가 널고 있는 쌀을 씹어 먹어 본다. / 장금: 이 쌀을 제게 조금만 주세요. / 처사: 이건 안 돼유.

장금: 왜요? 언제 돌아가실지 알 수 없어요. 가시기 전에 한 번이라도 이 맛을 보여 드려야 해요.

처사: 사정은 알겠는디 아직은 맛이 안 되는디……. / 장금: 처사님…….

처사: 이건 바짝 말려서 방아 쪄서 먹는 것인디유.

장금: 제가 빠른 방법으로 말리겠습니다!

처사: 볕이 좋아도 나흘 이상은 말려야 맛이 나는 건디유. / 장금: (이미 포대에 주워 담고 있고)

S# 80. 처사 부엌(낮)

장금은 연신 아궁이에 부채질을 하고 있는데……. 솥뚜껑을 뒤집어 놓은 위에 올벼를 올려 말리고 있다.

장금: 사흘이나 볕에 말릴 시간이 없어요. 장작 좀 더 갖다주세요.

덕구: 이렇게 말리면 금방인 걸. 그 처사놈은 죙일 널고 거두고 널고 거두고…….

씩 웃어 보이곤 계속 부채질을 하는 장금.

S# 81. 보모상궁 방(밤)

힘겹게 일어난 보모상궁에게 ㉠쌀을 쥐어 준다. 장금, 덕구, 정호, 정윤수 유심히 보는데…….

장금: 드셔 보세요. 마마님이 찾는 그 쌀일 겁니다.

보모상궁: (한 줌 입에 넣고는 씹으며 희미하게 웃는다.)

장금: (불안해선) 왜요? 아닙니까? / 보모상궁: 맞는 거는 같다.

장금: 헌데요? / 보모상궁: 그 맛이 안 나! 오라버니에게 드리기는……. 어쨌든 고맙구나.

흔쾌한 반응이 아니자 모두들 조금씩 실망하는데…….

S# 84. 보모상궁 방(밤)

장금이 보모상궁을 안아 탕약을 먹이고 있는데……. 정말 임종할 때가 된 듯 힘이 없다. 보는 정윤수와 덕구, 정호. / 처사: (E.) 저 혹시 들어가도 돼유? / 정호: 들어오세요.

처사: 저기……. 올게쌀이 다 돼서……. / 하고는 올게쌀 한 줌을 보모상궁에게 올린다.

처사: 딱딱하니 꼭꼭 씹으셔유. / 보모상궁이 받아서는 입에 넣고 힘들게 힘들게 씹는데……. 천천히 아주 천천히 웃음이 번지는 듯하더니 희미한 웃음 속에 어느새 주르르 눈물이 흐르고…….

보모상궁: 이겁니다. 바로 이거예요. 이제 저는 이승을 떠도 되겠습니다. 제가 갈 때 이 ㉡쌀을 제 관에 꼭 넣어 주십시오. 오라버니에게 드려야 합니다. / 보는 모두들. 장금은 뭔가 깨달은 듯 멍한데……. 보모상궁은 회한의 눈물을 펑펑 쏟으며 쌀을 씹고 또 씹고.

S# 86. 운암사 일각(밤)

장금과 정호가 앉아 있다.

장금: 이제야……. 제가 뭘 잘못했는지 알았습니다. 실은 스승님을 원망했습니다. 결과가 나빴기에……. 늘 칭찬하셨던 저의 재기도 평가하지 않으신 거라고 생각했습니다. 어쨌든 저는 노력했으니까요. / 정호: …….

장금: 근데 아닙니다. 그때 제가 한 노력은 이기기 위한 노력이었습니다. 여기 와서도 저는 남의 비법이나 알려 달라는 노력뿐이었습니다. / 정호: …….

장금: 헌데 비법은 없었습니다. 오로지 거기에 들어간 땀과 정성만이 비법이었습니다. 돌아가실

● 점검! **내신 강의**

- **갈래** 시나리오
- **성격** 교훈적, 전통적
- **배경** [시간적] 조선 시대 [공간적] 궁궐의 수라간 안팎
- **주제** 수라간 궁녀의 삶의 역경과 극복
- **특징**
  ① 궁궐 내 하급 계층의 삶을 형상화함
  ② 대조되는 인물들의 모습을 통해 주제를 부각함

● 점검! **수능 강의**

1. 인물의 태도 비교

처사	장금
찐쌀을 볕에 나흘 이상 정성껏 말려 맛을 냄	아궁이에 부채질을 하며 찐쌀을 급히 말림
• 땀과 정성을 중시함	• 빠른 방법만 찾음
• 과정 중심의 가치관	• 결과 중심의 가치관

2. 장금의 깨달음

장금이 급히 말린 쌀은 보모상궁의 마음을 움직이지 못하고, 우직한 처사의 정성 들인 쌀이 보모상궁의 마음을 움직임

↓

- 과정보다는 남의 비법과 편법적인 방법을 중시하며 이기기 위한 노력을 한 장금이 자신의 잘못을 인정함
- 스승인 한 상궁의 깊은 뜻을 알고 땀과 정성이 가장 중요하다는 사실을 깨달음

3. 구성 · 표현상의 특징

- 조선 시대 궁중의 생활상을 구체적으로 나타냄
- 천한 신분의 여주인공이 어의녀가 되기까지의 과정을 일대기 형식으로 보여 줌
- 역사적 사실에 작가의 상상력을 가미하여 새롭게 창작된 퓨전 사극의 특징을 보임

지 모르니 잔수라도 써 어떻게든 드려 보자 한 제 쌀은 마마님의 마음을 움직이지 못했고 우직한 처사의 쌀이 마마님을 움직였습니다. / 정호: …….

장금: 하여 저의 재기가 저에게 독이라 하신 겁니다. 재기만 승한 사람이 될까 봐요.

정호: 참으로 좋은 스승님을 두셨습니다. 목표를 이룬다는 평계로 서 나인이 편법적인 삶을 살까 두려워하셨나 봅니다. 하지만 전 믿습니다. 잠시 실수는 했을지 모르나 서 나인은 먹는 사람의 얼굴에 미소가 띠어지는 음식을 만들겠다는 소박한 소망을 버릴 분이 아니라는 걸…….

– 김영현, 〈대장금(大長今)〉

---

1 윗글에 대한 설명으로 가장 적절한 것은?

① 꿈을 매개로 하여 인물 간의 관계를 보여 주고 있다.
② 인물 간의 대화를 중심으로 이야기가 전개되고 있다.
③ 작품 속 서술자가 자신의 행적을 요약하여 서술하고 있다.
④ 시간 변화에 따라 현실의 모순에 대한 해결책이 제시되고 있다.
⑤ 서로 다른 두 공간을 동시에 보여 주며 상황을 드러내고 있다.

2 윗글에 대한 감상으로 적절하지 <u>않은</u> 것은?

① S# 79: 카메라 앵글을 '장금'의 시선에 고정하여 '처사'를 바라보는 것으로 처리하는 장면이다.
② S# 80: 시간에 쫓기듯 일에 열중하는 '장금'의 마음이 특정 행동을 통해 드러나는 장면이다.
③ S# 81: 대사나 표정을 통해 여러 인물들의 반응을 알 수 있게 하는 장면이다.
④ S# 84: 화면 안에 제시되는 영상과 화면 밖에 제시되는 음성을 사용하고 있는 장면이다.
⑤ S# 86: 보모상궁의 수발을 명했던 한 상궁의 궁극적 의도를 짐작할 수 있는 장면이다.

3 ㉠과 ㉡에 대한 설명으로 적절한 것을 〈보기〉에서 모두 골라 바르게 묶은 것은?

> ► 보기 ◄
> a. ㉠은 결과 중심의 가치관, ㉡은 과정 중심의 가치관을 담고 있다.
> b. ㉠은 값싼 재료를 쓴 음식이지만, ㉡은 좋은 재료로 만든 음식이다.
> c. ㉠은 인물에게 긍정적인 평가를, ㉡은 부정적인 평가를 받고 있다.
> d. ㉠은 빠른 방법을 찾아 만든 것인 데 반해, ㉡은 오랜 시간을 들여서 만든 것이다.

① a, c ② a, d ③ b, c
④ a, b, d ⑤ b, c, d

4 윗글을 통해 알 수 있는 내용으로 적절한 것은?

[전국연합 기출]

① 보모상궁은 문제를 해결하려고 적극적 태도를 취하고 있다.
② 처사의 행동을 통해 인물 간의 갈등이 더욱 심화되고 있다.
③ 장금은 문제 해결 과정에서 한 상궁의 숨은 뜻을 알게 된다.
④ 장금은 정호를 설득하기 위해 구체적 근거를 제시하고 있다.
⑤ 장금과 덕구는 문제 상황에 대처하는 태도가 서로 다르다.

5 윗글과 〈보기〉를 관련지어 이해한 내용으로 적절한 것은?

[전국연합 기출]

> ► 보기 ◄
> 윤오영의 수필 〈방망이 깎던 노인〉에 등장하는 ㉮나는 40여 년 전, 동대문에서 방망이를 깎아 파는 노인에게 방망이를 부탁한다. ㉯노인은 처음에는 빨리 깎는 것 같더니 계속 깎기만 하며 늑장을 부리는 것이었다. 다급해진 나는 더 필요 없으니 그냥 달라고 하자 노인은 화를 버럭 내며 그렇게 조급해할 거면 팔지 않겠다고 한다. 결국 노인을 기다려 방망이를 산 나는 차를 놓치게 되고 고집스럽고 불친절한 노인이라고 화를 낸다. 그러나 집으로 돌아오니 ㉰아내는 잘 깎은 방망이를 샀다며 매우 기뻐하고, 나는 비로소 노인의 장인 정신을 깨달으며 자신을 반성한다.

① 장금과 ㉮는 결국 자신의 과오를 인정하게 된다.
② 처사는 ㉮의 태도 변화에 대해 못마땅하게 여길 것이다.
③ 처사와 ㉯는 일을 수행함에 있어 대조적인 자세를 보인다.
④ 보모상궁과 ㉰는 결과물에 대해 의문을 품고 있다.
⑤ 장금과 처사의 인물 관계는 ㉮와 ㉯의 관계와 유사하다.

15 권태

암소의 뿔은 수소의 그것보다도 한층 더 겸허하다. 이 애상적인 뿔이 나를 받을 리 없으니 나는 마음 놓고 그 곁 풀밭에 가 누워도 좋다. 나는 누워서 우선 소를 본다.

소는 잠시 반추(反芻)를 그치고 나를 응시한다.

'이 사람의 얼굴이 왜 이리 창백하냐. 아마 병인인가 보다. 내 생명에 위해를 가하려는 거나 아닌지 나는 조심해야 되지.'

이렇게 소는 속으로 나를 심리(審理)하였으리라. 그러나 오 분 후에는 소는 다시 반추를 계속하였다. 소보다도 내가 마음을 놓는다.

소는 식욕의 즐거움조차를 냉대할 수 있는 지상 최대의 권태자다. 얼마나 권태에 지질렸길래 이미 위에 들어간 식물을 다시 게워 그 시금털털한 반소화물(半消化物)의 미각을 역설적으로 향락하는 체해 보임이리오?

소의 체구가 크면 클수록 그의 권태도 크고 슬프다. 나는 소 앞에 누워 내 세균같이 사소한 고독을 겸손하면서 나도 사색의 반추는 가능할는지 불가능할는지 몰래 좀 생각해 본다. 〈중략〉

그렇건만 내일이라는 것이 있다. 다시는 날이 새지 않은 것 같기도 한 밤 저쪽에 또 내일이라는 놈이 한 개를 버티고 서 있다. 마치 흉맹한 형리(刑吏)처럼 — 나는 그 형리를 피할 수 없다. 오늘이 되어 버린 내일 속에서 또 나는 질식할 만치 심심해해야 되고 기막힐 만치 답답해해야 된다.

그럼 오늘 하루를 나는 어떻게 지냈던가. 이런 것은 생각할 필요가 없으리라. 그냥 자자! 자다가 불행히 — 아니 다행히 또 깨거든 최 서방의 조카와 장기나 또 한판 두지, 웅덩이에 가서 송사리를 볼 수도 있고 — 몇 가지 안 남은 기억을 소처럼 — 반추하면서 끝없는 나태를 즐기는 방법도 있지 않느냐.

[A]
불나비가 달려들어 불을 끈다. 불나비는 죽었든지 화상을 입었으리라. 그러나 불나비라는 놈은 사는 방법을 아는 놈이다. 불을 보면 뛰어들 줄을 알고 — 평상에 불을 초조히 찾아다닐 줄도 아는 정열의 생물이니 말이다.

그러나 여기 어디 불을 찾으려는 정열이 있으며 뛰어들 불이 있느냐. 없다. 나에게는 아무것도 없고 아무것도 없는 내 눈에는 아무것도 보이지 않는다.

암흑은 암흑인 이상 이 좁은 방 것이나 우주에 꽉 찬 것이나 분량상 차이가 없으리라. 나는 이 대소 없는 암흑 가운데 누워서 숨 쉴 것도 어루만질 것도 또 욕심나는 것도 아무것도 없다. 다만 어디까지 가야 끝이 날지 모르는 내일 그것이 또 창밖에 등대(等待)*하고 있는 것을 느끼면서 오들오들 떨고 있을 뿐이다.

— 이상, 〈권태〉

점검! 내신 강의

- **갈래** 현대 수필, 경수필
- **성격** 사변적, 지적, 초현실주의적
- **주제** 단조로운 일상에서 느끼는 권태
- **특징**
① 하루 일과가 순차적으로 나열됨
② 주관적이고 개성적인 관점으로 사물을 인식함
③ 글쓴이의 내면세계에 대한 묘사가 두드러짐

▼ 어휘 풀이
* 등대: 미리 준비하고 기다림

점검! 수능 강의

1. 글쓴이의 내면 의식

단조로운 자연	단조로운 일상
권태로움	권태로움

삶에 대한 열정이 없이 무의미한 일상에서 권태를 이어 가는 '나'의 모습

↓

일제 강점하 무기력했던 지식인의 내면 의식을 반영함

2. 불나비와 '나'의 대비

불나비	'나'
불을 보면 뛰어들 줄 알고 불을 찾아다니는 정열의 생물	열정 없이 무기력하게 살아가면서 권태가 지속될 내일을 두려워하는 존재

3. 창작 배경
글쓴이인 이상이 도시 생활을 청산하고 요양을 위해 갔던 평안남도 성천의 시골 마을에서의 경험을 바탕으로 함. 작품에 드러나는 모든 배경은 글쓴이의 권태로운 심리를 드러내는 데 사용되는 사물이자 풍경임

1 윗글의 서술상 특징으로 적절하지 <u>않은</u> 것은?

① 자문자답 형식으로 글쓴이가 처한 상황을 강조하고 있다.
② 직유적 표현을 사용하여 글쓴이의 처지를 보여 주고 있다.
③ 현재 시제를 활용하여 글쓴이의 내면 의식을 생생하게 전달하고 있다.
④ 일상생활에서 접하는 자연물을 활용하여 글쓴이의 생각을 나타내고 있다.
⑤ 시간의 흐름에 따라 내용을 전개하여 내적 갈등의 해소 과정을 효과적으로 드러내고 있다.

2 〈보기〉를 참고하여 윗글을 분석한 내용으로 적절하지 <u>않은</u> 것은?

> ── 보기 ──
> 문학에서의 모더니즘은 과감한 창조 정신을 바탕으로 한 새로운 사고를 중시한다는 특징이 있다. 또한 전위적 실험 정신을 통해 지금보다 앞선 순간으로의 전진을 강조하며, 차별화된 개인 정신을 토대로 구속으로부터 해방된 자유로운 정신을 추구한다. 마지막으로 모더니스트들은 자신의 주변은 물론 자기 자신까지도 비판의 대상으로 파악하여 냉소적 비판 정신을 지향한다.

① 한가로운 모습의 농촌을 권태로운 삶의 공간으로 인식한다는 점에서 새로운 사고를 하고 있군.
② 관습적 사고의 틀에서 벗어나 세계를 바라보는 태도는 자유로운 정신의 추구라고도 할 수 있겠군.
③ 오늘보다는 내일을 의식하며 권태를 느끼는 것으로 보아 지금보다 앞선 순간으로의 전진을 강조하고 있군.
④ 글쓴이의 주관적 정서를 투영하여 대상을 자의적으로 해석한다는 점에서 차별화된 개인 정신을 보여 주고 있군.
⑤ 현실의 권태를 극복하지 못하고 살아가는 자신의 무기력한 모습을 인지하고만 있다는 점에서 적극적인 자기비판에는 이르지 못하고 있군.

3 [A]에 대한 이해로 가장 적절한 것은?

① 글쓴이는 불나비와 같은 열정적 삶에 대한 자신의 의지를 부각하고 있다.
② 글쓴이는 아무 할 일이 없어 무기력한 일상이 반복될 것을 인식하고 있다.
③ 글쓴이는 특정 대상에서 과거의 상황을 떠올리며 자신의 삶을 성찰하고 있다.
④ 글쓴이는 시공간의 연속성을 느끼면서 우주의 이치를 겸허히 받아들이고 있다.
⑤ 글쓴이는 자신의 열정을 자극할 만한 대상들을 찾아 사유를 확대해 나가고 있다.

4 윗글에 대한 설명으로 가장 적절한 것은?   [수능 기출]

① 비유를 활용하여 대상의 속성과 관련된 상념을 표현하고 있다.
② 우화를 제시하여 글쓴이가 처한 부정적인 상황을 강조하고 있다.
③ 설의적 표현을 통해 자연과 조화를 추구하고자 하는 태도를 나타내고 있다.
④ 과거의 삶과 현재의 삶을 대비하여 현대 사회에 대한 비판적 인식을 드러내고 있다.
⑤ 글쓴이의 생각을 타인의 생각과 비교하며 글쓴이가 삶에서 깨달은 진리를 전달하고 있다.

5 〈보기〉를 참고하여 윗글을 감상한 내용으로 가장 적절한 것은?   [수능 기출]

> ── 보기 ──
> 이 글은 글쓴이가 일상의 시·공간, 자연, 인간 등을 탐색하고 이를 통해 의미를 발견한 작품이다. 이를 도식화하면 다음과 같다.

① ㉠이 권태에 빠진 글쓴이에게 충족감을 주는 안식처라면, ㉢은 나태한 삶을 피해 은신한 글쓴이에게 도피처를 의미하겠군.
② 글쓴이는 ㉠에서 자신의 무기력한 삶의 원인을 찾아 고뇌하다가 마침내 그 원인을 ㉡에서 찾고 자신의 처지를 한탄하고 있군.
③ 글쓴이는 ㉢이라는 삶의 공간에서 ㉣에 주목하여 아무런 목표 없이 살아가는 자신의 현실 대응 방식을 반성하고 이를 개선하겠다고 다짐하고 있군.
④ 글쓴이는 ㉡을 통해 자신이 권태에 빠진 고독한 존재임을, ㉣을 통해서는 열정 없이 살아가는 존재임을 확인하고는 권태가 지속될 내일을 두려워하고 있군.
⑤ 글쓴이는 의미 없는 일상을 반복하고 있는 자신이 ㉡, ㉣과 다를 바 없다고 규정하고 권태에서 벗어나려는 의욕마저 갖지 못하게 하는 현실에 대해 안타까워하고 있군.

갈래 복합

갈래 복합

갈래 복합은 시와 수필 복합, 평론과 소설 복합, 시와 소설 복합 등 운문과 산문이 다양한 복합 지문으로 묶여 출제됩니다.

- 각 갈래별 작품 감상 및 풀이 방법의 차이를 파악하여 문제를 풀 수 있어야 합니다.
- 비문학 제재 형태의 평론과 문학 작품이 묶여 나오는 지문의 경우 평론의 관점과 중심 내용을 파악하여 작품에 적용할 수 있어야 합니다.

가 마음 후줄근히 시름에 젖는 날은
동물원으로 간다.

사람으로 더불어 말할 수 없는 슬픔을
짐승에게라도 하소해야지.

난 너를 구경오진 않았다
뺨을 부비며 울고 싶은 마음.
혼자서 숨어 앉아 시를 써도
읽어줄 사람이 있어야지
쇠창살 앞을 걸어가며
정성스레 써서 모은 시집을 읽는다.

철책 안에 갇힌 것은 나였다
문득 돌아다보면
사방에서 **창살 틈으로**
이방(異邦)의 **짐승들이 들여다본다.**

'여기 나라 없는 시인이 있다'고
속삭이는 소리……

무인(無人)한 동물원의 ⓐ오후 전도(顚倒)된 위치에
통곡과도 같은 낙조(落照)가 물들고 있었다.

– 조지훈, 〈동물원의 오후〉

나 무르익은
과실의 밀도(密度)와 같이
밤의 내부는 달도록 고요하다.

잠든 내 어린것들의 숨소리는
작은 벌레와 같이
이 **고요 속에 파묻히고,**

별들은 나와
자연(自然)의 구조에
질서있게 못을 박는다.

점검! 내신 강의

(가)
- **갈래** 자유시, 서정시
- **성격** 상징적, 반성적, 비판적
- **주제** 식민지 지식인의 고독과 비애
- **특징**
  ① 의인화된 대상을 통해 망국민의 비애를 부각시킴
  ② 시간적 배경에 화자의 정서를 조응시켜 표현함
  ③ 주객전도로 화자의 상황을 드러냄

(나)
- **갈래** 자유시, 서정시
- **성격** 주지적, 감각적
- **주제** 밤이 지니고 있는 생명의 힘
- **특징**
  ① 과실과 시간의 이미지를 의도적으로 중첩시킴
  ② 밤을 시인의 창작 능력을 증진시키며 생명이 성장하는 시간으로 형상화함

(다)
- **갈래** 평론, 설명문
- **성격** 설명적, 예시적
- **주제** 문학에서의 이미지의 활용과 기능
- **특징**
  ① 문학에서 이미지의 활용의 정의와 시에서의 이미지의 기능을 서술함
  ② 이미지의 기능으로 신선감, 강렬성, 환기력 등을 설명함

점검! 수능 강의

(가)
1. 주객전도의 시상 전개

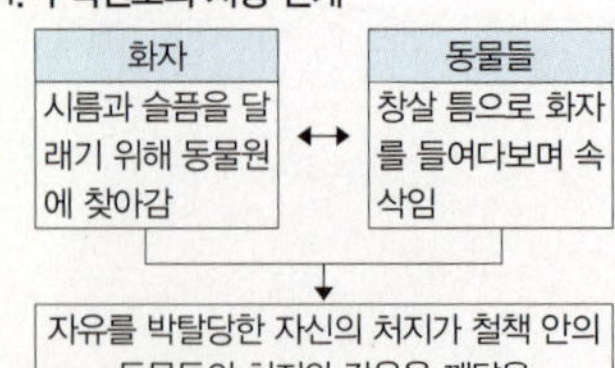

2. 공간의 상징성
동물원은 나라를 잃은 시인인 화자가 홀로 찾아가 시름을 달래려는 공간이지만, 황혼 무렵의 오후 시간에 아무도 찾지 않는 동물원에서는 오전의 동물원과 반대되는 어둡고 무기력한 이미지가 나타남

한 시대 안에는 ⓑ밤과 같이 해체(解體)나 분석(分析)에는
차라리 무디고 어두운 시인들이 산다.
그리하여 토의의 시간이 끝나는 곳에서
밤은 상상으로 저들의 나래를 이끌어 준다.

꽃들은 떨어져 열매 속에
그 화려한 자태를 감추듯……

그리하여 시간으로 하여금
새벽을 향하여
이 풍성한 밤의 **껍질**을
서서히 **탈피**케 할 줄을 안다.

– 김현승, 〈밤은 영양이 풍부하다〉

다 문학에서 이미지를 활용한다는 것은 좁은 의미에서는 시각적으로 인지할 수 있는 대상이나 장면을 묘사하는 것을 의미하고, 넓은 의미에서는 감각적 체험을 통해 얻은 심리적 인상 체계나 비유적 표현 등을 통해, 시적 의미를 드러내는 것을 말한다. 특히 시에서의 이미지는 추상적이고 관념적인 것을 구체화함으로써 내용을 보다 선명하게 인식하게 하고, 시적 상황을 암시하여 독자의 정서적 반응을 유발하는 기능을 갖고 있다. 따라서 ㉠이미지란 독자의 상상력에 호소하는 방법으로서, 작가의 상상력에 의해 그려진 그림인 것이다.

  한편 이미지의 기능으로 신선감, 강렬성, 환기력 등을 들기도 한다. 신선감이란 어휘나 소재의 이미지를 바탕으로 빚어내는 새로움을 뜻한다. 예를 들어 낯익은 대상을 낯설게 드러내어 독자들이 참신함을 느끼는 경우가 이에 해당한다. 강렬성이란 작품 속 이미지 간의 긴밀한 관계를 통해 의미를 집중시키는 것을 말하고, 환기력이란 이미지를 통해 특정한 정서가 환기되는 것을 뜻한다.

(나)

1. '밤'의 이미지를 중첩

| 밤(夜) – 시간 | → | 밤(栗) – 과실 |

과실이 지니는 속성과 가치를 시간적 배경인 밤의 의미와 연결하여 생명의 잉태와 성장이라는 시적 의미를 강조함

2. 표현상의 특징
- 친숙한 이미지를 낯설게 드러내어 이미지의 참신함을 통해 시간을 형상화함
- 직관과 상상이 지배하는 밤을 시인의 창작 능력을 배가시키는 시간으로 표현하여 이성이 지배하는 '낮'과 대비함

(다)

1. 이미지의 활용
- 좁은 의미: 시각적으로 인지할 수 있는 대상이나 장면을 묘사하는 것
- 넓은 의미: 감각적 체험에서 얻은 심리적 인상 체계나 비유적 표현 등을 통해 시적 의미를 드러내는 것

2. 시에서의 이미지

추상적이고 관념적인 것을 구체화

| 내용을 선명하게 인식하게 함 | 시적 상황을 암시하며 독자의 정서적 반응 유발 |

3. 이미지의 기능

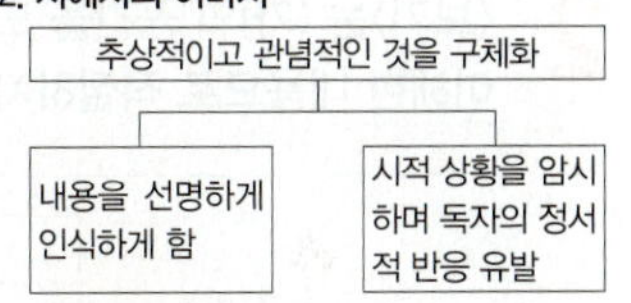

신선감	어휘나 소재의 이미지를 바탕으로 빚어내는 새로움
강렬성	이미지 간의 긴밀한 관계를 통해 의미를 집중시키는 것
환기력	이미지를 통해 특정한 정서가 환기되는 것

1 (다)를 바탕으로 (가)와 (나)를 감상한 것으로 적절하지 <u>않은</u> 것은?

① (가)는 '통곡'하고 싶은 화자의 정서를 '낙조'라는 하강 이미지로 묘사하여, 이미지의 환기력을 통해 형상화하고 있다.

② (가)는 화자가 느끼는 구속감을 '쇠창살', '철책', '창살'과 같은 시어들과 연결하여, 이미지의 강렬성을 통해 형상화하고 있다.

③ (가)는 '창살 틈'으로 화자를 '짐승들이 들여다본다'라고 표현하여, 화자가 감각적 체험을 통해 얻은 인상으로 화자의 처지에 대한 인식을 형상화하고 있다.

④ (나)는 '밤'이 가진 소멸이라는 관념을 '작은 벌레'처럼 '고요 속에 파묻히고' 있다는 구체적 이미지를 통해 형상화하고 있다.

⑤ (나)는 시간적 개념인 '밤'과 '껍질'을 '탈피'할 수 있는 과실인 '밤'을 중첩시켜, 이미지의 신선감을 통해 형상화하고 있다.

2 〈보기〉는 (가)의 공간을 도식화한 것이다. 〈보기〉를 바탕으로 (가)를 이해한 내용으로 적절하지 <u>않은</u> 것은?

> ― 보기 ―
>
> | 공간 Ⅰ
(현실) | 공간 Ⅱ
(동물원) | 공간 Ⅲ
(철책 안) |

① 화자는 '공간 Ⅰ'에서 시를 당당하게 쓸 수 없는 상황이다.

② 화자는 '공간 Ⅰ'에서 느낀 비애를 달래려 '공간 Ⅱ'를 찾아갔다.

③ 화자는 '공간 Ⅱ'에서 '공간 Ⅰ'의 문제 상황을 재인식하고 있다.

④ 화자는 '공간 Ⅱ'에 있지만 '공간 Ⅲ'에 있는 것과 유사한 처지로 볼 수 있다.

⑤ 화자는 '공간 Ⅲ'에 있는 존재에 공감하면서 자신의 비통한 마음을 위로받고 있다.

3 〈보기〉를 참고할 때, ⓐ와 ⓑ에 대한 설명으로 가장 적절한 것은?

> ― 보기 ―
>
> 시인은 본질적으로 이성적 사유보다는 감성적 사유가 앞서는 존재이다. 따라서 이성에 기반을 둔 현실 논리나 질서가 강요되는 상황에서는 시인으로서의 정체성이나 창작 능력이 위협받게 된다. 같은 의미에서 시인이 현실과 단절되어 혼자만의 시간을 가질 때에는 시인의 감수성이 활성화된다고 볼 수 있다.

① ⓐ는 화자가 정신적 성숙을 이루는 시간이고, ⓑ는 화자가 무기력함을 극복하는 시간이다.

② ⓐ는 화자의 감성적 사유가 억압받는 시간이고, ⓑ는 화자의 감성적 사유가 확장되는 시간이다.

③ ⓐ는 화자가 현실 논리를 포용하는 시간이고, ⓑ는 화자가 의식적으로 현실 논리를 외면하는 시간이다.

④ ⓐ는 이성에 기반을 둔 억압이 약화되는 시간이고, ⓑ는 감성에 기반을 둔 상상력이 심화되는 시간이다.

⑤ ⓐ와 ⓑ는 모두 현실 논리와 질서의 강요로 인해 시인으로서 화자의 정체성이 위협받는 시간이다.

4 (가)와 (나)에 대한 설명으로 가장 적절한 것은?

[전국연합 기출]

① (가)는 (나)와 달리, 유사한 통사 구조를 반복하여 운율감을 형성하고 있다.

② (나)는 (가)와 달리, 반어적 어조를 통해 현실 비판적 태도를 나타내고 있다.

③ (나)는 (가)와 달리, 수미상관의 구성을 사용하여 구조적 안정감을 드러내고 있다.

④ (가)와 (나)는 모두 말줄임표로 끝맺는 시행을 사용하여 여운을 주고 있다.

⑤ (가)와 (나)는 모두 설의적 표현을 통해 화자가 처한 상황을 강조하고 있다.

5 ㉠과 〈보기〉를 바탕으로 (나)를 이해한 내용으로 적절하지 <u>않은</u> 것은?

[전국연합 기출]

> ― 보기 ―
>
> 작가는 과실 '밤[栗]'과 시간 '밤[夜]'의 이미지를 의도적으로 중첩시키고 있다. 과실이 지니는 속성과 가치는, 시간적 배경인 '밤'의 의미와 연결되어 성장이라는 시적 의미를 강조한다. 한편 시간으로서의 '밤'은 이성적 사유의 시간과 대비되며 '시인'의 감성을 자극하는 배경으로 형상화되어 있다. 이 경우에도 과실로서의 '밤'의 속성은, '시인'의 창작 능력을 배가시키는 시간으로서의 '밤'과 중첩된다.

① 1연의 '과실의 밀도'처럼 '달도록 고요하다'는 것을 통해 독자는 '밤'이라는 것에서 과실과 시간의 중첩된 이미지를 떠올릴 수 있겠군.

② 2연의 '어린것들의 숨소리'가 '파묻히고'를 통해 독자는 '밤'이 '새벽'이 오기 전 '시인'의 감성이 위축된 시간임을 짐작할 수 있겠군.

③ 4연의 '해체나 분석'과 '상상'의 대비를 통해 독자는 '밤'이 이성적 사유의 시간과 대비되는 시간임을 알 수 있겠군.

④ 4연의 '저들의 나래를 이끌어 준다'는 것을 통해 독자는 '밤'이 '시인'의 창작 능력을 배가시키는 시간임을 느낄 수 있겠군.

⑤ 6연의 '껍질'을 '서서히 탈피케'하는 것을 통해 독자는 '밤'이 성장이 이루어지는 시간이라는 시적 의미를 짐작할 수 있겠군.

02

평론 + 고전 시가 + 고전 시가

유배 시가의 특징 | 견회요(遣懷謠) | 만언사(萬言詞)

가 유배(流配) 시가는 유배지로 가는 여정이나 유배지에서 느끼고 경험한 바를 소재로 하여 창작된 시가들을 총칭한다. 유배 시가는 고려 시대 정서의 〈정과정곡(鄭瓜亭曲)〉을 시초로 하여, 조선 시대에 들어와 시조나 가사 등의 다양한 문학 양식으로 활발하게 창작되었다. 시조는 초·중·종 3장의 정형화된 형식 안에 유배객의 삶과 정서를 간결하게 응축해서 전달할 수 있었다. 한편 가사는 연속체(連續體)로, 길이의 조절이 자유로웠기에 유배지에서의 삶과 정서를 좀 더 구체적으로 담아낼 수 있었다.

[A] 정치적 분쟁으로 인한 유배객이 많았던 조선 시대의 유배 시가에는 정적(政敵)에 대한 원망, 결백의 호소, 정계 복귀에 대한 소망 등이 주로 표현되었다. 또한 정치적 유배객들은 임금에 대한 변함없는 충정을 드러내며 유배의 고통 속에서도 유교 이념을 굳건히 지키는 태도를 보였다. 조선 광해군 때, 윤선도가 이이첨의 횡포를 규탄하는 상소를 올렸다가 이이첨 일파의 모함을 받아 유배되어 쓴 연시조 〈견회요(遣懷謠)〉에 이러한 모습이 잘 드러나 있다. 한편, 정치적 유배객들 중에는 현실에서 소외된 자신의 처지를 달래기 위해 자연에 대한 사랑을 노래하는 탈속적 태도를 보이는 경우도 있었다.

[B] 유배는 정치적인 이유가 아닌 개인적인 잘못에 의한 경우도 있다. 개인적 잘못으로 인한 유배객은 정적에 대해 원망하거나 임금에게 자신의 결백을 호소하는 데 중점을 두기보다는 자신의 과거 잘못에 대한 반성과 후회, 유배지에서의 고통스러운 삶과 사실적 체험을 서술하는 데 중점을 두는 경우가 많았다. 정조 때, 안조원이 공무상의 개인 비리로 유배되어 쓴 가사 〈만언사(萬言詞)〉가 그러하다.

나 내 일 망녕된 줄을 내라 하여 모를쏜가
이 마음 어리기도 임 위한 탓이로세
아무가 아무리 일러도 임이 혜여 보소서 〈제2수〉

추성(楸城) 진호루(鎭胡樓) 밧긔 울어 예는 저 시내야
므음 호리라 주야(晝夜)에 흐르는다
임 향한 내 뜻을 조차 그칠 뉘를 모르나다 〈제3수〉

뫼흔 길고 길고 물은 멀고 멀고
어버이 그린 뜻은 많고 많고 하고 하고
어디서 외기러기는 울고 울고 가느니 〈제4수〉

어버이 그릴 줄을 처음부터 알아마는
임금 향한 뜻도 하늘이 삼겨시니
진실로 임금을 잊으면 긔 불효인가 여기노라 〈제5수〉
– 윤선도, 〈견회요(遣懷謠)〉

점검! 내신 강의

(가)
- **갈래** 평론, 설명문
- **성격** 설명적, 예시적
- **주제** 정치적 분쟁과 개인적 잘못으로 인한 유배 시가의 특징
- **특징**
  ① 유배 시가의 개념을 정의하여 이해를 도움
  ② 유배 시가를 정치적 분쟁에 의한 것과 개인적 잘못에 의한 것으로 구분하여 그 특징을 설명함

(나)
- **갈래** 연시조(전 5수)
- **성격** 연군적, 우국적
- **주제** 사친(思親)과 우국충정(憂國衷情)
- **특징**
  ① 감정 이입을 통해 화자의 정서를 드러냄
  ② 대구법과 반복법을 사용하여 주제를 강조함

(다)
- **갈래** 가사(유배 가사)
- **성격** 사실적, 한탄적
- **주제** 유배 생활의 어려움과 잘못을 뉘우치는 심정
- **특징**
  ① 유배 생활의 고통을 사실적으로 묘사함
  ② 자신의 처지에 대한 한탄을 절절하게 표현함

점검! 수능 강의

(가)
1. 유배 시가의 형식적 특징

유배 시가	
시조	가사
· 초·중·종 3장의 정형화된 형식 · 간결, 응축된 표현	· 연속체로 길이 조절이 자유로움 · 좀 더 구체적인 표현

2. 유배 시가의 내용적 특징

유배 시가	
정치적 분쟁	개인적 잘못
· 결백 호소, 정계 복귀 소망 · 임금에 대한 충정 · 자연 친화	· 과거 잘못에 대한 반성과 후회 · 사실적 체험을 서술

다 ┌ 남방 염천(南方炎天)* 찌는 날에 빨지 못한 누비바지
㉠ ├ 땀이 배고 때가 올라 굴뚝 막은 덕석인가
　 └ 덥고 검기 다 바리고 내암새를 어이하리

　 ┌ 어와 내 일이야 가련히도 되었고나
　 │ 손잡고 반기는 집 내 아니 가옵더니
㉡ ├ 등 밀어 내치는 집 구차히 빌어 있어
　 │ 옥식 진찬(玉食珍饌)* 어데 가고 맥반 염장(麥飯鹽藏)* 대하오며
　 └ 금의 화복(錦衣華服) 어데 가고 현순백결(懸鶉百結) 하였는고

　 ┌ 이 몸이 살았는가 죽어서 귀신인가
　 │ 말하니 살았으나 모양은 귀신일다
㉢ ├ 한숨 끝에 눈물 나고 눈물 끝에 한숨이라
　 │ 도로혀 생각하니 어이없어 웃음 난다
　 └ 이 모양이 무슴 일고 미친 사람 되었고나

　 ┌ 어와 보리가을 되었는가 전산 후산에 황금빛이로다
　 │ 남풍은 때때 불어 보리 물결 치는고나
　 │ 지게를 벗어 놓고 전간(田間)에 굽닐면서
㉣ ├ 한가히 베는 농부 묻노라 저 농부야
　 │ 밥 우희 보리술을 몇 그릇 먹었느냐
　 └ 청풍에 취한 얼골 깨연들 무엇하리

　 ┌ 연년(年年)이 풍년 드니 해마다 보리 베어
　 │ 마당에 두드려서 방아에 쓸어 내어
　 │ 일분(一分)은 밥쌀 하고 일분(一分)은 술쌀 하여
　 │ 밥 먹어 배부르고 술 먹어 취한 후에
㉤ ├ 함포고복(含哺鼓腹)하여 격양가(擊壤歌)*를 부르나니
　 │ 농부의 저런 흥미 이런 줄 알았더면
　 │ 공명을 탐치 말고 농사를 힘쓸 것을
　 │ 백운(白雲)이 즐거운 줄 청운(靑雲)이 알았으면
　 └ 탐화봉접(探花蜂蝶)*이 그물에 걸렸으랴

– 안조원, 〈만언사(萬言詞)〉

* 남방 염천: 남쪽 지방의 몹시 더운 날씨
* 옥식 진찬: 귀한 밥과 귀한 반찬
* 맥반 염장: 보리밥과 소금장
* 격양가: 풍년이 들어 농부가 태평한 세월을 즐기는 노래
* 탐화봉접: 꽃을 탐하는 벌과 나비

(나)

1. 시상 전개 방식

2수 3수	충(忠)
4수	효(孝)
5수	충 = 효

2. 감정 이입의 대상물

시내	자신의 마음을 몰라 주는 임금에 대한 안타까움, 임금에 대한 변함없는 충절의 마음이 이입된 대상
외기러기	멀리 계시는 부모님에 대한 그리움의 정서가 이입된 대상

(다)

1. 구성 방식

서사	귀양 가는 신세 한탄
본사	과거사에 대한 회상
	유배지로 향하는 여정
	유배 생활에 대한 묘사
결사	유배에서 풀려나기를 기원함

2. 조선 전기 유배 가사와의 비교

조선 전기 유배 가사	〈만언사〉
서정적, 연모적	서사적, 사실적
주로 연군(戀君)의 정을 그림	주로 유배 생활의 고통을 그림
단편	총 3,500여 구의 장편

조선 전기의 유배 가사들은 대체로 자신의 억울함을 호소하고 임금에 대한 충절을 강조하는 내용으로 이루어져 있음. 반면 〈만언사〉는 주로 유배 생활의 어려움을 사실적으로 서술하는 데 중점을 두고 있음. 이는 〈만언사〉의 작가가 중인 출신으로 개인적 비리로 인해 유배되었다는 사실과도 연관이 있음

1 (나)와 (다)에 대한 설명으로 적절하지 <u>않은</u> 것은?

① (나)는 (다)와 달리 화자의 마음을 직접적으로 드러내고 있다.
② (나)는 (다)와 달리 자연물에 화자의 정서를 이입하여 표현하고 있다.
③ (다)는 (나)와 달리 화자의 사실적 체험을 구체적으로 묘사하고 있다.
④ (다)는 (나)와 달리 화자의 비참한 처지를 비유적 표현을 통해 부각하고 있다.
⑤ (나)와 (다)는 모두 설의적 표현을 통해 화자의 심정을 강조하고 있다.

2 [A]를 바탕으로 (나)를 감상한 내용으로 적절하지 <u>않은</u> 것은?

① 〈제2수〉의 초장은 화자가 이이첨의 횡포를 규탄하는 상소를 올린 것과 관련되어 있겠군.
② 〈제2수〉의 종장은 화자가 자신의 정치적 행위에 대한 결백을 임금에게 호소하는 것이겠군.
③ 〈제3수〉의 종장은 화자가 유배를 당했어도 임금에 대한 충정은 변함없음을 드러내는 것이겠군.
④ 〈제4수〉의 종장은 자신을 모함한 정적을 원망하는 화자의 내면 심리를 암시하는 것이겠군.
⑤ 〈제5수〉의 종장은 충효라는 유교 이념을 굳건히 지키는 태도를 드러내는 것이겠군.

3 [B]를 참고할 때, ㉠~㉤에 대한 설명으로 적절하지 <u>않은</u> 것은?

① ㉠: 옷도 제대로 챙겨 입지 못하는 유배지에서의 삶을 감각적으로 제시하고 있다.
② ㉡: 과거와 현재의 상황을 대비하며 유배지에서의 고통스러운 삶을 강조하고 있다.
③ ㉢: 자신이 저지른 비리로 인해 비참하게 된 처지를 한탄하는 태도가 나타나 있다.
④ ㉣: 자신이 수확한 결실을 즐기는 상상을 하며 현실의 고통을 잊으려는 태도를 보이고 있다.
⑤ ㉤: 현재의 비참한 상황에 이르게 된 것을 후회하고 반성하는 태도를 드러내고 있다.

4 (가)를 이해한 내용으로 적절한 것은? [전국연합 기출]

① 가사는 길이의 조절이 자유로웠기 때문에 유배지에서의 삶과 정서를 구체적으로 표현할 수 있었다.
② 유배 시가가 조선 시대에 처음 창작되어 당대에 전성기를 맞이하게 된 것은 정치적 배경과 관련이 깊다.
③ 유배 시가는 유배객으로서의 일상과 유배지에서 보고 들은 바를 왕에게 보고하는 형식의 시가를 말한다.
④ 시조는 3장의 정형화된 형식을 따랐기 때문에 유배지에서의 정서보다는 상황을 자세하게 묘사할 수 있었다.
⑤ 정계에 복귀하고자 하는 유배객의 소망은 임금에 대한 충정보다는 탈속적 세계에 대한 지향으로 표현되었다.

5 〈보기〉를 참조하여 (다)를 감상한 내용으로 적절하지 <u>않은</u> 것은? [평가원 기출]

> ┝ 보기 ┥
>
> 작품의 창작 및 향유 상황을 고려할 때, 유배 가사를 단순히 유배지에서의 삶을 그린 가사로 보기는 어렵다. 유배 가사는 작가가 유배지에서 풀려날 목적으로 임금에게 자신의 목소리가 전달되기를 기대하며 지은 것이 대부분이다. 따라서 이러한 목적 의식을 가지고 지었다고 가정했을 때, 작품에 대한 이해와 감상이 더욱 정교해지고 풍부해질 수 있다.

① 죄에 대한 벌을 충분히 받고 있다는 점을 드러내기 위해 유배지에서의 고난을 과장했을 가능성이 있겠군.
② 자신을 '미친 사람'이라고 인식한 것은, 유배로 인한 심리적 고통을 전달하기 위한 것으로 볼 수 있지 않을까?
③ 자신을 '봉접(벌과 나비)'에 빗댄 것은 자신의 죄를 유혹에 약한 인간 본성의 탓으로 돌리려는 것이 아니었을까?
④ '그물에 걸렸다'는 표현을 사용한 것은 작가가 죄를 지으려는 의지가 없었다는 점을 강조하기 위한 전략일 수도 있겠군.
⑤ 공명(功名)에 대한 욕심이 사라졌다고 하는 것으로 보아, 작가가 유배에서 풀려나면 벼슬길에 다시는 나아가지 않겠군.

03

평론 + 고전 시가 + 고전 시가

연시조에 나타난 자연관 | 전원사시가 | 전가팔곡

가 조선 시대 사대부들에게 '강호*'는 영원한 지향의 공간이었다. 나이가 들어 벼슬을 마친 사대부들은 '강호'를 임금의 은혜에 감사하며 쉴 수 있는 ㉠유교적 충정의 공간으로 인식했고, 사화와 당쟁 등의 정치적 혼란으로 인해 뜻을 펴지 못한 불우한 선비들은 '강호'를 ㉡심미적 충족과 흥취의 공간으로 미화시키며 자신의 처지를 스스로 위로하였다. 그리고 때로는 '강호'를 한정(閑情)을 즐기는 공간이 아니라 구체적인 ㉢삶의 현장으로 바라보기도 하였다.

　　　┌ 강호(江湖)에 봄이 드니 미친 흥(興)이 절로 난다.
[A]　│ 탁료계변(濁醪溪邊)*에 금린어(錦鱗魚)*ㅣ 안주로다.
　　　└ 이 몸이 한가(閑暇)히옴도 역군은(亦君恩)*이샷다.

– 맹사성, 〈강호사시가(江湖四時歌)〉 1수

위 작품에서는 강호에 봄이 찾아오니 금린어를 안주로 삼아 막걸리를 마시는 한가로운 생활을 할 수 있는 것이 임금의 은혜 덕분이라고 노래하고 있다. 작가가 '강호'에서 느끼는 미적 감흥과 기쁨에는 임금에 대한 충정(忠情)이라는 유교 사상이 강하게 작용하고 있다.

　　　┌ 간밤의 눈 갠 후(後)에 경물(景物)이 달랃고야.
　　　│ 　 이어라 이어라
[B]　│ 압희는 만경류리(萬頃琉璃)* 뒤희는 천텹옥산(千疊玉山)*.
　　　│ 　 지국총(至匊悤) 지국총(至匊悤) 어사와(於思臥)
　　　└ 션계(仙界)ㄴ가 블계(佛界)ㄴ가, 인간(人間)이 아니로다.

– 윤선도, 〈어부사시사(漁父四時詞)〉 동사(冬詞) 4

그러나 조선 중기의 강호 시가는 정치적 분파들 사이의 갈등에서 세력을 잃거나 그런 세태를 혐오하는 사대부들에 의해 주로 창작되었다. 〈어부사시사〉의 경우 유교적 성격이 약화되는 한편, 혼탁한 현실과 청정한 강호라는 이분법적 의식이 드러나며 강호의 아름다움과 즐거움을 향유하는 모습이 더욱 강화되고 있다. 특히 강촌의 아름다움을 '인간'이 아닌 '션계'와 '블계'에 빗댄 표현은 강호에서 느끼는 미적 감흥과 기쁨이 직접적으로 더 강하게 작용한 것으로 볼 수 있다.

반면 이휘일의 〈전가팔곡〉의 경우, 작가는 벼슬을 하지 않고 전원에 살며 농민과 생활하는 자신과 농민의 일체감을 확인하고자 하였다. 그러면서도 작가는 농민을 교화하려는 의도를 일부 드러내며 여전히 성리학적 세계관을 보여 주고 있다.

* 강호: 예전에, 은자(隱者)나 시인(詩人), 묵객(墨客) 등이 현실을 도피하여 생활하던 시골이나 자연
* 탁료계변: 막걸리를 마시며 노는 시냇가
* 금린어: 쏘가리
* 역군은: 임금의 은혜
* 만경류리: 만 이랑의 유리라는 뜻으로, 유리처럼 반반하고 아름다운 바다를 뜻함
* 천텹옥산: 수없이 겹쳐 있는 아름다운 산

나 ⓐ양파(陽坡)*의 풀이 기니 봄빗치 느저 잇다

　　소원(小園) 도화(桃花)ᄂᆞᆫ 밤비에 다 피거다

　　아ᄒᆡ야 쇼 됴히 머겨 논밧 갈게 ᄒᆞ야라

〈제2수〉

점검! 내신 강의

(가)
- **갈래** 평론, 설명문
- **성격** 설명적, 예시적
- **주제** 사대부 연시조에 나타난 '강호'의 의미와 자연관
- **특징**
① 연시조에 나타난 '강호'의 공간적 의미와 자연관을 예를 들어 설명함
② 시대적 흐름에 따라 사대부 연시조에 나타난 '강호'의 의미가 어떻게 변화되었는지를 순차적으로 서술함

(나)
- **갈래** 평시조, 연시조(전 10수)
- **성격** 전원적, 풍류적
- **주제** 전원에서의 유유자적한 삶
- **특징**
① 계절의 흐름에 따라 시상을 전개함
② 다양한 감각적 이미지를 사용해 각 계절의 정취를 형상화함
③ 각 수의 종장에 '아히야'를 반복하여 형식적 통일감과 리듬감을 형성함

(다)
- **갈래** 평시조, 연시조(전 8수)
- **성격** 사실적, 전원적
- **주제** 전원 생활의 만족감
- **특징**
① 청유형 어미를 사용하여 양반인 화자가 농부의 일상을 선도하는 성격을 지님
② 사대부로서 농촌에서의 삶을 사실적으로 묘사했다는 점에서 의의가 큼

점검! 수능 강의

(가)
1. 연시조에 나타나는 '강호'의 의미 변화
조선 초기에는 '강호'를 낙관적 공간으로 바라보며 '강호'에서 느끼는 감흥과 기쁨을 임금의 은혜로 생각함. 중기에는 왕권의 약화와 당쟁의 심화 때문에 '강호'에 대한 인식에 변화가 생겨 정치적 성격이 약화됨. 한편 '강호'를 감흥을 즐기는 공간이 아닌 구체적인 삶의 현장으로 바라보기도 함

2. 각 작품에 나타난 '강호'의 의미

맹사성, 〈강호사시가〉
유교적 충정의 공간으로, 유교 사상이 강하게 작용함

↓

윤선도, 〈어부사시사〉
심미적 충족과 흥취의 공간으로, 정치적 성격은 약화되고 미적 감흥과 기쁨이 강하게 드러남

↓

이휘일, 〈전가팔곡〉
삶의 공간으로, 사대부로서 농촌에서의 삶을 사실적으로 묘사함

ⓑ잔화(殘花)* 다 딘 후에 녹음이 기퍼 간다

백일(白日)* 고촌(孤村)에 낫둙의 소리로다

ⓒ아히야 계면됴 불러라 긴 조롬 씌오쟈　　　　　　〈제3수〉

동리(東籬)*에 국화 피니 중양(重陽)이 거에로다

자채(自蔡)*로 비즌 술이 ᄒ마 아니 니것ᄂ냐

ⓓ아히야 자해(紫蟹)* 황계(黃鷄)로 안주 쟝만ᄒ야라　〈제6수〉

북풍이 노피 부니 압 뫼헤 눈이 딘다

ⓔ모첨(茅簷)* 츤 빗치 석양이 거에로다

아히야 두죽(豆粥) 니것ᄂ냐 먹고 자랴 ᄒ로라　　　〈제7수〉

이바 아히들아 새히 온다 즐겨 마라

헌ᄉᄒ 세월이 소년(少年) 아사 가ᄂ니라

우리도 새히 즐겨 ᄒ다가 이 백발이 되얏노라　　　〈제9수〉

　　　　　　　　　　　　　　　　　－ 신계영, 〈전원사시가(田園四時歌)〉

* 양파: 볕이 잘 드는 언덕　　　　　* 잔화: 거의 지고 남은 꽃
* 백일: 대낮　　　　　　　　　　* 동리: 동쪽 울타리라는 뜻으로, 국화를 심은 곳을 이름
* 자채: 올벼, 철 이르게 익은 벼　　* 자해: 꽃게
* 모첨: 초가지붕의 처마

다 세상의 버린 몸이 시골에서 늙어 가니

바깥 일 내 모르고 하는 일이 무엇인고

이 중의 우국성심(憂國誠心)은 풍년을 원하노라.　　〈제1수〉

농인(農人)이 와 이르되 봄 왔네 밭에 가세

앞집의 쟁기 잡고 뒷집의 따비* 내네

두어라 내 집부터 하랴 남하니 더욱 좋다.　　　　〈제2수〉

여름날 더운 적의 달구어진 땅이 불이로다

밭고랑 매자 하니 땀 흘러 땅에 떨어지네

어사와 입립신고(粒粒辛苦)* 어느 분이 아실까.　　〈제3수〉

가을에 곡식 보니 좋기도 좋을시고

내 힘의 이룬 것이 먹어도 맛이로다

이 밖에 천사만종(千駟萬鍾)*을 부러 무엇하리오.　〈제4수〉

밤에는 새끼를 꼬고 낮에는 띠를 베어

초가집 잡아매고 농기(農器) 좀 손 보아라

내년에 봄 온다 하거든 곁의 종사(從事)* 하리라.　〈제5수〉

　　　　　　　　　　　　　　　　　－ 이휘일, 〈전가팔곡(田家八曲)〉

* 따비: 풀뿌리를 뽑거나 밭을 가는 농기구의 일종　* 입립신고: 낱알마다 맺힌 수고로움
* 천사만종: 여러 말이 끄는 수레와 많은 봉록　　　* 종사: 농사일을 시작함

1. 제목의 의미

'전원의 사계절을 노래하다.'라는 의미로, 각각의 계절에 맞추어 전원에 묻혀 자연과 더불어 사는 생활과 그 가운데 느끼는 즐거움을 노래한 작품. 사계절의 순서에 따라 각 2수씩 읊은 후 섣달 그믐날 밤의 감회를 읊은 제석(除夕)을 2수 덧붙여 총 10수로 구성됨

2. 작품의 구조

봄	바쁜 일상	
여름	한가로움	선경후정의
가을	풍요로움	구조
겨울	안분지족	
제석	늙음의 한탄	안타까움

(다)

1. 화자의 태도

속세를 떠난 화자가 풍년을 기원하고 노동의 참된 가치와 의미를 긍정하는 모습에서 천사만종(千駟萬鍾)을 추구하는 것에 대한 비판이 우회적으로 나타남

2. 표현상의 특징

· 일상생활의 어휘들을 구사하여 농부의 삶을 구체적으로 형상화함
· 사계절에 따른 농사일과 그에 대한 화자의 만족감이 시간의 흐름에 따라 표현됨

3. 〈제2수〉~〈제5수〉의 구성상의 특징

제2수	춘	시작
제3수	하	노고
제4수	추	결실
제5수	동	준비

→ 농사의 과정이 드러남. 봄부터 겨울을 거쳐 다시 봄으로 이어지는 시간의 순환성을 바탕에 둠

1 (가)를 참고하여 [A]와 [B]를 감상한 것으로 적절하지 <u>않은</u> 것은?

① [A]와 [B] 모두 계절적 배경을 드러내며 '강호'를 미적 감흥의 대상으로 인식하는 만족감이 나타나 있군.

② [A]는 [B]보다 사회적 현실에 대한 화자의 만족도가 더 강하다는 것을 짐작할 수 있겠군.

③ [A]는 [B]와 달리 화자에게 사대부로서의 유교적 충(忠) 사상이 강하게 작용한 것으로 볼 수 있군.

④ [B]는 [A]보다 강호의 아름다움과 그 안에서의 흥취를 더 강하게 표현하고 있다고 볼 수 있군.

⑤ [B]는 [A]와 달리 '눈 덮인 강촌'을 '선계'와 '블계'에 빗대어 유교적 이념을 실천할 수 있는 이상 세계에 대한 화자의 소망을 드러내고 있군.

2 (가)의 ㉠~㉢을 바탕으로 하여 [A], (나), (다)의 시적 공간에 대해 설명한 내용으로 가장 적절한 것은?

① (나)의 〈제6수〉에 나타난 공간은 [A]와 달리 ㉠의 예로 볼 수 있으나, ㉡의 예로는 볼 수 없다.

② (나)는 〈제9수〉에는 공간적 배경이 나타나지 않지만, 나머지 수에 나타난 공간은 ㉡의 예로 볼 수 있다.

③ (다)의 〈제1수〉를 제외한 나머지 수에 나타난 공간은 [A]와 같이 ㉢의 예로 볼 수 있다.

④ (다)의 〈제4수〉에 나타난 공간은 [A]와 같이 ㉠의 예로 볼 수 있으나, ㉡의 예로 볼 수 없다.

⑤ (다)의 〈제5수〉에 나타난 공간은 (나)의 〈제7수〉와 같이 ㉡의 예로 볼 수 있으나, ㉢의 예로는 볼 수 없다.

3 (나)와 (다)에 대한 설명으로 적절하지 <u>않은</u> 것은?

① (나): 감각적 이미지를 사용하여 전원생활의 여유로운 분위기를 드러내고 있다.

② (나): 세월의 흐름과 늙어 가는 것에 대해 안타까워하는 정서를 드러내고 있다.

③ (다): 설의적 표현을 사용하여 전원생활에서 얻은 화자의 깨달음을 드러내고 있다.

④ (다): 반어적 표현을 사용하여 농촌에서의 화자의 삶을 구체적으로 드러내고 있다.

⑤ (다): 명령형 종결 어미를 사용하여 청자가 특정 행동을 하게 하려는 화자의 의도를 드러내고 있다.

4 〈보기〉를 참조하여 (나)를 감상한 내용으로 적절하지 <u>않은</u> 것은? [평가원 기출]

> ► 보기 ◄
>
> 사시가(四時歌)는 사계절의 추이에 맞추어 시상을 전개하는 시가를 일컫는다. 사시가에서는 계절에 관한 시상이 드러나는 연들을 유기적으로 연결하기 위해 동일한 어휘나 유사한 표현을 연마다 반복하는 경우가 있다. 또한 자연을 묘사하기 위한 시어 및 구절을 먼저 제시한 후 화자의 반응이나 정취를 덧붙이는 것이 일반적이다. 작품에 따라서는 일상의 풍경을 도입하여 계절의 변화에 따른 세상살이의 모습을 조명하거나, 어김없이 순환하는 자연의 이치와 무상한 인간사를 대비하기도 한다.

① 사계절의 추이가 나타난다는 점에서 사시가의 요건을 갖추고 있군.

② '아히야'가 반복적으로 등장하여 연 사이의 유기성을 부여하고 있군.

③ 계절이 다루어진 연은 자연의 모습이 먼저 묘사되고 화자의 반응이 이어지는 방식으로 구성되는군.

④ 봄에 소를 먹여 논밭을 가는 것과 가을에 올벼로 빚은 술을 찾는 것은 일상의 풍경을 그려 낸 사례이겠군.

⑤ 각 연에서는 일정하게 순환하는 자연의 이치와, 그러한 이치를 삶에 구현하지 못하는 인간을 대비하고 있군.

5 (나)의 ⓐ~ⓔ에 대한 이해로 가장 적절한 것은? [평가원 기출]

① ⓐ: 화자가 지향했던 초월적인 삶의 세계가 회고된다.

② ⓑ: 꽃이 떨어진 것에 대한 화자의 안타까운 심정이 제시된다.

③ ⓒ: 시름을 일시적으로나마 잊고자 하는 화자의 의도가 표출된다.

④ ⓓ: 미각을 돋우는 소재들을 통해 화자의 흥취가 드러난다.

⑤ ⓔ: 세속과 타협하지 않으려는 화자의 의지가 집약되어 나타난다.

04

평론 + 고전 소설 + 고전 소설

고전 소설의 기이성 | 금령전 | 심청전

가 고전 소설에 널리 이용되어 온 '**기이성(奇異性)**'은 새롭고 낯선 것에서 느껴지는 성질로서, 당대 독자들의 호기심을 자극해 왔다. 기이성은 다양한 요소를 통해 형성되는데, 그중에서 가장 중요한 것이 비현실성이다. 비현실성은 현실에서는 도저히 일어날 수 없는 일이라고 여겨지는 초경험적이고 환상적인 것이기 때문에 기이성을 형성하는 데 아주 효과적이다. 또한 인물의 극단적인 성격이나 사건의 극적인 전개도 기이성을 형성하는 데 중요한 요소가 된다. 이외에 다른 나라를 배경으로 삼음으로써 나타나게 되는 이국정취 등도 기이성 형성의 한 요소가 된다.

그런데 기이성도 소설의 역사적인 발전 단계에 따라 구현되는 양상이 달라지는데, 비현실성이 이러한 변화에 가장 큰 영향을 미쳤다. 아직도 설화의 흔적이 남아 있던 17세기의 소설에서는 비현실성이 많이 나타났다. 대부분의 불교계 국문 소설과 전기 소설 등이 여기에 해당하는데, 현실의 논리 같은 것은 크게 고려하지 않았으며 초현실적 존재가 현실계나 환상계에서 활약하는 것을 극대화하여 독자의 호기심을 자극하였다. 전기 소설의 하나인 〈금령전〉에 이러한 특징이 잘 나타난다.

하지만 18세기에 이르면, 합리적 사고와 사회의식이 성장하면서 초기 소설이 가지고 있던 비현실성은 점차 희석되고 현실성의 비중이 높아진다. 그리고 비현실성과 현실성이 유기적으로 결합하면서 이원적인 세계관을 형성하게 된다. 경험 세계인 현실계와 초경험 세계인 환상계가 개별적인 독립성과 함께 상호 유기성을 갖는 공간으로 설정된 것이다. 이를 통해 현실계에서 일어나는 비현실성의 근거를 환상계에 귀속시킴으로써 독자들이 큰 저항 없이 비현실성을 수용할 수 있었다. 이 시기의 적강형 영웅 소설 등이 대표적인 예라고 할 수 있다.

한편 19세기에 접어들면서 민중적인 가치를 담아 발전해 간 판소리계 소설은 현실적인 요소를 확대하였다. 하지만 〈흥부전〉, 〈심청전〉 등을 통해 알 수 있듯이, 인물의 극단적인 성격과 사건의 극적인 전개 등은 여전히 기이성 형성에 중요한 역할을 하였다. 또한 ㉠환상계가 현실계에 영향력을 미칠 수 있는 위계질서를 갖추게 됨으로써, 환상계의 질서에 귀속되는 비현실성이 사건의 극적인 전개에 중요한 장치로 작용하는 경우도 많았다.

나 차설. 해룡이 변씨 집을 떠나 남쪽으로 가는데 한 곳에 다다르니 큰 산이 앞길을 막았거늘, 갈 길을 못 찾아 주저할 즈음에 금령(金鈴)*이 굴러 길을 인도하였다. 금령을 따라 여러 고개를 넘어가니 절벽 사이에 푸른 잔디와 암석이 바라보이매, 해룡이 돌 위에 앉아 잠깐 쉬고 있었는데, ⓐ문득 벽력같은 소리가 진동하며 금털 돋친 짐승이 주홍 같은 입을 벌리고 달려들어 해룡을 물려고 하였다. 해룡이 급히 피하려 하였는데 금령이 내달아 막으니, 그것이 몸을 흔들어 변하여 아홉 머리 가진 것이 되어 금령을 집어삼키고 골짜기로 들어갔다.

해룡이 낙담하며 말하기를, / "분명코 금령이 죽었도다." / 하고, 탄식하여 어찌할 줄 몰랐다.

[A] 갑자기 한바탕 미친 듯한 바람이 일어나며 구름 속에서 크게 불러 말하기를,
"그대는 어찌 금령을 구하지 아니하고 저다지 방황하느냐?" / 하고, 간 데 없었다.

해룡이 생각하되, '하늘이 가르치시나 몸에 촌철(寸鐵)이 없으니 어찌 대적하리오? 그러나 금령이 아니었더라면 내가 어찌 살아났으리오?' 하고 옷차림을 단단히 하고 뛰어 들어가니, 지척을 분별할 수 없었다. 몇 리를 들어가되 종적이 없거늘, 죽을힘을 다하여 기어 들어가니 ⓑ홀연 천지가 명랑하고 일월이 조요하였다. 두루 살펴보니 돌 비석에 금자로 새겼으되, '남전산 봉래동'이라 하였고, 구름 같은 석교에 만장폭포가 거룩하였다. 〈중략〉

해룡이 뛰어 올라가 보니, 그 짐승이 상 위에 누워 앓다가 사람을 보고 일어나려 하다가 도로 자빠지며 일신을 뒤틀며 움직이지 못하고 입으로 피를 무수히 토하였다. 해룡이 하수하고자* 하나 손에 촌철이 없었는데, 홀연 미인 한 사람이 칠보홍군을 입고 가볍게 걸어서 벽에 걸린 보검을 갖다가 해룡에게 주었다. 해룡이 급히 칼을 들고 달려들어 요귀의 가슴을 무수히 찌르니, 그 짐승이 그제야 죽어 늘어졌다. 자세히 보니 금 터럭 돋친 암퇘지이거늘, 가슴을 헤치고 보니 금령이

점검! 내신 강의

(가)
- **갈래** 평론, 설명문
- **성격** 설명적, 통시적
- **주제** 고전 소설의 역사적 발전 단계에 따른 기이성의 구현 양상
- **특징**
  ① 통시적인 관점에서 중심 화제의 구현 양상을 서술함
  ② 구체적인 사례를 들어 독자의 이해를 도움

(나)
- **갈래** 영웅 소설, 전기 소설
- **성격** 전기적(傳奇的), 도술적
- **배경** [시간적] 중국 명나라 때 [공간적] 중국 일대
- **시점** 전지적 작가 시점
- **주제** 금방울이 고난을 극복하고 사랑을 이루는 과정
- **특징**
  ① 다양한 설화(난생 설화, 지하국 대적 퇴치 설화, 변신 모티프)가 융합됨
  ② 남성 영웅인 해룡과 여성 영웅인 금방울의 성격과 역할이 상호 보완적임

(다)
- **갈래** 판소리계 소설, 윤리 소설
- **성격** 교훈적, 비현실적, 우연적
- **배경** [시간적] 송나라 말 [공간적] 인당수, 황궁 등
- **시점** 전지적 작가 시점
- **주제** 부모에 대한 지극한 효성
- **특징**
  ① 적층 문학, 전래 설화에서 판소리로 가창되다가 고전 소설로 정착됨
  ② 여러 배경 사상(유교, 불교, 도교 등)이 융합되어 나타남

▼ 어휘 풀이
* 금령: 금방울
* 하수하고자: 손을 대어 죽이고자

점검! 수능 강의

(가)

1. '기이성'을 형성하는 요소

기이성을 형성하는 요소
① 비현실성
② 인물의 극단적인 성격이나 사건의 극적인 전개
③ 이국정취

2. '기이성'의 역사적 전개 양상

17세기	• 비현실성이 많이 나타남 • 현실의 논리를 고려하지 않고 초월적 존재의 활약을 극대화
18세기	• 이원적 세계관 형성 • 비현실성의 근거를 환상계에 귀속시킴
19세기	• 현실적 요소 확대 • 인물의 극단적인 성격이나 사건의 극적인 전개 • 비현실성이 환상계의 질서에 귀속됨

굴러 나왔다. 해룡이 크게 반기며 소리 질러 말하기를,

"너희 수십인 계집이 다 요귀로 변하여 사람을 속임이 아니냐?"

모든 여자들이 일시에 꿇어 아뢰기를,

"우리들은 요귀가 아니오. 사람으로서 요귀에게 잡혀 와 욕을 참고 사환하였나이다. 아까 칼 갖다 주던 이는 다른 사람이 아니라 지금 천자의 외동딸 금선 공주입니다."　　– 작자 미상, 〈금령전〉

🟣 하루는 옥황상제께서 사해용왕에게 말씀을 전하시기를,

"심 소저 혼약할 기한이 가까우니, 인당수로 돌려보내어 좋은 때를 잃지 말게 하라."

분부가 지엄하시니 사해용왕이 명을 듣고 심 소저를 보내실 제, 큰 꽃송이에 넣고 두 시녀 [B] 를 곁에서 모시게 하여 아침저녁 먹을 것과 비단 보배를 많이 넣고 옥 화분에 고이 담아 인당 수로 보내었다. 이때 사해용왕이 친히 나와 전송하고 각궁 시녀와 여덟 선녀가 여쭙기를,

"소저는 인간 세상에 나아가서 부귀와 영광으로 만만세를 즐기소서." / 소저 대답하기를,

"여러 왕의 덕을 입어 죽을 몸이 다시 살아 세상에 나가오니 은혜를 잊을 수가 없습니다. 모든 시녀들과도 정이 깊어 떠나기 섭섭하오나 이승과 저승의 길이 다르기에 이별하고 가기는 하지 마는 수궁의 귀하신 몸 내내 평안하옵소서."

하직하고 돌아서니, 순식간에 꿈같이 인당수에 번듯 떠서 뚜렷이 수면을 영롱케 하니 천신의 조화요 용왕의 신령이었다. ⓒ바람이 분들 끄떡하며 비가 온들 떠내려 갈소냐. 오색 무지개가 꽃 봉 속에 어리어 둥덩실 떠 있을 적에, 남경 갔던 뱃사람들이 억 십만 금 이문을 내어 고국으로 돌 아오다가 인당수에 다다라서 배를 매고 제물을 깨끗이 차려 용왕에게 제를 지내면서 비는 말이,

"우리 일행 수십 명 몸에 재액을 막아 주시고 소망을 뜻한 대로 이루어 주셔서 용왕님의 넓으신 덕택을 한 잔 술로 정성을 드리오니, 어여삐 보셔서 이 제물을 받아 주시옵소서."

하고 제를 올린 뒤에 제물을 다시 차려 심 소저의 혼을 불러 슬픈 말로 위로한다.

"출천 효녀 심 소저는 늙으신 아버지 눈 뜨기를 위하여 젊은 나이에 죽기를 마다 않고 바닷속 외로운 혼이 되었으니 어찌 아니 가련하고 불쌍하리오. 우리 뱃사람들은 소저로 말미암아 장사 에 이문을 내어 고국으로 돌아가지만 소저의 영혼이야 어느 날에 다시 돌아올까? 가다가 도화 동에 들어가서 소저의 아버지 살았는가 여부를 알아보고 가오리다. 한 잔 술로 위로하니 만일 아시거든 영혼은 이를 받으소서." 〈중략〉

하루는 천자께서 당나라의 옛일을 본받아 궁녀에게 명하시어 화청지에 목욕하시고 친히 달을 따라 화단을 배회하시는데, 밝은 달은 뜰에 가득하고 산들바람 부는 중에 문득 강선화 봉오리가 흔들리며 가만히 벌어지고 무슨 소리 나는 듯했다. 천자께서 몸을 숨겨 가만히 살펴보니 ⓓ예쁜 용녀가 얼굴을 반만 들어 꽃봉 밖으로 반만 내다보더니, 사람 자취 있음을 보고 도로 헤치고 들어 갔다. 천자께서 보시고 문득 몸과 마음이 황홀하시어 의아한 생각이 들어 아무리 서 있어도 다시 는 기척이 없었다. 가까이 가서 꽃봉을 가만히 벌리고 보시니 한 처녀와 두 미인이 있기에 천자 반기며 물으시기를, / "너희가 귀신이냐 사람이냐?" / 미인이 즉시 내려와 땅에 엎드려 여쭙기를,

"소녀는 남해 용궁 시녀이온데 소저를 모시고 세상으로 나왔다가 황제의 모습을 뵈오니 극히 황공하옵니다."

하니 천자 마음속으로 생각하시기를, '상제께옵서 좋은 인연을 보내신 것이로구나. 하늘이 내리 신 바를 받아들이지 않으면 이런 좋은 기회가 다시는 오지 않으리라.' 하시고, '배필을 정하리라.' 결심하시어 혼인을 하기로 작정하시고 태사관으로 하여금 날을 잡으라 하니 5월 5일 갑자일이었 다. 소저를 황후로 봉하여 승상의 집으로 모신 뒤에 혼인날이 당하매 명하시기를,

"이러한 일은 천만고에 없는 일이니 예의범절을 특별히 마련하도록 하라."

하시니 ⓔ위엄이 이 세상에서 처음이요 천고에 더욱 없는 일이었다.
　　　　　　　　　　　　　　　　　　　　　　　　　　　　　　　　　– 작자 미상, 〈심청전〉

(나)

1. 다양한 설화의 융합

난생 설화	주인공이 막씨 부인의 몸에서 금방울의 모습으로 태어남
지하국 대적 퇴치 설화	해룡이 머리 아홉을 가진 요귀 에게 납치당한 공주를 구출하 고 결혼함
변신 모티프	금방울이 모든 문제를 해결한 후 허물을 벗고 절세미인으로 변신함

2. 여성 영웅의 등장

이 작품에서는 남성 영웅인 해룡과 여성 영웅인 금방울의 성격과 역할이 상호 보완적으로 나타남. 금방울이 독자적인 여성 영웅이 아니라 남성 영웅인 장해룡을 돕는 보조적 역할에 그친다는 것이 아쉬운 점이기는 하나, '여성 영웅의 출현'이라는 점에서 그 의의를 찾을 수 있음

(다)

1. 서사 구조

전반부	• 현실적 · 세속적 공간 • 심청의 효행담

↓

전환점	• 현실 → 환상 • 심청의 투신

↓

후반부	• 환상 → 현실 • 심 봉사의 개안(開眼)과 행복 한 삶

2. 배경 사상의 영향

유교	부모에 대한 효를 강조함
불교	심 봉사가 부처에게 공양하고 나서 눈을 뜨게 됨
도교	옥황상제, 선녀, 선궁(仙宮) 등 이 등장함
민간 신앙	사람들이 인간을 제물로 바침

1 (가)의 '기이성'을 중심으로 (나)와 (다)를 이해한 내용으로 적절하지 <u>않은</u> 것은?

① (나)에서 물건인 금령이 주체적인 의지를 지닌 존재로 나타나는 비현실적 상황이 기이성을 구현하고 있다.

② (나)에서 짐승이 갑자기 피를 토하고 미인이 해룡을 도와주는 극적인 사건 전개가 기이성을 구현하고 있다.

③ (다)에서 늙은 아버지가 눈 뜨기를 바라며 죽음을 자처한 심 소저의 극단적인 효심이 기이성을 구현하고 있다.

④ (다)에서 심 소저가 중국 천자를 만나 결혼하게 되는 과정에서 드러나는 이국정취가 기이성을 구현하고 있다.

⑤ (다)에서 심 소저가 용왕의 도움으로 황후가 되어 인간 세상으로 환생하는 환상적인 사건 전개가 기이성을 구현하고 있다.

2 (가)를 바탕으로 [A]와 [B]를 비교하여 감상한 내용으로 가장 적절한 것은?

① [A]와 [B]는 모두 비현실성과 현실성이 유기적으로 결합한 상황이지만, [A]가 [B]보다 현실성의 비중이 높다고 볼 수 있겠군.

② [A]와 [B]는 모두 현실의 논리가 고려되지 않은 상황이지만, [B]가 [A]보다 독자들의 호기심을 더 강하게 자극한다고 볼 수 있겠군.

③ [A]와 [B]는 모두 설화의 흔적으로 볼 수 있는 비현실성이 나타나는 상황이지만, [A]가 [B]보다 위계질서가 체계적이라고 볼 수 있겠군.

④ [A]와 [B]는 모두 초현실적 존재가 활약하는 상황이지만, [B]가 [A]보다 독자들이 큰 저항 없이 비현실성을 수용할 수 있게 한다고 볼 수 있겠군.

⑤ [A]와 [B]는 모두 초현실적 존재가 현실계의 인물을 환상계로 유도하는 상황이지만, [B]가 [A]보다 초현실적 존재의 활약이 극대화된다고 볼 수 있겠군.

3 (나)와 (다)의 공통점으로 적절한 것을 〈보기〉에서 모두 골라 묶은 것은?

> ▶ 보기 ◀
> ㄱ. 서술자가 작중 상황에 대한 논평을 하고 있다.
> ㄴ. 감각적 표현을 사용하여 작중 상황을 드러내고 있다.
> ㄷ. 인물이 조력자의 도움을 받으며 위기를 극복하고 있다.
> ㄹ. 작중 공간의 특성을 활용하여 미래의 일을 암시하고 있다.

① ㄱ, ㄷ   ② ㄴ, ㄷ   ③ ㄴ, ㄹ
④ ㄱ, ㄴ, ㄷ   ⑤ ㄱ, ㄷ, ㄹ

4 ㉠을 참고하여 (다)를 이해한 내용으로 가장 적절한 것은? [전국연합 기출]

① 뱃사람들이 심 소저의 혼을 불러 위로하는 장면은 환상계의 존재와 현실계의 존재가 서로 교감하는 계기를 드러낸 것이다.

② 천자가 심 소저를 상제가 맺어 준 인연이라고 말하는 장면은 현실계의 질서 속에 환상계의 질서가 귀속되어 있음을 드러낸 것이다.

③ 심 소저가 여덟 선녀와 이별하며 이승과 저승의 길이 다르다고 말하는 장면은 환상계와 현실계가 유기적으로 연결될 수 없는 것임을 드러낸 것이다.

④ 수궁에 머물던 심 소저가 사해용왕의 도움으로 순식간에 인당수에 번듯 떠오르는 장면은 환상계와 현실계가 서로 대등하게 연결되어 있는 세계임을 나타낸 것이다.

⑤ 환상계에 머물던 심 소저가 옥황상제의 명에 따라 현실계에서 천자와 극적으로 인연을 맺게 되는 장면은 환상계의 질서가 현실계에까지 영향을 미치고 있음을 보여 준 것이다.

5 ⓐ~ⓔ에 대한 설명으로 적절하지 <u>않은</u> 것은? [전국연합 기출]

① ⓐ: 적대적인 대상이 출현하는 장면을 비유적으로 제시하여 인물이 처한 긴박한 상황을 생동감 있게 보여 주고 있다.

② ⓑ: 갑자기 변화된 주변 상황과 비석에 새겨진 지명을 통해 새로 진입한 공간의 신비로운 분위기를 강조하고 있다.

③ ⓒ: 외부 영향에도 변함없이 유지되는 대상의 모습을 통해 초월적 특성을 부각하고 있다.

④ ⓓ: 인물의 연속되는 행동을 묘사하여 상황을 주도적으로 이끌고자 하는 인물의 의도를 드러내고 있다.

⑤ ⓔ: 서술자가 개입하여 인물의 태도에 대한 서술자의 시각을 보여 주고 있다.

가 풍자는 어리석은 생각이나 행동 혹은 사회 전체의 비리와 모순, 불합리에 대한 불만을 드러내는 방법으로, 어떤 대상에 대한 멸시 · 냉소 등의 태도를 통해 대상의 지위를 격하시키는 문학적 기법을 말한다. 일반적으로 작가는 대상에 대한 노골적인 비판이나 저항이 어려울 때, 풍자의 수법을 사용한다.

연암 박지원은 소설을 통해 몰락한 지배 계층인 양반을 풍자한다. 박지원은 자신의 저서《방경각외전》에서 다음과 같이 말했다.

[A]
선비란 것은 하늘이 내린 벼슬이며, 선비의 마음은 곧 '지(志)'자가 되는 것이다. 그러면 그 뜻이란 어떠한 것인가. 첫째, 세리*를 꾀하지 말 것이니, 선비는 몸이 비록 현달*하더라도 선비에서 떠나지 않아야 할 것이며, 몸이 비록 곤궁*하더라도 선비의 본분을 잃어서는 아니 될 것이다. 지금 소위 선비들은 명절*을 닦기에는 힘쓰지 않고 부질없이 문벌*만을 기회로 여겨 그의 세덕*을 팔고 사게 되니, 이야말로 저 장사치에 비해 무엇이 낫겠는가. 이에 나는 이 〈양반전〉을 써 보았노라.

– 박지원,《방경각외전(放璚閣外傳)》중 일부

〈양반전〉에는 당시 사회에 만연했던 양반들의 허위성과 부패상이 잘 드러나는데, 박지원은 몰락한 양반의 무능하고 허위적인 본성을 풍자했다. 〈양반전〉이 창작된 조선 후기는 신분제가 점차 붕괴되고 있었고, 실용적 학문이 대두되고 서민 의식이 성장하면서 양반의 허례허식이나 횡포가 비판을 받는 시대였다. 작품 속 정선 양반은 경제적 능력이 없어 환곡만 축내다가 양반 신분까지 팔게 되는 무능한 인물이다. 또한 군수가 작성하는 양반 매매 증서에는 형식에 얽매인 양반의 모습과 부당한 특권을 남용하는 양반의 모습이 제시되어 있다. 이를 통해 양반의 부당한 특권에 대해 알게 된 부자가 '나를 도적놈으로 만들 셈이란 말이요.'라고 말하며 가버리는 장면에서 양반에 대한 신랄한 풍자가 드러난다.

다음으로 채만식의 〈논 이야기〉는 해방 직후 중요한 문제였던 토지 분배를 다룬 풍자 소설이다. 주인공 한덕문은 구한말에는 악질 원님에게 땅을 빼앗기고, 일제 강점기에는 술과 노름으로 인한 빚 때문에 일인에게 어쩔 수 없이 땅을 판다. 하지만 한덕문은 해방이 되면 자신이 판 땅을 찾을 수 있다며 큰소리를 치고 다니는데, 여기에서 독립의 의미를 자신의 이익을 되찾는 것에만 두는 소시민적 욕심과 어리석음이 풍자되고 있다. 그러나 막상 해방이 된 후에도 토지 개혁이 제대로 이루어지지 않아 대다수의 농민들은 여전히 토지를 소유하지 못하는 상황에 처하게 된다. 이에 한덕문은 독립되었을 때 만세를 부르지 않기를 잘했다며 혼잣말을 하는데, 이러한 인물의 냉소적이고 풍자적인 태도를 통해 국가의 토지 정책에 대한 비판이 드러나고 있다.

* 세리: 권세와 이익을 아울러 이르는 말
* 현달: 벼슬, 명성, 덕망이 높아서 이름이 세상에 드러남
* 곤궁: 가난하여 살림이 구차함
* 명절: 명분과 절의를 아울러 이르는 말
* 문벌: 대대로 내려오는 그 집안의 사회적 신분이나 지위
* 세덕: 권세의 덕택

나 **양반**은 밤낮으로 울기만 하면서 어찌할 바를 몰랐다. 그 **아내**는,
"평생 글 읽기만 좋아하더니 관곡을 갚는 데는 전혀 소용이 없구려. 허구한 날 양반, 양반 하더니 그 양반이라는 것이 한 푼어치도 못 되는구려." / 했다.
마침 그 마을에 있는 **부자** 한 사람이 집안끼리 상의하기를

점검! 내신 강의

(가)
· **갈래** 평론, 설명문
· **성격** 설명적, 예시적
· **주제** 풍자의 기법으로 창작된 문학 작품에 나타난 풍자와 시대 정신
· **특징**
① 풍자의 의미를 설명한 후, 풍자의 기법을 사용한 문학 작품을 창작한 작가의 의도를 두 편의 작품을 예로 들어 밝힘
② 〈양반전〉과 〈논 이야기〉를 통해 작품에 드러난 풍자의 대상을 설명함

(나)
· **갈래** 한문 소설, 단편 소설, 풍자 소설
· **성격** 풍자적, 고발적, 비판적
· **배경** [시간적] 조선 시대 [공간적] 조선의 한 마을
· **시점** 전지적 작가 시점
· **주제**
① 양반의 무능력과 위선에 대한 풍자
② 양반 신분을 돈으로 사려고 하는 부자의 어리석음을 풍자
· **특징**
① 몰락하는 양반들의 위선적인 생활 모습을 비판 · 풍자함
② 당시 시대상을 반영하여, 평민 부자로 대표되는 새로운 인간형을 제시함

(다)
· **갈래** 단편 소설, 풍자 소설, 농민 소설
· **성격** 풍자적, 냉소적, 비판적
· **배경** [시간적] 광복 직후 [공간적] 군산 부근의 농촌
· **시점** 전지적 작가 시점
· **주제** 이기적인 개인에 대한 풍자와 국가의 토지 정책에 대한 비판
· **특징**
① 인물에 대한 풍자가 나타남
② 판소리적 문체의 특징이 드러남
③ 시간의 역전적 구성을 통해 사건을 입체적으로 구성함

점검! 수능 강의

(가)
1. 〈양반전〉에 나타난 풍자
조선 후기 양반들의 경제적 무능과 허식적인 생활 태도를 폭로하고 비판함. 박지원은 저서《방경각외전》에서 당시의 양반이 장사치에 비해 나은 것이 없다며 창작 의도를 밝힘

2. 〈논 이야기〉에 나타난 풍자
올바른 국가관이 확립되지 않은 한덕문이라는 인물을 통해 해방 전후의 의식 없는 백성들을 풍자함. 이를 통해 이러한 책임을 어리석은 농민에게만 물을 것인가를 반문하고 광복 직후 국가의 토지 정책을 비판함

"양반은 비록 가난하지만 늘 존경을 받는데, 우리는 비록 부자라 하지만 늘 천대만 받고 말 한 번 타지도 못할뿐더러 양반만 보면 굽실거리고 뜰 아래서 엎드려 절하고 코가 땅에 닿게 무릎으로 기어 다니니 이런 모욕이 어디 있단 말이요. 마침 양반이 가난해서 관곡을 갚을 도리가 없으므로 형편이 난처하게 되어 양반이란 신분마저 간직할 수 없게 된 모양이니 이것을 우리가 사서 가지도록 합시다." 〈중략〉

군수는 뛰어 내려가 붙들고, / "아니 왜 이렇게 못난 짓을 하시오."

양반은 더욱 두려워하며 머리를 수그리고 엎드려서,

"황송합니다. 실은 소인이 감히 스스로 욕되고 못난 짓을 하는 것이 아닙니다. 양반을 팔아서 관곡을 갚은 것입니다. 그러므로 마을에 사는 부자가 양반입니다. 소인이 어찌 감히 양반인 체하고 자신을 높일 수 있겠습니까." / 하는 것이었다.

군수는 이 말을 듣고 탄식하여 말하였다.

"그 부자야말로 군자며 양반이로군. 부자이면서도 인색하지 않으니 의가 있고, 사람의 어려움을 급하게 여겨 구하였으니 그것은 어진 것이요, 낮은 것을 미워하고 높은 것을 사모하니 슬기로운 일입니다. 이는 참으로 양반이외다. 비록 그렇지만 개인끼리 사고팔고 했을 뿐 증서를 만들어 주지 않으면 그 다음에 소송거리가 되기 쉽습니다. 그러니 나와 당신이 고을 사람을 모아 놓고 증서를 만들어서 군수인 나도 거기다 도장을 찍으리다." 〈중략〉

이것을 호장(戶長)이 다 읽자 부자는 한참 동안 슬픈 표정으로 있다가 말했다.

"양반이란 것이 겨우 이것뿐이란 말이요. 내가 알기로 양반은 신선과 같다고 하여 많은 곡식을 주고 산 것인데 너무도 억울합니다. 더 좀 이롭게 고쳐 주시기 바랍니다."

그래서 다시 증서를 고쳐 쓰기로 했다.

"하늘이 백성을 냄에 있어 그 백성의 종류는 네 가지가 있는데, 네 가지 중에서 가장 귀한 자는 선비인데 이를 양반이라고 하여 모든 점에 이로운 것이 많다. 농사나 장사를 하지 않아도 살 수 있고 조금만 공부하면 크게는 문과에 오르고 작아도 진사는 할 수 있다. 문과의 홍패라고 하는 것은 두 자밖에 안 되지만 무엇이든 할 수 있어 돈자루라고 할 수 있다. 진사는 나이 삼십에 첫 벼슬을 해도 이름이 나고 다른 훌륭한 벼슬을 또 할 수 있다. 귀는 일산 밑 바람으로 희어지고 배는 종놈의 대답 소리에 저절로 불러진다. 방에는 노리개로 기생이나 두고 마당에는 학을 먹일 것이다. 궁한 선비가 되어서 시골에 가 살아도 자기 뜻대로 할 수 있으니 이웃집 소가 있으면 내 논밭을 먼저 갈게 하고 마을 사람들을 불러 내 밭 김을 먼저 매게 하는데 어느 놈이든지 감히 말을 듣지 않으면 코로 잿물을 먹이고 상투를 붙들어 매고 수염을 자르는 등 갖은 형벌을 해도 원망을 할 수 없는 것이다."

부자는 이러한 내용을 듣다가 질겁을 하고,

"아이구 맹랑합니다그려. 나를 도적놈으로 만들 셈이란 말이요."

하면서 머리를 설레설레 젓고는 한평생 다시는 양반이란 말을 입 밖에 내지 않았다.

– 박지원, 〈양반전(兩班傳)〉

[앞부분의 줄거리] 한덕문은 빚을 갚고도 논을 더 구입할 수 있다는 속셈으로 일본인 길천에게 자신의 논을 판다. 하지만 길천으로 인해 땅값이 비싸지는 바람에 논을 더 구입하려던 계획은 수포로 돌아간다.

이리하여 **한덕문**은 논 일곱 마지기로 겨우 빚 쉰 냥을 갚고는 아무것도 남은 것이 없이 손 싹싹 털고 나선 셈이었다. 친구가 있어 한덕문을 책하면서 물었다.

"어떡허자구 논을 판단 말인가?" / "인제 두구 보게나."

"무얼 두구 보아?"

(나)

1. 인물의 특성
- 양반: 봉건 사회에 기생하여 살다가 양반의 신분을 팔게 되는 무능력한 인물. 비판의 대상
- 부자: 조선 후기 사회의 신흥 세력. 돈으로 양반을 사려 했지만 양반의 모순된 점을 알고 이를 포기함. 비판의 대상
- 군수: 양반과 부자 간의 양반 매매를 원만히 처리하는 척하면서 부자의 양반 취득을 방해하는 인물
- 양반의 처: 환곡을 갚지 못하여 훌쩍거리고 있는 남편의 무기력함을 원망하고, 양반의 권위를 부정하는 인물

2. 작품의 구조

발단	정선의 군수가 환곡을 갚을 능력이 없는 양반을 딱하게 여김
전개	마을 부자가 양반의 신분을 사고 환곡을 갚아 주겠다고 하자, 군수가 계약 증서를 써 줌
결말	계약서에 쓰인 양반의 횡포를 알고 부자가 양반 되기를 포기함

3. 〈양반전〉의 풍자 대상
- 첫 번째 문서: 양반은 무위도식하며 공허한 관념과 겉치레에만 얽매인 비생산적 계층임
- 두 번째 문서: 양반은 개인적 이익만을 취하며 부당한 특권을 남용하는 집단임 → 작가는 양반층의 공허한 관념, 비생산성과 부당한 특권 남용이 당시 사회의 커다란 문제라는 것을 말하고자 함

4. 문학사적 의의
- 독특한 풍자와 해학으로 근대 의식을 보여 줌
- 실사구시(實事求是)의 실학사상이 드러남

"일인들이 다 쫓겨 가면, 그 땅 도로 내 것 되지 갈 데 있던가?"

"쫓겨 갈 놈이 논을 사겠나?" / "저이 놈들이 천지운수를 안다든가?"

"두구 보래두 그래."

한덕문은 혼자 속으로는 아뿔사, 논이래야 단지 그것뿐인 것을 팔고서 인제는 송곳 꽂을 땅도 없으니 이 노릇을 어찌한단 말이냐고 심히 후회하여 마지아니하였다. 그러면서도 남더러는 그렇게 배포 있이 장담을 탕탕 하였다. 한덕문은 장차에 일인들이 쫓기어 가리라는 것을 확언할 아무런 근거도 가진 것이 없었다. 따라서 자신도 없었다. 오직 그는 논을 판 명예롭지 못함과 어리석음을 싸기 위하여 그런 희떠운* 소리를 한 것일 따름이었다. 〈중략〉

또 **누구**는 수작을 바꾸어, / "일인들이 쫓겨난다지?" 한다 치면,

"그럼!" / "언제쯤 쫓겨 가는구?"

"에구 요 맹추야 요 허풍선이야. 우리나라 상감님을 쫓어 내구 저희가 왕 노릇을 하는데 쫓겨 가?"

"자넨 그럼 일인들이 안 쫓겨 가구, 영영 그대루 있으면 좋을 건 무언가?"

"좋기루 할 말이야 일러 무얼 하겠나만, 우리 좋구픈 대루 세상 일이 돼 준다던가?"

"그래두 인제 내 말을 일를 때가 오너니." 〈중략〉

한 생원은 분이 나서 두 주먹을 쥐고 **구장**에게로 쫓아갔다.

"그래 일인들이 죄다 내놓구 가는 것을 백성들더러 돈을 내구 사라구 마련을 했다면서?"

"아직 자세힌 모르겠어두 아마 그렇게 되기가 쉬우리라구들 하드군요."

해방 후에 새로 난 구장의 대답이었다.

"그런 놈의 법이 어딨단 말인가? 그래, 누가 그렇게 마련을 했는구?"

"나라에서 그랬을 테죠." / "나라?" / "우리 조선나라요."

"나라가 다 무어 말라비틀어진 거야? 나라 명색이 내게 무얼 해 준 게 있길래, 이번엔 일인이 내놓구 가는 내 땅을 저이가 팔아먹으려구 들어? 그게 나라야?"

"일인의 재산이 우리 조선 나라 재산이 되는 거야 당연한 일이죠." / "당연?" / "그렇죠."

"흥, 가만둬 두면 저절로 백성의 것이 될 걸. 나라 명색은 가만히 앉었다 어디서 툭 튀어 나와 가지구 걸 뺏어서 팔아먹어? 그따위 행사가 어딨다든가?"

"한 생원은 그 논이랑 멧갓*이랑 **길천**이한테 돈을 받구 파섰으니깐 임자로 말하면 길천이지 한 생원인가요?"

"암만 팔았어두, 길천이가 내놓구 쫓겨 갔은깐 도루 내 것이 돼야 옳지, 무슨 말야. 걸 무슨 탁에 나라가 뺏을 영으루 들어?"

"한 생원한테 뺏는 게 아니라 길천이한테 뺏는 거랍니다."

"흥, 둘러다 대긴 잘들 허이. 공동묘지 가 보게나. 핑계 없는 무덤 있던가? 저 병신년에 원놈(군수) 김가가 우리 논 열두 마지기 뺏을 제두 핑곈 다 있었드라네."

"좌우간, 아직 그렇게 지레 염렬 하실 게 아니라, 기대리구 있노라면 나라에서 다 억울치 않두룩 처단을 하겠죠."

"일없네. 난 오늘버틈 도루 나라 없는 백성이네. 제길, 삼십육 년두 나라 없이 살아 왔을려드냐. 아니 글쎄, 나라가 있으면 백성한테 무얼 좀 고마운 노릇을 해 주어야 백성두 나라를 믿구 나라에다 마음을 붙이구 살지. 독립이 됐다면서 고작 그래, 백성이 차지할 땅 뺏어서 팔아먹는 게 나라 명색야?"

그러고는 털고 일어서면서 혼잣말로 / "독립 됐다구 했을 제 내 만세 안 부르기 잘했지."

– 채만식, 〈논 이야기〉

---

* 희떠운: 말이나 행동이 분에 넘치며 버릇이 없는
* 멧갓: 나무를 함부로 베지 못하게 가꾸는 산

(다)

1. 인물의 특성

한덕문(한 생원): 자신에게 이익이 되지 않는다는 이유로 국가에 대하여 냉소적인 태도를 보임. 허황된 성격을 지녔으며 자신이 판 땅을 거저 돌려받을 것이라고 기대하는 어리석은 인물

2. 작품의 구조

발단	광복 직후, 한덕문이 땅을 되찾을 생각에 들뜸
전개	구한말, 고을 원의 모함으로 땅을 빼앗겼던 일을 회상함
위기	일제 강점기, 한덕문이 길천에게 땅을 팔아 넘겼던 일을 회상함
절정	광복 직후, 한덕문이 멧갓에 대한 소유권을 주장하다 망신을 당함
결말	땅을 찾을 수 없게 된 한덕문이 나라를 부정함

3. 〈논 이야기〉의 풍자성

- 독립의 역사적 의미를 외면하고 자신의 이익만을 생각하는 부정적 인물인 한덕문을 내세워 시대 현실을 비판함
- 구한말이나 일제 강점기, 독립 이후에도 사회적 약자인 국민들의 삶의 문제를 해결하지 못하는 국가를 비판함
- 생동감 있는 방언과 작가의 개입을 통해 풍자의 효과를 더함

1 (가)를 통해 (나)와 (다)를 감상한 것으로 적절하지 <u>않은</u> 것은?

① (나)는 당시 양반들의 허위성과 부패상을, (다)는 해방 전후 시기 현실의 부조리함을 비판하고 있다.

② (나)의 작가는 '정선 양반'의 무능과 비생산성에 대해 멸시와 냉소의 태도를 환기시키는 방식으로 풍자하고 있다.

③ (나)의 작가는 실용적 학문을 중시하던 당시 사회상 때문에 노골적인 비판이나 저항이 어려운 상황이었으므로 풍자의 수법을 사용하고 있다.

④ (다)는 개인적 이익을 기준으로 독립의 의미를 부여하는 인물의 어리석음을 풍자하고 있다.

⑤ (다)는 국가를 부정하는 인물의 냉소적 태도를 통해 광복 직후 국가의 정책을 풍자하고 있다.

2 [A]를 바탕으로 (나)를 감상한 내용으로 적절하지 <u>않은</u> 것은?

① '세리'를 꾀하기 위해 신분을 이용하는 양반의 행태를 통해 당시의 지배층을 풍자하고 있다.

② '현달'을 추구하기 위해 관곡을 축내고 그것을 갚지 않는 인물을 통해 당시의 세태를 풍자하고 있다.

③ '곤궁' 때문에 선비의 본분을 잃고 신분을 사고파는 인물을 통해 양반 계층을 풍자하고 있다.

④ 양반의 '문벌'을 선망하던 인물이 그것이 부당한 특권임을 깨닫는 장면에서 양반의 부패상에 대한 비판 의식이 드러난다.

⑤ '세덕'이 금전으로 거래되는 현실을 풍자하여 지배층의 권위가 허위임을 드러내고 있다.

3 (나)와 (다)에 등장하는 인물들에 대한 분석으로 가장 적절한 것은?

① (나)의 '부자'는 개인적인 욕망이 실현되는 반면, (다)의 '한덕문'은 그 욕망이 좌절된다.

② (나)에서 '군수'는 권위를 통해 증서를 작성하고, (다)의 '구장'은 권위를 내세워 상대를 설득하고 있다.

③ (나)의 '양반'은 자신의 처지에 만족하는 반면, (다)의 '한덕문'은 자신이 처한 상황에 불만을 품고 있다.

④ (나)의 '아내'는 다른 인물을 조롱하는 주체라는 측면에서 (다)의 '누구'와 유사한 역할을 한다고 볼 수 있다.

⑤ 관곡을 갚지 못해 신분을 팔게 되는 (나)의 '양반'과 토지를 잃고 쫓겨난 (다)의 '길천'이는 개인적 무능함을 보여 주는 존재이다.

4 (나)에 대한 설명으로 가장 적절한 것은?

[전국연합 기출]

① 간결한 문장으로 장면을 빠르게 전환하고 있다.

② 서술자가 직접 개입하여 생각을 드러내고 있다.

③ 인물의 말과 행동을 통해 사건을 전개하고 있다.

④ 전기성을 바탕으로 환상적 면모를 부각하고 있다.

⑤ 시대적 배경을 구체적으로 묘사하여 현실감을 획득하고 있다.

5 〈보기〉를 참고하여 (다)를 감상한 학생들의 반응으로 가장 적절한 것은?

[전국연합 기출]

> ▶ 보기 ◀
>
> 일제의 토지 정책으로 인해 많은 농민들이 땅을 잃고 소작농으로 전락했기 때문에, 해방 직후 토지의 소유 문제는 중요한 현안이었다. 이 작품은, 농민을 수탈하는 사회 제도가 해방 후에도 변하지 않았다는 작가의 문제의식에서 출발하고 있다. 즉, 땅을 갖고 싶다는 농민의 소망을 저버린 정부의 토지 정책을 비판하고 있는 것이다. 아울러 독립의 역사적 의미를 외면하고 자신의 이익만 추구하는 사람들에 대한 비판 의식도 담고 있다.

① '길천'은 '한덕문'의 토지를 강제로 뺏었다는 점에서 일제의 제도적인 수탈을 상징하는 인물이라고 할 수 있겠군.

② 해방 후에도 토지의 소유주가 '길천'이라고 생각한다는 점에서, '구장'은 정부의 토지 정책을 비판하는 인물이군.

③ '한덕문'의 '친구'는 논을 판 '한덕문'을 옹호한다는 점에서 일제 강점기 소작농으로 전락한 농민이라고 할 수 있겠군.

④ 자신이 판 논을 자신이 다시 구입할 권리가 있다고 생각한다는 점에서, '한덕문'은 정부의 토지 정책을 지지하는 인물이군.

⑤ 해방 후 독립 만세를 부르지 않은 것을 다행으로 여긴다는 점에서 '한덕문'은 독립의 역사적 의미보다는 자신의 이익을 중시한 인물이군.

06 매호별곡 | 다방찬

가 태평시절 브린 몸이 Ⓐ물외(物外)에 누어더니

ⓐ갑 업손 풍월과 임직 업손 강산을

조물이 허락ᄒ야 날을 맛겨 브리시니

닉라 ᄉ양ᄒ며 닷토리 뉘 이시리

상주 동쪽 두둑과 낙동강 서쪽 물가예

연하를 헤치고 동천*을 ᄎᄌ 드러

ⓑ죽장망혜(竹杖芒鞋)로 처처(處處)의 도라보니

맑은 연못 깁흔 곳의 노프니는 절벽이오

옥 ᄀᆺᄐᆫ 여흘은 비단 편 듯 흘러 있다

대(臺)도 둣그려니 졍ᄌ도 지으려니

연못도 ᄑ오며 시냇물도 혜오려니

ⓒ닉 힘 밋ᄂᆫ 딕로 초옥삼간(草屋三間) 지어 닉니

갖춘 것 부족ᄒᄃᆡ 경기는 그지업다

〈중략〉

천 이랑의 맑은 물은 거울을 둣가시며

십 리 어촌은 연수*로 둘럿으니

임호정과 어풍대에서 바라본 풍경을

말로 다 이ᄅ오며 **아니 보아 어이 알쏘**

그는 ᄏ니와 사시(四時)예 뵈는 경이

피여 디는 둣 푸르러 이우는 둣

온갖 바위 비단된 둣 온 골짜기 구슬된 둣

화공 솜씨를 측량키 어려워라

보아 싫증나며 변화를 가늠홀가

늙고 병들고 게으른 이 셩품이

세상 물정도 몰르고 인사(人事)의 우활ᄒ여

ⓓ공명부귀도 구하기에 재주 없어

빈천 기한(飢寒)을 일싱의 겪고 이셔

낙천지명*을 예 좁싼 드러더니

산수(山水)에 벽*이 이셔 우연히 드러오니

득실도 모ᄅ거든 영욕(榮辱)을 어이 알며

시비(是非)를 못 듯거니 출척*을 어이 알쏘

좁은 방이 쓸쓸하고 용슬을 ᄒ덧 마덧*

작은 방이 적막하고 세상 근심 이져시니

책 속의 성현 말씀 오랜 세월예 사우*시며

천지신명은 마음의 비최시며

타고난 셩품을 저버리지 마자 ᄒ니

ⓔ거친 밥 마실 물도 잇든지 못 잇든지 / 고인 **진락(古人眞樂)**이 고요함 속의 깁허셔라

— 조우인, 〈매호별곡〉

점검! 내신 강의

(가)
- 갈래 가사
- 성격 풍류적, 자연 친화적
- 주제 자연 속에서 안빈낙도하는 삶
- 특징
 ① 설의법, 직유법, 대구법 등을 활용함
 ② 자연 풍경에 대한 섬세한 묘사가 드러남

(나)
- 갈래 현대 수필
- 성격 예찬적
- 주제 다방에 대한 예찬
- 특징
 ① 다방의 효용성에 대한 긍정적 인식을 드러냄
 ② 열거법과 대구법 등을 통해 다방에 대한 글쓴이의 생각을 표현함

▼ 어휘 풀이
* 동천: 산천으로 둘러싸인 경치 좋은 곳
* 연수: 연기나 안개, 구름 따위에 싸여 뽀얗고 멀리 보이는 나무
* 낙천지명: 하늘의 뜻에 순응하여 자기의 처지에 만족함
* 벽: 무엇을 치우치게 즐기는 성벽(性癖)
* 출척: 못된 사람을 내쫓고 착한 사람을 올리어 씀
* 용슬을 ᄒ덧 마덧: 방이 좁아서 무릎을 들일 듯 말 듯
* 사우: 스승으로 삼을 만한 벗

점검! 수능 강의

(가)
1. 화자의 태도 및 정서

자연 예찬	'온갖 바위 비단된 둣 온 골짜기 구슬된 둣', '화공 솜씨를 측량키 어려워라' 등
안분지족 안빈낙도	'낙천지명을 예 좁싼 드러더니', '거친 밥 마실 물도 잇든지 못 잇든지' 등

2. 대조적 시어

속세
득실, 영욕, 시비, 출척 등

↕

자연
물외, 풍월, 강산, 산수 등

나 어떤 화문 잡지에서 〈근일끽다점풍경(近日喫茶店風景)*〉이라고 제한 다음과 같은 풍자만화를 본 일이 있다.

스탠드가 놓이고 액(額)이 걸리고 열대 식물의 분(盆)이 있고 한 것이 배경이요, 그 앞으로 세트가 한 벌. / 탁(卓)에는 빈 찻잔과 설탕 단지와 재떨이.

㉠그리고서 걸상에는, 탁 밑에 구두를 가지런히 벗어 넣고, 걸상 앞을개 위에 가 무릎을 단정히 꿇고 두 손을 마주 잡아 무릎 위에 올려놓고, 두 눈을 내려 감고 한 인물이 조용히 앉아 있다.

사족 같으나 원화에 있는 설명을 마저 소개하면

"저 사람 꽤 버티지?" / "참선하나 봐!"

이러한 만화를 구태여 인용하지 않더라도 진작부터 이 두레에도 첨구거사들이 다방인종을 신랄하게 풍자한 썩 재미있는 어휘가 많이 있다. / 벽화(壁畫)!

반만 마신 찻잔에서는 김도 오르지 않고 재떨이에는 꽁초만 그득하니 벌써 두 시간이 되었는지 세 시간이 되었는지, ㉡그 두 시간 혹은 세 시간을 벽 밑의 세트에 가서 그린 듯 붙박이로 앉아 있는 포즈가 왜 아니 그림 같을꼬! 벽화란 참으로 천금 값이 나가는 한마디다.

또 특히 온종일 다방으로 돌아다니면서 물만 먹는대서 금붕어라고도 한다. 역시 재치꾼이 아니고는 지어내기 어려운 명담(名談)이다.

이렇듯 다방인종이 일부 사람에게 (가령 독한 가시는 없으나마) 조롱을 받는 것이 사실은 사실이나 그러한 조롱을 때우고도 넉넉 남음이 있을 만큼 ㉫다방은 전당국과 아울러 현대인에게 다시없이 고마운 물건이 아닐 수 없다. / 머리와 몸이 피로하기 쉬운 우리 도시이다.

오피스로부터 풀려나오는 길이라도 좋다. 볼일로 줄창 돌아다니던 길이라도 좋다. 혹은 아스팔트를 거닐러 나왔던 길이거나 영화를 보고 나오던 길이라도 좋다.

아무튼지 피로를 느낄 때, 길옆 거기 어디 다방을 찾아 들어서면 우선 푹신한 쿠션이 있어서 앉을 자리가 편안하다.

기호에 따라 향긋한 홍차든지 쌉쌀한 커피든지 또는 갈증에 좋은 청량음료든지, 이편이 청하는 대로 대령을 한다.

명곡이 구비하다. ㉢웬만한 것이면 이편이 귀가 서툴러 못 알아들을 지경이다.

하니, 자리가 편안하겠다, 마시는 것이 흥분제였다, 음악이 아름답겠다. 차를 마신 다음에는 담배라도 붙여 물고 유유히 20, 30분이고 앉아 있노라면 **피로는 자연 걷혀진다.**

만일 이만한 설비를 제가끔 제 가정에다가 해 놓고 지내자고 해 보아라. ㉣가뜩이나 살림살이가 군색한 조선의 중류 사람으로 땅띔도 못 할* 것이니.

도시에 살자니, 펀둥펀둥 놀고먹는 사람이 아니고는 제각기 제 깜냥에 자작소롬한 용무가 많고, 자주 사람을 만나야 한다.

그것을 일일이 찾아다니고 제집에서 기다려서 만나 보고 하자면 여간만 불편한 게 아니다.

㉤한데 다방이면 으레 중심 지대에 있겠다, 항용 다른 볼일과 겸서서 나올 수도 있고 지날 길에 잠시 들를 수도 있다. 더구나 전화가 있으니 편리하다. 웬만한 회담이면, 그러므로 안성맞춤인 것이 다방이다.

가령 의식적으로 피로를 쉰다거나 더욱이 다방을 사랑방으로 이용하는 그런 공리적인 타산은 말고라도, 혹시 겨울의 모진 추위에 몸을 웅숭크리고 아스팔트 위로 종종걸음을 치다가 문득 눈에 띄는 대로 노방의 다방 문을 밀치고 들어간다고 하자. 활짝 단 가스난로 가까이 푸근한 쿠션에 걸어앉아, 잘 끓은 커피 한 잔을 따끈하게 마시면서 아무 것이고 그때 마침 건 명곡 한 곡조를 듣는 **안일과 그 맛**이란 역시 도회인만이 누릴 수 있는 하나의 낙인 것이요, **그것을 모르고 도시에 살다니,** 그는 분명 촌맹*이며 가련한 전 세기 사람일 것이다.

– 채만식, 〈다방찬〉

(나)
'다방'에 대한 작가의 생각

피로를 풀 수 있는 공간
• 푹신한 쿠션이 있어서 앉을 자리가 편안함
• 기호에 따라 음료를 즐길 수 있음
• 명곡이 구비함

+

회담에 안성맞춤인 공간
• 중심 지대에 있음
• 전화가 있음

↓

다방에서 누릴 수 있는 것을 말하며 예찬함

▼ 어휘 풀이
* 근일끽다점풍경: 근래의 다방 풍경
* 땅띔도 못 할: 감히 생각조차 못 할
* 촌맹: 시골에 사는 사람

1 (가)와 (나)의 공통점으로 가장 적절한 것은?

① 비판하려는 대상을 순차적으로 제시하고 있다.
② 비유를 통한 대상의 특성이 인상적으로 드러나고 있다.
③ 색채 대비를 통해 대상의 속성을 대조적으로 드러내고 있다.
④ 역설적 표현을 활용하여 대상에 대한 정서를 강조하고 있다.
⑤ 음성 상징어를 사용하여 대상의 모습을 생동감 있게 나타내고 있다.

2 Ⓐ와 Ⓑ에 대한 설명으로 적절한 것은?

① Ⓐ와 Ⓑ는 모두 사랑하는 인물과 연관된 장소이다.
② Ⓐ는 Ⓑ와 달리 부패한 현실과 타협하는 장소이다.
③ Ⓐ와 Ⓑ는 모두 마음의 안식을 제공하는 장소이다.
④ Ⓑ는 Ⓐ와 달리 내적 갈등의 원인이 되는 장소이다.
⑤ Ⓐ와 Ⓑ는 모두 일상에 대한 그리움을 드러내는 장소이다.

3 〈보기〉는 (가)에 대한 설명이다. ⓐ~ⓔ 중 〈보기〉의 밑줄 친 부분에 해당하지 <u>않는</u> 것은?

> ┌─ 보기 ┌
> 〈매호별곡〉은 광해군을 풍자한 글로 인해 옥고를 치른 후 인조 반정을 통해 풀려난 작가 조우인이 경상도 상주 매호리에 은거하며 <u>자연 속에서 느끼는 강호 한정과 안빈낙도의 삶</u>을 노래한 사대부 가사이다.

① ⓐ   ② ⓑ   ③ ⓒ
④ ⓓ   ⑤ ⓔ

4 (나)의 ㉠~㉤에 대해 이해한 내용으로 가장 적절한 것은?   [전국연합 기출 응용]

① ㉠: 의자에 무릎을 꿇고 앉아 있는 사람이 다방의 풍경과 조화를 이룬다는 글쓴이의 생각을 드러내고 있다.
② ㉡: 다방에서 종일토록 시간을 보내는 사람들에 대한 글쓴이의 부러움을 표현하고 있다.
③ ㉢: 다방에서 틀어 주는 음악의 수준이 높다는 글쓴이의 생각을 드러내고 있다.
④ ㉣: 조선의 중류 사람은 다방의 모든 설비를 마련할 수 있다는 글쓴이의 생각을 밝히고 있다.
⑤ ㉤: 다방이 중심지에만 위치하고 있는 현실에 대한 글쓴이의 아쉬움을 강조하고 있다.

5 〈보기〉를 바탕으로 (가), (나)를 감상한 내용으로 적절하지 <u>않은</u> 것은?   [전국연합 기출]

> ┌─ 보기 ┌
> 주체는 공간과 관계를 맺으며 공간 속에서 자신에 대해 인식하고 자신의 삶을 돌아본다. 이때 주체가 공간과 관계를 맺는 방식에 따라 '3인칭의 공간'과 '2인칭의 공간'으로 구분할 수 있다. 3인칭의 공간은 주체인 '나'에게 객관적인 대상으로 인식되는 공간이고, 2인칭의 공간은 '나와 너'의 관계를 맺고 있는 공간이다. 3인칭의 공간은 '나'와의 관련성이 높아지면 2인칭의 공간으로 변한다. 2인칭의 공간에서의 체험은 주체에게 3인칭의 공간에서의 체험보다 의미 있는 것이 된다.

① (가)에서 '니 힘 밋는 ᄃᆡ로 초옥삼간 지어' 냈다고 한 것은, 주체가 자연을 일상생활의 공간으로 삼았다는 점에서 자연과 밀접한 관계를 맺은 것이군.
② (가)에서 '임호정과 어풍대에서 바라본 풍경'에 대해 '아니 보아 어이 알소'라고 한 것은, 체험을 통해 자연이 2인칭의 공간이 되었을 때 주체가 그 풍경의 가치를 제대로 인식할 수 있음을 말한 것이군.
③ (나)에서 '피로는 자연 걷혀진다'라고 한 것은, 주체가 공간에 부여한 의미를 통해 주체에게 '다방'이 2인칭 공간임을 나타낸 것이군.
④ (가)에서 '시비를 못 듯거니'라고 한 것과 (나)에서 '그것을 모르고 도시에 살다니'라고 한 것은, 특정 공간에서 품게 된 내면의 욕구를 밝혔다는 점에서 주체가 공간에서 자신을 성찰하는 과정을 보여 준 것이군.
⑤ (가)에서 '고인 진락'을 제시한 것과 (나)에서 '안일과 그 맛'을 제시한 것은, 공간이 주체와의 관계를 바탕으로 주체의 삶을 의미 있게 만들어 줄 수 있음을 드러낸 것이군.

07

고전 수필 + 고전 시가 + 고전 시가

수려기 | 고산구곡가 | 병산육곡

가 풀은 바람이 동쪽으로 불면 동쪽으로 향하고 바람이 서쪽으로 불면 서쪽으로 향한다. 다들 바람 부는 대로 쏠리는데 굳이 따르기를 피하려 할 이유가 있겠는가? 내가 걸으면 그림자가 내 몸을 따르고 내가 외치면 메아리가 내 소리를 따른다. 그림자와 메아리는 내가 있기 에 생겨난 것이니 따르기를 피할 수 있겠는가? 아무것도 따르지 않은 채 혼자 가만히 앉아서 한평생을 마칠 수 있을까? 그럴 수는 없는 법이다. [A]

어째서 상고 시대의 의관을 따르지 않고 오늘날의 복식을 따르며, 중국의 언어를 따르지 않고 각기 자기 나라의 발음을 따르는 것일까? 이는 수많은 별들이 각자의 경로대로 움직이며 하늘의 법칙을 따르고, 온갖 냇물이 각자의 모양대로 흐르며 땅의 법칙을 따르는 것과 같은 도리이다. [B]

물론 일반적인 추세를 따르지 않고 자신의 천성과 사명을 견지하는 경우도 있다. 천하가 모두 주나라를 새로운 천자의 나라로 섬기게 되었음에도 백이와 숙제는 그것을 부끄럽게 여겼고, 모든 풀과 나무가 가을이면 시들어 떨어짐에도 소나무와 잣나무는 여전히 푸른 것이 바로 그런 경우이다. 그렇지만 우 임금도 방문하는 나라의 풍속에 따라 일시적으로 자신의 복식을 바꾸셨고, 공자도 사냥한 짐승을 서로 비교하는 노나라 관례를 따르시지 않았던가! 성인(聖人)도 모두가 함께 하는 부분을 위배할 수는 없었던 것이다. [C]

그렇다면 많은 사람이 하는 대로 따르기만 하면 되는 것인가? 아니다! 이치를 따라야 한다. 이치는 어디에 있는가? 마음에 있다. 무슨 일이든지 반드시 자기 마음에 물어 보라. 마음에 거리낌이 없으면 이치가 허락한 것이요, 마음에 거리낌이 있으면 이치가 허락하지 않은 것이다. 이렇게만 한다면 무엇을 따르든 모두 올바르고 하늘의 법칙에 절로 부합할 것이며, 어떤 상황에서든 마음만 따르다보면 운명과 귀신도 모두 그 뒤를 따르게 될 것이다. [D]

— 이용휴, 〈수려기(隨廬記)*〉

* 수려기: '따르며 살리라'라는 이름을 붙인 집에 대한 글

나 ㉠고산구곡담(高山九曲潭)을 사람이 모르더니
주모복거*하니 벗님네 다 오신다
어즈버 무이*를 상상하고 학주자(學朱子)를 하리라 〈제1수〉

일곡(一曲)은 어디메오 관암(冠巖)에 해 비친다
평무*에 내 걷히니 원근이 그림이로다
송간(松間)에 녹준*을 놓고 벗 오는 양 보노라 〈제2수〉

삼곡(三曲)은 어디메오 취병*에 잎 퍼졌다
녹수(綠樹)에 산조(山鳥)는 하상기음* 하는 적에
반송이 바람을 받으니 여름 경이 없어라 〈제4수〉

오곡(五曲)은 어디메오 은병(隱屏)이 보기 좋다
수변정사(水邊精舍)*는 소쇄함*도 가이없다
이 중에 강학(講學)도 하려니와 영월음풍 하리라 〈제6수〉

● 점검! **내신 강의**

(가)
- **갈래** 고전 수필
- **성격** 교훈적, 유추적
- **주제** 이치에 따르는 삶의 자세
- **특징**
  ① 자연 현상에서 인간의 삶의 원리를 유추함
  ② 자문 자답의 형식으로 내용을 전개함
  ③ 권위 있는 인물의 일화를 예로 들어 주장을 강조함

(나)
- **갈래** 평시조, 연시조(전 10수)
- **성격** 교훈적, 유교적, 예찬적
- **주제** 고산의 아름다움과 학문의 즐거움
- **특징**
  ① 중의법을 통해 고산의 아름다움과 학문의 즐거움을 동시에 나타냄
  ② 공간의 변화에 따라 시상을 전개하며 시각적 심상이 두드러지게 드러남
  ③ 의인법을 통해 자연 친화적 태도를 표현함

(다)
- **갈래** 평시조, 연시조(전6수)
- **성격** 자연 친화적, 의지적, 예찬적
- **주제** 자연 속에서 안빈낙도하는 삶
- **특징**
  ① 당시 세태에 대한 풍자와 비판을 드러냄
  ② 혼탁하고 암울한 현실을 비유적으로 표현하여 까마귀, 봉황 등 자연물에 상징성을 부여함
  ③ 대비되는 소재를 통해 화자가 추구하는 삶을 나타냄(어조 생애(漁釣生涯) ↔ 세간 소식(世間消息))

● 점검! **수능 강의**

(가)
1. 창작 의도
집에 '수려(隨廬)'라는 이름을 붙인 이유를 설명하며, 사람이 무엇을 따르고 왜 따르며 살아야 하는지에 대한 글쓴이의 생각을 밝힘

2. 구성 방식

기	자연 현상으로부터 사람 역시 아무것도 따르지 않고 살 수는 없음을 유추함
승	시대와 지역에 따라 '따름'의 대상이 다른 것은 당연한 일이고, 이것이 결국 천지의 법칙을 따르는 것임을 밝힘
전	권위 있는 인물의 사례를 제시하여 관습을 전혀 따르지 않고 살 수는 없다는 사실을 강조
결	자문자답을 반복하는 형식으로 마음에 거리낌이 없는 이치에 따르면 하늘의 법칙에 부합됨을 밝힘

육곡(六曲)은 어디메오 조협*에 물이 넓다

나와 고기와 뉘야 더욱 즐기는고

황혼에 낙대를 메고 대월귀*를 하노라　　　　　　　　　　〈제7수〉

팔곡(八曲)은 어디메오 금탄*에 달이 밝다

옥진금휘*로 수삼곡(數三曲)을 연주하니

고조(古調)를 알 이 없으니 혼자 즐겨 하노라　　　　　　　〈제9수〉

　　　　　　　　　　　　　　　　　　　　　－ 이이, 〈고산구곡가(高山九曲歌)〉

* 주모복거: 풀을 베어 내고 집을 지어 살 곳을 정함
* 무이: 주자가 정자를 짓고 학문에 정진했다고 하는 곳
* 평무: 잡초가 무성한 벌판　　　　　　　　　* 녹준: 좋은 술동이
* 취병: 지명. 푸른빛 병풍 같은 절벽　　　　　* 하상기음: 오르락내리락하면서 지저귐
* 수변정사: 물가에 세워진 정사　　　　　　　* 소쇄함: 맑고 깨끗함
* 조협: 지명. 낚시하기 좋은 골짜기　　　　　* 대월귀: 달을 데리고 함께 집으로 돌아감
* 금탄: 지명. 악기를 연주하는 시내　　　　　* 옥진금휘: 좋은 거문고

다 부귀라 구(求)치 말고 빈천이라 염(厭)치 말라

인생 백년에 한가할사 사니 이 내 것이

백구야 날지 말라 너와 망기*하오리라.　　　　　　　　　　〈제1곡〉

천심 절벽 섯난 아래 일대 장강(一帶長江) 흘너간다

백구로 버즐 삼아 어조 생애(漁釣生涯) 늘거가니

두어라 세간 소식(世間消息) 나난 몰나 하노라.　　　　　　〈제2곡〉

보리밥 파 생채를 양(量) 맛촤 먹은 후에

모재*를 다시 쓸고 북창하(北窓下)에 누엇시니

눈 압해 태공 부운*이 오락가락 하놋다.　　　　　　　　　　〈제3곡〉

공산리(空山裏) 저 가는 달에 혼자 우는 저 두견아

낙화 광풍에 어느 가지 의지하리

백조(百鳥)야 한(恨)하지 말아 내곳 설워하노라.　　　　　　〈제4곡〉

저 가마귀 즛지 말아 이 가마귀 좃지 말아

야림 한연*에 날은 죠차 저물거날

어엿불사 편편 고봉*이 갈 바 업서 하놋다.　　　　　　　　　〈제5곡〉

서산에 해 저 간다 고기 비씻단 말가

죽간*을 둘너 뫼고 십 리 장사(十里長沙) 나려 가니

연화* ㉡수삼 어촌(數三漁村)이 무릉인가 하노라　　　　　　〈제6곡〉

　　　　　　　　　　　　　　　　　　　　　－ 권구, 〈병산육곡(屛山六曲)〉

* 망기: 속세의 일이나 욕심을 잊음　　　　　* 모재: 띠로 지붕을 이은 집
* 태공 부운: 넓은 하늘에 떠다니는 구름　　　* 야림 한연: 숲속의 차가운 안개
* 편편 고봉: 훨훨 나는 외로운 봉황　　　　　* 죽간: 대나무 장대. 여기서는 대나무로 만든 낚싯대
* 연화: 연기가 피어오르는

(나)

1. 〈고산구곡가〉와 〈무이구곡가〉

주자는 무이산(武夷山)의 아홉 구비 계곡에 들어가 후학을 가르쳤는데, 이때 받은 영감으로 쓴 작품이 〈무이구곡가〉임. 이이는 그런 주자와 자신의 처지가 비슷하다고 여겨, 황해도 해주 석담에 은거하며 무이산 은병봉에서 이름을 딴 '은병정사'를 짓고 〈무이구곡가〉를 본따 〈고산구곡가〉를 지음

2. 〈고산구곡가〉에 나타난 자연의 의미

- 이 작품의 자연은 화자가 경치를 즐기는 장소이면서 동시에 학문을 통해 도를 수양하는 공간임
- 초장에서는 화자가 경치를 즐기는 공간이, 중장이나 종장에서는 자연 경치에 대한 화자의 감상이 제시되어 있음
- 시상이 전개되면서 봄에서 겨울로 이어지는 계절의 흐름이 나타남

(다)

1. 화자의 정서와 태도

속세와 단절하고 자연 속에서 안분지족하는 태도를 보이면서도, 속세의 혼탁한 정치 현실에 대한 염려의 태도도 드러냄. 자신이 사는 곳이 무릉이라고 생각하면서 만족해하는 모습을 보임

2. 소재의 의미

두견	애상적 분위기를 조성하는 소재로 화자의 외로운 처지를 대변함
가마귀	조정에서 서로 헐뜯기를 일삼는 당쟁의 현실을 비유함
고봉	극심한 경쟁 속에서 어찌할 바를 모르는 임금 또는 낙향한 화자의 처지를 비유함

1 (가)~(다)에 대한 설명으로 가장 적절한 것은?

① (가), (다)와 달리 (나)의 화자는 자신이 위치해 있는 현실적 공간에 대한 만족감을 드러내고 있다.

② (가), (나)와 달리 (다)는 자연물에 상징성을 부여하여 현실에 대한 화자의 부정적 정서를 부각하고 있다.

③ (가)와 달리 (나), (다)는 청자보다 우위에 있는 화자가 명령형 표현을 통해 청자를 설득하고 있다.

④ (가)~(다)는 모두 넉넉하지 않은 생활 속에서도 삶의 즐거움을 찾으려 하는 글쓴이와 화자의 태도가 드러나 있다.

⑤ (가)~(다)는 모두 자연에서 긍정적 가치를 이끌어 낸 후에 자연의 이치를 따르고자 하는 삶의 지향점을 드러내고 있다.

2 (나)의 ㉠과 (다)의 ㉡을 비교한 것으로 가장 적절한 것은?

① ㉠은 화자가 예찬하는 공간이고, ㉡은 화자에게 상심을 주는 공간이다.

② ㉠은 노동의 즐거움이 있는 공간이고 ㉡은 무욕의 태도를 갖는 공간이다.

③ ㉠은 수양과 학문하는 공간이고, ㉡은 한가롭게 사는 현실적 삶의 공간이다.

④ ㉠과 ㉡은 모두 속세에서 벗어난 화자의 외로움이 부각되는 공간이다.

⑤ ㉠과 ㉡은 모두 부정적 현실의 삶과 유리된 곳에 있는 환상적 공간이다.

3 〈보기〉를 바탕으로 (나), (다)를 감상한 내용으로 적절하지 않은 것은?

> ─ 보기 ─
>
> 연시조는 평시조의 단순한 집합이 아니라, 각 수는 형식 및 내용상 통일성을 이루고 있으며 구조적 유기성을 갖는다. 한편 초기의 연시조는 각 수가 순차적 구조로 이루어지는 경우가 많았지만, 후대에 창작된 연시조는 유기적 연결이라는 연시조의 특성이 부분적으로 약화되는 경향을 보이기도 한다.

① (나)에서는 '~곡은 어디메오 ~에(이) ~다'라는 문답 구조가 반복되어 통일감이 느껴진다.

② (나)에서는 아침, 저녁, 밤으로 이어지는 시간의 흐름에 따른 시상 전개를 통해 유기성을 확인할 수 있다.

③ (나)에서는 제1수에서 제9수까지 순차적으로 시상이 진행되면서 화자가 지향하는 환상적 공간이 강조되고 있다.

④ (다)의 제1, 2곡에 나타난 화자의 태도가 제6곡에서도 이어지는 것을 통해 내용상 통일성을 이루고 있음을 알 수 있다.

⑤ (다)의 제1~3곡에 드러난 화자의 정서가 제4, 5곡에서 인과성 없이 변화하는 것을 통해 연시조의 유기적 연결성이 부분적으로 약화된 것을 확인할 수 있다.

4 (가)에 대한 설명으로 적절하지 않은 것은? [평가원 기출]

① [A]에서는 풀, 그림자, 메아리 같은 자연 현상으로부터 사람 역시 아무것도 따르지 않고 살 수는 없음을 유추했다.

② [B]에서는 시대와 지역에 따라 '따름'의 대상이 다른 것은 당연한 일이고, 이것이 결국은 천지의 법칙을 따르는 것임을 별의 운행과 냇물의 흐름을 들어서 밝혔다.

③ [C]에서는 우 임금과 공자 같은 권위 있는 인물의 사례를 제시하여 관습을 전혀 따르지 않고 살 수는 없다는 사실을 강조하였다.

④ [D]에서는 자문자답을 반복하는 형식을 취하여 마음에 거리낌이 있더라도 하늘의 법칙을 따라야 함을 깨닫게 하였다.

⑤ 글의 중간 중간에 '따름'의 여러 측면을 반복적으로 언급함으로써 주제를 부각하였다.

5 〈보기〉를 참고하여 (나)를 이해한 독자의 반응으로 적절하지 않은 것은? [전국연합 기출]

> ─ 보기 ─
>
> 이 작품은 율곡 이이가 벼슬에서 물러나 황해도 해주 석담에서 은병정사를 짓고 후학 양성에 힘쓸 때에 지었다고 알려져 있다. 연시조를 이루고 있는 각 수들은 하루의 시간적 흐름과 사계절의 변화에 따른 자연의 모습을 중심으로 작가의 자연 친화적인 태도와 자연 속에서의 운치 있는 풍류를 드러내고 있다. 뿐만 아니라 이와 연계하여 학문 정진에 대한 의지를 보여 주고 있다. 한편 사용된 소재와 내용을 통해 볼 때, 각 수의 초장에 제시된 지명은 작가가 그곳에서 발견한 특성과 관련을 맺고 있음을 알 수 있다.

① 제1수와 제6수의 '학주자', '강학' 등을 통해 화자가 자연 속에서 살아가는 삶은 학문과 연관되어 있음을 알 수 있겠군.

② 제2수에서 하루의 시간적 흐름에 따라 펼쳐지는 풍광을 자신을 찾아온 '벗'과 함께 감상하고 있는 화자의 모습을 볼 수 있군.

③ 제4수에서 감각적 이미지를 활용하여 '취병'의 여름 경치를 노래함으로써 계절에 따른 자연의 아름다움을 느낄 수 있게 해 주는군.

④ 제4수와 제7수에 제시된 '녹수', '고기' 등과 연결해 생각해 볼 때, '취병'과 '조협'이라는 지명은 그곳의 특성과 관련되어 있음을 알 수 있군.

⑤ 제9수는 '금탄'에서 자연과 음악이 어우러진 풍류를 즐기고 있는 화자의 운치 있는 모습을 보여 주고 있군.

오륜가(五倫歌) | 차마설(借馬說)

가 ⓐ사람 사람마다 이 말삼 드러사라 / 이 말삼 아니면 **사람이라도 사람 아니니**

이 말삼 잇디 말고 배우고야 마로리이다 〈제1수〉

아바님 날 나흐시고 어마님 날 기르시니 / **부모(父母)**곳 아니시면 내 몸이 업실랏다

ⓑ이 덕(德)을 갚흐려 하니 하늘 가이 업스샷다 〈제2수〉

종과 주인과를 뉘라셔 삼기신고 / **벌과 개미**가 이 뜻을 몬져 아니

한 마암애 두 뜻 업시 속이지나 마옵사이다 〈제3수〉

지아비 밭 갈라 간 데 밥고리 이고 가 / 반상을 들오되 눈썹에 마초이다

진실로 고마오시니 손이시나 다르실가 〈제4수〉

ⓒ**형님** 자신 **젖**을 내 조처 먹나이다 / 어와 우리 **아우야** 어마님 너 사랑이야

형제(兄弟)가 불화(不和)하면 **개돼지**라 하리라 〈제5수〉

[A] ┌ **늙은이**는 **부모** 같고 **어른**은 **형** 같으니 / 같은데 불공(不恭)하면 어디가 다를고

└ 나이가 많으시거든 절하고야 마로리이다 〈제6수〉

– 주세붕, 〈오륜가(五倫歌)〉

나 나는 집이 가난해서 말이 없기 때문에 간혹 남의 말을 빌려서 탔다. 그런데 노둔하고 야윈 말을 얻었을 경우에는 일이 아무리 급해도 감히 채찍을 대지 못한 채 금방이라도 쓰러지고 넘어질 것처럼 전전긍긍하기 일쑤요, 개천이나 도랑이라도 만나면 또 말에서 내리곤 한다. 그래서 후회하는 일이 거의 없다. 반면에 발굽이 높고 귀가 쫑긋하며 잘 달리는 준마를 얻었을 경우에는 의기양양하여 방자하게 채찍을 갈기기도 하고 고삐를 놓기도 하면서 언덕과 골짜기를 모두 평지로 간주한 채 매우 유쾌하게 질주하곤 한다. 그러나 간혹 위험하게 말에서 떨어지는 환란을 면하지 못한다.

아, 사람의 감정이라는 것이 어쩌면 이렇게까지 달라지고 뒤바뀔 수가 있단 말인가. 남의 물건을 빌려서 잠깐 동안 쓸 때에도 오히려 이와 같은데, ⓓ하물며 진짜로 자기가 가지고 있는 경우야 더 말해 무엇 하겠는가.

그렇기는 하지만 사람이 가지고 있는 것 가운데 남에게 빌리지 않은 것이 또 뭐가 있다고 하겠는가. 임금은 백성으로부터 힘을 빌려서 존귀하고 부유하게 되는 것이요, 신하는 임금으로부터 권세를 빌려서 총애를 받고 귀한 신분이 되는 것이다. 그리고 자식은 어버이에게서, 지어미는 지아비에게서, 비복(婢僕)은 주인에게서 각각 빌리는 것이 또한 심하고도 많은데, 대부분 자기가 본래 가지고 있는 것처럼 여기기만 할 뿐 끝내 돌이켜 보려고 하지 않는다. 이 어찌 미혹된 일이 아니겠는가.

그러다가 혹 잠깐 사이에 그동안 빌렸던 것을 돌려주는 일이 생기게 되면, ⓔ만방(萬邦)의 임금도 독부(獨夫)*가 되고 백승(百乘)*의 대부(大夫)도 고신(孤臣)*이 되는 법인데, 더군다나 미천한 자의 경우야 더 말해 무엇 하겠는가.

맹자(孟子)가 말하기를 "오래도록 차용하고서 반환하지 않았으니, 그들이 자기의 소유가 아니라는 것을 어떻게 알았겠는가."라고 하였다. 내가 이 말을 접하고서 느껴지는 바가 있기에, 〈차마설〉을 지어서 그 뜻을 부연해 보노라.

– 이곡, 〈차마설(借馬說)〉

• 점검! 내신 강의

(가)
- **갈래** 연시조(전 6수)
- **성격** 교훈적, 계도적
- **주제** 삼강오륜(三綱五倫)의 교훈 강조
- **특징**
 ① 교훈적인 내용을 직설적으로 전달함
 ② 비유적 표현을 사용하여 화자가 말하고자 하는 바를 강조함

(나)
- **갈래** 한문 수필, 설(說)
- **성격** 교훈적, 경험적
- **주제** 소유에 대한 성찰과 깨달음
- **특징**
 ① 유추의 방식을 통해 개인적 경험을 보편적 깨달음으로 일반화함
 ② '사실(예화) – 의견(교훈)'의 2단 구성 방식을 취함
 ③ 권위 있는 사람의 말을 인용하여 설득력을 높임

▼ 어휘 풀이
* 독부(獨夫): 포악한 정치를 하여 백성에게 외면을 당한 군주
* 백승(百乘): 백 대의 수레. 많은 재물과 권력을 비유
* 고신(孤臣): 임금의 신임이나 사랑을 받지 못하는 신하

• 점검! 수능 강의

(가)
1. 전체 구조

제1수	삼강오륜을 배워야 하는 이유
제2수	부자유친(父子有親)
제3수	군신유의(君臣有義)
제4수	부부유별(夫婦有別)
제5수	형제우애(兄弟友愛)
제6수	장유유서(長幼有序)

2. 작품의 교훈성
백성의 교화라는 목적의식이 뚜렷한 노래로, 화자가 생각하고 있는 유교적 이념을 백성들에게 전달하겠다는 의도가 강하게 드러남

(나)
1. 구성 방식

사실(경험)
빌려 탄 말의 상태에 따라 심리가 변함

\+

의견(일반화)
• 자신의 소유물일 때는 심리 변화가 더욱 심함 • 인간이 소유한 모든 것은 다른 사람으로부터 빌린 것

↓

교훈과 깨달음
소유에 대한 지나친 집착 경계

2. '설(說)'의 일반적 구성
'설(說)'은 한문 수필의 한 종류로, 구체적인 사물이나 사건의 이치를 밝히고 자신의 의견을 서술하는 갈래임.

전반부	사실, 글쓴이의 경험
후반부	경험의 일반화, 글쓴이의 의견, 교훈

1 ⓐ~ⓔ에 대한 설명으로 적절하지 <u>않은</u> 것은?

① ⓐ: 말을 건네는 듯한 어투로 화자의 의도를 직접 드러내고 있다.
② ⓑ: 말하려는 바를 반대로 진술하여 주제를 강조하고 있다.
③ ⓒ: 대화적 구성을 통해 주제와 관련된 시적 상황을 구체적으로 제시하고 있다.
④ ⓓ: 설의적 표현을 통해 자신의 생각을 강조하고 있다.
⑤ ⓔ: 다른 사례와의 비교를 통해 자신의 생각을 뒷받침하고 있다.

2 [A]와 〈보기〉에 대한 설명으로 적절하지 <u>않은</u> 것은?

> ► 보기 ◄
>
> 마을 사람들아 옳은 일 하자꾸나
> 사람이 되어 나서 옳지를 못하면
> 마소를 갓 고깔 씌워 밥 먹이는 것과 다르랴   〈제8수〉
>
> 이고 진 저 늙은이 짐 풀어 나를 주오
> 나는 젊었거니 돌이라 무거울까
> 늙는 것도 서러워하거늘 짐조차 지실까   〈제16수〉
> – 정철, 〈훈민가〉

① [A]에서 '어디가 다를고'의 비교 대상은 〈보기〉의 '마소'로 볼 수 있다.
② [A]에서 '절'을 하는 것은 〈보기〉에서 '짐'을 대신 드는 것과 유사하다.
③ [A]에서 '불공'하는 것은 〈보기〉에서 '서러워하거늘'의 원인이 되고 있다.
④ 〈보기〉와 [A]의 화자는 모두 '늙은이'를 공경의 대상으로 인식하고 있다.
⑤ 〈보기〉에서 '옳은 일'을 하지 않는 것은 [A]에서 '불공'하는 것과 유사하다.

3 (나)의 글쓴이의 사고 전개 과정을 〈보기〉와 같이 정리할 때 적절하지 <u>않은</u> 것은?

> ► 보기 ◄

경험에 대한 깨달음	㉠
깨달음의 확장	㉡
경험의 일반화	㉢
세상 사람들에 대한 비판	㉣
교훈	㉤

① ㉠: 어떤 말을 빌리느냐에 따라 마음가짐이 달라진다.
② ㉡: 자신의 소유물에 대해서는 마음이 더욱 자주 바뀔 것이다.
③ ㉢: 사람들이 소유하고 있는 것은 모두 남에게 빌린 것이다.
④ ㉣: 사람들은 자신의 소유물을 남에게 빌려주지 않는다.
⑤ ㉤: 소유에 대한 집착을 경계해야 한다.

4 (가), (나)에 대한 설명으로 가장 적절한 것은?

[평가원 기출]

① (가)는 관념적 덕목을 열거하여 각각이 지닌 모순점을 밝히고 있다.
② (가)는 사람들 사이의 관계를 의식하지 않는 삶의 모습을 옹호하며 시상을 전개하고 있다.
③ (나)는 개인적 체험에서 얻은 깨달음을 사회적 차원으로 일반화하고 있다.
④ (나)는 인물의 내면 심리를 형상화하여 욕망의 실현을 돕는 자연적 질서에 대한 경이감을 표출하고 있다.
⑤ (가)와 (나)는 모두 자연물이 지닌 덕성을 부각하여 인간적 삶에 대한 긍지를 드러내고 있다.

5 〈보기〉를 바탕으로 (가)를 감상한 내용으로 적절하지 <u>않은</u> 것은?

[평가원 기출]

> ► 보기 ◄
>
> 교훈적 내용의 시조에는 설득력을 높이기 위한 몇 가지 특징적인 표현 전략이 있다. 우선 윤리적 덕목을 실천해야 하는 인물을 화자로 설정하여 대화 형식을 취하는 경우가 있다. 또한 비유나 상징, 유추, 다른 인물이나 사물과의 대비 등을 통해 화자가 개인 윤리는 물론 가정과 사회의 윤리를 실천하는 주체로서 추구해야 하는 가치를 정당화하기도 한다.

① 〈제3수〉에서는 '벌과 개미'의 생태로부터 윤리적 실천의 주체가 추구해야 하는 가치를 유추하고 있다.
② 〈제4수〉에서는 화자로 내세운 '지아비'와 지어미의 문답 방식을 통해 아내가 추구해야 할 윤리적 가치를 정당화하고 있다.
③ 〈제5수〉에서 어머니의 '젖'은 어머니의 사랑을 상징하는 표현으로서, '형님'과 '아우'가 이를 화제로 삼아 대화를 나누는 형식을 취하고 있다.
④ 〈제5수〉의 '개돼지'는 〈제1수〉의 '사람이라도 사람 아니니'의 의미를 비유적으로 표현한 것으로서 화자가 추구하는 가치를 따르는 윤리적 주체와 대비되고 있다.
⑤ 〈제6수〉에서 '부모'와 '형'은, 〈제2수〉의 '부모'와 〈제5수〉의 '형님'과는 달리, '늙은이'와 '어른'에 빗대어 쓰임으로써 사회 윤리가 가정 윤리와 연결되어 있음을 보여 주고 있다.

입암이십구곡 | 고완

가 무정히 서 있ᄂᆞᆫ 바위 유정하여 보이ᄂᆞ다

최령(最靈)ᄒᆞᆫ 오인(吾人)*도 직립불의(直立不倚)* 어렵건만

오랜 세월 **곧게 선 자태** 고칠 적이 업ᄂᆞ다 〈제1수〉

강가에 우뚝 서니 쳐다볼수록 더욱 놉다

바람 서리에 불변ᄒᆞ니 뚫을수록 더욱 굳다

사람도 이 바위 같으면 대장부인가 ᄒᆞ노라 〈제2수〉

말 한마디 업슨 바위 사귈 일도 업건만은

고모진태(古貌眞態)*를 벗 삼아 안ᄌ시니

세상에 이익되는 세 벗을 사귈 줄 모르노라 〈제3수〉

탁연직립(卓然直立)*ᄒᆞ니 본받음 직ᄒᆞ다마는

구룸 깁흔 골짜기에 알 이 있어 ᄎᆞᄌ오랴

이제나 광야에 옮겨 모두 보게 ᄒᆞ여라 〈제5수〉

세정(世情)이 하 수상ᄒᆞ니 나를 본들 반길넌가

왕기순인(枉己循人)*ᄒᆞ야 내 어딕 옮아가리오

산 됴코 물 됴흔 골에 삼긴 대로 늘그리라 〈제6수〉

— 박인로, 〈입암이십구곡〉

* 최령ᄒᆞᆫ 오인: 가장 신령스런 우리
* 직립불의: 꼿꼿이 섬
* 고모진태: 옛 모습대로의 참된 자태
* 탁연직립: 빼어나 곧게 섬
* 왕기순인: 자기 몸을 굽혀 남을 좇음

나 우리 집엔 웃어른이 아니 계시다. 나는 때로 거만스러워진다. 오직 하나 나보다 나이 더 높은 것은, 아버님께서 쓰시던 ㉠연적이 있을 뿐이다. 저것이 아버님께서 쓰시던 것이거니 하고 고요한 자리에서 쳐다보면 말로만 들은, 글씨를 좋아하셨다는 아버님의 풍의(風儀)*가 참먹 향기와 함께 자리에 풍기는 듯하다. 옷깃을 여미고 입정(入定)*을 맛보는 것은 아버님이 손수 주시는 교훈이나 다름없다.

얼마 동안이었는진 모르나 아버님과 한때 풍상(風霜)을 같이 받은 유품이다. 그 몸이 어느 땅 흙에 묻힐지 기약 없는 망명객의 생활, 생각하면, 바다도 얼어 파도 소리조차 적막하던 블라디보스토크의 겨울밤, 흉중엔 무한한(無限恨)인 채 임종하시고 만 아버님의 머리맡에는 몇 자루의 붓과 함께 저 연적이 놓였던 것은 어렸을 때 본 것이지만 조금도 몽롱한 기억은 아니다. 네 아버지 쓰던 것으로 이것 하나라고, 외조모님이 허리춤에 넣고 다니시면서 내가 크기를 기다리시던 것이 이 연적이다. 분원 사기 살이 담청인데 선홍 반점이 찍힌 천도형의 연적이다.

고인과 고락을 같이한 것이 어찌 내 선친의 한 개 문방구뿐이리오. 나는 차츰 모든 ㉡옛사람들 물건을 존경하게 되었다. 휘트먼의 노래에 "오 아름다운 여인이여 늙은 여인이여!" 한 구절이 가끔 떠오르거니와 찻종 하나, 술병 하나라도 그 모서리가 트고, 금간 데마다 배이고 번진 옛사람

점검! 내신 강의

(가)
• **갈래** 평시조, 연시조
• **성격** 교훈적, 예찬적
• **주제** 바위의 곧고 변함없는 모습 예찬
• **특징**
① 바위가 지닌 빼어난 특성을 예찬함
② 세태에 대한 부정적 인식이 담겨 있음
③ 바위를 의인화하여 표현함
④ 바위와 작가의 문답 형식이 나타남

(나)
• **갈래** 경수필
• **성격** 서정적, 회상적
• **주제** 고완품을 사랑하는 마음
• **특징**
① 일상적 경험을 통해 고완 취미의 긍정적인 면을 부각함
② 우아한 문체와 적절한 한자어 사용을 통해 예스런 분위기를 조성함

점검! 수능 강의

(가)
1. 제목의 의미
박인로가 금호강 발원지인 포항의 입암리를 찾아 입암(立巖)과 주변 절경을 노래한 29수의 연시조로, 입암 28경을 중심으로 한 자연 속의 한가로운 심정과 바위가 지닌 빼어난 특성을 예찬함

2. 바위를 의인화하여 표현

바위의 특성
• 직립불의 – 꼿꼿이 섬
• 바람과 서리에도 변하지 않음

↓

바위의 변하지 않는 지조와 절개를 예찬함

3. 시상 전개 방식

제1수	
제2수	화자가 바위의 빼어난 특성을 예찬하고 이를 알리고자 함
제3수	
제5수	

제6수	바위의 대답

들의 생활의 때는 늙은 여인의 주름살보다는 오히려 황혼과 같은 아름다운 색조가 떠오르는 것이다. 〈중략〉

시대가 오래다 해서만 귀하고, 기력과 정력이 들었다 해서만 완상할 것은 못 된다. 옛 물건의 옛 물건다운 것은 그 옛사람들과 함께 생활한 자취를 지녔음에 그 덕윤(德潤)이 있는 것이다. ⓒ외국의 공예품들은 너무 지교(至巧)해서 손톱 자리나 가는 금 하나만 나더라도 벌써 병신이 된다. 비단옷을 입고 수족이 험한 사람처럼 생활의 자취가 남을수록 보기 싫어진다. 그러나 우리 조선 시대의 공예품들은 워낙이 순박하게 타고나서 손때나 음식물에 절수록 아름다워진다. 도자기만 그렇지 않다. 목공품 모든 것이 그렇다. 목침, 나막신, 반상, 모두 생활 속에 들어와 사용자의 손때가 묻을수록 자꾸 아름다워지고 서적도, 요즘 양본들은 새것을 사면 그날부터 더러워만 지고 보기 싫어지는 운명뿐이나 조선 책들은 어느 정도로 손때에 절어야만 표지도 윤택해지고 책장도 부드럽게 넘어간다. 수일 전에 우연히 대혜보각사의 ⓓ「서장(書狀)」을 얻었다. 4백여 년 전인 가정년간(嘉靖年間)의 판으로 마침 내가 가장 숭앙하는 추사 김정희 선생의 보던 책이다. 그의 장인(藏印)이 남고 그의 친적(親蹟)인진 모르나 전권에 토가 달리고 군데군데 주역이 붙어 있다.「서장(書狀)」은 워낙 난해서로 한 줄을 제대로 음미할 수 없지마는 한참 들여다보아야 책제가 떠오르는 태고연한 표지라든지, 장을 번지며 선인들의 정독한 자취를 보는 것이나 또 일획 일자를 써서 사란(絲欄)*을 쳐 가며 칼을 갈아 가며 새기기를 몇 달 혹은 몇 해를 해서 비로소 이 한 권 책이 되었을 것인가 생각하면 인쇄의 덕으로 오늘 우리들은 얼마나 버릇없이 된 글, 안된 글을 함부로 박아 돌리는 것인가 하는, 일종의 참회를 느끼지 않을 수 없는 것이다.

고완 취미를 부자나 은자의 도일(度日)*거리로만 보는 것은 속단이다. 금력으로 수집욕을 채우는 것은 오락에 불과한 것이요, 또 제 눈이 불급하는 것을 너무 탐내는 것도 허영이다. 직업적이어선 취미도 아니려니와 본대 상심낙사(賞心樂事)*란 무위와 허욕과 더불어서는 경지를 같이하지 않을 것이라 생각한다.

– 이태준, 〈고완〉

＊풍의: 드러나 보이는 모습
＊입정: 한마음으로 흐트러짐 없는 상태로 들어감
＊사란: 여러 개의 금을 그어 '井' 자 모양으로 된 각각의 칸살
＊도일: 세월을 보냄
＊상심낙사: 완상하는 마음과 즐거운 일

1. 창작 배경
글쓴이인 이태준이 아버지께서 남기신 연적을 통해 아버지와의 기억을 떠올리며, 오래될수록 아름다움을 짙게 드러내는 우리나라의 고완품을 사랑하게 된 마음을 드러냄

2. 소재의 대조

조선 시대의 공예품		외국의 공예품
순박하여 손때가 탈수록 아름다워지고 윤택해짐	↔	지교해서 생활의 자취가 남을수록 보기 싫어짐

3. 주제 의식
아버지의 연적을 통해 옛 사람들의 자취를 지닌 옛 물건의 아름다움을 알게 된 글쓴이는 김정희 선생이 보았던 대혜보각사의 「서장」을 보며 오늘날 함부로 만드는 책에 대해 반성하고, 고완 취미는 무위와 허욕이 없어야 한다고 강조함

1 (가)와 (나)에 대한 설명으로 가장 적절한 것은?

① (가)와 달리 (나)는 의인화한 표현을 통해 주제 의식을 강조하고 있다.

② (나)와 달리 (가)는 특정 대상과의 문답을 통해 화자의 지향을 드러내고 있다.

③ (가)는 시간의 흐름에 따른 대상의 모습을 대비하여, (나)는 대상의 과거를 환기하여 화자의 태도를 부각하고 있다.

④ (가)와 (나)는 모두 색채 이미지를 활용하여 대상의 속성을 드러내고 있다.

⑤ (가)와 (나)는 모두 설의적 표현을 통해 부정적인 세태에 대한 비판적 태도를 보여 주고 있다.

2 (가)에 대한 이해로 적절하지 <u>않은</u> 것은?

① '곧게 선 자태'라는 바위의 속성을 통해 화자가 추구하는 긍정적 가치를 제시하고 있다.

② '바람 서리'라는 부정적 대상을 통해 바위의 변하지 않는 모습을 더욱 부각하고 있다.

③ '세상에 이익되는 세 벗'을 사귀지 않는 화자를 통해 세속적 가치를 멀리하는 태도를 강조하고 있다.

④ '구름 깊흔 골짜기'를 통해 바위의 가치를 본받으려는 사람들을 억압하는 현실을 드러내고 있다.

⑤ '왕기순인'하지 않겠다는 바위의 태도를 통해 자신의 지조를 지키겠다는 의지를 보여 주고 있다.

3 〈보기〉를 바탕으로 (나)의 ㉠~㉣에 대해 이해한 것으로 적절하지 <u>않은</u> 것은?

> ─ 보기 ─
>
> 수필은 글쓴이의 경험과 사색을 바탕으로 하기 때문에 글쓴이의 개성이 잘 드러나며, 주제에도 글쓴이의 가치관이 나타난다. (나)는 아버지가 물려준 '연적'을 통해 글쓴이가 옛것을 좋아하여 즐기는 '고완' 취미에 대해 사색하며, 요즘 세태를 성찰한 내용을 담고 있다. 특히 글쓴이는 독창적 사고를 통해 골동품에서 새로운 의미를 발견하고, 이를 옛것 전체로 연결시키면서 사고의 틀을 확장하고 있다.

① 글쓴이는 ㉠과 관련된 경험을 떠올리며, 이를 ㉡으로 확장하고 있다.

② 글쓴이는 ㉡을 '황혼과 같은 아름다운 색조'로 제시하여 독창적 사고를 드러내고 있다.

③ 글쓴이는 ㉡과 ㉢의 대조를 통해 생활의 자취가 남을수록 더욱 화려해지는 우리 공예품을 예찬하고 있다.

④ 글쓴이는 ㉣이 만들어지는 과정을 떠올리며, 옛날과 달리 좋지 않은 책을 함부로 내는 세태를 성찰하고 있다.

⑤ ㉠~㉣을 통해 '고완' 취미가 헛된 욕망이나 수집욕으로 전락하지 말아야 한다는 글쓴이의 가치관을 드러내고 있다.

4 (가)와 (나)의 공통점으로 적절한 것은? [전국연합 기출]

① 지나온 삶에 대한 회한이 나타나 있다.

② 세태에 대한 부정적 인식이 드러나 있다.

③ 미래에 대한 낙관적 전망이 제시되어 있다.

④ 초월적 세계에 대한 지향 의식이 나타나 있다.

⑤ 부재하는 대상과의 만남에 대한 기대가 드러나 있다.

5 〈보기〉와 관련지어 (가)를 이해한 내용으로 적절하지 <u>않은</u> 것은? [전국연합 기출]

> ─ 보기 ─
>
> 조선 시대 시가에서 자연은 다양한 의미를 지닌다. 자연은 세속에서 벗어난 이상적 세계로 그려지기도 하고, 때로는 인간이 본받을 만한 우월한 특성을 지닌 인격체로 그려지기도 한다. 그리고 자연은 인간에게 예찬의 대상이 되거나 인간이 벗으로 삼고자 하는 대상이 되기도 한다.

① 제1수에서는 바위를 인간보다 우월한 특성을 지닌 인격체로 제시하고 있군.

② 제2수에서는 바위의 높고 불변하는 속성을 예찬하는 태도를 나타내고 있군.

③ 제3수에서는 진실한 품성을 지닌 바위를 벗으로 삼고자 하는 의식을 나타내고 있군.

④ 제5수에서는 바위를 본받을 만한 특성을 지닌 대상으로 인식하고 있음을 드러내고 있군.

⑤ 제6수에서는 바위의 속성에 산과 물의 속성을 더해 세속을 이상적 공간으로 정화하려는 의지를 드러내고 있군.

10

고전 소설 + 고전 시가

춘향전 | 춘향이별가

가 만금 같은 너를 만나 백년해로하잤더니, 금일 이별 어이 하리! 너를 두고 어이 가잔 말이냐? 나는 아마도 못 살겠다! 내 마음에는 어르신네 공조참의 승진 말고, 이 고을 풍헌(風憲)만 하신다면 이런 이별 없을 것을, 생눈 나올 일을 당하니, 이를 어이한단 말인고? 귀신이 장난치고 조물주가 시기하니, 누구를 탓하겠냐마는 속절없이 춘향을 어찌할 수 없네! 네 말이 다 못 될 말이니, 아무튼 잘 있거라!

춘향이 대답하되, 우리 당초에 광한루에서 만날 적에 내가 먼저 도련님더러 살자 하였소? 도련님이 먼저 나에게 하신 말씀은 다 잊어 계시오? 이런 일이 있겠기로 처음부터 마다하지 아니하였소? 우리가 그때 맺은 금석 같은 약속 오늘날 다 허사로세! 이리해서 분명 못 데려가겠소? 진정 못 데려가겠소? 떠보려고 이리하시오? 끝내 아니 데려가시려 하오? 정 아니 데려가실 터이면 날 죽이고 가오!

[A]
 그렇지 않으면 광한루에서 날 호리려고 ㉠명문(明文) 써 준 것이 있으니, ㉡소지(所志) 지어 가지고 본관 원님께 이 사연을 하소연하겠소. 원님이 만일 당신의 귀공자 편을 들어 패소시키시면, 그 소지를 덧붙이고 다시 글을 지어 전주 감영에 올라가서 순사또께 소장(訴狀)을 올리겠소. 도련님은 양반이기에 ㉢편지 한 장만 부치면 순사또도 같은 양반이라 또 나를 패소시키거든, 그 글을 덧붙여 한양 안에 들어가서, 형조와 한성부와 비변사까지 올리면 도련님은 사대부라 여기저기 청탁하여 또다시 송사에서 지게 하겠지요. 그러면 그 ㉣판결문을 모두 덧보태어 똘똘 말아 품에 품고 팔만장안 억만가호마다 걸식하며 다니다가, 돈 한 푼씩 빌어 얻어서 동이전에 들어가 바리뚜껑 하나 사고, 지전으로 들어가 장지 한 장 사서 거기에다 언문으로 ㉤상언(上言)을 쓸 때, 마음속에 먹은 뜻을 자세히 적어 이월이나 팔월이나, 동교(東郊)로나 서교(西郊)로나 임금님이 능에 거둥하실 때, 문밖으로 내달아 백성의 무리 속에 섞여 있다가, 용대기(龍大旗)가 지나가고, 협연군(挾輦軍)의 자개창이 들어서며, 붉은 양산이 따라오며, 임금님이 가마나 말 위에 당당히 지나가실 제, 왈칵 뛰어 내달아서 바리뚜껑 손에 들고, 높이 들어 땡땡하고 세 번만 쳐서 억울함을 하소연하는 격쟁(擊錚)을 하오리다! 애고애고 설운지고!

그것도 안 되거든, 애쓰느라 마르고 초조해하다 죽은 후에 넋이라도 삼수갑산 험한 곳을 날아다니는 제비가 되어 도련님 계신 처마에 집을 지어, 밤이 되면 집으로 들어가는 체하고 도련님 품으로 들어가 볼까! 이별 말이 웬 말이오?

[B]
 이별이란 두 글자 만든 사람은 나와 백 년 원수로다! 진시황이 분서(焚書)할 때 이별 두 글자를 잊었던가? 그때 불살랐다면 이별이 있을쏘냐? 박랑사(博浪沙)*에서 쓰고 남은 철퇴를 천하장사 항우에게 주어 힘껏 둘러메어 이별 두 글자를 깨치고 싶네! 옥황전에 솟아올라 억울함을 호소하여, 벼락을 담당하는 상좌가 되어 내려와 이별 두 글자를 깨치고 싶네!

– 작자 미상, 〈춘향전〉

* 박랑사: 중국 지명. 장량이 진시황을 암살하려 했던 곳

나 이별이라네 이별이라네 이 도령 춘향이가 이별이로다

 춘향이가 도련님 앞에 바짝 달려들어 눈물짓고 하는 말이

 도련님 들으시오 나를 두고 못 가리다

 나를 두고 가겠으면 홍로화(紅爐火) 모진 불에

 다 사르겠으면 사르고 가시오

 날 살려 두고는 못 가시리라

(가)

- **갈래** 판소리계 소설, 애정 소설
- **성격** 해학적, 풍자적, 서민적
- **배경** [시간적] 조선 숙종 초 [공간적] 전라도 남원
- **시점** 전지적 작가 시점
- **주제**
  ① 신분을 초월한 남녀 간의 사랑
  ② 불의한 지배 계층에 대한 서민의 항거
- **특징**
  ① 풍자와 해학적인 표현이 돋보임
  ② 배경 설화와 판소리를 바탕으로 한 판소리계 소설임
  ③ 한자어와 비속어가 함께 사용되는 언어 사용의 이중성을 보임

(나)

- **갈래** 잡가
- **성격** 해학적, 풍자적, 서민적, 애상적
- **주제** 이별로 인한 춘향의 안타까움과 슬픔
- **특징**
  ① aaba 구조의 운율이 드러남
  ② 반복을 통해 화자의 감정을 강조하여 나타냄
  ③ 〈춘향가〉의 인기 대목들을 선택적으로 축약, 변형했기 때문에 내용 전개상 논리적 연관성이 떨어짐

(가)

1. 갈등 양상

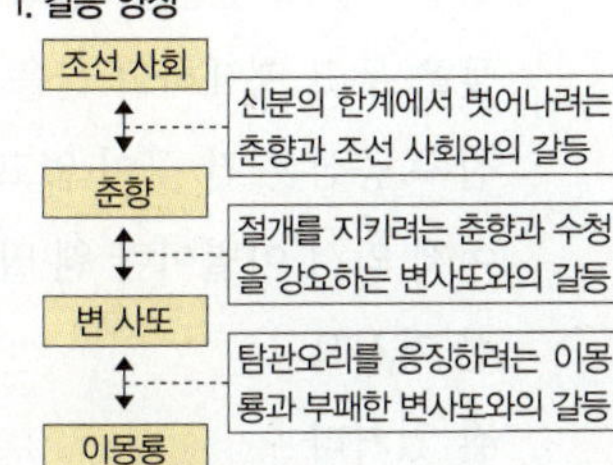

2. 표현상의 특징

이 작품은 한자어와 고사를 활용했을 뿐만 아니라 '생눈 나올 일을 당하니' 등과 같이 저속한 표현들과 비속어를 사용하고 있음. 이는 판소리계 소설들은 특정한 개인이나 계층이 만든 것이 아니라, 평민과 양반 등 다양한 계층이 향유했던 적층 문학이기 때문에 그들의 기호를 반영한 것이 언어적 특징으로 표현된 것임

3. 〈춘향전〉의 전승 과정

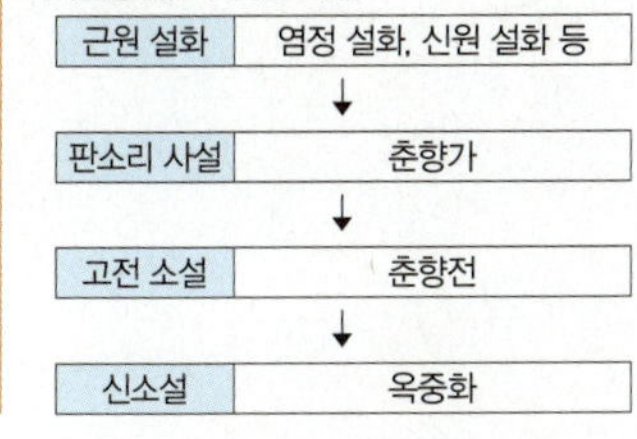

잡을 데 없으시면 삼단같이 좋은 머리를

휘휘칭칭 감아쥐고라도 날 데리고 가시오

살려 두고는 못 가시리다

날 두고 가겠으면 용천검(龍泉劍) 드는 칼로다

요 내 목을 베겠으면 베고 가시오

날 살려 두고는 못 가시리라

두어 두고는 못 가시리다

날 두고 가겠으면 영천수(潁川水) 맑은 물에다

던지겠으면 던지고나 가시오

날 살려 두고는 못 가시리다

이리 한참 힐난하다 할 수 없이 도련님이 떠나실 때

방자 놈 분부하여 나귀 안장 고이 지으니

도련님이 나귀 등에 올라앉으실 때

춘향이 기가 막혀 미칠 듯이 날뛰다가

우르르 달려들어 나귀 꼬리를 부여잡으니

나귀 네 발로 동동 굴러 춘향 가슴을 찰 때

안 나던 생각이 절로 나

그때에 이별 별(別) 자 내인 사람 나와 한백 년 대원수로다

깨치리로다 깨치리로다 박랑사 중 쓰고 남은 철퇴로

천하장사 항우 주어 이별 두 자를 깨치리로다

할 수 없이 도련님이 떠나실 때

향단이 준비했던 주안을 갖추어 놓고

풋고추 겨리김치 문어 전복을 곁들여 놓고

잡수시오 잡수시오 이별 낭군이 잡수시오

언제는 살자 하고 화촉동방(華燭洞房) 긴긴 밤에

청실홍실로 인연을 맺고 백 년 살자 언약할 때

물을 두고 맹세하고 산을 두고 증삼(曾參)* 되자더니

산수 증삼은 간 곳이 없고

이제 와서 이별이란 웬 말이오

잘 가시오

잘 있거라

산첩첩(山疊疊) 수중중(水重重)한데 부디 편안히 잘 가시오

나도 명년 양춘가절*이 돌아오면 또다시 상봉할까나

– 작자 미상, 〈춘향이별가〉

* 증삼: 공자의 제자. 고지식하여 약속을 반드시 지킴
* 양춘가절: 따뜻하고 좋은 봄철

1. 제목의 의미

'춘향이별가'는 제목처럼 판소리 〈춘향가〉 중에서 청중에게 인기 있는 대목인 춘향과 이 도령의 이별 장면을 따로 떼어 노래로 만든 작품으로, 상황에 따라 화자를 해설자에서 춘향으로 바꾸어 이 도령과의 이별의 상황에 있는 춘향의 안타까운 감정을 생생하게 드러냄

2. 춘향의 다양한 면모

수용적 면모	도련님께 주안을 올리고 이별을 받아들임
적극적 면모	자신의 억울한 입장을 알리려고 함
격정적 면모	'이별'이라는 두 글자를 철퇴로 깨뜨리고자 함
민중의 시각을 대변	양반들이 사대부인 도련님을 두둔할 것이라고 언급함

3. 표현상의 특징

- 노래의 내용을 단시간에 전달하기 위해 상황을 집약해 설명함
- 인물의 감정을 드러내는 가사를 반복해 청중의 공감을 끌어냄
- 춘향이 도련님 곁에 머물고 싶은 마음을 자연물에 의탁해 드러냄

1 (가)와 (나)를 이해한 내용으로 적절하지 <u>않은</u> 것은?

① (가)의 '삼수갑산 험한 곳을 날아다니는 제비'는 몽룡 곁에 있으려는 춘향의 마음을 표현한다고 볼 수 있군.

② (가)의 '본관 원님께 이 사연을 하소연하겠소'에는 권위에 의존해서라도 이별의 억울함을 호소하겠다는 춘향의 감정이 담겨 있군.

③ (나)의 '삼단같이 좋은 머리'는 춘향의 아름다움을 부각하여 이별의 좌절감을 완화하는 기능을 하고 있군.

④ (나)의 '부디 편안히 잘 가시오'를 통해 춘향이 몽룡과의 이별을 수용하고 있음을 알 수 있군.

⑤ (나)의 '나도 명년 양춘가절이 돌아오면 또다시 상봉할까나'에는 몽룡과의 재회를 확신하지 못하는 춘향의 탄식이 드러나는군.

2 (가)의 [A]와 [B]의 말하기 방식에 대한 설명으로 적절한 것은?

① [A]는 과거와 현재를 교차하여 설명하고 있으며, [B]는 상황을 요약적으로 제시하고 있다.

② [A]는 자신의 문제 상황을 적극적으로 해결하려 하고 있으며, [B]는 특정 대상에게 조언을 구하고 있다.

③ [A]는 자신의 능력을 앞세워 상대를 설득하고 있으며, [B]는 부정적 상황에 체념하는 태도를 드러내고 있다.

④ [A]는 자신에게 불리한 상황을 열거하고 있으며, [B]는 설의적 표현으로 자신의 처지에 대한 심정을 드러내고 있다.

⑤ [A]는 자신이 경험했던 상황의 내력을 점층적으로 표현하고 있으며, [B]는 특정 대상에 대한 원망을 드러내고 있다.

3 (나)를 감상한 내용 중 적절하지 <u>않은</u> 것은?

① 부정적 상황을 희화화하여 상황의 긴장감을 이완하고 있다.

② 유사한 통사 구조를 반복하여 화자의 정서를 강조하고 있다.

③ 음성 상징어를 활용하여 화자의 절박한 심정을 드러내고 있다.

④ 고사를 활용하여 화자가 운명을 받아들이는 모습을 제시하고 있다.

⑤ 극단적인 상황 설정을 통해 이별을 막아보려는 화자의 간절한 의지를 표현하고 있다.

4 ㉠~㉤에 대한 설명으로 가장 적절한 것은? [평가원 기출]

① ㉠: '도련님'의 마음을 확인하고자 '춘향'이 쓴 글이다.

② ㉡: '도련님'이 자신의 무고함을 밝히는 내용이 담길 것이다.

③ ㉢: '춘향'과의 친밀감을 강화하려는 '도련님'의 마음을 전하는 내용이 담길 것이다.

④ ㉣: '도련님'에게는 약속 파기의 책임을 물을 수 없음을 밝히는 내용이 담길 것이다.

⑤ ㉤: '춘향'이 '순사또'의 힘을 빌려 '임금'에게 자신의 입장을 전하는 내용이 담길 것이다.

5 〈보기〉를 바탕으로 (가), (나)를 이해한 내용으로 적절하지 <u>않은</u> 것은? [평가원 기출]

> **보기**
>
> 여러 작품에서 '춘향'은 다양한 면모를 지닌 인물로 형상화되었다. '춘향'은 원치 않는 상황을 받아들이는 수용적 면모를 보이기도, 목표를 이루려 단호하게 행동하는 적극적 면모를 보이기도 한다. 신세를 한탄하며 절규하는 격정적 면모를 드러내는가 하면, 문제를 숙고하여 대응책을 모색하는 치밀한 면모를 표출하기도 한다. 한편 '춘향'은 당대 민중의 시각을 대변하는 면모를 지니기도 한다.

① (가)에서 양반들이 한통속이어서 '도련님'을 두둔할 것이라고 언급하는 모습을 통해, 민중의 입장을 취하는 '춘향'의 면모를 확인할 수 있다.

② (가)에서 구걸하고 다니면서라도 자신의 상황을 알리겠다는 모습을 통해, 뜻한 바를 성취하려는 '춘향'의 적극적 면모를 확인할 수 있다.

③ (나)에서 이별 후 자신이 겪을 고난을 말하며 '도련님'의 마음을 돌리려는 모습을 통해, 문제 해결책을 강구하는 '춘향'의 치밀한 면모를 확인할 수 있다.

④ (나)에서 '도련님'에게 주안을 올리며 어쩔 수 없이 이별을 받아들이는 모습을 통해, 서글픈 현실을 감내하려는 '춘향'의 수용적 면모를 확인할 수 있다.

⑤ (가), (나)에서 '이별'이라는 두 글자를 철퇴로 깨뜨리고자 하는 모습을 통해, 북받친 감정을 토로하면서 탄식하는 '춘향'의 격정적 면모를 확인할 수 있다.

고등 국어 수업을 위한 쉽고 체계적인 맞춤 교재

고등국어

고고

기본　문학　문법

(전 3권)

고등 국어 학습, 시작이 중요합니다!

- 고등학교 공부는 중학교 공부에 비해 훨씬 더 사고력, 독해력, 어휘력이 필요합니다.
- 국어 공부는 모든 교과 학습의 기초가 됩니다.

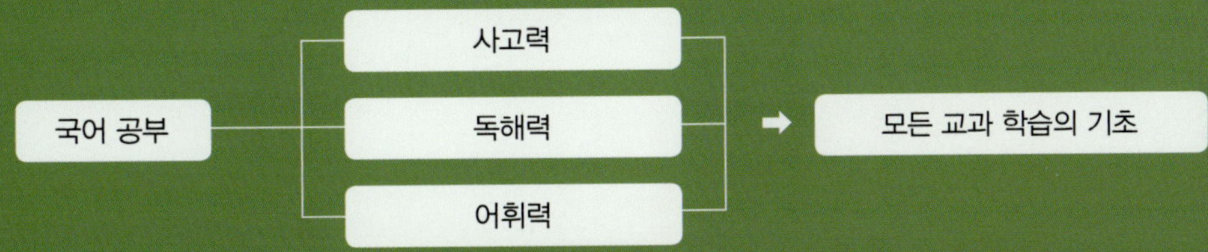

'고고 시리즈'로 고등 국어 실력을 키우세요!

- 국어 핵심 개념, 교과서 필수 문학 작품, 주요 비문학 지문, 문법 이론 등 고등학교 국어 공부에 필요한 모든 내용을 알차게 정리하였습니다.
- 내신 대비는 물론 수능 기초를 다질 수 있는 토대를 마련할 수 있습니다.

밥 먹듯이 매일매일 국어 공부

밥 시리즈의 새로운 학습 시스템

'밥 시리즈'의 학습 방법을 확인하고 공부 방향 설정 → 권장 학습 플랜을 참고하여 자신만의 학습 계획 수립 → 학습 방법과 학습 플랜에 맞추어 밥 먹듯이 꾸준하게 국어 공부 → 수능 국어 1등급을 달성

▶ 수능 국어 1등급 달성을 위한 학습법 제시   ▶ 문학, 비문학 독서, 언어와 매체, 화법과 작문 등 국어의 전 영역 학습   ▶ 문제 접근 방법과 해결 전략을 알려 주는 친절한 해설

처음 시작하는 밥 비문학
- 전국연합 학력평가 고1, 2 기출문제와 첨삭식 지문·문제 해설
- 예비 고등학생의 비문학 실력 향상을 위한 친절한 학습 프로그램

밥 비문학
- 수능, 평가원 모의평가 기출문제와 첨삭식 지문·문제 해설
- 지문 독해법과 문제별 접근법을 제시하여 비문학 완성

처음 시작하는 밥 문학
- 전국연합 학력평가 고1, 2 기출문제와 첨삭식 지문·문제 해설
- 예비 고등학생의 문학 실력 향상을 위한 친절한 학습 프로그램

밥 문학
- 수능, 평가원 모의평가 기출문제와 첨삭식 지문·문제 해설
- 작품 감상법과 문제별 접근법을 제시하여 문학 완성

밥 언어와 매체
- 수능, 평가원 모의평가, 전국연합 학력평가 및 내신 기출문제
- 핵심 문법 이론 정리, 문제별 접근법, 풍부한 해설로 언어와 매체 완성

밥 화법과 작문
- 수능, 평가원 모의평가, 전국연합 학력평가 기출문제
- 문제별 접근법과 풍부한 해설로 화법과 작문 완성

밥 어휘
- 필수 어휘, 한자 성어, 속담, 관용어, 다의어, 동음이의어, 헷갈리는 어휘, 개념어, 배경지식 용어
- 방대한 어휘, 어휘력 향상을 위한 3단계 학습 시스템

국어는 꿈틀 시리즈
문학
비문학 독서

수능에 꼭 맞는 나의 학습 전략

국어는 꿈틀

문학

정답과 해설

정답과 해설

I 고전 시가

01 제망매가(祭亡妹歌) | 정읍사(井邑詞) p. 12~13

1 ②	2 ⑤	3 ⑤	4 ①	5 ⑤

1 정답 ②

(가)에서는 '이른 바람', '떨어지는 잎' 등의 상징적 소재를 사용하여 누이의 죽음이라는 시적 상황을 드러내고 있고, (나)에서는 '진 데'라는 상징적 소재로 남편이 위험한 곳에 갔을지 모르는 시적 상황을 드러내고 있다.

오답 피하기
① (가)에서는 나뭇잎이 떨어지는 가을의 이미지를 활용하여 누이의 죽음이라는 시적 상황을 형상화하고 있으나, (나)에서는 계절적 이미지가 나타나지 않는다.
③ (나)에서는 여성적 어조를 통해 남편의 무사 귀환을 기원하고 있으나, (가)에서는 여성적 어조를 확인할 수 없다.
④ (가)에서는 자연 현상에 빗대어 인간사의 허무함을 드러내고 있을 뿐 자연 현상과 인간사를 대조하고 있지 않으며, (나)에서도 자연 현상과 인간사의 대조는 나타나지 않는다.
⑤ (나)에서는 6구와 9구에서 '어긔야 ~까 두렵습니다'라는 유사한 문장 구조를 반복하여 화자가 남편을 걱정하는 처지를 부각하고 있으나 (가)에는 유사한 문장 구조의 반복이 나타나 있지 않다.

2 정답 ⑤

1~4구에서는 누이의 갑작스러운 죽음으로 인한 화자의 슬픔과 안타까움이, 5~8구에서는 누이의 죽음에서 비롯된 삶의 무상감이 나타나고 있다. 화자는 9~10구에서 정서가 변화되며, 슬픔을 종교적으로 극복하고자 하는 의지를 드러내고 있다.

오답 피하기
① 화자는 죽은 누이로 인한 슬픔을 9~10구에서 종교적으로 극복하고 있으므로, 시상 전개에 따라 화자의 내적 갈등은 해소되고 있다.
② 화자는 5~8구에서 같은 부모에서 태어났어도 가는 곳을 모른다고 하며 삶의 무상감을 느끼고 있을 뿐, 자기반성을 하고 있는 것은 아니다.
③ 화자가 누이의 죽음으로 인해 허무함을 느끼고 있는 것은 맞으나, 9~10구에서 이러한 슬픔을 종교적으로 극복하려는 것이지 화자의 현실 도피적 태도가 드러나는 것은 아니다.
④ 1~4구에서 누이를 잃은 화자의 슬픔은 화자 개인적 상황으로 볼 수 있으나, 특히 9~10구에서 이를 종교적으로 극복하려는 화자의 의지를 인류 보편적 상황으로 볼 수는 없다.

3 정답 ⑤

'어느 곳에나 놓으'라는 화자의 당부는 임이 안전하기를 염원하는 마음이지, 사물을 서로 구분하거나 개별화하지 않는 달님의 속성을 따르는 화자의 마음과는 관련이 없다.

오답 피하기
① 화자가 달님이 멀리 비춰 주기를 바라는 것은 임이 가는 길이 저물까 두려워하기 때문인데, 여기에서 임에 대한 따스한 정을 확인할 수 있다.
② 달은 서로 어울리게 하고 융합하게 하는 속성이 있는 존재이므로 이 속성이 공간적으로 멀리 떨어져 있는 화자와 임을 연결시켜 줄 것으로 이해할 수 있다.
③ 화자가 '달님'에게 임의 무사 귀환을 비는 것은 달빛의 포용의 이미지와 관련이 있다고 볼 수 있다.
④ '진 데'는 어둠의 이미지를 지닌 대상으로 어둠을 밝히는 '달님'과 대조된다.

4 정답 ①

(가)에서 '바람'에 떨어지는 '잎'은 화자의 죽은 누이를 비유하는 표현이다. 즉 ㉠'바람'은 누이가 죽게 되는 원인을 비유하고 있는 것이므로, 화자의 시련을 상징한다고 볼 수 있다. A의 '바람'은 '도화'가 지게 하는 원인이다. 하지만 화자는 떨어진 꽃도 꽃이라 하며 이를 쓸지 말라고 한다. 즉 A의 화자는 떨어진 꽃도 아름답게 느끼고 있으므로 '바람'은 화자의 시련으로 볼 수 없다.

오답 피하기
② ㉠은 '잎'을 떨어지게 만드는 원인이고, B의 '바람'은 '나무'를 쓰러뜨리는 원인이다.
③ ㉡은 죽은 누이를 비유하는 표현이므로 화자의 슬픔을 부각시키고 있다. 반면 A의 '도화'는 화자가 그 아름다움을 느끼고 있으므로 화자의 감회와 흥취를 부각시킨다고 볼 수 있다.
④ ㉡은 죽은 누이를 비유하고 있지만, B의 '나무'는 임이 그리워 병이 든 화자 자신을 비유하고 있다.
⑤ ㉡, A의 '도화', B의 '나무'는 모두 '바람'에 의해 떨어지거나 쓰러지고 있으므로, '바람'의 영향을 받는다는 수동성을 가지고 있다.

5 정답 ⑤

㉢는 해가 저물어 남편이 집에 돌아오지 못하게 될까 봐 두렵다는 의미를 포함하고 있다. 즉 남편을 위한 아내의 희생 의지가 아니라 남편의 무사 귀환을 바라는 아내의 마음이 드러나고 있다.

02 빈녀음(貧女吟) | 사리화(沙里花) | 야와송시유감(夜臥誦詩有感) p. 14~15

1 ④	2 ⑤	3 ⑤	4 ④	5 ②

1 정답 ④

(나)에서는 탐관오리, 권력층을 상징하는 자연물인 '참새'를 활용하여 권력자들의 농민 수탈에 대해 비판하고 가혹한 수탈로 인한 농민의 피폐한 삶을 드러내고 있다. (다)에서는 화자와 교감하는 대상인 '마른 말', '초승달', '찬 솔'을 활용하여 시와 술로 근심을 달래는 화자의 처량함을 부각하고 있다. (가)는 자연물을 활용한 부분이 나타나지 않는다.

오답 피하기
① (가)~(다) 모두 정도를 점점 강하게 하거나, 크게 하거나, 높게 하는 등의 점층적 상황 제시는 나타나지 않는다.
② 의문형 문장을 활용한 것은 (가)와 (나)이다. (가)는 '끝내는 어느 색시의 옷이 되려나', (나)는 '참새야 어디서 오가며 나느냐'에서 의문형 문장을 활용하여 정서를 드러내고 있다. (다)에는 의문형 문장이 사용되지 않았다.
③ (나)는 '참새야'에서 알 수 있듯이 탐관오리를 상징하는 '참새'를 구체적 청자로 설정하여 권력자들의 수탈과 횡포를 토로하고 있다. (가)와 (다)는 구체적 청자를 설정하지 않았다.
⑤ (가)~(다) 모두 색채 이미지를 활용한 부분은 찾을 수 없다.

2
정답 ⑤

초승달이 그림자를 만들고 있는 배경 묘사를 통해 쓸쓸한 분위기를 조성하고 있다. 그리고 늙은 종이 재를 털자 등불이 밝아졌다는 것은 아내가 술을 권하는 방안의 상황을 말하고 있을 뿐이다. 이를 통해 희망의 실마리를 발견하고 극복 의지를 우회적으로 보여 준다는 설명은 적절하지 않다.

오답 피하기

①, ② 화자는 베개 베고 시를 읊자니 마구간의 마른 말이 더욱 길게 울고, 고요한 산의 찬 솔(소나무)도 절로 소리를 낸다고 하였다. 이는 화자를 둘러싼 자연과 교감한다는 문학적 상상력을 보여 준다.

③, ④ 아내가 권해 따라주는 술을 마시고 얼큰해져 이불 덮고 다시 누웠다는 것과 가슴 속에 불평 있음을 깨닫지 못하였다는 것으로 보아 아내가 따라 준 술은 위로의 술이었음을 알 수 있다.

3
정답 ⑤

화자는 괴로움 중에 시를 읊조리니, 말이 길게 울면서 화자의 감정에 반응한다고 느낀다. 이는 '마음과 마음으로 서로 뜻이 통함.'을 의미하는 이심전심(以心傳心)의 상황이라 할 수 있다.

오답 피하기

① ㉠에서 화자는 스스로를 긍정적으로 바라보며 외모가 그리 빠지지 않는데 가난한 집안 탓에 중매 자리가 들어오지 않는 것에 대한 한탄의 심정을 담고 있다. 경국지색(傾國之色)은 '임금이 혹하여 나라가 기울어져도 모를 정도의 미인이라는 뜻으로, 뛰어나게 아름다운 미인을 이르는 말'이며 화자의 자부심을 표현하고 있다는 설명은 적절하지 않다.

② 독수공방(獨守空房)은 '혼자서 지내는 것' 또는 '아내가 남편 없이 혼자 지내는 것'을 의미하며 ㉡에서 화자는 추운 겨울밤에도 바느질을 할 수밖에 없는 가난한 처지를 탄식하고 있다. 따라서 독수공방에서 벗어나고 싶은 마음을 특정 계절에 경험한 내용과 관련지었다는 설명은 적절하지 않다.

③ ㉢에서는 일 년 동안 힘들게 농사를 지은 농민들의 마음에는 관심이 없는 탐관오리를 비판하고 있다. 상부상조(相扶相助)는 '서로서로 도움.'을 의미하는 말이며 농사가 방치된 현실에 대한 비판 의식을 드러내고 있다는 설명은 적절하지 않다.

④ ㉣은 탐관오리들이 농민들의 수확물을 빼앗은 것을 의미한다. 수주대토(守株待兔)는 '한 가지 일에만 얽매여 발전을 모르는 어리석은 사람을 비유적으로 이르는 말'이며 요행을 기대하는 농부의 어리석음을 지적하고 있다는 설명은 적절하지 않다.

4
정답 ④

'끝내는 어느 색시의 옷이 되려나'를 통해 '베틀에 짜여 가는 이 한 필 비단'은 화자의 것이 되지 못하고 '어느 색시'의 옷이 되므로, 화자가 '옷감을 마르'는 힘겨운 일상에 위안을 준다고 볼 수 없다.

오답 피하기

① 화자는 가난한 집안에 태어나 자란 까닭에 시집도 가지 못하고, 하루 종일 창가에서 베만 짠다고 하였다.

② 화자는 가난한 집안 사정 탓에 좋은 중매 자리가 들어오지 않기 때문에 시집도 가지 못하고, 시집가는 누군가를 위한 옷을 만들면서 해마다 홀로 잔다고 하였다.

③ 화자는 하루 종일 베만 짜야 하는 자신의 처지를 오직 화자 부모만 가엾다 여기실 뿐 그 어떤 이웃도 알아주지 않는다고 하였다. 이러한 자신의 처량함을 베틀에 투영하여 베틀 소리만 처량하게 운다고 표현하고 있다.

⑤ 화자는 시집도 가지 못하면서 시집가는 누군가를 위해 길옷을 만드는 처지이다. 화자가 만드는 옷의 주인인 시집가는 누군가 즉, '어느 색시'와 화자의 대비를 통해 화자의 서글픔을 심화시키고 있다.

5
정답 ②

'아랑곳하지 않고'의 주체는 '참새'이므로, 백성들이 일 년 동안 힘들게 지은 농사임을 생각하지 않고 농민들을 수탈하는 탐관오리를 비판하는 의미로 해석할 수 있다.

오답 피하기

① '참새'는 늙은 홀아비가 농사지은 곡식을 쪼아 먹고 있으므로 백성들을 수탈하는 권력자를 상징하는 것으로 볼 수 있다.

③ '늙은 홀아비'는 힘없는 대상이므로 가난하게 살아가는 곤궁한 농민을 비유한 것으로 볼 수 있다.

④ 〈보기〉를 참고할 때 '벼'와 '기장'은 농민들이 권력자의 수탈로 인해 잃게 된 최소한의 생존 수단으로 해석할 수 있다.

⑤ 〈보기〉에서 백성들이 〈사리화〉를 지어 자신들을 수탈하는 권력자들을 원망하였다고 했으므로, '다 없애다니'는 이러한 상황에 대한 원망이 드러난 표현으로 볼 수 있다.

03 동동(動動)
p.16~17

1 ③	2 ⑤	3 ④	4 ①	5 ①

1
정답 ③

이 글의 화자는 임과 이별한 자신의 현재 처지에 대한 심정을 제시하고 있으나, 과거 회상은 구체적으로 나타나지 않는다.

오답 피하기

① 〈정월령〉에서 봄이 되자 녹으려 하는 냇물과 봄이 되어도 홀로 살아가는 화자의 처지를 대조하면서 임과 헤어져 외로이 지내는 상황을 강조하고 있다.

② '별헤 버린 빗(벼랑에 버린 빗)', '져미연 바랏(잘게 썬 보리수나무)'과 같은 비유적 표현을 통해 화자의 외로운 모습을 나타내고 있다.

④ 시의 어조나 '빗', '한삼(속적삼)'과 같은 소재를 통해 화자가 여성임을 짐작할 수 있다.

⑤ '아으 동동다리'라는 후렴구를 통해 작품 전체에 리듬감을 형성하고 구조적 통일감을 부여하고 있다.

2
정답 ⑤

11월과 같은 추운 계절에 화자가 얇은 '한삼(속적삼)'을 덮고 누운 것은 임의 부재로 인한 외로운 신세를 탄식하는 것이며, 화자가 자신을 치장하는 모습은 아니다.

오답 피하기

① 〈정월령〉에서는 봄이 와서 녹으려 하는 '냇물'에 비해 외로운 화자의 신세를 한탄하고 있다.

② 〈오월령〉에서는 곁에 없는 임을 그리워하며 약을 바치고 임의 장수를 비는 화자의 정성과 애틋한 마음이 나타나 있다.

③ 〈유월령〉에서는 유두일에 벼랑에 버린 머리빗에 화자 자신의 서글픈 처지를 비유하여 표현하고 있다.

④ 〈시월령〉에서는 임에게 버림받은 화자의 슬픔을 열매는 따 먹은 뒤에 꺾어 버려진 보리수나무에 빗대어 나타내고 있다.

3
정답 ④

〈보기〉는 내용상 피지배층인 농민 계층을 대상으로 권농의 교훈을 전달하고 있는 노래로, '향촌의 아녀자들아'와 같은 특정한 청자가 직접 나타나고 있으나, [A]는 특정한 청자가 직접 제시되고 있지 않다.

오답 피하기
①, ② [A]는 개인적 차원에서 사랑하는 임의 장수를 기원하고 있다. 이와 달리 〈보기〉는 공동체를 대상으로 농사일에 힘쓸 것을 권유하는 교훈적인 성격이 드러나 있다.
③ 〈보기〉와 달리 [A]에서는 '아으 동동다리'라는 후렴구가 나타나고 있다.
⑤ [A]에서는 오월 오일 단옷날 장수를 위한 약과 관련된 세시 풍속, 〈보기〉에서는 단옷날 아녀자의 그네. 창포비녀와 관련된 세시 풍속이 나타나고 있다.

4
정답 ①

화자는 떠난 임을 기다리고 있는 여인으로, 사랑하는 임이 부재하는 상황이 잘 드러나 있다.

5
정답 ①

〈정월령〉에서 봄을 맞아 녹으려는 '냇물'은 홀로 살아가는 외로운 화자의 처지와 대비되는 대상이다. 하지만 〈십일월령〉의 '봉당 자리'는 추운 계절에 얇은 속적삼을 덮고 누운 차가운 공간으로, 화자의 외로운 처지를 부각하는 대상이다.

04 흥망이 유수ᄒ니~ | 국화야 너는 어이~ | 동지ㅅ둘 기나긴 밤을~
p.18~19

| 1 ⑤ | 2 ③ | 3 ① | 4 ② | 5 ① |

1
정답 ⑤

(가)의 '추초'(가을), (나)의 '낙목한천'(겨울), (다)의 '동지'(겨울) 등에서 계절감을 환기하여 화자의 정서를 강조하고 있다.

오답 피하기
① (나)는 국화를 '너'라고 의인화하여 국화의 절개에 대한 예찬을 드러내고 있으나, (가)와 (다)는 해당하지 않는다.
② (가)에서만 애상적 어조를 통해 비극적 분위기를 조성하고 있다.
③ (다)는 '서리서리'와 '구뷔구뷔'라는 의태어를 통해 순우리말의 묘미를 잘 살리고 있으나, (가)와 (나)는 해당하지 않는다.
④ (가)~(다) 모두 가정적 상황을 통해 화자의 자기반성을 보여 주고 있지 않다.

2
정답 ③

㉢은 독백적 어조가 아니라, '국화'라는 청자를 설정하여 말을 건네는 방식으로 화자의 마음을 나타내고 있다.

오답 피하기
① '흥망이 유수ᄒ니'는 '나라가 흥하고 망하는 것이 운수에 달렸으니'라는 의미로, 화자의 운명론적 세계관을 드러내는 표현이다.
② 화자는 자신을 '객'으로 표현하여 주관적 정서(고려의 멸망에 대한 슬픔)를 객관화하여 나타내고 있다.
④ 화자는 추운 계절에 꿋꿋하게 피어나는 국화를 '오상고절'이라고 예찬하고 있는데, 이는 국화를 통해 화자가 바람직하게 여기는 인간상을 제시하는 것으로 볼 수 있다.
⑤ 종장에서 '밤'은 사랑하는 임과 함께하는 긍정적 시간으로 인식되고 있다.

3
정답 ①

(가)의 '추초'는 '가을의 풀'이라는 의미로 쇠락한 고려 왕조를 비유하고 있으나, 고통스럽게 살아가는 백성들을 비유하고 있지는 않다.

오답 피하기
② (가)는 '석양'이라는 해가 지는 자연 현상을 통해 고려의 쇠락과 멸망을 간접적으로 표현하고 있다.
③ (나)에서는 삼월에 불어오는 '동풍'을 통해 만물이 자라나는 시절이라는 의미를 표현하고 있다.
④ (다)의 '동지'는 밤의 길이가 가장 긴 절기로, 임이 없는 긴 시간을 홀로 지내야 하는 화자의 고독한 심정을 강조하고 있다.
⑤ (다)의 '춘풍'은 잘라둔 시간을 따뜻한 이불 아래 넣어 두었다가 임이 오신 밤에 길게 펼치고 싶다는 뜻이므로 임에 대한 그리움을 표현하고 있다.

4
정답 ②

(가)의 시적 공간은 고려의 왕궁 터인 '만월대'이며, 이와 대비되는 이질적 공간은 드러나지 않는다. 〈보기〉에서는 '홍진(속세)'에 있는 사람들과 '산림(자연)'에 묻혀 사는 자신을 대비하여 화자의 생각을 드러내고 있다.

5
정답 ①

(나)에서 '동풍'이 불어오는 '삼월'은 화자가 대상과 이별하는 시간적 배경이 아니라, '낙목한천'과 대비되어 상대적으로 꽃을 피우기 좋은 조건을 나타내는 배경으로 제시되고 있다.

05 두터비 파리를 물고~ | 어이 못 오던다~ | 한숨아 세한숨아~
p.20~21

| 1 ① | 2 ⑤ | 3 ② | 4 ⑤ | 5 ③ |

1
정답 ①

(가)에서는 허장성세를 부리는 '두터비'가, (나)에서는 오지 않는 '너'가, (다)에서는 잠 못 들게 하는 '한숨'이 부정적으로 그려지고 있다.

오답 피하기
② (가)~(다) 모두 부조리한 현실에 대한 저항 의지가 강조되고 있지 않다.
③ 대상과의 이별로 인한 화자의 안타까운 심정은 (나)에만 해당된다.
④ (나)와 (다)에서 대상에게 말을 건네는 방식을 통해 화자의 정서를 드러내고 있지만, 친밀감은 나타나지 않는다.
⑤ (가)에는 동일한 통사 구조의 반복이 나타나 있지 않다.

2
정답 ⑤

(나)의 화자는 '어이 못 오던다 무슨 일로 못 오던다', '네 어이 그리 아니 오던다'와 같이 임이 돌아오기를 끊임없이 원하고 있다. 반면 (다)의 화자는 '네 어내 틈으로 들어오느냐', '너 온 날 밤이면 잠 못 들어 하노라'와 같이 삶의 근심과 걱정을 의미하는 '한숨'에게서 벗어나기를 원하고 있다.

오답 피하기
① (나)는 간절히 기다리고 있지만 오지 않는 임에 대한 원망을 드러내고 있고, (다)에서도 화자의 잠을 이루지 못하게 하는 한숨을 원망의 대상으로 직접 제시하고 있다.
② (나)는 임과 떨어져 있는 문제의 원인을 오지 않는 임에게 돌리고 있으며, (다)에서도 잠을 이루지 못하는 원인을 한숨의 탓으로 돌리고 있다.

③ (다)에는 임에 대한 원망과 기다림이 드러나지만 (나)에서는 한숨에 대한 원망만 드러날 뿐 기다림은 드러나지 않는다.
④ (나)는 임을 기다리고 있는 화자의 처지가 나타나고 있지만 재회에 대한 확신은 드러나지 않는다. (다)의 화자는 한숨이 찾아오는 것을 부정적으로 여기고 있다.

3 정답 ②

ⓒ은 탐관오리를 상징하는 '두터비'가 허세를 부리며 하는 말로, 서민의 고달픈 생활을 나타낸 표현으로 보기 어렵다.

오답 피하기
① ㉠에서는 강한 권력자를 상징하는 '백송골' 앞에서 비굴해지는 '두터비'의 모습을 익살스럽게 풍자하고 있다.
③ ⓒ에서는 가상적 상황을 설정하여 과장되게 제시함으로써 대상에 대한 그리움을 해학적으로 표현하고 있다.
④ ⓔ에서는 오지 않는 임에 대한 원망의 심정을 직설적 언어로 솔직하게 나타내고 있다.
⑤ ⓜ에서는 한숨을 쉬며 잠을 이루지 못하는 화자의 모습을 통해 인간 본연의 진솔한 모습을 시의 세계에 끌어들이고 있다.

4 정답 ⑤

(가)는 '두터비'가 위세를 뽐내며 '두엄' 위에 치달아 앉아 있다가 '백송골'을 보고 놀라 자빠지는 우스꽝스러운 상황을 통해 대상을 희화적으로 표현하여 웃음을 유발하고 있다.

5 정답 ③

〈보기〉에서 '외기러기'는 한양성에 있는 임에게 화자에 관한 소식을 전해 줄 수 있는 대상으로 의인화되어 있는데, 이를 통해 임을 그리워하는 자신의 처지를 임에게 알리고자 하는 화자의 마음을 드러내고 있다.

06 강호사시가(江湖四時歌) p. 22~23

| 1 ④ | 2 ③ | 3 ④ | 4 ② | 5 ⑤ |

1 정답 ④

ㄱ. 각 수의 종장 '역군은이샷다.'와 같은 구절에서 영탄적 표현을 사용하여 화자의 정서를 강조하고 있다.
ㄴ. 각 수마다 초장은 '강호에 ~이 드니'로 시작하고 종장을 '~도 역군은이샷다.'라고 끝내는 통사 구조를 반복하여 형태적 안정감과 통일성을 형성하고 있다.
ㄷ. 〈추사〉와 〈동사〉의 초장에서 시각적 이미지를 활용하여 계절의 정경을 나타내고 있다.

오답 피하기
ㄹ. 이 글에 역설적 표현은 사용되고 있지 않다.

2 정답 ③

강호에서의 욕심 없는 한가한 삶을 노래한 이 글에서 '소정'은 화자가 강에 띄워 놓은 작은 배로 화자의 소박한 삶의 모습을 드러내는 소재이다. 〈보기〉의 '빈 배' 역시 자연에 귀의해 욕심 없이 살아가는 화자의 삶의 태도를 보여 주는 소재이다.

오답 피하기
① ⓐ는 화자가 소박한 삶을 즐기는 공간이므로 내적 갈등이 심화되지 않으며, 〈보기〉에서도 화자의 내적 갈등은 나타나지 않으므로 ⓑ가 내적 갈등이 해소되는 공간이라는 설명은 적절하지 않다.
② ⓐ는 자연에 귀의하여 한가롭게 사는 삶을 보여 주는 소재이므로 화자의 은일한 삶의 태도를 나타내는 것으로 볼 수 있다. 그러나 〈보기〉에서 고된 현실에 대한 절망감은 드러나지 않는다.
④ ⓐ와 ⓑ 모두 자연에 귀의한 화자의 소박한 삶의 태도를 보여 주고 있으므로 세속에 대한 화자의 관심과는 거리가 멀다.
⑤ ⓐ와 ⓑ 모두 자연 속에서 한가롭게 살아가는 화자의 태도를 보여 주는 소재이므로, 화자를 이상 세계로 인도하는 매개체로서의 기능은 나타나지 않는다.

3 정답 ④

'소일해옴'은 〈추사〉 전체의 내용을 집약하고 있는 말로, 한가하게 세월을 보낸다는 의미이다. 현재 자연 속에서의 삶에 대한 긍정과 만족이 드러나는 표현일 뿐, 세속의 삶에 대한 화자의 반성적인 태도가 나타난다고 보기는 어렵다.

오답 피하기
① 화자는 강호의 자연 속에서 봄을 즐기는 흥취를 '미친 흥'이라고 표현하고 있다.
② '탁료계변'과 '금린어 안주'는 시냇가에서 즐기는 소박한 술과 안주를 의미하는 것으로 화자의 안빈낙도하는 삶을 드러낸다.
③ '유신한 강파'는 강 물결을 의인화하여 바람을 보내준다고 표현한 것으로 자연과 조화를 이루고 있는 화자의 모습을 짐작할 수 있다.
⑤ '삿갓'과 '누역'은 강호에서 안분지족하며 소박한 생활을 하는 화자의 모습을 드러내는 소재이다.

4 정답 ②

이 글의 화자는 자연 속에서 사계절에 따른 풍류를 즐기며 임금의 은혜에 감사하는 태도를 보이고 있다.

오답 피하기
①, ④ 화자는 자연과 조화된 삶 속에서 안분지족을 느끼고 있으므로, 자신의 삶의 태도를 반성하거나 내적 갈등을 강조한 부분은 확인할 수 없다.
③ 소박한 생활과 관련된 자연물을 통해 화자의 안분지족을 보여 주고 있을 뿐, 화자의 처지와 대비되는 자연물은 나타나지 않는다.
⑤ 자연에 대한 예찬은 드러나지만 자연물의 속성을 활용하여 인간이 지녀야 할 바람직한 덕성을 강조하는 것은 아니다.

5 정답 ⑤

〈보기〉를 보면 〈강호사시가〉는 유교적 이상이 현실화된 시기에 지어졌음을 알 수 있지만 이 글에서 화자가 유교적 이상을 현실화하기 위해 노력했다는 근거는 찾을 수 없다.

07 도산십이곡(陶山十二曲) p. 24~25

| 1 ⑤ | 2 ② | 3 ② | 4 ④ | 5 ③ |

1 정답 ⑤

〈제11수〉는 '청산'과 '유수'의 불변성을 대구법을 통해 드러내며 학문 수양에 대한 화자의 변함없는 의지를 보여 주고 있을 뿐, 반어적 표현은 사용되지 않았다.

① 〈제1수〉는 각 장의 끝에 '~료'와 같은 각운적 요소를 활용하여 리듬감을 형성하고 시적 의미를 부각하고 있다.
② 〈제3수〉의 종장 '소겨 말슴홀가'에서 설의적 표현을 사용하여 화자의 의도를 강조하고 있다.
③ 〈제4수〉의 초장과 중장에서 유사한 통사 구조를 반복하여 운율감을 형성하면서 자연에 대한 화자의 인식을 드러내고 있다.
④ 〈제9수〉에서는 앞 구절의 끝 어구를 다음 구절의 앞 구절에 이어받는 연쇄법을 통해 성현의 학문 수양을 본받겠다는 화자의 의지를 나타내고 있다.

2   정답 ②

'춘풍'과 '추야'는 화자가 바라보는 아름다운 자연 풍경으로 계절감을 드러내는 표현이다. 이를 통해 화자가 계속해서 변화하는 자연의 속성을 강조하고 있다고 보기는 어렵다.

① '화만산'(꽃이 산에 가득함), '월만대'(달빛이 대에 가득함)는 화자가 도취되어 있는 자연의 아름다운 풍경을 묘사한 부분이다.
③ '사시가흥'은 '사계절의 아름다운 흥취'를 나타내는 말로, 화자의 자연애를 집약적으로 보여 준다.
④. ⑤ '흥믈며 어약연비 운영천광이야 어찌 끝이 있으리.'에서 화자는 물고기가 뛰고 솔개가 날며 구름이 그늘을 짓고 햇빛이 빛나는 자연의 아름다움이 끝이 없다고 말하는데, 이는 자연에 묻혀 살고 싶은 화자의 소망을 담고 있는 표현으로 볼 수 있다.

3   정답 ②

'초야우생'은 시골에 묻혀 자연을 벗 삼아 살겠다는 화자의 마음이 반영된 표현이다. 오랜 관직 생활로 인해 어리석은 사람이 되어 버린 화자의 상태를 나타내고 있지 않다.

① 〈보기〉를 보면 조선 시대 유학자들은 '자연과 하나가 되어 지내는 삶'을 꿈꾸었다고 했으므로, 화자의 자연 친화적인 삶은 당대 유학자들의 가치관과 일치한다고 볼 수 있다.
③ 〈보기〉에서 조선 시대 유학자들은 '백성을 착한 성품으로 교화하여 모두가 편안하게 살 수 있는 세상을 실현하려' 했다고 했으므로, 〈제3수〉에서 순박한 풍속과 인성을 중시하는 화자의 태도는 유학자로서의 면모를 드러낸다고 볼 수 있다.
④ 〈제4수〉의 '피미일인'은 임금을 가리키는 말로, 이와 같이 임금을 떠올리는 화자의 태도에서 〈보기〉와 같은 충의 정신을 확인할 수 있다.
⑤ 〈보기〉에서 이황은 도산 서원을 세우고 후진을 양성하며 학문을 수양했다고 했는데, 이 글의 화자도 변함없이 학문 수양에 힘쓰겠다는 의지를 드러내고 있다.

4   정답 ④

'갈매기'는 자연에 동화되어 살고자 하는 화자의 심정이 투영되어 있으며, '교교백구'는 세속적 가치로 인해 자연을 즐기지 못하는 사람을 의미하므로 화자의 무심한 심정이 투영된 존재로 볼 수 없다.

5   정답 ③

이 글의 〈제3수〉, 〈제4수〉에 순박한 품성과 어진 인성, 임금에 대한 충의 등 유교적 가치를 존중하는 화자의 자세가 드러나 있다. 그리고 작품 전체에는 한 개인으로서 자연과 벗하여 살고 싶은 소망이 나타나 있다. 〈보기〉에서는 '성군의 가르침을 노래하리라'는 부분을

통해 유교적 가치를 존중하는 화자의 자세를 확인할 수 있으며, '전원의 즐거움을 얻게 되면~늙은이가 되리라.'에서 고향에서 즐거운 삶을 누리고자 하는 화자의 개인적인 소망을 확인할 수 있다.

08   어부사시사(漁父四時詞)   p. 26~27

1 ②	2 ⑤	3 ④	4 ②	5 ③

1   정답 ②

〈하사 2〉의 '무심훈 빅구'는 흰 갈매기를 욕심 없는 존재로 의인화한 표현으로 화자와 자연이 동화된 물아일체의 경지를 표현하고 있다. 〈추사 2〉의 '고기'는 가을의 풍성함과 여유로움을 드러내는 소재이지만 자연물을 의인화한 표현은 아니다.

① 〈춘사 4〉의 '우는 거시 벅구기가 프른 거시 버들숩가.', 〈하사 2〉의 '무심훈 빅구는 내 좃논가 제 좃논가.'와 같은 표현에서 의문형 문장을 통해 의미를 강조하고 있다.
③ 〈추사 2〉의 '인간을 도라보니 머도록 더옥 됴타.'와 〈동사 8〉의 '머흔 구름흔 티~단원을 막눈또다.'에서 속세에 대한 화자의 부정적 인식을 확인할 수 있다.
④ 〈춘사 4〉~〈동사 8〉에서는 춘 · 하 · 추 · 동 각 계절에 나타난 자연 풍경과 화자의 흥취가 나타나고 있다.
⑤ 〈춘사 4〉~〈동사 8〉에서는 초장과 중장 사이, 중장과 종장 사이의 후렴구를 통해 구조적 통일감을 형성하고 있다.

2   정답 ⑤

화자는 속세의 시끄러움을 뜻하는 '딘훤'을 막는 '파랑성'을 긍정적으로 인식하고 있다. 여기에서 화자의 세속에 대한 거부감과 세속과 단절된 자연 속에서 살아가는 삶의 즐거움을 확인할 수 있다.

① ㉠은 맑고 깊은 연못에 온갖 고기가 헤엄치는 역동적 이미지를 통해 봄의 생동감을 표현하고 있다.
② ㉡에서 화자가 연잎에 밥을 싸 두고 반찬은 장만하지 말라고 하는 것은 화자의 검소하고 소박한 생활을 보여 주는 표현이다.
③ ㉢에서는 욕심 없는 흰 갈매기와 화자가 어우러진 표현으로 자연에 동화된 화자의 모습을 노래하고 있다.
④ ㉣의 물가에 혼자 씩씩하게 서 있는 소나무는 겨울에도 푸른 존재로, 화자가 지향하는 절개와 지조가 있는 삶을 의미한다고 볼 수 있다.

3   정답 ④

〈추사 2〉와 〈보기〉 모두 속세를 떠나 자연과 더불어 사는 유유자적한 삶은 나타나지만, 생업을 위한 어부로서의 삶은 구체적으로 나타나지 않는다.

① 〈추사 2〉에서는 'ㄱ울'이라는 계절적 배경이 직접 나타나고 있으나, 〈보기〉에는 해당하지 않는다.
② 〈추사 2〉에서는 '지국총 지국총 어스와'라는 의성어를 통해 어부 생활의 흥취를 조성하고 있으나, 〈보기〉는 해당하지 않는다.
③ 〈추사 2〉의 '인간을 도라보니 머도록 더옥 됴타.'와 〈보기〉의 '십장 홍진이 얼마나 가렸는고.'에서 속세에 대한 화자의 거부감을 확인할 수 있다.

⑤ 〈보기〉는 화자가 있는 자연의 공간과 속세 사이를 '천심녹수'와 '만첩청산'이 가로막고 있는 것으로 제시하고 있으나, 〈추사 2〉는 해당하지 않는다.

4 정답 ②

화자는 어촌에서 풍류를 즐기며 눈앞에 펼쳐진 자연을 감상하고 있다. 계절에 따른 자연의 풍경과 어부 생활의 흥취가 드러나 있지만, 과거와 미래를 대비한 부분은 찾을 수 없다.

5 정답 ③

[A]에서 '셰샹'과 '딘훤'은 속세의 부정적인 현실을 의미하고 '구룸'과 '파랑셩'은 이러한 부정적 현실을 차단하는 역할을 한다. 이와 달리 〈보기〉에서의 '명월'은 화자가 벗으로 삼고 싶은 대상에 해당한다.

오답 피하기
① 〈보기〉는 자연 친화적 삶에 만족하는 화자의 심리를 드러내고 있다. [A]와 〈보기〉 모두 현실 개혁에 대한 의지는 나타나 있지 않다.
② 〈보기〉에는 현실에 순응하는 화자의 자세가 나타나 있고, [A]에는 자연을 즐기는 현재의 만족감이 표현되어 있다.
④ [A]에서 '믉ᄀ'는 자연 공간을, '셰샹'은 화자가 떠나온 속세를 의미하므로 두 공간은 대비되어 주제를 부각하고 있다. 그러나 〈보기〉에서 '강호'와 '풍월 강산'은 모두 자연 공간을 의미하므로 두 공간은 대비되지 않는다.
⑤ 〈보기〉에서는 '입과 배가 누가 되어 어즈버 잊었도다.'를 통해 화자가 자신의 삶에 대해 반성하는 태도를 보이고 있지만, [A]에서는 이러한 태도가 나타나지 않는다.

09 상춘곡(賞春曲) p.28~29

1 ④	2 ①	3 ⑤	4 ⑤	5 ⑤

1 정답 ④

이 글은 대구, 직유, 감정 이입과 같은 다양한 표현 방법을 사용하고 있으나, 역설적 표현은 나타나지 않는다.

오답 피하기
① '도화행화는 석양리에 피어 있고 / 녹양방초는 세우 중에 푸르도다.'와 같은 대구를 통해 봄의 풍경을 효과적으로 표현하고 있다.
② '연하일휘는 수놓은 비단을 펼쳐 놓은 듯'과 같은 직유적 표현을 통해 산봉우리에서 조망한 봄의 아름다운 경치를 나타내고 있다.
③ '수풀에 우는 새는 춘기를 못내 겨워 / 소리마다 교태로다.'에서 '새'라는 객관적 상관물(감정 이입의 대상)을 통해 봄을 즐기는 화자의 정서를 드러내고 있다.
⑤ '공명도 날 꺼리고 부귀도 날 꺼리니'에서 '공명'과 '부귀'에 인격을 부여하여 속세에 대해 회의적인 화자의 태도를 나타내고 있다.

2 정답 ①

㉮의 '천지간 남자 몸이~지락을 모를 것인가.'에서 화자는 자연에 묻혀 사는 지극한 즐거움에 대해 말하고 있을 뿐, 자신이 천지간에 가장 뛰어난 존재라 여기고 흡족해하고 있지는 않다.

오답 피하기
② ㉮에서 화자는 봄의 아름다운 경치를 즐기고 있고, ㉯에서는 한가로운 가운데 느끼는 참된 즐거움을 말하고 있다.

③ ㉰에서 화자는 자신이 있는 곳이 무릉과 가깝다며 이상향을 떠올리고 있고, ㉱에서는 공명과 부귀 등의 세속적 욕망을 멀리하려는 모습을 보이고 있다.
④ ㉲의 산봉우리에서 화자는 구름 속에 앉아 촌락을 굽어보며 자연의 정경을 예찬하고 있다.
⑤ 화자는 ㉮~㉲의 공간에서 봄의 경치를 완상하면서 '백년행락이 이만하면 어떠하리'라고 안빈낙도에 대한 자부심을 표현하고 있다.

3 정답 ⑤

이 글과 〈보기〉 모두 현실에 대한 만족감과 여유로움에 대해 노래하고 있으나, 상대와 묻고 답하는 방식은 이 글과 〈보기〉에서 찾아볼 수 없다.

오답 피하기
① 이 글은 '봄'이라는 계절감을, 〈보기〉는 '가을'이라는 계절감을 소재를 통해 드러내고 있다.
②, ③ 이 글과 〈보기〉 모두 시선의 이동에 따라 시상이 전개되면서 자연 경치와 풍류를 즐기는 화자의 모습을 나타내고 있다.
④ 이 글의 '벽계수', '도화행화', '녹양방초', '새', 〈보기〉의 '대추', '밤', '벼', '게' 등은 모두 화자의 생활 주변에서 접할 수 있는 자연물이다.

4 정답 ⑤

㉺은 화자 자신이 '공명'과 '부귀'를 꺼리는 것을 반대로 말하는 주객전도의 표현을 통해 부귀공명에 대한 화자의 가치관을 나타내고 있다.

오답 피하기
① ㉠은 자연물인 '새'에 감정을 이입하여 봄을 즐기는 계절적 정서를 부각하고 있다.
② ㉡은 '~가자꾸나'라는 청유형 어미를 활용하여 봄에 대한 감흥을 드러내고 있다.
③ ㉢의 '고운 모래'에는 촉각적 심상이, '맑은 물'에는 시각적 심상이 쓰였을 뿐, 공감각적 심상은 쓰이지 않았다.
④ ㉣은 이상향에 대한 갈망을 드러내는 것이 아니라 '무릉'이 여기와 가깝다고 하면서 화자가 현재 속한 공간에 대한 만족감을 나타내고 있다.

5 정답 ⑤

[E]의 '검은 들'이 '봄빛'으로 넘치는 것은 겨울 들판에 봄기운이 충만해지는 계절의 변화를 나타내는 것으로, 인간과 자연이 조화로운 합일을 이루어 감을 의미하고 있는 것이 아니다.

10 면앙정가(俛仰亭歌) p.30~31

1 ⑤	2 ③	3 ④	4 ③	5 ②

1 정답 ⑤

이 글에서 자연을 즐기는 화자의 흥취가 표현되고는 있으나, 해학적 표현은 나타나 있지 않다.

오답 피하기
① '이것도 보려 하고~내일이라 유여하랴.'에서 문장 구조의 반복이 두드러지게 나타나고 있다.

② '된서리 빠진 후에~만경에 펼쳐져 있는가.'(가을), '초목 다 진 후에~안저에 펼쳐져 있구나.'(겨울)와 같이 계절의 변화에 따른 면앙정의 경치가 묘사되고 있다.

③ '건곤도 풍성할샤 간 데마다 경이로다.', '호탕정회야 이에서 더할쏘냐.' 등의 표현에서 화자의 심리가 직접 제시되고 있다.

④ '이것도 보려 하고~내일이라 유여하랴.'에서 자연을 즐기는 일 때문에 바쁜 화자의 생활이 구체적으로 나열되고 있다.

2　　　　　　　　　　　　　　　　　정답 ③

이 글에서 기러기가 어지럽게 다니는 모습을 운율을 살려 생동감 있게 묘사한 부분은 확인할 수 있으나, '어지러운 기러기'를 세속에 염증을 느낀 화자의 마음과 연결시키는 것은 적절하지 않다.

오답 피하기

① '청학'은 면앙정을 비유한 표현이며, 청학이 '두 날개'를 벌렸다는 것은 면앙정의 지붕을 비유한 표현이다.

② '쌍룡'과 '긴 깁'은 '옥천산 용천산 내린 물'이 면앙정 앞 넓은 들에 흐르는 모습을 비유한 표현이다.

④ '경궁요대와 옥해은산'은 눈 덮인 아름다운 자연을 비유한 표현으로 면앙정의 겨울 경치를 나타내고 있다.

⑤ '호탕정회'는 넓고 끝없는 정과 회포를 뜻하며 자연에 감탄하고 있는 화자의 마음을 드러낸 표현이다.

3　　　　　　　　　　　　　　　　　정답 ④

이 글과 〈보기〉는 모두 자연에서의 풍류와 임금의 은혜를 노래하고 있다. ㉠과 ㉡ 모두 자연 속에서 자연을 즐기며 생활하는 자연 친화적인 삶을 표현한 것이다.

오답 피하기

① ㉠은 강호에서의 풍류 생활을 말하는 것으로, 학문 수양에만 정진하고자 하는 삶의 모습을 나타내고 있지 않다.

② ㉡은 자연 속에서 한가하게 지내는 생활을 의미하는 것으로, 생계를 꾸려 나가기 위한 목적이라고 보기 어렵다.

③, ⑤ 이 글과 〈보기〉의 화자는 강호에서 자연을 즐기며 임금의 은혜에 감사하고 있으므로, 부정적 현실의 개혁이나 지방 관리의 임무 수행과는 관련이 없다.

4　　　　　　　　　　　　　　　　　정답 ③

이 글은 '쌍룡이 뒤트는 듯 긴 깁을 펼쳤는 듯'과 같은 감각적 이미지를 통해 면앙정 주변의 모습을 역동적으로 표현하고 있다.

5　　　　　　　　　　　　　　　　　정답 ②

ⓑ의 '늙은 용'은 제월봉의 형세를 표현한 것인데, 선잠에서 막 깨어난 '늙은 용'이 머리를 얹어 놓은 듯한 형세라는 것이다. 이를 이상을 펼치기에 이미 늦었다고 여기는 작가의 조바심으로 해석하는 것은 적절하지 않다.

⑪ 관동별곡(關東別曲)　　　　　p.32~33

| 1 ③ | 2 ⑤ | 3 ① | 4 ② | 5 ⑤ |

1　　　　　　　　　　　　　　　　　정답 ③

'삼각산'은 임금이 있는 한양의 북한산을 의미하므로, '북관정'에 올라 한양의 '삼각산' 쪽을 바라보는 행위를 통해 임금에 대한 충성심을 드러내고자 한다는 설명은 적절하다.

오답 피하기

① '강호에 병이 깊퍼'는 '천석고황(泉石膏肓)'을 의미하는 표현이므로, 화자가 병에 약해졌다고 볼 수 없다.

② '소양강'은 임금이 있는 한양 쪽으로 흐르는 물이므로, '소양강'의 흐름을 통해 임금을 향한 연군지정을 드러냈다고 볼 수 있다.

④ '만폭동' 폭포에 대한 묘사는 화자의 견문을 표현한 것으로, 화자의 강직한 성품을 강조하기 위한 것으로 보기는 어렵다.

⑤ '동산'과 '태산'은 중국에 있는 산으로, 천하를 작다고 말한 공자의 높은 경지를 드러내기 위해 사용된 소재로 볼 수 있다.

2　　　　　　　　　　　　　　　　　정답 ⑤

ⓔ은 고통받는 백성을 비유하는 '음애예 이온 풀'을 다 살려 내고 싶다는 말로, 관찰사로서 백성을 위한 선정을 베풀고자 하는 화자의 의지를 보여 주고 있는 부분이다.

오답 피하기

① 금강산의 제일 꼭대기인 비로봉에 오른 사람이 없을 것이라는 설의적 표현으로 비로봉의 높이를 강조하는 표현이다.

② 넓은 천하를 작다고 한 공자의 호연지기를 드러내기 위한 표현이다.

③ 넓고 평평한 바위였던 곳이 화룡소(물)가 되었다는 감회를 드러내고 있을 뿐 세속의 부귀영화에 대한 허망감과는 관련이 없다.

④ '바람과 구름을 언제 얻어 비를 내리려 하느냐'라는 표현으로 선정에의 포부를 드러내고 있다. 계절감과는 관련이 없으며 화자의 외로운 처지도 드러나지 않는다.

3　　　　　　　　　　　　　　　　　정답 ①

이 글의 제시된 부분에서는 금강산을 유람하며 만폭동 폭포와 같은 자연 경관을 예찬하고, 〈보기〉에서는 산중의 주변 경치를 신선 세계에 비유하며 예찬하고 있다.

오답 피하기

② 이 글에서는 화자의 구체적 여정이 제시되고 있으나, 〈보기〉에서는 화자의 여정이 드러나지 않는다.

③ 〈보기〉에서 사물에 인격을 부여한 표현은 나타나지 않는다.

④ 〈보기〉보다는 이 글에서 여러 사물의 묘사를 통해 대상의 특성을 표현한 부분이 두드러지게 나타나고 있다.

⑤ 이 글은 여정에 따른 추보식 구성을 취하고 있으므로, 시간을 입체적으로 구성하는 방식은 확인할 수 없다.

4　　　　　　　　　　　　　　　　　정답 ②

이 글에는 대구, 비유, 영탄과 같은 표현 방식이 사용되고 있으나, 대상을 점층적으로 강조하여 시적 긴장감을 높이고 있는 부분은 확인할 수 없다.

오답 피하기

① '은 ᄀᆞᄐᆫ 무지게 옥 ᄀᆞᄐᆫ 용의 초리' 등에 대구의 방식이 활용되었다.

③ '들을 제논 우레러니 보니논 눈이로다' 등에서 청각적 심상과 시각적 심상 등의 감각적 심상이 활용되고 있다.

④ '은 ᄀᆞᄐᆫ 무지게 옥 ᄀᆞᄐᆫ 용의 초리'는 폭포의 역동적인 모습을 비유한 표현이다.

⑤ '어와'라는 감탄사를 사용하여 화자의 감정을 직접적으로 표출하고 있다.

5   정답 ⑤

'석경'은 '돌이 많은 좁은 길'을 의미할 뿐, 화자가 관찰사로서 해결해야 할 과제가 많음을 상징하거나 선정에 대한 의지를 드러내는 것은 아니다.

 **12**   사미인곡(思美人曲)   p.34~35

1 ③	2 ④	3 ①	4 ⑤	5 ③

1   정답 ③

이 글에서 감각의 전이, 즉 공감각적 표현을 통해 대상의 속성을 나타낸 부분은 찾을 수 없다.

오답 피하기

① 이 글에서는 '매화'와 같은 상징적 소재를 통해 임에 대한 사랑(연군지정)이라는 주제 의식을 형상화하고 있다.
② '연지분 있다마는 누굴 위해 곱게 할꼬.'와 같은 설의적 표현을 통해 임과 이별한 화자의 정서를 드러내고 있다.
④ '마음에 맺힌 시름 첩첩이 쌓여 있어'에서 추상적 관념을 구체화한 표현을 확인할 수 있다.
⑤ '동풍'은 '봄'이라는 계절감을 나타내고 있고, '녹음이 깔렸는데'를 보면 봄에서 여름으로 계절이 변화하면서 시상이 전개되고 있음을 알 수 있다.

2   정답 ④

'듣거니 보거니 느낄 일'은 은거지에서 겪게 될 다양한 시련과 고난의 경험들을 말하는 것이 아니라, 작가가 은거지에서의 생활을 통해 임금과 관련하여 생각하게 될 것, 그리고 화자의 외로움과 그리움, 사랑의 마음을 의미하는 것으로 이해하는 것이 적절하다.

오답 피하기

① '한평생 연분'은 화자와 임과의 운명적인 인연을 강조하는 표현이다.
② '이 사랑'은 화자의 간절한 사랑을 말하며, '연지분'은 화자가 여성임을 암시하는 표현으로 충신연주지사의 형식이 나타난다.
③ '마음에 맺힌 시름'은 화자가 임에게 버림받아 생긴 정서이므로 작가가 임금 곁에 있지 못하는 상황이 반영된 것으로 이해할 수 있다.
⑤ '천리만리 길'은 화자와 임 사이의 거리감을 의미하므로 작가와 임금 사이의 거리감을 나타낸 표현으로 볼 수 있다.

3   정답 ①

'하계'는 인간 세상을 말하는 것으로, 작가 정철의 귀향지였던 전라도 창평을 가리킨다. 따라서 화자가 지향하고 있는 공간이라 말할 수 없다.

오답 피하기

② '나위 적막하고 수막이 비어 있다.'라는 표현을 통해 쓸쓸하고 외로운 화자의 상황이 부각되고 있다.
③ '임의 옷'은 임을 향한 화자의 사랑과 정성을 형상화한 소재이다.
④ '산호수 지게 위에 백옥함에 담아 두고'에서는 화자의 정성이 극진함을 미화법을 통해 표현하고 있다.
⑤ '산'과 '구름'은 임과 화자 사이를 가로막는 장애물로, 작가와 임금 사이를 가로막는 간신을 의미한다.

4   정답 ⑤

〈보기〉에서 화자는 임을 그리워하는 존재로 설정되어 있다고 했으므로, ⓔ은 임에 대한 원망이 아니라 임의 부재로 인한 화자의 슬픔을 나타내는 것이라 할 수 있다.

5   정답 ③

ⓐ 뒤의 '임이신가 아니신가'에서 '달'이 화자에게 부재하는 임을 떠오르게 하는 자연물임을, ⓑ 뒤의 '임 계신 데 보내고져'에서 '매화'가 임에 대한 화자의 그리움과 정성을 전달하는 자연물임을 확인할 수 있다.

오답 피하기

① '달'은 부재하는 임을 떠오르게 하는 소재로, 대상과의 단절에 대한 두려움을 드러내지 않는다.
② '달'은 화자로 하여금 임을 떠오르게 하는 소재, '매화'는 화자의 사랑과 정성을 드러내는 소재이다.
④, ⑤ '달', '매화' 모두와 관련 없는 설명이다.

---

13   규원가(閨怨歌)   p.36~37

1 ⑤	2 ⑤	3 ②	4 ⑤	5 ③

1   정답 ⑤

이 글에 한자어와 고사가 사용되고 있으나, 이를 통해 세련된 우리말의 격조를 살려 내고 있다고 보기는 어렵다.

오답 피하기

① 시간의 흐름과 계절의 변화를 제시하며 남편에 대한 원망과 그리움을 표현하고 있다.
② 거문고로 벽련화를 연주하는 것은 외로움을 달래려는 화자의 구체적 행동으로 볼 수 있다.
③ 독백적 어조를 통해 남편에 대한 원망과 화자의 외로움을 진솔하게 나타내고 있다.
④ '인연을 긋쳐신들 생각이야 업슬소냐', '박명한 홍안이야 나 같은 이 또 있을까'와 같이 화자의 외로운 처지를 한탄하는 설의적 표현을 확인할 수 있다.

2   정답 ⑤

이 글의 '부용장 적막하니 뉘 귀에 들리소니'에서 화자는 자신의 빼어난 거문고 솜씨를 들어줄 사람이 없음을 한탄하고 있다. 또한 〈보기〉의 '금 굴레 조각 안장 타신 임은 어디 가셨나'에서는 임을 기다리며 은쟁을 타는 화자의 외로움이 나타나 있다. 따라서 Ⓐ와 Ⓑ의 내용으로는 ⑤가 가장 적절하다.

오답 피하기

① 이 글과 〈보기〉 모두 임의 부재가 제시되어 있으나, 경제적 궁핍을 호소하는 내용은 확인할 수 없다.
② 이 글과 〈보기〉에서 자신의 미모를 알아주지 않는 임에 대한 원망의 심정은 나타나지 않는다.
③ 이 글과 〈보기〉 모두 벼슬길에 나간 임이 금의환향하기를 소망하는 내용은 직접 제시되고 있지 않다.
④ 이 글과 〈보기〉에는 임의 부재로 인한 화자의 고독감이 나타나 있으나, 자연을 벗 삼아 고독감에서 벗어나려는 의지를 보이고 있지는 않다.

3
정답 ②

ⓐ는 꿈에서라도 임을 만날 수 없도록 잠을 깨우는 방해꾼으로 기능한다. 〈보기〉에서는 현실적인 방법으로 임을 만날 수 없는 화자가 꿈에서 임을 만나 정을 나누려 하지만 '오면된 계성' 때문에 잠에서 깨고 만다. 〈보기〉의 ㉯ 역시 화자가 꿈에서라도 임과 정을 나눌 수 없도록 방해하는 역할을 한다.

오답 피하기
① 〈보기〉의 '반벽 쳥등'은 벽 가운데 걸려 있는 등불로 화자의 외로움을 불러일으킨다.
③ 〈보기〉의 '어엿븐 그림재'는 '가없은 그림자'를 의미하며 외로운 화자의 처지를 환기한다.
④ 〈보기〉의 '낙월'은 화자가 죽어서 되고 싶은 존재로 멀리서나마 임을 바라볼 수 있으면 좋겠다는 소망을 드러낸다.
⑤ 〈보기〉의 '구존비'는 임을 향한 적극적인 사랑을 의미한다.

4
정답 ⑤

㉤에서 알 수 있듯이, 견우와 직녀는 일 년에 한 번 칠월 칠석에라도 만나기 때문에 임과 소식이 끊긴 화자의 처지와 동일한 대상으로 보는 것은 적절하지 않다.

5
정답 ③

'야유원'은 '새 사람이 나단 말가'에서 알 수 있듯이 집을 나간 임이 새로운 사람이라도 나타나서 그곳에 머물고 있지 않을까 화자가 추측하는 공간이다. 또한 '부용장'은 '적막하니 뉘 귀에 들리소니'에서 알 수 있듯이 화자가 임의 부재를 느끼고 있는 공간이다.

오답 피하기
① '야유원'은 화자가 부정적으로 생각하는 공간이고, '부용장'은 화자가 머물고 있는 공간이지만 여기에서 벗어나고자 하는지는 알 수 없다.
② '야유원'은 임이 머물고 있을 것이라고 추측되는 공간이지만 임이 화자를 기다리는 공간은 아니며, '부용장'은 화자가 외롭게 임을 기다리는 공간이다.
④ '야유원'은 임이 타인들과 어울리고 있을 것으로 추측되는 공간이고, '부용장'은 화자가 홀로 임을 기다리는 공간이다.
⑤ '야유원'에서 화자가 임과 이별과 만남을 반복했는지는 알 수 없고, 화자가 임과 이별한 후에 '부용장'으로 도피한 것으로 볼 수는 없다.

⑭ 누항사(陋巷詞)
p. 38~39

1 ④	2 ⑤	3 ②	4 ④	5 ⑤

1
정답 ④

화자는 소를 빌려 농사를 지으려고 했으나 소 주인에게 거절당해 농사일을 포기해야 하는 궁핍한 생활상을 제시하고 있다. 그러나 이를 비판하는 것은 아니며, 해학과 풍자의 표현도 사용되지 않았다.

오답 피하기
① '내 빈천 슬히 너겨 손을 헤다 물러가며 / 남의 부귀 불리 너겨 손을 치다 나이오랴.'와 같은 부분에서 대구적 표현을 확인할 수 있다.
② '무정한 대승', '무심한 백구'와 같이 자연물을 활용하여 화자의 정서를 드러내고 있다.
③ '단사표음'처럼 검소하고 소박한 생활과 '온포'와 같은 세속적 부귀영화라

는 대조적 생활을 드러내면서 화자는 안빈낙도의 삶을 추구하고 있다.
⑤ 화자가 소 주인에게 소를 빌리러 갔다가 거절당하는 부분. 춘경을 포기하는 부분에서 대화체와 일상생활의 언어가 두드러지게 나타나고 있다.

2
정답 ⑤

이 글에서 '풍채 저근 형용애 개 즈칠 뿐이로다.'는 소 주인의 말이 아니라 화자의 말로 보는 것이 적절하다. 또한 개가 짖으며 위로한다는 내용도 이 글의 내용과 부합하지 않는다.

3
정답 ②

이 글의 '강호 한 꿈'은 화자가 이루고자 하는 삶, 즉 자연을 벗 삼아 살겠다는 꿈을 의미하지만, 〈보기〉의 '녀나믄 일'은 세속적 부귀영화와 관련된 일이므로 화자가 이루고자 하는 이상적 삶과는 거리가 멀다.

오답 피하기
① 이 글의 '풍월강산'과 〈보기〉의 '바횟긋 믈가'는 화자에게 정신적 만족감을 주는 공간인 자연을 나타내는 말이다.
③ 이 글의 '단사표음'과 〈보기〉의 '보리밥 풋나물'은 소박한 생활을 추구하는 화자의 삶과 관련된 말이다.
④ 이 글의 '즐기는 농가'는 농사를 포기해야만 하는 화자의 처지와 대비되는 대상이다. 이와 달리 〈보기〉의 '강산'은 화자가 지향하는 자연에 묻혀 사는 삶을 나타내는 대상이라고 할 수 있다.
⑤ 이 글의 '그 밧긔 남은 일'은 화자가 안빈낙도하면서 유교적 이상을 지향하는 삶과는 거리가 먼 일이다. 이와 달리 〈보기〉의 '해올 일'은 임금의 은혜에 보답하기 위해 할 수 있는 일을 의미한다. 즉 '해올 일'에는 화자가 성취하고자 하는 의도가 담겨 있다고 볼 수 있다.

4
정답 ④

'후리쳐 던져두쟈.'에서 소를 빌리지 못해 춘경을 포기할 수밖에 없는 현실의 어려움을 확인할 수 있다. 그러나 바로 뒤에 자연에 동화되어 유유자적한 삶을 살겠다는 화자의 소망이 이어지고 있으므로, 신분제의 동요와 혼란한 사회상에 대한 불만이 나타난 것은 아니다.

5
정답 ⑤

〈보기〉에서는 실제 역사 속 인물의 삶을 통해 인간의 삶은 누구나 공평한 것이기 때문에 가난하다고 해서 금방 죽는 것도 아니고 부유하다고 해서 백 년을 사는 것도 아니라는 인식을 드러내면서 독자들의 공감을 이끌어 내고 있다.

오답 피하기
① '원헌'과 '석숭'과 같은 여러 인물을 등장시킨 것은 맞지만. 대화 상황으로 전환되고 있지는 않다.
② 〈보기〉에서 새로운 공간이 나타나고 있지 않다.
③ 〈보기〉의 내용이 전체적인 맥락에서 이질적이라고 보기 어려우며, 새로운 갈등을 유발하고 있지도 않다.
④ 구체적인 사례가 제시되고는 있으나. 구체적 단서를 제공하여 인물 간의 심리적 거리를 드러내고 있지는 않다.

1 ③	2 ④	3 ①	4 ①	5 ④

1 정답 ③

이 글은 계절에 따라 해야 할 농사일에 대해 사실적으로 그리고 있지만, 이를 통해 화자의 운명론적 세계관을 강조하고 있지는 않다.

2 정답 ④

〈팔월령〉에서는 '서풍에 익는 빛은 누런 구름이 이는 듯하다', '남빛과 붉은빛으로 물들이니 청홍이 색색이로구나'와 같은 감각적 이미지를 통해 시적 상황을 나타내고 있다.

오답 피하기

①, ② 〈사월령〉은 절기 소개와 화자의 감상, 농사일 등이 구체적으로 나타나고 있는데, 의성어나 수미상관의 방식은 사용되고 있지 않다.
③, ⑤ 〈팔월령〉에서는 직유법, 은유법, 색채어의 사용 등 다양한 표현법이 나타나고 있으나, 우화적 방식이나 반어적 표현은 찾아볼 수 없다.

3 정답 ①

〈사월령〉의 '목화를 많이 가꾸소 길쌈의 근본이라'는 목화의 수확을 말하는 것이 아니라 길쌈을 하기 위해 목화를 많이 가꾸라고 격려하고 있는 것이다. 또한 '남녀노소 몰두하니 집에 있을 틈이 없다'고 하였다. 따라서 목화를 수확하는 계절로 여인들은 집에 모여 길쌈을 하겠다는 반응은 적절하지 않다.

오답 피하기

② 〈사월령〉의 '사월이라 초여름 되니 입하 소만 절기로다 / 비 온 끝에 볕이 나니 날씨도 화창하다'와 '적막한 사립문을 녹음(綠陰) 속에 닫았도다'에서 확인할 수 있다.
③ 〈팔월령〉의 '나무꾼 돌아올 때 머루 다래 산열매라 / 뒷동산 밤 대추는 아이들 세상이라'에서 확인할 수 있다.
④ 〈팔월령〉의 '아침저녁이 선선하여 가을 기운이 완연하다 / 귀뚜라미 맑은 소리가 벽 사이에서 들리는구나'에서 확인할 수 있다.
⑤ 〈팔월령〉의 '팔월이라 중추 되니 백로 추분 절기로다'와 '백곡에 이삭 패고 곡식알이 들어 고개 숙여 / 서풍에 익는 빛은 누런 구름이 이는 듯하다'에서 확인할 수 있다.

4 정답 ①

특정 시기에 재배해야 하는 작물이 제시된 것은 〈보기〉가 아니라 〈사월령〉이다. 〈사월령〉에서는 4월에 심고 기를 만한 작물로 목화, 수수, 동부, 녹두, 참깨 등을 제시하고 있다.

5 정답 ④

이 글은 각 달과 절기에 따른 농사일과 농촌 풍속 등을 제시하여 실생활에 도움이 되도록 구성한 작품이지만, 노동요로서의 기능을 가지고 있다고 판단할 근거는 찾을 수 없다.

Ⅱ 현대시

01 새 | 구두
p.44~45

1 ①	2 ⑤	3 ③	4 ⑤	5 ⑤

1 정답 ①

(가)는 '그 적당한 간격은 슬프다. / 그 창살의 간격보다 넓은 몸은 슬프다.'와 같이 화자의 감정을 직접적으로 노출하고 있다. 하지만 (나)는 화자의 감정이 직접적으로 노출되지 않았다.

오답 피하기

② (가), (나) 모두 명령형 어조를 통해 현실의 문제를 해결하려는 의지는 드러나지 않는다.
③ (나)는 '낡은 목욕통 같은 구두'와 '새 구두'의 이미지에서 과거와 현재의 대비가 이루어진다고 볼 수 있지만 과거 대상의 가치를 높이고 있는 것이 아니다.
④ (가), (나) 모두 점층법의 사용은 찾아볼 수 없다.
⑤ (가), (나) 모두 영탄적 표현의 사용은 찾아볼 수 없다.

2 정답 ⑤

(나)에서 낡은 목욕통 같은 구두를 벗고 새의 육체 속에 발을 집어넣어 보는 것은 이상을 향해 비상하고자 하는 의지를 나타낸다. 따라서 결국은 다시 새장 속에 갇힐 수밖에 없는 현실적 한계를 나타내고 있다는 반응은 적절하지 않다.

오답 피하기

① 새가 갇혀 있는 새장 문을 활짝 열어 놓았지만 새는 날지 않는다. 이는 자유의 기회가 와도 그 자유를 누리지 못하고 있는 모습을 보여 준다고 할 수 있다.
② 새는 새장에 갇혀 있으면서 속박에 길들여져 있다. 이런 상황에서 새가 창살 사이를 채우고 있는 바람을 부리로 쪼아 본다는 것을 마치 최첨단 신소재의 부드러운 질감을 음미하려는 듯하다고 표현한 것은 새가 갇혀 있는 자신의 모습을 긍정적인 것으로 왜곡하며 자기 합리화하고 있는 것으로 이해할 수 있다.
③ '감옥'은 구속과 억압, 제약을 의미한다. '새가 날 때 구두를 감추듯'에서 '구두' 역시 속박을 의미한다고 볼 수 있기 때문에 새가 날 때 속박이 없는 것처럼 구속이 작아져야 자유롭게 될 수 있음을 말하고 있다는 반응은 적절하다.
④ 새장에 있는 먹이통과 구멍은 생계를 유지하는 데 최소한의 조건으로 현실의 편안함을 의미한다. 그것이 새장을 아름답게 하는 것인지도 모른다는 것은 현실에 안주하는 안타까운 모습을 반어적으로 표현한 것이라 볼 수 있다.

3 정답 ③

'넓은 몸'은 '새장'에 갇힌 현실을 극복할 수 없게 만드는 장애물 중 하나라고 할 수 있다. 따라서 '넓은 몸'을 '새장'에 갇히도록 한 근본적 원인이 무엇인지를 단적으로 보여 준다는 설명은 적절하지 않다.

오답 피하기

① '하늘과 산'은 '새'가 '새장'에서 바라보고 있는 바깥세상의 일부이다. 이는 자유가 있는 곳이라 할 수 있다.

② '공기'가 '새장'의 안과 밖을 '자유로이 드나'든다는 면에서 자유를 억압당한 '새'의 처지와 대조된다고 할 수 있다.

④ '새'의 '날개'는 하늘을 날 수 있게 하는 기관이다. 따라서 '날개'는 '새'가 비상할 수 있게 하는 잠재적 능력을 의미한다고 할 수 있다.

⑤ 하늘을 날 수 있는 '새'가 '네 발 달린 짐승'처럼 걷는 모습은 새의 능력을 포기한 채 살아가는 모습을 상징적으로 보여 준다고 할 수 있다.

4
정답 ⑤

〈보기〉에서는 이 작품이 '새장에 갇힌 새'를 통해 일상에 충실할수록 잠재된 힘과 본질을 잃고 자유의 가치를 외면하는 현대인의 모습을 그려 내고 있음을 설명하고 있다. 따라서 새장 문이 열려도 날지 않고 모이를 향해 달려갈 수 있을 때까지 걷는 새의 모습은, 일상에 충실하다 보니 오히려 자신의 잠재력과 본질을 잃고 자유로운 삶의 가능성을 외면하고 있는 현대인의 모습을 드러낸다고 볼 수 있다. 따라서 새가 자신의 본질에 충실하다 보니 오히려 자유를 상실하게 된다는 해석은 적절하지 않다.

오답 피하기

① '하늘과 산이 보이고 울음 실은 공기가 자유로이 드나드는', '그 적당한 간격'의 창살은 새에게 안온함을 준다. 그러나 '그 적당한 간격'의 창살은 새가 자유롭게 드나들 수 없다는 점에서 억압성이라는 양가성을 지닌다. 따라서 적당한 간격의 창살로 된 새장은 안온함과 양가성을 지닌 일상을 보여 준다고 할 수 있다.

② '매번 머리를 부딪치고 날개를 상하고 나야 보이는, / 창살 사이의 간격보다 큰, 몸뚱어리.'에서 알 수 있듯이 창살에 부딪친 후에 자신의 존재를 깨닫는 새의 모습은 일상에 갇힌 자신을 의식하는 현대인의 모습을 보여 준다고 할 수 있다.

③ '네 발 달린 짐승처럼', '부지런히 걸어 다리가 굵어지고 튼튼해'지는 새장에 갇힌 새의 모습은 충실한 일상을 의미하지만, 날지 않아서 날개가 본래의 기능을 하지 못하는 닭과 유사하다. 이는 새장 안에서의 성실한 생활이 비상할 수 있는 잠재력의 상실로 이어지는 아이러니를 보여 준다고 할 수 있다.

④ '날개를 힘껏 떠받쳐 줄 공기가 있지만', 새는 그 공기를 나는 데 쓰지 않고 '부드러운 질감을 음미'하는 대상으로만 여긴다. 이를 통해 자유로운 삶의 가능성을 외면하고 일상에 안주하려는 현대인의 모습을 드러낸다고 볼 수 있다.

5
정답 ⑤

'낡은 목욕통'은 화자의 삶의 흔적이 담겨 있는 낡은 구두를 의미한다. 화자는 자신을 속박했던 낡은 구두를 벗고 '새 구두'를 신으려고 한다. '낡은 목욕통 같은 구두'는 화자를 속박했던 현실을 의미하므로 화자가 오랫동안 지켜온 순수함과는 관련이 없다.

오답 피하기

① '한동안 덜그럭거리는 감옥을 끌고 다녀야 했으니'와 같이 신고 다니는 구두를 '감옥을 끌고' 다니는 것처럼 느꼈다는 것은, 삶의 제약에 의한 압박감이 '감옥'처럼 느껴졌음을 의미한다고 볼 수 있다.

② '새장'에 '구름을 집어넣어본다'는 것은 '구름'이 떠다니는 '새장' 속에서 새가 자유롭기를 바라듯 화자가 현실의 구속에서 자유로워지기를 바라는 소망을 드러낸 것이라 볼 수 있다.

③ '새 구두'가 '구름 위에 올려져 있다'는 표현은 지상을 벗어나 자유롭게 비상하고 싶어 하는 즉, 현실에서 느끼는 답답함을 풀어내고 싶은 화자의 마음을 드러낸 표현이라고 볼 수 있다.

④ '아직 물에 젖지 않은 한 척의 배'는 지상을 벗어나 어디로든 자유롭게 항해할 수 있는 상태이다. 화자는 '내 구두'를 이러한 '배'로 비유함으로써 현실을 벗어나 자유로워지고 싶은 바람을 드러낸 것이라 볼 수 있다.

1 ③	2 ⑤	3 ⑤	4 ②	5 ③

1
정답 ③

(가)는 8연에서 1연의 시구를 반복·변주함으로써 암담한 시대에 대한 화자의 현실 재인식을 나타내고 있다. (나)는 1~5행에서 유사한 통사 구조의 반복을 통해 운율을 형성하고 통일감을 주어 형태적 안정감을 형성하고 있다.

오답 피하기

① (가)는 '육첩방'(현실의 구속과 억압), '아침'(조국 광복), '악수'(두 자아의 화해) 등의 상징적 시어를, (나)는 '검은 구름'(세속적 번뇌와 고난), '밤'(암울한 현실), '약한 등불'(화자의 희생정신) 등과 같은 상징적 시어를 통해 주제 의식을 드러내고 있다.

② (나)는 의문형의 문장을 사용하고 있을 뿐 영탄법을 사용하고 있지 않다.

④ (가)는 '창밖에 밤비가 속살거'린다고 표현한 부분에서 자연물에 인격을 부여하여 화자의 대화 상대로 삼고 있다고 할 수 있다. (나)는 자연물에 인격을 부여하고 있지만 화자의 대화 상대로 삼고 있지는 않다.

⑤ (나)에서는 경어체의 의문형 문장을 사용하고 있지만 (가)에서는 경어체의 의문형 문장을 사용하고 있지 않다.

2
정답 ⑤

(가)는 고백적, 반성적 어조를 통해 어두운 시대 현실 속에서의 고뇌와 자기 성찰을 보여 주고 있다. 감탄의 형식을 활용한 영탄적 어조로 화자의 슬픔을 드러내고 있지 않다.

오답 피하기

① (가)의 화자는 시인으로서의 삶에 대해 반성하며 시대 현실과 괴리된 무기력한 자아를 성찰하고 있다.

② 5연의 '생각해 보면 어린 때 동무들 / 하나, 둘, 죄다 잃어버리고'에 어두운 현실로 인한 상실감이 드러나 있다.

③ 7연에 나타난 시대 현실과 시를 쓰는 것 사이의 괴리감에서 화자가 느끼고 있는 부끄러움이 드러나 있다.

④ 9연에서 화자는 '시대처럼 올 아침'을 기다리고 있으며, 10연에서 '최초의 악수'로 부끄러운 삶을 살지 않겠다는 현실 극복 의지를 보여 주고 있다.

3
정답 ⑤

'누구의 밤을 지키는 약한 등불'은 암울한 시대 현실을 몰아내려는 화자의 의지와 희생정신을 가리킨다. '오동잎', '푸른 하늘', '향기', '저녁 놀'은 모두 '누구' 즉 절대적 존재의 속성을 가리키는 자연물이다.

4
정답 ②

'홀로 침전하는 것'은 일제 강점기의 어두운 현실을 살아가는 무기력한 화자의 모습을 나타내므로, 고결함을 유지하고자 하는 화자의 의지로 해석하는 것은 적절하지 않다.

5
정답 ③

화자는 '알 수 없는 향기'가 누구의 입김인지 묻는 방식을 통해 절대자의 존재를 탐구하며 절대자를 향한 구도의 자세를 보이고 있다. 화자의 회의적 태도가 드러난 부분은 찾을 수 없다.

1 ⑤	2 ③	3 ②	4 ④	5 ⑤

1 　　　　　　　　　　　　　　　　　　　　　정답 ⑤

(가)는 '차가운 아름다움' 등의 감각적인 표현으로 '성에꽃'의 속성을 드러내고 있으며, (나)는 '귀뚜르르 뚜르르'라는 귀뚜라미의 청각적 이미지를 중심으로 대상의 속성을 구체적으로 보여 주고 있다.

오답 피하기

① (가)보다는 (나)에서 귀뚜라미를 사람처럼 나타낸 의인화의 표현이 두드러지게 사용되고 있다.

② (가)는 '엄동 혹한'과 '성에꽃', (나)는 '매미'와 '귀뚜라미'의 대비를 통해 시적 의미를 드러내고 있다.

③ (가)는 '엄동 혹한', (나)는 '여름'이라는 계절적 배경을 바탕으로 시상이 펼쳐지고 있다.

④ (나)의 '매미 떼가 하늘을 찌르는 시절'과 같은 표현에서 상승 이미지를 확인할 수 있으나, (가)에서는 상승 이미지의 시어가 뚜렷하게 제시되고 있지 않다.

2 　　　　　　　　　　　　　　　　　　　　　정답 ③

ⓒ의 '차가운 아름다움'은 화자가 직면한 부정적 현실이 아닌, 차창에 피어나는 '성에꽃'의 아름다움을 역설적으로 표현한 것이다.

오답 피하기

① 화자는 '엄동 혹한'이라는 힘겨운 상황에서도 아름답게 피는 '성에꽃'의 모습에 주목하고 있다.

② '처녀 총각 아이 어른 / 미용사 외판원 파출부 실업자'는 평범한 서민들을 말하며 화자가 애정과 관심을 갖고 지켜보는 대상이다.

④ 화자는 힘겨움 속에서 토해 낸 서민들의 삶의 열정이 '성에꽃'을 이룬다고 표현하고 있다.

⑤ 창에 피어난 성에꽃을 바라보던 화자는 창을 통해 친구의 '푸석한 얼굴'을 떠올리며 장면이 전환되고 있다.

3 　　　　　　　　　　　　　　　　　　　　　정답 ②

(나)에서는 '귀뚜라미의 울음'을 통해 누군가에게 감동을 주는 노래(시)를 부르고 싶은 화자의 의지를 표현하고 있을 뿐, '매미의 울음'에 화자의 감정을 이입하고 있지 않다.

오답 피하기

①, ④ 높은 가지에 있는 매미와 지하도 벽의 좁은 틈에 있는 귀뚜라미, 매미 떼가 하늘을 찌르는 여름과 귀뚜라미가 기다리는 맑은 가을을 대조함으로써 감동을 주는 노래를 부르고 싶은 귀뚜라미의 의지(소망)를 강조하고 있다.

③, ⑤ '귀뚜라미'가 누군가의 마음을 울릴 수 있는 노래를 부르고 싶어 하는 상황을 통해 감동을 주는 시를 쓰고자 하는 시인의 소망을 드러내고 있다.

4 　　　　　　　　　　　　　　　　　　　　　정답 ④

화자가 성에꽃을 정성스레 지우는 것은 서민들의 삶을 공감하고 이해하기 위한 행위로, 화자의 무력감과는 관련이 없다.

5 　　　　　　　　　　　　　　　　　　　　　정답 ⑤

(나)의 '울음'에는 남을 감동시키고 싶은 화자의 소망이, 〈보기〉의 '우는'에는 부끄러운 자아와 현재의 삶으로 인한 화자의 슬픔이 담겨 있다.

오답 피하기

① (나)의 '매미 떼'는 귀뚜라미를 압도하는 존재이며, 〈보기〉의 '흙'은 부끄러운 자아를 부정하는 행위를 나타내는 소재로 시련의 의미와는 거리가 있다.

② (나)의 '계단'은 가을의 변화, 〈보기〉의 '언덕'은 화자의 자아 성찰과 관련된 소재로 극복해야 할 고난을 상징한다고 보기 어렵다.

③ 〈보기〉의 '봄'은 화자가 희망을 가지고 기다리는 미래를 의미하지만, (나)의 매미 떼가 하늘을 찌르는 '시절'은 '나'(귀뚜라미)의 소망이 실현되기 어려운 현재의 시간에 해당한다.

④ (나)의 '노래'는 남에게 감동을 주는 것으로 운명의 수용과는 거리가 있으며, 〈보기〉의 '이름자'는 부끄러운 자아를 가리키는 것으로 운명의 거부를 의미하고 있지 않다.

---

04 저문 강에 삽을 씻고 | 농무(農舞)   p. 50~51

1 ⑤	2 ④	3 ⑤	4 ②	5 ③

1 　　　　　　　　　　　　　　　　　　　　　정답 ⑤

(가)는 '버린다', '뿐이다', (나)는 '마신다', '난다' 등과 같이 현재형 시제를 주로 사용하여 현장감을 보여 주고 있다.

오답 피하기

① (가)에서는 '강변'이라는 공간적 배경이 제시되고 있으나, 공간의 이동은 두드러지게 나타나지 않으며 화자의 갈등이 변화되지도 않는다.

② (나)의 화자는 '우리'(농민들)로, 관찰자의 시각에서 농민들의 삶을 객관적으로 전달하고 있지 않다.

③ (나)에서는 청각적 이미지가 사용되고 있으나, (가)에서는 주로 시각적 이미지가 나타날 뿐, 청각적 이미지는 확인할 수 없다.

④ (가)의 '슬픔도 퍼다 버린다', (나)의 '원통하다' 등에서 (가)와 (나) 모두 화자의 감정이 직설적으로 표현되고 있다.

2 　　　　　　　　　　　　　　　　　　　　　정답 ④

'우리가 저와 같아서'는 시간이 되면 어김없이 썩은 강 위에 뜨는 달과 같이 가난한 집으로 다시 돌아갈 수밖에 없는 화자의 체념적 태도를 드러내고 있다.

오답 피하기

① '흐르는 것이 물뿐이랴'는 물만 흐르는 것이 아니고 노동자의 삶도 흐르는 물과 같다는 의미가 담긴 표현이다.

② '강변에 나가 삽을 씻으며' 거기에 '슬픔도 퍼다 버린다'는 표현을 통해 화자가 힘든 삶을 살아온 노동자임을 알 수 있다.

③ 노동자로서의 삶이 무기력하게 계속 반복되는 것에서 오는 화자의 비애감을 확인할 수 있다.

⑤ '먹을 것 없는 사람들의 마을'에서 궁핍한 노동자의 삶이 드러나고, '돌아가야 한다'에서 이러한 힘겨운 삶을 수용하려는 화자의 체념적 태도를 느낄 수 있다.

3 　　　　　　　　　　　　　　　　　　　　　정답 ⑤

(나)는 산업화 과정에서 소외된 농촌의 피폐한 현실과 이로 인한 농민들의 절망과 울분, 저항 심리를 '농무'를 통해 보여 주고 있다.

오답 피하기

① '농무'를 통해 농촌 현실에 대한 농민들의 불만과 한이 표출되고 있을 뿐, 농민들의 밝은 미래에 대한 확신은 찾을 수 없다.

② '농무'에 참여한 농민들은 서로 어울려 신명을 내며 춤을 추고 있으므로, 서로 간의 갈등은 확인할 수 없다.
③ (나)에서 농촌과 도시 노동자들 간의 대립과 단절을 해소하기 위한 노력에 관한 내용은 제시되고 있지 않다.
④ (나)에 나타난 '농무'는 농민들의 울분과 저항을 표출하는 행위로, 우리 고유의 풍속을 살리기 위한 공동체의 공감대와는 거리가 멀다.

4   정답 ②

'스스로 깊어 가는 강'을 바라보는 행위는 희망 없이 반복되는 삶에 무력감을 느끼는 노동자의 비애가 깊어 감을 나타내는 것으로, 이를 산업화 과정에서 소외된 삶을 자책하는 것으로 보기는 어렵다.

5   정답 ③

〈보기〉에서 농민들이 삶의 활력과 신명을 얻기 위해 집단적으로 추는 '농무'는 현실의 암울함을 역설적으로 드러낸다고 하였다. 따라서 화자가 신명을 느끼는 것은 울분을 신명으로 분출하는 역설적 상황이므로, '농무'가 농촌 현실의 문제를 극복하고자 하는 농민들의 태도를 드러내는 것은 아니다.

오답 피하기
① [A]의 '텅 빈 운동장'에서 화자가 느끼는 공허함이 나타나며, 〈보기〉를 참고하면 화자는 농무를 추는 모습 속에서 허탈함과 무력감을 느끼고 있다고 볼 수 있다.
② [B]의 '악을 쓰는', '킬킬대는구나', '울부짖고', '해해대지만' 등에서 느껴지는 부정적 정서를 통해, 화자가 농무를 흥겨운 축제로 대할 수 없음을 알 수 있다.
④ ⓐ는 농민들의 한과 울분을, ⓑ는 농민들이 처한 암울한 농촌의 상황을 나타내는 것으로, 〈보기〉를 참고하면 농민들이 도시로 떠날 수밖에 없었던 사정을 보여 준다.
⑤ 〈보기〉를 고려할 때, ⓒ는 화자가 비참한 농촌 현실 속에서 스스로에게 던지는 냉소적인 질문(자조적 물음)으로 볼 수 있다.

05 흰 바람벽이 있어 | 고향   p. 52~53

1 ③	2 ③	3 ②	4 ③	5 ⑤

1   정답 ③

(가)는 '~와/과 ~와/과 ~가 그러하듯이', (나)는 '고향에 고향에 돌아와도 / 그리던~'과 같은 유사한 문장 구조의 반복을 통해 화자의 정서를 부각하고 있다.

오답 피하기
① (가)와 (나)에서는 주로 현재형 어미가 나타나며, 과거형 어미를 사용하여 화자의 소망을 표현하고 있지 않다.
② (가)의 '~어인 일인가'에서는 흰 바람벽에 어머니가 비친 것에 대한 놀라움을 영탄적 표현으로 드러내고 있다. (나)에서는 '~아니러뇨'에서 화자의 상실감과 비애감을 영탄적 표현으로 보여 주고 있다.
④ (가)와 (나) 모두 설의적 표현을 통해 화자의 놀라움을 강조하고 있지 않다.
⑤ (나)에서 변함없는 자연과 변해 버린 인간(화자)의 대비가 두드러지게 나타나고 있으나, 당시 시대 상황에 대한 불만을 직접 표출하고 있지는 않다.

2   정답 ③

[C]에서 화자는 사랑하는 사람이 다른 남자와 혼인하여 가족을 꾸리고 단란하게 지내는 상황을 떠올리면서 그리움과 외로움의 정서를 드러내고 있다.

오답 피하기
① [A]에서는 흰 바람벽에 비친 '지치운 불빛'과 '어두운 그림자'를 통해 지치고 외로운 화자의 정서를 나타내고 있다.
② [B]에서는 화자가 흰 바람벽에 나타난 자신의 늙은 어머니의 모습을 보며 대상에 대한 그리움을 표현하고 있다.
④ [D]에서는 '나는 이 세상에서~태어났다'라는 글자들이 화자의 얼굴을 쳐다보며 지나간다는 표현으로 화자의 운명론적 체념의 태도를 드러내고 있다.
⑤ [E]에서 화자는 '초생달', '바구지꽃', '짝새', '당나귀', '프랑시쓰 쨈', '도연명', '라이넬 마리아 릴케' 등의 대상들을 떠올리며 자기 위로와 극복 의지를 드러내고 있다.

3   정답 ②

ⓛ에서 '구름'은 고향을 상실한 채 방황하는 화자의 마음을 나타내는 은유적 표현이지만, 고향을 떠날 수밖에 없는 현실적 상황은 확인할 수 없다.

오답 피하기
① '산꿩'과 '뻐꾸기'는 변함없는 고향의 모습을 나타내는 자연물로 볼 수 있다.
③ '흰 점 꽃'을 의인화하여 화자를 반겨 주는 모습을 나타내고 있다.
④ 고향 상실로 인한 화자의 씁쓸함을 '쓰디쓰다'라는 미각적 이미지를 통해 표현하고 있다.
⑤ 1연의 변주와 반복을 통한 수미 상관의 구조로 화자의 상실감과 비애감을 고조시키고 있다.

4   정답 ③

'흰 바람벽'은 화자의 가난한 현실을 상징하는 동시에 화자가 떠올리는 추억과 다짐들을 투사하는 영화의 스크린과 같은 역할을 한다. '좁다란 방' 역시 화자의 가난한 상황을 나타내고 있으므로, 두 시어가 의미적 대립을 이룬다는 설명은 적절하지 않다.

오답 피하기
① 화자는 '흰 바람벽'에 '쓸쓸한 것'만이 오고 간다고 생각하며 자신의 '외로운 생각이 헤매인다'는 표현으로 자신이 느끼는 고독감을 표출하고 있다.
② '희미한 십오 촉 전등'이나 '다 낡은 무명 셔츠'와 같은 구체적 사물을 통해 초라하고 허술한 '흰 바람벽'의 이미지가 강화되고 있다.
④ 〈보기〉에서 '흰 바람벽'은 고결함을 상징하는 하얗고 깨끗한 이미지를 지니고 있는데, 이는 고결한 삶을 살고자 하는 화자의 가치관을 드러낸다고 볼 수 있다.
⑤ '흰 바람벽'을 통해 화자가 열거한 자연물과 인물들은 모두 '가난하고 외롭고 높게' 살아가도록 '하늘'이 부여한 존재들이다. 화자는 이들에게 동질감을 느끼며, 가난하고 고독한 삶을 운명으로 받아들이려는 긍정적인 자세를 보여 주고 있다.

5   정답 ⑤

'고향에 고향에 돌아와도 / 그리던 고향은 아니러뇨.'를 통해 화자가 ⓐ의 '현실의 고향'과 ⓑ의 '마음속에 간직한 고향'을 다르게 인식하고 있음을 확인할 수 있다. '산꿩', '뻐꾸기', '흰 점 꽃'의 실제 자연과는 달리, '구름'은 ⓐ와 ⓑ의 괴리로 인해 안식처를 잃고 방황하고 있는 화자의 마음을 비유하고 있으므로, ⑤가 가장 적절하다.

오답 피하기
① ⓐ의 '현실의 고향'과 ⓑ '마음속에 간직한 고향'을 이어 주는 것은 아니다.
② 화자가 그리워하는 것은 ⓑ '마음속에 간직한 고향'이다.

③ 화자가 ⓑ '마음속에 간직한 고향'을 상실하고 방황하는 마음이 '구름'으로
　나타난 것이므로 적절하지 않다.
④ '구름'은 화자가 고향을 잃고 방황하는 마음을 드러낸 것이므로 부정적 현
　실을 수용하려는 태도는 보이지 않는다.

다음 구절의 시작에 되풀이하여 의미를 강조하는 연쇄법은 사용되
지 않았다.

06 가는 길 | 님의 침묵　　　　　　　p.54~55

| 1 ⑤ | 2 ③ | 3 ④ | 4 ② | 5 ③ |

1　　　　　　　　　　　　　　　　　　　　　　　정답 ⑤

(가)와 (나)에서는 사랑하는 임과의 이별 상황으로 인한 화자의 안타
까움과 그리움이 잘 드러나고 있다.

오답 피하기

① 시간의 역전적 구성은 시간의 순서가 뒤바뀌어 시상이 전개되는 구성을
　말한다. (가)와 (나) 모두 역전적 구성은 나타나지 않는다.
② (가)에서는 선정 후경의 방식, (나)에서는 기승전결의 방식이 사용되고
　있다.
③ (나)에서 '님'을 '부처, 종교적 절대자'로 해석할 경우 구도적 자세를 확인할
　수 있으나, (가)에서는 구도적 자세가 나타나지 않는다.
④ (나)에서만 '아아'와 같은 감탄사를 통해 영탄적 어조가 나타나고 있다.

2　　　　　　　　　　　　　　　　　　　　　　　정답 ③

[A]는 전체적으로 3음보의 민요조 율격을 보이고 있으나, [B]에서는
이러한 민요적 율격을 확인할 수 없다.

오답 피하기

① [A]에서는 긴 시행과 빠른 호흡으로 강물이 이별을 재촉하는 급박한 상황
　을 표현하고 있다.
② [B]에서는 화자가 처한 이별의 상황에 대해 '님은 갔지마는 나는 님을 보
　내지 아니하였습니다.'라고 주관적으로 표현하고 있다.
④ [A]에서 향토적 정감이 어느 정도 드러난다고 볼 수 있지만, [B]에서 도회
　적 정감을 강조하고 있는 것은 아니다.
⑤ [A]에서는 이별을 재촉하는 강물로 인한 화자의 안타까움이 심화되고 있
　을 뿐 화자의 적극적 의지는 드러나지 않는다. [B]에서 화자는 임과의 이
　별에도 불구하고 임과 재회할 것이라는 확신을 바탕으로 임과의 영원한
　사랑을 다짐하고 있으므로 적극적 의지가 드러나 있다고 볼 수 있다.

3　　　　　　　　　　　　　　　　　　　　　　　정답 ④

(나)는 7행의 '그러나' 이후 이별의 슬픔에서 임과의 재회에 대한 희
망으로 시상이 전환되고 있다. 따라서 8행의 '떠날 때에 다시 만날
것을 믿습니다'에서 이별의 상황에 슬퍼하며 소극적으로 대응하는
화자의 모습이 나타난다는 설명은 적절하지 않다.

4　　　　　　　　　　　　　　　　　　　　　　　정답 ②

(가)의 '다시'는 임과의 이별 상황에서 화자가 느끼는 아쉬움과 미련
의 정서를 보여 주고 있으므로 ②와 같은 해석은 적절하지 않다.

5　　　　　　　　　　　　　　　　　　　　　　　정답 ③

ⓒ은 '향기로운 님의 말소리에 귀먹고, 꽃다운 님의 얼굴에 눈멀었
다'는 역설법과 '~의 ~에 ~'라는 문장 구조가 반복되는 대구법을 사
용하여 임의 절대성을 표현하고 있다. 하지만 앞 구절의 끝부분을

07 남신의주 유동 박시봉방 | 절정　　　　p.56~57

| 1 ⑤ | 2 ④ | 3 ③ | 4 ④ | 5 ① |

1　　　　　　　　　　　　　　　　　　　　　　　정답 ⑤

(가)는 20행의 '그러나', (나)는 4연의 '이러매' 이후 암담한 상황으로
인한 화자의 절망감이 현실 극복 의지로 전환되고 있다.

오답 피하기

① (가)에서는 겨울이라는 계절적 배경이 두드러지게 나타날 뿐, 계절의 순환
　은 확인할 수 없다.
② (나)에 나타나는 '북방'이나 '고원' 등의 공간은 화자가 처한 극한 상황을
　나타내는 것으로, 일상적 공간이라고 볼 수 없다.
③ (가)가 아니라, (나)에서 '휩쓸려 오다, 그 위에 서다, 디딜 곳조차 없다, 무
　지갠가 보다'와 같이 현재형 시제를 활용하여 시적 상황에 긴박감을 더하
　고 화자의 대결 의지를 표현하고 있다.
④ (가)보다는 (나)에서 수평적, 수직적 공간의 이동이 두드러지게 나타난다고
　할 수 있다.

2　　　　　　　　　　　　　　　　　　　　　　　정답 ④

ⓔ에서 화자는 지나온 삶에 대해 무릎을 꿇고 반성하는 의연한 모습
을 보이고 있다. 따라서 화자가 외로움으로 인해 삶의 균형이 무너
져 버렸다는 것은 적절하지 않다.

오답 피하기

① '어느 목수네 집 헌 삿을 깐, 한 방'이라는 구체적인 공간을 제시하고 있다.
② 화자 스스로 '나 혼자도 너무 많은 것' 같다고 생각했다는 것은 자신의 몸
　도 추스르기 힘든 생활이라는 것을 표현한 것이다.
③ 화자는 '더 크고 높은 것'이라는 초월적 존재가 자신을 굴려 가고 있다는
　운명론적 세계관을 보여 주고 있다.
⑤ '갈매나무'처럼 굳세고 정결한 태도로 살아가겠다는 화자의 다짐을 보여
　주고 있다.

3　　　　　　　　　　　　　　　　　　　　　　　정답 ③

(나)의 2연에서 하늘도 그만 지쳐 끝난 '고원'은 더 이상 나아갈 곳이
없는 수직적 극한의 현실을 의미한다. 따라서 '고원'을 힘든 상황을
이겨 내려는 화자의 희망으로 해석하는 것은 적절하지 않다.

오답 피하기

① '매운 계절'은 단순히 현실적 겨울을 의미하기보다는 냉혹한 상황(일제 강
　점기)을 '맵다'라는 미각적 이미지와 연결한 표현으로 볼 수 있다.
② 북쪽 지방을 뜻하는 '북방'은 일제의 탄압으로 더 이상 물러날 곳이 없는
　수평적 극한이라는 의미로 해석할 수 있다.
④ '서릿발 칼날진 그 위'에서는 날카로운 '칼날'의 이미지를 통해 목숨이 위
　태로운 생존의 극한 상황을 표현하고 있다.
⑤ 이질적 이미지를 지닌 '강철'(비정함, 강함)과 '무지개'(희망, 황홀함)를 결합
　한 역설적 표현을 통해 절대 극한의 상황을 초월하려는 화자의 강인한 의
　지를 나타내고 있다.

4   정답 ④

[D]에서 화자는 무기력한 자아를 인식하고, 초월적이고 절대적인 존재가 있어 자신을 마음대로 굴려 간다는 운명론적 생각을 하게 된다. 따라서 운명론에서 벗어나 타인에 대한 책임감을 느낀다는 설명은 적절하지 않다.

5   정답 ①

(나)는 한시의 전형적인 '기-승-전-결'의 방식을 통해 화자의 지사적 풍모를 드러내면서 주제를 효과적으로 부각하고 있다.

을 통해 청자와의 친밀감을 드러냈다는 설명은 적절하지 않다.

5   정답 ②

〈보기〉를 참고할 때 '봄 한철'은 청춘기의 열정과 격정의 시간을 비유한 것이라고 볼 수 있다. 이러한 계절을 보낸 후 '꽃답게 죽는다'고 한 것은 청춘의 죽음이 영혼의 성숙을 위한 과정임을 고려할 때 시련에 부딪혀 열정을 잃어 가는 화자의 모습을 드러내는 것이 아니라, 새로운 자아상을 확립해 나가는 모습을 드러내고 있는 것이다.

---

08   모란이 피기까지는 | 낙화   p.58~59

1 ⑤	**2** ②	**3** ⑤	**4** ①	**5** ②

1   정답 ⑤

'삼백예순 날'은 모란이 지고 꽃이 다시 필 때까지 손꼽아 기다리는 안타까움과 정감의 깊이를 표현하고 있다. 화자의 기다림의 정서를 강조하기 위한 표현이지만 이를 화자의 영혼이 성숙되는 시간으로 볼 수 있는 근거는 없다.

오답 피하기
① 간절하게 기다리는 시간이 아주 짧은 순간만 지속된다는 점에서 모란이 지고난 뒤 화자가 느끼는 슬픔의 정서를 극대화하고 있다.
② '아직'은 봄을 기다리는 화자의 정서가 오래되었음을 암시하고, '뚝뚝'은 하강적 이미지와 연결되어 슬픔의 정서를 효과적으로 드러나게 한다.
③ '봄을 여읜 설움'은 모란이 떨어지는 것에서 느끼는 화자의 슬픔을 주관적으로 드러낸 표현이다.
④ '뻗쳐 오르던 내 보람'은 모란이 핀 모습을 보며 점점 커졌던 화자의 기쁨의 감정을 직접적으로 드러내고 있다.

2   정답 ②

(나)는 은유, 직유, 역설, 설의 등 다양한 표현 방식을 통해 자연 현상에서 발견한 삶의 이치에 대해 말하고 있으나, 선경 후정의 방식은 확인할 수 없다.

오답 피하기
① '결별이 이룩하는 축복'에서는 역설적 표현으로 성숙한 만남을 위한 과정이라는 이별에 대한 인식을 나타내고 있다.
③ '지고 있다. 낙화, 죽는다'와 같은 하강적 이미지의 시어를 통해 이별의 쓸쓸한 분위기를 조성하고 있다.
④ '하롱하롱'이라는 의태어로 꽃잎이 지는 모습을 생동감 있게 표현하고 있다.
⑤ '뒷모습은 얼마나 아름다운가.'에서는 설의적 표현으로 성숙한 이별에 대한 화자의 긍정적인 인식을 드러내고 있다.

3   정답 ⑤

㉠은 '찬란한 슬픔의 봄'이므로 화자가 '환희'와 '설움'의 모순된 감정을 느끼게 되는 시간이다. ㉡은 '격정을 인내한'으로 보아 청춘 시절의 강렬한 열정을 경험했던 시간을 의미한다.

4   정답 ①

(가)는 화자의 독백 형식으로 시상이 전개되고 있으므로, 대화 형식

---

09   접동새 | 월훈(月暈)   p.60~61

1 ⑤	**2** ④	**3** ③	**4** ①	**5** ④

1   정답 ⑤

(나)에서는 시적 공간이 되는 깊은 산속의 마을과 외딴집의 풍경을 구체적으로 묘사하고 있으므로, ⑤는 적절하지 않다.

오답 피하기
① (가)는 '접동', (나)는 '콩깍지', '외딴집' 등과 같은 시어를 반복하여 운율을 형성하고 있다.
② (가)는 '접동', (나)는 '꼴깍', '후루룩후루룩', '펄펄'과 같은 음성 상징어를 통해 생동감을 나타내고 있다.
③ (가)는 억울하게 죽은 누나의 한이 담긴 '접동새', (나)는 외로운 노인의 슬픔이 이입된 '귀뚜라미'를 통해 시적 분위기를 드러내고 있다.
④ (나)에서는 '마을 → 외딴집 → 노인'이라는 원경에서 근경으로의 시선의 이동을 통해 시상이 전개되고 있다.

2   정답 ④

(가)와 〈보기〉 모두 누이의 죽음이라는 상황에 대한 화자의 슬픔과 안타까움이 나타나고 있다.

3   정답 ③

(나)에서는 산문적 진술과 '월훈'이라는 명사형 종결을 통해 적막한 깊은 산속 외딴집에 홀로 사는 노인의 외로움과 그리움을 나타내고 있으므로, ③은 적절하지 않다.

오답 피하기
① 해가 진 뒤 '외딴집'에 불이 켜진 장면을 '이슥토록 창문은 모과빛'이라고 묘사하고 있다.
② '모랫둑, 허방다리, 봉당'과 같은 향토적 시어로 소박한 정서를 표현하고 있다.
④ '외딴집'에 홀로 사는 '노인'의 외롭고 쓸쓸한 정서와 그리움의 이미지를 애정을 담아 그려 내고 있다.
⑤ 바람도 없는 긴 밤에 '짚오라기'가 풀려 내리는 소리, '새'가 날개를 묻는 작은 소리까지 세밀한 관찰력으로 묘사하고 있다.

4   정답 ①

5연에서 죽어서도 동생들을 '차마' 못 잊어 밤이 깊으면 이 산 저 산을 옮아가며 슬피 운다고 했는데, 이는 〈보기〉를 고려할 때 죽음이라는 체념적 상황에서도 동생들에 대한 미련을 끊어 내지 못한 '누

나'의 한을 나타내는 것이라 할 수 있다.

5
정답 ④

4연에서 노인의 밭은기침 소리가 사라지면 겨울 귀뚜라미가 벽 속에서 '울지요. 떼를 지어 웁니다. 벽이 무너지라고 웁니다.'라고 하였으므로, ④는 적절하다.

⑩ 자화상 | 거울
p. 62~63

| 1 ⑤ | 2 ② | 3 ④ | 4 ④ | 5 ④ |

1
정답 ⑤

(가)에서는 화자가 순수했던 과거의 자아를 발견하면서 현재의 자아와 화해하려는 모습을 보이고 있다. 그러나 (나)에서는 대립적인 두 자아의 화해 가능성은 드러나지 않는다.

오답 피하기
① (가)는 특정한 청자를 설정하지 않은 독백적 어조를 사용하고 있다.
② (나)는 '나는지금거울을안가졌소마는거울속에는늘거울속의내가있소'와 같은 역설적 표현으로 현대인의 자아 분열이라는 주제 의식을 나타내고 있다.
③ (가)에서는 '파아란 바람'에 나타난 촉각의 시각화를 통해 우물 속의 아름다운 풍경을 묘사하고 있지만, (나)에는 감각의 전이가 나타나지 않는다.
④ (나)는 무의식의 세계에서 생긴 이미지를 그대로 기록하는 자동기술법을 통해 자아의 분열로 인한 화자의 불안한 내면 의식을 전달하고 있다.

2
정답 ②

A는 현실적·일상적 자아, B는 내면적·무의식적 자아로 볼 수 있는데, A는 거울을 통해 B를 보면서 자신의 자아가 분열되어 있는 상황을 안타깝게 여기고 있을 뿐 B를 이상적인 존재로 여기고 있지 않다.

오답 피하기
① '나는거울속의나를근심하고진찰할수없으니퍽섭섭하오'에서 A는 B와의 단절된 관계가 개선되기를 바라고 있음을 알 수 있다.
③ '나는지금거울을안가졌소마는거울속에는늘거울속의내가있소 / 잘은모르지만외로된사업에골몰할게요'에서 A의 의지와 무관하게 거울 속에는 B가 존재함을 알 수 있다.
④ '거울속에도내게귀가있소 / 내말을못알아듣는딱한귀가두개나있소'에서 A와 B 간에 의사소통이 이루어지지 않고 있음을 알 수 있다.
⑤ '거울속의나는참나와는반대요마는 / 또꽤닮았소'에서 A와 B는 동질성과 이질성을 동시에 지니고 있음을 알 수 있다.

3
정답 ④

(가)의 화자는 '우물'을 통해 자신을 성찰하면서 현실에 안주하는 자신의 부정적 상황을 과거의 순수했던 옛 모습을 발견함으로써 개선하고 있다. (나)의 화자는 '거울'을 통해 내면적 자아를 인식하고 있는데, 자아의 단절과 분열이라는 부정적 상황을 극복하지 못하고 부정적 상황이 고착·심화되고 있다.

오답 피하기
① '우물'은 화자 자신에 대한 미움과 연민을 동시에 비추고 있으므로 모순된 정서가 나타난다고 볼 수 있지만 '거울'은 화자의 저항 의지와 관련이 없

다.
② '우물'은 화자의 내면적 문제점과 관련이 있고, '거울'은 현실적 자아와 내면적 자아 사이의 분열을 비추고 있으므로 개인적 문제점을 표출하고 있다.
③ '우물'은 화자가 처한 현실이 아니라 자아를 비추고 있고, '거울'은 화자가 겪은 과거와 관련이 없다.
⑤ '우물'은 초현실적 세계에 대한 동경과 관련이 없고, '거울'은 현실 세계가 아니라 내면 세계에 대한 성찰을 드러내고 있다.

4
정답 ④

화자가 들여다본 우물 속에는 처음부터 자연의 풍경과 '한 사나이'의 모습이 담겨 있었다. 따라서 6연에서 자연과 '사나이'가 함께 나타나는 것은 우물 속에 투영된 자신에 대한 성찰 과정을 '추억처럼' 계속해서 바라보고 있음을 표현한 것이지, 화자가 존재 탐구를 끝냈음을 의미하는 것은 아니다.

5
정답 ④

(나)는 현실과 거울 속 세계, '거울 밖의 나'와 '거울 속의 나'의 대칭 구도를 통해 화합이 불가능한 자아 분열의 양상을 보여 주고 있다.

오답 피하기
① '거울 밖의 나'는 악수를 받지 않는 '거울 속의 나'를 안타까워하고 있으므로, '거울 속의 나'와의 화해를 확신하지 않는다.
② '거울 속의 나'와 '거울 밖의 나'는 서로 분열된 자의식이므로 어느 자아가 더 나은 처지에 있다고는 볼 수 없다.
③, ⑤ '거울 속의 나'는 내면적 자아, '거울 밖의 나'는 일상적 자아를 의미하며, 두 자아는 서로 단절되어 있고 삶의 원리도 다르다.

01 만복사저포기(萬福寺樗蒲記)

p. 66~67

| **1** ⑤ | **2** ③ | **3** ④ | **4** ③ | **5** ② |

1
정답 ⑤

양생과 여인은 만복사에서 만나 인연을 맺고 술자리를 가진 후 다시 이튿날 보련사로 가는 길가에서 여인의 말대로 하여 양생과 여인의 부모가 만나게 된다. 이에 따라 죽은 여인의 정체가 밝혀지긴 하지만, 여인의 부모가 오히려 양생과 여인의 관계를 인정하고 있기 때문에 인물 간의 갈등이 고조되지는 않는다.

오답 피하기
① 양생과 여인이 만복사에서 만나 인연을 맺고, 보련사에서 여인의 부모를 만나 여인과의 관계를 인정받는 사건들이 시간에 따라 전개되고 있다.
② 여인의 부모와의 대화에서 여인의 과거 행적이 제시되고 있다.
③ 양생이 죽은 여인과 만나 사랑한다는 비현실적인 상황을 통해 생사를 초월한 남녀 간의 사랑이라는 주제 의식을 드러내고 있다.
④ 여인과의 술자리에서 마신 술에서는 인간 세상의 것이 아닌 듯한 진한 향기가 풍겨 나왔다고 했다. 또 은주발은 여인이 죽을 때 묻었던 부장품으로, 이들은 모두 여인이 이미 죽었음을 암시하고 있다.

2
정답 ③

여인의 부모는 딸의 재를 올려 주려고 보련사로 가다가 양생이 들고 있는 은주발을 보고 양생에게서 여인과의 일을 듣게 된다. 그래서 양생에게 딸이 이미 죽었음을 말해 주고 있다. 따라서 답은 ③이다.

오답 피하기
① 은주발은 장례 때 함께 묻은 물건으로 재력과는 상관이 없다.
② 양생과 여인의 부모가 만날 수 있게 하는 소재일 뿐 그들에게 닥칠 앞날을 알게 하는 물건은 아니다.
④ 양생이 여인과의 인연을 소중하게 생각하는 것은 맞지만, 은주발이 이를 증명한다고는 볼 수 없다.
⑤ 은주발은 여인이 양생과 자신의 부모를 만나게 하려는 매개체로 준 물건일 뿐, 운명적인 인연과는 관계없다.

3
정답 ④

㉔에서 양생은 자신이 만난 여인이 이미 죽었음을 알게 되고, 다시 그 여인을 만나 손을 잡고 보련사 안으로 들어간다. 따라서 양생과 여인의 부모는 ㉔에서 이미 비현실적 사건과 접하게 되므로 ④는 적절하지 않은 설명이다.

오답 피하기
① 여인은 ㉮에서 '오늘 일은 아마도 우연이 아닌가 보다.'라고 하며 양생과의 인연을 운명으로 생각하고 있다.
② ㉮에서 여인과 만난 양생이 ㉯에서 은주발을 들고 여인의 부모를 기다린 것은 여인의 말대로 행동했기 때문이다.
③ ㉯에서 여인이 이미 죽었음을 알고도 여인을 기다린 양생이 여인과 다시 만나 ㉰에서 여인의 부모에게 인정을 받고 여인과 즐거운 시간을 가지게 된다. 따라서 ㉯의 인연이 ㉰에서 계속 유지되고 있다.
⑤ ㉰에서 다른 사람들은 여인을 볼 수 없었고 수저 놀리는 소리만 들을 수 있었으나, 양생은 여인을 보고 이야기도 나눌 수 있었다. 따라서 인물들이 인간 세계와 초인간적 세계를 경험한다는 것은 적절한 설명이다.

4
정답 ③

이 글에서 여인은 만강홍의 곡조에 맞추어 가사를 짓고 시녀에게 부르게 하고 있을 뿐, ③의 내용은 확인할 수 없다.

오답 피하기
① 여인은 시녀와의 대화에서 양생과 만난 일이 부처님이 돌보셔서 생긴 일이며 평생의 기이한 인연이라고 말하고 있다.
② 양생은 여인의 말씨와 웃음이 맑고 고우며 몸가짐과 용모가 얌전해서 여인에 대한 의심을 풀고 있다.
④ 종은 양생이 들고 있는 은주발을 보고 여인의 장례 때 묻은 물건을 양생이 훔쳤다고 생각하여 주인에게 전하고 있다.
⑤ 부모는 양생이 여인에게 들은 말을 전하자 자신들의 딸이 난리 때 죽었다고 말하고 있다.

5
정답 ②

여인의 정체가 귀신이라는 것을 알고서도 여인을 변함없이 사랑하는 양생의 모습을 부각하는 것은 현대의 시청자들에게 만남의 소중함을 일깨우기에 적절할 것이다.

02 숙영낭자전

p. 68~69

| **1** ③ | **2** ④ | **3** ⑤ | **4** ① | **5** ① |

1
정답 ③

선군은 숙영 낭자를 위해 읽은 제문에서 '다만 선군이 죽어 지하에 가 낭자를 좇을 것이니, 부모에게 불효가 되어도 어찌할 수 없으리로다.'라고 말하며 숙영 낭자와의 사랑을 부모에 대한 효보다 강조하고 있다.

오답 피하기
① 매월의 말에서 매월과 돌이가 간계를 꾸며 숙영 낭자를 죽게 했음을 알 수 있다.
② 선군은 숙영 낭자의 죽음은 모두 자신의 탓이라고 하고 있다.
④ 상공 부부는 숙영 낭자의 일을 선군에게 바로 말하지 않았다가 탄로가 나자 아무 말도 못했다고 나타나 있다.
⑤ 선군이 주막에서 졸 때 꿈에 숙영 낭자가 나타나 억울한 죽음을 호소하였으나 꿈에서 깨어 아무리 생각해도 그 곡절을 알 수 없었다고 했다.

2
정답 ④

주인공인 숙영 낭자는 꿈을 통해 자신의 죽음에 대해 알리며 억울한 누명을 벗겨 줄 것을 호소하고 있으므로, ④가 가장 적절하다.

오답 피하기
① 주인공 선군과 숙영 낭자가 천상계에서 적강했는지의 여부는 꿈을 통해 확인할 수 없다.
② 선군과 숙영 낭자는 이미 인연을 맺고 있는 부부 관계로, 꿈을 통해 선군과 숙영 낭자의 첫 만남이 암시되고 있지 않다.
③ 선군은 꿈을 통해 자신이 사랑하는 숙영 낭자를 만난 것이지 자신의 고난을 해소해 줄 조력자를 만난 것은 아니다.
⑤ [A]에서는 이야기 안에 또 다른 이야기가 들어 있는 액자 구조가 사용되고 있지 않다.

3
정답 ⑤

상공은 선군에게 '장부가 출세하면 두 부인을 두는 것은 예부터 흔한 일이었다.'라는 일반적인 사례를 제시하며 임 진사의 딸과 성례할 것을 권하고 있다.

오답 피하기
① 상공이 상대를 질책하거나 자신의 결백을 주장하는 내용은 나타나지 않는다.
② 상공이 선군의 심정과 처지에 대해 공감하는 내용은 직접적으로 나타나지 않는다.
③ 자신의 억울함을 호소하는 내용은 나타나지 않는다.
④ 상공이 선군을 설득하고는 있으나, 선군에 대한 신뢰감을 겉으로 드러내고 있지는 않다.

4
정답 ①

이 글의 '간악한 매월이 매를 견디지 못하여 승복하여 울며 가로되'를 통해 매월이 죄를 자백한 것은 선군의 회유(어루만지고 잘 달래어 시키는 말을 듣도록 함) 때문이 아니라, 선군의 엄한 추궁 때문임을 알 수 있다.

5
정답 ①

〈보기〉의 설명을 이 글에 적용하면 과제를 수행하는 주인공은 선군, 과제는 죽은 숙영 낭자의 억울한 누명을 벗기는 것이라 할 수 있다. ㉠은 선군이 숙영 낭자로부터 과제를 부여받게 되는 단계로, 서로 사랑하는 부부라는 두 사람의 관계가 선군이 숙영 낭자의 억울한 누명을 벗기는 과제를 수행하는 데 전제가 됨을 알 수 있다.

오답 피하기
② ㉡은 선군이 과제가 제시된 까닭을 의심하는 단계가 맞지만, 백선군은 숙영 낭자가 나타난 원인을 모르고 있다.
③ ㉢은 상공이 선군의 과제 수행을 방해하기 위해 한 말이지만, 부자간의 갈등은 상공에 의한 것이며 외부 세력에 의해 주도된 것은 아니다.
④ ㉣은 상공이 과제 수행의 방해자임을 선군이 인식하는 부분으로, 선군은 자신을 임 진사의 딸과 혼인시키려는 아버지의 뜻을 거스를 것임을 알 수 있다.
⑤ ㉤은 선군이 숙영 낭자의 죽음을 목격하는 장면이며, 숙영 낭자의 억울한 누명을 벗기지 못했으므로 과제 해결이 완수된 것이 아니다.

---

03 숙향전
p. 70~71

1 ③	2 ②	3 ④	4 ③	5 ⑤

1
정답 ③

이 글에서 명사계의 초월적 존재인 후토 부인은 고난을 겪고 있는 숙향에게 파랑새를 보내고, 숙향을 극진히 대접하면서 도움을 주고 있다.

오답 피하기
① 인물의 행동과 대화는 나타나고 있으나, 이를 통해 인물을 희화화하는 부분은 확인할 수 없다.
② 주인공인 숙향은 성격이 변화하지 않는 평면적 인물에 해당한다.
④ 작중 인물이 아니라 3인칭 서술자의 시점을 통해 내용을 전달하고 있다.
⑤ 이 글의 제시된 부분에서는 인물의 내적 독백이 아니라 대화를 중심으로 서술되고 있다.

2
정답 ②

[A]의 화자인 숙향은 자신이 살아오며 겪은 일과 자신의 이름과 나이를 김전에게 밝히고 있으나, [B]의 화자인 김전의 아내 장 씨가 궁금해하는 내용에 대해 설명하고 있는 것은 아니다.

오답 피하기
① [A]의 화자인 숙향은 자신이 오 세에 부모를 잃고 헤매다가 현재 십육 세가 되었다는 자신의 삶의 과정을 요약적으로 말하고 있다.
③ [B]의 화자인 장 씨는 [A]의 화자인 숙향의 말에 자신의 딸이 생각나 눈물을 흘리며 마음이 슬프고 서럽다고 말하고 있다.
④. ⑤ [B]의 화자인 장 씨는 청자인 김전이 숙향을 죽이지 말고 상서에게 기별하여 스스로 처치하도록 하길 바라는 마음을 구체적으로 말하고 있다.

3
정답 ④

상서가 며느리인 숙향을 죽이려고 하는 것은 숙향과 아들인 이선의 결혼을 반대하기 때문이다. 그리고 이것은 숙향이 지상에서 겪는 고난이지, 상서가 천상의 죄를 속죄하려는 행동으로 볼 수 없다.

오답 피하기
① 지상에서 일어난 신비한 일들은 천상의 뜻에 의해 펼쳐진다고 했으므로, 숙향이 후토 부인을 만나 겪는 신비한 일은 천상의 뜻에 의해 일어난 것으로 볼 수 있다.
② 숙향이 후토 부인을 만나 떠올린 일을 통해 숙향이 천상에서 죄를 지어 지상으로 내려왔으며, 지상에서 부모를 잃는 등의 여러 가지 고난을 통해 이를 속죄하게 됨을 알 수 있다.
③ 천상은 지상에서의 일에 관여한다고 했으므로, 이선과 숙향의 혼인도 이미 천상의 뜻에 의해 정해져 있었다고 볼 수 있다.
⑤ 김전과 아내인 장 씨가 숙향을 잃고 고난을 겪는 것도 지상에서 천상의 죄를 속죄하는 과정으로 볼 수 있다.

4
정답 ③

숙부인은 숙향에게 일어난 사건을 듣고 크게 놀라면서, 이선과 숙향의 혼사가 이루어지도록 '상서에게 일러 듣지 아니하면 (자신이) 황후께 아뢰어 황제께서 아시게 하리라'고 말하고 있다. 따라서 숙부인이 상서로 하여금 이선과 숙향의 혼사가 이루어지도록 황후에게 아뢰게 한다는 것은 적절하지 않다.

5
정답 ⑤

㉤에서 숙향의 외양 묘사를 통해 안타까운 처지가 나타나기는 하지만, 숙향의 심리를 드러내고 있는 것은 아니다.

---

04 홍길동전
p. 72~73

1 ①	2 ③	3 ④	4 ④	5 ②

1
정답 ①

길동이 공중에서 내려와 임금과 대화를 나누고 다시 공중에 올라가 날아가는 부분에서 전기적 요소가 두드러지게 나타나는데, 이는 길동의 영웅적 면모를 부각한다.

오답 피하기
② 작가 관찰자 시점에 대한 설명이다. 이 글은 전지적 작가 시점으로 인물과 사건이 서술되고 있다.

③ 배경을 치밀하게 묘사한 부분은 확인할 수 없다.

④ 길동이 신분적 제약으로 시련을 겪는 내용은 확인할 수 있지만, 이를 과장한 해학적 표현이 빈번하게 나타나지는 않는다.

⑤ 과거와 현재를 반복 교차하는 것이 아니라, 시간적 순서에 따라 사건을 전개하고 있다.

2
정답 ③

길동은 적서 차별과 같은 신분적 제약이 있는 조선을 떠나 율도국으로 가서 새로운 왕이 되어 자신의 이상을 펼치고 있으므로, 길동의 입장에서 '율도국'은 ③과 같은 의미를 지닌다고 할 수 있다.

오답 피하기

① 길동이 천상계를 모방하지는 않았다.

② 길동이 율도국에서 해외 교역을 펼치지는 않았다.

④ 길동이 자신의 과거를 반성하는 모습은 나타나지 않는다.

⑤ 길동이 기름진 평야가 수천 리나 되는 율도국의 왕이 되는 것은 백성들을 잘 다스리기 위해서이지 자신의 물질적 욕망 때문이 아니다.

3
정답 ④

이 글에서 서자인 길동은 신분적 한계를 넘어 병조 판서에 오르기는 했지만 적서 차별과 같은 불합리한 신분 제도의 한계를 근본적으로 해결하지는 못했으므로, ④가 비판적 감상의 내용으로 가장 적절하다.

오답 피하기

① 무(武)보다 문(文)을 숭상하는 당대 사회의 문제를 지적하는 것은 적서 차별의 문제를 중점적으로 다룬 이 글과 〈보기〉를 고려할 때 적절하지 않은 비판 내용이다.

② 길동은 조선 임금의 명이 아니라 자신의 뜻에 따라 율도국을 점령한 것이므로, 비판 내용으로 적절하지 않다.

③, ⑤ 부모의 삼년상이라는 봉건적 인습 문화, 도적이 들끓어 백성들이 어렵게 지내던 상황을 제대로 해결하지 못한 임금에 대해 지적하는 것은 〈보기〉를 고려할 때 적절하지 않은 비판 내용이다.

4
정답 ④

율도국 태수인 김현충은 길동에게 항복하지 않고 길동의 군사에 맞서 싸우다 죽는다. 길동이 보낸 격서에 놀라 항복하는 사람은 율도국의 왕이다.

5
정답 ②

서자인 길동은 부친의 생전에 호부호형을 허락받으며 형식적이나마 자식으로 인정받게 된다. 그런데 [A]에서 인형을 대신하여 자신이 직접 부친의 산소를 정하고, 삼년상을 주도적으로 모실 수 있게 됨으로써 자식으로서의 지위가 더욱 확고해지고 있다.

05 유충렬전

p. 74~75

| 1 ④ | 2 ⑤ | 3 ④ | 4 ⑤ | 5 ① |

1
정답 ④

이 글에서는 '호산대, 금산성, 도성, 변수 가' 등의 여러 공간이 제시되고 있다. 하지만 이는 모두 전투의 배경이 되는 공간이며, 초월적 공간은 아니다.

오답 피하기

① 원수(충렬)가 호산대로 달려가려고 할 때 갑자기 달빛이 희미해지며 빗방울이 원수의 얼굴 위에 떨어진다. 이를 불길한 징조로 생각한 원수가 하늘의 기운을 살펴보고 천자에게 가게 되므로 사건 전개에서 우연성이 작용하고 있다.

② '원수의 장성검이 지나는 곳에~구시월 만난 듯이 순식간에 없어졌다.' 등에서 원수의 비범한 능력이 제시되고 있다.

③ '천자가 용포를 찢고~어찌 하늘인들 무심하리오.'에서 서술자가 직접 작중 상황에 개입한 편집자적 논평이 나타나고 있다.

⑤ 정한담의 계략에 빠진 원수가 금산성에서 전투를 하는 장면과 정한담이 도성으로 쳐들어가 천자에게 항복을 요구하는 장면을 병렬적으로 서술하고 있다.

2
정답 ⑤

정한담은 '명진 도원수 유충렬은 사람이 아니라 천신입니다.'라며 유충렬의 비범함을 인정하면서 '오늘 밤 삼경에 군사를 나누어 먼저 금산성을 공격하면 충렬이 분명히 구하러 올 것입니다. 그때를 틈타 소장이 도성에 들어가 천자에게 항복을 받고 옥새를 빼앗으면'이라며 자신의 생각을 호왕에게 권유하고 있다.

오답 피하기

① 정한담이 자신의 뛰어난 능력에 대해 이야기하고는 있으나, 호왕을 협박하고 있지는 않다.

② 정한담은 호왕에게 자신의 계략을 말하고 있으므로 호왕을 위로하는 것이 아니며, 그 근거로 중국 고사를 활용하고 있지 않다.

③ 정한담은 자신과 유충렬의 능력을 언급하면서 유충렬의 우월함을 강조하고 있다.

④ 정한담이 호왕에게 자신의 계략을 권유하고 있을 뿐, 호왕의 인품을 칭찬한 부분은 확인할 수 없다.

3
정답 ④

극한은 정한담의 계략에 따라 충렬을 유인하기 위한 미끼 역할로 금산성에 쳐들어가지만, 이러한 역할을 극한이 알고 행한 것은 아니다.

오답 피하기

① '천자는 원수의 힘만 믿고 잠들어 있었는데'에서 천자가 충렬이 도성을 지켜주므로 안전하다고 생각하고 있음이 드러난다.

② 정한담은 호왕에게 '대왕이 비록 억만 병을 거느리고 왔으나 충렬을 잡기는커녕 그와 맞붙어 싸울 장수도 없으니'라고 하며 호왕이 충렬에게 패할 것이라고 말하고 있다.

③ 정한담은 '소장이 도성에 들어가 천자에게 항복을 받고 옥새를 빼앗으면 ~무슨 면목으로 싸우겠습니까?'라고 하며 충렬을 속이면 천자를 잡을 수 있다고 말하고 있다.

⑤ 충렬은 천사마에게 '천사마야, 네 용맹 두었다가~달려가서 천자를 구원하라.'고 하며 천사마의 능력이 필요하다고 말하고 있다.

4
정답 ⑤

정한담은 천자를 항복시키고 옥새를 빼앗기 위해 ㉯를 공격하였고, 정한담의 공격에 겁에 질린 천자는 ㉰로 도망하였다. 따라서 정한담이 천자를 ㉰로 유인하기 위해 ㉯를 공격했다는 진술은 적절하지 않다.

5
정답 ①

ⓐ는 정한담에게 잡혀 목숨이 위태로운 천자의 처지를 나타내고 있는데, 이에 가장 잘 어울리는 한자 성어로는 '거의 죽게 되어 곧 숨이 끊어질 지경에 이름'을 의미하는 '명재경각(命在頃刻)'을 들 수 있다.

 홍계월전

| **1** ⑤ | **2** ⑤ | **3** ④ | **4** ② | **5** ⑤ |

1
정답 ⑤

천자는 평국이 위중한 상태인지에 대해 미심쩍어하는 것이 아니라, 평국의 맥이 남자의 맥이 아니라서 괴이하다는 어의의 말을 듣고 그 연유를 궁금해하고 있다.

오답 피하기
① 여공은 계월을 친자식처럼 길러 입신양명하게 하는데, 계월이 바로 평국이다.
② 평국은 어의가 다녀간 후 자신의 남장 사실이 밝혀지게 될 것을 알고 부모 앞에서 눈물을 흘린다.
③ 신하들은 평국이 규중에 있음에도 불구하고 나라가 위기에 처했을 때 천자에게 평국을 적극적으로 추천하고 있다.
④ 평국은 홀로 규중에서 세월을 보내다가 천자가 자신을 부른다는 예상치 못한 명을 받고 크게 놀라고 있다.

2
정답 ⑤

여자임이 밝혀져 규중에 처해 있던 평국이 전장에 나가 공을 세워 성은을 갚으려는 것은 충(忠) 사상과 같은 당대 보편적 사고를 바탕으로 하면서도 남성 중심의 세계관을 넘어선 새로운 가치관을 보여 주는 것이라 할 수 있으므로, 남성 중심의 유교적 세계관이 반영된 것이라는 내용은 적절하지 않다.

오답 피하기
① 평국이 천자의 명으로 전쟁에 나가 십만 대병을 소멸하고 온 것은 천자에 대한 충성을 드러내는 충 사상이 반영된 것으로 볼 수 있다.
② 반란군이 쳐들어오자 평국을 보내려는 천자의 태도는 남성의 권위를 내세우지 않는 것으로 새로운 가치관이 드러난다.
③ 여자인 것이 밝혀진 평국이 눈물을 흘리며 규중으로 숨으려는 것은 남성 중심의 가부장적 문화인 당대 보편적 사고가 반영된 것이다.
④ 평국이 남자 행세를 한 것은 여자의 신분으로는 사회생활을 할 수 없었기 때문이므로 어쩔 수 없는 상황이었다고 볼 수 있다.

3
정답 ④

㉮에는 천자에게 성은을 갚으려는 평국의 충성심이 드러나는데, 이는 '남에게 입은 은혜가 뼈에 새길 만큼 커서 잊히지 아니함'을 의미하는 '각골난망(刻骨難忘)'과 가장 관계 깊다.

오답 피하기
① 와신상담(臥薪嘗膽): 불편한 섶에 몸을 눕히고 쓸개를 맛본다는 뜻으로, 원수를 갚거나 마음먹은 일을 이루기 위하여 온갖 어려움과 괴로움을 참고 견딤을 비유적으로 이르는 말
② 수구초심(首丘初心): 여우가 죽을 때에 머리를 자기가 살던 굴 쪽으로 둔다는 뜻으로, 고향을 그리워하는 마음을 이르는 말
③ 분기탱천(憤氣撐天): 분한 마음이 하늘을 찌를 듯 격렬하게 북받쳐 오름
⑤ 당랑거철(螳螂拒轍): 제 역량을 생각하지 않고, 강한 상대나 되지 않을 일에 덤벼드는 무모한 행동거지를 비유적으로 이르는 말

4
정답 ②

[A]는 어의와 천자의 대화를 통해 평국이 여성일 수 있다는 정보를, [B]는 요약적 제시를 통해 오왕과 초왕이 반란을 일으켜 장안까지 들어오려 한다는 정보를 제시하고 있다.

오답 피하기
① [A]에서는 어의가 정황을 전달하고, [B]에서는 남관장이 정황을 전달하고 있다. 천자가 이들에 대해 부정적인 태도를 보이는 것은 아니다.
③ [A]에는 천자가 '평국의 얼굴이 도화색이요'라고 말하는 부분에서 인물의 외양 묘사가 드러나고 있으나, [B]에는 과장된 표현이 드러나지 않는다.
④ [A]와 [B] 모두 여러 사건이 동시에 발생한 것이라고 볼 수 없다.
⑤ [A]는 천자가 어의에게 평국이 여자인 것을 누설하지 말라고 하며 문제 해결을 유보하고 있는 상황이고, [B]는 반란군이 쳐들어오고 있으므로 즉각적으로 문제를 해결해야 하는 상황이다.

5
정답 ⑤

천자가 홍계월을 오랫동안 보지 못해 그리워하는 모습은 확인할 수 있으나, 이 글의 '평국이 규중에 홀로 있어 매일 시비를 데리고 장기와 바둑으로 세월을 보내더니'에서 알 수 있듯이, 홍계월이 집안일에 매달려 있었다고 볼 수는 없다.

 임진록

| **1** ① | **2** ② | **3** ④ | **4** ② | **5** ⑤ |

1
정답 ①

동래 부사인 송정은 봉명 사신이지만 중의 신분인 사명당을 무시하는 말을 하고 있다. 조정의 인재 등용에 대한 안타까운 마음이 드러나지는 않는다.

오답 피하기
② 왜왕은 사명당에게 불에 달군 철마를 타게 하여 시험에 실패하게 하려 한다.
③ 사명당이 태풍을 몰아와 비를 내리게 하는 능력이 있음을 보여 주고 있다.
④ 사명당이 용왕에게 명령하는 것으로 보아 용왕보다 높은 위치에 있음을 알 수 있다.
⑤ 사명당이 지팡이를 들어 축수하니 뇌성벽력이 진동하고 천지가 컴컴해진다는 과장된 표현을 통해 사명당이 가진 신이한 능력을 보여 주고 있다.

2
정답 ②

사명당은 왜왕의 머리를 바치지 않으면 일본을 멸하겠다며, 이를 왜왕에게 전하라고 강한 명령적 어조로 상대방을 위협하고 있다.

오답 피하기
① '네 나라 항복받기는 내 손아귀에 있거니와'에서 자신의 능력을 드러내고 있지만 상대방을 조롱하는 것은 아니다.
③ '네 돌아가 왜왕에게 자세히 이르리라.'라고 하며 한 가지 명령만 하고 있다.
④ 완곡한 어투가 아닌 강한 명령적 어조로 말하고 있다.
⑤ 문제를 해결할 방법이 아니라 항서를 가져 온 사자에게 왜왕의 머리를 베어 가져 오라고 전하라는 말을 하고 있다.

3
정답 ④

전반부는 우리나라를 배경으로 하고, 후반부는 사명당이 일본으로 가기 때문에 외국을 배경으로 하는 것이 맞다. 그러나 조선과 일본은 실재하는 나라였기 때문에 공간적 배경이 구체적이므로, 이러한 공간적 배경 설정이 비현실적인 느낌을 준다는 것은 적절하지 않다.

오답 피하기
① 임진왜란이라는 역사적 사실에 기초하되 작가적 상상력을 충분히 발휘하여 사명당이 왜왕에게서 항복을 받는 내용을 결합하고 있다.
② 사명당은 임진왜란 때 승병을 이끌고 왜군과 싸워 공을 세운 승려이므로, 탁월한 능력을 발휘해도 당시 독자가 자연스럽게 받아들일 만한 인물이다.
③ 주요 사건은 사명당이 신이한 능력을 발휘하여 왜왕의 시험을 극복하고 항복 문서를 받는 것이므로 주인공의 비범함으로 인해 민족적 자긍심이 고취된다.
⑤ 절정과 결말에서 사명당이 왜왕을 굴복시켜 임진왜란의 복수를 하고 있으므로 독자는 이를 통해 상처를 치유하고 자존감을 회복할 수 있다.

4
정답 ②

이 글에서 인물의 외양을 묘사하여 성격을 제시한 부분은 찾을 수 없다. 주로 인물 간의 대화를 통해 성격을 드러내고 있다.

5
정답 ⑤

이 글에서는 종교를 중심으로 상하층이 단결하는 모습보다는 신이한 능력을 지닌 주인공인 사명당의 개인적인 활약상이 두드러지게 나타나고 있다.

오답 피하기
① 〈보기〉에 따르면 사명당의 통쾌한 복수는 임진왜란에서 패했던 조선인들의 민족적 자존감에 대한 보상이라고 해석할 수 있다.
② 신이한 능력을 지닌 사명당의 모습을 통해 왜에 대한 조선인의 우월성을 드러내고 있다.
③ 하인이 부사에 대해 '봉명 사신을 가벼이 여기거니와 반드시 화를 면치 못하리로다.'라며 부정적으로 말하는 모습에서 지배층에 대한 민중들의 비판적 인식을 엿볼 수 있다.
④ 왜왕이 반복적으로 항복하는 모습은 왜에 패한 우리 민족의 자존감을 회복하고자 하는 의도로 볼 수 있다.

08 최척전
p.80~81

1 ④	2 ⑤	3 ⑤	4 ⑤	5 ⑤

1
정답 ④

여유문이 죽고 나서 최척은 강호를 떠돌다가 주우를 만나고, 주우의 제안으로 그와 함께 비단과 차를 팔며 지내려 하고 있으므로, 조정에 나가기 위한 노력을 하고 있다는 설명은 적절하지 않다.

오답 피하기
① 옥영의 꿈에 장륙불이 나타나는 장면, 최척이 촉의 땅에 찾아가 신선이 되는 법을 배우려는 장면 등에서 불교적, 도교적 세계관을 엿볼 수 있다.
② 옥영은 남장을 한 채 돈우의 보살핌을 받으며 함께 배를 타고 다니고 뱃일을 돕게 된다.
③ 최척은 가족에 대한 사랑과 아내와의 도리를 생각하며 여유문의 결혼 제안을 거절한다.
⑤ 이 글의 공간적 배경은 조선뿐 아니라 일본, 중국, 베트남 등 동아시아의 여러 지역에 걸쳐 있다.

2
정답 ⑤

옥영은 시련을 겪다가 장륙불이 나오는 꿈을 꾸는데, 이 꿈은 옥영에게 절망을 극복할 수 있도록 용기를 준다. 또한 옥영이 행복한 삶을 살게 될 것이라는 암시를 주는 복선의 역할을 하기도 한다.

오답 피하기
①, ④ 옥영이 꿈을 계기로 삶에 희망을 갖게 되므로, 내적 갈등이 심화되거나 삶을 체념하고 있지는 않다.
② 서술자의 논평은 나타나지 않는다.
③ 옥영은 꿈에서 깨어 삶의 의지를 갖게 되지만 불교에 귀의하는 것은 아니다.

3
정답 ⑤

〈박씨전〉, 〈임경업전〉과 같은 군담 소설은 영웅적 인물의 삶을 그리는 데 반해 〈최척전〉은 전란으로 인한 당대 백성들의 고난과 역경을 사실적으로 그려 냈다는 의의를 지닌 작품이다.

오답 피하기
① 이 글의 제시된 부분은 전란으로 인한 최척 가족의 이산 과정을 다루고 있는데, 지배 계층의 모순을 고발하는 내용은 두드러지지 않는다.
② 이 글에는 천상계에서 적강한 주인공이 등장하지 않는다.
③ 이 글의 제시된 부분에는 개인 대 개인의 갈등이 두드러지게 나타나지 않는다.
④ 최척은 평범한 인물이므로 영웅의 일대기 구조는 나타나지 않는다.

4
정답 ⑤

최척은 청성산에 은거하는 왕용에 대해 소문을 듣고 촉으로 가려다가 주우의 제안으로 함께 상선을 타고 안남으로 가게 되므로, 최척이 청성산에 들어간다는 내용은 적절하지 않다.

5
정답 ⑤

이 글에서는 옥영과 최척의 삶이 병렬적으로 서술되면서 두 인물 모두 조력자의 도움을 받아 살아가는 모습이 대응되고 있는데, 이러한 구조 속에 옥영과 최척 사이의 갈등이 잠재되어 있다고 볼 수는 없다.

오답 피하기
① ⓐ '돈우'는 옥영을 아들처럼 보살피고, ⓒ '주우'는 남에게 베풀기를 좋아하고 의로운 기상을 가지고 있으므로 둘 다 조력자에 알맞은 성품을 지니고 있다.
② 옥영이 ⓐ에게 남자인 체하고, 최척이 ⓒ가 자신의 누이와 혼인을 시키려는 것을 거절한 것은 둘이 나중에 재회하게 되는 사건과 연관이 있다.
③ 〈보기〉처럼 옥영과 최척이 겪는 사건을 분리하여 보여 주는 구조는 전쟁으로 인해 분리된 두 주인공의 삶을 병렬적으로 제시하는 데 효과적이다.
④ ⓑ는 옥영의 꿈에 나타나 옥영이 다시 삶의 희망을 갖게 하고, ⓓ는 최척에게 장삿배를 탈 것을 제안하여 삶의 의욕을 갖게 하는 기능을 하고 있다.

09 흥부전
p.82~83

1 ②	2 ④	3 ①	4 ③	5 ⑤

1

흥부가 놀부에게 곡식을 빌리려다가 거절당한 상황과 제비가 자신의 다리를 부러뜨린 놀부의 악행을 황제에게 고하는 상황 등이 제시되고, 이에 따른 인물들의 심리는 나타나고 있으나, 공간의 치밀한 묘사는 확인할 수 없다.

오답 피하기
① 이 글에서는 흥부가 놀부에게 곡식을 빌려 달라고 갔다가 쫓겨나고, 놀부가 흥부를 따라 제비 다리를 부러뜨리는 사건의 과정이 순차적으로 전개되고 있다.
③ '보수표'라 새긴 박씨를 통해 제비가 놀부에게 복수를 할 것임을 예고하고 있다.
④ '흥부 마음 인후하여 청산유수와 곤륜옥결이라.'에서는 서술자가 흥부의 성격이 어질고 깨끗함을 말하고 있다.
⑤ 흥부의 치장을 묘사한 부분에서 흥부의 모습을 희화화하고 있다.

2

흥부 아내는 흥부에게 부질없는 청렴 말고 자식들이 굶고 있으니 놀부에게 가서 양식을 얻어 오라고 말하고 있다. 여기에서 흥부 아내의 현실적이고 적극적인 태도가 드러난다.

오답 피하기
① 놀부의 포악한 성격 때문에 양식을 얻으러 가기를 꺼려 하는 흥부에게 흥부 아내는 그래도 건너가 보라고 말하고 있으므로 순종적인 인물은 아니다.
② 가족의 우애와 화합이 아니라 자식들을 먹여 살리려는 생활력이 강한 인물이다.
③ 흥부 아내는 남편이 부질없이 청렴하다고 생각하고 있으며 흥부에게 내재된 능력은 이 글에 나타나지 않고 있다.
⑤ 흥부 아내가 생각하는 사회적, 신분적 질서에 대한 언급은 나타나지 않는다.

3

㉮에서 흥부는 굶고 있는 자식을 살려 내야 하니 양식을 빌려 달라고 놀부에게 간절하게 빌고 있다. 자신의 힘겨운 사정을 호소하는 슬픈 대목이므로 소리가 가장 느린 장단인 '진양'을 사용하는 것이 적절하다.

오답 피하기
② 어떻게 해서든 일을 해서 갚겠다고 간절하게 호소하는 것이지 자신의 능력을 담담하게 설명하는 상황은 아니므로 '중모리'는 적절하지 않다.
③ 간절하고 슬픈 상황이므로 흥겨운 상황과는 거리가 멀다.
④ 흥부가 지나온 삶을 나열하는 것은 아니므로 이 부분에 '자진모리'는 어울리지 않는다.
⑤ 흥부가 양식을 구해야 하는 상황은 맞지만, 일이 빠르고 긴박하게 벌어지고 있는 것이 아니기 때문에 '휘모리'는 어울리지 않는다.

4

㉠은 놀부의 집에 가는 흥부의 치장에 대해 묘사한 부분으로, 격식에 맞지 않고 우스꽝스러운 차림새를 나열하면서 흥부의 외양을 해학적으로 표현하고 있다.

오답 피하기
① ㉠은 흥부의 외양 묘사에 관한 것이기 때문에 인물 사이의 갈등이 나타나지 않는다.
② ㉠은 현재 상황이기 때문에 현재와 과거가 교차한다고 볼 수 없다.
④ ㉠은 인물의 외양에 대한 묘사만 나타날 뿐, 배경 묘사는 드러나지 않는다.
⑤ ㉠은 흥부의 외양을 묘사한 부분이기 때문에 사건이 요약적으로 제시되어 있지 않다.

5

[B]에 나타난 놀부의 언행은 곡식을 꾸어 달라는 흥부의 부탁을 거절하는 것으로, [C]에서 제비가 황제에게 놀부를 고발하는 일과는 관련이 없다. [C]에서 제비가 황제에게 놀부를 고발하는 근거가 되는 것은 제비 발목을 일부러 부러뜨린 놀부의 행위이다.

오답 피하기
① [A]에서는 서술자의 서술과 아내와 흥부의 대화를 통해 흥부의 가난한 처지와 재물에 욕심 없는 성품이 드러나고 있다.
② [B]에서는 '놀부 놈의 거동보소'에서 놀부의 악한 성품을 비판하는 서술자의 태도가 드러난다.
③ [C]에 나타난 제비의 대화는 이 글이 우화적 성격을 띠고 있음을 보여 준다.
④ [A]에서 흥부는 놀부에게 가서 식량을 얻어 오라는 아내의 말에, '형님이 음식 끝을 보면 사촌을 몰라보고 똥 싸도록 때리는데'라고 하고 있다. 여기에서 [B]에서 흥부가 놀부에게 쌀을 얻으러 갔다가 곤욕을 당할 것을 알 수 있다.

10 구운몽(九雲夢)
p.84~85

| 1 ③ | 2 ② | 3 ④ | 4 ④ | 5 ① |

1

ⓒ는 '성진'이 꿈속에서 '양소유'가 되어 연나라에 사신으로 가고 토번을 정벌하러 떠난 경험이므로 '양소유'의 부귀영화인 ㉯에 해당한다. 꿈속에서 다시 꿈을 꾼 내용은 아니다.

오답 피하기
① ⓐ는 '양소유'가 토번을 정벌할 때 꾼 꿈으로, 한 승려가 경을 강론하는 꿈이었다고 했다. 이는 꿈속 인물이 꿈을 꾼 내용이므로 ㉰에 해당하며, '양소유'가 '성진'이었을 때인 ㉮에서의 경험과 관련이 있다.
② ⓑ는 현실 세계에서 '성진'이 '육관 대사'의 가르침을 받으며 함께 살았던 일을 말하므로 ㉮의 삶에 해당한다. 따라서 꿈속에 나타난 '화상'이 '육관 대사'였음을 짐작할 수 있다.
④ ⓓ는 '양소유'가 자신이 꾸고 있는 춘몽에서 깨어 다시 현실 세계로 갈 수 있는 방법을 묻고 있다. 즉 ㉯에서 ㉮로 갈 수 있는 방법을 묻는 것이다.
⑤ ⓔ는 '육관 대사'가 술법으로 '성진'을 꿈속 세계인 ㉯에서 현실 세계인 ㉮로 돌아오게 하여 '성진'이 암자에 앉아 있게 되는 장면이다.

2

육관 대사는 인간 세상에 윤회할 벌을 받을 것을, 대신 꿈을 꾸었다고 말하는 성진에게 꿈과 세상을 다르게 본다며 꾸짖고 있다. 이를 통해 육관 대사는 꿈과 현실의 구분이 무의미하다고 생각하고 있음을 확인할 수 있다.

오답 피하기
① 성진은 꿈속 상황이 현실을 반영한다고 생각하지는 않으며, 육관 대사는 현실과 꿈의 구분이 무의미하다고 본다.
③ 성진이 현실에서의 운명이 정해져 있다고 생각하는 부분은 나타나지 않으므로 적절하지 않다.
④ 육관 대사는 꿈과 현실의 구분을 무의미하게 생각하므로, 꿈속에서의 삶이 현실보다 더 중요하다고 생각하지는 않는다.

⑤ 육관 대사는 꿈과 현실을 구분하는 것이 의미 없다고 생각하고 있고, 성진
도 육관 대사의 가르침을 따르려고 하므로 둘 다 꿈보다 현실에서 깨달음
을 얻는 것이 중요하다고 보지는 않는다.

3 정답 ④

양 승상(성진)이 구름이 뒤덮어 지척도 분별하지 못하는 상황이다.
이것은 오 리나 되는 짙은 안개 속에 있다는 뜻으로, 무슨 일에 대하
여 방향이나 갈피를 잡을 수 없음을 이르는 말인 '오리무중(五里霧
中)'과 가장 관계 깊다.

오답 피하기

① 상전벽해(桑田碧海): 뽕나무밭이 변하여 푸른 바다가 된다는 뜻으로, 세상
일의 변천이 심함을 비유적으로 이르는 말
② 자가당착(自家撞着): 같은 사람의 말이나 행동이 앞뒤가 서로 맞지 아니하
고 모순됨
③ 중구난방(衆口難防): 뭇사람의 말을 막기가 어렵다는 뜻으로, 막기 어려울
정도로 여럿이 마구 지껄임을 이르는 말
⑤ 명재경각(命在頃刻): 거의 죽게 되어 곧 숨이 끊어질 지경에 이름

4 정답 ④

이 글에서 양소유의 말 '사부는 어찌하면 저로 하여금 춘몽을 깨게
하실 수 있나이까?'를 통해 그가 꿈에서 깨어나고자 한다는 것은 알
수 있으나 팔 낭자에 대해서는 언급하고 있지 않으므로, ④는 적절
하지 않다.

5 정답 ①

〈보기〉의 '첫 번째 회의와 부정'은 성진이 아직 꿈속 삶을 살기 전 불
교적 가치관에 대한 것이고, '두 번째 회의와 부정'은 꿈속에서 깨어
나 세속적 가치관에 대한 것이고, '세 번째 회의와 부정'은 육관 대사
의 가르침에 의한 참·거짓의 이분법적 구분에 대한 것이다. 따라서
㉠은 꿈속에서 겪은 세속적 삶이기 때문에 성진이 '첫 번째 회의와
부정'을 경험한 이후의 일이다.

오답 피하기

② ㉡은 성진이 꿈속 삶에서 겪은 일이므로 '첫 번째 회의와 부정'과 '두 번째
회의와 부정' 사이에 일어난 일이 맞다.
③ ㉢은 성진이 꿈속 삶에서 깨어나 세속적 삶이 허무한 것임을 깨달은 것이
므로 '두 번째 회의와 부정'을 경험한 직후로 볼 수 있다.
④ ㉣은 물아일체의 경지를 일컫는 말로, 참·거짓의 이분법적 구분이 필요
없다는 '세 번째 회의와 부정'에 해당하는 비유적 표현이다.
⑤ ㉤은 성진이 자신을 깨달음으로 이끌어 주기를 육관 대사에게 부탁하는
것으로, 성진이 '두 번째 회의와 부정'에서 '세 번째 회의와 부정'으로 나아
가고자 하는 것이다.

⑪ 사씨남정기(謝氏南征記) p. 86~87

1 ④	2 ④	3 ③	4 ①	5 ②

1 정답 ④

사 씨는 한림에게 동청이 정직하지 않은 사람이라 집안의 법도가 잘
못될까 우려된다며 동청을 경계할 것을 조언하고 있다. 그러나 동청
이 교 씨와 결탁하여 악행을 저지를 것을 예상하거나 염려하고 있는

것은 아니다.

오답 피하기

① 한림은 교 씨의 유혹에 빠져 총명이 점점 흐려지게 되었다고 했다.
② 석 낭중은 동청의 정체를 알고 괴로워하다가 그의 허물을 감추고 한림에
게 동청을 소개한다.
③ 교 씨는 장주가 병에 걸리자 한림에게 '분명 집안 누군가가 장주를 저주하
여 생긴 병'이라고 말하고 있다.
⑤ 사 씨는 한림에게 동청을 내보내라고 하지만 한림은 조언을 듣지 않는다.

2 정답 ④

한림은 동청을 머물게 하는 것은 글을 구함이지 벗을 삼으려는 것이
아니라고 말하고 있다. 그리고 동청이 억울하게 비방을 받았을 수
있다며 동청을 내보내라는 아내의 요구를 거부하고 있다.

오답 피하기

① 사 씨는 '첩이 듣기로 동청은 정직하지 않아 여러 곳에서 배척을 받았다
하옵니다.'라며 동청이 집에 머무르는 것을 거부하고 있다.
② 사 씨는 '이런 사람을 집안에 두어 법도가 잘못될까 걱정하는 것이옵니다.'
라며 동청을 집에 들이는 것을 걱정하고 있다.
③ 동청은 풍모가 반듯하며 재주가 있고 눈치가 빨라 매사를 한림의 뜻대로
챙겼다고 했다. 한림은 이 때문에 동청을 곁에 두려고 하고 있다.
⑤ 한림은 '남을 비방하는 것을 좋아하는 사람이 많소.'라며 비방을 하는 태도
가 잘못된 것이고, 동청을 두고 보면 문제가 없을 것이라고 말하고 있다.

3 정답 ③

[B]에서는 교 씨가 방자에 쓰이는 물건들을 묻고 납매에게 음모의
절차를 일러 주는 상황을 통해 이후 사 씨가 위기에 처하게 될 것임
을 암시해 주고 있다.

오답 피하기

① 사 씨와 교 씨 등 인물 간의 갈등이 해소될 실마리는 제시되고 있지 않다.
② 주인공인 사 씨의 과거 행적을 요약적으로 서술한 부분을 찾을 수 없다.
④ 교 씨의 심리와 행동이 나타나고 있을 뿐, 외양을 자세히 묘사한 부분은
확인할 수 없다.
⑤ 교 씨와 사 씨 간의 대립 구도가 크게 바뀌고 있지는 않다.

4 정답 ①

석 낭중이 유 한림에게 동청을 소개한 것은 동청의 정체를 알고 자
신의 괴로움을 덜기 위한 것이었으므로, 이를 '입신양명'과 연관 짓
는 것은 적절하지 않다.

5 정답 ②

㉠은 좋지 못한 사람과 사귀게 되면, 그를 닮아 악에 물들게 된다는
말로, '먹을 가까이 하면 검어진다'와 의미가 통한다.

오답 피하기

① 뱁새가 황새 따라가면 다리가 찢어진다: 힘에 겨운 일을 억지로 하면 도리
어 해만 입는다는 말
③ 가는 말이 고와야 오는 말이 곱다: 자기가 남에게 말이나 행동을 좋게 하
여야 남도 자기에게 좋게 한다는 말
④ 동냥치가 동냥치 꺼린다: 자기가 누군가에게 무슨 일을 부탁할 때 다른 사
람도 와 구하면 혹 제 일이 잘 안될까 봐 꺼린다는 말
⑤ 가재는 게 편: 모양이나 형편이 서로 비슷하고 인연이 있는 것끼리 서로
잘 어울리고, 사정을 보아주며 감싸 주기 쉬움을 비유적으로 이르는 말

1 ②	2 ①	3 ④	4 ③	5 ②

1　정답 ②

㉮ (라)의 '한 다리를 목덜미에 얹고 귀신처럼 춤추고 낄낄거리며 문을 나가서 내닫다가 그만 들판의 구덩이 속에 빠져 버렸다.'에서 유학자인 북곽 선생의 부정적인 모습을 희화화하여 제시하고 있다.
㉱ (마)의 '앞서 내 듣건대, 유(儒)란 것은 유(諛)라 하더니 과연 그렇구나.'에서 동음이의어인 '유'를 활용한 언어유희를 통해 부정적 대상인 북곽 선생의 아첨하는 모습을 비판하고 있다.

오답 피하기
㉯ 이 글은 작품 밖 서술자가 인물과 사건에 대해 제시하는 전지적 작가 시점을 취하고 있다.
㉰ 이 글은 사물이나 동물에 빗대어 교훈을 전달하는 우화적 수법을 통해 양반의 도덕적 허위의식을 비판한 소설로, '현실-꿈-현실'로 구성된 환몽 구조는 나타나지 않는다.

2　정답 ①

북곽 선생을 명성이 자자한 인물로 설정한 것은 그의 위선적 행동에 대한 풍자 효과를 극대화하기 위해서이므로, ①이 적절하다.

오답 피하기
② ㉡은 북곽 선생과 동리자가 밀회를 즐기며 고상한 척 시를 짓는 모습으로 그들의 이중적 모습을 풍자한 것이다.
③ ㉢에서는 북곽 선생을 여우로 풍자하여 나타낸 것이다.
④ ㉣에서 북곽 선생이 똥이 찬 구덩이에 빠진 것은 그의 허위와 위선을 풍자하기 위한 모습으로 볼 수 있다.
⑤ ㉤은 범에게 아첨하는 비굴한 모습을 합리화시키는 모습으로, 양반의 허위에 찬 모습을 확인할 수 있다.

3　정답 ④

ⓐ는 범이 자신에게 아첨하는 북곽 선생의 태도를 꾸짖는 말로, 이와 어울리는 한자 성어로는 '아첨하는 말과 알랑거리는 태도'를 의미하는 '교언영색(巧言令色)'이 가장 적절하다.

오답 피하기
① 마이동풍(馬耳東風): 동풍이 말의 귀를 스쳐 간다는 뜻으로, 남의 말을 귀담아듣지 아니하고 지나쳐 흘려버림을 이르는 말
② 설상가상(雪上加霜): 눈 위에 서리가 덮인다는 뜻으로, 난처한 일이나 불행한 일이 잇따라 일어남을 이르는 말
③ 일취월장(日就月將): 나날이 다달이 자라거나 발전함
⑤ 소탐대실(小貪大失): 작은 것을 탐하다가 큰 것을 잃음

4　정답 ③

(라)에는 동리자의 다섯 아들들이 북곽 선생을 붙잡기 위해 방을 급습하고, 이에 크게 놀란 북곽 선생이 헐레벌떡 도망치다가 똥구덩이에 빠지는 모습이 드러나 있는데, 이는 (다)에서 다섯 아들들이 북곽 선생을 둔갑한 여우로 알고 잡아 죽이려 모의한 결과이다.

5　정답 ②

이 글에서는 위선적인 북곽 선생의 모습이 나타날 뿐, 북곽 선생이 부를 이용하여 벼슬을 얻었다는 내용은 없으므로 ②는 적절하지 않다.

오답 피하기
① 여우가 사람 시늉을 한다는 것은 북곽 선생을 선비인 척만 하고 사람 같지도 않은 인물이라고 풍자하는 것이다.
③ 여우의 신발을 얻으면 그림자를 감출 수 있다는 것은 북곽 선생의 허위적 모습과 자신의 치부를 감추는 모습을 풍자한 것으로 볼 수 있다.
④ 애교를 부린다는 것을 북곽 선생이 호랑이에게 비굴하게 구는 태도로 보는 것은 적절하다.
⑤ 여우는 북곽 선생을 풍자한 것이므로, 이를 잡아 죽이자는 말에서 아들들로 인해 북곽 선생이 봉변을 당할 것임을 알 수 있다.

13　광문자전　　p.90~91

1 ④	2 ④	3 ④	4 ④	5 ③

1　정답 ④

이 글은 주인공인 광문과 관련된 여러 가지 사건을 삽화 형식으로 나열하여 인물의 따뜻한 인간애, 정직함, 물욕이 없음과 같은 특성을 부각하고 있다.

오답 피하기
① 이 글은 거지인 광문이 겪은 여러 일화들을 통해 광문과 같은 새로운 인간형을 제시하면서 양반들의 허위의식을 풍자하고 있다. 영웅의 일대기 구성은 나타나지 않는다.
② 꿈에서 깨거나 꿈속에서 겪은 일은 나타나지 않는다.
③ 이 글은 전지적 작가 시점의 소설로, 서술자의 전환이 나타나지 않는다.
⑤ 외화와 내화의 구조로 이루어진 액자식 구성은 나타나지 않는다.

2　정답 ④

㉣ '약방'에서 부자는 돈이 없어지자 광문을 의심하는데, 광문이 돈을 가져 간 것이 아니라는 것을 알게 되자 '광문이야말로 정의로운 인간이지'라고 평가하고 있다. 그러나 여기에서 광문의 신중함은 평가되지 않았으므로 적절하지 않은 것은 ④이다.

오답 피하기
① ㉮ '구멍집'에서 광문은 병이 든 아이를 위해 밥을 벌다 왔지만 오히려 그 아이를 죽인 것으로 의심을 받는다.
② ㉯ '동네 집'에서 주인 영감은 그의 말씨가 정말 꾸밈없고 순진한 것을 알고 광문을 새벽에 풀어 준다.
③ ㉰ '수표교'에서 비렁뱅이가 다리 아래 버린 시체를 광문이 묻어주는 모습을 통해 거지들의 행동과 광문의 의로운 모습이 대조되어 나타난다.
⑤ ㉱ '길'에서는 광문이 싸움하는 이들을 만났을 때 문제를 재치 있게 해결하는 모습이 드러난다.

3　정답 ④

부모도 없고 형제와 처자마저 없는 광문의 처지를 이르는 말은 '의지할 곳이 없는 외로운 홀몸'을 뜻하는 '혈혈단신(孑孑單身)'이 적절하다.

오답 피하기
① 백발홍안(白髮紅顏): 머리털은 허옇게 세었으나 얼굴은 소년처럼 붉다는 뜻으로, 나이는 많은데 매우 젊어 보이는 사람을 비유적으로 이르는 말
② 순망치한(脣亡齒寒): 입술이 없으면 이가 시리다는 뜻으로, 서로 이해관계가 밀접한 사이에 어느 한쪽이 망하면 다른 한쪽도 그 영향을 받아 온전하기 어려움을 이르는 말

③ 백면서생(白面書生): 한갓 글만 읽고 세상일에는 전혀 경험이 없는 사람
⑤ 구척장신(九尺長身): 아홉 자나 되는 아주 큰 키. 또는 그런 사람

4
정답 ④

광문이 장가들기를 사양한 것은, 사내들이 그러하듯 여인들도 추한 외모의 남자를 좋아하지 않을 것이라는 생각 때문이다. 이는 남녀 모두 대등한 권리를 갖는다는 광문의 인식에서 비롯된 것으로, 자존심과는 관련이 없다.

5
정답 ③

약방 부자는 돈을 방에 두고 외출하면서부터 광문을 신뢰하지 못하고 처조카가 와서 없어진 돈에 대해 자초지종을 설명할 때까지 광문을 계속 의심했으므로, ③은 적절하지 않다.

오답 피하기
① 주인 영감은 광문의 꾸밈없는 말씨를 보고 그를 풀어 준다.
② 주인 영감은 광문의 일을 의롭게 여겼다고 했으므로 적절하다.
④ 광문은 부자가 자신을 의심하는 이유도 모르는 채 잠자코 일만 하는 상황이다.
⑤ 부자는 처조카가 돈을 가져갔었다는 것을 알고 나서 자신이 광문을 의심한 것을 부끄럽게 생각한다.

⑭ 적벽가
p. 92~93

| 1 ④ | 2 ④ | 3 ③ | 4 ② | 5 ⑤ |

1
정답 ④

관공은 본국으로 돌아와 공명 앞에 엎드려 자신이 조조를 잡고도 놓아주었다고 솔직하게 보고하고 있다.

오답 피하기
① 관공은 자신을 잡아가지 말라는 조조의 말을 듣고 감심하여 조조를 놓아주고 있다.
② 조조는 주창에게 술을 드릴 테니 놓아 달라며 회유하고 있다.
③ 주창은 항장, 장량 등의 고사를 인용하여 간웅인 조조를 잡아야 한다는 자신의 생각을 드러내고 있다.
⑤ 관공은 조조의 은혜를 입은 적이 있어서 조조를 살려 주려 하고, 주창은 이에 대해 반대의 입장을 보이고 있다.

2
정답 ④

세인들은 조조를 살려준 관공이 '슬겁구나(마음씨가 너그럽고 미덥구나)'라고 하며 천하에 늠름한 대장부라고 칭송하고 있다. 따라서 조조를 제거하지 못한 안타까움과는 관련이 없다.

오답 피하기
① 조조는 관공의 칼을 두려워하며 혼은 벌써 피난 간 지 오래라고 말하고 있다.
② 주창은 조조가 처세에 능하고 간사한 꾀가 많은 영웅이라고 하면서 그를 살려 두지 말라고 하고 있다.
③ 관공은 과거에 조조의 은혜를 입은 적이 있기 때문에 조조를 죽일 마음이 없어서 거짓으로 분노하며 말하고 있다.
⑤ 관공은 자신이 조조를 죽이지 못했다며 군율대로 처형해 달라고 공명에게 말하지만, 공명은 조조를 원래 죽이지 않으려 했다며 관공의 죄를 묻지 않

고 있다.

3
정답 ③

조조는 군사들에게 자신의 목이 잘 있는지 물어보고 벌벌 떨면서 도망가는 등 장군이라는 신분에 맞지 않는 말과 행동을 하고 있는데, 여기에는 판소리의 특징인 해학성이 두드러지게 나타나고 있다.

4
정답 ②

관공은 조조를 꼭 잡아 오겠다는 군령장을 썼음에도 불구하고 과거 조조가 자신의 목숨을 살려 준 것에 대한 의리를 지키기 위해 조조를 풀어 주었으므로, ②가 가장 적절하다.

오답 피하기
① 조조가 패한 것이 조조의 욕망 때문인지는 이 글에 드러나지 않는다.
③ 전쟁 장면 중심이므로 백성들의 어려운 현실은 나타나지 않는다.
④ 조조의 부하들이 조조를 살려 달라고 비는 장면은 나오지만 극의 중심 내용이 아니므로 적절하지 않다.
⑤ 권력 투쟁에 대한 내용은 나타나지 않는다.

5
정답 ⑤

[A]에서는 관공의 위협 앞에서 비굴한 모습을 보이는 조조의 모습이 희화화되어 있고, [B]에서는 말에서 떨어진 조조를 본 장졸들의 당황한 모습에 대한 서술자의 평가가 제시되고 있으나, [A]와 [B] 모두 관습적 표현으로 배경을 묘사하고 있는 부분은 찾을 수 없다.

오답 피하기
①, ② [A]에는 관공에게 잡혀 청룡도 앞에서 죽음을 두려워하는 조조의 모습이 과장된 행동으로 희화화되어 나타나고 있다.
③ [B]에서는 '살려 주오 살려 주오', '우지 마라 우지 마라' 등의 동일한 어구가 반복되어 율격이 형성되고 있다.
④ [B]에는 조조의 장졸들이 조조의 목숨을 살려 달라고 관공에게 비는 모습에 대해 '사람의 인륜에 못 볼래라.'라는 서술자의 평가가 드러나 있다.

⑮ 통곡할 만한 자리
p. 94~95

| 1 ⑤ | 2 ④ | 3 ① | 4 ⑤ | 5 ② |

1
정답 ⑤

이 글에서 칠정이 모두 울음을 자아낼 수 있음을 열거를 통해 설명하고 있지만, 이것을 글의 흐름에서 벗어난 특정 장면의 극대화로 볼 수 없다.

오답 피하기
① '나'는 요동 벌판을 '한바탕 통곡하기 좋은 울음터'라고 말하면서 웃음과 울음에 대한 상식을 뛰어넘는 발상의 전환을 보여 주고 있다.
② '나'는 요동 벌판을 보고 울고 싶은 것을 갓난아기가 세상에 태어나서 울음을 우는 것에 빗대고 있다. 또한 한나라의 가의와 같은 구체적인 예를 통해 독자가 쉽게 이해하도록 돕고 있다.
③ 이 글은 정 진사의 물음에 '나'가 대답하는 문답 구조로 전개되고 있다.
④ '백탑이 현신함을 아뢰오.'라는 표현은 무생물인 백탑이 행동의 주체가 되어 탑을 보러 오는 사람을 영접하러 나간다는 의미로, 주객이 전도된 발상을 통해 태복의 들뜬 감정을 드러내고 있는 부분이다.

2 　　　　　　　　　　　　　　　　　　　　　　　　정답 ④

이 글의 '정 진사'의 물음과 〈보기〉의 '손'의 물음은 일반적이고 상식적인 관점일 뿐, 무지에서 나온 것이라고는 볼 수 없다.

오답 피하기

① 이 글의 '정 진사'와 〈보기〉의 '손'은 각각 울음은 슬플 때에 울고, 배 위에서 지내는 것은 위험하다는 보편적인 생각을 보여 준다.

② 이 글의 글쓴이는 갓난아기의 울음, 〈보기〉의 '주옹'은 평탄한 땅을 디딜 때와 험한 지경에 처했을 때의 사람의 마음에 대해 언급하며 상대방의 물음에 답하고 있다.

③ 이 글의 글쓴이와 〈보기〉의 '주옹'은 각각 울음은 칠정 모두에서 나오고, 배 위에서의 삶은 항상 조심하는 태도를 지니게 만든다고 하여 자신만의 개성적 관점을 드러낸다.

⑤ 이 글의 글쓴이는 요동 벌판을 보고 '참 좋은 울음터'라고 말하고, 〈보기〉의 '주옹'은 배 위에서 생활하고 있는데, 이와 같은 행위는 상대방의 호기심을 불러일으킨다.

3 　　　　　　　　　　　　　　　　　　　　　　　　정답 ①

㉮ 질문에 이어지는 '저 갓난아기에게 물어보시오. ~ 그는 먼저 해와 달을 보고, 다음에는 앞에 가득한 부모와 친척들을 보니 기쁘지 않을 리 없지.'라는 글쓴이의 말을 통해 갓난아기처럼 넓은 세상에 나온 기쁨에 울어야 함을 알 수 있다.

4 　　　　　　　　　　　　　　　　　　　　　　　　정답 ⑤

갓난아기에 비유한 '나'의 인식 과정 3단계의 울음은 심리적 갈등이 아니라, 갑갑한 조선을 벗어나 청나라의 선진 문화를 접하게 된 기쁨에서 나온 것이다.

오답 피하기

① 체험 과정의 2단계는 '나'가 산모롱이를 지나 드넓은 벌판을 보는 것이다.

② 화자는 넓은 세상을 보며 울고 싶다고 하고 있는데, 이것은 슬플 때 울음을 터뜨린다는 일반적 관념을 뒤엎는 반응이다.

③ ⓑ는 아기가 어머니의 태중에서 갑갑하게 지내다가 출산으로 벗어나는 과정인데, 이것은 폐쇄된 조선의 현실을 비유한 것으로 볼 수 있다.

④ 인식 과정 2단계에서 갓난아기가 넓은 세상으로 나온 것은 '나'가 접하게 된 청나라의 넓은 땅과 새로운 문물을 비유한 것이다.

5 　　　　　　　　　　　　　　　　　　　　　　　　정답 ②

㉡은 객수(객지에서 느끼는 쓸쓸함이나 시름)를 표현한 것이 아니라, 광활한 요동 벌판에 대한 감격과 기쁨, 자연에 대한 경외감을 나타낸 것이다.

---

01 폐어인(肺魚人) 　　　　　　　　　p. 98~99

1 ④	2 ②	3 ③	4 ②	5 ③

1 　　　　　　　　　　　　　　　　　　　　　　　　정답 ④

이 글은 전지적 작가 시점으로 작품 밖의 서술자가 인물의 행동을 전달할 뿐만 아니라 심리까지 제시하고 있다. 따라서 작중 인물로 등장하지 않는 서술자가 작중 인물이 대화하며 생각한 바를 포착하여 전달하고 있다는 설명은 적절하다.

오답 피하기

① 작중 인물로 등장한 인물들로 서술자를 교체하며 사건에 대한 정보를 다각도로 제시한 부분은 찾을 수 없다.

② 현일의 심리, 또는 병수의 심리를 중점적으로 다루고 있지, 특정 인물의 시각을 빌려 사건의 전말을 요약하고 있지는 않다.

③ 이 글은 전지적 작가 시점으로 인물의 심리 등을 제시하고 있는 것으로 보아 객관적 태도를 유지하며 인물 간의 갈등을 서술하고 있다는 설명은 적절하지 않다.

⑤ 작중 인물로 등장하지 않는 서술자가 인물의 심리까지 서술하고 있으며 일부 정보를 인지하지 못한 채 사건을 설명하고 있는 부분은 찾을 수 없다.

2 　　　　　　　　　　　　　　　　　　　　　　　　정답 ②

'선생께서 말씀하시는 의지나 패기는, 오히려 선생의 신병과 정신적 타격의 반동이 아닐까요?'와 같이 병수(ⓑ)는 현일(ⓐ)에게 냉정하게 말하였지만 이는 '속에 있는 대로 털어놓'은 것이다. 이내 말이 지나쳤다고 후회한 것으로 보아 현일이 현실을 직시할 수 있도록 병수가 의도적으로 심한 말을 하고 만족해했다는 것은 적절하지 않다.

오답 피하기

① 도영이 흘린 피를 씻으려고 병수가 손수건을 들고 다가앉자 현일은 병수를 떠밀어 내며 저리 가라고 소리를 지른다. '이런 더러운 피에 왜 손을 적시려나'와 같은 현일의 말을 통해서도 현일이 병수를 보호하려고 함을 알 수 있다.

③ 'M학교 시대에 또 각혈을 한 것이라고 볼 수밖에 없는 현일 선생이 그러한 때마다 ~ 열성적으로 강조하는 말을 들을 때마다 감격하였고 현일 선생을 더욱 숭배하였던 것을 생각하였다.'를 통해 알 수 있다.

④ '어느덧 이야기가 또 이렇게 되풀이되는 것이 현일은 불쾌하였다.', '자기 말조차 이렇게 삐여지는 것이 우울하였다.'를 통해 알 수 있다.

⑤ '얼마 후에 성문 저편에 자동차가 멎고 병수가 돌아왔다.', '운전수의 손을 빌려서 도영이를 차에 싣고 떠났다 ~ 현일은 차 한편 모퉁이에 기대었다.'를 통해 알 수 있다.

3 　　　　　　　　　　　　　　　　　　　　　　　　정답 ③

폐어는 물속과 뭍, 모두에서 호흡이 가능한 물고기이다. 현일은 폐병으로 죽어 감에 따라 패기를 잃고 절망인들 남아 있지 않는 무력감을 드러내고 있다. 이와 같은 현일의 비극적 상황을 두 가지 호흡의 기능을 다 잃고 죽어 가는 폐어에 빗대어 나타내고 있다.

오답 피하기

① 아직 남은 마음의 탄력으로 또 상쾌한 명상으로 떠올라 보는 것은 패기와 낙관의 삶을 살아가려는 의지로 볼 수 있다. 욕망을 내려놓고 심적 안정

상태에 이르렀음을 의미하고 있는 것이 아니다.
② 최소한의 도움도 공급받지 못한 채 폐병으로 죽어 가고 있다는 내용은 확인할 수 없다.
④ 폐병으로 죽어 가는 자신의 모습을 두 가지 호흡을 모두 잃은 폐어의 모습과 동일시하며 죽어 가는 폐어에게 물과 공기가 무용지물인 것처럼 자신에게 절망도 남아 있지 않다고 말한다. 육체와 정신이 파괴될 수밖에 없는 현실 제도에 대한 비판적 태도를 찾아보기 어렵다.
⑤ 폐어가 두 가지 호흡의 기능을 모두 잃고 죽어 가는 것은 현일이 패기를 잃은 데다가 절망조차 남아 있지 않은 것을 의미한다.

4

정답 ②

[A]는 현일의 속마음이 나타나는 부분으로 '그러나 지금 내게는 무엇이 남았으랴. 절망인들 남았으랴. 죽어 가는 폐어에게 물도 공기도 무슨 소용이랴.'와 같이 현일의 내적 독백을 제시하고 있다. 이를 통해 절망과 패기, 비관과 낙관 두 가지 정반대의 생각을 번갈아 가며 살아왔지만 이제는 '두 가지 호흡의 기능'을 다 잃고 죽어 가는 폐어와 같다고 느끼는 현일의 내면 의식이 나타난다.

5

정답 ③

현일이 사회인으로서 책임 의식을 강화하기 위한 일을 계획하는 모습은 나타나지 않는다. '사회인으로 무엇을 해 보겠다는 희망도 야심도 사라지고 모든 것이 귀찮아지고 세상이 어둡고 인생을 저주하고 싶은 것이었다'를 통해 현일은 사회인으로서 무엇을 해 보겠다는 희망과 야심이 사라진 상태임을 알 수 있다.

오답 피하기

① 실생활에 나서기가 무서워 오래 학창 생활을 해 보겠다는 병수의 말에 현일은 의지와 패기를 가져 볼 수는 없겠냐고 말하며 안타까운 마음을 드러내고 있다.
② 의지나 패기를 가져 보라는 현일의 말에 병수는 의지나 패기가 선생의 신병과 정신적 타격의 반동이 아니겠냐며 냉소적인 태도로 반박하고 있다.
④ 현일은 자신이 '건강으로나 교육자로나 절망적이지만, 자네 같은 사람들이야 왜'라며 자신과 병수를 구분한다. 현일은 청년 세대인 병수가 의지와 패기를 갖고 자신보다 더 나은 삶을 살았으면 하는 바람을 드러내고 있다.
⑤ 도영이 폐병으로 인해 피를 흘리고 병수가 이를 닦으려고 하자 현일은 더러운 피에 손을 적시지 말라며 만류한다. 이는 현일이 병수를 염려해 주는 것이라 할 수 있다. 병수가 '이런 더러운 피에 왜 손을 적시려나'라고 한 현일의 말을 떠올리는 것은 자신을 염려해 주는 마음에서 한 현일의 말의 의미를 헤아려 보려는 병수의 태도를 드러낸 것이라 볼 수 있다.

---

02 소설가 구보 씨의 일일

p.100~101

1 ③	2 ⑤	3 ④	4 ①	5 ⑤

1

정답 ③

ㄴ. '황금을 찾아, 황금을 찾아, 그것도 역시 숨김없는 인생의, 분명히, 일면이다.'와 같이 쉼표의 잦은 사용을 통해 서술의 속도를 조절하고 있다.
ㄷ. '남대문', '경성역'과 같은 구체적인 배경을 통해 사실성을 획득하고 있다.

오답 피하기

ㄱ. 노파, 노동자와 같은 인물의 외양을 묘사한 부분은 드러나지만, 대화를 중심으로 서술하고 있지는 않다.
ㄹ. 각기 다른 주인공이 등장하는 독립된 이야기들을 배치하는 것은 옴니버스 구성에 해당한다. 이 글은 주인공인 구보가 서울 거리를 배회하며 느끼는 내면 의식의 변화를 보여 주고 있으므로, 옴니버스 구성이라 할 수 없다.

2

정답 ⑤

'그는 삼등 승차권을 주머니 속에 간수하고 일, 이등 대합실에 오만하게 자리 잡고 앉을 게다.'에서 구보는 중년 신사의 행동을 상상하면서 그의 거만한 태도를 냉소적으로 비판하고 있으므로, ⑤는 적절하지 않다.

오답 피하기

① '여인은 그것을 쫓아와 집기를 단념하기조차 하였다.'에서 '젊은 아낙네'가 병자에게 접근하기를 꺼리는 모습이 나타난다.
② '그는 뉘 집에 드난을 살다가 이제 늙고 또 쇠잔한 몸을 이끌어~딸네 집이라도 찾아가는지 모른다.'에서 구보는 '노파'가 남의 집 일을 하며 살아왔을 것이라고 추측하고 있다.
③ '40여 세의 노동자. 전경부에~분명한 바제도병.'에서 구보는 '40여 세의 노동자'가 바제도병을 앓고 있을 것이라고 추측하고 있다.
④ '손에 조그만 보따리 하나도 들지 않은 그들을.~거의 다 금광 브로커에 틀림없었다.'를 통해 확인할 수 있는 내용이다.

3

정답 ④

병자 앞에 떨어진 복숭아를 집지 않는 젊은 아낙네는 현대인의 비인간적 모습을, 온갖 사람에게 의혹을 갖는 양복 입은 사나이는 타인을 불신하는 모습을 보여 주고 있다. 두 인물 모두 타인을 두려워하는 태도를 보인다고 말하기 어렵다.

오답 피하기

① 늙은 노파와 40여 세의 노동자를 묘사한 모습에서 그들의 삶이 가난에 찌들었음을 알 수 있다.
② 구보는 노파를 피하는 시골 신사의 얼굴에 부종이 있는 것을 발견하는데, 이는 노파를 불신하는 신사의 정신이 병들었음과 동시에 육체도 병들어 있음을 의미하는 것이다.
③ 구보는 개찰구 앞의 두 사나이를 금광 브로커라고 추측하며 평론가와 시인, 문인들까지 황금을 찾아 나온 물질 만능주의적인 시대를 비판하고 있다.
⑤ 대합실에 빽빽하게 모여 있어도 옆 사람에게 말을 건네지 않는 군중들의 모습에서 무관심과 개인주의적인 모습이 드러나고 있다.

4

정답 ①

[A]에서는 '~찾아가는지 모른다.', '~감동시킬 수 없을지 모른다.', '~(으)ㄹ 게다.'와 같은 추측하는 표현을 활용하여 대상인 노파와 신사에 대해 상상한 것을 드러내고 있다.

5

정답 ⑤

'이러한 문인들'은 졸부가 되고 또 몰락하여 가는 사람들에 해당한다. 주인공인 구보는 이들을 비판적으로 바라보고 있으나, 물질적인 가치관에 의해 타락한 현실에서 벗어날 대책을 모색하고 있지는 않다.

03 사평역

1 ①	**2** ⑤	**3** ⑤	**4** ③	**5** ⑤

1
정답 ①

이 글의 '밝은 간간이 어둠 저편으로부터 바람이 불어왔고, ~사람들은 각기 골똘한 얼굴로 생각에 빠져 있다.'에서는 대합실 안팎의 배경 묘사를 통해 쓸쓸한 분위기를 형성하고 있다.

오답 피하기

② 이 글에는 과거 시제와 현재 시제가 혼용되어 나타나고 있다.

③ 이 글은 외화와 내화로 설정된 액자식 구조로 되어 있지 않다.

④ 이 글에서 인물의 구체적인 행동은 드러나지만, 인물의 대화를 중심으로 글이 마무리되고 있지는 않다.

⑤ 이 글은 전지적 작가 시점으로 서술되어 작품 안 서술자가 등장하지 않는다.

2
정답 ⑤

위태로운 자세로 기대어 있는 청년의 모습이 마음에 걸렸다는 것은 청년에 대한 역장의 불만이 아니라, 걱정을 나타내는 것이다.

오답 피하기

① ㉠에서는 '윙윙대는 바람 소리, 싸륵싸륵 눈발이 휘날리는 소리' 등 청각적 이미지를 통해 겨울 밤 기차역의 상황을 묘사하고 있다.

② ㉡에서 청년은 불꽃이 타오르는 짧은 순간 어머니의 모습을 본 것 같다며 어머니가 웃는 얼굴을 회상하고 있다.

③ ㉢은 대학생을 줄곧 지켜보며 그가 꿈을 꾸고 있는지도 모르겠다는 중년 사내의 생각이다.

④ ㉣ '호르르르'라는 음성 상징어를 통해 불꽃이 피어오르는 모습을 생동감 있게 표현하고 있다.

3
정답 ⑤

'밤새 내내 내릴' 눈은 기차를 타고 떠난 사람들의 고단한 삶이 계속될 것임을 암시하는 것으로, 앞날에 대한 작가의 축복의 메시지라고 해석하는 것은 적절하지 않다.

4
정답 ③

이 글에서 대학생이 난로에 톱밥을 뿌리는 행위를 사내가 따라하고는 있으나, 그들이 서로의 아픔을 이해함으로써 소통하고 있다고 보기 어렵다. 그리고 여기서 역장이 소외되고 있다고 단정 짓기도 어렵다.

오답 피하기

① ⓐ와 ⓑ는 서로 모르는 인물이지만 추운 겨울날이기 때문에 난로 옆으로 모여 앉게 된다.

② ⓐ는 난로에 톱밥을 넣으며 어머니, 아버지, 동생, 친구들과 노교수 등을 떠올리고, 이어서 ⓑ도 허 씨 같기도 하고 낯선 사람인 것도 같은 그리운 얼굴을 떠올리고 있다.

④ 열차가 떠나고 사람들이 사라진 뒤에야 난로 곁에 다가오는 ⓓ는 사람들 곁에 있기를 꺼리는 처지임을 짐작할 수 있다.

⑤ ⓒ는 ⓓ를 걱정스러워하며 난로에 톱밥을 더 부어 주어야겠다고 생각하고 이를 행동으로 옮기고 있다.

5
정답 ⑤

이 글에서 '야간 완행열차'는 고달픈 삶을 살아가는 인물들이 기다리는 대상으로 그들의 삶의 처지를 드러내고 있지만, 이상적인 삶을 상징한다고 볼 수는 없다.

04 돌다리

1 ⑤	**2** ⑤	**3** ④	**4** ⑤	**5** ⑤

1
정답 ⑤

이 글의 '외아들인 자기가 부모님을 진작 모시지 못한 것이 잘못인 것, ~서울 가까이라도 얼마든지 좋은 것으로 살 수 있는 것…….'에서 창섭이 한 말의 내용을 서술자가 요약적으로 제시하여 땅을 팔아 병원을 확장하려는 창섭의 의도를 명확하게 드러내고 있다.

오답 피하기

① 인물 간의 대화를 통해 갈등 양상은 선명하게 드러나지만, 인물의 희화화는 나타나지 않는다.

② 중심 소재(돌다리)에 대한 서술자의 직접적인 논평은 확인할 수 없다.

③ 관찰자의 객관적 서술은 작가 관찰자 시점에 대한 설명이다.

④ 내부 서술자의 고백적 진술은 1인칭 시점에 대한 설명이다.

2
정답 ⑤

'마침 교통 편한 자리에 삼층 양옥이 하나 난 것, ~그러면서도 가격은 염한 것'에 나타난 창섭의 생각은 '금상첨화(錦上添花)'와 연결시킬 수 있다. '금상첨화'는 비단 위에 꽃을 더한다는 뜻으로, 좋은 일 위에 또 좋은 일이 더하여짐을 비유적으로 이르는 말이다.

오답 피하기

① 금과옥조(金科玉條): 금이나 옥처럼 귀중히 여겨 꼭 지켜야 할 법칙이나 규정

② 부화뇌동(附和雷同): 줏대 없이 남의 의견에 따라 움직임

③ 망연자실(茫然自失): 멍하니 정신을 잃음

④ 절치부심(切齒腐心): 몹시 분하여 이를 갈며 속을 썩임

3
정답 ④

아버지는 땅의 진정한 가치를 생각하지 않고 부의 수단으로 여기는 사람들을 비판하는 것이지, 조상으로부터 물려받은 땅 이외에 돈을 주고 땅을 사서는 안 된다는 주장을 하는 것이 아니므로, ④는 적절하지 않다.

오답 피하기

① 고향의 땅을 팔아 병원을 확장하여 이익을 얻으려는 아들은 땅을 재산 축적의 수단으로 여기는 근대적 인물로 볼 수 있다.

② 돌다리에 대해 애착을 보이는 아버지의 모습은 농촌의 가치를 중시하는 전통적 인물로 볼 수 있다.

③ 땅을 만물의 근본으로 여기는 아버지의 말을 통해 땅의 본래적 가치보다 금전적 가치만 중시하는 근대적 인물들을 비판하고 있음을 알 수 있다.

⑤ 땅을 금전적 가치의 도구로만 보는 아들과 땅에 대한 신념을 지닌 아버지의 갈등을 통해 근대화의 과도기에 일어날 수 있는 세대 간의 갈등을 효과적으로 형상화하고 있다.

4
정답 ⑤

이 글에 나타난 사건의 발생 순서는 '어머니가 창섭을 맞이하다 → 창섭이 아버지에게 계획을 말하다 → 아버지가 다시 개울가로 나가다 → 장정들이 다릿돌을 놓다 → 아버지가 점심상을 받다'로 볼 수 있다. 따라서 ④ → ① → ② → ③ → ⑤이므로 마지막으로 일어난 사건은 ⑤ '아버지가 점심상을 받다'이다.

5 정답 ⑤

이 글에서 창섭과 어머니는 땅을 장소애의 대상으로 여기고 있는 인물들로 보기 어렵다. 따라서 땅을 장소애의 대상으로 여기는 의식이 두루 퍼져 있는 당시 상황이 전제되어 있다는 설명은 적절하지 않다.

오답 피하기

① 창섭은 집을 매매의 대상으로만 여길 뿐 애착을 보이고 있지 않다.

② '넌 그 다리서 고기를 잡던 생각두 안 나니?', '내 할아버지 산소에∼그 다리루 글 읽으러 댕겼다.'를 통해 아버지에게 돌다리는 추억과 애환이 담긴 장소애의 대상이라는 것을 알 수 있다.

③ '그 나무 밑에 설 때마다 난∼경건한 마음이 솟아 우러러 보군 헌다.'라는 아버지의 말에서 마당의 은행나무가 아버지에게 집에 대한 장소애의 성격을 더 강화하고 있음을 알 수 있다.

④ '장소애의 의미'란 땅이 '천지만물의 근거', '조상들과 그 땅의 인연'이라는 아버지의 생각을 의미하므로 적절하다.

05 황만근은 이렇게 말했다
p. 106~107

| **1** ③ | **2** ④ | **3** ④ | **4** ③ | **5** ③ |

1 정답 ③

신빙성 없는 서술자란 자기가 서술하는 일들에 관한 인식과 해석이 미성숙이나 무지 등으로 인해 잘못되어 사실을 정확히 파악하지 못하는 서술자를 말한다. 이 글은 전지적 작가 시점을 통해 지능이 떨어지는 주인공의 행적에 대해 서술하고는 있으나, 신빙성 없는 서술자가 등장하지는 않는다.

오답 피하기

① 이 글은 시간 순서가 뒤바뀌는 역순행적 구성에 따라 사건이 전개되고 있다.

② '농사를 지도 부채, 농사를 몰라도 부채, 아이고, 그라마 우리를 다 합치 가이고 부채 말고 선풍기를 해도 되겠네.'와 같은 구절에서 동음이의어를 통한 언어유희를 통해 빚에 억눌린 농민들의 상황을 보여 주고 있다.

④ 이장과 민 씨, 마을 사람들의 대화에서 드러나는 경상도 방언을 통해 토속적 분위기를 형성하고 있다.

⑤ 인물들의 대화를 통해 이장, 민 씨 등의 성격을 드러내고 있다.

2 정답 ④

ⓔ은 왜 농민 궐기 대회에 나가려 하냐는 황철석의 말에 민 씨가 반박하며 자신도 부채 문제에서 자유롭지 않다고 대답하는 부분이다. 이는 자신도 부채가 있는 농사꾼이기 때문에 농민 궐기 대회에 나갈 것이라는 대답이지, 여기에서 마을 사람들을 위로하려는 이타적 태도가 나타나는 것은 아니다.

오답 피하기

① ㉠에서는 전국적인 시위를 할 정도로 많은 농민들이 빚에 허덕이고 있는 농촌 현실이 드러나고 있다.

② ㉡의 '내가 아나.'에서는 타인의 일에 관심을 갖지 않는 현대인의 이기적인 모습이 나타난다.

③ ㉢에서는 마을 일에 성실하게 참여하는 주인공 황만근의 모습이 드러난다.

⑤ ㉤에서는 과중한 빚에 억눌려 지내는 농민들의 현실이 융자금 소송과 연대 보증 때문에 파산한 사례들로 드러나고 있다.

3 정답 ④

[A]에서 이장은 황만근의 실종에 대해 책임을 회피하며 자기에게 유리하게 해석하면서 변명하고 있다. 이는 자기 논에 물 대기라는 뜻으로, 자기에게만 이롭게 되도록 생각하거나 행동함을 이르는 말인 '아전인수'와 가장 관계 깊다.

오답 피하기

① 백골난망: 죽어서 백골이 되어도 잊을 수 없다는 뜻으로, 남에게 큰 은덕을 입었을 때 고마움의 뜻으로 이르는 말

② 권토중래: 땅을 말아 일으킬 것 같은 기세로 다시 온다는 뜻으로, 한 번 실패하였으나 힘을 회복하여 다시 쳐들어옴을 이르는 말

③ 우문현답: 어리석은 질문에 대한 현명한 대답

⑤ 전전긍긍: 몹시 두려워서 벌벌 떨며 조심함

4 정답 ③

이 글에서는 이장, 황철석, 황학수 등 인물들이 사용하는 구어체 사투리를 통해 농촌이라는 배경의 현장감을 잘 드러내고 있다.

5 정답 ③

시간상으로 보면 '㉰황만근이 살아온 삶 → ㉱이장이 소집한 회의 → ㉮황만근의 실종 → ㉯민 씨가 소집한 회의'로 볼 수 있다. 따라서 ㉯와 ㉱의 회의를 통해 황만근이 경운기를 타고 농민 궐기 대회에 나갔다가 ㉮의 실종이 일어난 것임을 알 수 있다.

오답 피하기

① ㉮는 ㉱ 이후에 일어난 사건이다.

② ㉯에서는 민 씨와 이장이 황만근의 실종으로 인해 갈등하는 분위기이지만 ㉱는 그렇지 않다.

④ ㉰의 황만근이 살아온 삶에 대한 내용은 ㉱에서 황만근이 술을 좋아하는 정도로만 드러나고 있다.

⑤ 시간상으로 ㉯보다 ㉱가 먼저 일어난 사건이다.

06 역마(驛馬)
p. 108~109

| **1** ② | **2** ④ | **3** ⑤ | **4** ① | **5** ③ |

1 정답 ②

옥화는 사람들이 성기의 회춘을 거의 다 단념했을 때 사실은 자신과 계연이 혈연관계이며, 명도 또한 그렇게 말했음을 성기에게 털어놓고 있으므로, ②는 적절하지 않다.

오답 피하기

① 성기는 '고운 햇빛과 늘어진 버들가지와 산울림처럼 울려오는 뻐꾸기 울음 속'에 계연과 이별한 후 계속 앓아누웠다가 '이듬해 우수도 경칩도 다 지나, 청명 무렵의 비가 질금거릴 무렵'에 자리에서 일어났다고 했으므로 적절하다.

③ '어머니의 주막이 그의 시야에서 완전히 사라져 갈 무렵 해서는, ∼ 콧노래까지 흥얼거리며 가고 있는 것이었다.'를 통해 확인할 수 있다.

④ '차라리 몰랐으면 또 모르지만 한번 알고 나서야 인륜이 있는듸 어쩌겠냐.'에서 옥화는 계연이 자신의 이복동생이므로 성기와 갈라놓을 수밖에 없었음을 말하고 있다.

⑤ 성기는 옥화의 통정을 들은 뒤에 엿판을 맞춰 달라고 하는데, 이는 성기가

운명에 순응하여 방랑하는 삶을 선택했음을 보여 주는 것이다.

2
정답 ④

㉠, ㉡, ㉣ 성기가 장가들어 살림을 하는 것, 성기가 어머니와 살던 곳인 화갯골 쪽을 향하는 것, 계연이 떠난 구례 쪽을 향하는 것은 모두 운명을 거역하고 정착하는 삶을 의미한다.
반면, ㉢ 하동 쪽으로 향하는 것은 역마살을 받아들여 운명을 따르는 삶을 의미한다.

3
정답 ⑤

'화개 장터'는 역마살이 낀 장돌뱅이들의 집결지로, 대를 잇는 운명의 순환성을 보여 주는 공간적 배경이면서 '운명에 대한 순응'이라는 주제와도 깊은 관련성을 지니고 있다.

오답 피하기

① 이 글에서는 개인과 집단의 욕망이 충돌하지 않는다.
② 이 글에는 한국의 전통적 운명 의식은 나타나지만 서구 문화는 나타나지 않는다.
③ 이 글에서는 물질에 대한 인간의 탐욕은 나타나지 않는다.
④ 이 글에서는 인간과 운명과의 갈등과 이에 대한 순응이 나타나고 있으므로, '화개 장터'를 힘겹고 고단한 삶의 아픔을 치유하는 공간으로 보기는 어렵다.

4
정답 ①

이 글의 '그해 아직 봄이 오기 전' 이후에 과거 장면이 삽입된 부분이 나타나는데, 사건의 요약적 서술과 옥화의 말을 통해 체 장수 영감과 옥화, 계연의 관계가 드러나고 있다.

5
정답 ③

〈보기〉의 ㄴ에서 〈역마〉에 나타난 인물들의 생각과 행동은 적극적이지 않아서 자기 삶의 방향을 주체적으로 결정하는 현대인들이 공감하기 힘들다는 비판이 있다고 하였다. 이에 따르면 자신의 의지와 다르게 성기를 떠나게 된 계연은 주체적인 인물이라고 볼 수 없다.

오답 피하기

① ㄱ에 따르면 운명을 수용하는 것이 우리 민족의 전통적 삶의 방식이므로, 성기와 계연의 이별은 한국인의 전통적 삶의 방식을 보여 주는 장면이다.
② ㄱ에 따르면 운명을 수용하는 것이 세계와 조화되는 것이므로 엿장수가 되어 떠나는 성기의 행동은 세계와 조화를 이루는 것으로 볼 수 있다.
④ ㄴ에 따르면 〈역마〉의 인물들은 비합리적인데, 옥화가 명도의 말을 받아들이는 것은 이를 단적으로 보여 주고 있다.
⑤ ㄴ에 따르면 현대인들에게 운명을 수용하는 것은 적극적이지 않다고 하였으므로, 운명에 따르고 있는 성기는 소극적 삶의 자세를 보여 주고 있다.

07 무정
p. 110~111

1 ②	2 ①	3 ④	4 ⑤	5 ④

1
정답 ②

'또 영채 씨도 동경에 유학도 하게 되었고, 하니까 피차에 공부나 잘하고 장래에 서로 남매 삼아 지내게그려.'에서 알 수 있듯이 우선은 형식에게 형식과 영채의 장래 관계에 대한 조언을 하고 있다.

오답 피하기

① 선형이 우선과 형식의 대화 내용을 들었다는 근거는 찾을 수 없고, '선형은 조는지, 무슨 생각을 하는지 그린 듯이 기대어 앉았다.'를 통해 볼 때 선형이 형식의 갈등을 알아차린 후 형식을 애써 외면하고 있다는 설명은 적절하지 않다.
③ 영채와 혼인을 하지 않으면 중이 되겠다는 형식의 말에 대해 우선은 '지금 자네가 좀 노보세[上氣]했네. 참 자네는 어린아일세. 세상이 무엇인지를 모르네그려. 행여 꿈에도 그런 생각 내지 말고 어서 미국이나 가게.'라고 응수하고 있다. 이 말에 종교적인 이유를 들어 비난하고 있는 내용은 찾을 수 없다.
④ 우선은 '이제 그런 생각을 하면 무엇 하나. 또 영채 씨도 동경에 유학도 하게 되었고, 하니까 피차에 공부나 잘하고 장래에 서로 남매 삼아 지내게그려'라고 조언하며 영채와의 혼인보다는 형식의 유학을 권유하고 있다. 따라서 우선은 영채가 혼인을 결심하면 형식이 유학을 포기하는 것을 당연하게 여긴다는 설명은 적절하지 않다.
⑤ '대체 자기는 누구를 사랑하는가. 선형인가, 영채인가. 영채를 대하면 영채를 사랑하는 것 같고, 선형을 대하면 선형을 사랑하는 것 같다.'에서 알 수 있듯이 형식은 선형과 영채 중 누구를 더 사랑하는지에 대해 고민하고 있다. 따라서 형식은 영채를 더 사랑하므로 선형에게 파혼을 요청하는 일이 옳은 일이라고 판단하고 있다는 설명은 적절하지 않다.

2
정답 ①

[A]에서 형식은 미국 가기를 중지하고 영채와 혼인하겠다는 입장을 보인다. 이에 대해 우선은 '자네 지금 정신이 산란하였네.', '만일 영채가 자네와 혼인하기를 싫다 하면 어쩔 텐가.', '세상이 무엇인지를 모르네그려.'와 같이 형식의 생각에 대해 문제점을 지적하고 있다.

오답 피하기

② 형식은 유학보다도 개인적 의리를 지켜 영채와 혼인하려고 한다. 따라서 시대적 사명을 명분으로 자신의 주장을 강화하고 있다는 설명은 적절하지 않다.
③ 영채가 혼인을 원치 않으면 절에 가서 중이 되겠다는 형식의 말이 극단적인 상황을 가정한 것이라 할 수 있지만 최악의 결과를 제시한 것이라고 볼 수는 없다.
④ 형식은 '저편은 나를 위해서 목숨까지 버리려고 하는데 나는 이게 무슨 일인가.'와 같이 과거에 자신이 경험한 내용을 근거로 주장의 정당성을 확보하고 있다고 볼 수 있지만 우선이 자신의 과거 경험을 주장의 근거로 삼고 있는 부분은 찾을 수 없다.
⑤ 우선은 형식에게 '자네 미쳤단 말인가.', '참 자네는 어린아일세'와 같이 인신공격성 발언을 하고 있지만 형식은 우선에게 인신공격을 하고 있지 않다.

3
정답 ④

㉣에서 형식은 미국으로 가서 선형과 혼인을 하는 것이 영채를 버리는 일이라고 생각한다. 따라서 미국행을 선택하는 것과 선형과 혼인하는 일이 동시에 이루어질 수 없다는 인식이 드러나고 있다는 설명은 적절하지 않다.

오답 피하기

① ㉠에서 형식은 영채에 대한 미안함 때문에 미국행을 포기하려 한다.
② ㉡에서 우선은 영채 때문에 선형과의 혼인 약속을 깨겠다는 형식에게 정신이 온전하지 못하다고 말하며 형식의 생각이 비상식적이라는 인식을 드러내고 있다.
③ '영채하고 혼인한단 말이지?'라고 묻는 우선의 말에 형식은 ㉢과 같이 그것이 옳다고 답한다. 여기에는 영채와 혼인하기 위해 선형과의 약혼을 파하는 것이 옳다는 인식이 드러나 있다.

⑤ ⓜ에서 우선은 영채와 형식이 각각 동경과 미국으로 떠나 공부를 하고 장
래에 연인이 아닌 남매와 같은 새로운 관계를 맺는 것이 낫겠다는 인식을
드러내고 있다.

4
정답 ⑤

형식은 선형에 대한 사랑이 너무 박약하고 빈약하며 자기의 정신 발
달 정도가 아직도 극히 유치하다는 것을 깨닫고 있다. 또한 스스로
어른인 체하던 것을 깨닫고 스스로 부끄러운 생각이 든다고 하였다.
이러한 내용과 '조선 사람의 품을 이상과, 따라서 교육자의 가질 이
상을 확실히 잡았거니 하였다. 그러나 이것도 필경은 어린애의 생각
에 지나지 못하는 것이다.'를 통해 '어린아이'는 공동체의 이상을 관
념적으로 받아들이고 있는 자라면, '어른'은 공동체의 이상을 체득한
자라고 볼 수 있다.

오답 피하기

①, ②, ③ '마치 어른 없는 사회에 처하였으므로 스스로 어른인 체하던 것인
줄을 깨달으매 스스로 부끄러운 생각도 난다.'를 통해 형식에게 있어 '어
른'은 자신이 되고자 하는 인물상, 긍정적인 인물로 볼 수 있다. 따라서
'어른'을 윤리적으로 타락한 자, 약자를 지배하는 권력자, 기존의 풍습에
얽매인 자로 이해한 것은 적절하지 않다. 또한 형식이 말하는 '어린아이'
는 정신이 성숙하지 못했음을 의미하므로 윤리적으로 순결한 자, 권력에
복종하는 사회적 약자, 새로운 풍습에 적응하는 자와 연관시키기 어렵다.

④ 형식은 선형에 대한 사랑이 너무 박약하고 빈약하다는 것과 자기의 정신
발달 정도가 유치하다는 것 등을 깨닫는다. 이와 연관 지어 볼 때 외부 세
계의 충격과 관련하여 어린아이와 어른을 구분할 근거는 없다.

5
정답 ④

형식은 인생의 사업이 일조에 헛된 것임을 깨닫는 것과 함께 자기의
정신의 발달한 정도가 유치함을 깨닫고 어른인 체하던 것에 부끄러
운 생각이 난다며 반성하고 있으므로 연애의 실천에서 겪는 어려움
이 근대적 자아의 자각에도 부정적으로 영향을 미치고 있다는 설명
은 적절하지 않다.

오답 피하기

① 선형과 영채 사이에서 누구를 사랑하고 아내로 생각할지를 고민하는 형식
의 모습은 연애에 기초한 혼인의 문제를 고민하는 개인을 형상화한 것이
라 할 수 있다.

② '대체 자기는 누구를 사랑하는가. 선형인가, 영채인가.'와 같이 사랑의 대상
이 누구인지 자문하는 형식의 모습은 〈보기〉에서 말하는 '감정의 주체로
서 개인을 전제한 근대적인 관념'으로서의 연애를 서사화한 결과라고 할
수 있다.

③ '자기가 선형을 사랑하는 것은 자기에게 대하여서는 극히 뜻이 깊고 거룩
한 일이요, 자기의 동포에게 대하여서는 큰 정신적 혁명으로 생각한다.'에
서의 형식의 모습은 근대적 삶의 실천으로서의 연애가 계몽성을 지녔음을
보여 준다고 할 수 있다.

⑤ 선형에 대한 사랑이 박약하고 빈약함을 깨달으면서 자기는 아직 인생을
깨달을 때도 아니요, 사랑을 의논할 때도 아님을 깨닫는 형식의 모습은 연
애를 고민하는 개인적 경험을 통해 내면의 결핍이라는 새로운 진실에 접
근하는 모습을 보여 준다고 할 수 있다.

08 나목(裸木)
p. 112~113

1 ①	2 ④	3 ①	4 ⑤	5 ⑤

1
정답 ①

이 글은 1인칭 주인공 시점으로 작중 인물인 '나'의 경험을 고백적으
로 진술하며 자신의 내면 심리를 드러내고 있다.

오답 피하기

② 1인칭 관찰자 시점에 대한 설명이다.
③ 이 글은 1인칭 주인공 시점이기 때문에 관찰자의 입장에서 객관적으로 사
건을 전달하고 있지 않다.
④ 전지적 작가 시점에 대한 설명이다.
⑤ 여러 인물의 내면을 직접 서술하는 것은 전지적 작가 시점의 특징이다.

2
정답 ④

어머니는 아들들의 죽음과 부재로 인해 삶의 의욕을 상실하고 있고,
ⓓ에서 '나'는 이런 어머니에 대한 안타까움 때문에 손을 주무르며
사랑을 표현하고 있다. 자신을 못마땅해하는 어머니와의 화해를 위
한 행위는 아니다.

오답 피하기

① 아들들의 죽음 이후 과거에 매몰되어 있는 어머니의 모습을 '회색빛'이라
는 색채어로 표현하고 있다.
② 오빠들의 부재에서 생기는 '나'의 안타까움이 벽에 걸린 기타의 '음산한 저
음'을 통해 나타나고 있다.
③ 현재와 대비되는 어머니의 활기 넘치던 과거 모습을 '부드럽고 말랑한 손
과 구수한 음식 솜씨'와 같은 감각적 표현으로 드러내고 있다.
⑤ 어머니의 말로 인해 충격을 받은 '나'의 내면이 '시야가 부옇게 흐려 보였
다.'라는 시각적 표현을 통해 나타나고 있다.

3
정답 ①

'어쩌면 하늘도 무심하시지. 아들들은 몽땅 잡아가시고 계집애만 남
겨 놓으셨노.'라는 어머니의 말에 충격을 받은 '나'의 암울한 내면 심
리가 자지러지게 노란 은행나무의 화려한 광경과 대비되면서 비극
적 분위기가 부각되고 있다.

오답 피하기

② '나'는 어머니의 말에 충격을 받고 있으며 미래에 대한 희망이 제시되지는
않았다.
③, ④ '나'는 아들 대신 딸이 죽었기를 바란다는 어머니의 말에 충격을 받고
갈등하고 있으므로, 어머니와의 갈등이 해소되거나 가족의 의미를 새롭게
인식하지는 않았다.
⑤ '노오란 은행나무'는 '나'의 암울한 내면과 대비되는 소재이지, 어머니의
심리를 드러내는 소재는 아니다.

4
정답 ⑤

(가)의 ㉠은 '나'가 어머니를 미워하는 현재의 암울한 모습이고, ㉡은
'나'가 오빠들이 살아 있을 때 서로 사랑하며 즐거웠던 시절을 떠올
리고 있다. (나)의 ㉢은 오빠들을 잃은 뒤 삶의 의욕을 잃은 어머니
가 차라리 딸이 죽었기를 바라는 마음을 갖고 있음을 '나'가 알게 된
사건이다. 여기서 ㉠~㉢의 서술자는 모두 '나'이므로 서로 다른 인물
의 시각으로 서술되고 있지 않다.

5　　　　　　　　　　　　　　　　　　　　　정답 ⑤

(가)에서 '나'는 '어머니를 이루고 있는 그 부연 회색'을 미워하며, 마지못해 죽지 못해 살고 있노라는 어머니의 '회색빛 고집'에 지쳐 가고 있었다고 하였다. 이를 통해 '나'에게 '회색'의 이미지가 과거에 매몰되어 현재의 삶에 의욕 없이 살아가는 어머니와 동일시되고 있음을 확인할 수 있다.

 **미스터 방**　　　　　　　　p. 114~115

1 ⑤	2 ④	3 ④	4 ③	5 ③

1　　　　　　　　　　　　　　　　　　　　　정답 ⑤

신기료장수였다가 미스터 방으로 출세한 방삼복과 친일 행위로 부를 누렸다가 몰락한 백 주사의 뒤바뀐 처지가 제시되고는 있지만, 이를 병렬적으로 제시하거나 사건이 속도감 있게 전개되고 있지는 않다.

오답 피하기

① S 소위에게 어이없는 실수를 하게 되는 장면에서 희화적 상황을 통해 웃음을 유발하고 있다.

② 이 글은 전지적 작가 시점의 소설로, 서술자가 인물과 사건에 대해 직접 서술하고 있다.

③ 역사의식이 부족한 방삼복, 권력을 지닌 방삼복에게 아첨하는 백 주사의 말과 행동에서 인물들의 기회주의적 태도를 확인할 수 있다.

④ '1945년 8월 15일', '해방의 날', '독립'과 같은 시대적 배경을 명확히 알려 주는 표현들이 직접 제시되고 있다.

2　　　　　　　　　　　　　　　　　　　　　정답 ④

이 글의 방삼복은 미군 장교 S 소위의 권력에 기대어 권세를 누리며, 백 주사는 자신의 이익을 위해 권력을 지닌 방삼복에게 아첨을 하고 있으므로, ④가 가장 적절하다.

오답 피하기

① 방삼복이 남의 성공을 시기하는 모습은 나타나지 않고, 친일파였던 백 주사는 광복이 된 후 군중들에게 재물을 빼앗기고 복수를 꿈꾸고 있을 뿐 남의 성공을 시기하는 것은 아니다.

② 방삼복은 미군 통역관이 되어 권력을 가지고 있지만 일부러 상대를 현혹시키는 인물은 아니며, 백 주사는 권력을 가지고 있지 않다.

③ 방삼복이 백 주사에게 자신의 권세를 자랑하며 허세에 들뜬 모습은 나타나지만, 백 주사는 복수심에 불타는 인물이지 허세에 들뜬 인물은 아니다.

⑤ 광복이 된 뒤 자신의 수입이 줄자 해방을 저주하는 방삼복은 자신의 이익에 따라 움직이는 인물이고, 백 주사는 친일파였으므로 변절을 하는 인물로 볼 수 있지만 시대의 흐름을 인식하지 못하는 인물은 아니다.

3　　　　　　　　　　　　　　　　　　　　　정답 ④

이 글의 '보아 하니 큰 세도를 부리는 것이 분명하였다. ~ 재물을 도로 찾을 여망이 있을 듯싶었다.'에서 백 주사가 방삼복에 대해 ④와 같은 심리를 보일 수 있을 것이라 짐작할 수 있다. '소도 언덕이 있어야 비빈다'는 누구나 의지할 곳이 있어야 무슨 일이든 시작하거나 이룰 수가 있음을 비유적으로 이르는 말이다.

오답 피하기

① 도둑놈 문 열어 준 셈: 믿지 못할 사람을 신용하여 일을 맡기는 어리석음을 비유적으로 이르는 말

② 모기 보고 칼 빼기: 시시한 일로 소란을 피움을 비유적으로 이르는 말. 또는 보잘것없는 작은 일에 어울리지 않게 엄청나게 큰 대책을 씀을 이르는 말

③ 앞에서 꼬리 치는 개가 후에 발뒤꿈치 문다: 앞에 와서 좋은 말만 하고 살살 비위를 맞추기에 급급한 사람일수록 보이지 않는 데서는 험담을 하고 모해함을 비유적으로 이르는 말

⑤ 물에 빠진 놈 건져 놓으니까 내 봇짐 내라 한다: 남에게 은혜를 입고서도 그 고마움을 모르고 생트집을 잡음을 이르는 말

4　　　　　　　　　　　　　　　　　　　　　정답 ③

이 글의 서술자는 해방을 맞이하여 자기의 이익에 따라 희비가 달라지는 방삼복과 부를 되찾기 위해 방삼복에게 비굴하게 처신하는 백 주사의 작중 상황과 사건 등을 전지적 시점에서 전달하고 있다.

5　　　　　　　　　　　　　　　　　　　　　정답 ③

ⓒ에서는 신기료장수가 손님한테 신발을 기워 준 값을 비싸게 받아도 징, 가죽, 고무, 실 등의 재료값이 비싸져 소득은 이전과 다르지 않은 것에 대한 방삼복의 불편한 심경을 보여 주고 있다.

10 **날개**　　　　　　　　　　　　　　p. 116~117

1 ④	2 ①	3 ①	4 ②	5 ④

1　　　　　　　　　　　　　　　　　　　　　정답 ④

이 글은 사건의 논리적 전개에 의존하기보다는 '나'의 의식의 흐름에 따라 서술되고 있는데, 이를 통해 '나'의 혼란스럽고 복잡한 내면 심리를 효과적으로 표현하고 있다.

2　　　　　　　　　　　　　　　　　　　　　정답 ①

이 글의 '나는 어디로 어디로 들입다 쏘다녔는지 하나도 모른다. 다만 몇 시간 후에 내가 미쓰코시 옥상에 있는 것을 깨달았을 때는 거의 대낮이었다.'에서 알 수 있듯이, ㉮는 '나'가 방향성을 잃고 정처 없이 다니다가 우연히 가게 된 곳이다. 따라서 방향성을 회복하기 위한 목적으로 찾아간 장소라는 설명은 적절하지 않다.

오답 피하기

② '나'는 ㉯ '금붕어'를 바라보는데, 하늘하늘 움직이는 금붕어의 지느러미는 굳어 있던 '나'의 의식을 깨우는 매개체가 된다.

③ '나'는 ㉰ '회탁의 거리'를 내려다보고 있는데, 그곳에서는 피곤한 생활이 끈적끈적한 줄에 엉켜서 헤어나지를 못한다고 하며 도시 공간을 부정적으로 인식하고 있다.

④ '나'는 아내가 자신에게 수면제인 아달린을 해열제인 아스피린이라고 속이며 먹여 왔다고 생각하게 되면서 아내를 믿지 못하게 된다.

⑤ 이 글에서 '나'는 아내와 자신을 숙명적으로 발이 맞지 않는 ㉱ '절름발이'라고 하면서 아내와의 부부 관계가 비정상적임을 표현하고 있다.

3　　　　　　　　　　　　　　　　　　　　　정답 ①

'날개'는 주인공을 구속하는 아내의 방과 대립적인 의미라고 했으므

로, 본연의 자아를 회복하려는 '나'의 의지와 주체적인 삶을 살고자 하는 욕구를 의미하고 있다.

오답 피하기
② '나'가 당면한 문제는 가난이 아니므로, 경제적 궁핍에서 벗어나고 싶은 욕구로 보기 어렵다.
③ 아내와의 관계가 아니라 본래의 자아를 회복하고자 하는 소망으로 보는 것이 적절하다.
④ '나'는 무기력한 현재의 삶에서 벗어나고 싶은 의지를 보이는 것으로, 시대적 아픔을 극복하려는 지사적 의지와는 거리가 멀다.
⑤ 개인적 안주에서 벗어나려는 것은 맞지만, 사회적 존재로 거듭나려는 소망과 연결시키는 것은 적절하지 않다.

4
정답 ②

ㄱ. 이 글은 독백적 어조를 사용하여 현실과 동떨어져 살아가는 서술자인 '나'의 내면 의식을 나타내고 있다.
ㄹ. 이 글은 '피곤한 생활이 똑 금붕어 지느러미처럼 흐늘흐늘 허비적거렸다.', '우리 부부는 숙명적으로 발이 맞지 않는 절름발이인 것이다.'와 같은 비유적 표현을 통해 인물의 생각과 인상을 구체적으로 표현하고 있다.

오답 피하기
ㄴ. 이 글은 '나'의 의식의 흐름에 따라 전개되는 소설로, 단정적이고 객관적인 진술로 사건에 사실성을 부여하고 있다고 볼 수 없다.
ㄷ. 회상의 기법이 나타나기는 하지만, 이를 통해 현재와 과거의 화해를 지향하고 있다고 보기는 어렵다.

5
정답 ④

이 글에 나타난 '나'의 심리 변화에 주목해 볼 때, ㉠ 이후 '나'는 수동적이고 폐쇄적인 삶에서 벗어나 자신의 의지가 담긴 생활을 하고자 하는 의식의 전환을 보여 주고 있다. 하지만 ㉠에서 '나'가 자아의 문제에서 사회의 문제로 시선을 전환하게 되는 것은 아니다.

⑪ 무영탑
p. 118~119

1 ①	2 ③	3 ⑤	4 ②	5 ⑤

1
정답 ①

이 글은 전지적 작가 시점으로 '아사달은 고개를 또 한 번 흔들었다.', '아사달은 눈을 번쩍 떴다.'와 같이 인물의 행동은 물론 '그러면 신라를 두 손으로 떠받들고 나아갈 인물이 누가 될 것인가.', '아사달의 머리는 점점 어지러워졌다.'와 같이 내적 갈등의 심리까지 나타내고 있다.

오답 피하기
② 이 글에는 딸과 금성과의 혼사를 거절하고 자기의 주의 주장에 공감하는 사위를 구하려는 유종의 이야기, 그리고 아사녀와 주만의 환영에서 고뇌하다 돌에 원불을 새기고 죽음을 택하는 아사달의 이야기가 제시되어 있다. 인물 간의 대화를 통해 갈등의 양상을 제시하고 있는 부분은 나타나지 않는다.
③ 인물의 유년 시절과 관련된 내용은 찾을 수 없다.
④ 인물의 생각을 서술자가 제시하고 있지, 인물이 직접 자신의 생각이나 느

껌을 희화화하여 서술하고 있지는 않다.
⑤ 서술자의 교체 없이 전지적 서술자가 인물의 행동이나 심리를 제시하고 있다.

2
정답 ③

'유종'이 '금성'을 사위로서 거절한 것은 자신이 못마땅하게 생각하는 당학파의 우두머리인 '금지'의 아들이기 때문이다. '금성이가 출중한 재주와 인물을 갖추었다 하더라도 유종은 이 혼인을 거절할밖에 없었으리라.'를 통해서도 '유종'은 '금성'이 당나라를 숭상하는 등 능력과 자질 면에서 미흡한 인물이라고 판단하고 있다는 설명은 적절하지 않다.

오답 피하기
① '이 늙은 향도(香徒)에게 남은 오직 하나의 희망은 자기의 주의 주장에 공명하는 사윗감을 구하는 것이었다.'를 통해 알 수 있다.
② '몇 해 전만 해도 자기와 뜻을 같이하는 이가 조정에 더러는 있었지만 어느 결엔지 하나씩 둘씩 없어지고 인제는 무 밑둥과 같이 동그랗게 자기 혼자만 남았다.'를 통해 알 수 있다.
④ '새벽만 하여 한가위 밝은 달이 홀로 정 자리가 새로운 돌부처를 비칠 제 정 소리가 그치자'를 통해 알 수 있다.
⑤ '아사녀의 환영은 깜박 사라져 버렸다 ~ 그러자 문득 그 돌 얼굴이 굼실 움직이는 듯하며 주만의 얼굴이 부시도록 선명하게 살아났다.'를 통해 알 수 있다.

3
정답 ⑤

화랑도를 숭상하는 '유종'은 당나라를 숭상하는 '금지'의 아들 '금성'과 자신의 딸의 혼사를 거절하고 자기의 주의 주장에 공명하는 사윗감을 찾고 있다. 따라서 ㉤은 '유종'이 자신과 대립하는 세력과의 연대를 위한 방도라는 설명은 적절하지 않다.

오답 피하기
① '유종'은 '그네들의 한문'이 난신적자를 만들어 내기에 꼭 알맞고, 그대로 내버려 두었다가는 우리나라에도 오래지 않아 큰 난이 일어날 것이라고 말한다. 이를 통해 '그네들의 한문'은 신라를 '문약'하게 하는 요인이라고 '유종'이 인식하는 대상이라 할 수 있다.
② '유종'과 뜻을 같이하는 이가 어느 결엔지 하나씩 둘씩 없어지고 '유종' 혼자만 남은 외로운 처지를 '무 밑둥'으로 표현하고 있다.
③ '이 늙은 향도(香徒)'는 화랑도를 숭상하는 '유종' 자신을 말한다. 따라서 당학을 거부하는 '유종'을 지칭하는 표현이라 할 수 있다.
④ '그럴 만한 인물'은 '유종'의 주의 주장에 공명하는 사윗감을 말한다. '유종'은 당학에 지질리고 문약(文弱)에 흐르는 나라를 바로잡고자 하므로 '그럴 만한 인물'은 '유종'이 자신의 이상을 실현하기 위해 원하는 대상이라 할 수 있다.

4
정답 ②

'중략 부분의 줄거리' 앞부분에는 '주만'의 혼사 문제로 자기의 주의 주장에 공감하는 사위를 구하고자 하는 '유종'의 내적 갈등이 나타나고 있다. '중략 부분의 줄거리' 이후에는 '아사녀'와 '주만'의 환영으로 인해 고뇌하는 '아사달'의 내적 갈등이 나타나고 있다. 따라서 인물의 의식이 내적 갈등에 초점을 둔 서술 방식을 통해 드러나고 있다는 설명은 적절하다.

오답 피하기
① 이 글에는 '유종'과 '아사달'의 내적 갈등이 주를 이룬다. 인물들이 겪은 다양한 체험을 삽화 형식으로 나열하고 있지 않다.
③ '중략 부분의 줄거리'에서 '아사달'을 '부여의 천민 석공'이라고 하였으므로 '아사달'은 신분이 낮은 인물이라고 할 수 있다. 하지만 '유종'은 신분이 낮은 인물이라고 볼 수 없으며 미래에 대한 낙관적 전망을 발언하고 있는

인물도 나타나지 않는다.

④ '유종'은 당학을 비판하고 있지, 물신주의를 비판하고 있지 않으며 나라를 바로잡을 사위를 구하고 있기 때문에 탈속적 세계를 지향한다고 볼 수 없다. '아사달'은 '아사녀'와 '주만'으로 인한 고뇌를 종교적으로 승화하고 있을 뿐, 물신주의 세태를 비판하거나 탈속적 세계를 지향하고 있다고 볼 수 없다.

⑤ '유종'은 나라를 바로잡을 사위를 구하고 있고, '아사달'은 부처님의 모양을 돌에 새긴 후 죽음을 선택한다. 따라서 권력과 사랑을 동시에 쟁취하여 신분 상승을 도모하는 것과는 관련이 없다.

5   정답 ⑤

[A]는 '주만'의 모습이 환영으로 나타나는 부분이며, [B]는 '아사녀'의 모습이 환영으로 나타나는 부분이다. 따라서 [A]의 '주만'의 모습과 [B]의 '아사녀'의 모습은 모두 '아사달'이 그들의 환영을 보는 방식으로 제시되어 있다는 설명은 적절하다.

오답 피하기

① [A]에는 자신의 모습을 돌에 새겨 달라는 '주만'의 청이 나타나 있지. 떠나는 '아사달'에 대한 '주만'의 걱정이 나타나 있지 않다.

②. ③ [B]에는 '아사달'을 떠나보내는 '아사녀'의 모습이 나타나 있지, '아사달'과 '아사녀'의 이별의 원인이나 훗날의 만남에 대한 '아사달'과 '아사녀'의 기약이 나타나 있지 않다.

④ [A]에는 자신의 모습을 돌에 새겨 달라는 '주만'의 모습이, [B]에는 '아사달'을 떠나보내는 '아사녀'의 모습이 환영으로 나타나고 있다. [A]와 [B] 모두에서, 이별한 대상인 '주만'과 '아사녀'를 잊고자 하는 '아사달'의 의지가 직접적으로 드러난 부분은 없다.

12 파수꾼   p. 120~121

1 ③	2 ③	3 ③	4 ③	5 ③

1   정답 ③

ⓒ은 '도끼'라는 무기를 언급함으로써 진실을 밝히려는 파수꾼 '다'를 은근히 위협하는 말로, 촌장 자신이 마을 사람들을 대상으로 한 거짓말에 대해 후회하는 심정은 내재되어 있지 않다.

오답 피하기

① 촌장은 이리가 없다는 파수꾼 '다'의 편지를 받았지만 이를 숨기고, 즐거웠던 추억을 상기시키는 편지를 받았다고 거짓말하고 있다.

② 촌장은 파수꾼 '나'를 다른 곳으로 보내기 위해 저쪽 덫에 이리가 치어 있다고 거짓말하고 있다.

④ 이리가 무섭지 않느냐는 파수꾼 '다'의 말에 없는 것을 왜 무서워하냐며 이리 떼가 없는 것을 인정하고 있다.

⑤ 마을과 떨어진 외진 곳에서 이리 떼가 나타나는지 감시하며 쓸쓸한 인생을 보내는 파수꾼의 삶이 나타난다.

2   정답 ③

촌장은 만약 진실이 밝혀지면 마을의 질서가 무너지고, 평생을 바친 파수꾼 '나'의 노력도 허사가 된다고 말하면서 파수꾼 '다'를 회유하고 있다.

오답 피하기

① 촌장은 이리 떼는 없다는 파수꾼 '다'의 말을 인정하고 있으나, '다'에게 거짓 맹세를 직접 하고 있지는 않다.

② 촌장은 파수꾼 '다'에게 자신과의 추억을 말하고 있지 않으며, 동정심에 호소하는 것이 아니라 마을의 질서가 무너질 수 있다며 설득하고 있다.

④ 촌장은 권위자의 말을 인용한 것이 아니라 교묘한 논리를 사용하여 파수꾼 '다'를 설득하고 있다.

⑤ '고귀한 희생'은 촌장이 파수꾼 '나'의 일생에 대해 평가하면서 한 말이므로, 자신의 희생을 강조한 것은 아니다.

3   정답 ③

'흰 구름'은 독재 권력으로 상징되는 '촌장'이 자신의 힘을 유지하기 위해 만들어 낸 '이리 떼'의 정체로, 헛된 희망이 아니라 '진실'을 의미하고 있다.

오답 피하기

① 〈보기〉에서 독재 정권이 국민들을 통제하기 위해 거짓으로 공포심을 조성하려고 선전한 것이 이 글의 '이리 떼'에 해당한다.

② 〈보기〉의 권력자가 지키려고 한 이익은 이 글에서 '이리 떼'를 주의하라는 팻말 밑의 '딸기'라고 볼 수 있다.

④ 파수꾼 '나'는 '촌장'의 거짓말에 넘어가 '이리 떼'가 진짜라고 믿고 있으므로, 〈보기〉에서 진실을 알지 못한 대다수의 국민에 해당한다.

⑤ 파수꾼 '다'는 '이리 떼'의 실체가 없다는 진실을 마을 사람들에게 알리려고 하고 있으므로, 〈보기〉에서 진실을 알리려고 노력한 소수에 해당한다.

4   정답 ③

촌장의 대사를 통해 무대 밖의 극 중 공간인 마을에서 운반인이 '이리 떼는 없구, 흰 구름뿐.'이라고 떠벌리고 있으며, 마을 사람들이 망루로 오고 있다는 것을 알 수 있다.

5   정답 ③

파수꾼 '나'는 이리 떼의 실체를 모르는 상황이므로 '주체'인 다가 진실을 밝히려는 것을 돕는 '협조자'가 될 수 없다.

오답 피하기

① '주체'가 파수꾼 '다'라면 '대상'은 마을 사람들에게 이리 떼가 없다는 '진실을 밝히는 것'이 된다.

② '주체'가 파수꾼 '다'라면 촌장은 파수꾼 '다'가 진실을 밝히려는 노력을 막고 있으므로 '반대자'가 된다.

④ '주체'가 촌장이라면 그가 추구하는 대상은 진실을 왜곡해서 만든 마을의 질서와 '현재의 상태를 유지하는 것'이다.

⑤ '주체'가 마을의 안전을 지키려는 촌장이라면 수다쟁이가 떠벌린 말을 듣고 도끼를 가지고 달려오는 '성난 사람들'은 마을의 질서를 위협하는 '반대자'에 해당한다.

13 제향날   p. 122~123

1 ⑤	2 ④	3 ⑤	4 ③	5 ④

1   정답 ⑤

'그래서 나가지는 못하고 울타리 구멍으로 내어다 보기만 했지'를 통해 최 씨는 성배가 문초를 당하는 장면을 멀리서 지켜볼 수밖에 없었음을 알 수 있다.

오답 피하기

① 동학당원 갑과 을은 성배와 달리 '살려 주시오.'라고 말하며 목숨을 구걸하

고 있다. 이를 통해 동학당원 갑과 을은 죽음 앞에 공포를 느끼고 있음을
알 수 있다.
② 동학당원들은 수령에게 총살형을 선고받고 과녁이 있는 형장으로 끌려갔다.
③ '~아뢰랍신다', '~아뢰라', '~아뢰오', '처형하랍신다'와 같은 급창과 사
령의 말을 통해 수령은 죄수들과 직접 대화하지 않고 급창과 사령을 통해
소통하고 있음을 알 수 있다.
④ '자식을 잘못 가르쳤다는 죄로 곤장을 사십 대나 때려서 내놓더라'를 통해
알 수 있다.

2
정답 ④

성배는 다른 동학당원과 달리 목숨을 구걸하지 않고 죽음을 앞둔 상황
에서 비장한 모습을 보이고 있다. 따라서 성배의 표정에 동학당원으로
서의 후회가 담긴 괴로움을 담아내도록 하는 것은 적절하지 않다.

오답 피하기
① '무대 급히 암전. 다시 (서서히) 밝아지면'은 과거에서 현재 또는 현재에서
과거로의 전환을 나타낸다.
② '김성배의 모친은 김성배에게로, 영감 하나는 동학당원 갑에게로, 여인 하
나는 동학당원 을에게로 제각기 달려들다가 병정들에게 밀어박질려 물러
서기도 하고 쓰러지기도 한다.'는 상황을 볼 때 병정은 매몰찬 태도를 취
하고 있음을 알 수 있다.
③ '옆의 사람에게 부축을 받고 서서 치맛자락으로 눈물을 씻는다'를 통해 사
람들 속에 성배 모친이 있음을 알 수 있는데 그들 중에서 성배 모친이 눈
물을 씻는 행동을 관객이 주목하도록 하기 위해 조명을 활용하자는 계획
은 적절하다.
⑤ 섬거적은 처형을 당한 사람들을 처리하기 위한 것이므로 섬거적을 쌓아
놓아 동학당원들의 처형 후의 모습을 상상할 수 있게 하자는 계획은 적절
하다.

3
정답 ⑤

프로메테우스가 인간에게 불을 가져다주어 문명을 이루게 하였으나
제우스의 노여움을 사 영원한 형벌을 받게 된 것처럼, 성배를 포함
한 동학당원들은 민족을 위해 희생을 감내하고 사회의 부정한 세력
에 저항한다. 즉 대의를 위해 자신을 희생했다는 면에서 서로 연관
성을 찾을 수 있고, 이 점을 활용하기 위해 작품에 프로메테우스 신
화를 삽입했다고 추론할 수 있다.

오답 피하기
① 이 글에서 성배가 자신의 행위를 반성한 부분은 나타나지 않는다.
② 프로메테우스의 고통은 대의를 위한 고통이다. 이를 탐관오리의 수탈을 감
당해야 하는 민중의 고통을 고발하기 위함으로 보는 것은 적절하지 않다.
③ 〈보기〉의 천둥, 번개, 폭우, 강풍과 같은 배경은 극형의 참혹함을 드러내기
위한 설정으로 보는 것이 적절하다.
④ 의를 명분으로 했을 때 따를 수 있는 희생과 고난을 의미하는 것이지 그에
따른 불법은 반드시 처벌에 따른다는 점을 부각하려는 의도로 보기 어렵다.

4
정답 ③

㉠에서 최 씨는 손자 영오에게 외할아버지가 다른 동학당원과 잡혀
끌려간 과거의 사연을 들려주고 있다. 또한 '그리고 그날 외할아버지
는? 그렇게 병정들이 끌고 가서?'라는 영오의 질문에 최 씨는 ㉡에
서 외할아버지가 과녁이 있는 형장에 끌려간 과거의 사연을 들려주
고 있다.

오답 피하기
① 최 씨와 영오의 대립은 나타나지 않는다.
② ㉠과 ㉡에는 처형을 앞둔 성배와 두 동학당원의 행동, 처형을 하려는 관원들
의 행동에 관해 언급하고 있지, 최 씨의 행동에 대해 언급한 부분은 찾을 수

없다.
④ '그리고 그날 외할아버지는? 그렇게 병정들이 끌고 가서?'와 같이 영오는
질문을 하며 최 씨의 말을 듣고 있다. 따라서 영오가 듣고 있지 않으므로
최 씨의 넋두리에 해당한다는 설명은 적절하지 않다.
⑤ '울타리 구멍으로 내어다 보기만 했지', '웬일인가 하고 눈을 다시 떠보니
까'를 통해 알 수 있듯이 최 씨는 자신이 목격한 ㉠과 ㉡의 상황을 이야기
하고 있다.

5
정답 ④

최 씨는 남편인 성배가 처형을 당하던 과거의 사연을 떠올려 영오에
게 들려주고 있으므로 작품의 이중적 시간 구조를 매개하고 있다는
설명은 적절하다. 하지만 처형장에 나가지 못하고 울타리 구멍으로
남편의 처형 장면을 지켜볼 수밖에 없었던 것과 같은 최 씨의 신중
한 대응을 작가가 비판하고 있다고 볼 수 없다.

오답 피하기
① 작가는 역사적 사건을 독자들에게 전달하기 위해 손자 영오로 하여금 질
문을 하도록 하고 그 질문에 대해 최 씨가 과거의 사연을 떠올리며 대답
하는 구조로 작품을 전개한 것으로 볼 수 있다.
② 작가는 최 씨로 하여금 손자 영오에게 부정적인 권력에 죽음을 당한 외증
조할아버지와 외할아버지의 사연과 관련된 역사적 사건을 들려주게 함으
로써 그들의 제삿날이 지닌 의미를 독자들이 상기하도록 유도하고 있다.
③ 작가는 성배와 두 동학당원의 억울한 처형과 같은 비극적인 모습을 묘사
하여 독자에게 동학 농민 운동을 역사적 소재로 인식시키려고 한 것으로
볼 수 있다.
⑤ 작가는 강자의 횡포와 관련된 동학 농민 운동에 대한 이야기를 일제 강점
기를 살고 있는 1937년의 독자가 읽게 함으로써 동학 농민 운동이 일어났
던 과거를 통한 현재의 저항 의지를 인식하게 하려는 창작 의도를 드러내
고 있다고 볼 수 있다.

14 대장금(大長今)
p. 124~125

1 ②   **2** ①   **3** ②   **4** ③   **5** ①

1
정답 ②

이 글은 장금과 처사, 보모상궁, 정호 등 인물 간의 대화를 중심으로
장금이 스승인 한 상궁의 의도를 깨닫게 되는 과정을 나타내고
있다.

오답 피하기
① 이 글에서 꿈은 나타나지 않는다.
③ 대사와 지시문으로 진행되는 시나리오이므로 서술자는 나타나지 않는다.
④ 현실의 모순이 나타나지 않으므로 이에 대한 해결책도 제시되지 않는다.
⑤ 깨달음의 과정이 드러날 뿐 서로 다른 공간을 동시에 보여 주고 있지 않다.

2
정답 ①

S# 79는 찐쌀을 널고 있는 처사와 그 쌀을 얻으려는 장금의 대화와
행동이 나타나는 장면이기 때문에 장금과 처사를 모두 보여 주는 화
면 구도로 처리하는 것이 적절하다.

오답 피하기
② S# 80에서는 사흘이나 볕에 쌀을 말릴 시간이 없다는 장금의 다급함이 부
채질을 통해 드러나고 있다.

③ S# 81에서는 대사나 표정을 통해 장금과 주변 인물들이 장금의 쌀을 맛보
는 보모상궁의 반응을 보다가 실망하는 모습을 보여 주고 있다.
④ S# 84에서는 화면 안의 영상과 함께 '처사(E.)'라는 화면 밖에서 제시되는
음성이 사용되고 있다.
⑤ S# 86을 통해 한 상궁이 좋은 재료와 비법만 찾는 장금에게 깨달음을 주
기 위해 보모상궁 수발을 명했던 것임을 알 수 있다.

3   정답 ②

a, d. ㉠은 아궁이에 부채질을 하며 빠른 방법으로 말린 장금의 쌀
(결과 중심의 가치관)인 반면, ㉡은 볕에 나흘 이상 바짝 말려 시간
과 정성을 들인 처사의 쌀(과정 중심의 가치관)이다.

오답 피하기
b. ㉠과 ㉡ 모두 같은 찐쌀로 만든 음식이다.
c. ㉠은 보모상궁에게 부정적인 평가를 받고 있고, ㉡이 보모상궁에게 긍정적
인 평가를 받고 있다.

4   정답 ③

S# 86에서 장금은 처음에는 스승인 한 상궁을 원망했지만 올게쌀을
구하는 과정에서 재기보다 땀과 정성이 중요하다는 것을 알려 주려
했던 한 상궁의 숨은 뜻을 뒤늦게 깨닫게 되었음을 말하고 있다.

오답 피하기
① 보모상궁은 장금이 준 올게쌀이 어릴 적 먹었던 것과 맛이 다르다고만 할
뿐 적극적인 태도는 취하지 않고 있다.
② 올게쌀을 가져 온 처사의 행동으로 장금은 자신의 잘못을 깨닫고 있다.
④ 장금은 정호에게 자신의 심정을 털어놓을 뿐 설득하고 있지 않다.
⑤ 덕구는 쌀을 빨리 말리려는 장금의 행동에 동의하는 태도를 보이고 있으
므로 태도가 비슷하다.

5   정답 ①

S# 86에서 장금은 올게쌀을 구하는 과정에서 자신의 잘못을 깨닫고
반성하고 있다. 〈보기〉에서도 '나'는 방망이 깎던 노인을 원망했다가
아내가 기뻐하는 모습을 보며 조급했던 자신의 태도를 반성하고
있다.

15 권태   p. 126~127

| 1 ⑤ | 2 ③ | 3 ② | 4 ① | 5 ④ |

1   정답 ⑤

이 글에서 글쓴이는 권태로운 삶을 일관되게 이야기하고 있을 뿐,
내적 갈등의 해소 과정을 드러내고 있지는 않다.

오답 피하기
① 글쓴이는 '그럼 오늘 하루를 나는 어떻게 지냈던가.'라고 물은 뒤 '이런 것
은 생각할 필요가 없으리라.'라고 대답하며 무기력한 상황을 표현하고 있다.
② 권태로운 오늘이 지나도 또 내일이라는 놈이 '흉맹한 형리처럼' 버티고 있
다고 직유법으로 표현하고 있다.
③ 글쓴이는 현재 시제로 자신의 내면 의식을 묘사하고 있다.
④ '소', '불나비' 등의 자연물을 활용하여 권태로운 일상에 대한 글쓴이의 생

각을 드러내고 있다.

2   정답 ③

글쓴이는 '오늘이 되어 버린 내일 속에서 또 나는 질식할 만치 심심
해야 되고 기막힐 만치 답답해야 된다.'라고 하면서 내일이 되더
라도 고통스러운 권태가 이어질 것임을 이야기하고 있다. 이는 지루
한 일상의 반복을 말하고 있는 것으로, 〈보기〉에서 말한 지금보다
앞선 순간으로의 전진과는 거리가 멀다.

오답 피하기
① 농촌을 한가로운 공간으로 여기는 기존 인식을 파괴하고 권태의 공간으로
인식한다는 점에서 모더니즘의 새로운 사고와 연결시킬 수 있다.
② 글쓴이가 농촌과 암소 등을 관습적 사고의 구속에서 벗어나 해석한다는
점에서 모더니즘의 자유로운 정신의 추구와 연결시킬 수 있다.
④ 암소를 '지상 최대의 권태자'로 해석하는 것은 권태에 빠진 글쓴이의 주관
적 정서를 투영한 결과로, 모더니즘의 차별화된 개인 정신과 통한다.
⑤ 글쓴이는 정열적인 삶을 살지 못하고 권태롭게 살아가는 자신의 모습을
인식하고 권태의 지속을 두려워하고 있을 뿐, 자신에 대한 비판의 시선을
강하게 드러내고 있지는 않다.

3   정답 ②

글쓴이는 불빛에 달려드는 불나비의 열정과는 달리 자신은 열정을
쏟을 대상도 없이 권태가 이어질 내일이 기다리고 있을 뿐이라며 무
기력해하고 있다.

오답 피하기
① 글쓴이는 불나비의 정열적인 모습을 묘사하고 있지만, 그와 달리 '나에게
는 아무것도 없'다고 말하고 있다.
③ 글쓴이가 불나비를 보며 자신의 과거를 떠올리는 것은 아니다.
④ 글쓴이는 방 안의 암흑이나 우주의 암흑이 다를 바 없다고 하고 있지만,
이는 자신의 막막한 심정을 말하는 것일 뿐 우주의 이치를 받아들이는 것
은 아니다.
⑤ 글쓴이는 열정을 자극할 만한 대상을 찾는 것이 아니라 무기력해하고 있
을 뿐이다.

4   정답 ①

글쓴이는 '사소한 고독'을 '세균'에 비유하고, '내일'을 '흉맹한 형리'에
비유하여 대상의 속성과 관련된 자신의 상념을 표현하고 있다.

오답 피하기
② 이 글에서 우화는 제시하고 있지 않다.
③ '얼마나 권태에 지질렸길래~향락하는 체해 보임이리오?'에서 설의적 표
현이 나타나지만 이는 자연과 조화를 추구하는 태도가 아니라 권태를 바
라보는 표현이다.
④ 과거의 삶과 현재의 삶을 대비하고 있지 않다.
⑤ 글쓴이의 생각을 타인의 생각과 비교하거나 진리를 전달하고 있지 않다.

5   정답 ④

글쓴이는 ㉡을 '지상 최대의 권태자'로 인식하며 자신이 권태에 빠진
고독한 존재임을 깨닫고, ㉣을 '불을 초조히 찾아다닐 줄도 아는 정
열의 생물'이라 규정하며 자신이 열정 없이 살아가는 존재임을 확인
하고 있다. 이러한 인식을 바탕으로 글쓴이는 권태가 지속될 내일을
두려워하고 있는 것이다.

1 ④	2 ⑤	3 ②	4 ④	5 ②

1 정답 ④

(나)의 2연에서 '어린것들의 숨소리'가 '작은 벌레'처럼 '고요 속에 파묻히고' 있다고 표현한 것은, '밤'의 고요함을 강조하며 '밤'이 어린 존재를 성장시키는 시간임을 드러내기 위한 것이다. 화자는 '밤'을 시인이나 어린 존재를 성장시키는 시간으로 인식하고 있다. 즉 '밤'이 지닌 생명성을 긍정하고 있는 것이므로, '밤'이 가진 소멸이라는 관념을 형상화했다는 것은 적절하지 않다.

오답 피하기

① '낙조'가 물든다는 표현은 하강 이미지를 환기한다. 이는 억압적인 현실 상황 때문에 '통곡'하고 싶은 화자의 비통한 정서를 부정적 이미지를 통해 환기하고 있는 것으로 볼 수 있다.

② '쇠창살', '철책', '창살'과 같은 시어들은 모두 구속이나 억압의 이미지를 연상시킨다. (가)는 3, 4연에서 이런 시어들을 활용하여, 화자 자신이 동물원에 갇힌 짐승들처럼 구속당하고 있다는 느낌을 형상화하고 있다.

③ 화자는 '쇠창살' 앞에 있는 상황이지만, 오히려 주객이 전도되어 화자는 동물들이 '창살 틈'을 통해 사방에서 자신을 구경하는 듯한 느낌을 받는다. 이것은 화자의 억압적인 처지에 대한 인식을, 화자가 시각적 체험을 통해 얻은 심리적 인상으로 형상화한 것으로 볼 수 있다.

⑤ (나)의 6연에서는 시간적 개념인 '밤'을 과실인 '밤'의 이미지와 중첩시키면서, 밤이 새벽이 되는 과정을 밤의 '껍질'을 '탈피'하는 것처럼 표현하고 있다. 이는 친숙한 대상을 참신하게 표현한 것으로 볼 수 있다.

2 정답 ⑤

화자는 '공간Ⅲ'의 철책 안에 갇힌 짐승들에게 망국민으로서의 비애를 하소연하기 위해 동물원을 찾았다. 그러나 화자는 자신과 같은 처지로 여겼던 짐승들이 오히려 자신을 구경하는 것처럼 느끼고, 비통함을 더 크게 느끼게 된다. 따라서 화자가 '공간Ⅲ'의 존재에게 비통한 마음을 위로받는다고 보는 것은 적절하지 않다.

오답 피하기

① '공간Ⅰ'은 화자가 살아가는 현실 공간이다. 화자는 '혼자서 숨어 앉아' 시를 쓰고 있으므로, '공간Ⅰ'에서 화자는 시를 당당하게 쓸 수 없는 상황임을 알 수 있다.

② 1연과 2연을 보면 화자는 현실 공간인 '공간Ⅰ'에서 느낀 시름과 슬픔을 하소연하기 위해 '공간Ⅱ'를 찾았음을 알 수 있다.

③ '철책 안에 갇힌 것은 나였다'와 "'여기 나라 없는 시인이 있다'고 / 속삭이는 소리……"를 보면 화자는 위로받기 위해 찾은 '공간Ⅱ'에서, 망국민으로서 억압받는 '공간Ⅰ'의 자신의 처지를 재인식하고 있음을 알 수 있다.

④ '철책 안에 갇힌 것은 나였다', '사방에서 창살 틈으로 / 이방의 짐승들이 들여다본다.', '무인한 동물원의 오후 전도된 위치' 등을 보면, 화자는 현재 '공간Ⅱ'에 있지만 실질적으로는 '공간Ⅲ'에 있는 짐승들처럼 자유를 구속받고 있는 처지임을 알 수 있다.

3 정답 ②

ⓐ'오후'는 현실 논리와 질서가 강요되어 화자가 자유를 구속받고 시인으로서의 화자의 정체성이 위협받는 시간이며, ⓑ'밤'은 해체나 분

석 같은 이성적 사유가 중시되는 낮과 달리 시인인 화자가 상상의 나래를 마음껏 펼치는 시간이다. 따라서 〈보기〉를 참고하면 ⓐ는 화자의 감성적 사유가 억압받는 시간이고, ⓑ는 화자의 감성적 사유가 확장되는 시간으로 볼 수 있다.

오답 피하기

① ⓐ는 화자가 비극적인 상황을 재인식하고 비통함을 느끼는 시간이므로 정신적 성숙을 이루는 시간으로 보는 것은 적절하지 않다. 한편, ⓑ는 화자가 낮의 무기력함을 극복하고 상상의 나래를 펼치는 시간으로 볼 수 있다.

③ (가)에서 현실 논리를 포용하는 화자의 태도는 나타나지 않으며, ⓐ는 화자가 시인으로서의 정체성을 억압당하는 자신의 처지를 인식하는 시간일 뿐이다. 그리고 ⓑ를 화자가 의식적으로 현실 논리를 외면하는 시간으로 보는 것도 적절하지 않다. ⓑ는 시인인 화자가 이성이 지배하는 낮의 시간에서 벗어나 자신의 정체성을 드러낼 수 있는 시간이다.

④ ⓐ를 이성에 기반을 둔 억압이 약화되는 시간으로 보는 것은 적절하지 않다. 화자는 억압당하는 자신의 처지를 재인식하고 있을 뿐이지, ⓐ에서 억압이 약화되는 것은 아니기 때문이다. 한편, ⓑ는 낮과 달리 감성에 기반을 둔 시인의 상상력이 심화되는 시간으로 보는 것은 적절하다.

⑤ ⓐ는 이성에 기반을 둔 현실 논리와 질서가 강요되어 시인으로서 화자의 정체성이 위협받는 시간으로 볼 수 있다. 하지만 ⓑ는 낮과 달리 시인으로서 화자의 정체성이 활성화되는 시간이다.

4 정답 ④

(가)의 5연에서 '속삭이는 소리……'와 (나)의 5연에서 '그 화려한 자태를 감추듯……'을 보면, 말줄임표를 사용하여 뒤의 내용을 생략함으로써 시적 여운을 강화하고 있다.

오답 피하기

① (가)와 (나) 모두 유사한 통사 구조를 반복하거나 이를 통해 운율감을 형성하지 않았다.

② (가)의 화자는 나라를 잃은 비참한 현실을 인식하고 있으므로 현실 비판적 태도가 나타난다고 볼 수 있으나, 이를 반어적 어조로 표현하지 않았다. (나)에서는 반어적 어조를 통해 현실 비판적 태도를 나타내지 않았다.

③ (가)와 (나) 모두 수미상관의 구조가 나타나지 않는다.

⑤ (가)와 (나) 모두 설의적 표현이 나타나지 않는다.

5 정답 ②

㉠을 보면 독자들은 이미지를 통해 작가의 상상을 떠올리며 작품 내용을 상상하고 해석할 것임을 알 수 있다. 〈보기〉에서 시간적 배경인 '밤'은 성장이라는 시적 의미를 강조한다고 하였다. 따라서 (나)의 2연에서 '어린것들의 숨소리'가 '밤'의 고요 속에 '파묻히고' 있다는 것은 어린 생명들이 '밤'이라는 시간 동안 자면서 성장한다는 것을 뜻함을 알 수 있다. 또한 〈보기〉에서 '밤'은 '시인'의 감성을 자극하는 배경이라고 하였으므로, '밤'을 '시인'의 감성이 위축된 시간으로 보는 것은 적절하지 않다.

오답 피하기

① 〈보기〉에서 작가는 과실 '밤'과 시간 '밤'의 이미지를 중첩시키고 있다고 하였다. 1연에서 '밤'의 내부가 '과실의 밀도'처럼 '달도록 고요하다'고 한 것에서 독자는 과실인 '밤'과 시간인 '밤'의 이미지가 중첩되고 있음을 알 수 있다.

③ 〈보기〉에서 '밤'은 이성적 사유의 시간과 대비된다고 하였다. 4연에서 독자는 '밤'이 '해체나 분석'과 같은 이성적 사유와는 거리가 멀며 '시인'의 '상상'을 자극하는 시간임을 알 수 있다.

④ 〈보기〉에서 '밤'은 '시인'의 감성을 자극하는 배경이라고 하였다. 4연에서 '밤'이 '상상'으로 '저들의 나래를 이끌어 준다'는 것을 통해 독자는 '밤'이 '시인'의 감성을 자극하여 창작 능력을 배가시키는 시간임을 알 수 있다.

⑤ 〈보기〉에서 '밤'은 성장이라는 시적 의미를 강조한다고 하였다. 6연에서 '밤'이 시간으로 하여금 '껍질'을 '탈피케' 하여 새벽으로 이끈다는 것에서 독자는 '밤'이 성장이 이루어지는 시간임을 알 수 있다.

02 유배 시가의 특징 | 견회요(遣懷謠) | 만언사(萬言詞) p. 133~135

1 ①	2 ④	3 ④	4 ①	5 ⑤

1   정답 ①

(나)에서는 '내 일 망녕된 줄을 내라 하여 모를쏜가', '어버이 그린 뜻은 많고 많고 하고 하고', '진실로 임금을 잊으면 긔 불효인가 여기노라' 등에서 화자가 자신의 마음을 직접 드러내고 있다. 그리고 (다)에서도 '어와 내 일이야 가련히도 되었고나', '도로혀 생각하니 어이없어 웃음 난다', '공명을 탐치 말고 농사를 힘쓸 것을' 등에서 화자가 자신의 처지에 대한 마음을 직접 드러내고 있다.

오답 피하기
② (나)는 〈제3수〉의 '추성 진호루 밧긔 울어 예는 저 시내야'와 〈제4수〉의 '어디서 외기러기는 울고 울고 가느니'에서 화자의 정서를 '시내'와 '외기러기'라는 자연물에 이입하고 있다. 그러나 (다)에서는 자연물에 화자의 감정을 이입한 표현이 나타나지 않는다.
③ (다)는 '남방 염천 찌는 날에 빨지 못한 누비바지', '등 밀어 내치는 집 구차히 빌어 있어' 등에서 화자의 유배지에서의 체험을 구체적으로 묘사하고 있다. 이와 달리 (나)에서는 화자의 사실적 체험이 구체적으로 묘사되지 않는다.
④ (다)의 화자는 '말하니 살았으나 모양은 귀신일다'에서 자신의 비참한 모습을 귀신에 빗대고, '탐화봉접이 그물에 걸렸으랴'에서 자신의 잘못으로 유배를 온 고통스러운 처지를 그물에 걸린 벌과 나비에 비유하고 있다. 그러나 (나)에서는 화자의 비참한 처지를 드러내는 비유적 표현이 나타나지 않는다.
⑤ (나)의 화자는 '내 일 망녕된 줄을 내라 하여 모를쏜가'에서 설의적 표현을 통해 자신의 심정을 하소연하고 있다. 그리고 (다)의 화자는 '덥고 검기 다바리고 내암새를 어이하리', '이 몸이 살았는가 죽어서 귀신인가' 등에서 설의적 표현으로 화자의 신세를 한탄하고 있다.

2   정답 ④

[A]에서 유배 시가에는 정적에 대한 원망, 결백의 호소, 정계 복귀에 대한 소망, 임금에 대한 충정 등이 나타난다고 하였다. 그러나 〈제4수〉의 종장인 '어디서 외기러기는 울고 울고 가느니'는 자신을 모함한 정적에 대한 원망이 아니라, 부모님을 곁에서 모시지 못하는 마음을 암시하고 있다. 이는 〈제4수〉의 초장과 중장이 모두 부모와 멀리 떨어져 있는 처지에 대한 안타까움과 그런 상황에서 부모를 그리워하는 화자의 마음을 드러내고 있다는 점에서 알 수 있다.

오답 피하기
① [A]에서 (나)는 윤선도가 이이첨의 횡포를 규탄하는 상소를 올렸다가 모함을 받아 유배되어 쓴 작품이라고 하였다. 따라서 〈제2수〉의 초장인 '내 일 망녕된 줄을 내라 하여 모를쏜가'에서 '내 일'은 화자가 이이첨의 횡포를 규탄하는 상소를 올린 일을 의미한다고 볼 수 있다.
② [A]를 고려할 때, '아무가 아무리 일러도 임이 헤여 보소서'에서 '아무'는 이이첨 일파를, '임'은 광해군을 의미한다. 따라서 〈제2수〉의 종장은 자신의 정치적 행위가 결백함을 임금에게 호소하는 것으로 볼 수 있다.

3   정답 ④

㉣에서는 화자가 수확한 결실로 먹고 마시는 상상을 하는 것이 아니라, 보리를 베고 있는 농부에게 보리밥과 보리술을 얼마나 먹었는지를 묻고 있는 것이다. 이는 배고프게 지내는 화자의 처지에서 나온 의문으로, 보리밥과 보리술을 마음껏 먹고 싶다는 소망을 드러내는 것이다. 또한 잘 자란 보리를 화자가 수확한 결실로 볼 수도 없다.

오답 피하기
① ㉠에서는 기본적인 의복도 없이 힘들게 살아가야 하는 유배지에서의 생활을 더럽고 냄새나는 누비바지를 통해 감각적으로 제시하고 있다.
② ㉡에서는 기름진 음식을 먹고 화려한 옷을 입은 채 거만하게 지냈던 과거와 비참한 현실을 대조하면서 고통스러운 현재의 삶을 강조하고 있다.
③ ㉢에는 제대로 먹고 입지 못해 마치 죽은 귀신같은 모양을 하고 있는 자신의 상황에 대한 한탄이 나타나 있다. [B]에 따르면 화자가 이런 상황에 처하게 된 이유는 개인적인 비리를 저질렀기 때문임을 알 수 있다.
⑤ ㉤의 '공명을 탐치 말고 농사를 힘쓸 것을'에는 화자가 세속적 욕망을 탐하다가 유배당한 것에 대한 후회와 반성의 태도를 드러내고 있다.

4   정답 ①

(가)의 1문단에서 가사는 연속체로, 길이의 조절이 자유로웠기에 유배지에서의 삶과 정서를 좀 더 구체적으로 담아낼 수 있었다고 하였다.

오답 피하기
② (가)의 1문단에서 유배 시가는 고려 시대 정서의 〈정과정곡〉이 시초라고 하였으므로, 조선 시대에 처음 창작된 것은 아니다.
③ (가)의 1문단에서 유배 시가는 유배지로 가는 여정이나 유배지에서 느끼고 경험한 바를 소재로 하여 창작된 시가들을 총칭한다고 하였다.
④ (가)의 1문단에서 시조는 3장의 정형화된 형식 안에 유배객의 삶과 정서를 간결하게 응축해서 전달했다고 하였다.
⑤ (가)의 2문단을 보면, 유배 시가 중에는 정계 복귀에 대한 소망을 표현한 경우도 있고 자신의 처지를 달래기 위해 자연에 대한 사랑을 노래하는 탈속적 태도를 보이는 경우도 있음을 알 수 있다.

5   정답 ⑤

(다)에서 '공명을 탐치 말고 농사에 힘쓸 것을'을 통해, 화자가 과거 공명을 탐해 잘못을 저지른 일을 후회하고 있음을 알 수 있다. 하지만 공명을 탐하는 마음을 버리겠다는 태도를 엿볼 수는 있어도, 이를 통해 화자가 유배에서 풀려나면 벼슬길에 다시는 나아가지 않을 것이라고 단정할 수는 없다.

오답 피하기
① '빨지 못한 누비바지', '맥반 염장', '현순백결' 등은 유배지에서의 궁핍하고 비참한 생활상을 묘사하고 있다. 〈보기〉의 '유배지에서 풀려날 목적으로 임금에게 자신의 목소리가 전달되기를 기대'한다는 내용을 고려할 때, 이는 죄에 대한 벌을 충분히 받고 있다는 점을 드러내기 위해 고난을 과장했을 가능성이 있다고 감상할 수 있다.
② 울고 웃는 자신의 모습이 마치 '미친 사람' 같다고 한탄하는 것은, 유배로 인한 심리적 고통을 임금에게 전달하기 위한 것으로 감상할 수 있다.
③ (다)에서 '탐화봉접'은 공명을 좇는 화자 자신을 비유한 표현이다. 꽃을 탐

하는 것을 벌과 나비의 본성으로 본다면, 자신을 '봉접'에 빗댄 것은 자신의 죄를 유혹에 약한 인간 본성의 탓으로 돌리려는 것으로 감상할 수 있다.
④ 백운이 즐거운 줄 청운이 알았으면 그물에 걸리지 않았을 것이라는 표현은, 자신이 죄를 지으려는 의도가 없었다는 것을 강조하려는 전략으로 감상할 수 있다.

03 연시조에 나타난 자연관 | 전원사시가 | 전가팔곡   p.136~138

| **1** ⑤ | **2** ② | **3** ④ | **4** ⑤ | **5** ④ |

1
정답 ⑤

[B]에서 '눈 덮인 강촌'을 '선계(仙界)'와 '불계(佛界)'에 빗댄 것은 눈 내린 풍경의 아름다움을 즐기는 화자의 흥취를 직접적으로 드러낸 것으로 볼 수 있다. 그러나 〈어부사시사〉의 경우 유교적 성격은 약화되었다고 하였으므로, [B]의 화자가 유교적 이념을 실천할 수 있는 이상 세계를 바라는 소망을 드러낸 것은 아니다.

오답 피하기
① [A]는 봄을, [B]는 겨울을 배경으로 하고 있다. 그리고 [A]는 '강호'에서 느끼는 미적 감흥을 노래하였고, [B]도 '강호'의 아름다움과 즐거움을 향유하는 모습이 강화되고 있다고 하였다.
② [A]는 '한가로운 생활을 할 수 있는 것이 임금의 은혜 덕분'이라는 만족감이 나타나고, [B]는 '혼탁한 현실과 청정한 강호라는 이분법적 의식'이 드러난다고 하였다. 즉, [A]의 화자는 사회적 현실에 만족하고 있으며 [B]의 화자는 현실을 혼탁하다고 보고 있음을 알 수 있다.
③ [A]에는 '임금에 대한 충정(忠情)이라는 유교 사상이 강하게 작용'하고 있다고 하였고, [B]는 '유교적 성격이 약화'되었다고 하였다.
④ [B]는 '강호의 아름다움과 즐거움을 향유하는 모습이 더욱 강화'되고 있다고 하였다. 따라서 [B]는 [A]보다 강호의 아름다움과 그 안에서의 흥취를 더 강하게 표현하고 있음을 알 수 있다.

2
정답 ②

(나)의 〈제9수〉에는 특별한 공간적 배경이 드러나지 않지만, 〈제2수〉에는 '양파(볕이 잘 드는 언덕)', 〈제3수〉에는 '고촌(외따로 떨어져 있는 마을)', 〈제6수〉에는 '동리(동쪽에 있는 울타리)', 〈제7수〉에는 '압 뫼(앞산)'와 '모첨(초가지붕의 처마)'에서 공간적 배경이 드러난다. 이러한 배경을 바탕으로 하여 (나)의 화자는 전원 속의 유유자적한 삶과 한적한 흥취를 노래하고 있다. 따라서 (나)의 공간적 배경은 ㉡'심미적 충족과 흥취의 공간'으로 볼 수 있다.

오답 피하기
① (나)의 〈제6수〉에 나타난 '동리'에서 화자는 가을의 정취를 즐기고 있으므로, 이는 ㉡'심미적 충족과 흥취의 공간'으로 볼 수 있다. 한편 [A]의 화자는 봄을 맞아 한가로운 생활을 할 수 있는 것이 임금의 은혜 덕분이라고 여기고 있으므로, '강호'를 ㉠'유교적 충정의 공간'으로 인식하고 있다고 할 수 있다.
③ (다)의 〈제1수〉를 제외한 나머지 수의 배경이 되는 공간은 ㉢'삶의 현장'으로서의 공간이라고 볼 수 있다. 하지만 [A]의 공간은 ㉠'유교적 충정의 공간'으로 볼 수 있다.
④ (다)의 〈제4수〉에서는 가을에 추수한 곡식을 보며 만족감과 보람을 느끼는 화자의 태도가 드러난다. 이는 농촌을 배경으로 하는 것이므로, [A]와 같

은 ㉠'유교적 충정의 공간'이 아니라 ㉢'삶의 현장'이라고 볼 수 있다.
⑤ (나)의 〈제7수〉에 나타난 '압 뫼'와 '모첨'에서 화자는 겨울 저녁의 분위기를 즐기고 있으므로, 이는 ㉡'심미적 충족과 흥취의 공간'으로 볼 수 있다. 하지만 (다)의 〈제5수〉에서 화자는 다음 해의 농사를 준비하고 있으므로, 이는 ㉡'심미적 충족과 흥취의 공간'이 아니라 ㉢'삶의 현장'이라고 볼 수 있다.

3
정답 ④

(다)에서는 농촌에 거주하는 화자의 구체적인 삶의 모습을 알 수 있다. 그러나 반어적 표현을 사용한 부분은 나타나지 않는다.

오답 피하기
① (나)는 〈제2수〉의 '양파(陽坡)의 풀이 기니', '소원(小園) 도화(桃花)는 밤비에 다 피거다' 등에서 시각적 이미지를, 〈제3수〉의 '낫듥의 소리로다'에서 청각적 이미지를 사용하여 전원생활의 여유로운 분위기를 드러내고 있다.
② (나)의 〈제9수〉에서는 세월이 흘러 백발이 된 것을 안타까워하는 화자의 정서를 드러내고 있다.
③ (다)는 〈제3수〉의 '어사와 입립신고(粒粒辛苦) 어느 분이 아실까.', 〈제4수〉의 '이 밖에 천사만종(千駟萬鍾)을 부러 무엇하리오.' 등에서 설의적 표현이 사용되었다. 이를 통해 각각 농사일이 어렵다는 깨달음, 부귀영화가 부럽지 않다는 깨달음을 드러내고 있다.
⑤ (다)는 〈제5수〉의 '초가집 잡아매고 농기(農器) 좀 손 보아라'에서 명령형 종결 어미를 사용한 표현을 통해 청자인 농부로 하여금 특정 행동을 하게 하려는 의도를 드러내고 있다.

4
정답 ⑤

(나)의 〈제2수〉는 봄, 〈제3수〉는 여름, 〈제6수〉는 가을, 〈제7수〉는 겨울이라는 계절의 변화를 통해 일정하게 순환하는 자연의 이치가 드러나며, 계절별로 자연을 즐기는 화자의 모습이 제시되어 있다. 따라서 각 연에서 일정하게 순환하는 자연의 이치와 이를 삶에 구현하지 못하는 인간을 대비하고 있다는 설명은 적절하지 않다.

오답 피하기
① (나)는 〈제2, 3, 6, 7수〉에서 각각 봄, 여름, 가을, 겨울의 4계절이 나타나므로 사시가의 요건을 갖추고 있다고 할 수 있다.
② (나)는 〈제2, 3, 6, 7수〉에서 각 수마다 종장의 첫 음보에 '아희야'라는 표현을 반복적으로 사용하여 연과 연 사이의 유기성을 부여하고 있다.
③ (나)는 〈제2, 3, 6, 7수〉에 계절이 드러나 있는데, 1, 2행에는 자연의 모습이 먼저 묘사되어 있고, 3행에는 자연의 모습에 대한 화자의 반응이 제시되어 있다.
④ (나)의 〈제2수〉에서는 봄에 소를 잘 먹여 논밭을 갈고, 〈제6수〉에서는 가을에 철 이르게 익은 벼인 '자채(自蔡)'로 빚은 술을 마시려고 하는 일상의 풍경을 그리고 있다.

5
정답 ④

④는 '아이야, 꽃게와 누런 닭으로 안주를 장만하여라.'라는 의미로, 미각을 돋우는 안주를 제시하여 가을날 술을 마시는 화자의 흥취를 드러내고 있다.

오답 피하기
① ⓐ는 '햇빛이 잘 드는 언덕에 풀이 기니 봄빛이 늦게까지 비춘다.'라는 의미로, 화자가 지향했던 초월적인 삶의 세계를 회고한 것은 아니다.
② ⓑ는 '남아 있는 꽃들도 다 진 후에 나무와 수풀의 푸름이 깊어 간다.'라는 의미로, 여름이 되어 변화된 자연 풍경을 표현한 것이다.
③ ⓒ는 '아이야, 슬픈 노래를 불러라 긴 졸음을 깨우자.'라는 의미로, 아이에게 노래를 부르게 하여 졸음에서 깨고자 하는 화자의 태도가 드러난다.
⑤ ⓔ는 '초가지붕의 처마에 찬 빛을 보니 석양이 거의 다 되었구나.'라는 의

미로, 세속과 타협하지 않으려는 화자의 의지와는 관계가 없다.

 ## 04 고전 소설의 기이성 | 금령전 | 심청전   p.139~141

1 ⑤	2 ④	3 ②	4 ⑤	5 ④

1
정답 ⑤

심 소저가 옥황상제와 용왕의 도움을 받아 꽃봉을 이용해 인간 세상으로 돌아오는 비현실적인 상황이 작품의 기이성을 구현하는 요소가 되고 있는 것은 맞다. 그러나 이 과정에서 심 소저가 황후가 되어 인간 세상으로 돌아온 것이 아니라, 환생한 뒤 천자를 만나 결혼하여 황후가 되는 것이다.

오답 피하기
① 금방울인 '금령'이 해룡을 인도하고 그를 위해 희생하는 등 주체적인 의지로 행동하는 것은 현실에서는 불가능한 일이다. 따라서 이는 비현실적 상황을 통해 기이성을 형성한다고 볼 수 있다.
② 금령을 삼켰던 짐승이 해룡을 죽이려 하다가 갑자기 피를 토하며 쓰러지는 상황이나, 서둘러 칼을 구하는 해룡에게 미인이 나타나 칼을 찾아 주는 사건 전개는 극적인 것으로 볼 수 있다. (가)에 따르면 이런 극적인 사건 전개는 기이성을 형성하는 요소가 된다고 하였다.
③ (다)의 '출천 효녀 심 소저는 늙으신 아버지 눈 뜨기를 위하여 ~ 바닷속 외로운 혼이 되었으니'라는 뱃사람들의 말에서 심 소저가 아버지를 위해 목숨을 바쳤음을 알 수 있다. 이는 극단적인 효심으로 볼 수 있는데, (가)에 따르면 이런 극단적인 성격은 기이성을 구현하는 요소가 된다고 하였다.
④ (다)의 '하루는 천자께서 당나라의 옛일을 본받아 ~ 화청지에 목욕하시고'에서 공간적 배경이 중국으로 달라지면서 우리나라와 다른 풍습이 나타난다. 그리고 심 소저와 천자의 결혼 과정에서도 이국적인 정취가 나타난다. (가)에 따르면 이런 이국정취는 기이성을 형성하는 요소가 된다고 하였다.

2
정답 ④

[A]는 구름 속에서 해룡에게 금령을 구하러 가라는 목소리가 들려오는 상황이고, [B]는 옥황상제가 수궁에 머물고 있던 심 소저를 현실계인 인당수로 돌려보내라고 사해용왕에게 명령하여 분부대로 행하는 상황이다. (가)를 보면 비현실성의 근거를 환상계에 귀속시키는 경우 비현실적 사건 전개를 독자들이 큰 저항 없이 수용할 수 있다고 하였다. 따라서 죽었던 심청이 현실로 돌아오는 비현실성이 옥황상제와 사해용왕이라는 환상계의 질서에 귀속된 [B]의 경우, 독자들이 [A]보다 비현실성을 큰 저항 없이 수용할 것이라고 볼 수 있다.

오답 피하기
① [B]는 심청이 현실로 돌아오는 비현실성의 근거를 옥황상제와 사해용왕이라는 환상계에 귀속시키고 있다. (가)의 3문단을 보면 이는 비현실성과 현실성이 유기적으로 결합한 상황으로 현실성의 비중이 더 높아졌다고 볼 수 있다. 하지만 [A]는 현실의 논리를 전혀 고려하지 않은 채 초현실적인 존재가 현실계에 개입하는 상황임을 알 수 있다.
② [A]는 현실의 논리가 고려되지 않고 초현실적 존재의 활약이 극대화된 상황으로 볼 수 있다. 하지만 [B]는 환상계가 현실계에 영향을 미치는 상황이므로, 현실의 논리가 어느 정도 고려된 상황으로 볼 수 있다. 그리고 (가)의 2문단에 따르면, 현실의 논리를 고려하지 않은 [A]가 [B]보다 독자의 호기심을 더 강하게 자극한다고 볼 수 있다.

③ (가)에 따르면 [A]와 [B]는 모두 환상계가 현실계에 개입하는 상황이므로 설화의 흔적으로 볼 수 있는 비현실성이 나타난다. 그러나 [A]와 [B]를 비교할 때, 가장 높은 신분인 옥황상제가 사해용왕에게 명령을 내리고, 사해용왕이 이 명령에 따라 심 소저를 인간 세계로 보내는 [B]가 [A]보다 체계적인 위계질서가 나타난다고 볼 수 있다.
⑤ [A]는 초현실적 존재가 현실계의 인물인 해룡을 괴물이 사는 환상계로 유도하는 상황이다. 그러나 [B]는 초현실적 존재인 옥황상제와 사해용왕이 현실계의 인물인 심 소저를 현실계, 즉 인간 세계로 보내는 상황이다.

3
정답 ②

ㄴ. (나)는 '문득 벽력같은 소리가 진동하며 금털 돋친 짐승이 주홍 같은 입을 벌리고 달려들어', '홀연 천지가 명랑하고 일월이 조요하였다.' 등에서 시각적, 청각적 표현을 활용하여 작중 상황을 묘사하고 있다. (다)는 '오색 무지개가 꽃봉 속에 어리어', '밝은 달은 뜰에 가득하고 산들바람 부는 중에 ~ 무슨 소리 나는 듯했다.' 등에서 시각적, 청각적 표현을 사용하여 작중 상황을 효과적으로 드러내고 있다.
ㄷ. (나)에서는 해룡이 괴물의 습격을 받았을 때 금령이 막아 주었고, 해룡이 괴물을 물리칠 때는 금선 공주가 보검을 가져다주고 있다. 그리고 (다)에서는 죽었던 심 소저가 옥황상제와 사해용왕의 도움을 받아 인간 세계로 돌아오고 있으며, 심 소저가 "여러 왕의 덕을 입어 죽을 몸이 다시 살아 세상에 나가오니"라고 직접 말하는 것에서도 조력자의 도움을 확인할 수 있다.

오답 피하기
ㄱ. (다)에서는 '바람이 분들 끄떡하며 비가 온들 떠내려 갈소냐.'와 '위엄이 이 세상에서 처음이요 천고에 더욱 없는 일이었다.'에서 편집자적 논평이 나타나고 있다. 그러나 (나)에서는 전지적 시점에 의한 서술만 이루어지고 있을 뿐이지, 서술자의 개입이나 편집자적 논평은 나타나지 않는다.
ㄹ. (나)에서 절벽 사이로 푸른 잔디와 암석이 바라보이는 장소와 금령을 삼킨 괴물이 사는 '남전산 봉래동' 등의 공간이 나타나지만, 이 공간들을 활용하여 미래의 일을 암시하고 있지는 않다. (다)에서도 작중 공간의 특성을 통해 미래의 일을 암시하는 내용은 나타나지 않는다.

4
정답 ⑤

㉠을 통해 현실의 논리를 크게 고려하지 않은 17세기나 비현실성의 근거만을 환상계에 귀속시킨 18세기와 달리, 19세기에는 비현실성이 환상계의 질서에 귀속되었다는 것을 알 수 있다. (다)에서 심 소저가 옥황상제의 명에 따라 현실계로 돌아오는 장면이나 천자가 옥황상제의 뜻을 받들기 위해 혼인을 결정하는 장면 등은 비현실성이 환상계의 질서에 귀속되어 있다는 것, 그리고 환상계의 질서가 현실계에 영향을 미치고 있다는 것을 보여 준다.

오답 피하기
① 뱃사람들이 심 소저의 혼을 불러 위로하는 장면에서 환상계의 존재와 현실계의 존재가 서로 교감하는 모습은 나타나 있지 않다.
② 현실계의 질서 속에 환상계의 질서가 귀속되어 있는 것이 아니라, 환상계의 질서 속에 현실계가 귀속되어 있는 것이다.
③ 심 소저가 이승과 저승의 길이 다르다고 말하고 있기는 하지만, 작품 안에서 환상계의 질서가 현실계에 영향을 미치고 있으므로 환상계와 현실계가 유기적으로 연결될 수 없다는 것은 적절하지 않다.
④ 환상계가 현실계에 영향을 미칠 수 있는 위계질서를 갖추었다고 하였으므로, 환상계와 현실계가 대등하게 연결되어 있는 세계라고 보는 것은 적절하지 않다.

5
정답 ④

④에서 상황을 주도적으로 이끌고자 하는 인물의 의도는 드러나 있

지 않다. 오히려 낯선 세계에 온 용녀가 신중하고 조심스럽게 행동하는 모습이 나타나 있다.

오답 피하기

① ⓐ에서는 '벽력같은 소리', '주홍 같은 입'과 같은 비유적 표현을 사용하여 적대적 대상인 요귀의 출현과 이로 인한 인물의 긴박한 상황을 생동감 있게 보여 주고 있다.

② ⓑ에서는 '천지가 명랑하고 일월이 조요'한 주변 상황과 비석에 새겨진 '남전산 봉래동'이라는 지명을 통해 새로 진입한 공간의 신비로운 분위기를 강조하고 있다.

③ ⓒ에서는 바람과 비와 같은 외부 영향에도 변함없이 유지되는 꽃봉의 모습을 통해 환상계에서 온 대상의 초월적 특성을 부각하고 있다.

⑤ ⓔ에서는 서술자가 개입하여 천자의 위엄 있는 태도에 대한 자신의 생각을 직접 드러내고 있다.

05 문학의 풍자와 시대 정신 | 양반전 | 논 이야기 p. 142~145

| 1 ③ | 2 ② | 3 ④ | 4 ③ | 5 ⑤ |

1 정답 ③

(나)는 작가가 양반에 대한 비판을 노골적이고 직접적으로 할 경우 해당 계층의 반발을 살 수 있었으므로 이를 완화하기 위해 풍자의 기법을 사용하여 작품을 창작한 것임을 알 수 있다. 따라서 실용적 학문을 중시하던 사회상은 양반에 대한 비판이 가능했던 원인일 뿐, 이로 인해 노골적인 비판이나 저항이 어려웠다는 설명은 적절하지 않다.

오답 피하기

① (나)는 무능력한 양반의 모습에서 양반의 허위성이 드러나고 군수가 작성한 양반 증서의 내용을 통해 백성들에게 횡포를 부리는 당시 양반의 부패상을 알 수 있다. 한편 (다)는 한덕문이 해방 후 국가가 일본인에게 몰수한 땅을 유상 분배하는 상황을 비판하는 것을 통해, 해방 직후 국가의 잘못된 토지 정책과 현실의 부조리함을 비판하고 있다.

② (나)에서 양반의 아내는 현실적 문제를 해결할 방법을 찾지 못하는 양반의 경제적 무능을 조롱하고 있다. 즉, 작가는 아내의 멸시와 냉소적 태도를 통해 양반의 무능과 비생산성을 비판 · 풍자하고 있는 것이다.

④ (다)는 자신이 판 땅을 돌려받을 수 없다는 것을 알게 되자 독립의 의미를 부정하는 한덕문의 어리석음을 희화화하여 풍자하고 있다.

⑤ (다)는 자신에게 아무런 이익도 주지 않는 국가를 부정하며 냉소적인 태도를 보이는 한덕문을 통해, 해방 후 땅을 되찾을 수 있을 것이라는 농민들의 희망을 저버린 국가의 부조리한 토지 정책에 대해 비판하고 있다.

2 정답 ②

(나)에서 정선 양반이 관곡을 빌리고 갚지 못한 것은 평생 글 읽기만 좋아하고 경제적으로 무능했기 때문이다. 양반이 '현달(벼슬, 명성, 덕망이 높아서 이름이 세상에 드러남)'을 추구하고자 관곡을 축낸 것은 아니다.

오답 피하기

① (나)에서 다시 고쳐 쓴 증서에 '이웃집 소가 있으면 내 논밭을 먼저 갈게 하고 마을 사람들을 불러 내 밭 김을 먼저 매게' 한다는 내용이 있다. 이를 통해 자신의 '세리(권세와 이익)'를 꾀하기 위해 백성들에게 횡포를 부리는 지배층을 풍자하고 있음을 알 수 있다.

③ (나)에서 양반은 관곡을 갚을 수 없어 부자에게 양반의 신분을 판다. 이는 양반이 '곤궁(가난하여 살림이 구차함)'을 자신의 능력으로 해결하지 못하고 신분을 팔아 해결하는 모습이다.

④ (나)의 부자가 양반을 사려고 한 것은 양반의 '문벌(대대로 내려오는 그 집안의 사회적 신분이나 지위)'을 선망하였기 때문이다. 그러나 부자는 양반 매매 증서를 통해 양반의 횡포를 알고는 양반이 되기를 포기한다. 이는 작가가 양반의 부패상에 대한 신랄한 비판 의식을 드러낸 것으로 볼 수 있다.

⑤ (나)에서 양반의 '세덕(권세의 덕택)'이 금전으로 거래되는 현실은 양반 지배층의 권위가 허위임을 풍자하는 것으로 볼 수 있다.

3 정답 ④

(나)에서 '아내'는 환곡을 갚지 못하고 밤낮 울기만 하는 양반을 탓하며 그의 무능력함을 조롱하고 있다. 그리고 (다)의 '누구'는 일인들이 다 쫓기어 가면 그 논이 도로 제 것이 될 것이라고 말하는 한덕문을 비웃는 사람 중 한 명이다. 따라서 (다)의 '누구'는 한덕문을 조롱한다는 점에서 (나)의 '아내'와 유사한 역할을 한다고 볼 수 있다.

오답 피하기

① (나)의 '부자'는 양반이 되고 싶었지만, 군수가 작성한 양반 매매 증서의 내용을 듣고는 양반이 되기를 포기하였으므로, '부자'의 개인적 욕망은 좌절되었다고 할 수 있다. 한편 (다)에서 땅을 되찾고 싶었던 '한덕문'의 욕망은 좌절되었다고 할 수 있다.

② (나)에서 '군수'는 군수라는 권위를 내세워 양반 매매 증서를 작성한 것이라고 볼 수 있다. 한편 (다)에서 '구장'은 한덕문에게 토지가 나라의 재산이 되는 것은 당연한 일임을 말하고 있을 뿐, 구장이라는 자신의 권위를 내세워 한덕문을 설득하고 있는 것은 아니다.

③ (나)에서 '양반'은 가난 때문에 어쩔 수 없이 신분을 팔게 되는 것이므로 양반이 자신의 처지에 만족하고 있다는 설명은 적절하지 않다. 한편 (다)에서 '한덕문'은 자신의 토지를 되찾을 수 없게 된 상황에 분이 나서 구장을 쫓아가 따지고 있다.

⑤ (나)에서 '양반'이 신분을 팔게 된 것은 궁핍한 처지에 의한 것으로, 생산력이 없고 무능력하기 때문이다. 한편 (다)의 길천이 토지를 잃고 쫓겨나는 것은 개인적으로 무능하기 때문이 아니라, 우리나라가 해방되어 일인들이 쫓겨 가게 되었기 때문이므로 사회적 요인으로 볼 수 있다.

4 정답 ③

(나)는 양반, 부자, 군수, 아내 등 인물의 말과 행동을 통해 사건이 전개되고 있으므로, 서술상의 특징으로 적절한 것은 ③이다.

오답 피하기

① (나)는 문장이 간결하다고 보기 어려우며, 이를 통해 장면이 빠르게 전환되고 있는 것도 아니다.

② (나)가 전지적 작가 시점으로 서술된 것은 맞지만, 서술자가 작품에 직접 개입하여 생각을 드러내는 부분은 나타나지 않는다.

④ (나)는 기이하거나 비현실적인 요소인 전기성이 드러나는 내용이 제시되지 않았으며, 환상적인 면모도 드러나지 않는다.

⑤ (나)는 조선 후기의 시대적 배경을 반영하고 있지만, 당시 시대적 배경을 구체적으로 묘사한 내용은 제시되지 않았다.

5 정답 ⑤

'한덕문'은 독립이 되어도 자신의 땅을 되찾을 수 없다는 것을 알게 되자 '독립 됐다구 했을 제 내 만세 안 부르기 잘했지.'라고 말한다. 이를 통해 그가 독립의 역사적 의미를 외면하고 자신의 이익을 중심으로 판단하고 있음을 알 수 있다.

오답 피하기

① '한 생원은 그 논이랑 멧갓이랑 길천이한테 돈을 받구 파섰으니깐'이라는

'구장'의 말을 통해 '길천'이 '한덕문'의 논을 강제로 빼앗아 간 것이 아니라 '한덕문'이 스스로 '길천'에게 자신의 논을 팔았음을 알 수 있다.
② '구장'은 '일인의 재산이 우리 조선 나라 재산이 되는 거야 당연한 일이죠.'라고 말하고 있다. 따라서 '구장'은 해방 후 일인이 내놓고 간 토지의 소유주는 나라라고 생각하고 있는 것이다. 즉, '구장'은 정부의 토지 정책을 비판하는 것이 아니라 수용하는 인물임을 알 수 있다.
③ '한덕문'의 '친구'는 그를 책하면서 '어떡허자구 논을 판단 말인가?'라고 말하고 있다. 이를 통해 '한덕문'의 '친구'는 논을 판 '한덕문'을 옹호하는 것이 아니라 책망하고 있음을 알 수 있다.
④ '한덕문'은 '암만 팔았어두, 길천이가 내놓구 쫓겨 갔은깐 도루 내 것이 돼야 옳지'라고 말하고 있다. 즉, '한덕문'은 자신이 판 논이 다시 자기 것이 되어야 한다고 생각하고 있지만, 자신이 판 논을 자신이 다시 구입할 권리가 있다고 생각하는 것은 아니다. 또한 '한덕문'은 '독립이 됐다면서 고작 그래. 백성이 차지할 땅 뺏어서 팔아먹는 게 나라 명색야?'라고 말하며 정부의 토지 정책을 비판하고 있는 인물이다.

06 매호별곡 | 다방찬

p. 146~148

1 ②	2 ③	3 ④	4 ③	5 ④

1
정답 ②

(가)에서는 '옥 ᄀᆞ튼 여흘은 비단 편 닷 흘러 있다', '온갖 바위 비단 된 닷 온 골짜기 구슬된 닷'과 같이 비유를 통해 대상을 표현하고 있으며, (나)에서는 '그림 같을꼬', '온종일 다방으로 돌아다니면서 물만 먹는대서 금붕어라고도 한다.'와 같이 비유를 통한 대상의 특성이 드러나고 있다.

오답 피하기
① (가)는 자연 풍경에 대한 묘사를 통해 자연 속에서 안빈낙도하는 삶이, (나)는 다방에 대한 글쓴이의 긍정적 평가가 나타난다. (나)에서 '다방인종'을 풍자하는 어휘들이 나오지만, 이는 글쓴이가 비판하는 대상이라 할 수 없다.
③ (가)와 (나) 모두 색채의 대비를 통해 대상의 속성을 대조적으로 드러내고 있는 부분은 찾을 수 없다.
④ (가)와 (나) 모두 논리적 모순을 활용하여 생각이나 정서를 강조하는 역설적 표현을 사용하고 있지 않다.
⑤ (나)는 '펀둥펀둥'과 같은 음성 상징어를 사용했지만 (가)는 음성 상징어를 사용하지 않았다.

2
정답 ③

(가)의 화자는 속세를 떠나 자연에서 안빈낙도의 삶을 살고 있다. 또한 (나)의 글쓴이는 다방에 대해 '피로는 자연 걷혀진다', '의식적으로 피로를 쉰다거나 더욱이 다방을 사랑방으로 이용하는 ~ 그때 마침 건 명곡 한 곡조를 듣는 안일과 그 맛이란 역시 도회인만이 누릴 수 있는 하나의 낙'이라고 말하고 있다. 이를 통해 Ⓐ와 Ⓑ는 모두 마음의 안식을 제공하는 장소임을 확인할 수 있다.

오답 피하기
① (가)와 (나) 모두 사랑하는 인물에 대한 내용은 찾아볼 수 없다.
② (가)와 (나) 모두 부패한 현실이나 그러한 현실과 타협하는 내용은 드러나지 않는다.
④ Ⓐ는 속세를 벗어나 들어온 곳이므로 내적 갈등의 원인이 되는 장소라고 할 수 없으며, Ⓑ 역시 편리함과 안락함을 주는 공간으로 내적 갈등의 원인이 된다고 볼 수 없다.

⑤ (가)의 화자는 속세를 떠난 자연에서의 한가로운 삶을 노래하고 있다. (나)의 글쓴이는 힘든 일상에서의 피로를 풀 수 있는 장소인 다방을 예찬하고 있다. 따라서 Ⓐ와 Ⓑ 모두 일상에 대한 그리움을 드러내는 장소라고 볼 수 없다.

3
정답 ④

ⓓ의 공명부귀도 구하기에 재주가 없어 가난하고 천하며, 춥고 배고픔을 평생에 겪고 있다는 것은 자연 속에서 한가로이 즐기는 강호 한정과 연관 짓기 어렵다.

오답 피하기
① ⓐ의 풍월과 강산을 조물주가 허락하여 자신에게 맡겼다고 하는 것은 자연과 더불어 살겠다는 의미이다.
② ⓑ의 대나무 지팡이와 짚신 차림으로 이곳저곳을 돌아보니 맑은 연못과 높은 절벽이 보였다는 것은 강호 한정과 연관된다고 할 수 있다.
③ ⓒ의 힘이 미치는 대로 초옥삼간을 지어 내니 갖춘 것은 부족하지만 경치는 이루 말할 수 없다는 것은 자연 속에서 소박한 초가를 짓고 풍류를 즐기는 모습을 보여 주고 있다.
⑤ ⓔ에서는 거친 밥과 마실 물의 유무는 관계없이 옛사람이 즐기던 강호 한정에 깊이 빠져 있음을 노래하고 있다.

4
정답 ③

ⓒ 앞 '명곡이 구비하다.'와 같이 글쓴이는 다방에서 틀어 주는 음악을 명곡이라고 하였다. ⓒ에서 웬만한 음악이면 귀가 서툴러 못 알아들을 지경이라고 한 것은 다방에서 틀어 주는 음악은 잘 알아듣지 못할 정도로 그 수준이 높다는 글쓴이의 생각을 드러낸 것으로 볼 수 있다.

오답 피하기
① ㉠에서는 탁 밑에 구두를 가지런히 벗어 넣고, 의자 위에 무릎을 꿇고 앉아 있는 사람의 모습을 묘사하고 있다. 이 모습은 풍자만화에 그려진 것일 뿐, 다방의 풍경과 조화를 이룬다는 내용은 찾을 수 없다.
② ㉡은 다방인종을 '벽화'라고 부르는 이유를 언급한 것이지, 글쓴이의 부러움을 표현한 것이 아니다.
④ ㉣에서 '군색하다'는 '필요한 것이 없거나 모자라서 딱하고 옹색하다.'를 의미한다. 따라서 조선의 중류 사람이라면 다방의 모든 설비를 마련하기 힘들다는 것을 드러내고 있다.
⑤ ㉤에서 다방이면 으레 중심 지대에 있음을 제시하며 다방이 중심지에 위치하기 때문에 회담을 하기에 안성맞춤임을 나타내고 있다. 다방이 중심지에만 위치하고 있는 현실에 대한 글쓴이의 아쉬움을 강조하고 있는 것이 아니다.

5
정답 ④

(가)의 '시비를 못 듯거니'는 화자가 자연에 묻혀 살며 세속과 거리를 두고 있음을 드러낸다. (나)의 '그것을 모르고 도시에 살다니'는 다방에서 누릴 수 있는 편안함과 즐거움을 모르고 사는 사람들에 대한 안타까움을 드러낸다. 이 둘 모두 주체가 공간에서 자신을 성찰하는 과정을 보여 준 것은 아니다.

오답 피하기
① (가)의 '뇌 힘 밋는 딕로 초옥삼간 지어'는 자연에 작은 초가를 짓고 사는 화자의 안빈낙도의 삶이 나타나 있다. 따라서 주체가 자연과 밀접한 관계를 맺은 것이라고 할 수 있다.
② (가)에서 '임호정과 어풍대에서 바라본 풍경'에 대해 '아니 보아 어이 알쏘'라고 한 것은 풍경 즉 자연을 직접 보지 않으면 그 아름다움을 어찌 알겠냐는 의미이다. 즉 체험을 통해 자연이 2인칭의 공간이 되어 주체가 그 풍경의 가치를 제대로 인식할 수 있음을 말한 것이라고 할 수 있다.

③ (나)의 '피로는 자연 걷혀진다'는 다방이 피로를 풀 수 있는 공간임을 드러
낸 것으로 주체에게 다방이 2인칭 공간임을 나타낸 것이라 할 수 있다.

⑤ (가)의 '고인 진락'은 옛사람이 누렸던 참된 즐거움을 의미한다. 이는 화자
가 자연에 묻혀 살며 얻는 즐거움으로 자연이 주체의 삶을 의미 있게 만
들어 줄 수 있음을 드러낸 것이다. (나)의 '안일과 그 맛'은 다방에서 누릴
수 있는 편안함과 즐거움을 의미한다. 이 또한 다방이 주체의 삶을 의미
있게 만들어 줄 수 있음을 드러낸 것이다.

 07 수려기 | 고산구곡가 | 병산육곡

p. 149~151

1 ②	2 ③	3 ③	4 ④	5 ②

1   정답 ②

(다)에서 제4곡의 '낙화 광풍'은 혼탁한 현실을 상징하며, 제5곡의
'가마귀'는 조정의 벼슬아치를, '고봉'은 임금 또는 낙향해 있는 화자
를 상징한다. 즉 서로 헐뜯고 싸우는 벼슬아치들로 인해 어찌할 바
를 모르는 임금을 염려하는 화자의 마음 또는 낙향한 화자의 외로움
이 드러나 있다. 그러나 (가)와 (나)에는 상징적 의미를 함축한 자연
물이나 화자의 부정적 정서는 드러나지 않는다.

오답 피하기

① (나)는 화자가 '고산구곡담'에 은거하면서 아름다운 경치를 예찬하고 학문
하는 즐거움을 노래하고 있으므로 자신이 위치한 공간에 대한 만족감이
드러난다. 그러나 (가)는 글쓴이가 위치해 있는 현실적 공간에 대한 만족
감은 제시되지 않았다. 한편 (다)의 화자는 자신이 있는 곳을 '무릉'이라고
하며 만족해하고 있다.

③ (다)의 제1곡 '부귀라 구(求)치 말고 빈천이라 염(厭)치 말라'에 사용된 '-마
라'라는 명령형 종결 어미는 청자를 설득하려는 목적보다는 '부귀'와 같은
세속적 욕구로부터 벗어난 삶을 살겠다는 화자의 의지가 드러나는 표현이
다. 또한 (나)에는 명령형 표현이 나타나지 않는다.

④ (다)는 제3곡의 '보리밥 파 생채를 양(量)맛춰 먹은 후에'에서 넉넉하지 않
지만 안분지족하며 살려는 화자의 태도가 드러난다. 하지만 (가)와 (나)에
는 글쓴이나 화자의 넉넉하지 않은 생활이 제시되지 않았다.

⑤ (가)는 '풀은 바람이 동쪽으로 불면 ~ 굳이 따르기를 피하려 할 이유가 있
겠는가?'에서 자연 현상을 통해 이치를 따르는 삶을 살아야 한다는 글쓴
이의 지향점을 드러내고 있다. 반면에 (나)와 (다)의 화자는 모두 자연을 긍
정적 가치가 있는 대상으로 인식하고 있지만, 자연의 이치를 따르고자 하
는 태도를 드러내고 있지는 않다.

2   정답 ③

(나)의 제1수에서 화자는 ㉠'고산구곡담'에서 '무이를 상상하고 학주
자(學朱子)를 하리라'라고 하였고, 제6수에서는 '이 중에 강학(講學)
도 하려니와'라고 하였다. 이를 통해 ㉠은 수양과 학문을 하는 공간
으로 볼 수 있다. 한편 (다)의 화자는 연기가 피어오르는 ㉡'수삼 어
촌'의 모습을 '무릉' 같다고 여기고 있다. 여기서 연기가 피어오른다
는 것은 저녁밥을 짓는 연기를 표현한 것으로 볼 수 있다. 따라서 ㉡
은 자연과 더불어 한가롭게 사는 현실적 삶의 공간을 의미한다.

3   정답 ③

(나)는 제1수에서 아름다운 자연을 벗하며 주자학을 연구하겠다는
뜻을 밝힌 후, 제2수에서 제9수까지 고산 구곡의 아름다움을 순서에
따라 전개하고 있다. 그러나 이는 고산구곡담을 이루는 '관암(冠巖)',

'취병', '은병(隱屛)', '조협', '금탄' 등의 아름다운 경치를 나열하고 있
는 것일 뿐, 화자가 지향하는 환상적 공간이 강조되고 있는 것은 아
니다.

오답 피하기

① 〈보기〉에서 연시조의 각 수는 형식 및 내용상 통일성을 이루고 있다고 하
였다. (나)는 제1수를 제외하고 각 수의 초장에서 '~곡은 어디메오 ~에
(이) ~다'라는 어구를 통해 묻고 답하는 형식을 반복하여 형식적 통일성
을 유지하고 있다.

② (나)의 제2수 '해 비친다'는 아침을, 제7수 '황혼'은 저녁 무렵을, 제9수 '달
이 밝다'는 밤이라는 시간적 배경을 드러내는 표현이다. 즉 (나)는 시간의
변화에 따라 시상이 전개되는 유기성을 갖고 있음을 알 수 있다.

④ (다)의 제1, 2곡에서는 '망기(속세의 일이나 욕심을 잊음)'하고 자연을 벗 삼
아 살고자 하는 화자의 태도가 드러난다. 그리고 제6곡에서는 자연 속에
서 삶을 즐기는 유유자적한 태도가 나타난다. 따라서 자연에서 한가롭게
살고자 하는 화자의 태도가 통일성을 이루고 있다고 볼 수 있다.

⑤ (다)는 제1~3곡에서 안분지족하는 삶에 대한 화자의 만족감이 드러나지
만, 제4, 5곡에서는 혼탁한 현실에 대한 화자의 한탄과 걱정이 드러난다.
(다)는 이처럼 화자의 정서 변화가 인과성 없이 이루어지는 것에서, 유기
적 연결이라는 연시조의 특성이 부분적으로 약화되었다고 볼 수 있다.

4   정답 ④

[D]에서 글쓴이는 '그렇다면 많은 사람이 하는 대로 따르기만 하면
되는 것인가? 아니다! 이치를 따라야 한다.', '이치는 어디에 있는
가? 마음에 있다.'라며 스스로 질문을 던지고 그것에 대답하는 자문
자답을 반복하고 있다. 한편 '마음에 거리낌이 없으면 이치가 허락한
것이요, 마음에 거리낌이 있으면 이치가 허락하지 않는 것이다.'라면
서 '이치'는 마음에 거리낌이 없는 것이라고 하였다. 따라서 마음에
거리낌이 있더라도 하늘의 법칙을 따라야 함을 깨닫게 하였다는 ④
는 적절하지 않다.

5   정답 ②

(나)의 제2수는 화자가 해가 떠오르는 아침의 관암(冠巖) 경치를 묘
사한 다음, 이 아름다운 경치를 마치 벗이 온 것처럼 기쁘고 반가운
마음으로 감상하고 있는 것으로 볼 수 있다. 따라서 화자가 실제로
벗과 함께 경치를 감상하고 있는 것은 아니다.

오답 피하기

① 제1수의 '학주자(學朱子)'는 주자학을 연구한다는 의미이고, 제6수의 '강학
(講學)'은 학문을 닦고 연구한다는 의미이다. 이를 통해 자연 속에서 살아
가는 화자의 삶이 학문과 연관되어 있음을 알 수 있다.

③ 제4수는 푸른색의 시각적 이미지를 통해 '취병'의 여름 경치를 노래하고
있다. 이처럼 감각적 이미지를 활용한 표현은 자연의 아름다움을 강조하
는 효과가 있다.

④ 제4수의 '취병'은 지명인 동시에 푸른빛을 띤 병풍 같은 절벽을 의미하는
데, '녹수', '반송'과 연결되면서 그곳에서 발견한 특성과 관련되어 있음을
알 수 있다. 또한 제7수의 '조협'은 지명인 동시에 낚시하기 좋은 골짜기를
의미하는데, '고기', '낙대'와 연결되면서 그곳에서 발견한 특성과 관련되
어 있음을 알 수 있다.

⑤ 제9수의 '금탄'은 지명인 동시에 악기를 연주하는 시내를 의미한다. 화자
는 달이 밝은 '금탄'에서 좋은 거문고로 수삼곡을 연주하며 혼자 자연을
즐기고 있다. 따라서 자연과 음악이 어우러진 풍류를 즐기는 화자의 운치
있는 모습이 드러난다.

08 오륜가(五倫歌) | 차마설(借馬說)　　p. 152~153

1 ②　　**2** ③　　**3** ④　　**4** ③　　**5** ②

1　　정답 ②

말하고자 하는 바를 반대로 진술하는 것은 반어적 표현에 대한 설명인데, ⓑ에서는 반어적 표현이 사용되지 않았다.

오답 피하기

① '사람'들에게 직접 말을 건네는 듯한 어투를 통해 화자가 말하고자 하는 바를 직접 드러내고 있다.

③ 형과 아우가 대화를 주고받는 구성을 통해 형제간의 우애와 관련된 시적 상황을 구체적으로 보여 주고 있다.

④ 자신이 진짜로 소유한 물건에 대해서는 더욱 마음의 변화가 심할 것이라는 생각을 설의적 표현을 통해 강조하여 드러내고 있다.

⑤ 임금이나 대부도 빌렸던 권세와 재력을 돌려주고 나면 허망해지는 사례와 비교하여 모든 것은 빌린 것이라는 자신의 생각을 뒷받침하고 있다.

2　　정답 ③

〈보기〉에서 '서러워하거늘'의 원인은 늙는 것 때문임을 알 수 있다. 따라서 [A]에서 '불공'하는 것 때문에 〈보기〉에서 서러움을 느낀다는 설명은 적절하지 않다.

오답 피하기

①, ④ [A]의 화자는 늙은이와 어른을 공경하지 않으면 '짐승'과 다르지 않다고 하였고, 〈보기〉의 화자는 사람이 옳은 일을 하지 않으면 '마소'와 다르지 않다고 말하며 늙은이의 짐을 대신 들어 주고 있다.

② [A]에서 나이가 많은 이에게 '절'을 하는 것과 〈보기〉에서 늙은이의 짐을 대신 드는 것은 모두 '공경'과 관련이 있다.

⑤ 〈보기〉에서 사람들이 '옳은 일'을 하지 않는 것과 [A]에서 말하는 '불공', 즉 어른을 '공경하지 않는 것'은 유사한 의미로 볼 수 있다.

3　　정답 ④

글쓴이는 대부분의 사람들이 자신의 소유물을 원래부터 자신이 가지고 있던 것으로 생각하는 것을 비판적으로 본 것이지, 자신의 물건을 남에게 빌려주지 않는 것을 비판하지 않았다.

오답 피하기

① 1문단에서 글쓴이는 어떤 말을 빌려 타느냐에 따라 자신의 마음가짐이 달라진다는 것을 깨닫고 있다.

② 2문단에서 진짜로 자신이 소유한 물건은 더 말할 필요가 없을 정도로 마음이 자주 바뀔 것이라고 하였다.

③ 3문단에서 말을 빌려 탄 개인적 경험을 일반화하여 사람이 가지고 있는 것 가운데 남에게 빌리지 않은 것은 없다는 점을 말하고 있다.

⑤ 글쓴이는 세상에서 빌리지 않은 것은 없다는 깨달음을 바탕으로 소유에 대한 집착을 버리라는 교훈을 전달하고 있다.

4　　정답 ③

(나)는 개인적 체험을 제시한 '사실' 부분과 그 체험을 사회적 차원으로 일반화하여 제시한 '의견' 부분으로 이루어져 있다. 즉, 글쓴이는 말을 빌려 탄 개인적 체험에서 얻은 소유의 의미에 대한 깨달음을 사회적 차원으로 확대하여, 세상의 부귀와 권세도 본래부터 사람이 소유하고 있던 것이 아니라 빌린 것이라고 일반화하고 있다.

오답 피하기

① (가)에서 백성이 지켜야 할 관념적 덕목인 오륜을 열거하고 있기는 하지만,

---

② (가)에서 〈제2수〉의 부자유친, 〈제3수〉의 군신유의, 〈제4수〉의 부부유별, 〈제5수〉의 형제우애, 〈제6수〉의 장유유서 등은 모두 사람들 사이의 관계나 유교적 사회 질서와 밀접한 관련이 있는 덕목들이다.

④ (나)에서 욕망의 실현을 돕는 자연적 질서에 대한 경이감은 나타나 있지 않다.

⑤ (가)와 (나)에서 자연물이 지닌 덕성을 부각하거나 인간적 삶에 대한 금지를 드러내는 부분은 나타나 있지 않다.

5　　정답 ②

〈보기〉에서 교훈적 내용의 시조에는 윤리적 덕목을 실천해야 하는 인물을 화자로 설정하여 대화 형식을 취하는 경우가 있다고 하였다. 하지만 〈제4수〉에서는 화자로 내세운 '지아비'와 지어미의 문답 방식을 취한 것이 아니라, 백성들에게 삼강오륜을 전달하고자 하는 화자가 남편에 대한 아내의 도리를 노래하고 있다.

오답 피하기

① 〈제3수〉에서는 여왕벌과 여왕개미에게 충성을 다하는 '벌과 개미'의 생태로부터 '주인(임금)에 대한 종(신하)의 도리'라는 가치를 유추하고 있다.

③ 〈제5수〉의 초장과 종장은 '형님'과 '아우'가 어머니의 사랑을 상징하는 '젖'을 화제로 삼아 대화를 나누는 형식을 취하고 있는데, 이를 통해 형제간의 우애라는 윤리적 가치를 전달하고 있다.

④ 〈제1수〉의 '사람이라도 사람 아니니'는 삼강오륜을 지키지 않으면 사람의 가치가 없다는 뜻으로, 〈제5수〉에서는 이러한 사람을 '개돼지'에 비유하고 있다. 그리고 '개돼지'에 비유되는 사람은 화자가 추구하는 가치를 따르는 윤리적인 사람과 대비되는 존재라고 볼 수 있다.

⑤ 〈제2수〉의 '부모'와 〈제5수〉의 '형님'이 가족 간의 관계라면, 〈제6수〉의 '늙은이'와 '어른'은 사회적 관계라고 할 수 있다. 〈제6수〉에서는 '늙은이'와 '어른'이 '부모'와 '형'과 같다고 함으로써, 사회 윤리가 가정 윤리와 연결되어 있음을 보여 주고 있다.

09 입암이십구곡 | 고완　　p. 154~156

1 ②　　**2** ④　　**3** ③　　**4** ②　　**5** ⑤

1　　정답 ②

(가)의 〈제5수〉에서 화자는 '이제나 광야에 옮겨 모두 보게 ᄒᆞ여라'라고 하며 바위를 광야로 옮겨서 모든 이들이 바위의 곧은 모습을 본받게 하자고 하였다. 〈제6수〉에는 '내 어딕 옮아가리오'라고 하며 옮아가지 않고 그대로 살아가겠다는 바위의 대답이 제시되어 있다. 즉 (가)는 바위와의 문답을 통해 지조와 절개를 지키며 살고자 하는 화자의 지향을 드러내고 있다. (나)는 특정 대상과의 문답을 통해 화자의 지향을 드러내고 있지 않다.

오답 피하기

① (가)의 〈제3수〉에서 '말 한마디 업슨 바위 사귈 일도 업건만은'을 보면 바위를 벗으로 사귄다고 하였고, 〈제6수〉에서 바위가 자신을 '나'로 지칭하며 말하고 있으므로 의인화한 표현이 나타난다. 그러나 (나)에는 의인화한 표현이 나타나지 않는다.

③ (나)에는 '연적'이 과거에 아버지의 유품이었음을 환기하면서 옛것을 소중히 여기는 화자의 태도가 드러난다. 그러나 (가)는 시간의 흐름에도 불변하는 바위의 속성을 강조하고 있을 뿐, 시간의 흐름에 따른 대상의 모습을

대비하고 있는 것은 아니다.

④ (나)는 '분원 사기 살이 담청인데 선홍 반점이 찍힌 천도형의 연적', '황혼과 같은 아름다운 색조'라는 색채 이미지를 통해 대상의 속성을 제시하고 있으나, (가)는 색채 이미지를 통해 대상의 속성을 드러내지 않았다.

⑤ (가)는 '세정이 하 수상ᄒᆞ니 나ᄅᆞᆯ 본ᄃᆞᆯ 반길넌가'라는 설의적 표현에서 바위의 덕성이 인정받지 못하는 세태에 대한 비판적 태도가 나타나 있다. (나)에는 '고인과 고락을 같이한 것이 어찌 내 선친의 한 개 문방구뿐이리오.'에 설의적 표현이 나타나지만, 부정적 세태를 비판한 것은 아니다.

2   정답 ④

(가)의 '구름 깁흔 골짜기'는 '광야'와 대비되는 공간으로 세상 사람들이 찾아오기 어려운 깊은 골짜기를 의미하는 것일 뿐, 바위의 가치를 본받으려는 사람들을 억압하는 현실과는 관련이 없다.

오답 피하기

① '곧게 선 자태'는 바위의 굽힘 없는 지조와 절개를 상징하며, 화자가 이를 예찬하고 있으므로 화자가 추구하는 긍정적 가치에 해당한다.

② '바람 서리'는 바위에게 가해지는 시련과 고난의 의미를 담고 있으며, 이에 굴하지 않고 변함없는 바위의 모습을 더욱 부각시키는 소재이다.

③ '세상에 이익되는 세 벗'은 부와 명예, 권력과 같은 세속적 가치를 의미한다고 볼 수 있다. 따라서 이를 가까이 하지 않으려는 모습을 통해 세속적 가치를 멀리하는 화자의 태도를 강조하고 있다.

⑤ '왕기순인(枉己徇人)'은 자기 몸을 굽혀 남을 좇는다는 뜻으로, '내 어ᄃᆡ 옮아가리오'는 자신의 곧은 성품과 지조를 버리고 남을 좇아 옮아가지 않겠다는 바위의 의지를 나타내고 있다.

3   정답 ③

글쓴이는 ⓒ'외국의 공예품'은 생활의 자취가 남을수록 보기 싫어지지만, ⓛ'옛사람들 물건'인 '우리 조선 시대의 공예품들'은 손때가 묻을수록 아름다워진다고 예찬하고 있다. 그러나 '우리 조선 시대의 공예품들'이 '워낙이 순박하게 타고나서 손때나 음식물에 절수록 아름다워진다.'라고 했을 뿐, 생활의 자취 속에서 더욱 화려해진다고 한 것은 아니다.

오답 피하기

① 글쓴이는 아버지의 유품인 ⓖ'연적'에 대한 경험을 떠올리며, 옛사람들이 남긴 ⓛ'옛사람들 물건'을 좋아하는 마음으로 사고를 확장해 가고 있다.

② 글쓴이는 ⓛ'옛사람들 물건'이 단순히 낡고 오래된 것이 아니라, 황혼처럼 그윽한 아름다움을 가지고 있다는 독창적인 생각을 드러내고 있다.

④ 글쓴이는 ⓔ「서장」을 '칼을 갈아 가며 새기기를 몇 달 혹은 몇 해를 해서' 완성한 과정의 가치를 생각하며, '인쇄의 덕'으로 '버릇없이 된 글'이나 '안 된 글을 함부로 박아 돌리는' 세태를 성찰하고 있다.

⑤ 글쓴이는 ⓖ~ⓔ을 통해 생활 속에서 함께하며 가치를 높여 가는 옛것을 예찬하고, '고완' 취미의 긍정적인 면을 드러내고 있다. 또한 마지막 문단을 보면, '무위'와 '허욕'의 태도를 부정하며 '고완' 취미의 올바른 모습을 강조하는 글쓴이의 가치관이 바탕에 깔려 있음을 알 수 있다.

4   정답 ②

(가)의 〈제5수〉에서 화자는 '탁연직립'한 바위를 광야에 옮겨 모두 보게 하고 싶다고 하였으므로, '탁연직립'하지 못한 사람들에 대한 부정적 인식이 드러난다. 또한 〈제6수〉의 '세정이 하 수상하니'에서도 세태에 대한 부정적 시각이 드러나고 있다. (나)의 글쓴이는 '대혜보각사의 「서장」과 대비하여 인쇄의 덕으로 '버릇없이 된 글, 안 된 글을 함부로 박아 돌리는' 세태를 부정적으로 보고 있다. 또한 마지막 문단에서 '고완 취미'를 세월을 보내는 일로 보거나, 금력으로 수집욕을 채우는 세태에 대한 부정적인 인식을 드러내고 있다.

오답 피하기

① (가)는 바위의 빼어남을 예찬하고 있고, (나)는 고완품을 사랑하게 된 마음과 참된 고완의 자세를 서술하고 있다. 하지만 지나온 삶을 뉘우치고 한탄하는 내용은 (가)와 (나) 모두 나타나 있지 않다.

③ 미래에 대한 낙관적 전망은 (가)와 (나) 모두 제시되어 있지 않다.

④ 초월적 세계를 지향하는 내용은 (가)와 (나) 모두 나타나 있지 않다.

⑤ (가)에는 부재하는 대상과의 만남에 대한 기대는 나타나 있지 않다. (나)에서는 글쓴이의 돌아가신 아버지를 부재하는 대상으로 볼 수 있지만, 아버지와의 만남에 대한 기대는 드러나 있지 않다.

5   정답 ⑤

(가)의 〈제6수〉에서 화자인 바위는 세정이 수상하니 자신을 반기지 않는다고 하며 산 좋고 물 좋은 곳에서 자연과 함께 늙겠다고 하였다. 즉 〈제6수〉에서는 세속을 떠나 자연 속에서 지내겠다는 바위의 태도가 나타나 있을 뿐, 세속을 이상적 공간으로 정화하려는 의지를 드러내고 있는 것은 아니다.

오답 피하기

① 〈제1수〉에서는 바위를 '유정하다(인정이 있다)', '자태'를 지니고 있다고 하여 인격체로 보았다. 그리고 가장 신령스러운 우리(인간)도 '직립불의' 즉, 꼿꼿이 서 있기가 어려운데 바위(자연)는 오랜 세월 곧게 선 모습이 변하지 않는다고 하였으므로, 바위를 인간보다 우월한 특성을 지닌 인격체로 제시하였다고 볼 수 있다.

② 〈제2수〉에서는 바위가 강가에 우뚝 솟아 있으니 쳐다볼수록 높으며 바람과 서리에도 변하지 않는다고 하였으므로, 바위의 높고 불변하는 속성을 예찬하였다고 볼 수 있다.

③ 〈제3수〉에서는 '고모진태' 즉, 옛 모습대로의 참된 자태를 지닌 바위를 벗삼아 지낸다고 하였다. 따라서 진실한 품성을 지닌 바위를 벗으로 삼고자 하는 의식을 나타내고 있음을 알 수 있다.

④ 〈제5수〉에서는 바위가 '탁연직립' 즉, 빼어나게 곧게 서 있으니 본받을 만하다고 하였다. 따라서 화자가 바위를 본받을 만한 특성을 지닌 대상으로 인식하고 있음을 알 수 있다.

10 춘향전 | 춘향이별가   p. 157~159

1 ③	2 ④	3 ④	4 ④	5 ③

1   정답 ③

(나)의 '삼단같이 좋은 머리'는 뒤에 나오는 '휘휘칭칭 감아쥐고라도 날 데리고 가시오'를 통해 볼 때 몽룡과 이별하지 않기 위해 어떤 일도 감수하겠다는 춘향의 간절함을 드러내는 소재라 할 수 있다.

오답 피하기

① (가)의 '삼수갑산 험한 곳을 날아다니는 제비'는 몽룡과 이별한 후의 춘향의 모습을 자연물로 나타낸 것으로, 몽룡의 곁에 있으려는 춘향의 마음을 드러내고 있다.

② (가)의 '본관 원님께 이 사연을 하소연하겠소', '순사또께 소장을 올리겠소' 등과 같이 춘향은 권위에 의존해서라도 이별의 억울함을 호소하겠다는 감정을 드러내고 있다.

④ (나)의 '부디 편안히 잘 가시오'에는 몽룡과의 이별을 수용하는 춘향의 모습이 드러나고 있다.

⑤ (나)의 '나도 명년 양춘가절이 돌아오면 또다시 상봉할까나'는 의문형 문장

을 사용해서 몽룡과의 재회를 확신하지 못하는 춘향의 탄식을 드러내고
있다.

2
정답 ④

[A]에서 춘향은 몽룡이 양반이기 때문에 자신이 송사에 패소할 것이
라는 불리한 상황에 대해 열거하고 있다. [B]에서는 '그때 불살랐다
면 이별이 있을쏘냐?'와 같은 설의적 표현을 통해 이별한 자신의 처
지에 대한 심정을 드러내고 있다.

오답 피하기
① [A]에서는 과거에 도련님에게 받은 '명문'을 언급하고 있지만, 과거와 현재
  를 교차하고 있지는 않다. [B]에서도 자신이 처한 상황에 대한 요약적인
  제시는 드러나지 않는다.
② [A]에서는 구걸하면서라도 자신의 억울한 상황을 알리겠다는 춘향의 적극
  적인 의지가 드러난다. [B]에서는 춘향이 특정 대상에게 조언을 구하고 있
  지 않다.
③ [A]에서 춘향은 자신의 처지를 '원님, 형조, 한성부, 비변사, 임금' 등에 하
  소연한다고 한 것이지 자신의 능력을 앞세운 것은 아니다. [B]에서 춘향은
  자신이 처한 부정적인 상황, 즉 이별이라는 글자를 깨뜨리고 싶다는 격정
  적 태도를 보이고 있으므로 체념하는 태도는 나타나지 않는다.
⑤ [A]에서 춘향이 하소연하려는 대상이 낮은 지위인 원님부터 높은 지위인
  임금까지 이른다는 데서 점층적인 모습이 드러나지만, 자신이 경험했던
  상황의 내력은 나타나지 않는다. [B]에서 춘향은 이별이란 단어를 만든 존
  재를 '나와 백 년 원수로다!'라며 원망하고 있다.

3
정답 ④

'깨치리로다 깨치리로다 박랑사 중 쓰고 남은 철퇴로 / 천하장사 항
우 주어 이별 두 자를 깨치리로다'를 보면, 고사를 활용하여 화자가
이별 상황을 벗어나고자 하는 모습이 나타난다. 따라서 고사를 활용
하여 화자가 자신의 운명을 받아들이는 모습이 제시된 것은 아니다.

오답 피하기
① '나귀 네 발로 동동 굴러 춘향 가슴을 찰 때'는 도련님이 떠나지 못하게 춘
  향이 나귀 꼬리를 잡자 나귀가 춘향의 가슴을 발로 차는 상황이다. 따라서
  부정적 상황을 희화화하여 이별 상황의 긴장감을 이완하고 있다고 볼 수
  있다.
② '나를(날) 두고 가겠으면', '날 살려 두고는 못 가시리라(다)'라는 유사한 통
  사 구조의 반복을 통해 이별을 슬퍼하는 화자의 정서를 강조하고 있다.
③ 춘향은 몽룡에게 자신의 머리를 '휘휘칭칭' 감아쥐고라도 데려가라고 하며
  몽룡이 떠나려 하자 '우르르' 달려들고 있으므로, 음성 상징어를 활용하여
  이별을 거부하는 절박한 심정을 드러내고 있다.
⑤ '홍로화 모진 불에 / 다 사르겠으면 사르고 가시오', '내 목을 베겠으면 베
  고 가시오' 등의 극단적인 상황 설정을 통해 이별의 상황을 막아보려는 화
  자의 간절한 모습을 확인할 수 있다.

4
정답 ④

춘향은 도련님과 이별하게 된 억울함을 남들에게 호소하겠다고 밝
히고 있다. 이에 따라 '도련님은 사대부라 여기저기 청탁하여 또다시
송사에서 지게 하겠지요. 그러면 그 판결문을 모두 덧보태어'라고 하
였으므로, ⓔ'판결문'에는 춘향이 송사에서 지는 내용이 담겨 있을
것이다. 따라서 ⓔ에는 도련님에게 춘향과의 약속을 깨뜨린 책임을
물을 수 없다는 내용이 담길 것임을 알 수 있다.

오답 피하기
① 춘향이 '광한루에서 날 호리려고 명문 써 준 것이 있으니'라고 하였으므로,
  ⓐ'명문'은 도련님이 춘향의 마음을 얻고자 써 준 글임을 알 수 있다.

② 춘향이 '소지 지어 가지고 본관 원님께 이 사연을 하소연하겠소.'라고 하였
  으므로, ⓑ'소지'에는 춘향이 억울함을 원님께 호소하는 내용이 담길 것이다.
③ 춘향이 '도련님은 양반이기에 편지 한 장만 부치면 순사또도 같은 양반이
  라 또 나를 패소시키거든'이라고 하였으므로, ⓒ'편지 한 장'에는 도련님이
  순사또에게 자신은 죄가 없다는 것을 밝히는 내용이 담길 것이다.
⑤ 춘향은 '언문으로 상언을 쓸 때, 마음속에 먹은 뜻을 자세히 적어' 임금님
  이 지나가실 때 억울함을 하소연하는 격쟁을 할 것이라고 하였으므로, ⓓ
  '상언'은 춘향이 자신의 생각을 직접 쓰는 것이지 순사또의 힘을 빌려 쓰
  는 것은 아니다.

5
정답 ③

〈보기〉에서는 '춘향'이 여러 작품에서 다양한 면모를 지닌 인물로 형
상화되었다고 하였다. (나)에서 '춘향'은 '도련님'과의 이별을 거부하
다가 '잘 가시오'라며 '도련님'과의 이별을 어쩔 수 없이 받아들이고
있다. 그러나 이별 뒤에 자신이 겪을 고난을 말하며 '도련님'의 마음
을 돌리려는 모습은 나타나지 않으며, 문제 해결책을 강구하는 '춘
향'의 치밀한 면모를 확인할 수 없다.

www.ggumtl.co.kr

청소년들 모두가 아름다운 꿈을 이룰 그날을 위해
꿈을담는틀은 오늘도 희망의 불을 밝힙니다.

문학

문학 영역의 문제 접근법과 해결책을 완성하는 **수능 실전서**

◆ '기출 지문+기출 문항+실전 문항' 구성으로 학습 효과 극대화
◆ 작품의 핵심을 짚어 주는 내신 강의·수능 강의
◆ 문제 해결력과 수능 적응력을 키우는 실전 문제와 기출 문제
◆ 최신 출제 경향을 완벽히 반영한 갈래 복합 유형

내신·수능 대비 필수 작품을
친절하고 꼼꼼하게 분석한

모든 것 시리즈

현대시의 모든 것(개선판) | 현대산문의 모든 것(개선판)
고전시가의 모든 것 | 고전산문의 모든 것 | 문법·어휘의 모든 것

- 국어와 문학의 실력을 기르기 위한 국어 학습의 필수 지침서!
- 국어·문학 교과서 작품, EBS 교재 수록 작품, 기출 작품,
  주요 작가의 낯선 작품 등 필수 작품 총망라!
- 꼼꼼한 분석, 일목요연한 정리, 보기 편한 구성과 친절한 해설!
- 출제 빈도가 높은 필수 문제로 내신·수능 만점 대비!

국어 교재 목록

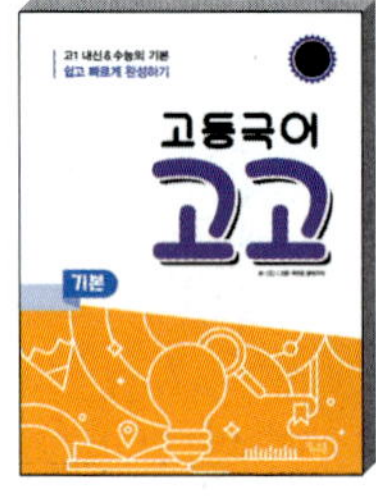

고등 국어 기초 실력 완성
고고 시리즈
고등 국어 공부, 내신과 수능 대비에 필요한 모든 내용을
알차게 정리한 교재

기본
문학
문법

밥 먹듯이 매일매일 국어 공부
밥 시리즈
기출 공부를 통해 수능 필살기를 익힐 수 있도록 돕는
친절한 학습 시스템

처음 시작하는 문학 | 처음 시작하는 비문학 독서
문학 | 비문학 독서
언어와 매체 | 화법과 작문
어휘력

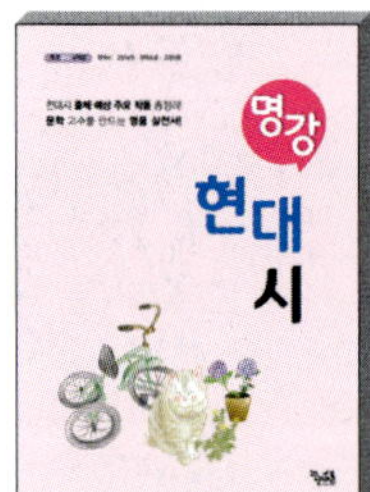

문학 영역 갈래별 명품 교재
명강 시리즈
수능에 출제될 만한 주요 작품과 실전 문제가 갈래별로
수록된 문학 영역 심화 학습 교재

현대시
고전시가
현대소설
고전산문

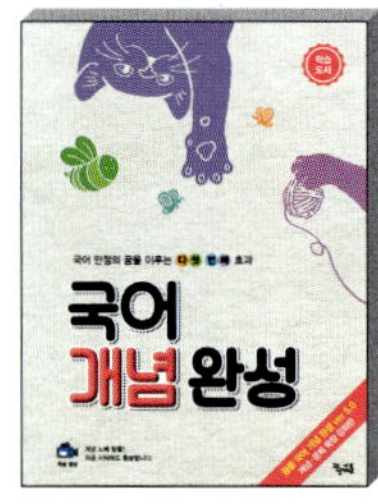

국어 기본 실력 다지기
국어 개념 완성
국어 공부에 꼭 필요한 개념을 예시 작품을 통해 완성할
수 있는 교재

문이과 통합 수능 실전 대비
국어는 꿈틀 시리즈
문이과 통합 수능 경향을 반영하여 수능 실전에 대비할
수 있도록 구성한 교재

문학
비문학 독서

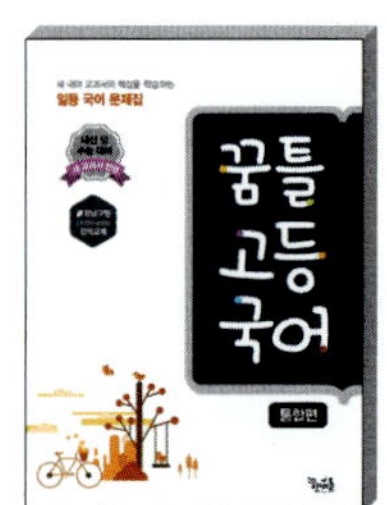

내신·수능 대비
고등 국어 통합편
고1 국어 교과서 핵심 내용을 한 권으로 총정리하는 교재

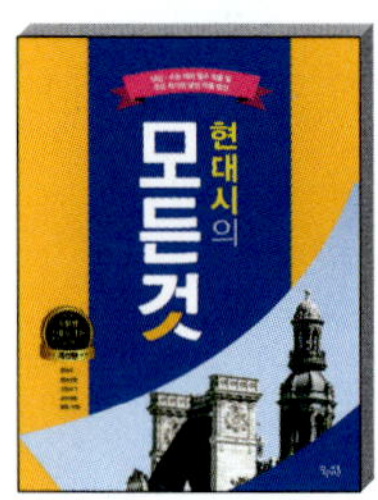

일목요연한 필수 작품 정리
모든 것 시리즈
새 문학 교과서와 EBS 교재 수록 작품, 그 밖에 수능에 나올
만한 작품들을 총망라한 교재

현대시의 모든 것 | 고전시가의 모든 것
현대산문의 모든 것 | 고전산문의 모든 것
문법·어휘의 모든 것

문학 작품 집중 학습
문학 비책
필수&빈출 문학 작품 194편을 한 권으로 총정리하는 교재

고전시가 비책
고전시가 최다 작품의 필수 지문을 총정리한 고전시가 프리미엄 교재